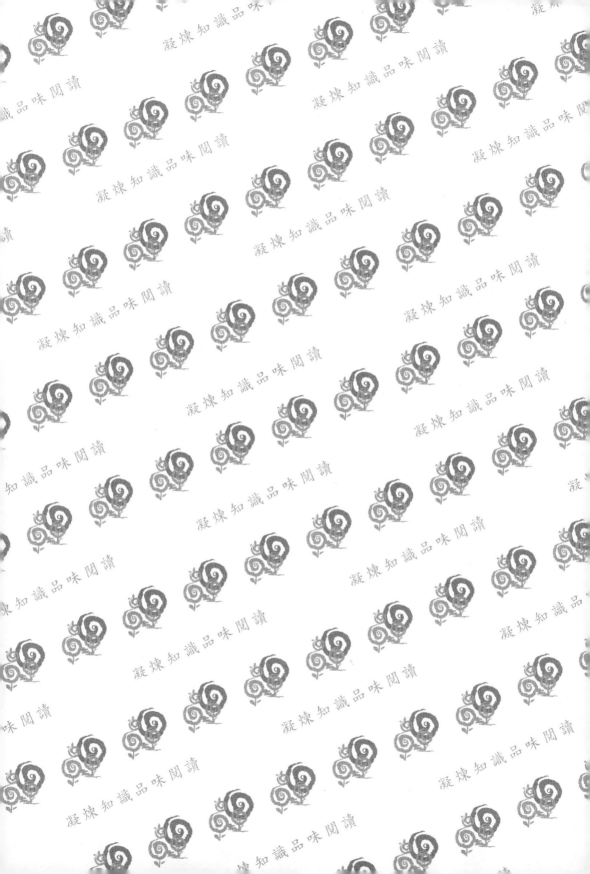

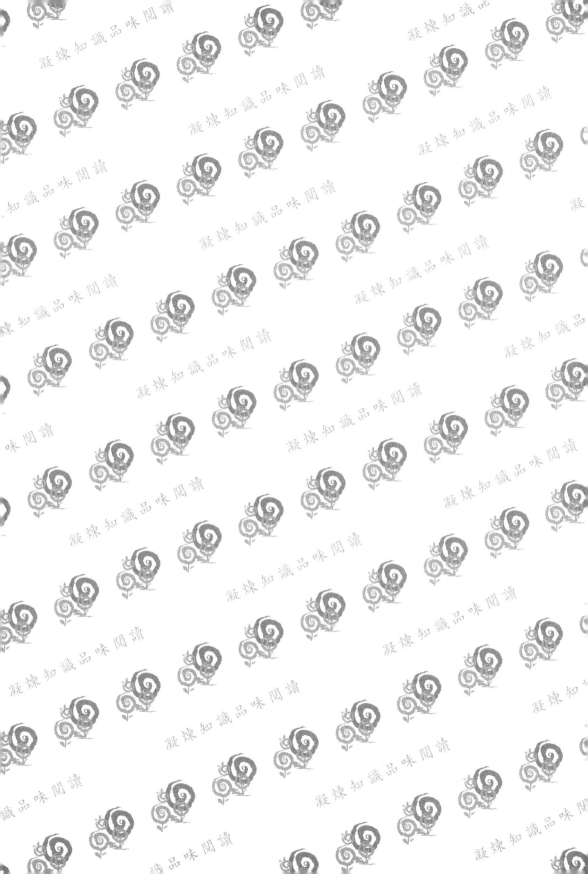

中國近當代哲學史

曾春海◎著

五南圖書出版股份有限公司

緒言

百年來中國哲學的回顧與展望

英國當代哲學家羅素說：「豐富的歷史知識是一位有教養的人，成其智慧的主要部分。」尤其是哲學史乃人文素養的核心，可孕育高瞻遠矚的透視力，更能把握未來的去向。罹患歷史失憶症者，將與時代的脈絡斷裂，易成為浮萍而隨波逐流，不知如何回顧過去，立足現在和秉持哲學智慧及卓越的價值觀，展望有美好願景的未來。

「哲學」一詞係由日本學者西周氏於1874年在其《百新一論》一書中紹述西方哲學，將「philosophy」譯為「哲學」，意指「百學之學」，後來流傳至中國為中國學者所廣泛採納而沿用至今。《爾雅・釋言》對「哲」字釋出二層含義，一指智也，另一指賢知之人，例如：「先哲」、「學」字在古籍中較常見。《廣雅・釋詁二》以「識也」、「覺悟也」釋義。《廣雅・釋詁三》以「效也」釋字義。「哲學」作為中文的複合詞，意謂著人之能有所識，有所覺悟且實踐的明智之學。至於「哲學」在中國大學體制建立後，如何設立這一學科可回顧史脈。清代於19世紀初仿習西方建立現代的教育體制。1903年，清廷命張之洞與張百熙、榮慶擬定「奏定學黨章程」（於1904年頒行），將哲學排除在高等學堂的課程外，引起王國維（1877-1927）之批評，他在1903年發表〈哲學辨惑〉一文，提出五項論點：（一）哲學非有害之學；（二）哲學非無益之學；（三）論中國現時研究哲學之必要；（四）哲學為中國固有之學；（五）論研究西方哲學之必要理由。他主張將哲學納入高等教育體制而成為一門學科。他在文中指出：「今如捨諸子不論，獨就六經與宋儒之說言之，夫六經與宋儒之說，非著於功令而當時所奉為正學者乎？周子『太極』之說、張子《正蒙》之論，邵子之《皇極經世》皆深入哲學之問題。」換言之，先秦諸子之學與經學和宋代理學家等人的

論著皆爲中國具有哲學性思想內涵的固有之學。不僅如此，他還認爲研究西方哲學有其必要性，他論述說：「然吾國古書大率繁散而無記，殘缺而不完，雖有眞理，不易尋繹，以視西洋哲學之系統燦然，步伐嚴整者，其形式上之孰優孰劣，固自不可掩也。……苟通西洋之哲學以治吾中國之哲學，則其所得當不止此。異日昌大吾國固有之哲學者，必在深通西洋哲學之人，無疑也。」中國自古所流傳發展之具思想性的著作中，蘊藏著豐富的中國哲學資源，可是卻呈現「繁散而無記，殘缺而不完」的狀態。哲學的旨趣在探索宇宙、人生與歷史文化的普遍原理及普世精神價值。若我們要將中國哲學的原有狀態，由繁散而重建出嚴密的系統性理論而成一家一派的完整自足之學說，則有必要虛心向西方學習其治哲學這一學門的嚴謹方法和系統化的理論論述架構。王國維認爲中西文化的交流不但有助於中國哲學之重建爲現代學術之骨幹和風貌，且能在會通中有所超勝而昌大中國固有之哲學，進而豐富且深刻化地成爲世界高度的人類哲學。

我們可在王國維既有的洞見下，更進一步細緻地論述百年來中國哲學既有的研究成果，檢視出當前應有的紮實工作之要項和展望未來發展的願景等三個維度。

一、百年來中國哲學研究之概略回顧

哲學史以人物爲經，哲學專題爲緯，本書依時代脈絡、可化約的論題略分成五篇，此外還選錄五篇與當代中國哲學史密切關聯卻不適宜排入哲學史的專題論文，略爲補求本書之不足處。

回顧歷史1919年（民國8年）5月4日，在第一次世界大戰結束的巴黎和會中對德國在青島的殖民利益轉交日本的議題，引發中國學生的公憤，自發性的在北京遊行示威，進而產生思想界、文化界的激烈言論，激化出社會的變動和新文化論者倡導的改革思潮。如何界說「五四時期」？係一衆說紛紜的問題，本書採取

周策縱的提法，他把時間大致訂在1917年初至1921年底約五年，因爲陳獨秀以《新青年》雜誌和國立北京大學爲中心，聚集思想的同調學者，發起了新思想和新文化改革思潮。1921年後，該運動已質變成實際的政治行動。他認爲「五四運動」是一牽涉面複雜的運動，很難在時間上做嚴格的界定。扼要言之，他認爲我們應該把五四運動，視爲中國近現代史整體發展歷程中的一個重要階段，其特徵是傳統中國文化在回應西方強勢的現代化勢力向中國挑戰的一個時期〔參考周策縱，《五四運動史》（長沙：嶽麓書社，1999），頁6-8〕。在思想的核心取向上，我們大略可說「中學爲師，西學爲用」，是五四前的論述，而陳獨秀等人的「全盤西化」，則爲「五四」以後的主調。

「五四」新舊文化的論戰是中國近代思想史上又一個「百家爭鳴」的時代，雖然以陳獨秀、魯迅和毛澤東爲代表的「五四」左翼在彼時自由活潑的時代氛圍上對中國傳統文化和當時當權者有破壞性的思想，但是對時代新文化的啓蒙、催生也有其清宮除道的思想史價值。賀麟說：

> 社會上發生一種思潮，絕不是偶然的……發生原因，有兩個方面，一方面是思想本身的發展演變，一方面是解決實際問題的需要。思想本身的發展演變恰如潮水之後浪推前浪，新思潮的發生是解決思想本身所發生的問題，因爲舊思想有偏頗缺陷，……新思潮是舊思潮所孕育激勵起來的，同時也是舊思潮的反動與否定。至於社會有迫切問題要解決時，其爲新思潮的刺激，更是很明顯的事，這時思潮是主動的，爲應付環境而產生的。[1]

新舊思想與文化之爭是社會在蛻變發展的時機上所不可避免的現象，特別是在中西異質文化與新舊思想難磨合的五四前後的轉型期。在歷史的洪流運轉下，

---

[1]　賀麟，《五十年來的中國哲學》（北京：商務印書館，2000），頁53-54。

五四前後的主流思潮依序為「中體西用」論，激進西化論和融合中西，接納新舊以醞釀出適應現代化社會發展趨勢的新文化，亦即調和融攝論。「中體西用」論，即所謂的「中學爲體，西學爲用」說。[2]

　　事實上，洋務派所倡「中體西用」之「體」係指做爲中國國體國性的綱常名教，亦即政治上君主制度、社會結構之宗法制度及其血緣倫理。然而洋務運動的實踐確在中日甲午戰敗後，使「中學爲體」的思想受到打擊，產生像西方學習不能局限在器物層面，應更進一層學習西方的政治體制，而有戊戌維新運動。由於清政府未落實體制內的改革，導致體制外的辛亥革命推翻了清政府，締造了民國。此際，一些知識精英份子企盼能以西方民主制度導引中國邁向自由、平等、民主、人權、富裕的現代化之路，激發新文化運動，高唱西化論。1915年9月，陳獨秀在上海創辦了《青年雜誌》，1916年9月1日改爲《新青年》，爲論壇、爲新文化運動揭開序幕。在《新青年》創刊號中首先揭示思想革命和倫理覺悟，高舉科學、民主的旗號，效法法蘭西文明，批判中國固有文化，尤其是抨擊儒家文化的獨尊地位。新文化運動從文學革命啓動，擴展至思想道德上的革命，提倡解放個性，主張平民思想，引導青年們擺脫舊制度、舊道德、舊家庭觀念及舊社會秩序，掀起了一股反傳統文化的巨浪。他們認爲西方文化和中國文化一樣有體有用，西方物質上的非凡成就有其深厚的學術文化，亦即精神文化作爲基礎。中國文化整體而言已落後西方，缺乏生機與活力，應予以捨棄，改採全盤西化論。

　　由於激進的新文化論者捨中崇西的論調太偏激，引發出政治、社會和思想上的種種弊端，於是引出了一批穩健持中的調和論者。例如，梁啓超提倡《新民說》，持溫和漸進的「調適」說，蔡元培將儒家中庸思想體現在其溫和的政治主張，強調「五育並重」的教育價值論，融會中西不同文化的文化觀以及「和而不同」的民主思想。章士釗指出：「現在爲時勢所迫，不得不隨世界潮流前進，但

---

[2]　馮桂芬首先於其《校邠廬抗議》一書中提出「以中國倫理名教無爲原本，輔以諸國富強之術」，扼要提出「中體兩用」的命題，開啓了學習西學之門面。而沈壽康〈救時策〉一文在1895年《萬國公報》發表時，明確地標舉出「中西學問本自有得失，爲華人計，宜以中學爲體，西學爲用」。於是「中學爲體，西學爲用」成爲彼時流行的口號。

我們終不可忘卻本來面目。須知中國文化實有其絕大之價值。現在德國一般哲學家著書，每多引老莊之文，……，我們何反輕視本國文化呢？」³當時任《東方雜誌》主編的杜亞泉最早提出其東西文化調和論，且大量刊載國內外主張文化調和的論文。因此，鄭大華總結說：「東西文化調和論或互補論成了新文化運動後期『深入人心，影響極巨』的文化理論。」⁴可見五四時期是一思想自由開放，呈現出文化多元，差異相容並存的社會心靈。歲月匆匆，時至今日，五四運動不覺已有百年之久，回顧過去，立足現在，展現未來，在中西文化仍持續交流的今天，如何更確切的認識西方文化，同時，如何產生中華文化的自覺、認同和重建文化自信，仍是當前一饒富深刻意義的時代課題。

百年來的中國處在政治、經濟、社會、思想、教育與文化急劇受衝擊和變化的歷程中。在造成對中國哲學與文化之挑戰和回應的主要因素，主要來自西方現代性突起的哲學、科技、資本主義思潮，隨之而來的崛起之西方對中國各方面挑戰和中國內部務求思想、制度、器物等文化的自強革新運動。在中國哲學的開展上，馮友蘭分別於1931年及1934年完成《中國哲學史》上、下冊，他以英美新實在論觀點首創中國哲學全史的研究成果，梁漱溟的《中西文化及其哲學》透過西方現代化的思維模式與中國傳統思想文化的對比，突出中國文化之特色，且身兼推動政治、社會改革運動的儒家實踐者。他確認中國社會是以鄉村為主體，以倫理為本位，其精神價值在道德理性早熟，重視倫理情誼之感通和倫理義務之踐履，職業分殊而無階級對立。他的鄉村建設運動引進科學技術與團結組織，企求改良社會。他可說是位追求傳統中國社會與文化朝向現代化的實踐者。

中共於1949年主控大陸政權後，宣稱馬列理論與中共進行革命實踐之統合，乃是中國的馬克斯主義。在其後約四十年期間，大陸哲學界以馬列主義為圭臬的哲學研究發展上，肩負改造人民意識形態的政治使命，引進俄國日丹諾夫為共產主義陣營的哲學史研究，規制了一制式的框架。他說：「科學的哲學史，是

³ 章士釗，《記章行嚴先生講演》，李長義記錄，《章士釗全集》第四卷（上海：文匯出版社，2000），頁157。
⁴ 鄭大華，《民國思想史論》（北京：社會科學文獻出版社，2006），頁74。

從科學的唯物主義世界觀及其規律的胚胎、發生與發展的歷史、唯物主義既然是從對唯心主義派別鬥爭中生長和發展起來的，那麼哲學史也就是唯物主義與唯心主義鬥爭的歷史。」於是，大陸哲學界在採取官方既定的歷史唯物論、批判繼承外，得套上唯心、唯物之辨的教條式框架，捲入唯物論對唯心論的鬥爭漩渦中。儘管如此，張岱年回歸原典，針對中國哲學的內容做論題分類，從紮實的經典文獻中爬疏，統整出《中國哲學大綱》，之後又提出以概念範疇研究法來研究中國哲學，影響力至今不歇。

　　大陸在經過1966年至1976年的文革動亂後，逐步衝破框架時期。1986年至1989年爲發生文化熱時期。1890年至今則一方面繼之以國學熱，另一方面中國哲學的研究則呈現較開放、自由，吸取港臺以及日本和西方漢學界的成果，在研究題材、方法、取向上有著豐富而多樣化之可喜現象。

　　臺灣方面，中國哲學的研究在中文系所、哲學系所以及後起之秀的漢學研究所分途進行。港臺當代新儒家繼承大陸學者梁漱溟、熊十力、馬一浮的既有研究成果，在創闢心性價值根源，探索道德實踐之形上根據，亦即天人性命貫通的道德形上學基礎上，殊途進展且成果豐碩，影響深廣。此外，方東美機體主義的融合體系以及羅光與吳經熊所拓展的中華新士林哲學的綜合體系，共同構成臺灣、中國哲學研究，分立自足的三系。

二、當前中國哲學研究之優勢與局限（以臺灣學界爲範圍）

　　作爲大學及中央研究院的現代學科之中國哲學，前者自1949年以來已有近七十年，後者已有三十多年。其主要的基底係來自1949年以後大陸來臺的中國哲學學者，分別在中文系以及哲學系所進行教學與研究。在儒、釋、道、墨、法、名、陰陽家等七學派方面積累了不少研究成果及培養一批批後學。在著力較深、

成果較顯著方面，以儒家哲學居首，再依次為道家、佛學和墨、法兩家。就研究的特色而言，隨學系課程結構及訓練重點的不同而有所分別，優點及不足之處互顯。一般而言，哲學系學生經過西方哲學基本課程一套有系統化的訓練，對後續性的西方哲學研究而言有連貫性，但是否能轉軌於內容性質與西方哲學不同的中國哲學研究則成為問題。同時哲學系課程的規劃既以西方哲學的基底為設計，自然排擠了培訓中國哲學人才所應具備的相關文史之背景知識和中國哲學入門工夫的基礎性、系統化的訓練。如是，哲學系的學生對研究中國哲學的基本文獻之辨識及研讀能力較薄弱，典籍材料的蒐集篩選能力較不足，對中國哲學與文化的素養和視域較窄化。然而這些不足之處反而是在臺灣中文系課程訓練下的優點。然而，有趣的是中文系同學未修習過西方哲學的基本課程，對什麼是哲學性的問題，如何在既有的傳統學術資源上辨識具哲學性的精神遺產較不具辨識能力。再者，他們對具有思辨性和批判性的哲學概念之釐清、較嚴謹的論證能力，以及具系統化理論之建構，沒有長期磨鍊的機會。不過臺灣前輩學者如：方東美、牟宗三、羅光、勞思光以及較後輩的學者如：劉述先、成中英、傅偉勳、鄭學禮、沈清松、傅佩榮、李明輝⋯⋯等人受過西洋哲學訓練，又鍾情於中國哲學，他們將其西方哲學基本功力的學養轉投注在中國哲學的研究上，卓然有成，可啟引年輕學者見賢思齊。由於臺灣的哲學界較能有自主性的獨立研究機會，特別是民主化的進程中，政治對學術的干預愈來愈少。因此，臺灣學界在中國哲學研究的論題、方法、形態上呈現多樣多采的局面。就研究成果而言，以儒、道、佛等專家哲學，如：孔、孟、老、莊、程、朱、陸王、智顗、吉藏、僧肇⋯⋯等特定的哲人之著作最多，專題研究及比較哲學較少。在研究的性質上又以中國哲學史的研究為熱點，但是在繼往開來之原創性的成果較少。儘管如此，牟宗三的道德形上學、方東美的價值哲學、羅光的生命哲學、傅偉勳的生死學仍較具代表性。

在此，我們可以較不像當代新儒家那般受人普遍注目的方東美和羅光的中國哲學之研究特色做一簡介。方東美認為中、西哲學看待世界的方式有不同的取向。西方哲學採「以物觀物」的方式，故較側重知識論，中國哲學的終極關懷聚焦於人的生命意義和價值。因此，中國哲學智慧體現在人生哲學這一向度上。簡

言之，中國哲學採取「以我觀物」的進路，照映出人的精神和生命力，他力陳中國哲學採機體論的形上學路向，係「綜之而統，橫之而通」的旁通統貫之生態系統。因此，中國哲學在論述現實人生與價值理想的關係上，他認為「中國形上學表現為一種『既超越又內在』、『即內在即超越』之獨特形態，與流行於西方哲學傳統中之『超自然或超絕形上學』，迥乎不同。」西方哲學所以呈現超絕形上學形態，肇因於採取割裂自然界與超自然界，世俗生活領域與價值理想領域的二分法，形成二元論之困境。方東美以道家為例，他說老子崇尚的「道法自然」的「自然」乃是一普遍生命流行的境界，更進一步而言，道家形上學有超越性，對其人生精神幸福之關注，導引人以「道」為出發點的終極目的，在於將理想境界貫注於現實人生中。他認為《莊子‧逍遙遊》係以詩兼隱喻之象徵性的比、興語，表述北海之大鯤魚化為大鵬鳥而層層提升人對世俗之超越性而臻於理想的人生境界，他詮釋其深層涵義說：「〈逍遙遊〉其精神遺世獨立，飄然遠引，絕雲氣一負青天，翱翔太虛，『獨與天地精神往來』，御氣培風而行，與造物者遊。」「造物者」、「天地精神」皆指謂具無限屬性的生生者或機體宇宙的生命根源所在。〈逍遙遊〉寓意深遠，將人的精神生活開拓出無限可能的豐富美好境界。輔仁大學的羅光對儒家用力最深，成就也很卓越，主要有《儒家形上學》、《儒家哲學的體系》、《儒家生命哲學的形上和精神意義》等專著。他對儒家哲學的研究方法係採取與西方的士林哲學相融合，致力於系統化、周備性的研究。他以「生命哲學」為中國哲學的理論核心，貫穿儒家形上學與倫理學且予以體系化，融鑄成其個人的生命哲學體系。簡言之，他以儒家「生生」的形上學、「仁愛」的倫理學，「誠之」的生命修養工夫，三合一地融會貫通成一系統化的儒家哲學體系，他扼要地指出：「人的生命為天地好生之德所化生，為天地之仁的表現。……（人）知道好生之德的意義，……乃以自己心中之仁，和一切的人物相通，自己一己的生活成為仁的發育，生命和仁相連，仁為生命的根基，為生命的意義。」

三、本書撰寫的動機、目的及論述架構

　　本人於1948年在大陸出生，翌年由父母親抱來臺灣，也可說是政治難民，在父母親含辛茹苦的撫養下，也有段顛沛艱困的生活。在中學時代也處在大陸文化革命及臺灣中華文化復興的反差感受中。在就讀碩士研究生時，曾修習「中國近代思想史」，記憶深刻的是得知嚴復於1897年發表一段論英人赫胥黎天演論的觀點，針對當時多險難的中國國情，提出「物競天擇，適者生存」的歷史法則，可說是震聾發聵，喚醒有識者內心深層的危機意識，乃聚焦於民族存亡、文化振興的時代公共議題。嚴復得自英國現代化的啓蒙思想，不但引發戊戌變法、辛亥革命，甚至輾轉曲折地影響了1949年大陸中央政權的易主，以及兩岸不同的哲學與文化路向。

　　臺灣中學、大學課程對中國近、當代哲學思潮的流變，甚少紹述。本人在大學通識課程上，發現大多數學生不識熊十力、牟宗三、方東美、勞思光⋯⋯等當代哲學人物。甚至哲學系的學生在這方面也甚少接觸，哲學系所能開當代中國哲學課程的學校也不多。檢討原因，主要是較偏重先秦哲學及宋明理學，相較之下當代中國哲學中港臺新儒家較受矚目，在此領域之外的當代中國哲學在認知上甚爲模糊。因此，本人二十年前就抱持一宿願，希望能撰寫出一本規模較完整的近當代中國哲學史。在論述架構上，以19、20世紀之交，中國振衰起弊的維新思潮爲起點，接著分出1949年前後大陸的當代新儒學、港臺當代新儒學，這種分法主要是依照兩岸大多數學者的習常分法。其間，同中之異甚多，例如：馮友蘭被視爲新儒學之一是否恰當？這眞是仁智互間的有歧見之論斷。此外，兩岸被習稱爲當代新儒學的諸多學者，視域開闊，學問淵博，一般人把他們局限於儒家是不太公正的。事實上，他們很多人對佛學、道家哲學，甚至美學，都有深刻的研究成果。因此，本書特別紹述他們對老莊、佛學的研究貢獻，讓讀者們有更開闊的視域。此外，中國近當代哲學的焦點問題，主要是中國在面對西方現代化洗禮後的強權，向中國挑戰時，中國的回應何以虛弱無力？中國的傳統哲學與文化究竟應選擇何種路向？書中呈現了中國當代哲學在面對外來多元文化差異的較勁，以逐

漸走向成熟的哲學與文化理念，尋求開放、包容和相互學習，截長補短式的會通調和來開展突破性的創進路向。因此，本書第四篇設定「哲學的文化價值論」及第五篇「世紀之交的思想人物」，呈現在這個大時代的一些人文學者如何縱貫古今，橫看中西，各抒智慧之見。

四、對中國哲學研究之未來的展望

我們面對中國哲學的研究，應該回顧過去，立足當前，展望未來，在此擬提出幾個富願景性的建言。

1. 對中文系、漢學研究所長期累積出來的中國哲學典籍文獻的研究成果應予以肯定和珍視，在這些既有研究成果指引下，在原典研究的根上下才能厚實，對古典文字的解讀能力才能較準確。此外，對前人辛苦整理編定的工具書，如中國哲學辭典、中國哲學史史料史或資料書，不但要持續做下去，且應充分利用。因此，哲學系、或所治中國哲學的同學應自覺地修習這方面的課程，在這方面的研究者能承先啓後的延續不息，亦即要加強文獻的研究法和歷史的研究法。

2. 對西方哲學研究者的哲學性問題意識之營造，哲學性問題的提法、問題之屬性分類（形上學、知識論、價值哲學）應認真學習。對其哲學概念之思辨、批判、分析和精確界說、命題的證成、概念之間、命題之間如何進行其間關係的推論，特別是分析的精巧性，理論嚴密建構的系統化，均應反覆觀摩和採取實做性的練習。

3. 中國哲學的核心價值既然是安身立命的人生哲學以及關懷一切生靈，安頓群體生命的普世性生命哲學，則我們面對中國哲學的未來，不但要發展出其如西方哲學般地有學術架構的嚴密性、系統性，更應以開放的人文心靈珍惜自己和他者的生命，對生活有熱忱，對一切生命有美好的願景。換言之，中國哲學應以情理感通的心靈在生活世界中對一切生命有情境脈絡的實存性體驗。就其實質內涵而言，中國哲學應在自我的生命歷程中，自覺性的有靈修的工夫，同時應開

放百川納海的心胸，大其心以體天下之物，學習儒家的「民胞物與」、「一體之仁」的崇高情懷，道家「道法自然」、「與天地並生，與萬物爲一」的天地境界，以及佛學轉識成智、發大慈悲心、悲體同運、普渡眾生之生命情操。明末東林書院所云：「風聲、雨聲、讀書聲，聲聲入耳」、「家事、國事、天下事，事事關心」可說是學習中國哲學者所應兼備的價值理想和人文生命素養。此外，我們也應該在生活世界中涵養出深厚的中國文化底蘊和韻味，深入中國心和中國情，密契文化傳統中的各種心靈境界。

4. 在資訊發達、無遠弗屆、經濟全球化、人類命運相互關聯而一體化的當今世界，中國哲學的未來發展，不應墨守成規於傳統既有的課題。中國哲學應走出傳統，面對時代和世局，開拓出具時代性的好論題，如社會公義、環境倫理、公共精神、公民社會與公民責任、民胞物與的兼愛倫理等時代共同的人類精神性需求。此外，哲學與文化的交流交往是民族生命智慧的生長激素。若中國文化在過去不接受和消化外來的印度佛學，則不會使中國哲學與文化醞釀成儒、釋、道如此豐富多彩，深刻雋永的精神富源。因此，中國哲學的未來不但應與各種有價值的西方哲學相遇相知、雙向溝通、互補交融，也應擴大視域與西方之外的世界其他民族的傳統文化和哲學交往，注入新血輪、活化生機，使中國哲學在未來能發展成有容乃大的，具世界性眼光和水平的人類共命慧。我們共同企盼中國哲學的研究發展對人類的精神生活能邁向理一分殊，共存共榮的圓融境界，且共同努力地爲這一理想善盡一份職責和心意。

本書的撰寫歷程前後歷二十年，跨越筆者在政治大學哲學系及中國文化大學哲學系的服務時期。其間，本人家庭也歷經父親曾存道先生、母親楊蓮英女士、哥哥曾春潮先生的逝世。本人今年滿七十歲，七月退休告別杏壇。因此，本文專書的完成饒富紀念性意義，特別是可資告慰惠我良多的父母親及哥哥的在天之靈。

曾春海

謹識於臺北陽明山中國文化大學哲學系

2018年6月6日

目錄

附　錄

第一篇
振衰起弊的維新思潮

第一章　嚴復（1854-1921）

第一節　前言

　　中國傳統學術思想與生活文化邁向現代化的轉折和轉化是條淵遠且問題叢出的曲折路，哲學的轉變更具深層性和困難性。嚴復是清廷1872年派出一批赴美國留學生後，於1877年再派出的第二批留學生，遠赴英國，這批學生全來自福州船政學堂。從當時外交部移交海軍部的履歷上載曰：「福州船政學堂艦船實習艦長德勒塞對他的評語是：『非常優秀的軍官和領航員』。」[1]他入學格林威治的皇家海軍學院（Royal Naval College Greenwrich）。除了認真學習專業知識和技能外，他對比英國遠較落後、貧弱的中國所突出的文明社會感受強烈。美國已故的哈佛大學教授史華慈分析：

　　　　在被送出國去學習某些專業知識的留學生中，那些最富天才的，很少能
　　　　夠始終保持毫不旁騖地研究既定專業的心態。與富強的東道國相比，中
　　　　國那極其不能令人滿意的整個現狀，不可避免地把他們的注意力引向專
　　　　業之外的普遍問題。這個問題……就是西方富強的祕密是什麼？首先是
　　　　英國富強的祕密何在？……引導嚴復熱切地考察英國的政治、經濟和社
　　　　會制度，並且最終導致他全神貫注於當時英國思考。[2]

在嚴復之後的孫中山、魯迅亦然，在外國留學時，未等到畢業就把所關注的問題延伸到更深廣的哲學、歷史與社會科學中的政治、經濟、社會等問題。

　　嚴復在其英國留學生涯中，不斷專精於專業學科的知識與技能，且對中西方

---

[1]　參手代木角兒，〈嚴復的英國留學──其軌跡和對西洋的認識〉，載於《中國──社會與文化》1994年，第九號，頁172。

[2]　史華慈，《尋求富強：嚴復與西方》，江蘇人民出版社，1995年，頁25-26。

的哲學與社會文化也獲到了一些眞知灼見。他所以能成爲兼通中國傳統文化與西方近代文明的啓蒙思想家，與他在英國的學思和親身見聞經驗有極密切關係。

第二節　對中西文化之批判

一、對政治觀念及歷史觀之比較

嚴復從多層面來觀察中西文化對比下的差異，當然他看到的當時英國文明在1877年時已遠勝過富強的早期典型，我們可以先從差異性最顯著的中西歷史觀和政治觀論述。首先在史觀上就呈現出兩方在新舊、古今、進步和因循上所持的不同態度來對顯不同特點。西方學者多持歷史的進步觀，相信歷史是不斷向前進步的，人類的未來是可以持美好之憧憬的。西方人對歷史的發展視爲不可逆轉的線性之時間歷程，在中國學者的史觀上，常對現實不滿而托古改制於遠古的理想性描述，且將歷史的歷程多視爲治亂循環的規則，嚴復說：

> 嘗謂中西事理，其最不同而斷乎不可合者，莫大於中之人好古而忽今，西之人力今以勝古；中之人以一治一亂，一盛一衰爲天行人事之自然，西之人以日進無疆，既盛不可復衰，既治不可復亂，爲學術政治之極則。[3]

---

[3]　嚴復，〈論世變之亟〉，《嚴復集》，第一冊，頁1。北京中華書局，1986。

中華文化中常見的朝代換替之治亂循環的歷史宿命觀，或許因爲秦漢以來政治體制越來越專制、腐化，形塑出超穩定的皇權結構，禁錮了知識份子不敢做破壞體制內的改革，而無法在政治制度設計上打破專制禁忌，提出主權在民，尋求一客觀化、理性化的常軌性政治運作之制度。西方近代民主政治思潮的湧現，集思廣益於批判傳統制度之弊，謀新制度之日新又新，企求穩定而進步的政治運行常軌。

次則論及中西的政治權力之特質及所衍生的人權價值觀之對比。嚴復認爲西方近代走上民主憲政的政治型態，不論當權者或人民皆具權利主體的身分，君主的尊卑意識逐漸淡薄，肯定凡人皆具有不容侵犯人格尊嚴的人權，亦即作人的權利。因此，當權者不得無故逾距地侵略他人人權，至於東方（主要指中國），嚴復說：「至於東方，則其君處於至尊無對不諍之地，民之苦樂殺生由之……此東西治制之至異也，聞之西哲曰，西之言論理也，失義而後仁，各有其所應得也，東之言倫理也，失仁而後義，一予之而後一禍也。」[4]西方之君主只代表政治上的最高權力者，只做公共政策的價值判斷和取向，不統率其開放社會的多元價值，其權力只限定在政治領域。中國有政教合一的傳統，君主不但在政治領導上作人民之君，且在負天下教化之責上，作人民之「師」，如此則超過專業或不同文化範疇的分化與相互尊重。因此，集權政治延伸至對文化及社會價值觀的宰制。由於帝制世襲，則政治的前途操於一家一姓，又無取得仁智雙攝的政治菁英之必然性。理想義的神話式聖王或聖人被賦於過度的期望，使實然之君承擔不起神聖的天職，在力有不逮的實情下，則走上了以威權濫權的不理性之途了，漢代以來不靠譜的三綱政治體系可爲例證。以司法而言，中國的天子掌最高的決斷權力，西方則採司法獨立制，不淪爲最高政治領導人的御用工具。

在標榜聖君明相的傳統文化下，任勞任怨的政治領導承擔了幾近「無限的責任」導致敷衍推卸，便成「無責任」，因爲沒有法定權力可資以追究政治責任的

---

[4]　嚴復，〈《法意》按語〉，《全集》，頁976。

歸屬。蓋統治中聚集了大權，臣屬及人民成為權力的弱勢國體，只有「無限的義務」，於是在責任不對稱的情況下，缺乏公共意識和公共事務的責任心。就立法權而言，西方講究程序正義，立法是君民共立，共同遵守。中國傳統的法制，則係君為民立的單向作業，當權者以權力立法來遂行其意志，宰制人民。以賦稅正義為例，西方建立理性的、具社會正義的機制；把納稅視為理所當然，自覺地承擔義務，且依法享有公共建設及社會福利的權利。中國人則無法享受賦稅正義及社會福利之反饋，把賦稅視為外在的剝削，即額外負擔，以不逃漏稅為恥。

二、對中西社會文化之評論

嚴復對中西文化差異之評價，立基於企求將中國由貧弱轉折於富強之路，他針對中弱西強的對應點來評論中西文化之差異點，主要有以下幾點。

1. 西方文化在群己關係中重視個人的消極自由與積極自由，中國文化忽視法律所保障的個人自由。在自由的機會中，中國文化較重視「恕」和「絜矩」的私德之自由，未意識到公共領域，亦即人外部政治、經濟、社會生活上的自主自由權。

2. 中國社會承周世宗法倫理的影響，注重男女之別、長幼上下，內外的親疏貴賤之別。西方重視人與人在法律上的平權地位，主張民主法治上的自由權與平等權。

3. 中國承宗法倫理的傳統，主張以孝道治天下，西方承襲希臘邏輯理性、知識理性的傳統，注重論證推理，主張以公共理性和集體意志在公共領域生活中建立公共規範倫理。

4. 中方尊主，西人寵民；中方貴一道而同風，西人喜黨居而群處。

5. 中方揚善於公堂，規過於私室，甚至忌諱對人的批評，西方就事論事，傾向公開的辯論和理性的批評及說服力。

6. 在經濟生活上，中方崇尚淳樸的美德，重視節欲而節儉用度，西方人重視開發富源，追求感官欲求的消費享樂。

7. 在待人接物社會生活上，中國文化較重視謙虛的美德，缺乏自我肯定和激勵。西方人追求自信，公開地為自己的成就感到驕傲。換言之，中方重內斂，西方種表現。

8. 在知識上中方較肯定傳統學問之累積，西方較傾向創新知識。

9. 在心態上，中方較保守認命，西方人較能向命運挑戰，追求積極奮鬥，勇往直前的人生價值觀。

第三節　以開放的心靈學習西方富強之道

嚴復以留學英國的見識和生活經驗，反對中國某些知識份子所持的「華夷之變」，駁斥張之洞的「中體西用」說。張之洞認為中國傳統文化的社會政治體制及綱常名教優越於西方，西方值得中國學習者，應局限於西方的科學和技術領域。嚴復認為對中華傳統文化當採批判地繼承，對西方文化應採有鑑別性的、全方位的擇優吸收和有機地轉化。他說：

體用者，即一物而言之也。……中西學之為異也，如不同種人之面目然不可強謂是也。故中學有中學之體用，西學有西學之體用，分之則兩立，合之則俱亡。議者必欲合之而以為一物。且一體而一用之，斯其文義違舛，固已名之不可言矣，烏望言之而可行乎？[5]

「體」意指理論或觀念，「用」指運作實務性的制度、法規、技能。「體」與「用」之間有蘊含的關係。「體」蘊涵「用」。因此，中「體」蘊涵中「用」，西「體」蘊涵西「體」，中西文化的交流與融合，應在批判的繼承與創造性的轉化原則下，相互取人之長以補己之短，互為體用為宜。

　　自清朝頻遭列強凌辱、喪權辱國以後，激發了中國知識份子尋求救國富強之路。林則徐主編《四州志》、《華事夷言》，魏源纂《海國圖志》，19世紀7、80年代，鄭觀應《易言》（即《盛世危言》）首先提出中國應向西方學習經濟學、政治學，倡言「藏富於民」、「開議院以通下情」等等，皆尋求由理論明具體的復強之路。在急進求變求新的需求下，康有為提出「公羊三世說」之歷史觀、「大同」說、「托古改制」思想，譚嗣同著《仁學》主張人權平等。他們的立意雖佳，卻欠缺理論的成熟度。梁啓超《清代學術概論》評論說：「於此種學問飢荒之環境中，冥思枯索，欲以構成一種不中不西即中即西之新著作。」這種論調不能滿足知識份子對具有說服力之理論要求和迫切對世界先進思潮的求知欲望。此時，由英國留學回來，經過西方先進文明洗禮的嚴復自覺地回應了時代對復強思想的理解需求，精選譯出《天演論》、《原富》、《法意》、《穆勒名學》及其《群己權界說》這五本對中國理解西方先進文明，促發中國邁向富強之路的啓蒙性思想名著。他的譯著為中國人開啓了新的世界觀，產生了持續性的深刻影響，使他成為近代中國主要的、前驅性的啓蒙思想家。他譯出《天演論》，紹術「物競天擇」說，譯《穆勒名學》引介歸納邏輯和實驗科學之研究方法，譯《原富》、《法意》等等資本主義的經濟、政治基本學理，旨在論證西方資本主義的富強，其關鍵不在「船堅砲利」的「形下之跡」，亦不在於「善算計」、「善機巧」之類的工具理性之運作，而在於「學術則黜偽而崇眞，於刑政則屈私以為公。」（〈論世變之亟〉）。換言之，「黜偽而崇眞」的自然科學方法和「屈私以為公」的民主政治制度才是西方列強先進文明之根本理念。他的啓蒙思想運動終孕育出五四新文化運動所高唱的科學與民主。就嚴復的啓蒙思想對學界產生波動效果方面，主要是《天演論》的世界觀及歸納邏輯的科學方法論。

　　嚴復回國後，在天津水師學堂期間（1880年任水師學堂總教官，工作了20

餘年）開始研讀西方名著。他在1881-1882年閱讀斯賓賽（Herbert Spencer, 1820-1903）之作品。中日甲午戰敗後，覺悟到應該「多看西書……是眞實事業」，可理解「治國明民之道」。[6]沒多久，他就開始從事翻譯工作，爲他獲得極大名氣的首部作品，就是1885-1898年譯出的《天演論》。他的至友呂增祥、師友吳池綸等對他這本譯作貢獻了一部分的新力。[7]特別是吳汝綸的節本對《天演論》從「優勝劣敗」的法則，用在國際政治上的意義來理解該書，對知識份子產生極大的作用。

第四節　《天演論》及《穆勒名學》的科學研究方法

　　中國不僅在鴉片戰爭中失利，更在甲午戰爭敗於日本，導致歐洲列強大受鼓舞，企求在中國境內劃分殖民勢力範圍。中國在被列強瓜分下，已淪爲孫中山所謂的「次殖民地」之國際的最弱勢國家之一。但是清政府當權派的保守派仍執迷於「天朝上國」的自戀情結，抗拒不利自身既得政治利益的改革。知識界許多士大夫們亦同樣以固陋的心態，自認爲中國是聖聖相傳的禮儀之邦，愚昧無知地抱殘守缺，空談夷夏之辨。嚴復以時代的危機感和憂患意識，爲了喚醒茫然無知的國人，乃具針對性的大力介紹達爾文、斯賓塞的人類進化之理論。他強調社會進化是各國均不可抗拒的、客觀的、具普遍性之規律。這一具實證性的經驗法則是

---

[6]　《嚴復集》，頁780。

[7]　吳池綸刪節的嚴復譯本《天演論》在出版後頗受歡迎。當時有些學校即採用該書爲國文教科書。1905年，15歲的胡適（1891-1962）在上海澄衷學堂就讀時，就讀過這一國文教件，見其所著〈四十自述〉。

雖中國聖人也無法改變的運會和鐵律。他警惕國人的憂心宛如林正徐、魏源等人向西方學界尋求富強的學理。嚴復在政治路線上與革命派對西學的心態存在著政治路線之對立性。一些革命派人士宣揚盧梭和天賦人權、民主共和理論。嚴復持一貫的反對看法，他認爲那些見解缺乏歷史的實證性，他認爲人權、民主、平等是人類歷史進化的產物，他舉動植物存在物競天擇法則以及美洲紅人、澳洲黑人的歷史悲劇命運爲例證，對處在危急之秋的國人提出嚴厲警告。他接受、宣揚斯賓塞的物競天擇規律，甚至用之駁斥赫胥黎的人性本善，以互助倫理來促進社會進化的說法。

達爾文「物競天擇」的進化論係由馬爾薩斯人口論得到一些啓發，但是他並不主張其所論述的生存競爭規律亦適用於人類社會的進步。赫胥黎是達爾文主義的追隨者，但是他不認同人類的社會倫理法則等同於自然界的進化論。赫胥黎認爲人類有天良，能相親相愛，互敬互助。嚴復《天演論》的譯書名，只用了赫胥黎的《進化論與倫理學》原書名的一半。因爲他不同意赫胥黎把實然的自然界之進化論對人文社會界應然的倫理原理或德規範截然分割。嚴復所譯的《天演論》不但是節譯本，且是一本將原書有所取捨、評論和改造的意譯本。

但只取其自己物競天擇法則一體適用於自然界與人文社會界，對彼時中國奮發自強的需求有針對性，這也是其譯本能產生廣大回響的原因。例如：他在議論赫胥黎「人心常德，皆本之能相感通而後爲，於是是心之中常爲物爲以爲主宰，字曰天良。天良者，保群之主。」（卷上導言十三，制私）處，下批判性的按語說：「然其所論群道由人心善感而立，則有倒果爲因之病，……善群者存，不善群者滅。善群者何？善相感通者是，然則善相感通之德，乃天擇以後之事，非即始之即如是也。……赫胥黎執其末以其本，此其言群理所以不若斯賓塞之密也。」對嚴復而言，赫胥黎指稱的人類「善相感通」的道理以及「天良」所表現之相愛互助，團結合作以「保群」乃是「天演」之結果，不是因，不能倒末爲本。當然就某方面談，他的這一批判是通不過道德形上學信念的。

在社會學原理上，嚴復認爲赫胥黎的論旨不及斯賓塞，不是達爾文的信徒，有趣的是他積極倡導社會達爾文主義。他在達爾文《物種起源》一書出版

前，就提倡普遍進化原理，他一方面主張極端的自由主體、個人主義，但是另方面又斷言社會有若生物的有機體。他根據前一立場而主張爲了保障個人求生存的自然競爭權利，政府不應該予以任何干預和限制。但是根據他後一觀點，他又將政府的功能視爲生物體的中樞，把個人看作社會機體的成員，不能因個人享有無限制的自由而影響整體的生存發展。但是社會機體的進化又先賴於身體細胞的活化、更新。他把社會比擬於生物體，已不是成熟妥適的庸俗理論。斯賓塞所謂「力」、「生命」等等，概念含糊不夠清晰，他的進化論哲學也有許多前後不一致的矛盾處，他只是流行於19世紀後期英國哲學界的著名哲學家。

　　嚴復在國人的知識方法與原理上的教育特別重視，他主要憑藉英國經驗論學派，培根、洛克和穆勒的治學方法做爲知識和治學方法論的張本。他所心儀的是「黜僞而崇實」的自然科學方法，特別是以歸納法爲主的實然科學方法。他將當時中國推行的德育、智育和體育的教育素質落後，歸究於導致缺乏政治變革的實行基礎且歸因於認識論上持主觀唯心論有關係。斯賓塞是強調「即物實測」的實證主義者。斯賓塞的社會機體論主張國家之富強取決於國民在德、智、體三育的素質高低，特別注重個人在經濟上、思想上、言論上的自由、競爭和發展，這又與去僞求眞的認識原理、治學方法有密切關係。他把國家富強之基本原因歸究於科學知識之研究與科學技術的研發，亦即培根所倡導之哲學認識論上的經驗論和實事求是所依賴的歸納法。嚴復稱爲「實測內籀之學」。他在〈原強〉一文中說：「實測其爲學術也，一一皆本於即物實測」一切科學知識之探索從觀察事實的實際經驗出發。他指出中學不如西學的根本問題，在於中學只從傳統的「古訓」、教條出發，「不實驗於事物」、「不察事實，執因言果，先以一說，以概餘論。」（《穆勒名學》部甲、部乙按語）。嚴復與康有爲等人欣賞陸王心學不同，他立基於經驗論嚴厲批判陸王心學的唯心先驗論。他在《穆勒名學》中謂：「良知良能論說，皆非穆勒之所屬」（部丙按語）、「公例無往不由內籀（歸納法）；……無所謂良知者矣。」（部乙按語）。事實上，嚴復混淆了事實判斷及道德價值判斷在哲學問題屬性上不同，前者是知識理性，企求自然因果法則，後者屬實踐理性或道德心靈，討論的課題是道德的因果法則。儘管如此，就當時以

發展科技迎頭趕上歐美的國富民強之時代需求而言，他對邏輯與知識論的評介仍
有其時代相對的正面意義。他說，一切真理必需通過歸納法而獲致。他說：「內
籀者，觀化察變，見其會通，立爲公例者也。」（《原富》議事例言）、「西學
格致⋯⋯，一理之明，一法之立，必驗之物，事事而皆然，而後定之爲不易。」
（《救決論》）他針對中學與西學的落差作了一強烈的對照，他列舉中國傳統的
科舉八股文作法、漢學考據、宋學義理，以及辭章、書法、金石等等「舊學」、
「中學」，斷言爲：「一言以蔽之，曰無用」、「曰無實」（同上）。他進一步
解釋說：「舊學之所以多無補者，其外籀（演繹）非不爲也，爲之又未嘗不如法
也；第其所本者，大抵心成之說」（《穆勒名學》部乙按語）。他認爲中學根本
問題在於不注重客觀事實的觀察，不從歸納法出發，不訴諸客觀事實的論證。他
在《天演論》卷下論十一學派按語指出，培根、牛頓、伽利略、哈維用歸納邏輯
方法才獲致近代自然科學的巨大成就，這才是中國所應學習的根本。顯然，嚴復
當時急於救中國登於富強之列，太側重自然科學學科領域；忽視了人文學科與社
會學科在研究對象、性質、範圍和方法上與自然科學分屬不同的研究領域和知識
之性質與價值。他將人文學科屬性判爲「舊學」、「中學」因缺乏實證和工具理
性的功效而判爲「無用」，顯然是視域太窄，學術胸襟偏狹的過激之論。他不了
解陸王心性之學對安身立命的人生終極意義及價值的探尋和安頓有其不可或缺的
價值。同時，他也未區分，工商致富所獲致世俗性物質生活的幸福與傳統中國哲
學追求超越世俗幸福層次之區別，他對追求超世俗的精神幸福缺乏相應的、深層
的理解。

第二章　康有爲（1858-1927）

　　康有爲（1858-1927），字廣夏，號更生，廣東，南海人，曾獨居於南海之西樵山，治陸王，佛典及史學。後至香港、上海，治西方學術，思想大轉變，曾參與「戊戌政變」，著述頗豐，主要的哲學著作有：《新學僞經考》、《孔子改制考》、《孟子微言》、《春秋筆削大義微言考》、《春秋公羊傳注》、《大同書》等，他是常州派經學出色的學者，主經世致用，倡「變法維新」企求救亡圖存，擬援引西學改造傳統儒學，採賦予儒典現代化意義之理解與詮釋的「古經新解」途徑，轉化出儒典時代的生命力。他的求新求變之創意，就以新的時代視域詮解經典，將傳統三綱五常的宗法倫理，改造成社會開放，民權伸張的新思維、新秩序，成爲中國由近代邁入當代之啓蒙運動的思想領航者。值得注意的是，康有爲視儒家爲民族精神之寄託、中國之國魂，把孔子之學稱爲孔教，視孔教爲國教，孔子是教主。他所尊崇的儒家非先秦孔孟時代做爲諸子百家之一家的純儒，而是經過幾千年曲折發展，兼融並蓄諸子百家，且與佛教、基督教具相通性、相融性的晚清儒學。這時期的儒學在樸學學風貫注下，集中國傳統禮樂教化之大成，其內容涵蓋哲學、歷史、文化、政治、宗教等多樣化的領域，對異質的佛教、基督教亦有相當的開放性和消融力。以儒佛關係爲例，他認爲佛教的核心思想不是「空」而是「心」，他的弟子梁啓超說：「先生於佛教，尤爲受用者也。先生由因明學以入佛學，故最得力於禪宗，而以華嚴宗爲歸宿兮。其爲學也，即心是佛，無得無證。」[1]不但如此，梁啓超還指出康有爲「乃盡出其所學，教授弟子。以孔學、佛學、宋明學爲體，以史學、西學爲用。」[2]在儒耶關係上，康有爲有批判性的吸納，且一以貫之的獨尊孔教，梁啓超予以切要的紹述說：

　　先生於耶教，亦獨有所見。以爲耶教言靈魂之事，其圓滿不如佛；言人間世之事，其精闢不如孔子。然其所長者，在直捷，在專純。單標一

[1] 梁啓超，《南海康先生傳·宗教家之康南海》，易鑫鼎編，《梁啓超選集》，北京：中國文聯出版社，2006年版，頁746。
[2] 同上註，《南海康先生傳·修善時代與講學時代》，頁738。

義，深切著明，曰人類同胞也，曰人類平等也，皆上原於眞理，而下切
於實用，於救眾生最有效焉，佛氏所謂：「不二法門也」。雖然，先生
之布教於中國也，專以孔教，不以佛、耶，非有所吐棄，實民俗歷史之
關係，不得不然也。[3]

康有爲所以重視宗教乃著眼於宗教對眾生平等之慧眼，但是有鑒於凝聚統合中國
民族文化之精神，他建議政府成立教務部以提倡孔教。這是他順應歷史文化之深
遠傳統以及根深柢固的民族本根性性格，呼籲以孔教治中國。他體認到綱常名教
的流弊在於爲君－父－夫等尊位者易宰制臣、子、妻等居卑下位分者，導致居卑
下角色者受歧視、欺凌，人與人之間不平等的負面現象。西方的民主與人權注重
人與人之間的平等和相互尊重。康有爲認爲基督教倫理中的博愛精神可矯治中國
宗法倫理中所衍生的不平等陰影。他認爲儒家的「仁」之特質在「愛力」、「愛
質」、「吸攝之力」和「不忍之心」可與西方的自由、平等、博愛精神銜接，甚
至更有優越處。他特別重視孟子的性善說與不忍人之心的仁愛說、「良知」、
「良能」概念，反感於荀子的性惡說。梁啓超因此評康有爲：「先生之哲學，博
愛派哲學也。」[4]

此外，康有爲還援法國盧梭的天賦人權說，來詮釋孔子對人一視同仁的仁
說與孟子的性善論。他闡釋孟子的性善說表明了人人具有自由、平等之權，這
些權利是與生俱有的、天賦的。如是，性善說成爲康有爲仁說的理論核心，他更
進一步的將孔子的「仁」與孟子的「不忍人之心」結合成「不忍之心」這一複
合概念。他從性善論的立基點和思路，對《論語》、《孟子》、《中庸》、《禮
記》、《春秋》及《春秋繁露》等儒家經典開拓新的視域和詮釋。因此，對康有
爲而言，儒家內蘊超時空的普世價值，可在不同的朝代、地域賦予具時代意義的
詮釋。康有爲把儒家的宗教性提到最高點，以具教化義和宗教義的雙重涵義重新

---

[3] 同註1，頁747。
[4] 同前註，頁748。

定位儒家為救世救人的儒教，與德哲康德所言，人只有受過教育才能成為有德行的人相契合，儒家成為具教化性的宗教。

　　康有為在援西學重新詮釋儒典以推展維新變制的改革思想啓蒙運動中，他採格義的方式，以西學別開新面地詮釋《春秋公羊》之「通三統」，謂孔子託古改制之創新思想在《春秋》，而微言大義則寄寓於《春秋公羊》，孔子託古改制之微言大義的焦點乃在《春秋公羊》之「通三統」，謂夏、商、周三代（三統）之所以不同在於隨時因革，而有「張三世」說。「三世」者，指「據亂世」、「升平世」、「太平世」，其中「升平世」即《禮記・禮運》之「小康」，「太平世」則為「大同」。他在「戊戌政變」之前認為二千年來的中國政治只是「小康」。在「戊戌政變」之後，改認為非「小康」而是「據亂之世」，他說：「三世之說，不誦於人間，太平之說，永絕於中國，公理不明，仁術不昌，文明不進，昧昧二千年，瞀焉惟篤守據亂世之法，以治天下。」[5]至於他所憧憬的理想社會「大同」則類比於美國、瑞士，所謂：「削除邦國號域，各建自主州郡，而統一於公政府者；若美國，瑞士之制是也。……於是無邦國，無帝王，人人相親，人人平等，天下為公，是謂『大同』，此聯合之太平世也。」[6]三世之說傳於漢代何休，康有為以「托古改制」、「微言大義」來援西學入儒，啓蒙國人維新改制的思相有二層意涵。其一是對孔子撰《春秋》乃托諸先王以行「素位改制」的漢儒說法認可，另一方面則將己意寄言於先聖、托孔改制說。他以西方政治的三階段演變來格義何休的春秋公羊三世說，以「據亂世」對接君主專制體制，以「升平世」對接君主立憲體制，以「太平世」對接民主立憲的共和憲政體制。他的目的在使儒學成為其維新變法主張的歷史正當性和理論依據，將儒學推向近現代化思想之轉型。然而，不可諱言的是，他的《大同書》與中國歷史的現實條件格格不入，只呈現為空調的「烏托邦」式之理想，也與其想維護的君主政統和道統不符合，《大同書》數十萬言，旨在說明人生由苦轉樂、由惡轉善之關

---

[5]　康有為，《春秋筆削微言大義考・自序》，作於1901年。
[6]　見康有為，《大同書》。

鍵在否定產生亂源的家族制度和私有財產制。然而，由歷史實然面觀之，中共人民公社及文化大革命的失敗可說是康有爲不務實際之過分理想化社會乃行不通的明證。

第三章　梁啓超（1873-1929）

梁啓超（1873-1929），字卓如，號任公，又號飲冰室主人，廣東新會人，從學康有爲於萬木草堂，習《公羊》大義、周秦諸子、佛典、西方近代經世之學，參加變法維新運動，辦「新民叢報」、「國風報」鼓吹立憲政治及變法革新之旨。他好學博聞，思想不易被人精準的把握。他在所著《清代學術概論》一書中自敘說：「啓超『學問欲』極熾；其所嗜之種類亦繁雜。每治一業，則沉溺焉，集中精力，盡抛其他；歷若干時日，移於他業，則又抛其前所治者；以集中精力故，故常有所得；以移時而抛故，故入焉而不深。」梁啓超對學術，特別是新思潮有廣泛而濃厚的興趣，因此不斷的與時偕行而有在論點上前後的不同。他與他的老師康有爲呈現了許多見解上的不一致，例如：康有爲認爲古文經是劉歆所假造，非孔子之學，今文經爲孔子之學；梁啓超則認爲今古文皆荀卿之學，皆非孔學。梁啓超在民國成立東渡日本後，已不言康有爲的《新學僞經考》與《孔子改制考》兩書。康有爲倡議設立孔教會以及定爲國教，且有祀天配孔諸議，梁啓超在崇尚客觀的眞理及學術思想自由的前題下，反對康有爲的倡議和託古改制作法。

梁啓超具代表性的獨特見解在提倡培養富時代精神之「新民」說。他在《飲冰室文集》說：

> 苟有新民，何患無新制度，無新政府，無新國家。……新民云者……在
> 吾民之各自新而已。孟子曰：「子力行之，亦以新子之國」，自新之謂
> 也，……今日欲抵擋列強之民族帝國主義，以挽浩劫而拯生靈，惟有我
> 行我民族主義之一策，而欲實行民族主義於中國，捨新民未由。

他所謂「新民」之道旨在吸收西學及時代需求以補足中國文化所本無者。他認爲對西學的理解和吸收不能只局限在政治、學術、技藝方面，更要習人之長以重建中國之民德、民智、民力。換言之，他極力主張要學習西方的「公德」觀念來重構中國的新思想、新道德、新精神。他當時認爲中國的國民最缺乏社群團體生活所必賴的公德心，他認爲舊倫理著重私領域中私人間的事務。中國社會在轉型之

際所需者爲新倫理，主要內容爲家族倫理、社會倫理和國家倫理。新倫理要求下的「新民」所注重的是個體與群體間的公共事務。公共事務講求公德，他在《飲冰室文集》中切要地說：「公德者，諸德之源也，有益於群者爲善，無益於群者爲惡，⋯⋯知有公德，而新道德出焉矣，而新民出焉矣。」他認爲中國數千年來的宗法社會，只有家庭觀念，缺乏國家觀念，只計一己之利害而不知公共道德，群體的利害。因此，他主張建立新道德，培養公民社會的「新民」，首先應打破數千年來的家族觀念，建立國家觀念。其次，「新民」應學習中國人較欠缺的冒險進取的精神。他認爲歐洲民族優強於中國者，進取冒險的精神這一要素格外重要，孔子「危邦不入，亂邦不居」的觀念，使中國宗法封建的社會趨於保守，養成知足的心態，欠缺西方人進取冒險的創進精神。

　　此外，他的權利思想及自由論也有獨到處。中國傳統的帝王專制及三綱倫理的宗法封建倫理，由來已久，百姓已根深柢固地習於服從權威，缺乏權利意識。在梁啓超的時代，列強入侵中國，割據膠州、旅順等六、七個軍港，八國聯軍攻入北京，國民在喪權辱國下，仍欠缺普遍的國家權利之抗爭意識。因此，他要激發中國人的權利意識，建立爭權利的新觀念，打破數千年來的奴化性之服從固習，做一能捍衛人爲了生存所應有之權利的「新民」。他在《飲冰室文集》中說：

> 「權利何自生？曰生於強⋯⋯古希臘有供養正義之神者，其造像也左手握衡，右手提劍，衡所以權權利之輕重，劍所以護權利之實行。」權利之目的在和平，而達此目的之方法，則不離戰鬥，有相侵者則必相拒，侵者無已時，故拒者亦無盡期，質而言之，則權利之生涯競爭而已。⋯⋯欲使吾國之國權與他國之國權平等，必先使吾中國人人固有之權皆平等，必先使我國民在我國所享之權利，與他國民在彼國所享之權利相平等。

首先將西方自由觀念以學術思想紹述於中國者是嚴復，但是他所譯英人穆勒所著

《論自由》（*On Liberty*）文字古樸不易讀，流傳不廣。梁啓超以其「筆鋒常帶情感」的文字書寫性格，對讀者頗具吸引力。因此，他所紹述的西方權利、自由等政治、學術思潮，頗受人歡迎而成爲當時廣大青年學子思想啓蒙的著作。梁啓超於1902年「新民叢報」上發表具深遠影響的〈新民說〉，其中有一節「論自由」簡明扼要地闡明了他當時的自由概念。其主要論點是：「自由」可分爲個人自由與團體自由兩種。純粹的個人自由是人類處於野蠻時期的僞自由，只有在文明社會法律規範下的自由才是眞自由。質言之，眞自由是文明的自由，團體下的自由。因此，現代化的文明國家當透過法律，規範國民言行而從事對外競爭，對內確保各種社群生活之自由。他說：「團體自由者，個人自由之積也。」[1]他認爲人不能離開團體而獨自生存，個人自由當由團體來確保。個人所意欲者，當其意志與目的若能契合所屬團體之意志和目標，則個人自由不但不與團體自由不相容，且可相輔相成，彼此相強化。他闡釋東漢經學家鄭玄注「仁，相人偶也」，謂：「仁之概念與人之概念相涵。人者，通彼我而始得名，彼我通，乃得謂之仁」[2]他深信人類係由佛家所言之「業力周徧」[3]相互影響而形成一能夠相互感通的整體。他認爲每一人對自己和全人類具有一份作用及責任，不但要完成自我人格，也應實現整體人類的普遍人格。儒家的「仁」就是普遍人格的發展和實現。他總結地指出「要彼我交感互發成爲一體，然後我的人格才能實現」、「宇宙即是人生，人生即是宇宙，我的人格和宇宙無二無別，體驗得這個道理，就要做『仁者』」[4]他的「自由」與「仁者」兩概念相資互發互攝，對人生命的莊嚴及深遠之意義具有無比的啓發性。

---

[1]　梁啓超，《新民說》，臺北市：中華書局，1959年臺1版，頁46。

[2]　梁啓超，《飲冰室文集》，臺北市：中華書局，1978年臺2版，卷39，頁117-118。

[3]　同上註，頁98。

[4]　同上註，頁107。

第二篇
1949年前後大陸的新儒學

第一章　馬一浮（1883-1967）

第一節　前言

　　馬一浮（1883-1967），名浮，字一浮，別號湛翁，浙江紹興上虞人氏，生於四川成都，卒於浙江杭州。他的書法藝術被譽爲當世奇珍，但是，他最被人推崇的是在民國初年，儒家思想與文化面臨各種打擊和危機時，他卻堅持對儒家人文價值的信仰，有強烈的爲儒學繼往開來的使命感。他自述「學凡三變」來說明他的學思歷程，所謂：「余初治考據，繼專攻西學，用力既久，然後知其弊，又轉治佛典，最後始歸於六經。」[1]「初治考據」指其十六歲時榮獲紹興縣試第一名的階段歷程。因爲當時考試要求考生具有集古人詞句以成文的能力，足證馬一浮對古籍的博覽與精熟。「專攻西學」指他在戊戌變法維新後，赴上海同文會堂學外文，廣泛地獵讀西方原典。當時，他還與友人共同創辦《二十世紀翻譯世界》，以譯著介紹西方思潮。1903年，曾任清政府駐美使館工作，藉機會遍讀西方哲學、文學、社會學、生物學等著作。1904年，他曾赴日習日文和德文，返國後即從事英日文的翻譯工作。1906年，他寄居杭州廣化寺，認眞閱讀《四庫全書》。他轉變治學方向的主要原因，據烏以風〈馬一浮先生學贊〉的說法，馬一浮目睹國事艱難，乃有志於扭轉世風，故「益加立志爲學，絕意仕進，遠謝時緣，閉戶讀書」，他專攻西學而深刻地了解到西學之弊，歸宗於儒學的六經，眞切體驗出中國的國學非彼時學者所斷言的封建社會之糟粕。他與佛學的結緣，是在1917年至1927年之間，原因是他以居士身分與佛教界有頻繁的接觸，乃有廣涉佛學典籍的機會。他將他的佛學造詣轉用來闡發儒學，建立「以儒攝佛，以佛攝儒」的儒佛互攝說[2]。他採行的方法，係藉佛學的思想資源運用來開展儒學蘊

---

[1] 本節引文主要採用《馬一浮集》，杭州市：浙江古籍出版社，1996年10月版，凡3冊，此句見於第3冊，頁1191。

[2] 見其1918年〈與蔣再唐論儒佛義〉一文，《馬一浮集》，第2冊，頁502。

義，特別是可資取於與儒家心性論契合處，他對道家的態度也抱持同一立場。

馬一浮於1927年前後，確立了歸宗六經之爲學方向，建構以六經爲宗旨的思想體系。他認爲老子病根在外揚，換言之，老子隔一段距離靜觀萬物，只立於萬物之表。孔子的儒家則深入物我的交融關係，謂「物我一體，乃是將萬物攝歸到自己性分內，成物即是成己。」[3]至於儒佛之評價，他認爲從本源看有一致處，但是在窮理盡性方面，佛學有對儒學助發之功，但是在實現人生終極意義的踐形盡性上，他歸宗於儒學。他對中國在受西學衝擊下所採行的現代學校教育體制頗表不滿。現行教育在專業化的趨勢下，知識分門別類，各有其專業的知識領域，可是不同的專業領域間缺乏相互的有機聯繫，以致於眾知識分化愈盛而統合貧弱，見分殊之樹而不見整體性的森林，以致破壞文化的整體性。同時，現代教育太過側重知識理性，導致先驗道德理性的心性之理疏離。再者，現代學校教師淪爲窄化的經師，以專業知識的授受爲訴求，已失去作爲學生們德性人格潛移默化的「人師」典範意義。學生對老師的關係縮小爲知識的授受關係，師生感情淡泊，學生不再尊信教師們爲其人生意義之傳道、解惑的導師。馬一浮對現代教育疏離了人之所以爲人所應是的心性之理，亦即成爲道德人的性理學感到憂慮。因此，以六經爲宗旨的馬一浮緬懷中國古代充滿儒家人文教育理想的正統書院，他認爲要彌補現代學校教育的缺失，應該回歸正統儒學書院的精神傳統，辦一所以儒學教育爲目標的書院。

他所以極思創設傳統的儒學書院，也歸究於一些發生在他身上不愉快的經驗和近因。1912年，蔡元培以教育總長的身分，邀請馬一浮任教育部祕書長，馬一浮於接受委任後，才得知蔡元培爲因應時代需求，改採「有用之學」以企求爲國除弊興利，已公布各級學校廢止讀經之令。馬一浮在建議收回成命失敗後，毅然辭職，其任職僅有半月之短。1916年，蔡元培任北京大學校長，再邀馬一浮任北大文科學長，馬一浮拒絕的理由是「平日所學，頗與時賢異撰。今學官……不貴

---

[3] 見〈論老子流失〉，《馬一浮集》，第1冊，頁47。

遺世之德，虛玄之辯。若浮者，固不宜取焉。」[4]1930年，北大校長陳大齊邀請他出任研究院導師，他謝絕的理由是：「方今學子務求多聞，則義理非所尚。急於世用，則心性非所先。」[5]他所說的「多聞」指知識理性或工具理性的對象：「義理」則指價值理性，特別是人所天賦的道德理性，例如：朱熹所言「性即理」，或陸象山所言「心即理」，亦即心性之理，或簡稱性理學。他扼要地批判現代教育的目標太「急於世用」，指出「當今學校，不如過去的書院。教師為生計而教，學生為出路而學。學校等於商號，計時授課，鈴響輒止。」[6]他把教育崇高的價值理想安立在儒學的六經上。

　　對儒家而言，「道」是攝宇宙、人生及社群生活的終極實在及至上價值所在。天子秉天道來治國理民，庠序之教的教育者所講習傳授的內涵及一貫之精神也在於「道」。宋代理學或性理學的核心在究明為人處世所應不棄不離的仁道，亦即人內在的道德理性。

　　馬一浮的歷史命運是坎坷的，他所處的時代是中國受西方列強壓迫，民族自信心幾乎喪失，儒學被懷疑、批判，甚至遭到各級學校廢讀經書的悲劇下場。儘管如此，馬一浮皆堅定地以儒家的性理學來做為個人安生立命之道，且全力地推展儒學於書院和社會。馬一浮處在中國現代教育過度傾向西學的時代，他的文化危機感很強，儒學意識和使命感特強，形成了他在西潮大流下，突顯其獨特性的一位當代儒者。宋明理學對佛學採批判態度，程朱亦然，但是，馬一浮本著「異而知其類，睽而觀其通」的判教上又能借佛釋儒、引佛入儒，更豐富、圓融了儒學。馬一浮面對宋明儒學中程朱理學與陸王心學間的緊張關係時，他採取《大乘起信論》的「一心開二門」為調和兩方的架構，提出「心兼理氣、統性情」這一具辯證性的統合命題。馬一浮是學術胸襟寬厚、思想開放，既有中心思想也能進入各家，兼採其長互補其短。馬一浮借佛弘儒、調和朱陸，可說都是通儒、大儒氣象。

[4] 馬鏡泉，〈馬一浮傳略〉，《中國當代理學大師馬一浮》，上海：人民出版社，1992年12月，頁163。
[5] 《馬一浮集》，第2冊，頁516。
[6] 同註5，頁164。

第二節　理氣論

　　在中國哲學的理氣論構築中，「理」是在存有學（ontology）的概念範疇，「氣」則是宇宙生成論（cosmology）的概念範疇。心性論是論述人之所以為人的內在本質內涵，心性存在及活動的來由及理據，奠基於理氣論。換言之，理氣論是解說心性論的形上根據或理論基礎。宋明理學所以被稱為新儒學的主要原因之一，就在於為先秦儒學所關注的心性論建立一套深遠的形上學根據，理氣論係因應這一理論的需求而創立的概念範疇，宋明儒學將理氣論與心性論縱貫式地緊密聯繫起來，形成天人一體化的天人之學。

　　馬一浮似乎擬避開朱子理氣不離不雜中「不雜」所產生的二元論之困難。因此，他在詮解理關係時，特意著落在「不離」上，以強調理氣是不可分的一元論傾向，他說：

> 理氣同時而具，……就其流行之用而言謂之氣，就其所以為流行之體而言，謂之理，用顯而體微，言說可分，實際不可分也。[7]

他把朱子的理氣關係論引向邵康節的一元論蘊義，他說：

> 邵康節云：「流行是氣，主宰是理。」不善會者每以理氣為二元，不知動靜無端，陰陽無始，理氣同時而具，本無先向，因言說乃有先後。[8]

---

[7]　《泰和會語》之〈理氣──義理名相一〉。
[8]　出處同上註。

他試圖把理氣關係擺脫朱子形上、形下的二分法，轉向體用一如的一元論。他以理體氣用來描述理氣是相互滲透、圓融一體的存有。朱子以「不雜」來分別理與氣之異，馬一浮認為這是從思辨哲學路向，以名言概念來分別界說的語言名相作法。換言之，他以「不離」來言理氣一元化的實存性，以「不雜」落在認識論的思辨立場上說，也即是由人的認識進路所採取的後設研究法。因此，馬一浮在理氣一元論的堅持立場下，特別強調了程伊川在〈易傳序〉所言「體用一源，顯微無間」的圓融一體觀，張載「互藏其宅於中，無間亦無端無始」的存有學核心命題，以及朱子「理一分殊」的形上學基本架構。他很認同黃宗羲對朱子理乘氣的批判，且引用黃宗羲的精闢語：「以理馭氣，仍為二之。氣必待馭於理，則氣為死物。抑知理氣之名，由人而造。自其浮沉升降者而言，則謂之氣；自其浮沉升降不失其則者而言，則謂之理。蓋一物而兩名，非兩物而一體也。」馬一浮特別肯認理氣關係如黃宗羲所說的「一物而兩名，非兩物而一體也」。質言之，「一物而兩名」亦即同一存有的兩個面向之特性，他汲取《周易》「生生之謂易」以及「一陰一陽之謂道」的創生不息之動態宇宙觀，對萬物浮沉升降的變化不窮，藉理氣關係做了新詮。「氣」之流行化育表現浮沉升降的變易過程，「理」則是氣化流行的內在法則，亦即形上原理。因此，他反對曹月川所持「理之乘氣，如人之乘馬」之論調，那會成為死人與死馬。

馬一浮斷言，就存有學而言，理是活理，氣是活氣，而不是知識論進路下所思辨出來的兩個靜態的概念化知識。他透過易學中的「易，一名三義」，亦即不易、變易、簡易，來理解理氣在「體用一源，顯微無間」下所呈顯的生生不息之機體宇宙觀。他認為理是不易，氣是變易，再由變易到簡易，循環往復，周而復始。他的理論基點是張載式的氣化一元論，對「簡易」提出了與眾不同的見解，他說：

> 只明變易，易墮斷見；只明不易，易墮常見。須知變易原是不易，不易即在變易。雙離斷常兩見，名為正見，此即簡易也。易簡而天下之理得

矣，天下之理得而成位乎其中矣。[9]

　　他的理氣合一論不但有華嚴宗理事無礙的影子，也有禪宗不著邊見、兼融二端的中觀方法。他認爲在《易》生生不息的宇宙觀中，形上之理與形下之氣不能截得太分明，理氣關係必須是相互依憑，圓融無礙，才能對「生生之謂易」作出較合理的理解。他的理氣論標幟出鮮明的理氣一元論立場。

　　馬一浮顯然歸宗於儒學六經之原的《易》經，出入於張載、伊川的易學精義處。他把朱子的理氣論透過程伊川〈易傳序〉「體用一源，顯微無間」的易學存有學立場，對朱子理氣論有繼承也有改造。他的改造處在於賦予「理」內在動力因，使「理」活現了造化之幾，在現實世界中眞能主宰、規範「氣」之運行。但是他也留下了未解決的難題，例如：形而上的道與形而下的氣是如何能圓通爲一有機的整體性？氣是同質一元的，還是異質多元的？他如何解釋氣化萬殊所呈現的多樣化之經驗世界？

第三節　心性論

　　馬一浮以儒學的六經統攝一切學術，又將六經繫乎道心惟微的道德本心。六經是他文化理想的經典及意符所在，他倡示六經內蘊之理，乃人人自性本具之理，有人類道德內在性的依據。他從心性本原來消解在他的時代中，強勢的西方文化與弱勢中國文化所呈現的衝突和緊張性。他跨越中西對立的思考格局，回歸

---

[9]　同前註。

人類崇高本性的內在本源，以統攝六經的先驗道德本心來高舉超越中西之普遍文化價值理想及真善美的究極人格典範。他的理氣一元，融通無礙的宇宙觀，落實到人性共同的根源處，表徵出人性的充分抉示和發展。他可以說是站在全人類的本性立場上，宣稱「性分無礙」。他貫通天人性命為一體，將理氣一元的生生不息之妙運，貫注到人類身上而獲致最高的體現。他說：「萬物一理，即萬物一體，實理為一切人與物之鼻祖。惟人也得其秀而最善者。秀以氣言，善以理言。純粹至善之性也，即太極也。」然而，從孟子而言，人有大體之官與小體之官，對應出人禽之辨與理欲、義理之辨，馬一浮又如何從人性論上來概括及調合此二層人性呢？他引用《禮記・樂記》一段話：「人生而靜，天之性也。感於物而動，性之欲也。物至而知，然後好惡種種形焉。好惡無節於內，知誘於外，不能反躬，天理滅矣。」用來詮釋人所稟賦的「天之性」即天理之理，「性之欲」即氣形成人身體的感性生命和欲望，且由此而有好惡的情欲及意念，若不能反躬自省、克一己私欲，則難以返回天理正道。

他的心性論是以張載、朱熹的心統性情為論述架構，再資取《大乘起信論》中的一心開二門為創造性的新詮。他調整心、理、氣三者的相互關係，定出心兼理氣的基調，他說：

心兼理氣而言，性則純是理。發者曰心，已發者曰氣，所以發者曰性。性在氣中，指已發言，氣在性中，指未發言。心兼已發未發而言也。[10]

對他而言，「心」是複雜的意識活動之整體，主要構成內涵為理氣。氣所以然的感性活動稱為情，「性」是所發的感性活動依循的內在道德原則，稱為「理」。他說：「主宰是理，流行是氣。」[11]又說：「心統性情即該理氣，理行乎氣中，性行乎情中。但氣有差忒，則理有時而不行；情有流失，則性隱而不現

---

[10] 《馬一浮集》，第3冊，頁1143。
[11] 《馬一浮集》，第2冊，頁460。

耳。故言心即理則情字沒安放處。」[12]當人的感性生活全然制約於本能欲望時，理雖在氣中，卻「隱而不行」，未能顯出「全氣是理」。馬一浮認為只有當人挺立道德的主體性，而能以「理率氣時」道德理性才能在道德自覺下能合理化人的感性欲求。他較傾向程朱而不全然同意陸王心即理的主要理由，在於心學家未正視情欲在心性中的地位，而無安頓處，心學家在忽視情欲生活的安頓下，導致心學家末流肆情無歸。因此，馬一浮繼承程朱的心兼理氣，正視了感性生活而能針對氣所已發的情欲生活之導正，他認為程朱理學對陸王心學可發揮補充和修正作用。

他在心性論的發展上，也大量資引借用了佛學思想。他特別吸納了《大乘起信論》的「一心開二門」說的論述架構，他將情、氣納入生滅門，亦即俗諦，把性、理置於真如門而獲致真如本體的永恆價值義。他借取以真諦轉俗諦之轉俗成真說來談儒家的心性修持工夫，他認為「性」既是本體性的存有，也是價值性的存有，因此，真理和永恆價值存在人自身之中，是人的內在性，他簡明扼要地指出：「性，真、善、美兼具者也。」[13]他還引佛入儒地詮釋了孔子「性」與「習」的辯證性思維。他指出「性無有不是處，習氣則無有是處。」[14]因此，他的心性修養工夫的樞紐就是「復性怯習」這四字。習染是由人與外境的互動中，外緣客感而蔽障心性清明的不良習性，亦即積習成性的薰習。若人心的自覺自主意識不彰，則被習氣纏縛，心海迷航；若整個社會風氣敗壞而被習氣所障蔽，則整個社會人性迷茫；若一民族文化亦不自覺地被習氣所滲透，習障愈深，則該民族的文化危機也越陷越深。他所以堅持傳統的書院教育理想，係有鑒於「東方文化是率性，西方文化是循習。」[15]對馬一浮而言，當代西方的文化與教育之弊端不是片面性的問題，而是疏離人之本性的人性異化問題。

---

[12] 《馬一浮集》，第1冊，頁672-673。

[13] 同註25，頁1069。

[14] 同上註，頁1051。

[15] 同前註，頁1150。

第四節　結語

　　馬一浮是中國現代新儒家較特立獨行的哲人，賀麟曾把他譽爲「中國文化僅存的碩果」，梁漱溟更是倍加讚譽，稱馬一浮係「千年國粹，一代儒宗」，徐復觀則將馬一浮與熊十力、梁漱溟、張君勱並視爲「當代四大儒」。馬一浮有宏大的氣度、君子儒的人格特質，對心性論不僅於學術性的探討，更有實存性的眞切體驗。他的眞知卓見對現代人的心靈困境而言，閃耀著智慧光芒，是點亮內在心靈的一座明燈。

第二章　熊十力（1885-1968）

第一節　前言

　　熊十力（1885-1968）原名繼智，又名升恆，子眞，湖北黃岡號人，是當代新儒家最具原創性的哲學家，建構了體用不二的天人一本論，被推崇爲當代新儒家心學的重要代表者。他具有強烈的民族文化意識、鮮明的愛國心，面對劇烈的世變感發不已，自述「白首對江山，縱橫無限意。丹心臨午夜，危微儼若思。」出入中、西哲思，致力於苦思和創建具中國傳統哲學特色的思想體系，他確認中國哲學傳統中具有區別於西方哲學的兩大特質。那就是他苦心積慮地所闡發之心物不二的宇宙生成論與天人不二的本體論。他對比出中、西哲學之不同特質，認爲西方哲學精於邏輯分析、理性抽象思辨的推理、論證能力，長於知識論之論述，對他而言「只是一種邏輯的學問」[1]。至於中國哲學的特質相對於西方哲學則在澄清心靈，潛神默識於「窮宇宙之原，究生人之性，體大生、廣生之德於日常生活之中，成己成物，通爲一體。」[2]他認爲這是安身立命的知本問題，是哲學最核心的本體論問題，潛神默識於日常生活的深層體悟是中國哲學的獨特性。他在1932年（48歲）提出著名的《新唯識論》在本體論上以體用不二爲宗極，於人生論上以天人不二爲究竟，但是他的思想體系發展至晚年後出轉精更爲成熟，例如：他在1958年（74歲）出版《體用論》、1959年（75歲）出版的《明心篇》、1961年（77歲）出版的《乾坤衍》將早年思想更能直抒胸臆所知，論證更細密充實，不須藉佛家唯識學轉手，而由儒學，特別是《易》切入，誠如他所說：「余之學宗主《易經》，觀其《乾坤衍》一書直指核心，只就乾坤二掛立論，由文本內在理脈抉發出乾統坤承，翕闢成變，由大化流行，生生不息的歷程

---

[1]　《十力論學語輯略》，北京出版社，1935年10月版，頁84。
[2]　《明心篇》，頁164，上海龍門聯合書局印本，1959年版。

中體證《大易》乾元性海。我們可以依據其晚年上述三書來闡釋其體用不二的天人一本論。

第二節　體用不二的天人一本論

一、熊十力之前的儒學天人合一說

在先秦儒典中我們可遍見「天」的豐富涵義，我們資取其中擬人化的宗教天及道德形上的天，略述其流脈具位格靈性的超越之天這一意義，不僅代表統攝天地萬物的終極性根源，也表徵著人命運之吉凶禍福和德行善惡之互動關係，例如：《尚書·伊訓》云：「惟上帝不常；作善，降之百祥；作不善，降之百殃。」《尚書·湯誓》：「王曰：予惟聞汝眾言，夏氏有罪，予畏上帝，不敢不正。」《詩經·大雅·文王之什·皇矣》：「皇矣上帝，臨下有赫，監觀四方，求民之莫。」《國語·周語上》載：「古者先王既有天下，又崇立上帝（天也）明神（日月也）而敬視之，於是乎有朝日、夕月以教民事君。」《論語·八佾》載孔子言：「獲罪於天，無所禱也。」《孟子·告子下》云：「故天將降大任於斯人也，必先苦其心志，勞其筋骨……。」《孟子·萬章上》曰：「然則舜有天下也，孰與之？曰：天與之。」漢代儒宗董仲舒說：「天者，百神之君也。」[3]他在天人關係上提出天人相副說與天人感應說，南宋朱熹在〈敬齋箴〉中論儒者的修養時猶言：「正其衣冠，尊其瞻視，潛心以居，對越上帝」將對超越界上帝

---

[3] 漢書·董仲舒傳，〈天人三策〉。

之敬畏作為內在道德修養的誠摯心態之培養，而有「合內外之道」的天人關係說。明末黃宗羲在〈破邪論〉中說：「夫莫尊於天，故有天下者得而祭之，諸侯以下，皆不敢也，⋯⋯天一而已，四時之寒暑溫良，總一氣之升降為之；其主宰是氣者，即昊天上帝也。⋯⋯今夫儒者之言天，以為理而已矣。《易》言『天生人物』，《詩》言『天降喪亂』，蓋冥冥之中，實有以主之者。不然，四時將顛倒錯亂，人民禽獸草木亦混淆而不可分擘矣。」黃宗羲感嘆儒學發展至明清之際已剝落了遠古以來宗教義的天而轉化為道德形上的天理義。當代新儒家學者唐君毅也針對這一論點，謂理學家：「只敬此心此理而敬天敬祖敬有德有功之人，宗教性的崇敬，轉趨淡薄。」**4**

宋明理學家將天釋為道德形上的天、義理之天或所當然之則，亦有其深遠的理源和流脈。我們可以上溯至《詩經・大雅・文王之什・文王》所云：「上天之載，無聲無臭，儀刑文王，萬邦作孚。」以及〈周頌・清廟之什・維天之命〉謂：「維天之命，於穆不已！於乎不顯，文王之德之純」已蘊涵了德化義的天，且本天道立人道之典範義，更富道德根源義的道德之天者，當推舉〈大雅・蕩之什・烝民〉所言：「天生烝民，有物有則；民之秉彝，好是懿德。」由天貫人的「有物有則」的蘊意分析，天有客觀的道德律，係人文世界一切道德法則的超越根據。質言之，「天」轉化成道德價值的終極存有，有道德實體涵義，對普天下之民而言，人所能信守的常理常規，皆以內在所稟賦的道德律為究竟性的依據，可見《詩經》所言的天依其不同的語境，有含天意（天之意志）的人格天或宗教天，以及人道所本的天道之形上天、道德天的雙重涵義。孔子承繼這一道德述而義的天道觀在《論語》曰：「天生德於予，桓魋其如予何？」面對宋國大夫桓魋欲謀殺的威脅，孔子深信天命賦人可實踐道德行為的德性於深層人性中，這是人貴為人的至上價值所在，無懼於世俗性的外在暴力可以撼動孔子安身立命的終極價值信念，有「知其不可而為之」的神聖道德使命之召喚。孔子以內在強烈的道

4　唐君毅，《中國哲學原論・原教篇》，北京：中國社會科學出版社，2006年，頁415。

德感自我期許回應這一莊嚴的召喚。孟子深信仁、義、禮、智根於心，係天之尊爵，人安身立命之安宅，提出以大丈夫的浩然正氣謂：「盡其心者，知其性也。知其性，則知天矣。存其心，養其性，所以事天也。殀壽不貳，修身以俟之，所以立命也。」將天人性命貫通爲一本，道德義的天人不二宗旨確立。《易·乾文言傳》曰：「元者善之長也，亨者嘉之會也，利者義之和也，貞者事之幹也。君子體仁足以長人，嘉會足以合禮，利物足以和義，貞固足以幹事。君子行此四德者，故曰：乾，元、亨、利、貞。」元、亨、利、貞是生生不息的天道天德，天人一本，在天人同條共貫的形上基礎上，生生不息的天德內在於普遍的人性中，構成仁、義、禮、智的道德同一本性，且分別與天德的元、亨、利、貞對應契合。〈乾文言傳〉在天人道德性命貫通爲一之脈絡的形上原理下，總結出：「夫大人者，與天地合其德，與日月合其明，與四時合其序，與鬼神合其吉凶，先天而天弗違，後天而奉天時，天且弗違，而況於人乎！況於鬼神乎！……知進退存亡，而不失其正者，其唯聖人乎！」如是，攝宗教歸於人文，貫通宗教與道德爲一「天人合德」的天人一本，本天道立人極的道德形上學，漢儒董仲舒將王道之仁德上溯於上天之仁，他在《春秋繁露·王道通三》中指出：「仁之美者在於天。天，仁也。天覆育萬物，既化而生之，有養而成之，事功無已，終而復始，凡舉歸之以奉人。」他將人世間的綱常倫理推源於天道，天兼具宗教義和道德義，明代王陽明認爲「良知」係天植靈根，天人同根，天生萬物，如是，人與人具良知的普遍同一性，也與天地萬物無阻隔對立，他說：「仁人之心，以天地萬物爲一體，欣合和暢，原無間隔。」[5]

　　我們再回顧儒、佛、道的互動史脈，早在南北朝隋唐時代就已許多學者以不同的方式表述出三學派或三教相通爲一。至宋代張載雖首開闢佛論調，然而，綜觀宋元明學案，這一長時期中，理學家出入佛老者比比皆是，終於由佛、道折返於儒，甚至引佛、老歸儒，我們可舉王陽明和王龍溪爲例，王陽明說：「聖人與

---

[5] 王陽明，《傳習錄》下，〈與黃勉之〉書。

天地民物同體，儒、佛、老、莊皆吾用之，是之謂大道。二氏自私其身，是之謂小道。」[6]王陽明的大弟子倡「四無說」的王龍溪對儒、佛、道的心性實踐工夫及求道得道的境界，得出一精煉的詮釋，他認為儒家「未嘗不說虛，不說寂，不說微，不說密。此是千聖相傳之密藏，從此悟入，乃是範圍三教之宗。」[7]對王龍溪而言，三家皆以修「心」養德為修道的核心所在，且以淨化心靈的「還虛」為究竟，卻仍有區別差異處，他認為佛家宗明心見性，道家宗修心煉性，儒家則宗孟子心學的存心養性，但是「良知」涵攝了虛、寂、微、密之收攝保聚的修心工夫，就凝聚時言「精」，流行時言「氣」，妙用時言「神」，已集大成地綜攝了三教之中樞，熊十力體用不二的二人一本論不但繼承了他之前儒家浩浩長流的哲學思想資源，也曲折了兼採出入儒、佛、道之門逕，最後引佛入儒，會通了《易》學與儒家的心學。

二、體用論的形成與內涵

（一）科學與玄學之辨

　　熊十力首先以科學真理與玄學真理之辨別為起點來釐清哲學的體用論之性質所在。他就兩者的研究對象和研究方法之差異做了分疏。他說：「科學尚析觀（解析），得宇宙之分殊，而一切如量，即名其所得為科學之真理。……玄學尚證會，得宇宙之渾全，而一切如理，即名其所得謂玄學之真理。」、「吾確信玄學上之真理決不是知識的，即不是任憑理智可以相應的，雖然如此，玄學決不可反對理智，而必由理智的走到超理智的境地。」[8]他所謂科學指自然科學，不包

---

[6]　王守仁，《王陽明年譜》（嘉靖2年11月）條下，吳光、錢明等編，《王陽明全書》（下），上海：古籍出版社，1992，頁1289。

[7]　《王龍溪全集》卷7，〈南游會紀〉陸光祖向王龍溪提問二氏之學，王龍溪乃在1573年南譙書院之會中作出此語。

[8]　《十力語要》，1947年，湖北印本，卷2，頁12-14。

括我們所謂的人文科學。自然科學主要研究的對象是自然界諸般現象及其所內蘊的自然因果法則。科學研究者主要用認知主體的邏輯理性和知識理性，由邏輯分析法和嚴密的論證推理法，抽象思辨出不同現象的所以然之理，其特徵是對象化的思辨及確切不移的概念精確界說。科學注重現象之知、經驗之知，有其研究的對象和範圍，科學研究實然之知或事實真理，卻不涉及宇宙人生的根本問題，哲學的核心問題是玄學本體論的問題，不能局限於知識理性的現象之知，還必須進入超知識理性的境地而探索本體之知、德性之知，以感悟宇宙人生的真諦，實現安身立命的終極價值為最後目的。

他以佛學證會的方法獲致正智，離虛妄而與實體冥為一如為例，來解釋哲學的玄學真理與本體的真。他說：

> 佛家確是由理智的而走到一個超理智的境地，即所謂證會。到了證會時，便是理智或理性轉成正智。離一切虛妄分別相，直接與實體冥為一如。所謂正智緣如，此時即智即如，非有能所。後來唯識師，說正智以真如為相分，便非了義。通內外、物我、動靜、古今、渾然為一。湛寂圓明。這個才是真理顯現，才是得到大菩提。佛家學問，除其出世主義為吾人所不必贊同外，而其在玄學上，本其證會的真實見地而說法，因破盡一切迷執。確給予人類以無限光明。……儒家的孔子，尤為吾所歸心。孔子固不排斥理智與知識，而亦不尚解析。此其異於印度佛家之點。然歸趣證會，則大概與佛家同。孔子自謂默而識之。默即止，而識即觀也。止觀的工夫到極深時，便是證會境地。[9]

本體之知非見聞之知，係要求體證默會者屏除外逐之知和雜念欲意，以虛靜空靈的純粹意識反觀內照自我生命的本體，以及對天地萬物採不執於分殊性的整

---

[9]　同上，頁15。

全性觀照，在隱默之知中妙契道眞，合內外，通主客。熊氏有時也肯定《老子》「爲學日益，爲道日損」的形上智慧之進路，認外人向外的見聞之知愈多，則向內之本體的體悟預備障礙而無可參透。因此，他認爲老子滌除知見以玄覽道眞的方法，與佛、儒一樣是體證本體，歸趣證會的玄學本體論方法，他歸結出玄學眞理乃是「本體眞實」，是體悟者所採「證會」和「體悟」的對象所在，也是成果所在。本體之知的心靈狀態是渾化主客、融合物我、能所互泯、內外圓通的本體境界。他認爲中國哲學的本體之知，不論是佛家的「止觀」、「般若智」；道家的「玄覽」、「見獨」；儒家的「靜觀」、「默識」、「逆覺體證」都是一種最高的形上智慧。這種通往形上智慧之路，不在於嚴格的邏輯分析及論證推理能力的訓練，而在靈根自植的心性人格的自覺性修養，亦即悟修雙行才能在生活中當下體悟本體的眞。

（二）儒佛的本體之辨

　　熊十力體用不二的「不二」概念源自佛學的《大乘起信論》[10]其核心論述在以眾生爲本體，主「能攝一切法，能生一切法」，將一切諸法歸宗於一心。「心」具眞如門和生滅門二門，眞如具不變、隨緣二義，眞妄和合之阿黎耶識（即阿賴耶識）有覺與不覺二狀況，用以解釋本體與現象不二，清淨自性與雜染諸法的相互關係，其理論要旨在於肯定一超越的眞常心或自性清淨心，這是佛學的本心，猶若儒家的良知本體或先驗的四端之心，再由一心開出眞如門、生滅門二門。這二門分別代表清淨法界的本體界，以及有生死流轉的現象界。一心開二門又表徵著二重性的認知門徑：直接和間接兩門徑，直接門徑指般若智，可當下呈現本性良知或自性清淨心。間接的門徑意指眞心本是清淨，但是處在充滿物欲的現實界，心被物欲汙染而有所執，在一念之差下，則陷入無明而生煩惱，得通

---

[10] 該書相傳爲古印度馬鳴著，由中國南朝梁，眞諦法師譯，但是撰者和譯者究竟是誰，無最後定論，也有人視爲是較早的中國化之佛教典籍，書中積澱了中國人的思維方式。其「一心開二門」的論述架構對隋唐大乘佛學，如：天臺、華嚴、禪宗和宋明理學有很大影響。

過轉染爲淨，由迷反悟的修持工夫，才能淨化心靈而解脫煩惱。

　　熊氏雖曾入支那內學院研究佛學，汲取佛學的思維方法，論述架構、概念範疇、命題形式及哲學性的問題意識，然而也如《宋元學察》、《明儒學案》常表述的一些理學前出入佛老數十年後，又返求儒家經典而後得道，他經過佛學的洗禮後，批佛又引佛入儒。他對大乘空宗的批評是「空宗的密意，本在顯性。其所以破相，正爲顯性。在空宗所宗本的經論中，反反覆覆，宣說不已，無非此個意思。然而，我對空宗，頗有一個極大的疑問，則以爲，空宗是否領會性德之全，尚難判定。」[11]他所謂「性德」意指佛學具本體涵義的「眞如」，那麼熊氏如何理解「性德」的概念呢？他說：「空宗詮說性體，大概以眞實、不可變易及清淨諸德而顯示之。極眞極實，無須妄故說之爲眞。」[12]如是，則「性德」只具寂然不動的清淨無爲意，缺乏發用的活動意，熊十力認爲「性德」在他而言：「寂靜之中即是生機流行，生機流行畢竟寂靜。」[13]他認爲空宗只見性體寂靜這一面，卻未見其流行發用這一面，未得性德之全義，「流行」在熊十力的概念理解中，就是萬物的生生化化，這是由《易傳》所云：「天地之大德曰生」、「萬物化生」的命題所轉過來的。因此，熊氏空宗的「性德」少了生機流行的流行意蘊，他批評地指出：「我們不要聞空宗之說，以爲一切都空，卻於生生化化流行不息之機，認識性體，我們不要以爲性體只是寂靜的，卻須於流行識寂靜，方是見體。」[14]他由「流行」發用的功能處由空宗轉折入儒家。

　　他對大乘有宗也立基於大化流行的生物氣象予以批判。他說大乘有宗矯治空宗，大談宇宙論。但是，他們有宗將宇宙之體原與眞如本體卻打成兩片。……有宗所以陷於這種迷謬不能自拔者，就因爲有宗談本體雖盛宣眞實，以矯空宗末流之失，然亦以爲本體不可說是生生化化的物事，只可說是無爲的、無起作的。因

---

[11] 《新唯識論（語體文本）》，中華書局1985年版，頁378。
[12] 同上。
[13] 同上，頁381。
[14] 同上，頁383-384。

此，他們有宗所謂宇宙，便另有根源，如所謂種子。[15]

　　有宗雖矯空宗末流之失頗有中肯處，卻消解本體的流行生化萬物之有機作用，卻將宇宙的生成變化歸宗於阿賴耶識的「種子」，失掉了體用不二，用以顯體，攝用歸體的生生不息之本體深意，他說：「本體是絕對眞實，有宗云然，本論亦云然。但在本論，所謂眞實者不是凝然堅住的物事，而是個恆在生生化化的物事。唯其至眞至實，所以生生化化自不容已。亦唯生生化化不容已，才是至眞至實。……我們不能捨生化而言體。若無生化，即無有起作，無有顯現，便是頑空。何以驗知此體眞極而非無哉？」[16]天地交感乾健坤順，生生不息，萬物生化之妙雖難以形容狀述其奧祕，但是四時的流轉不息，萬物生成變化終而復始，周行不殆也是令人感悟宇宙生機無窮盡的一大事實，也油然湧現崇敬生命尊重萬物存有之內在價値的生命價値意識。熊十力認爲有宗不肯認大化流行不已的生成化育萬物歷程就是宇宙本體，卻另認本體。這一來有宗將本體和現象割裂，熊先生從《易》吸收乾坤一元兩端，交融互攝，生生不息以化育萬物的「生成」、「化育」概念，由佛歸儒，建構其體用不二的哲學體系。他自述：「此書既成，《新論》（《新唯識論》簡稱）兩本俱毀棄，無保存之必要。」[17]

（三）乾元性海，翕闢變化的攝體歸用論

　　他對比《周易》與《老子》體用論之不同，謂：「道家偏向虛靜中去領會道，此與《大易》從剛健與變動的功用上指點，令人於此悟實體者，便極端相反。」[18]《老子》謂：「夫物芸芸，萬物歸根曰靜，復命曰常。知常曰明。」可見《老子》是攝用歸體，側重於道體的寂然大靜和柔弱爲用，「體」優位於「用」。《周易》：「生生之謂易」以剛健爲用，側重在妙運生生而不息大用的

---

[15] 《新唯識論》，頁409。
[16] 同上，頁410。
[17] 《體用論・贅語》，龍門聯合書局，1958年4月第1版，頁3。
[18] 同上。

用，係攝體歸用。他在體用論上主張體用不二，即用證體，現象與本體水乳交融
爲一體，他在《體用論》一書中謂：「余以爲宇宙自有眞源，萬有非忽然而起，
譬如臂如臨大海岸諦觀眾漚，故故不留，新新而起。應知一一漚相，各各皆以大
海水爲其眞源。尼父（孔子）川上之歎，睹逝水而識眞常。神悟天啓，非上聖其
能若是哉？」[19] 其所謂「尼父川上之歎，睹逝水而識眞常」意指《論語・子罕》
載述：「子（孔子）在川上曰：『逝者如斯夫，不舍晝夜。』」朱熹在《論語集
註・子罕》詮釋說：「天地之化，往者過，來者續，無一息之停，乃道體之本然
也。」熊氏所說的「眞常」意指朱熹所言「道體之本然」亦即本體的眞常本性，
亦即本體恆生成育萬物不已。朱熹以天地之生化無一息之停來體認道體的本來之
性。熊十力更是強調吾人應由如流行不息的河川般的天地妙運生生不息的生機作
用來開顯宇宙眞常（即用顯體），攝體歸用。他爲矯正傳統體用關係論中，常持
「體」的地位高於「用」，他甚至倡言現象即本體、本體即現象地突出生生不息
的妙用之理論地位，期望能證成體用不二說。

他在《乾坤衍》一書中說：「余所以不憚反覆其詞者，約有六義：一、體
用不二，易言之，即是實體與現象不可離之爲兩界。」[20] 他對機體宇宙論的《周
易》之乾坤二卦有精深細緻的研究。他在《乾坤衍》中說：「今據兩卦推明其
旨，約舉四種根本原理，總括孔子《周易》綱要。四種者：第一曰，宇宙實體是
複雜性，非單純性。」[21] 他所謂「實體」指乾坤健順勢能所源出的元體。至於其
他三種根本原理，雖在文本脈絡中未續言，但是綜觀相關論述及其所說「體用六
義」可歸出「肯定萬物有一元」、「肯定大用」、「用分翕闢」三原理，我們有
必要分別闡釋其涵義。

第一原理謂宇宙實體具複雜性，指身爲第一根本原理的乾坤是大易哲理的綱
要所在。他在《乾坤衍》一句乾坤兩（象傳）申論其涵義說：

---

[19] 同上，頁4。

[20] 《熊十力全集》七，頁592。武漢：湖北教育出版社，2001年8月1版1刷。

[21] 《全集》七，頁505。

前之〈象〉曰：「大哉乾元！萬物資始。」坤之〈象〉曰：「至哉神元！萬物資生。」此二〈象〉之主旨，亦聖經之弘綱也。始萬物者，德莫高於乾元，故稱大。承乾生物者，德莫厚於坤元，故稱至。元者，原也，宇宙實體之稱。乾，爲生命和心靈諸現象。坤，爲質和能諸現象。」[22]

乾元、坤元實乃一元，並非獨在的二元，乾坤互含，乾統坤承，萬物皆由乾元性海而得以資始、資生。乾之健動不息呈現爲生命和心靈諸現象，在化生的功能上具有「闢」的勢能和作用。乾之柔順實現存在物，呈現出質和能諸現象，係屬「翕」之勢能和作用。他針對「乾元」一詞賦予三層涵義，所謂：「1.乾不即是元。2.乾必有元，不可說乾是從空無中幻現故；3.元者，乾之所由成，元成爲乾，即爲乾之實體，不可說乾以外，有超然獨存於外界之元。夫惟乾以外，無有獨存的元，故於乾，而知其即是元。所以說乾元。」[23]同理坤也一詞二義：「1.坤不即是元；2.坤必有元。3.元者，坤之所由成，元成爲坤，即爲坤之實體。」乾元本體是一活體，乾坤互含，乾坤同乎一元實體，乾卦中既有坤象，坤卦中亦有乾象。因此，舉乾即含坤，蓋言乾變，即乾幹運乎坤，故含有坤化，這是乾含坤義。同理，言坤化，即坤含載乎乾，故含有乾變，此坤含乾也。乾坤既互相含受，則乾元實即坤元，此乃「乾坤一元」之意義。

熊氏由「乾坤一元」義進而論述「肯定萬物有一元」。他說：

萬物各有內在根源，即是萬物共有之一元。萬物共有之一元，即是萬物各有的內在根源。萬物本來是互相聯繫、互相貫穿、互相含入、互相流通，不可分割、不可隔絕之全體。故就全體來說，萬物是共一根源。就每一物來說，每一物是各有內在根源。其實，根源一而已矣。析義成

說，則有萬物「共有」、「各有」之異其辭耳。**24**

乾坤互含，在互動往來中，翕闢成萬物之生成變化。在這一基礎上所衍生的萬物皆是有機的存在，互相聯繫，相互聯結成一有機的、不可隔絕的全體。蓋乾坤一體，由乾坤翕闢所生成的萬物即共一根源，則皆具乾坤之根性。因此，不僅乾坤化生萬物統攝萬物，且物物各內具一乾坤。換言之，有機整體之各份子皆具機體的同一性，整體性與分殊化的個物形成有機的一多相攝。乾坤翕闢成變，生成多樣性的殊別萬物，但是現象雖有分殊性，卻又有同一的根性，亦即乾元性海中，物物之元則一耳。熊氏以佛學唯識論爲譬喻，所謂：「譬如佛氏首說五識：一眼識、二耳識、三鼻識、四舌識、五身識。實則識祇是一。唯就眼根，依於一識之作用而能視色，則立眼識之名；就耳根，依於一識之作用而能聽聲，則立耳識之名；乃至身根，依於一識之作用而有一切觸覺，則立身識之名。實則識唯是一。豈可破析作五片乎？」**25**就類比義而言，乾元、坤元亦猶眼五根，所依之識本於一，猶就眼根以言識，稱眼識，就身根以言識則稱爲身識。熊氏因而肯定萬物有一元，證成體用不二而爲乾坤互含一元說。

三、天人不二的天人一本論

熊十力在晚年著作《乾坤衍》中貶斥佛學的「攝用歸體」說，倡「攝體歸用」論他由乾元性海之立基點肯定萬物一元一體。他不但將本體論、宇宙論和人生論融通爲一整全的有機體，且進言本心與宇宙萬有皆眞實不虛。他回顧中國哲學發展史脈中所論述的天人關係，總結出本於《易》的「天人不二」說。他在《原儒·原內聖》中說：

---

24 《全集》七，頁566。
25 《全集》七，頁524。

善言天者，必有驗於人。此言天人本不二。故善言天道者，必即人道而徵驗之。《易》贊乾元曰：「元者，善之長也」，此善字義廣，乃包含萬德萬理而爲言。……惟人也，能即物以窮理，反己以據德，而總持之，以實現天道於己身，而成人道，立人極。……是故徵驗之人道，而知萬德萬理之端，一皆乾元性海所固有，易言之，即天道所本具。**26**

「善言天者，必有驗於人。」立論的形上基礎在天人性命貫道爲一的一本論，亦即天人不對立隔絕的天人不二之形上信念。換言之，在天人一本的形上原理上，我們才能理解孔子所言：「人能弘道，非道弘人」熊十力不但汲取了張載〈西銘·乾稱篇〉的「天人合一」說，陽明〈大學問〉的「一體之仁」論，更遠溯上契《周易》。他認爲人稟賦了天地生生不息的乾坤本性，不但仁民愛物，且默契天地好生之大德，思參造化，在外王志業上以人文化成天下，安頓萬物之生命。他在《明心篇》說：「唯人也，性靈發露，良知顯現，仁德流行，陽明統御陰暗，乃與天地合德、與日月合明、與四時合序、與鬼神合吉凶，始盡人道以完成天道矣。」**27**人所以能如《易傳》所言在與天地合其德中，以人道來完成天道，歸因於人的仁德流行，仁德是人之所以爲人的「性靈發露，良知顯現。」人的仁德是有好生之德的乾元性海所賦予，人稟受分享天地妙運生生之仁德而有性靈之發露，良知的顯現。質言之，仁德與天德一脈貫通，實現人道的內在仁德與生生不息的天德不二，這是熊氏天人一本論的核心論述。

他的天人一本、物我一體的一體之仁，一方面來自他個人生命實存性的深切體驗，另方面則吸收消化歷來一些儒家重要代表人物之精義。我們可舉孟子王陽明和揚雄爲範例。熊十力指出：「追維孔門傳授，有盡心之學。其要旨，在究明本心，習心之大別。毋以惡習害其本。易言之，吾人固有良知良能，常與天地萬物周流無間，當盡力擴充之，俾其發展無竭。孟子蓋嘗得其傳也。……良知良

---

26 《全集》六，頁567-568。
27 《全集》七，頁285。

能，即是本心。」**28**良知良能是陽明遠承孟子以闡發本心之概念，熊十力對陽明推崇備至，他說：

> 吾國先哲對於境和心的看法，總認爲是渾融而不可分的。如《中庸》一書，是儒家哲學的大典，這書裡面有一句名言。他說，明白合內外的道理，隨時應物無有不宜的。這句話的意思是怎樣呢？世間以爲心是內在的，一切物是外界獨存的，因此，將自家整個的生命無端劃分內外，並且將心力全向外傾，追求種種的境。愈追求愈無厭足，其心日習於逐物，卒至完全物化，而無所謂心。這樣，便消失了本來的生命，眞是人生的悲哀咧。如果知道，境和心是渾然不可分的整體，那就把世間所計爲內外分離的合而爲一了。由此，物我無間，一多相融。……因此，所謂我者，並不是微小的、孤立的和萬物對待著，而確是賅備萬物，成爲一體的。這種自我觀念的擴大，至於無對，才是人生最高理想的實現。如果把萬物看作是自心以外獨存的境，那就有了外的萬物和內的小我相對待，卻將整個的生命無端加以割裂。這是極不合理的。……王陽明也是倡言「心外無物」的。他的弟子，記錄他的談話，有一則云：先生游南鎮。一友指岩中花樹問曰：「先生說天下無心外之物。現在就這花樹來說，他花樹在深山中自開自落，於我的心有何相關呢？」先生曰：「汝於此花不曾起了別的時候，汝的心是寂寂地，沒有動相的。此花也隨著汝心同是寂寂地，沒有色相顯現的（此時的花，非無色相，只是不顯現）。汝於此花起了別的時候，汝心便有粗動相。此花的色相，也隨著汝心，同時顯現起來。可見此花是與汝心相隨屬的，決不在汝心之外。」陽明這段話，可謂言近而旨遠，實則這種意趣，也是孔孟以來一脈相承的。**29**

---

28 《明心篇》，龍門聯合書局，1959年4月1版，頁1-2。
29 《新唯識論》，頁273-274。

　　若就認識論的立場而言，山岩之花是非我，在意識的辨識分別作用中，意識的主體是「我」，在不矛盾律的運作下，我與山岩之花的非我之間，形成非此即彼的概念切割，而有所分別，這是就純粹未分的意識而言，當花的色相隨意識作用進入意識世界中，則呈顯在人的意識世界中。此際「此花與汝心相隨屬的、決不在汝心之外」如是在心的意識活動中，若不運作悟性的概念範疇，就不同的屬性範疇來辨識，區分物我之別，與物與物的自然屬性之別，則境與心、物與我渾化在整全的觀照中，事實上人在宗教意識、審美意識及道德意識中，常超越主客對立分化而有人神之間，審美者與美感事物間，仁心仁性發用者與其所被關愛者之間產生融合渾化狀態，這是化解我執與物執之後的天人不二或天人合一的境界感受，一種形上覺情的深層感受。

　　值得一提的是熊十力立基在天人不二、心與境渾化為一的觀點上，對漢代揚雄《法言・重黎》「天不人不因，人不天不成」的深層涵義頗為讚賞而作一意境深遠的詮釋，他說：

> 何言乎人不天不因？人生非幻化，乃本乎一誠而立。誠者天道也，若不有天則人將何所因而得生乎？故曰人不天不因。何言乎天不人不成？天有其理，而充之自人。不有人充之，則理亦虛矣。天有其德，而體之自人。不有人體之，則德不流矣。然則，天若不有人，其理虛，其德不流，是天猶未能成其為天也，故曰天不人不成。[30]

　　揚雄所言或受過漢代天人感應的思潮所影響，對熊十力而言，「天」是化生萬物的終極性根源，即乾元或乾元性海，只要人有真誠能感通的心靈，則天及其所化生的一切存在與變化，可得開啟心與萬物之互動交流，豐富且深刻化我們諸般精神生活的世界。天及其所生成變化的萬物，若缺乏人精誠感應的心靈來真切

體驗和入味三分的感受，則如熊氏所言「其理虛，其德不流，是天猶未能成其爲天也。」人在生活世界中應全方位的開放心靈，眞誠的與天地精神相往來，才能天人互動不息，交融互攝地臻於渾化天人的天人不二，天人一本之人生終極價值境界。

第三節　《新唯識論》對佛學唯識論之批判

　　熊十力立基於儒家天人性命相貫通的體用不二的天人之學。承然宋明理學以來的闢佛立場，他對佛學有所入亦有所出。他對佛學有批判性的個人理解，且更進一步地在儒佛之辨的基礎上，提出引佛入儒的創造性轉化，《新唯識論》之作鮮明地代表了他對佛學之立場。在紹述這本他對佛學唯識論批判的要旨前，我們得先從宏觀視域上，了解他如何區別儒佛之異。首先他對比出儒學是肯定現世的一切存在價值，主張對歷史文化承傳及家國天下之責任。相較之下，他認爲佛學是緣起性空的根本世界觀下，其終極歸向是擺脫三世業報輪迴之因果鏈鎖而走向世界的宗教。因此，在世界觀上，雖同是見到萬象變化流轉。佛學在緣起性空的立基點上，看空一切，謂現象刹那生，刹那變，刹那滅，儒學在《易經》天地有生生之德的形上價值信念中，謂萬物「生生不息，萬物在刹那滅的當下刹那生，乾坤生成不已，萬物生命亦流行變化不息」恒爲一生命永續的活潑生動的美好世界。要言之，熊十力認爲佛學之「根本迷謬之點」在論述「有迴脫形骸之神識，因欲超生。推與歸趣，本屬非人生的。」[31]佛學的宇宙觀是畢竟空的空寂說，儒

---

[31]　熊十力，《十力語要》卷4，見《熊十力全集》，蕭萐父主編，郭齊勇副主編，武漢：湖北教育出版社，2001年，第4卷，頁500。

學則是尊生彰有的唯生說。由宇宙觀所衍生的人性論方面，佛學言諸行無常，諸法無我，空宗言般若證空的自性清淨心，法相唯識宗言阿賴耶識含有漏及無漏種子的種子說。儒學肯定仁心仁性的善說。由宇宙觀、人性論所衍生的人生論方面，佛教較傾向滯寂溺靜的涅槃說，儒學則主德化的君子人格及倫理親情的天倫樂。在公共領域的社群生活上，小乘自渡不渡他，大乘佛學有普渡眾生的慈悲情懷，儒家則突出外王經世的建功立業及以人文化成天下的歷史文化之繼往開來，有為萬世開大平的鴻圖大願。

　　熊十力並非一味地排佛，他一方面汲取佛學某些健康的思想元素，另方面則針對法相唯識論與儒學尖銳的歧見，提出有過激色彩的批判而有《新唯識》之作，他在〈新唯識論全部印行記〉中，自問自答地說：

> 此書非佛家本旨也，而以新唯識論名之，何耶？曰：「吾先研佛家唯識論，曾有撰述，漸不滿舊學，遂毀夙作，而欲自抒所見，乃為新論。夫新之云者，明異於舊義也。異舊義者，冥探真極，而參驗之此士儒及諸鉅子，抉擇得失，辨異觀同，所謂觀會通而握玄珠者也。破門戶之私執、契玄同而無礙，此所以異舊義，而立新名也。」[32]該版本收入熊十力早年著作《心書》及《新唯識論》〈文言本〉、〈語體文本〉，《破破新唯識論》，還附有《破新唯識論》等著作。

　　就辨名析理，釐清語詞的概念涵義而言，《新唯識論》的「新」乃針對法相唯識論的舊論來駁斥而立說的。「唯」字作「特殊」義理解，「識」字則針對道德意識的本心來理解。「唯識」對他而言，所採取的新詞義係指具「本體意義的特殊」意含，特別是其「體用合一」核心命題下，承體發用，即用顯體的涵義來界說。他在詞源上溯及唐代窺基法師為簡別心空之說而立「識」概念，謂：「唯

---

[32] 熊十力，《新唯識論》，頁239，臺北市：文津出版社，1986年10月版。

遮境有，執有者喪其眞，識簡心空，滯空者乘其實。」[33]「唯識」的「唯」其原義是針對執外境爲實有的見解而予以駁斥，有遮撥的遮詮含意。熊十力所採用做特殊意義的「唯」與窺基不同，他所用的表述法爲「表詮」義。[34]

一、對佛學的學思歷程及轉折

綜觀熊十力對佛學的學思歷程及轉折入和出可分爲三個重要時期：（一）1920-1925年他涉入佛學領域，關注空有二宗之研究，奠定了他的佛學根基。他是在1920年秋，經過梁漱溟的引介，至南京支那內學院，向歐陽竟無學習佛法。他在這一專心學佛期間對佛學的源流有脈絡清楚的掌握，尤其專精於大乘有宗。他對有宗所據的《楞伽》等六經以及《瑜珈》等十一論，本土唯識宗的《成唯識論》和《述言》都有涉獵。景海峰謂：「他不但熟習唯識學義理，還格外留心其分析名相和邏輯思辯的方法，深研《五蘊》、《百法明門》二論和窺基的《因明入正理論疏》，對佛家邏輯方法有了相當切實的了解和掌握」、「這種嚴格的邏輯訓練對培養他的思辯能力和分析問題的方法，以及細密的哲學構造，無疑起了至關重要的作用。」[35]這是指熊十力在內學院認眞研習佛學兩年的主要內容，他在1923年將唯識學講稿印成《唯識學概論》，內容主要依據《成唯識論》要義，保持唯識論原旨，受歐陽竟無將法相、唯識判爲二宗的講法影響，這本書不但代表他在內學院研究佛學的成果，也成爲他以後遞嬗爲《新唯識論》的根底。（二）1926-1944年爲攝佛入儒的改造佛學時期：他的《唯識學概論》於1926年由北大印出第二種版本。該書對歐陽竟無的護法說開始提出質疑，有改造舊唯識

---

[33] 語出自窺基，《成唯識論述記序》，轉引用熊十力，《新唯識論，文言本》，頁46，出處同前註。

[34] 熊十力使用「表詮」意在承認諸法是實存的，窺基的「遮詮」法乃欲令人悟諸法本來皆空，故以緣起說破除諸法，意爲諸法皆無自性。熊十力一方面兼採用，先遮後表，且就「唯識」一詞的儒學概念涵義來表詮。見前揭書，頁417。

[35] 見景海峰，《熊十力》，頁51，臺北市：東大圖書股份有限公司，1991年6月版。

學的跡象，涉及《易經》「闢而健行，翕而順應，生化萬物」的本體不離發用功能的思想。日後他所撰《新唯識論》之「心體本善」和冥悟返本思想也萌芽。儘管如此，該書仍以大乘有宗思想作主軸。1930年他的第三種版本《唯識論》印出，書中否定有宗立種現、建賴耶、說三性，改造業果輪迴說，內涵偏向空宗，且逐步吸收華嚴、禪宗等思想以及結合陸王心學與佛學。他在1930年出版的《尊聞錄》收入1924-1928年間之論學札記，透顯了他由舊唯識學脫胎爲新唯識論的漸進軌跡。他的《新唯識論》文言本於1932年10月出版，其重點在改造唯識舊談，批判無著、世親、玄奘、窺基所持虛妄唯識之舊說，強調眞常唯心概念，開發「境識俱泯，唯有眞心」說。在理論規模上，融攝佛學外的孟子、陸王心學，船山易學，由佛轉折至儒家，宗體用不二，翕闢成變的機體宇宙觀，唱返求自識道德本心，強調本心爲道德形上實體，由本心顯本體，成爲熊十力主要代表作，與內學院唯識學還是歧異殊離，引發一陣佛學論戰。反對者有歐陽竟無、太虛、印順、巨贊……等人，贊同者有蔡元培、梁漱溟、馬一浮……等人。1944年，時年60歲的熊十力出版語體文體的《新唯識論》。思想宗《周易》，刪除文言本的「境論」，儒佛思想交融，其儒學傾向明確。這一時期引發熊十力與呂澂的「現代世紀儒佛之爭」。（三）第三期之漸出佛學歸宗儒學。他在1945年由重慶南方書局印行儒學著作《讀經示要》，接著其《十力語要》、《論六經》、《原儒》、《體用論》、《明心篇》、《乾坤衍》陸續成書，特別是1958年的《體用論》，以精華的表述法、扼要的論述，賅抬《新唯識論》要義，由佛轉折、歸本於儒學。

二、對「空」、「有」二宗的批判

（一）對大乘空宗之批判

　　熊十力對佛學的論述重心在空有二宗，多著墨於《新唯識論》、《體用

論》二書中。他對大乘空宗有深刻的契悟，以「破相顯性」來把握其旨趣，他頗肯定空宗引導人掃盡一切知見、染習，當下悟空，妙顯本體，這是破相以滌除知見，直捷悟入法性的方法。他說：「空宗把外道，乃至一切哲學家，各個憑臆想或情見所組成的宇宙論，直用快刀斬亂絲的手段，斷盡糾紛，而令人當下悟入一直法界。這是何等神睿、何等稀奇的大業！」**36**他汲取空宗真俗二諦義，主張隨機立說、靈活融會。然而，他也指出空宗與他自己論旨的主要差異在空宗言「真如即是諸法實性」意指諸法無自性而為空理空性，他自己則講「真如顯現為一切法」意指諸法縱使無自性但是本體可顯出一切現象而攝相歸性，與空宗說法不同。空宗的破相顯性，其蕩相遣執的功法太過，掃相終論於體用皆空，衍生只破不立的負面結果。此外，熊十力批判空宗對性體寂靜之偏執易流於耽空，歸寂而有滯寂之弊，他立基《周易》生生不息的宇宙觀，批判空宗滯寂則不悟生生之盛德，耽空則未契悟大化流行化育萬物生命之奧妙。他說：

> 至寂即是神化，化而不造，故說為寂，豈捨神化而別有寂耶？至靜即是謫變，變而非動，故說為靜，豈離謫變而別有靜耶？夫至靜而變，至寂而化者，唯其寂非枯寂而健德與之俱也，靜非枯靜而仁德與之俱也。**37**

　　他的體用不二哲學係歸宗於《易經》乾坤為萬物資始資生的本體，乾坤交感妙運生生而不息，乾坤易體寂然不動，感而遂通天地萬物，在體用不二，翕闢成變的大化流行中，本體不是寂然至空的，而是具大生廣生作用的本體，天地之大德曰生，遍在天地萬物中的本體是生成化育不息的至健本體，此外，他認為空宗將法性視為不生不滅的無為法，法相則是生滅之有為法，割裂成兩種世界。他批評說：「大空之論，則性、是不生不滅，無為法；相、是生滅，有為法。據此而

36　〈功能上〉，《新唯識論》（語體文本），《熊十力全集》第3卷，頁170。
37　同前註頁171-172。

論，性相兩方，隔以鴻溝，截然之兩重世界。」[38]對他而言，性、相截然二分則非圓融思想；衍生「離體言用」及「離用言體」。如此，體用不具不二關係，未能達成「即用顯體」及「即體顯用」的體用圓融哲學。

客觀而言，熊十力對佛學「空」之詮釋和空宗的解釋有所出入，他將空宗破相顯性所彰顯的眞理認爲乃是本體、空或眞如。但是，對空宗而言，「空」概念意指萬法皆由緣起而有，係無自性之意。換言之，空宗認爲「空」只是對萬物無自性這一狀態的描述語，不能把「空」作本體的概念範疇來理解。空宗對本體的存有是否定的，所謂「本體」只不過是意識活動虛妄作用虛構的產物。質言之，空宗對「空」是否認且不執著的，自然沒有熊十力所批評的「破亦成執」的頑空、執空之困境。更明確地說，空宗還有空後再空之「空空」提法，吳汝鈞詮釋「空空」的概念涵義爲：

> 主體性要在不斷否定、不斷超越的思想歷程中，以保住其言亡慮絕的境界；這樣，最後必逼出一無住的主體性。[39]

佛學雖以無常來否定，恆常性的、獨立自存的本體，且以緣起性空命題來拔除人對現象流轉之種種執著，就知識論的角度而言，自然界的現象有自然的因果法則、有運行之規律和功能，若不正向探索本體，則自然現象的存在和運行的根底又何在呢？因此，熊十力體用不二、天人不二的存有學仍有其啓示性的道理。

（二）對大乘有宗之批判

大乘有宗雖與空宗在空寂的論點上有一致性，卻重視以緣起釋萬法，承認諸法是有而不藉毀法相來論眞實。熊十力透過唯識的「三性義」對照出空、有兩宗的分歧。「三性義」分別爲：「遍計所執性」意指人的意識執取無自性的

---

[38] 熊十力，《體用論》，頁83，臺北市：學生書局，1987年。
[39] 吳汝鈞，《佛教的概念與方法》，頁68、69，臺北市：商務印書館，1988年。

存有者，誤認有實體內在其中；「依他起性」指萬象成於因緣和合，係相緣所生；「圓成實性」意指不再執取萬象可能的實體，轉向如實觀照萬象，契悟萬象乃依緣所生，空無自性，證入眞如空理。[40]空宗與有宗基本的分歧點在對「依他起性」所彰顯的「緣起性空」義有不同的側重點。空宗主「性空」義，有宗重視「緣起」義。空宗的空論消解人的意識妄構執著所成的「遍計所執性」以及因緣和合而成的「依他起性」，自然鮮論述「依他起性」了。有宗認「依他起性」不應說成空無，乃採取先透過事物怎樣從心識生起，亦即針對萬法唯心識的緣由來解釋現象世界的呈現，然後再證入現象世界的空性。相較此兩宗的詮釋方法，熊十力指出：

> 表詮，承認諸法是有，而以緣起義，來說明諸法所由成就；遮詮，欲令人悟諸法本來皆空，故以緣起說，破除諸法，即顯諸法都無自性[41]。

由「依他起性」說來分判，有宗重視緣起義，其表述方法屬於「表詮」，少說「依他起性」的空宗強調諸法空無自性，所採取的表述方式爲「遮詮」。熊十力進一步指陳肯認「依他起性」的有宗在思想上逐漸改造因緣義，等到無著菩薩創建唯識學，樹立種子爲因緣的說法，將「緣」視爲一粒粒的種子所構作而成，把「緣生說」轉折成「構成論」發展出一種宇宙生成論。[42]唯識論至此還構設阿賴耶識含藏眾種子的學說，以賴耶作第一緣起，造成神我論。[43]熊十力也斷定有宗所謂眞如本體是不能起用成現象的。因此，批判有宗犯「二重本體」之誤失。簡言之，有宗既以生滅的種子爲衍生宇宙萬象之因，已是一本體義，又主張不生滅的眞如爲諸法實體。佛學學者朱世龍對熊十力「二重本體」的論斷提出異

---

[40] 《新唯識論》，功能下，頁42、43。
[41] 同上，頁46。
[42] 同上，頁49、52。
[43] 熊十力，《體用論》，頁145、149。

議，他說：「種子只是變化或轉依之功能，絕不是本體。」[44]因此，不能將眞如與種子視爲二重本體。他還認爲熊十力將「緣生說」理解爲「構造論」亦殊不應理，蓋構造說類似印度極微論之四大學派，唯識學極力駁斥此說。此外，巨贊法師認爲阿賴耶識幻現不實，和數論《金七十論》說「無輪轉生死義的神我剛好相反。」[45]因此，熊十力批評有宗所言阿賴耶識不異外道神我是不恰當的評論。熊十力對有宗唯識學把種子與現行理解爲一解一所，而相區隔有所不滿，他說：

> 蓋有宗以種子爲能生，現行爲所生，其一能一所，乃相對峙。藏伏賴耶中的一切種，是隱於現象之後，而爲現象界作根源。現象界雖從種而生，但既生，則有自體，即別爲顯著的物事，所以種現二界，成爲對峙。[46]

依他的見解，種子生現行後，現行離異於種子，具其自體，種子潛藏在阿賴識中，作爲現象界的根源。如是，種子與現行成兩個世界，體用不能融成一片。有違他的體用不二立場。印順法師對熊十力二分種子與現行的講法提出駁斥，其理由是種子與現行「不一不異」（引用成唯識論的說法），所謂：「種子生現行時，『因果俱有』，新論則斷爲種現對立，這決非唯識的本意」、「此（種子）與本識及所生果，不一不異，體用，因果，理應爾故。」[47]熊十力評「種現二分」說，採用的是唯識今學的論述，他卻認作爲唯識舊師。事實上，主無相唯識義的唯識古學與主有相唯識義的唯識今學，對性相變現說的理解有所不同。無相唯識認爲現象界無能取和所取之妄構，主張一重能所，以「性相即融」爲準據。有相唯識以「性相永別」爲核心，以「二重能所」爲義。熊十力對唯識學的認識，主要是依護法來了解世親，以致有以偏概全之失。他對空、有二宗詬病，主

---

[44] 朱世龍，〈評熊十力哲學〉，見張曼濤主編，《唯識問題研究》，臺北市：大乘文化出版社，1978年，頁264。

[45] 參閱景海峰，《熊十力》，頁114、115。

[46] 《新唯識論》，卷下之二，附錄，頁29。

[47] 印順，〈評熊十力新唯識論〉，參閱林安梧輯，《現代儒佛之爭》，臺北市：明文書局，1990年，頁246。

要針對其談體遺用，不能契悟《易》言天道圓而神的生生不息之理，陷溺在耽空滯寂的缺失中。他採一貫的「體用不二」論，主張即體即用，本體發用而呈顯在現象界中，同時，即用顯體，吾人可於本體呈顯的現象中返識本體。

三、對法相唯識學「集聚名心」之批判

馬一浮在《新唯識論序》中極推崇熊十力「破集聚名心之說，立翕闢成變之義」，按熊十力積澱在其潛意識中的「心」概念是儒家先驗的道德本心，特別是王陽明晚年作〈大學問〉所說的一體之仁的良知，因此，熊十力的心是道德本心，與認知心是相即不離的，與唯識論所言的「萬法唯識」，「萬法唯心」之認識論取向大為不同調，熊十力批判說：

> 舊唯識論師，以為心是能分別境物的，就說心只是分別的罷了。實則所謂心者，確是依著向上的、開發的、不肯物化的、剛健的一種勢用，即所謂「闢」而說名為心。若離開這種勢用，還有什麼叫做心呢？舊師把心只看做是分別的，卻是從對境所顯了別之相上看。易言之，是從跡象上去看，是把它當做靜止的物事去看。**48**

唯識論「對境所顯了別之相上看」是潛在第八識阿賴耶識被熏習的有漏種子，亦即執識變現後的分別心，執著心的妄加分別作用，與熊十力所言的道德本心截然不同。唯識學所說「境不離識」的「境」只指心中作分別之內境，非外境獨立於意識而客觀的存在界，心只是在內境作分別作用而已。但是對熊十力而言，儒學攝知歸仁，因此，知識論的問題亦從屬於道德的心性存有學，他所謂：

---

48 《新唯識論》語體本，卷上，載《熊十力全集》第3卷，頁110。

「由修養極至，性智全露，而後能之」。再依據王陽明的「一體之仁」說，對照唯識學所論述的「心」更是南轅北轍了。蓋唯識學把心體分為許多不同的個別的「識」，各個「識」其「心王」各有自體而彼此獨立，諸「心所」也各有自體而獨立，且將每一「心王」、「心所」分成四分、三分、三分或二分。熊十力非常不苟同與他的心論如此不相契的論述，他批評說：

> 只是千條萬緒之相分而已，舍此無量無邊相見分，何所謂宇宙乎？……由唯識師賴耶義詳玩之，則是眾人各一宇宙。……唯識師雖將諸識剖得零零碎碎，而有賴耶為根本依，所以宇宙不同散沙之聚，人生不至如碎片堆集，全無主動力，……彼雖詆外道以戲論，而彼乃如此刻畫宇宙人生，如圖給一具機械然，毋亦未免戲論乎？《新論》出而救其失，誠非得已。[49]

《易傳》的機體宇宙觀，將人與天地萬物的生命緊密相聯，交融互攝，相輔相成，構成宋明理學和熊十力生機盎然的宇宙觀。熊十力體用不二，天人性命一脈貫通的生活天地中，生生之理流行化育不舍晝夜，日新其德，人所稟受的仁心仁性與生生不息的天德不二，生生之理縱貫橫攝於整合的世界。對熊十力而言，心體育一體之仁的生命意識和道德意識，仁心發於仁性（體），一心含攝萬有、形成人我通、物我通、物物通的有機整體。因此，在儒學的視域下，心體有形上的根源，有高度的自覺自主自發性，絕非法相唯識學之「集聚名心」。因此，他對唯識舊師否定「眾生同源」與「吾人與天地萬物同體」深表不滿而予以激烈批判。

熊十力在1943年與呂澂往還書信十六通，旨在論辯佛學根本思想。呂澂指出：「性寂與性覺兩詞，乃直截指出西方佛說與中士偽說根本不同之辯。一在根

---

[49] 熊十力，《十力語要初續》，載《熊十力全集》第5卷，頁249-250。

據自性涅槃（即性寂），一在根據自性菩提（即性覺）。由前立論，乃重視所緣境界依；由後立論，乃重視因緣種子依。……由西方教義證之，心性本淨一義，為佛學本源，性寂乃心性本淨之正解……性覺亦從心性本淨來，而望文生義，聖教無徵，訛傳而已……中土偽書由《起信》而《占察》，而《金剛三昧》，而《圓覺》，而《楞嚴》，一脈相承，無不從此訛傳而出。」[50]「淨」字梵文原指明淨義，與清淨義不全然相同。印度原始佛學本持性寂說，以離染轉依的工夫實踐為要旨。性寂的根本義是心性本淨。由性寂知妄染，得下離染除妄的修持工夫。但是性覺有可能誤妄念為真淨，因此，呂澂認為印度佛學的性寂說與中國大乘佛學的性覺說差異很大。由這一差異也看出唯識宗與中國大乘佛學的天臺、華嚴、禪宗在真如觀和佛性論上的岐見。熊十力認為《成唯識論》的真如觀視真如是不生滅、不變化的，阿賴耶識和真如無直接關聯。阿賴耶識是一切諸法之本源。對中國佛學影響深遠的《大乘起信論》賦予真如為佛性且恆常遍在，主張一切眾生皆有佛性，皆有成佛的可能性。至於唯識宗則以本有的無漏種子為佛性。有一類眾生若不具行佛性中之本有的無漏種子，則永無佛性而不能成佛、中國三大大乘佛學宗派主張理想與現實相即不離，煩惱不離菩提，生死不離涅槃，視佛性為「覺心」，強調返心源，「反觀心性」，眾生心與佛心平等互具，成佛關鍵在「自己覺悟」，但「自性菩提」、「即心即佛」說。唯識宗主張區分有漏與無漏二種種子，淨與染之區別，煩惱與菩提之區別。阿賴耶識非「心性本淨」具染淨的不同面向，主張轉識成智的功夫。當代研究熊十力甚久且功力甚深的郭齊勇對熊十力的批佛有一公允的論評，他說：「熊十力對唯識學和護法大師的批評，完全是創造性的誤讀。護法、唯識的種子論、習染論及關於心的分析，非常複雜，……並非一層之體用關係，……熊先生為創制自己的哲學體系，以『六經注我』的方式解釋唯識學，熊先生雖借取了唯識學的『境不離識』、『攝相歸性』、『攝境從心』諸論及名相分析的方法等，但總的說來，他的思想路數與唯

---

[50] 呂澂與熊十力，《辯佛學根本問題》，原載《中國哲學》第11輯，北京：人民出版社，1984年，呂澂，復書二。另見《熊十力全集》第8卷，頁428-429。

識不同。如前所述，他是中國化了的佛學的路數和宋明儒的路數。」[51]這一詳評深刻且公允。

[51] 郭其勇，〈論熊十力對佛教唯識學的批評〉，刊於《世界宗教研究》2007年第2期，頁50。

第三章　梁漱溟（1893-1988）

第一節　東西文化及其哲學

一、生平與著作

　　梁漱溟（1893-1988）原名煥鼎，廣西桂林人，早年任教北京大學，後來創辦山東鄉村建設研究院，主張透過鄉村建設來發展教育，革新鄉俗，改良中國社會，他與熊十力被推尊為現代新儒家的開拓者，在五四新文化運動以及文化革命時期分別公開維護孔子，肯定儒家的心性哲學。他是中國現代從事中、西、印哲學與文化之比較研究的開宗者，透過文化視域，不同文化之比較來開發其思想，與熊十力從專業領域研究哲學的進路有所不同。兩人卻有「由佛歸儒」的共同路向，但是他晚年再度皈依佛教，與熊十力引佛入儒歸宿於《易》生生的本體論不同。

　　梁漱溟自謂終其一生係為兩大問題而致力，先是人生問題，而後是中國哲學與文化問題。他在20年代所發表的《東西文化及其哲學》堪謂為代表他早期哲學觀念的主要著作。《人心與人生》完稿於1975年7月，1984年出版[1]。這本書是他晚年頗重要的著作，是他數十年來重建儒學之最後的系統表述。全書計二十一章，自謂：「吾書旨在有助於人類之認識自己，同時蓋亦有志介紹古代東方學術於今日之知識界。」書中內容涉及心理學、人與宇宙的本體觀、倫理學及宗教思想等方面。全書歸宗於充盡人心中的理性而開顯宇宙大生命的本性，啓點天人通貫的一本關係說。我們可認定其探索人生的究竟問題才是他一生思想所關切的核

---

[1] 臺灣谷風出版社翻印的《人心與人生》謂該書於1987年正式出版；王宗昱，《梁漱溟》，臺北：東大圖書公司印行，在《年表》中所謂該書於1984年出版；鄭大華，《梁漱溟與現代新儒學》，臺北：文津出版社印行，謂該書於1984年，上海：學林出版社出版。

心問題所在。

二、中、西、印人生哲學及其文化的比較

　　梁氏在其《東西文化及其哲學》一書中從人的意欲滿足與否做研究點，提出了人對物、人對人以及人對自身生命等三大人生問題。他認為文化乃是一民族生活的樣法，相應於三大人生問題，西方文化、中國文化及印度文化分別產生了三種各有特色的「生活樣法」或「文化路向」。三大人生問題中的第一大問題，是人對物的問題，亦即處理物我關係的問題。西方文化意欲向前追求，以征服自然的路向顯發了其文化特色。梁氏視這類文化是「遇到問題都是對於前面去下手，這種下手的結果就是改造局面，使其可以滿足我們的要求，這是生活本來的路向。」[2]這類文化在科學與民主上開出了其特長。他認為西方文化的兩個特長為「一個便是科學的方法，一個便是人的個性伸展，社會發達。前一個是西方學術特別精神，後一個是西方社會的特別精神。」[3]事實上，他所論述的西方文化係西方近400年來具現代性的現代化文化，他對西方由希臘哲學之理性、羅馬帝國的法律及希伯來宗教所構成的西方三大精神文化結構，並無深刻的理解。人生第二大問題所處理的是人我關係，其處理方式有別於向外追求、征服的物我關係之處理，而採取向內追求、反求諸己，求得內心的和諧和自足。他認為中國文化的「生活樣法」就是這種「文化路向」。那就是「對於自己意欲變換調和持中」、「遇到問題不去要求解決、改造局面，就在這種種境地上求我自己的滿足。……他並不想奮鬥的改造局面，而是自己意欲的調和罷了。」[4]人生的第三大問題是處理人對自身生命的問題，亦即處理自己的身與心、靈與肉、生與死的關係。印

---

[2]　梁漱溟，《東西文化及其哲學》，北京：商務印書館，1987年影印本，頁53。

[3]　同上，頁24。

[4]　同上，頁53-54。

度文化的路向顯出了其特色所在。那就是既不向外追求，也不反求諸己，而是意圖將自己從內在自我及所寄身於外在世界的存在中解脫出來，企盼達到涅槃的至上境界。

　　總而言之，梁氏在《東西文化及其哲學》中描繪了人類文化的發展圖式：生活樣法決定文化路向，生活樣法又由意欲決定，意欲的滿足與否產生了人生的三大問題。西方、中國及印度三大文化樣式採取了不同的思維方式，衍生了三種不同的「根本精神」。在生活樣態中，西方人較傾向於直覺運用理智的，中國人是理智運用直覺的，印度人是理智運用現量的。因而，三大文化分別採取意欲向前、自為調和持中及反身向後要求為其根本精神。他說：「印度人既不像西方人的要求幸福，也不像中國人的安遇知足，他是努力解脫這個生活的；既非向前，又非持中，乃是翻轉向後，即我們所謂第三條路向。」[5] 從佛學觀之，他所謂的「意欲」意指唯識宗所謂的「末那識」。末那識又稱分辨識，理會著眼、耳、鼻、舌、身、意等前六識的活動。對人而言的客觀世界就是這七識的活動所造成的「業」。業的體謂之「思」。整個世界沒有客觀實在性，只不過是人的意識所變現者。基於「唯識無境」，梁氏才說出「只有生活初無宇宙」的世界觀。同時，他借用叔本華的生活意志論，將意志視為一種神祕的生活力，他以求生存的欲求性來使用「意欲」一詞。因此，對他而言，意志的欲求性及意欲要求形成外部世界的傾向，形成人之生活的本然路向，那就是向前奮鬥的意欲。換言之，意欲是末那識，是人的自我意識，人之生活的本來路向係由末那識的執求性導出來的。

　　在西、中、印三種文化中所呈現的不同思維方式。梁氏的解釋是：西方傾向於理智，中國善於理性，印度人是理智運用現量的。在唯識宗裡，認識的對象稱為「相分」，認識的主體稱為「見分」。「相分」是由「見分」變現出來的。「現量」是「見分」對「相分」所做瞬間即逝的計量。換言之，「現量」是對

---

[5] 同上，頁55。

感官派生的現象之直觀，雖與對象有某種對應關係，卻非對象本質之反映。「現量」之知只照印現象，瞬間即逝。他曾簡單說：「所謂現量就是感覺。」[6]又說：「比量智即今所謂理智。」[7]藉比量所獲致的是知識及抽象推理所得的概念化知識或「共相」。他將近代西方人的科學與民主稱爲係直覺運用理性的生活。理智的概念是靜態的、呆板的，然而，中國哲學講的是變化的問題，變化是「活動的渾融的」，認識變化不總靠理智而要靠直覺。因此，中國人的生活是理智運用直覺的直覺式生活。

梁氏由人類生活的意欲活動方向，歸結出人生三大問題和人類三種文化形態，其三大文化路向說，針對了三大人生問題。第一大問題是人類得以生存和族類得以繁衍的基本前提，這是各民族都要面對和予以解決的；第二大問題是解決人的孤獨生活困境，旨在建構家庭、民族或國家的共同生活；第三大問題是要解脫人生中生、老、病、死的煩惱和苦痛。從三大文化路向看三大人生問題，乃是一歷時性的過程，也是一共時性的結構。雖然他對中、西、印曲折複雜的三大文化傳統之概括，有片面性及簡單化之嫌，可是他所提出的三大文化路向說，分別有所貢獻於人類生存的基本需要問題。那就是人類感情和內在生活需要的問題以及生命自身靈與肉、生與死、身與心的緊張矛盾問題。總而言之，他認爲人類的發展史可謂爲解決這三大問題的文化史。人生的這三大問題在他一生的文化思想中一直縈擊著他。雖然，他後來在《中國文化要義》、《人心與人生》等著作中又提出了些新的圖式，諸如「有對」與「無對」，「從身體出發」或「從心出發」，卻皆未改變上述根本觀點，可以視爲對之修改、補充和發展。他本人也自謂：「見解大致如前未變，說法稍有不同。」[8]在30年代中期，他所長期醞釀的文化心理學中，已提出意涵殊異於理智的「理性」概念。

他在1949年出版的《中國文化要義》中，首先對「理性」做了較完整的界

---

[6] 同上，頁70。

[7] 同上，頁71。

[8] 梁漱溟，《中國文化要義》，上海：學林出版社，1987年版，頁5。

定，且對中華民族的文化心理做了內在分析。他在晚年的鉅著《人心與人生》一書中則闡發了他自成一家之言的文化心理學。他在該書的緒論中，明確的說：「說人，必於心見之；說心，必於人見之。人與心，心與人，總若離開不得。世之求認識人類者，其必當於此有所識取也。」[9]該書接續他一向關注和討論的三大人生問題之探討，從人類生活言人心，再從人心論究人生問題。他將前者視為心理學之研究，後者則屬人生哲學、倫理學或道德論所研究的課題。他採實然的觀點以究明人心的諸般內涵及作用，從而追究在應然的價值理想上，人生所當勉勵實踐的基礎和方向。他將人心之所涵視為一事實，人生之所當向視為一理想。理想落腳在事實上，將人生與人心相連互動，藉以昌明清明善良的人性為最高目的。

第二節　人心與人生中的理智、理性之辨

一、從人心與人生解說「心」與「身」的概念涵義及其相互關係

　　梁漱溟早年雖沉浸過佛學，然而佛家的根本精神不但不契合於儒化的中國文化之根本精神，也不符應時代思想與倫理建構的需求。為了符應拯救中國的悲心宏願，他決定採取一種較積極活潑的入世思想。他接受了《易經》生生之德的本體宇宙觀。他在1920年春，讀到《明儒學案》中泰州王門崇尚自然的思想，頗為

之心動，逐「決然放棄出家之念」。**10**此後，他信奉儒家尊德樂生的思想，開始
強調自然、生命、意欲與本能等思想。**11**他的本體論乃由唯識宗的唯心論轉於逐
漸吸收儒家、陰陽家、中醫、西方的心理學、叔本華、柏克森、進化論、馬克斯
思想，而醞釀成《人心與人生》的心物合一論雛形。他在該書中多處論述了身心
的關係。

　　他在第二章〈略談人心〉一開頭就指出：「說人心，應當是總括著人類生命
之全部能力活動而說。」**12**他從人心之機體的內外兩方面言人類生命全部活動。
從對外方面言，人在其自然環境和社會環境中有所感受和施為的能力。這一部分
主要是依據大腦皮質高級神經活動，通過感覺器官系統來實現。人的生命一切所
遇皆自外來，對外應付主要靠大腦。從對內方面而言，個體生命具有賴以維持其
機體不息活動的能力，大腦居最高調節中樞的地位。蓋大腦和諸內臟之間息息相
聯通，以構成一完整的活體。至於何謂心？梁氏認為人心恆在發展且變化多端，
殊難全部了解。然而，吾人仍可由現實生活上起作用的人心來把握其共同一貫之
處。他所謂把握的人心特徵，係由心物互動處著眼，所謂：「心非一物也，其義
則主宰之意也。主為主動；宰謂宰制。對物而言，則曰宰制：從自體言之，則曰
主動；其實一義也。……心物其一而已矣，無可分立者。」**13**然而，他認為這種
分析法只是一種方便。較好的說法是「自覺能動性」**14**，至於這一概念的內涵分
析，梁氏透過「主動性」、「計畫性」和「靈活性」三點來說明。其中，他認為
主動性可涵括靈活性、計畫性，因而自覺能動性可簡化稱為「主動性」。

---

10 吳展良先生謂：「梁氏由佛學轉入儒學，實受到了新文化運動之中心北大的一種活潑氣氛的感染，才觸發了
　　以下一連串的反應。」引自〈中國現代保守主義的起點梁漱溟先生的思想及其對西方理性主義的批判（1913-
　　1915）〉收入《當代儒家論集：傳統與創新》，中央研究院、中國文哲研究所，劉述先主編，1995年版，頁
　　87。

11 梁漱溟，《人心與人生》，臺北：谷風出版社，1987年2月初版，頁15。

12 同上，頁18。

13 梁氏從《毛潤之選集》中的〈對日游擊戰爭的戰略問題〉、〈論持久戰〉兩篇論用兵之文中，獲得對「人心」
　　進行理解的啓發，那就是「自覺的能動性」，他並借用上述兩文言用兵知道的「主動性、靈動性、計畫性」三
　　點來對心之自覺能動性作內涵分析。出處同註12。

14 同上註11，頁118。

在解釋「身」、「腦」與「心」的相互關係上，梁氏渾括的說：「心以身為其物質基礎，重點突出的說，心的物質基礎又特寄乎頭腦。」[15]「腦」雖為身體組織的一部分，「腦」與「身」原係一體。人身內外活動能相互協調聯繫近於高度渾整統一，端賴人腦的統合機能，身腦分說只是一方便性的權說。除了從身腦關係了解「身」以外，梁氏還界定了「身」概念所涵括的內容，他說：「身，指機體、機能、體質、氣質和習慣。」[16]其中體質影響氣質、性情，而呈個別差異的表現，梁氏藉此解釋人與人之間不同的個性。換言之，「個性」係指人所秉賦的氣質有所偏而不同之謂。他承襲了宋明儒者氣質之性的影響，認為氣質凝固而有偏，障蔽了宇宙生命本原的透顯。相對於氣質是天生的，人的生活習慣是人與環境的交往互動中所凝歛出來的，亦即是說習慣是後天養成的，與自然環境和社會風俗有密切關係。儘管氣質與習慣的形成因不同，梁氏認為兩者皆具有強大的慣性，恆掩蔽著人的主動自覺性，亦即人心的自覺性。由人心所顯露的自覺能動性，彰顯於生產和工具的製作，這是人類基本的性格。在不同時地生活的人群所感染陶鑄而形成的性格，與其體質、心智、性情仍多少有所不同，梁氏稱之為第二性格。他認為人格的這一部分透過修養和教化是可以改變的。至於論身心關係，梁氏說：「心身是矛盾統一之兩面。」[17]身體的諸般生理需要形鑄成諸般人欲，這種來自宇宙大生命而發於個別人身的自然勢力，是「自發性發展」，有別於人心的「主動性自覺」。身心的矛盾在於身是受環境和欲望所制約而有所局限，亦即不自由的。因此，身主於受（陰），具被動的衝動性，是外在傾向的活動，較屬膚淺的人生意義。人心主於施（陽），具主動靈活性，不願受制和局限。梁氏說：「身心的位置關係正要這樣來理會：身外而心內，心深而身淺，心位於上端，身位於下端。」[18]身心之間的局限和自由、被動與主動、衝動與合理化，呈現了矛盾爭執的緊張性。然而身心相需相連，「心」要透過「身」而顯發

---

[15] 同上，頁242。
[16] 同上，頁243。
[17] 同註16，頁128。
[18] 同上，頁47。

作用。換言之，人腦爲人心作資具而開豁出道路來。「身」容得「心」則「心」才能更方便地發揮透露出內蘊於人心的生命本性。從身心的統一性而言，心與身雖性向互異，卻一體相聯通。至於人心的內涵與特徵，梁氏別開生面的指出了理智與理性。

二、理智的特徵

梁氏認爲生物的進化係按推進生活方法進行的。在空間上，植物固定一處所以求生，動物則四處移動以攝食。求生動物中之節足動物依從本能生活，其生活方式由本能預設了先天安排而被制約。脊椎動物（人）趨於理智而生活。他說：「爲了說明人心，必須談理智（intellect）與本能（instinct）的問題。」[19]他認爲理智與本能爲心學上的兩名詞，分別指出性質及作用方式上相異的生命活動。本能出自天然，以動物式本能爲準。理智出乎意識主導人類生活。就身與腦的觀點而言，本能活動全繫於生理機能，十分靠身體；理智活動與大腦的關係較緊密而較遠於身體。

梁氏將動物的本能式生活與人類的理智生活做比較，舉出了三點不同：第一，本能式的生活所需工具即寓於身體的天然機能，人類的理智生活則可離開身體另外創作工具以爲憑藉。第二，動物式的本能生活，一生下來（或於短期內）即完具生活能力，然畢生受本能所決定。人類初生時的生活本能遠不如動物，但是其生活能力隨著後天學習而遠超乎動物。第三，動物式的本能生活未脫離自然狀態，人類則不僅依恃身體的成熟，且依靠後天的學習以增進社會生活能力。他說：「一言總括：人類的生活能力、生活方式，必依重後天養成和取得，是即其依重理智之明徵。」[20]透過理智對生活知識及技能的後天學習，人類生活可超

---

[19] 同上，頁53。
[20] 同註19，頁55。

越動物式的本能制約而獲得生命之自由。至於兩者間的相同處，則不論理智或本能，都是爲解決現實生活需求而存在。所謂現實的生活需求，不外是個體生存及種族繁衍兩大問題。

就身、腦的活動而言，理智是較親近於大腦的心思作用，較不依賴身體感官對具體事物的本能反應。他說：

> 動物是要動的，原無取乎靜也；然靜即從動中發展出來。本能急切於知後之行，即偏乎動；理智著重乎行前之知，即偏乎靜矣。理智發達云者，非有他也，即是減弱身體感官對於具體事物近乎行前之知，即偏乎靜矣。理智發達云者，非有他也，即是減弱身體感官對於具體事物近似機械的反應作用，而擴大大腦心思作用；其性質爲行動之前的猶豫審量。猶豫之中自有某種程度之冷靜在。……設若其靜也不離乎生活上一種方法手段則亦變形之動耳。[21]

理智是在經驗世界生活，採取行動之前，對情境中所面對的客觀事物進行理解。所謂「猶豫審量」即是「擴大大腦心思作用」。因此理智是爲了正確無誤的理解客觀問題及採取有效解決問題之手段所進行的冷靜思考，梁氏以唯識宗的「比量智」來喻釋具分析推理功能的理智，且以「共相」示喻理智從事客觀認識作用時所獲致的概念化知識。梁氏謂：「理智靜以觀物，其所得者可云『物理』。」[22]因此，理智是從事主客對立的知識認知活動，就這一層而言涵具知解理性義。他進一步解釋說：「理解力即意識所有的概括能力，源於自覺，一切關係意義皆有待前後左右貫通（聯想）以識取，是抽象的（共相）。」[23]當理智獲致正確的概念知識後，再運用於生活情境中，對所擬解決的問題予以分別、計算而取最有利

---

[21] 同上，頁95。
[22] 同上，頁152。
[23] 梁漱溟，《東西文化及其哲學》，頁58。

於人的解決手段。就有效運用知識以解決現實生活運動而言，梁氏所謂的「理智」又兼具工具理性運作之意涵。他以理智的發展爲西方意識向前的文化特色。他且以佛家語的「我執」與「意執」來予以註解：「蓋生命寄於向前活動，向前活動基於二執故也（我執之末那識與意執之意識）。」[24]換言之，理性雖趨於靜以觀物，側重在概念化知識之形成，且也顯示出主動性、靈活性和計畫性諸特徵。然而，就現實生活界而言，其核心動力隱於意識背後的深處。支配意識活動的原動力在意欲向前的衝動，理智的認知和分別計算之能力被利用於現實意欲對外活動的工具。對梁氏而言，自覺蘊於自己的自我理解，非對外營求，意識則是由感覺、知覺、思維、判斷所連貫而成的對外活動。

三、理性的特徵

梁漱溟所提出的「理性」係轉出於羅素「精神（spirit）」的意涵。在《東西文化及其哲學》一書中，梁氏將之譯爲「靈性」，意指「無私的感情」[25]，且受俄國生物學家克魯泡特金的影響，取本能、理智二分說。在以後的仁學階段[26]，進而採本能、理智，直覺三分說。在《人心與人生》一書中，則以「理性」一詞替換了「直覺」來指謂「無私的感情」。他且在該書做了一番說明：

> 羅素在其《社會改造原理》一書中，曾主張人生最好是做到本能、理智、靈性三者合諧均衡的那種生活。所謂靈性，據他解說是以無私的感情爲中心的，是社會上之所以有宗教和道德的來源。我當時頗嫌其在本

---

[24] 梁漱溟，《東西文化及其哲學》，頁183。

[25] 此處採王宗昱，《梁漱溟》，臺北：東大圖書公司，1992年出版，頁110的說法；仁學階段指梁氏在《東西文化及其哲學》一書以後，構思《人心與人生》之前的思想，所用材料主要是梁氏1923-24年在北京大學開設的「孔家思想史」一課的講課筆記。

[26] 《人心與人生》，頁91。

能之外又指出來有神祕氣味，遠不如克魯泡特金以無私感情屬之本能，只以道德爲近情合理之事，而不看做是特別的、高不可攀的，要妥當多多。迨經積年用心觀察、思考和反躬體認之後，終乃省悟羅素是有所見的、未可厚非。**27**

梁氏捨二分而改三分說，使經過長時間的細心「觀察、思考和反躬體認」後，對人心的深層結構獲致更精緻、成熟的了解。他在《中國文化要義》第七章即增用「理性」一詞表述了理智之外，從動物式本能解放出人性深層中的仁心情義本性。往後他又在《人心與人生》第七章第二節中自謂敍述了他對人心之最後認識。他以「知」與「行」來渾括人類生命活動，認定趨於靜以觀物的理智活動所重在「知」。至於「行」又分析爲「感情被動以致衝動屬情，意志所向堅持不撓屬意」。**28**「理性」一詞之被提出係爲了指謂「情」與「意」，統稱爲「無私的感情」，具有清明自覺的特徵。所謂「無私」乃指人類理性之發用流行，係一種廓然大公、通而不局的境界。他藉理智與理性之對比來說明理性之涵義。對他而言，理智與理性各有所認識之理，他說：「理智靜以觀物，其所得者可云『物理』是夾雜一毫感情（主觀好惡）不得的。理性反之，要以無私的感情爲中心，即從不自欺其好惡而爲判斷焉；其所得者可謂『情理』。例如正義感，（某一具體事例）欣然接受擁護之情。而對於非正義者則嫌惡拒絕之也。」**29**理智不帶情感的靜以觀物，藉著後天的經驗，獲得「物理」。理性以無私的情感通貫於生活世界面油然興發了正義感，梁氏將這種無私的感情解釋爲清明自覺的感情。同時，他也把本乎人而感應之自然的「情理」是出於不學不慮之良知。**30**因此，對梁氏而言，透過人類行爲上的理牲，亦即清明自覺的感情，是無所爲而爲的純粹道德性，透顯了宇宙本性的奧祕。他說：「道德之唯於人類見之者，正以爭取自

---

27 同上，頁92。
28 同上，頁95。
29 同註28，頁142。
30 同上，頁98。

由、爭取主動，不斷地向上奮進之宇宙生命本性，今唯於人類乃有可見。」[31]換言之，他視爲道德本性的理性是得當的人類特徵，亦即人禽之辨的所在。人禽之辨不但辨乎動物式的本能與人心，更顯示於身體與理性之不同。就前者而言，前者陷入本能機制中，整個生命的動向不諦爲求生存求種族繁衍，與宇宙大生命隔而不通，亦即局於上述兩大問題，不得自由而不克感通於宇宙大生命。若源發於「理性」，則其情境是人類生命廓然與物同體，其無私清明的感通之情，無所不到。梁氏所謂的宇宙大生命，係指生命通乎宇宙而爲一體之渾全性的存有，表徵理性的無私感情宏通四達，即開顯了一體相通無所隔礙之宇宙偉大生命，亦即宇宙生命的本性所在。就身體與理性關係而言，人與人之間，若從乎身體則你我有所分隔，若從乎心則人與人之間雖分而不隔。他取《孟子》「今人乍見孺子將入於井」必皆怵惕惻隱爲見證。他更進一步指出人心不隔於生活世界，非僅限於人與人之間，更言其無隔於宇宙大生命。他在《人心與人生》第六章第五節闡釋了這一旨意。基於心身關係是矛盾統一之兩面性，梁氏認爲心身互動的關係中，心超乎身，則身從心而活動，理性於是乎顯現。心身在互動中，心從對身之矛盾爭持中，努力超越身的制約局限，爭取自主，反乎閉塞隔閡不通，迎向開通暢達，靈活自由的前進於無限感通的清明自覺之境中。至於是否有道德自覺與努力的辨識，則人心（理性）緣人身乃可得現是必然的，但是從人身上是否得見人心（理性）充分表現出來，則是可能的而非必然的。

此外，就天人關係而言，梁氏走向《易經》生生之德內在且流行通化於一切存在者的思路。他認爲「生」是代表儒家的哲學。他說：「孔家沒有別的，就是要順著自然的道理，頂活潑頂流暢的去生發。他以爲宇宙總是向前生發的，萬物欲生，即任其生，不加造作，必能與宇宙契合，使全宇宙充滿了生氣春意。」[32]因此，他在《人心與人生》的晚年鉅著中，一再地用「理性」所開顯的人心之深層內涵視爲對宇宙本原的最大透露。他說：「生命本原是共同的，一切含生命皆

---

[31] 梁漱溟，《東西文化及其哲學》，頁121。

[32] 《人心與人生》，頁141。

息息相通。」[33]理性則靈活的超越物我、人我之隔而與整個生活世界感通不隔，他將（孟子）的心學與易經有機的，一體相感相應的機體宇宙觀相互貫連了起來。如此，人心、萬物與宇宙的本原大生命相互貫通成天人一本論。

在心之兩面向：理智與理性之關係上，理智明於物理，顯人心之妙用；理性通於情理，顯人心之美德。理性爲體、理智爲用，雖體用不二，然而，理性爲人類本性所在，亦即終極性的實在。因此，理性與理智之間當以理性爲主，理智從屬理性被理性所資用。

四、評論

梁漱溟晚年最後成書的《人心與人生》將人心的作用似《大乘起信論》般地將心分爲如眞諦的理性和似俗諦的理智。他早在14歲入中學後便關注兩個核心問題：一是人爲何而活的人生意義問題；二是個人所托付生命的社會或社群生活問題，就大處著眼乃是國家定位和走向問題，亦即在西方現代性的挑戰下，中國應朝那個方向發展的問題。他的一生直至95歲逝世爲止，都可說是殫精竭力地爲這兩個核心問題探索不已。這兩個問題相互關聯而共構了他的生命觀，且深受法哲柏格森生命哲學的影響。人生與社會、自然構成其生命觀牢不可分的三角結構關係。他原受佛家世事無常，意欲造成人生本質爲苦的影響。但是1920年他偶讀《明儒學案·東崖語錄》王心齋「百慮交錮，血氣靡寧」八字，震憾其人文心靈，遂棄出家之念而轉進於儒家哲學。他受王心齋稱頌自然的價值觀而開悟，肯認做一個人的生活應當走儒家的路。

但是儒家的路是內聖成德、外王成經世功業的路，亦是聯屬個人生活與社會、天地萬物（自然）爲一身的生生不息、積極進取之志業。儒家的生命觀是樂

---

[33] 同上，頁95-99。

觀悅生的精神，他說：「全部《論語》通體不見一苦字。相反地，劈頭就出現了悅樂字樣。其後，樂之一字隨在而見。語氣自然，神情和易，……。來之，糾正了對於人生某些錯誤看法，而逐漸有其正確認識。」[34]儒家的內聖成德之重心在覺醒悲天憫人的仁心仁性而有感通無隔的仁民愛物之心。梁漱溟以人心之眞、常門道德本心來安立內在的靈性生命之價值。然而，人所面對客觀世界的外在生活，亦即人與社群和大自然的互動往來亦係構成人生活不可或缺的領域。因此，以人之生理爲載體的意欲、感覺、情緒、情感，以及以知識活動當作用的理智也是不可斷裂的。換言之，人外在的社會、經濟和政治生活亦有其不可或缺的存在價值。這也就是梁漱溟必須肯認知識理性與工具理性爲務的「理智」之功能了。他所謂的「理性」是具道德感的價值理性，是涉及人生意義和價值的安頓所依，有其第一序的重要性，但是具思辨性及能創造工具文明的理智亦是滿全文明生活所需的利器。如何統整這二域的合理關係，這就是他以理性爲體、理智爲用，體用不二的統整綜攝之最後見解了。至於在人生實踐與人類文明的進程上如何精確的善用這一原則，可能就不是梁先生一人之智所能完善完足了。

---

[34]　梁漱溟自述早年思想之再轉再變，見《梁漱溟全集》卷7，頁181，濟南市：山東人民出版社，1989年版。

第三節　佛學研究

一、佛學研究的歷程及其在文化哲學中的定位

（一）研究佛學的歷程和心得

　　他在18歲時關心政局時勢，留意立憲派、革命派之種種論戰，傾心政治改造，翌年，辛亥革命爆發，他經革命派同學甄元熙介紹加入京津同盟會。1912年（民國元年），他時年20歲，對民國初年對政治現實窮形盡相之黑暗面，以及社會人心仍陷於動盪不安的矛盾與痛苦中，深感無奈和虛幻不實。他認為人生應追求快樂而擺脫痛苦，趨利避害，但是現實與理想相矛盾，因而常糾結在人生苦樂的基本問題上。他身處劇變的時代，無常與苦難的觀感使他傾向佛教的出世思想，他潛心佛學之研習，曾在〈談佛〉一文中說：「所謂年來思想者，一字括之，曰佛而已矣！所謂今後志趣者，一字括之，曰僧而已矣！」[35]，1916年，時年24歲的他，將數年來潛心佛典的研究心得，撰成〈究元決疑論〉一文，發表在《東方雜誌》，駁斥熊十力對佛家的批判，且將該文求教於北京大學校長蔡元培，受到肯定而被延聘至北大哲學系任教「印度哲學」課程，遂於第二年赴任。〈究元決疑論〉分成「佛學如寶論」的「究元」與「佛學方便論」的「決疑」二部分，全文有一萬三千餘字，「究元」旨在闡釋佛教的宇宙觀、本體論，又分「性宗」和「相宗」二義以「究宣元真」。「決疑」意指「決行業之疑」屬人生論。文中謂：「欲得決疑要先究元」，換言之，究元之目的在決疑，亦即依究元所得的真諦來解決人生的根本問題。重點置於人生的苦樂觀。他在文中主張解決

人生問題得先探得人生的終極意義，進而解求失去常度的苦難社會，善盡救世使命，他認同佛教無常和苦難的人生觀，以及捨離世的出世解脫法。

他在文中掌握佛教緣起性空的基本教義，謂：「所究元者唯是無性。唯此無性是其眞實自性。心所云周遍法界者，一切諸法同一無性之謂也。」[36]其所言「無性」指「無自性」契合印度原始佛教「諸行無常，諸法無我，諸受皆苦」的「三法印」，總結一切現象的最終本質是無恆常性的空理空性。他對宇宙本體歸結到眞如法性的空性，頗符合大乘佛學的根本思想。然而，他又如何解釋我們眼前所呈現的世間萬有呢？他又訴諸大乘有宗法相唯識「心生種種法生」的「萬法唯識」、「萬法唯心」之說法。虛幻不實的「心相」又訴諸因果業報之「因果接續、遷流不住，以至於今」的有漏種子識變成世間萬有的假有，他從本體論的「無性」出發在人生哲學上衍生出「不可思議義」、「自然軌則不可得義」、「德行軌則不可得義」世間妙有的三項基本命題。因此，他指出一切學術名言皆立基於幻有的依他起性上，世間的道德法則的屬性係：「良知直覺，主宰自裁，唯是識心所現，虛妄不眞。」[37]宇宙本體既然如此「清靜本然」，則在人生哲學「決行止之疑」上主張方便法門而提出世間義和隨順世間義兩條生命智慧，這也是「如來大教」提示眾生的佛道。他也針對世間人不可能以出世間盡求，因此，他說：「眾生成佛，要非今日可辦，則方便門中種種法皆得安立。」[38]他針對如何在方便門中安立現世生命，還提出具體之「出而不出」、「無目的的向上奮進」說，且在以後據以批評陳獨秀、李大釗、胡適等「新青年」派的人生觀。數年後，他感念當時蒼生的困苦無依，自覺的湧現儒家的淑世情懷而放棄了出世念頭。儘管如此，他在人生的終極價值之抉擇上，仍然是托付於佛教的。他在93歲（1885年）高齡在接受訪問時自謂：「其實我一直是持佛家的思想，至今仍然如此。⋯⋯持佛家精神，過佛家的生活，是我的心願，只是總做不夠。」[39]

---

[36] 見前揭書（以後簡稱《全集》），第1卷，1989年版，頁9。

[37] 同上，頁11。

[38] 同上，頁19。

[39] 見王宗昱，〈是儒家，還是佛家──訪梁漱溟先生〉，《中國文化與中國哲學》，頁561。

他在27歲（1919年）出版《印度哲學概論》，系統紹述佛教理論，紹述了彌曼善派、吠檀多派、僧法派、瑜伽派、吠世史迦派、尼耶也派等正統六宗，論究各宗與宗教、哲學之關係，其目的在「爲釋迦說個明白」，不但開了學院派研究印度哲學之先河，且在書中論述了本體論、認識論、世間論（人生論）三項哲學專題，構築了1921年所出版的《東西文化及其哲學》的理論基礎。他在1920年出版《唯識述義》一書，主要探索唯識學之來歷、其與佛教、西學之關係，特別注重唯識學方法論，論爲唯識學爲印度佛教哲學建立了形而上學。他把唯識學運用成他觀察及分析其文化哲學之基本方法。他在《唯識述義》書中將唯識學視爲整個佛教的基本教理。他說：

> 大乘佛教離了唯識就沒有法子說明，我們如果求哲學於佛教也只在這個唯識學。因爲小乘對形而上學的問題全不過問，認識論又不發達。般若派對於不論什麼問題一切不問，不下解決。對於種種問題有許多意見可供我們需求的只有唯識這一派，同廣義的唯識如起信論派等。更進一步說，我們竟不妨以唯識學代表佛教全體的教理。[40]

由於他認爲唯識學可概括整個佛教的基本教理，他直到逝世前數月猶向訪問者傳達他對唯識的重視和推崇。他說：

> 佛教宗派很多，唯識屬法相宗。一般省略稱相宗，……這一派學問最紮實，尤其以玄奘翻譯出來的東西，傳出來的一字不苟。……玄奘、窺基，留下來的著作，把印度十家大意匯合起來，成爲《成唯識論述記》，這是重要典籍。我一生幾十年功夫全用這部書，吃飯、睡覺都離不開它。這一派學問最扎實，嚴謹，一絲不苟，我老抱著這本書。[41]

---

[40] 《全集》（一），頁269。
[41] 白吉庵，《物來順應——梁漱溟傳及訪談錄》，山西人民出版社，1997年版，頁191。

唯識論的核心概念在「識」，最重視的修持工夫是破我執和法執，破此兩執以轉識成智。他在《唯識述義》一書中，借哲學知識論謂一切知識的素材來自感覺經驗，來詮釋唯識論的破執工夫關鍵在對「感覺」的理解，他說：「一切都可破得，獨有這個不解破，無可破。……這個便是唯識家的識。唯識家所謂唯識的就是說一切都無所有，唯有感覺。」[42]他還汲取感覺論的波耳松（Karl Pearson）將科學研究不可或缺的感覺印象說來詮解唯識論所言「萬法唯識」，所謂：

> 科學不外是由感覺的印象作成功的概念與推論，所以說一切唯有感覺。
> 我們人的知識只是把這些感覺來歸納、分析、聯合、擬造、……而已，
> 離感覺則無所有。[43]

梁漱溟認為波耳松所言與唯識學第一層的講法很像，謂宇宙對人而言只是感覺之總計，沒有恆常性的宇宙實體。「唯識」的涵義簡單明白地說唯有感覺而已。他針對「心」之概念為唯識學教義做了精闢的詮釋，所謂：「一般所說的心是半邊的，唯識家所說的心是整個的。一般所說心但是那作用，唯識家所說的心是個東西。」[44]一般人以有念慮作用的心來界說「心」，對梁漱溟而言，以作用言心是半邊而不全的，必得由心物合一，且由心體所發覺識的作用來界說「心」才是具整全意義的。「識」是自我感覺，是由瑜伽唯識家透過禪定靜修而獲得的量。他說：「感覺原無一時一刻不有，卻無一時一刻為我們所有。其為我們所有的只有非量的觀念、比量的概念。」[45]「非量」指直覺，「比量」指理智，感覺則是「現量」，他提出一命題：「白非外有，外白非有，唯有識」，瑜伽師指出

---

[42] 《全集》（一），頁286。
[43] 《全集》（一），頁274。
[44] 同上，頁228。
[45] 同上，頁303。

「白」非外在眞實的存在，因感覺相逐不斷，「白」才能存有稱之爲唯識[46]。

（二）佛學在其文化哲學中的角色和地位

　　梁漱溟文化哲學中最令人津津樂道的是他的「世界文化三路向」說。他28歲（1920年）時在北京大學講佛家唯識學，又作《東西文化及其哲學》演講，提出文化發展三期說。[47]他指出文化發展有哲學境界的高低，表現在人類生命所面對且予以解決辦法的三大問題。這三大問題也反映了人類生活需求的三個層次，第一層次是由維持生存所當解決的物質需求，欲意向前的西方文化以理智的科學知識及科學技術解決人類在物質上的求滿足，其所著眼研究者在外界物質。第二期人類面臨的精神不安寧之問題，亦即內具生命問題，孔子及其儒家以道德直覺，調和持中的精神安頓了人之情志。第三期是人類面對宇宙發展的必然之歸趨，涉及宇宙人生的究竟問題，也是人類生命的終極趨向問題，他認爲在人類文化歷程上，從意欲的不得最終滿足，社會、政治、人生各種問題的苦惱，最後得歸結到宗教上，印度佛學由緣起性空，歸宗於涅槃寂靜的人生煩惱之究極解脫，在解決這三大需求的歷程上，他分別舉西、中、印所運用的心靈能力爲：

> 西洋生活是直覺運用理智的，
> 中國生活是理智運用直覺的。
> 印度生活是理智運用現量的。[48]

　　這樣的分法當然有過度簡單化及過度解釋之失的，例如，西方哲學有不同派別門類，其中也有理智運用直覺的，且佛教只是世界三大宗教之一，他不但未討

---

[46] 同上，頁306。

[47] 他在1921年應山東省教育廳長、省議會議長王鴻一邀請，赴山東講《東西文化及其哲學》，羅常培記錄，曾在山東鉛印成書。同年，該書由商務印書館出版。他與伍庸伯妻妹黃靖賢成婚。

[48] 《全集》，頁485。

論基督宗教和回教，甚至連中國本土的道教也未檢討。當然，他也承認這種分類法是勉爲其難的。不過，他也直接地指出：

> 我們說印度其實是指佛教，……印度這條路最排斥理智和直覺……唯識道理即全出於現比量，而因明學即專講比量者——理智。做這條路的生活就是用比量破一切非量……而現量加實證比非量之全不如實，現量之用大爲開發而成功現量生活。[49]

他所說的「現量」、「比量」、「非量」類似感覺、邏輯思維、直覺之認識論，係具佛學意涵成分中，所做的轉化和改造。但是他所謂的「非量」與唯識論原意不同，唯識學中的「非量」指錯誤的比量和現量。梁漱溟則指「非量」爲介於現量和比量之間的認識階段，理由在於他認爲從現量的感覺至比量之抽象概念，中間還得有一「直覺」階段，直覺作用發自「受」、「想」二心所，此二心所有著說不清楚的意味，他自己認爲是對唯識「非量」之修正。[50]他自言生平非志在學問，而是好用心思來處理切己體驗的實際問題，他所謂切己問題是涉及政治、社會、文化的人生問題及國事問題。由於他關注的問題牽涉層面甚廣，導致問題漫延得複雜難清理，我們也無法使用哲學的專門術語來論證釐清。

二、儒佛之辨與判教

梁漱溟一生所關注的問題不外乎人生問題、社會問題及中國的出路問題。大略而言，他在20歲之前關注如何救治當時社會之流弊，心存功利主義思想，其憂患意識陷入嚴重的精神危機，幾度有自殺之念。20歲至29歲由思考社會問題的挫

---

[49]　《全集》一，頁487。

[50]　頁401。

折中，轉折至人之生命意義問題之探究，受佛學影響，20歲開始茹素，且有出家的決定，斷言欲望是迷妄，苦樂源自人類生命本身，只有否定人生的「無生」，亦即佛家爲紅塵眾生所開悟的出世之路，才是解決人生糾結於無常之苦樂的正道。但是時局動盪，人心苦悶，蒼生的苦難，使他激起社會責任感，乃在29歲時放棄出家念頭，選擇儒家淑世志業爲其人生在世路向。由他一生曲折徘徊在儒佛之間，其儒佛之辨及佛教式的判教值得我們研究其原委。他在1917年撰成〈吾曹不出如蒼生何〉一文，頗有清初顧炎武所言「天下興亡，匹夫有責」的志節，其社責任感與自許的使命，驅使他參加辛亥革命，擔任過新聞記者，執北大教職。他在1921年出版《東西文化及其哲學》，標誌著對儒家之回歸。其後，他接連出版《鄉村建設大意》、《鄉村建設理論》以及於1932年至1935年赴山東實踐鄉村建設運動，顯出他儒家社會實踐的入世精神。抗戰期間，他在重慶辦勉仁書院，以張載四句教中的「爲往聖繼絕學，爲萬世開太平」的宏願自勉。他的當代新儒家精神呈現在他積極獻身社會運動與教育志業以及對民末泰州學派大眾化學風的效習上。他在《東西文化及其哲學》中以「對於自己的意思變換、調和、持中」以及「轉身向後去要求」來區別以儒家爲主的中國和產生佛教的印度於文化上的不同。他又在1937年《朝話》[51]扼要概括中國人的人生態度爲「鄭重」，印度人則爲「厭離」。[52]「鄭重」意指儒家能從道德自覺地順應生命的自然流行，以合乎人情事理，亦即有自我省思能力「自覺的盡力量去生活」[53]，儒家所標榜的「正心誠意」、「仁義」、「忠恕」、「愼獨」等美德係在道德自覺的前提下所衍生。至於印度人「厭離」的人生態度係針對人生無常之苦的厭倦而思捨離世。他曾說過「印度人既不像西方人的要求幸福，也不像中國人的安遇知足，他是努力於解脫這個生活的。」[54]

　　梁漱溟由人類生命所驅動的意欲活動方向概括出人生所得面對的三大問

---

[51] 《朝話》一書於1937年6月由鄒平鄉村書店初版。

[52] 《全集》，第2卷，頁81。

[53] 同上，頁82。

[54] 《全集》，第1卷，頁394。

題，也形成人類文化進程的三個階段。中國的儒家跳過第一期而直接切入第二期。印度則逾越前二期而在第三期展現宗教智慧且與儒家道德理性之發皇，皆屬文化早熟之緣故，工業革命以來的西方，其偏重物質文明和經濟發展，已逐漸呈現各種疲態和精神文化的危機。因此，他預言最近未來的人類文化將是注重社會人際關係持中調和的中國文化，儒家也得以復興。然而人類意欲永不滿足，人類社會、政治、經濟的問題衝突不斷，科學與民主無法澈底解決外在世界之挑戰和困境。儒家的道德理性對中國的風俗教化、文物制度、倫理精神貢獻良多，以精神的愉悅取代物質欲望的盲從，成為住世的「最圓滿生活」，但是這一生活的真理對宇宙與人生的終極趨向，人之生命的究竟真相沒有像印度佛教探討得深刻，以緣起性空、涅槃寂靜來解決人類生命的究極真相。

　　就儒學與佛學的思想屬性之區別而言，他所說人生面臨三大問題中第二項的社會問題，只有運用道德方法才能解決，證立人之道德本體的儒家鼓舞人心向善的個人道德，也表現出「務盡倫理情誼（情義），可以『盡倫』一詞括之。」[55]形成「倫理本位」之中國文化脈絡下的社會倫理特性，他雖然也斷言世界最近文化的發展為中國文化復興提供契機，但是，從長遠處觀之，世界未來文化絕非由中國文化萬世一系的獨領天下。因為人生面臨的第三大問題，亦即生死問題或終極關懷問題，這第三條路得用宗教信仰來解決，當由印度出世文化來歸結，顯而易見的，印度原始佛學是出世的宗教屬性。如此一來，儒佛的屬性定位之辨，儒學為道德範疇，佛學為宗教範疇。在儒佛判教上，走第三條路的佛學高於走第二條路的儒學，問題是儒學難道不具宗教性嗎？他曾在〈我的自學小史〉中說：

當初歸心佛法，由於認定人生唯是苦（佛談四諦法：苦、集、滅、道），一旦發現儒書《論語》開頭便是「學而時習之不亦悅乎」，一直看下去，全書不具一苦字，而樂字卻出現了好多好多，不能不引起我極

大注意。在《論語》中與樂字相對待的是一個憂字。然而說：「仁者不
憂」，孔子自言「樂以忘憂」，其充滿樂觀氣氛極其明白；經過細心思
考反省，就修正了自己一向的片面做法。[56]

　　佛教以「苦」總結人的生命本質，儒家雖主安分、知足、寡欲、攝生，卻也
尋出人生樂趣，感覺到生命之意義，有慰藉人生情感情志之正向作用，梁漱溟認
為情感生活的慰藉是宗教的基本要素之一。因此，富於情理交融生活之儒學也是
具有宗教品格的，他還肯定儒學對倫理親情之孝悌的提倡，禮樂儀式之實施，相
結合起來就是儒家的宗教性色彩。他還確認儒家的道德理性雖不能稱為宗教，卻
在中國文化中具有宗教在西方文化中的某種功能。

　　但是就宗教所應具備的整全特徵而言，梁漱溟判定儒學是道德而非宗教。雖
然，儒家通過禮樂的文化生活，陶冶人的情感歸屬感及心靈愉悅的生命情調，但
是孔子說：「未知生，焉知死？」他述說了宗教的本質，所謂：

> 世間最使人情志動搖不安之事，莫過於所親愛者之死和自己之死。而同
> 時生死之故，最渺茫難知。所以它恰合於產生宗教的兩條件：情志方面
> 正需要宗教，知識方面則方便於宗教之建立。然而宗教總脫不開生死鬼
> 神這一套的，孔子偏不談它。這就充分證明孔子不是宗教。[57]

　　對梁漱溟而言，儒家雖也具有安慰人情志的宗教作用，卻不具有對經驗和知
識性理智之超越的表現形式，儒家的人倫道德生活肯定現世的存在意義和價值，
卻未具有關懷死後世界，特別是超越現實世界之外的彼岸，這是宗教信仰所不可
缺乏的課題，在對焦於如何對待死亡問題上，他肯認佛學較之儒學更能作出終極
性的探索和解釋。佛學能面對人之存在意義問題所連結之根本問題，亦即死亡問

題。梁漱溟將這一人生終結問題，歸結為「別離之苦」，那就是告別青春、揮別健康，與親人朋友無盡的生離死別，這也是他最後確認佛學才能人根本處解決了人生意義焦慮的終極性問題。平心而言，儒、佛皆有人生終極意義的探索和抉擇，這是不同的人生價值觀。梁漱溟的儒佛之辨和判教，只能歸究於他個人生命歷程和歷史際遇的顛沛流離和苦多樂少吧！

第四章　馮友蘭（1895-1990）

第一節　馮友蘭的新理學

一、生平與著述

　　馮友蘭（1895-1990）字芝生，河南省人，他在《三松堂全集》第13卷中曾以「三史釋今古」一語概括自己的學術貢獻。那就是其成名作《中國哲學史》上下卷（1933），以及《中國哲學簡史》（1948）和七冊的《中國哲學史新編》（1980-1990）。此外，他還出版了六冊《貞元六書》（1939-1946），內容有《新理學》、《新世訓》、《新世論》、《新原人》、《新原道》、《新知言》，共構了其「新理學」思想體系，也奠定了他在中國哲學史上的顯赫地位。他藉著英美新實在論，以概念思辨的邏輯分析法、概念思辨的邏輯繼承法寫成了整全性的中國哲學史，建構出與當代新儒家迥然不同的新理學之形上學，他的形上學和人生四境界說最能突出他獨特的哲學見解。

二、馮友蘭新理學之「理」、「氣」概念涵義

　　馮友蘭新理學中的形上學立基於理、氣、道體、大全這四個核心概念。這四個概念中的「理」、「氣」、「道體」是分解性的概念，「大全」係一總括性的概念。分析命題在哲學上指主謂詞所構成的命題，謂詞所描述的主詞表徵之對象特徵，理當蘊涵在對象中。若謂詞對主詞所指的對象屬性之論述，經驗證結果，果真係蘊涵在對象物中，則這一分析命題為真。分析命題的功能在釐清對象物的內涵特徵。《新理學》中以「理」之為形上學的「潛存」或「自存」所作之

論證，乃針對有關數學、邏輯之理，紅色、滋味等次性的感性認知，以及與朱熹形上學之道器論相關的事理等三類的「理」。馮先生在建構「理」的概念涵意時指出：「規定概念的內容，一方面就是析理，一方面是我們對於理底知識，做一清算。概念的內容，顯示理的內容。將一個概念的內容弄清楚，就是將它所顯示底理的內容弄清楚。」[1]他所謂「規定的內容」當係指人的知識理性以邏輯理性對客觀事物進行抽象的思辨。換言之，人的理性將同一類事物中眾多的具體存在物，進行抽離其間的殊別特徵，逐步分析其殊相，且予以一一抽離，直至無殊相可再抽離後，所留下的共相，就形成這類存在物之普遍相、共通之原理原則，亦即抽象概念內涵之所由生處。這一抽象的概念思辨法係希臘哲學，特別是蘇格拉底自謂「概念的接生婆」，後經柏拉圖、亞里斯多德步步深刻的發展後所建構出來的西方哲學主流思維方法，亦即概念的抽象分析法。表述概念的語詞、概念所針對之認知對象和概念內涵要能滿足對應符合關係，這種以概念思辨來界說一事物之內涵，且以對應之語言名相來稱述的認識事物方式，與中國魏晉玄學中的辨名析理以規約事物之性質，且予以相區隔分辨的作法頗有類似處。馮先生進一步解釋說：「析理所得的命題，就是所謂分析命題。我們析紅之理，而見其涵蘊顏色，我們於是就說，紅是顏色。我們如了解「紅」及「顏色」的意義，我們就可見紅是顏色這個命題，是必然地普遍地眞。分析命題的特點，就是它的必然性與普遍性。……若沒有理，就不能有必然地普遍地眞分析命題。」[2]

馮先生在形上學上特別重視概念的抽象思辨、分析和界說，可說是深受柏拉圖和英美新實在論的影響，柏拉圖的老師蘇格拉底論述了在人類道德本源上，應有一超越諸善德的普遍之「善」，它本身不是任何一項具體的善德，卻統攝一切分殊之善德，且爲其普遍的共同的本質元素。這種元善是人間諸善德的最高標準，是倫理學的基源課題。柏拉圖在這一立基點上更進一步擬就本體論的高度，萬物存在的終極性本體爲何？那就是說決定現象世界中萬物存在的最普遍依據

---

[1] 《新知言》、《三松堂全集》，第5卷，頁247，鄭州：河南人民出版社，1895-1994年。
[2] 同上，頁223-224。

為何？他窮究提出的理論為本體界的「理念」（ideas），亦即被稱為「共相」（universals）理論。「共相」之名源自中世紀唯名論和唯實論之爭論後，才使用此名稱來論述萬物現象背後的本體問題，柏拉圖持二重世界觀，一是在時空條件下不斷生滅變化的物質世界或現象世界，另一為超越於時空條件制約之上的永恆完美之理念世界，「理念」是現象界事物的「模本」，因其獨立於時空條件制約之上，享永恆不變的完全性。一切在時空條件中存在的具體事物，皆模仿本體界的「理念」，且永遠不能企及「理念」的絕對完美性。馮友蘭的「真際」當類比於柏拉圖本體界的「理念」，他所言的「實際」當類比於柏拉圖的物質世界或現象世界。馮友蘭說：「真際是指凡可稱為有者，方可名為本然，實際是指有事實底存在者，亦可名為自然。真者，言其無妄；實者，言其不虛；本然者，本來即然；自然者，自己而然。」[3]

馮友蘭深受儒家重視現實世界之精神傳統的影響，原本難接受柏拉圖二重世界間不可調和的對立。後來受到新實在論孟德鳩的「潛存」說，獲致解決柏拉圖二重世界衝突之思想出路。根據馮友蘭哲學的研究者殷鼎的陳述：「一方面，孟德鳩的理論提出理念或共相世界真實不妄，卻以獨特的方式「潛存」（subsist），另一方面，他的理論又不同於柏拉圖的實在主義，第一次肯定現象世界也同理念世界一樣真實不妄，所不同的是，現象世界的存在方式是在時空中，這種理論與馮友蘭的儒家教育背景正相契合。」[4]

新實在論雖也有不同論述處，卻共同汲取了柏拉圖的一項哲學資源：理念或共相係一獨立自存的真實本體世界，亦即先於人類的認識而恆在，唯有人才能透過理性的抽象思辨作用，超越經驗的局限而認識「理念」或「共相」。美國新實在論代表人之一的斯鮑丁（E. G. Spuolding）曾指出一位新實在論者亦是一柏拉圖主義者，皆認為人的思想只是認識現實的工具，在人的認知過程中，客觀的「共相」，獨立於人的思想意識之外。馮先生所宗的孟德鳩是美國柏拉圖的新實

---

[3]　《馮友蘭全集》，卷4，頁11。

[4]　見殷鼎，《馮友蘭》，頁87，臺北：東大圖書出版，1911年8月。

在論代表，其所提出的共相世界之「潛存」（subsist）有數項理論特徵。那就是「共相」有別於殊相世界，乃係先於時空而獨立「潛存」爲特殊形式的客觀眞實，「共相」不必依賴殊相在時空中存在；共相的獨立潛存有其客觀的眞實性，未必只能存在於人的思想意識世界中；共相之間的組合不形成具體的事物，亦即形構出殊相。總之，共相世界與殊相世界是性質根本不同的二種眞實存在，它們之間既相分離，卻又有對應聯繫之關係。

　　馮先生在其形上學的建構中，汲取了孟德鳩這些理論特點，只是以「理」來取代「共相」之名稱而已。但是他也有與孟德鳩不同的二論點：新實在論都不主張絕對區分哲學和科學。馮先生卻在《新理學》首先就予以區別，認爲哲學精確的說，其形而上學只對「眞際」作「形式的肯定」。科學則是對實然性的事實，亦即「實際」作事實眞理或實然性的眞作「事實的肯定」。至於「形式的肯定」之操作方式僅針對事物或經驗的「形式」進行邏輯的分析和綜合，不訴諸經驗事實的驗證。他所認爲「形式的肯定」的「眞際」指一切的存在，包括兩類不同的存在，一類是新實在論所言的「實存」或「潛存」，另一類是包括一切事物的物質存在，他稱前者爲「有」（being），後者爲「自然」（nature）。他又更進一步再區分了「眞際」和「純眞際」，「純眞際」只指超驗的「實存」（subsist），「眞際」則兼容了兩類不同性質的存在，超驗的「實存」和經驗的物質存在。「純眞際」是物質存在的本體，獨立存在於任何物形態之外，係以本體的存在形式作爲眞實的存在。因此，他所確認的哲學功能就在於人通過理性的思辨，洞悉天地萬物的整體統一性以及萬物得以存在所依據之本體世界。

　　英美新實在論不關注實際世界中萬物的存在和構成，馮先生的興趣在構築一資以說明實際世界以及人生的一套哲學體系。「氣」在中國哲學中向來被當作解釋存在界生成變化的宇宙元素，如：程朱理學，因此，馮先生也特別重視其在構成具體存在物之作用。他借用亞里斯多德的「質料」（matter）概念來說解中國哲學中的「氣」，「氣」在宇宙生成論中有實現「理」或「形式」（form）的潛能。他說：「凡實際的存在的物皆有兩依，即其所依照，及其所依據。……換言之，實際的存在的物，皆有其兩方面，即其『是什麼』，及其所依據以存

在，即所依據以成爲實際的『是什麼』者。例如一圓的物有兩方面，一方面是其『是圓』，一方面是其所依據以存在，即其所依據以成爲實際的圓者。其『是什麼』，即此物有此類之要素，即性，其所以存在，即此物存在之基礎。其『是什麼』靠其所依照之理；其所依據以存在，即實現其理之料。」[5]「理」雖對存在物作本質規定，且不具實際世界中其體現實存物的能力。使存在物具有形質屬性的存在物者是「氣」。因此，實際世界中存在的萬事萬物乃係「依照」理以及「依據」氣所生成的。然而，在馮先生的形上學中，「氣」是純粹的邏輯觀念。「氣」雖具有潛能，使每一類事物依照其理，依據氣以成爲「實際」世界中的那一類事物，但是，「氣」究竟既不是任何具體的物，也不是潛存的「理」。

西方哲學史中的辯證唯物論謂吾人若抽出「物」的一切特性，則最終留下者係其所具有的「客觀實在性」。辯證唯物論認爲此「客觀實在性」獨立於吾人的感覺而存有，名之爲「物質」。他們認爲此「物質」雖是一邏輯的觀念，卻仍有其「客觀實在」的內涵，以及物質世界的外延。

馮先生資取程伊川的「眞元之氣」來詮解其「哲學底，邏輯的觀念」[6]的無性之氣。他說「眞元之氣，其本身不依照任何理，惟其不依照任何理，故可以依照任何理；其本身無任何名，惟其無任何名，故可爲任何物，有任何名。」[7]他就邏輯分析所推得的概念之知，謂：「眞元之氣，不在時空，而在事實上，氣自無始以來，即在時空中。正如自無始以來，氣即存在。當然在時空存在者，已非眞元之氣或無極。」[8]他認爲實際世界中存在著物之氣。但是馮先生認爲此「氣」不是眞元之氣，眞元之氣類似柏拉圖的元質說乃是絕對的料，獨立於實際經驗世界的「客觀實在」。若依馮先生的「眞際」與「實際」的分法，則當劃歸純粹眞際的本體界中。

---

[5] 《新理學》，《三松堂全集》，卷4，頁13。

[6] 同註5，頁48。

[7] 同上，頁5。

[8] 《三松堂全集》，第5卷，頁319。

三、新理學的「道體」、「大全」之概念涵義

　　「道體」是動態的宇宙觀，「大全」則是統攝一切的邏輯分析之最大外延，最高的類概念，是靜態的宇宙觀。我們可以分別紹述：

（一）「道體」及其相關命題是馮先生新理學本體論第三組的最高哲學概念

　　事物的存在是其氣（相對的料）實現某種理的流行。「道體」是統攝一切流行者的全稱名詞。就宇宙大化流行的整體相觀之，「道體」就是動態的宇宙，就《易》的生生哲學而言，是一陰一陽之道的永恆運行。不但能生成、變化出無窮的品物，而萬般品物的生生不息活動也不斷拓展其運動所需之空間，構作出一套變化無窮的宇宙觀。馮先生在其新理學中賦予「道體」新的涵義，其一為自然世界生生不息的規則。其二為規範人際社會關係的最高判準，其三為統攝人文或自然的化生律則。他認為道體既不離開人類社會、自然世界，亦不能局限於人類社會與自然世界詮釋其意義。若以恆動的宇宙來詮釋「道體」，則這是「道體」對人類社會與自然世界既能入乎其內，又能超乎其外的宏觀意義。他認為中國哲學，尤其是道家在建構本體論時，較側重宇宙間萬物的生成變化，突出了時間的無限綿延性，較不突顯宇宙恆動之延展性所必需的無限空間概念。因此，馮先生的新理學本體論中需兼顧宇宙時空的無限性，故也得從靜態方面說明宇宙空間的無限性，他名之曰「大全」。

（二）「大全」及其相關命題是新理學本體論第四組最高概念

　　所謂「大全」是在邏輯思考的分類中，其外延的包容性最大的「類」。這是從靜態方面說明宇宙空間的無限性。這是馮先生有鑒於道體恆動的無限時間性是就宇宙生成論呈現出來的，因此道體未能從形式邏輯對萬有做邏輯的分類。分析出宇宙靜態的「大全」特性，他希望用「道體」和「大全」把中國和西方

哲學宇宙觀在其所建構的新理學本體論中明晰出來且得以融通中西的特長。馮先生認為一類事物的共相，從邏輯上說係從該類事物之「全」方面抽象出來的，事物的「全」須包含兩部分：一為經驗事實的實物部分以及可能成為經驗事實的邏輯部分。哲學的宇宙觀是對全體可能性存在的超驗解釋，其命題判斷只是邏輯的；它是「類之全」的總名，統括各種的類以及類中所涉及的各個實際事物。馮先生說：「我們因分析實際事物而知實際，因知實際而知真際。我們的知愈進，則我們即愈能超驗。」[9]蓋哲學的宇宙觀是對全體可能性存在的超驗解釋，因為哲學性的命題判斷僅是邏輯的。相較於科學只能實事求「實」，哲學係就實事求「是」（being）。「是」乃是大全所有的本體，係「總所有存在者」中的邏輯關係「存在」。他用「大全」概念去界說靜態的宇宙，可說是其新理學的一種創見。

若依馮先生「真際」與「實際」的分法，「真際」超越於時空，「實際」則在時空中，則朱子的理一分殊說，理本氣用、理氣相即不離、理在氣中、體用不二、氣以聚散來生滅萬物，則理氣皆在時空中。太極、道體、理在朱子的形上學中皆殊名同實，因此，道體內在天地萬物中來運行發用，自然在時空統合場中，時間與空間構成道體在天地萬物中運行的場域。因此，朱子理一分殊的理體氣用說並未如馮先生擔心的朱子之道體的生化不息只呈現在時間歷程中而不彰顯其在空間的無限展延性。倒是馮先生嚴分「真際」與「實際」，則他所謂的道體何以又能不離開人類社會、自然世界卻又能具有超乎其外的「真際」身分，令人有覺得其論述有前後不一致處，再者，他所謂的真元之氣是絕對的料，並不實際實現具體的存在，只是邏輯分析中的形式原理，則此形式原理與實際成就具體存在物的「相對之料」，亦即中國傳統哲學中氣化宇宙論中的「氣」，有何種由「真際」衍生「實際」的縱貫統屬關係呢？

朱子理一分殊的「一實萬分」所構成的整合存在界之大全，是在時空統合

---

[9] 馮友蘭，《貞元六書》，上冊，頁31，上海：華東師大出版社，1996年。

場中實在的世界。朱子感悟理體氣用的理學詩不少，且生動地鮮活的在氣的「實際」中開顯了「真際」之天理。「詩」是人在生活天地中天人不二、物我不二、渾然一體的實感實悟。換言之，朱子的「理一分殊」說是他真切生命在生活天地中實在性的體悟所得，猶程明道所謂「天理」，係由自家生命在隨處體認天理中所體貼得來。因此，朱子的理氣之形上與形下的屬性區分法是他在「實際」中氣化流行的歷程中所真切體悟感通後再進行格物窮理的思辨分析。馮先生雖後來也肯認中國哲學中這種直覺的、神祕的負的形上學方法，但是他在新理學中所採用的，還是新實在論的邏輯思辨分析法，亦即他所讚許的西方哲學自柏拉圖、亞里斯多德至英美新實在論中「正的方法」。雖然，他在完成新理學後也肯認中國哲學形上學中體驗之知、直覺之知的「負的方法」，令人遺憾的是，筆者未見其以該方法重構一形上學新體系的論述。

對於「無極而太極」一命題，馮先生立基於凡事物的存在，是其氣（相對的料）實現某「理」之流行。一切流行的統攝語詞謂之「道體」。一切氣化的流行涵蘊運動，就「實際」的視域而言是「無極」實現太極的流行。馮把「氣」名之為「無極」，萬「理」的「總和」，名之曰「太極」，他的「道體」是指由「無極而太極」[10]的大化流行過程。這一詮解顯然與朱子的詮解差異甚大，對朱子而言「無極」不是「氣」，而是對身為「理」的太極所作的形上屬性之描述語。「無極而太極」當然不是「氣」之流行以實現「理」的宇宙生成論命題了。

朱子的理氣論雖亦有馮先生所甚喜之邏輯分析、概念界說法之向度。然而朱子的理氣可辨不可離、理在氣中、本體現象不二、體用不二，皆在生活天地中。因此朱子的理氣論所開展出來的「理一分殊」形上學最高理論，係一承中國儒家生生不息的宇宙生成論傳統，其形上學的根本物質係一機體論。機體論的形上學旨在表述天人無隔，自然萬象皆具有內在有機之聯繫性，形上界與形下界非隔而不通、局而不全，而是縱貫橫攝、旁通統貫為有機的和諧世界。朱子的「理一分

---

[10] 《三松堂自序》，頁117。

殊」說頗契合機體論的特色。馮先生新理學雖有許多與朱了形上學不相契處，然而，誠如馮先生所言他不是照著講而是接著講。但是其形上學的立基點為新實在論概念的邏輯分析法，他與朱子切入點不同，視域、論域、論旨亦自然有異。馮先生以新實在論為其新理學重構朱子形上學，雖有以外典釋內典的格義色彩，然而，他具哲學性的創造性的重建新理學之哲學功力、眼光、詮釋能力仍有值得我們敬佩和學習之處。

四、人生四境界說

他在《新原人・第一章覺解》說：「人不但有覺解，而且能了解其覺解。」他認為每個人皆有其與他人不同的人生領受和理解而形成自身之精神境界。從道德發展的歷程而言，人的覺解程度與其行為、思想的關係可區分成「自然境界」、「功利境界」、「道德境界」及「天地境界」等人生四境界。

「自然境界」是人生最低一層的境界。人在此境界中不自覺地理解其自身行為和思想的道德意義，而處於自然狀態的生活中。人只是率性的順才或順習，亦即出於本能衝動的生活，處於混沌的不自覺之境界。此階段的人未意識到自己有向善的道德本性，縱使他的行為符合所謂道德原則，也只能視為不自覺地符合道德原則的行為。

「功利境界」是高於「自然境界」的精神生活，其本質是對個人的利益有清楚的覺解，其目的為追求外在的財富、權位、榮顯的名聲以滿足一己在這方面的需求。馮友蘭說：「他的行為，事實上亦可是與他人亦有利，且可有大利底。如秦皇漢武所作的事業，有許多可以功在天下，利在萬世。但他們所以作這些事業，是為他們自己的利。所以他們雖都是蓋世英雄，但其境界是功利境界。」[11]

---

[11] 見《新原人・第三章境界》。

不論「拔一毛，立天下而不爲」的楊朱，或雄才大略的秦皇漢武，雖然他們消極的或積極的作爲，導致有益於他人、世局，符合效益倫理學的檢驗尺度，可是對馮友蘭而言，僅能被稱爲「符合道德的行爲」，不能認可爲嚴格義的道德行爲。

「道德境界」是進階於「功利境界」之上的精神生活，其行爲的本質在於能覺解以行爲的本身乃爲奉獻他人、社會，淑世助人爲目的。處在「道德境界的人」自覺到自己是社會群體的成員，有爲社會大我著想而善盡爲社會謀福利的社會責任。在此境界的人，有高尚的道德情操，能意識到他的道德本性有向善力量，行爲的自主抉擇力，不算計私利，而能以符合道德原則爲考量，堅持「正其義不謀其利」的原則和理想來實踐道德。馮友蘭將「道德境界」或「功利境界」做了對比性的區分。他說：

> 在功利境界的人，大都以爲社會與個人，是對立的。對於個人，社會是所謂「必要的惡」。人明知其是壓迫個人的，但爲保持自己的生存，又不能不需要之，在道德境界中的人，知人必於所謂全中，始能依其發展。社會與個人，並不是對立的。離開社會而獨立存在的個人，是有些哲學家的虛構懸想。……社會是一個全，個人是全的一部分。部分離開了全，即不成爲部分。社會的制度及其間道德的、政治的規律，並不是壓迫個人的。這些全都是人之所以爲人之理中，應有之義。人必在社會的制度及政治的道德的規律中，始能使其所得於人之所以爲人，得到發展。[12]

當然，這段話中所言及的社會制度及道德、政治之規律必須是合情合理的，才不淪爲對他人的壓迫、而成爲能實現理想人性的應有機制。馮友蘭概念界說了「仁」與「義」之別，儒家的「仁」是一種利他的行爲，源出於對他人及社會的

---

[12] 同上。

愛和關心。儒家的「義」行則類似康德的無上道德訓令，應無條件的服從道德良心的召喚和指令。總之，仁心義行體現了人道和公德心的人文關懷。

「天地境界」是人生境界中的最高境界，在此境界中的人已充分發展出成熟的道德本性，其心境已提升到關懷天地萬物，與天地精神相往來的境界。馮友蘭稱這境界是「哲學境界」，意指生活在「天地境界」的人，是道德的「聖人」，他說：

> 在此種境界中的人，了解於社會的全之外，還有宇宙的全。人必於知有宇宙的全時，始能使其所得於人之所以爲人者盡量發展，始能盡性。……他已完全知性，因其已知天。他已知天，所以他知人不但是社會的全的一部分，並且是宇宙的全的一部分。**13**

人自覺自身是宇宙不可或缺的有機一份子時，才能更進一層地意識到宇宙內事乃己份內事而思善盡維護宇宙生機、生態的責任而與天地參。換言之，生活在天地境界中的人，已從人倫世界的善惡判斷中，提升到絕對完善的理念世界，獲致永恆的真理與善，達到絕對完善的天地境界。人生的覺解在自我意識不斷覺醒，其人生境界不斷的立體式提升。他的人生四境界說係由「無我」到「自我」乃道德「真我」，最後至與天地合一，臻於超越世俗而到「大我」的覺解和境界，實現儒家贊天地化育，與天地參的精神高度完美境界，亦即入於聖人之域。

---

13 同註12。

第二節　馮友蘭闡《老子》「知和」、「知常」、「習常」的境界哲學

一、前言

　　馮友蘭透過他所受過的西方哲學方法，特別是概念分析法來研究中國先秦最高原創性與多樣性的諸子學，尤其是老莊哲學，突出其哲學思辨、概念分析及理論建構的特色。諸子學識在晚清民初隨著乾嘉考據學之興盛，藉著經文考證、訂補、校勘、箋釋及其哲學性底蘊與西方哲學之相互格義而成爲一大顯學，馮友蘭對諸子學的研究，雖也受時代流風影響，亦做過些考鏡源流、辨章學術之工作。[14]但是他的子學研究之核心方法不是歷史文獻的考據工作，而是辨名析理，證成命題及建構系統化理論的哲學性研究。他頗具其哲學性的代表作《貞元六書》係由《新理學》、《新事論》、《新世訓》、《新原人》、《新原道》和《新知言》所構成，這六本書冠上「新」字的書名，隱含了推「原」出「新」的新意，亦即他對中國哲學的研究已邁出照著講的尺度，而走上接著講，甚至自己講的哲學創新之路，他認爲先秦道家出於隱士文化，並以哲學問題屬性的宇宙觀、認識論、人生哲學及政治思想來發展、建構道家哲學。他從哲學史的觀點，將楊朱代表早期道家，老子、莊子分別代表道家哲學發展的第二、第三階段。他認爲楊朱思想較局限於人的感官欲求及身體健康，較忽視人的心靈生命和精神世界，學說簡單，境界不高。

---

[14] 例如馮先生始終論證出孔子在前，老子在後的學術見解。他在《中國哲學史》一書中提出三點理由：「一則孔子以前，無私人著述之事。二則《老子》之文體，非問答體，故應在《論語》、《孟子》後。三則《老子》之文爲簡明之『經』體，可見其爲戰國時之作品。」

他認爲老子、莊子雖亦有論及「全形葆眞」、「貴生輕利」命題，卻非其主要思想。《老子》一書，相傳爲「古之博大眞人」老聃所作，馮先生說：「老子以爲宇宙間事物之變化，於其中可發現通則。凡通則皆可謂之『常』」、「常有普遍永久之義，故道曰常。」[15]「常」指常則常道，或常理、常律。《老子》首章出現「常無」、「常有」「常道」等三「常」，馮先生認爲這三常「是《老子》哲學體系的三個基本範疇」。[16]這三個基本範疇皆立基於《老子》的宇宙觀，馮先生進一步說：「《老子》的宇宙觀當中，有三個主要的範疇：道，有，無。因爲道就是無，實際上只有兩個重要範疇：有、無不僅在《老子》中如此，在後來的道家思想中也是如此。」[17]「無」指「道」無形狀、聲色的形上屬性，「有」指道所化生及運行的天地萬物，亦即現象界。「道」是具有恆常性的通則，「有」或「萬物」是承載「道」及表現「道」之通則的載體，是具體的存有者。王博也認爲「恆常」、「永久」是老子哲學的基本問題。[18]至於老子擬透過「恆常」概念處理什麼核心課題，學者們有不同的看法，高亨說：「老子之言皆爲侯王而發，其書言『聖人』者凡三十多處，皆有位之聖人，……《老子》哲學實侯王之哲學也。」[19]馮先生在1926年在其所著〈中國哲學之貢獻〉一文中說：「中國哲學對人生方面特別給以注意，因此其中含有人生論和人生方法，是西洋哲學還未詳細討論之處。」此外，他在《新原人》書中指出：「一個完整的哲學體系，必須能夠說明個人及其周圍各方面的關係，如何處理好這些關係。如果都處理好了，那就是他的安身立命之地。」他在該書中斷言「天地境界」是人生最高的「安身立命」處。因此，本文試圖較系統的闡明馮先生如何以「知常」未釐清其對《老子》宇宙觀的理解，以及如何以「習常」來引領吾人在人生價值論上

---

[15] 馮友蘭，《中國哲學史》，頁223，收入「民國叢書」第二篇，上海書店，1990年出版，一刷。

[16] 馮友蘭，《中國哲學史新編（第二冊）》，頁52，臺北市：藍燈，1991年初版。

[17] 同上，頁46。

[18] 王博認爲《老子》書中「道」的根本屬性爲「永久」、「恆常」，他還考察老書中與「常」之語義同義的相關語詞，如「久」、「長生久視」、「壽」、「不殆」、「不死」等語法使用以達常道之語用詞，計有二十一章之多。請參閱王博，《老子思想的史官特色》，頁192-195，臺北市：文津出版社，1993年，初版。

[19] 高亨，《老子正詁》。

安身立命。

二、常道的形上屬性

馮先生認爲「無」與「有」，或道與其所生成運行的萬物是老書中的二個核心範疇。我們可透過這二個概念範疇之涵義與相互關係來彰顯常道的形上體性。同時，「道」從「無」生成萬物，賦予萬物不同的自然本性，就萬物的派生從「道」所稟得的自然本性，稱爲「德」。因此，「無」與「有」的關係，就宇宙生成論而言，可衍生「道」與「德」的道與萬物之道物關係。我們可以分別從「有」與「無」及「道」與「有」這相對應的二重而一致之關係來理解馮先生如何詮釋「道」恆常的形上屬性。

首先就「有」與「無」之相互關係而言，馮先生指出《老子·四十章》：「天下萬物生於有，有生於無」這一命題可貫穿《老子》書中所言及宇宙觀的各章，他認爲學著們針對這一核心命題中「有」、「無」關係可以有不同的理解和解釋，他列舉了三種不同的理解和說法。第一種是他稱爲「帶有原始宗教性的說法」，特別舉《老子·六章》爲範例，「谷神不死，是爲玄牝。玄牝之門，是謂天地根。緜緜若存，用之不勤。」他從有的原始宗教，從人的生育類推天地萬物的生成來理解這句話。他認爲這種說法表達「有」生於「無」，有點像原始的宗教，說法比較粗糙。[20]馮先生認爲第二種說法的主要意思仍是「有」生於「無」，這是兩個相當高度抽象的概念，較第一種說法精緻得多。第三種說法是

---

[20] 馮先生所以斷此說爲粗糙，因爲依他的解讀：「《老子》在這裡所說的『牝』，就是女性生殖器。它所根據的原始宗教，大概以女性生殖器爲崇拜的對象。因爲它不是一般的女性生殖器，所以稱爲『玄牝』。天地萬物都是從這個『玄牝』中生出來的。『谷神』就是形容這個『玄牝』的。女性生殖器是中空的，所以稱之爲『谷』。玄牝又是不死的，所以又稱爲『神』。」見《中國哲學史新編》（第二冊）頁46-47。筆者認爲這是仁智互見的觀點。筆者認爲老子用「谷神不死」、「玄牝之門」的語法，旨在以形上類比義的根喻來類理解天地萬物所原出的「天地根」，言簡意賅，語用指向玄遠深微的本體，未必是比較粗糙的表述法。

本於《老子‧首章》：「道，可道非常道。名，可名非常名。無，名天地之始；有，名萬物之母。故常無，欲以觀其妙。常有，欲以觀其徼。此兩者同出，異名同謂，玄之又玄，眾眇之門。」最後一句依馬王堆帛書本，將傳世本的「妙」作「眇」，馮先生解釋爲苗頭的意思。馮先生還認爲把「道」的無定形定狀之無相的「無」理解爲無名，「無」就是無名，所謂：「不能說道是什麼，只能說它不是什麼，這就是無名。……一說道是什麼，那它就是有名，就成爲萬物中之一物了。《封神榜》上說，姜子牙的坐騎『四不像』，可是『四不像』也有個像，那就是四不像。道可以說是『萬不像』……就是無像之像，即爲大像。」[21]道化生統攝萬物、萬像，其本身卻是不被任何一特定之物象所限定，因此，作爲天地萬物之根源的道是無物（形下的具象物）之物（形上實有）、無像（現象中所承顯的象）之像（統攝萬象的根源），馮先生指出「道」是一切物的共相，是像之像，所謂：「比如：天聲之樂，就是一切音的共相。它既不是宮，也不是商，可是也是宮，也是商。」[22]以一切物的「共相」來詮釋「道」這是馮先生探英美新實在論的概念抽象思辨方法所做的概念抽象界說之路數，也是西方古希臘哲學家蘇格拉底、柏拉圖、亞里斯多德慣用的概念分析之傳統哲學方法，然而，當代西方哲學對概念的抽象思辨法，本質主義的概括法，已提出深刻的省察和批評。例如：德哲海德格（Heidegger，1889-1976）以存有學（ontology）替代西方傳統的思辨性形上學（metaphysics）的進路，強調存有（being）的整全性和實存性（real being）以本眞性的存在及自發性地開顯來詮釋統攝性的，無時無地不存有的存有，這種存有學的進路已逐漸爲當代許多中國哲學的研究者所接受。

　　儘管如此，馮先生的概念抽象分析法，共相說仍有其可備一家之言的參考價值。他指出《老子》首章「有」、「無」關係屬異名同謂，對一般人而言，確有「玄之又玄」的難理解處。馮先生運用概念分析法來詮釋，他認爲「有」是最抽象最具概括力的「名」，其外延是一切事物，內涵是一切事物共有的性質。

---

[21] 同上，頁47。
[22] 同上，頁48。

他解釋說：「『有』就是存在。一切事物，只有一個共同的性質，那就是存在，就是『有』。……沒有一種僅只存在而沒有任何其他規定性的東西，所以極端抽象的『有』，就成爲『無』了。這就叫『異名同謂』。『有』是它，『無』也是它。」[23]這是西方思辨形上學進路下，以「有」（being）之爲有的超越特徵來描述形上學的對象「有」（being），如是，「有」指存在，「無」指不受任何名言，持定形象所限制而規定的存在，尅就其不能定義而謂「無」，這是他據以詮釋「異名同謂」的理據。然而，《老子・四十二章》曰：「道生一，一生二，二生三，三生萬物。萬物負陰而抱陽，沖氣以爲和」這一章生動鮮明的表述了「道」是生成萬物的本根，「一、二、三」表徵「道」生成及運行萬物的動態歷程。「沖氣以爲和」的「沖」說文曰：「通搖也」引申爲激盪之意，「和」指陰陽之間互相往來，在相激相盪中，磨合出和諧之氣資以生就萬物。因此，就這一有機的生態、動態歷程中觀之，筆者認爲《老子》的形上學除了以靜態的邏輯形式分析法來詮解外，也可就「有」之爲生成變化的動態歷程（Being as becoming）來理解道化生萬物的形上律動屬性。

三、「道」與「德」的相互關係

馮先生認爲《老子・四十二章》可兼作本體論和宇宙生成論的解釋。如果作宇宙形成論的解釋，則，一、二、三皆是確有所指，他說：「因爲它在下文說：『萬物負陰而抱陽，沖氣以爲和。』照下文所說的，一就是氣，二就是陰陽二氣，三就是陰陽二氣之和氣，這都是確有所指的，具體的東西。」[24]就客觀的具體世界而言，萬物之發生、成長和終極歸宿所向，任何具體存在的事業皆都處在時間形式的歷程中。他解釋說：「就具體的事物說，它們都是一個過程。這個過

---

[23] 同上，頁49。
[24] 同上，頁52。

程就是從無到有，從不存在到存在，又從有到無，從存在到不存在的過程。」[25]
這種從「無」到「有」，且又從有至無之過程，就是《老子・二十五章》所言：
「獨立而不改，周行而不殆」的「周行」之概念涵義。「道」在周行的動態歷程
上從無到有，亦即萬物從不存在到具體存在。道與其所化生運行之具體存在萬物
的關係，馮先生將之解釋《老子》上篇「道」與下經開首之「德」的相互關係，
所謂：「道為天地萬物所以生之總原理，德為一物所以生之原理，即《韓非子》
所謂『萬物各異理』之理也。」[26]《老子》書言「道」、「德」關係最精密處有
兩章，其一為二十一章：「孔德之容，惟道是從。」其二為五十一章：「道生
之，德畜之，物形之，勢成之。是以萬物莫不尊道而貴德。道之尊，德之貴，夫
莫之命而常自然。」馮先生認為歷來能將道與德之關係，詮釋得最精闢者，首推
《管子・心術上篇》所云：「德者，道之舍，物得以生，生得以職道之精。故德
者，得也，其謂所得以然也。以無為之謂道，舍之之謂德。故道之與德無間，故
言之者無別也。」德是道駐寓於存在的寓所，馮先生謂：「德即物之所得於道，
而以成其物者。此解說道與德之關係，其言甚精。」[27]道透過宇宙生成元素陰陽
所交感磨合之，和氣化生林林總總的不同物類，道內在於氣物中而有分殊化的殊
相呈現。就萬物而言，由道分享所稟得的自然本性謂之「德」，亦即享有不同物
類及其個體分殊化的本質。道與德有本體的同一性，只是就本體論及宇宙生成論
而言分成兩層，可說是同質異層，就「孔德之容，惟道是從」係就既已存在的實
然世界而言，德依從道，隸屬於道。若就宇宙生成趨勢及其所蘊涵的萬物實現原
理而言，由於道生德畜，物形勢成，因此，萬物的存在和活動有尊道而貴德的必
然性，馮先生詮釋其蘊義說：「形之者，即物之具體化也。物固勢之所成，即道
德之作用，亦是自然的。故曰：『道之尊，德之貴，夫莫之命而常自然。』」[28]這
是就無自覺性之意識活動的萬物而言，若就享有靈智、靈覺及靈能的人而言，則

---

[25] 同上，頁50。
[26] 馮友蘭，《中國哲學史》，頁222。
[27] 同上。
[28] 同前，頁223。

有應然性的自由意志之抉擇問題，容下節論述。

至此，我們也衍生另一問題，那就是萬物固然要尊道貴德、「惟道是從」，然而道的周行不殆之最恆常性的，亦即最普遍性的律動常規是什麼呢？馮先生說：「事物變化之一最大通則，則一事物若發達至於極點，則必一變而爲其反面，此即所謂『反』，所謂『復』」**29**他還舉出《老子》書中三章爲文本依據，那就是「大曰逝，逝曰遠，遠曰反」（二十五章）、「反者道之動」（四十章）、「萬物並作，吾以觀復」（十六章）老子是周代的史官，依其職掌也是位天文學家，深諳自然律則，晝夜的輪替，四時的迭運，終而復始，是大自然日夜的往來，四時時序周行不殆的自然法則，因此，由自然運行變化的實然狀況觀之，物極必反，終則有始，可抽繹出「反者道之動」的常律常則，馮先生針對《老子·二十五章》所云：「（道）獨立不改，周行不殆，……大曰逝，逝曰遠，遠曰反。」採高亨《老子正詁》的解法，以大、逝、遠、反來形容道律動的常則，馮先生在這一立基點上，對這四項道周行不殆的常律則賦予了更深刻且相融貫的詮解。他說：

> 第一是大，因爲道是「眾眇之門」，一切事物都出於它。第二是逝，一切事物都出於道，其出就是道的逝。第三是遠，一切事物都處於道以來，都各有生長變化，這就是道的遠。第四是反，一切事物生長變化以後，又都復歸於道。「夫物芸芸，各復歸其根」，這就是道的反。從逝到反，係一切事物的發展變化的過程。每一個這樣的過程，就是道的一個「周行」。這種「周行」沒有停止的時候，這就是「周行而不殆」。**30**

大、逝、遠、反是「道」運行的律動常則，一切事物生長變化的軌道就在循道周行不殆的律動常則，出於道且終極性地復歸於道，就無與有的關係範疇來理

---

29 同上，頁226。
30 《中國哲學史新編》（第二冊），頁51。

解的話，則道是無名的萬物本根。道生成萬物的運行活動就是從無名的本根生發出有名的芸芸萬物，亦即從無到有。因此，以大、逝、遠、反的道之運行與其所生成變化萬物之關係而言，道的周行不殆，是「谷神不死，綿綿若存」的無窮動力所在。老子的宇宙觀不是無生命屬性的機械式的宇宙觀，而是深深不息的機體論式的生態、動態之宇宙觀。萬物出入於道是自自然然自發性的活動，因為道內化於萬物之內所形成的本真性之德所使然。此外，大自然所以呈現出萬物並育而不相害，和諧共融的狀態，這是生態的和諧性。這種生態的和諧性源自道化生萬物本於「負陰抱陽，沖氣以為和」的有機調和陰陽，使之呈現差異互補、和諧感通的渾然一體性。馮先生對這一點有他深刻的覺察，他認為這是老子對事物變化自然之通則的特別發現而陳述出來，馮先生從《老子》文本中舉數章予以佐證，其中值得注意者如：「物或損之而益，或益之而損。」（四十二章）、「天之道其猶張弓歟，高者抑之，下者舉之。有餘者損之，不足者補之。」（七十七章）我們也可確認為這是老子生態宇宙觀之自然調和的生態平衡常律，天地萬物所以能長久永續不絕，其關鍵性的常律常則就在道的平衡性調節作用和周行不殆的深深不息的運行力量。

四、對應世常理之明白

《老子‧十六章》曰：「夫物芸芸，各復歸其根。歸根曰靜，是謂復命。復命曰常，知常曰明，不知常，妄作，凶。知常容，容乃公，公乃全，全乃天，天乃道，道乃久，沒身不殆。」對天地萬物變化之通則的理解，為明智之知，所謂「知常曰明」，老子不但教人要知天道的常則常律，且教人也要理解和學習避凶趨吉的應世常理。人若有知常之明智才能有容人的度量，處世才能公正，能公正處世才能兼容並蓄地顧全大局，才能契合天道的通則而立於終身不敗之地；若人在應世處事上昧於常理常道，違背常理常道，則有「妄作，凶」的危險。馮

先生說：「若吾人不知宇宙間事物變化之通則，而任意作爲，則必有不利之結果。」**31**人貴能知通則或常理常道，「知常曰明」是老子啓示給我們的宇宙和人生智慧，我們除了對「反者道之動」、「有餘者損之，不足者補之」的天道所涵之自然律動法則有明智之知外，更應對切身的應世常理常則深刻地理解和實踐，這是老子啓示給我們安身立命的智慧。馮先生在其所著的《中國哲學史》論《老子》處，闢「處世之方」以及「政治及社會哲學」兩項小主題。本文僅以「處世之方」爲範圍，馮先生在這一主題上，從《老子》八十一章中，摘出十七條章句。我們可就馮先生所摘出的章句，取要論述，例如：二十二章：「不自見故明，不自是故彰，不自伐故有功，不自矜故長；夫惟不爭，故天下莫能與之爭。」第六十七章：「我有三寶，持而保之。一曰慈，二曰儉，三曰不敢爲天下先。慈故能勇，儉故能廣，不敢爲天下先，故能成器長。」就爲人處世的常理常道而言，天道啓示我們的生活智慧，老子所爲三寶的慈善、節儉和不強勢爭奪的「不敢爲天下先」，雖正言若反，卻明確教人要從事物變化的兩端往來之通則，持整全性的觀點，由變化的常律以及所涉及的互轉之兩面性來省察趨吉避凶的兩面性，一般人易偏執於事物發展的正面因素、顯性現象而疏略事物的存在和發展具有陰陽二種相反相成的必備元素。換言之，任何事物的存在和發展除了正面因素、顯性現象外，也必然內具了負面因素、隱性事態。老子教人持兩面性互較的動態歷成來全面的關照事物之勢能掌握來龍去脈，對事物發展的未來性，應有預測的能力和判斷，才較能顧全大局而減少失誤，期能立於不敗之地。

馮先生針對老子所說「知常曰明」的「常」理解爲事物變化的通則，他強調老子在處事接物上，提出一定的方法。基於「反者道之動」的變通常律，老子提示我們若要達到處世的某種特定目的，則必須先設想其反面的因素和發展趨向，他說：「南轅正所以取道北轍」**32**他以這一觀點來理解《老子・三十六章》所云：「將欲歙之，必固張之；將欲弱之，必固強之；將欲廢之，必固興之；將欲

---

31 《中國哲學史》，頁226。
32 同前，頁227。

奪之，必固與之。」他認爲老子所言不是崇尙陰謀，而只是客觀的洞察到歷史經驗和人情事理中所蘊含的因果法則。馮先生對這點還提出了他所深思熟慮出來的一種理論，他說：

> 凡此皆「知常曰明」之人所以自處之道也。一事物發展至極點，必變爲其反面。其能維持其發展而不致變爲其反面者，則其中必先包含其反面之分子，使其發展永不能至極點也。[33]

馮先生這一論述，自己承認係汲取德哲黑格爾（Hegel，1770-1830）的歷史辯證法，謂歷史的發展和進化，常經過「正」，其發展至極點必變而爲反面，亦即對正面的否定；同樣的，一件事物若發展至正面的否定狀態之極點也會變而爲其反面，亦即否定的否定，如是，進而超越正反兩方而達成辯證性的超越統合，老子所言「知其白，守其黑，爲天下式」（二十八章）、「萬物負陰抱陽，沖氣以爲和」（四十二章）、「曲則全，枉則正，窪則盈，敝則新，少則得，多則惑。是以聖人抱一（守道）爲天下式」（二十二章）就類比的意義觀之有其相似處，但是老子的通變常規常則是否與黑格爾毫無差異而可不加批判的全然套用，筆者保留部分立場，尚有待賢智者進一步的分析、檢驗和判斷。

五、習常的心態和實踐功夫

《老子・五十五章》云：「含德之厚，比於赤子。……精之至……和之至。知和曰常，知常曰明，益生曰祥。」二十五章曰：「人法地，地法天，天法道，道法自然。」「人法天」意指人應學習「道」，道性自然，人應歸眞反樸，

---

[33] 同前，頁229。

復返由道所稟受的內在性命之德，亦即性命所蘊涵的純眞樸實之本性。透過內斂的性命雙修工夫，達精、和之至，覺知人或天地萬物交融的和諧狀態是大自然的常道常律，若能貫徹這種和諧常道，才得獲得生命的安詳和內在價值之實現。習常的對象當指上述的道之形上屬性，道生成運行萬物的律動規律以及歷史文化中的人生常理常則，營造人生超世俗的精神性幸福。

　　至於我們應如何習常呢？首先在心態上一方面本著「恬淡爲上」（三十一章），「滌除玄覽」（十章）之精神，另方面自覺地「致虛極，守靜篤。萬物並作，吾以觀復。」（十六章）馮先生詮釋說：「必須保持內心的安靜，才能認識事物的眞象。」**34**因此他進一步說：「『玄覽』即『覽玄』，『覽玄』即觀道，要觀道，就要先『滌除』。『滌除』就是把心中的一切欲望都去掉，這就『日損』。」**35**

　　《老子‧四八章》曰：「爲學日益，爲道日損。損之又損，以至於無爲，無爲而無不爲。」「爲學」與「爲道」是性質和實踐方法有所不同的兩概念。馮先生將這兩者做了不同的詮解，他說：「『爲學』就是求對於外物的知識。知識要積累，越多越好，所以要『日益』。『爲道』是求對道的體會。道是不可說，不可名的，所以對於道的體會是要減少知識。『見素抱樸，少私寡欲。』（十九章）所以要『日損』。」**36**「爲學」是知識的論述，意指名言概念的認知活動，旨在建構一套知識系統。「爲道」是實存性的體驗進路。簡言之，一爲抽象的概念之知，另一爲整全性的體驗之知。馮先生認爲老莊的見道或體驗道是一種純粹的直觀，直觀是一種理性自覺，老子教人以虛靜無爲、虛室生白的心態對世界之終極性，亦即「道」進行整全的觀照，達到與道相契之覺解。馮先生認爲對道的實存性之體驗是人最深的覺解，這是一種玄妙的體驗之知。他在《中國哲學簡史》一書中提出了他對中國傳統哲學意義的一種洞見，他認爲中國哲學主要價值

---

34 《中國哲學史新編（第二冊）》，頁57。

35 同上，頁58。

36 同上。

不在於對實然世界積極的知識，而在於提高人精神生活的境界。道家哲學具有高於道德價值的天地境界。[37]天地境界是指人「同於大通（道）」的同天境界。老子道法自然的法「自然」意指法「自然」之辯證的發展。[38]人法道，道性自然，無爲而無不爲，馮先生解釋說：「『無爲』並不是什麼事也不做，而是無所爲而爲，就是順乎自然。」[39]所謂「順乎自然」意指順乎自然的本性，也就是常理常道，常律常則，他認爲道家的聖人對萬物的自然本性有完全的理解而不以情害理。換言之，道家的人生幸福哲理在於培養人的虛明靈覺，以開放的心胸、以玄理主導情感生活而不爲情所亂所苦，他名之爲「靈魂的和平」。[40]

那麼，人應該如何培養「靈魂的和平」呢？馮先生在《老子‧五十五章》「益生曰祥」的人生價值理想前提下，特別重視「知和曰常，知常曰明」的核心命題。《老子》書中數言「知常曰明」突出明常的可貴，能明常才能實現和諧幸福的人生至高價值，他對「知常」與「習常」有段精闢見解，他說：

> 對於規律的知識和了解，《老子》稱爲「明」。它說：「知常曰明。」（十六章）「知常」即依之而行，這種行稱爲「襲明」，「是以聖人常善救人，故無棄；是謂襲明。」（二十七章）「襲明」即「習明」，亦稱爲「習常」，「見小曰明，守柔曰常。……無遺身殃，是爲習常。」（五十二章）如果不能「習常」而任意妄爲，則必有不利的結果，「不知常，妄作凶。」（十六章）[41]

37　馮先生在《貞元六書》〈新原人〉中提出過「人生四境界說」：（一）不自覺自己所爲的「自然境界」；（二）爲自己利益而生活的「功利境界」；（三）爲社會服務的「道德境界」；（四）成爲天民而事天的「天地境界」。

38　筆者認爲黑格爾的辯證邏輯立基在否定性的矛盾上，《易》、《老》、《莊》的宇宙觀立基在機體論，倡天地萬物有機的存在，相互間有機的聯繫、互動、相輔相成的有機和諧，與黑格爾有所不同。

39　《中國哲學史新編（第二冊）》，頁55。

40　《中國哲學簡史》，頁132，臺北市：三聯出版社，2005年，初版。

41　《中國哲學史新編（第二冊）》，頁58。

　　「知常」是對客觀規律的知識性理解，「和」是自然界的事實也是價值的呈顯。我們不但要培養知常知和的明智，更要躬行實踐，反覆學習遵行常道常則以臻於自我和諧、人我和諧、群我和諧、人與天地萬物和諧之最高幸福價值。對老子而言，整全性的有機和諧性是宇宙人生至上的常律，也是至善的價值所在。老子啓發我們要深刻認識這一統攝宇宙人生的常理，第十六章所謂：「知常，容，容乃公。公乃王[42]，王乃天[43]，天乃道，道久，歿身不殆，所謂『知常』亦即吾人能知且能依之而行，這也就是襲（習）明。」[44]《老子‧二十七章》云：「是以聖人常善救人，故無棄人；常善救物，故無棄物，是謂襲（習）明。」聖人所以能無棄人棄物的救人救物，在於能公正無偏私的涵容一切，這是對天道的無私無爲，依順萬物自然本性，才能到達周備性、整體性和諧之境界。馮先生特別強調能容才能公正地平等待物的和諧原理，他說：「知常之人，依常而行，不妄逞己之私意，故爲公也。」[45]衡之老書，這一層道理比比皆是，例如：四十一章：「上德若谷」、六十七章標舉「慈」、「儉」、「不敢爲天下先」的三寶。人間所以不能和諧，常因私心偏見、貪婪不知足、自我膨脹，而和諧共生是天長地久、萬物共存共榮，人生幸福圓滿的最高準則。我們可以說知「常」與習「和」是老子留給我們最寶貴的應世智慧，其人生實踐的要訣，不外第二十二章所言：「不自見，故明；不自是，故彰。不自伐，故有功。不自矜，故長。夫唯不爭，故天下莫能與之爭。」較積極的實踐法則如五十六章所說：「知者不言。塞其兌，閉其門，挫其銳，解其分，和其光、同其塵，是謂玄同。」[46]無人若能汲取老子「抱一守中」的應世智慧。知常習常而達至「和」之境，是馮友蘭所強調的老子「玄同」，亦即同天大通的人生最高的天地境界。

---

[42] 馬夷初，《老子覆詁》云：「王本王字作周。」

[43] 同上，《老子覆詁》云：「疑天字乃大字之爲爲。」

[44] 同上，《老子覆詁》云：「襲，習，古通。」

[45] 《中國哲學史》，頁225。

[46] 註家中最平易能懂的解法，筆者認爲是成玄英《老子義疏》的說法：「塞其兌，息言論也；閉其門，制六情也。挫其銳，止貪競也；解其紛，釋恚怒也。」

第三節　比較馮友蘭、方東美對老子形上學之詮釋

一、前言

　　馮友蘭與方東美皆留學美國，分別引用西方哲學的形上學詮解他們所共同推崇的老子形上學。馮友蘭認為西方哲學在形上學的研究方法上，使用邏輯分析、辨名析理的「正方法」。他覺察出中國形上學採取體驗之知，直覺之知的「負的方法」。方東美則採取柏克森、懷德海的機體論進路詮解老子形上學的各個層面對比兩人對形上學的詮解，本書舉出三項共同點和三項差異點，也突出他們對老子形上學視域和論點的不同。

　　就傳統哲學而言，形上學是哲學研究的核心課題，向有「第一哲學」的尊稱，形上學旨在探討萬事萬物之基本原理（principle）和原因（cause），萬事萬物皆須預設「存有（being）」，或實有這一根源。形上學的研究內容包含本體論及宇宙發生論這兩個主要內容。其中，本體論側重討論關於整體存在界之意義，目的、規律、價值、運作、行式等問題。宇宙論旨在針對根源性的存有，如：道、太極……等，如何創造或創生出一切存有者，也就是對萬物生成的過程及原理予以探討。這是從較為「有跡」，或萬物世界來探索存有者所以然之理，亦稱為自然哲學（philosophy of nature）。西方傳統的形上學以理性的思辨為方法，藉嚴密的邏輯思辨與精巧的論證架構，進行解析性的本體論或宇宙論之思辨和系統化的建構，形成了哲學學術研究之風氣，中國哲學關注宇宙與人生的密切關係，以人在生活天地中實存性的深層體驗、覺解和終極價值理想的抉擇和實踐為主。質言之，中國哲學的形上學旨在尋求安身立命的形上智慧或體悟為特色。

　　一般而言，老子是中國哲學史上最具原創性和深刻性的形上學家，司馬遷在《史記·孔子世家》藉引出孔子中評老子，謂老子如「龍」般，變化出入而莫測其高深。《莊子·天下篇》稱老子為古之「博大真人」得道術之全。馮友蘭與方東美是當代中國哲學的研究者中最推崇老子形上學的兩位學者。本文擬從兩人對哲學的看法以及其立場所詮釋之老子形上學進行論述和比較。

二、馮友蘭對老子形上學的詮釋

　　馮指道家形上學進路，所謂負的方法乃對反於正的方法，亦即默識心通的隱默之知。《老子》首章開頭就說：「道可道非常道，名可名非常名。無名，天地之始。有名，萬物之母。」馮先生針對這種負方法的性質說：「用負底方法講形上學者，可以說是講其所不講。講其所不講亦是講。此講是其形上學。猶之乎以『烘雲托月』的方法畫月者，可以說是畫其所不畫。」[47]老子書以「有名，萬物之母」來批判「名可名非常名」，蓋對經驗世界的現象之知（見聞之知），若停留在辨名析理的概念化知識，而不能透過現象進階於體驗其內在於現象的存有之真理。[48]老子書開門見山地指出凡能藉概念認知來界說者不是存有界第一序的本體，而是第二序的由本體所化生之存有者或具體存在物。同時，凡在經驗界中有事可指，有形可造者，皆有可以概念界說的涵義，有可資以名稱指涉的名相。然而，環觀萬象流變，變異之形象無「常」，能恆常不易者，係超越形質屬性而無形象可指可造的「常道」。馮先生認為「道可道，非常道；名可名，非常名」的表述法可類比於以「烘雲托月」的方法畫月者。他明確地指出這種「講其所不講亦是講」就是「用負底方法講形上學者」。我們可以王弼的「名號」與「稱謂」

---

[47] 《三松堂全集》，第5卷，頁173，河南人民出版社，1986年。

[48] 對存有之真理的研究，是存有學（ontology）之探討課題。該語辭係由兩個希臘字ontos「實有者」與logiá「學術」組合而稱「存有之學」。

之辨來區別馮先生所畫分的形上學正方法或負方法，王弼在《老子微旨例略》中對語言的表述上將名相之知與本體之知做了規定，他規定用「名號」來表述經驗界之對象物，可名可道且可做名實之間對應符合之檢驗者，用「稱謂」表述稱謂者對形而上的「道」所體證默會的本體之知，如：「道」、「玄」、「深」、「大」、「微」、「遠」……等皆係對本體的稱謂辭。王弼的「稱謂」辭當係馮先生所謂道家形上學進路的負方法，負方法的形上語言是體驗語、境界語、稱謂之辭，言有限而意無窮；無法窮盡道所蘊涵的無限屬性和奧妙。

　　哲學思維的進路常由具體的問題、實然的種種現象所引發，由哲學性的思辨方法常具體而超越其殊別性、形質性而提升至抽象的普遍理論。若理論對現象概括的功能愈有普遍性，則顯示這一哲學理論的抽象性及其解釋所獲致的普遍有效性愈高。因此，我們依哲學理論之抽象性和普遍性的要求來檢視《老子》，則《老子》思想涉獵了自然與人生、社會與政治。觀其書中所具哲學性的命題而言，有較高的抽象原理和概括的普遍性。例如：在自然現象上的「飄風不終朝，驟雨不終日」（第23章）、「長短相形，高下相傾，音聲相和，前後相隨。」（第2章）；人生現象的「知足者富」（第23章）、「知足不辱」（第44章）、「福禍相依」（第58章）；社會現象的「六親不和有孝慈」（第18章）、「絕仁棄義，民復孝慈」（第19章）；政治現象的「法令滋彰，盜賊多有」（第57章）、「禍莫大於輕敵」（第69章）。老子透過對自然界，人類世界中倫理、人生禍福及政治之動態的歷程，由觀察、分析、歸納中尋繹出其間共通的普遍法則，洞見出「周行不殆」、「物極必返」的不變之理，且進而高度抽象出其所以然之理在於道運行萬物的客觀化規律，道之運行統攝了由正而反，由返而正的返復循環之歷程。馮先生係由道化自然之發生和變化的歷程，經過長時期原始要終的觀其生成變化的原理，由「名」逆推到「一」，由具體的森然萬物回溯到天地之宗，萬化之源的終極性實有一「道」。他在完成成熟的認知後，再由形上之道在本體論邏輯上優位於所衍生的形下之器物世界，再由哲學表述的序列，由普遍原理解釋分殊化的物類現象，由抽象性至具體性，因此，《道德經》上篇先始於道論，下篇次及德論。

三、馮友蘭立基於「道」的境界說

　　老子所謂的「道」涵攝天地、人和萬物，且將萬物予以統整性的聯繫，馮先生以體用範疇詮釋《老子》首章的「有」與「無」之道物關係他說：

> 道乃萬物所以生之原理，與天地萬物之爲事物者不同。事物可名曰有。……，故道兼有無而言；無言其體，有言其用。**49**

　　「無」言「道」無限的形上屬性，「有」言道所化生及運行於經驗世界之天地萬物的生成變化之實然現象，亦即其發用的大化之跡象。道恆存且在其生化運行萬物的歷程中顯示其常理常理，馮先生對老書中相關的概念叢，如：「常道」、「常德」、「常無」、「常有」、「知常曰明」及其相關的「萬物並作吾以觀復」等皆作了相容的有理脈性關係的解釋。他說：「道爲天地萬物所以生之總原理，德爲一物所以生之原理，即韓非子所謂：『萬物各異理』之理也。老子曰：『孔德之容，惟道是從。』……換言之，德即物之所得於道，而以成其物者。」**50**在人與「道」的形上縱貫關係而言，《老子·第22章》曰：「道生之，德畜之，物形之，勢成之。是以萬物莫不尊道而貴德。道之尊，德之貴，夫莫之命而常自然。」若人能尊道貴德，自覺性的回歸自己有得於「道」的本性本德，修之於內乃成德之眞，則與道相冥契，這是人生唯道是從而常顯自然的最高境界，馮友蘭稱之爲「天地境界」。

　　馮友蘭所著《新原人》成書於《新理學》之後，更進一步發展了在《新理學》一書中所提出的人生境界說。他自謂該書「雖寫在新事論，新世訓之後，但實爲繼新理學之作。」**51**蓋《新原人》一書係立基於《新理學》的形上學立場，

---

49 見馮著，《中國哲學史》，上冊，頁220。
50 同上，頁222-223。
51 見《新原人》之序。

進一步就形上學的高度論述人生的價值哲學。他在這書中對人生境界的思考已臻於成熟。他確認人對宇宙人生的覺解程度就是境界，他的境界論係立足於他所謂的「覺解」。「覺」是覺悟，「解」是了解。他將二者作了概念涵義的區分，他說：「人做某事，了解某事是怎樣一回事，此是了解，此是解；他於做某事時，自覺其是在做某事，此是自覺，此是覺。」[52]覺解係就人生所持之立場來看問題，覺解的程度有高下之不同，境界也隨之有高低。他綜合人對宇宙人生的覺解程度有高低不同的四種立場，對應出四種不同的境界。他指出境界上的認識和覺解不是知識意的，而是涉及人生在宇宙上如何認識其相互關係而抉擇出人生意義和價值的方向。

　　他在《新原人》書中把人生系統化地分為四層境界說，那就是：自然境界、功利境界、道德境界與天地境界。其中與道家相關的是最低的自然境界與最高的天地境界。他以《莊子・馬蹄篇》所云：「山無蹊隧，澤無舟梁」、「禽獸成群，草木遂長」所描述的是自然界之情狀，所說的「其行填填，其視顛顛等」所陳述的屬「自然境界」，這所指陳的是原始自然的人類生活狀態，生活於其中的人們在行為上順才或順習，民智未開，對萬物渾沌未分辨，覺解的程度最低，馮先生認為處在原始自然境界狀態的人少知寡欲，不著不察而不言不知，這種混沌的境界在《老子》書中謂為純樸或素樸，所謂「素樸而民性矣」馮先生論評道家，所陳述的自然境界之得失，仍立基於覺解的判準上。他認為人之有覺解的能力，係將事物的性質，對其相反性質的事物相對照才有可解，如：《老子》所云：「有無相生，難易相成，他還認為道家之所以強調返樸還淳，抱素守樸，旨在消解人的分別以及其所產生的利害算計和對立衝突。人若能復返於原始自然的渾渾噩噩狀態，不將人對人之差別予以判別和算計、衝突，則易保持和諧共生的良好關係，馮先生認為道家的見地既有得又有失，他針對缺失處提出批判說：「道家於此點，見不甚清，所以常將天地境界與自然境界相混，所以常將天地境

界與自然境界相混，常將在自然境界底人所有底原始底渾沌，與在天地境界中底人的渾然與物同體，混爲一談。」**53**

馮友蘭所言在天地境界中「渾然與物同體」的人，當是覺解已達最高層級別的人。這已是眞能與「道法自然」的至道相契無間，已臻天人合一之渾圓境界者。換言之，能臻於天人合一的道化極境之人，應是自覺性地實踐「尊道而貴德」且「惟道是從」隨順自然以至無跡無滯的道化之境中，可謂覺解圓滿，無以復加。馮先生對於儒道的人生境界，鑑別出道家的「極高明」境界高於儒家的「道中庸」境界。他認爲道家所以能至「極高明」的境界就在於其能超越形象世界而能將心靈層層提升至空明虛靈的形上心境，對道獲至整全性的觀照。「道」是宇宙與人生最高的本體，人須透過老子所言「致虛極，守靜篤」的滌除玄覽功夫才能對道進行超越的形上觀省，玄通「有」與「無」而妙契道眞。他稱這種有別於邏輯分析的抽象概括的正方法，而採取靜默體悟的無言無名之知是透過負方法所能達到的「最深的覺解」，係屬於不可言說的玄妙之知、本體之知。他進一步解說道家所以能較儒家高明在於「經過了名家對於形象世界底批評，而又超過了這些批評，以得一種『極高明』底生活。」**54**

四、兩人詮釋老子形上學之類同處

馮友蘭與方東美從某種意義而言，皆入於西方哲學同時也引西方哲學入於對道家形上學的理解和詮釋，可說是當代中國兩位新道家的方家。他們對中國哲學原典的國學造詣皆深造有得，對西方哲學各有所見而做了不同的資取與創造性的詮釋了老子形上學，其詮釋有所同亦有所異，我們可以就其同異點略作評比。

若從相類同處而言，可得數點：第一，兩人皆立基於形上學本體論的本根基

---

53 《三松堂全集》，第4卷，頁636。
54 見馮著，《新原人》，《三松堂全集》，第4卷，頁50。

礎上，以老子道的高度來論述道與天地，萬物和人的關係。因此，他們咸肯認傳統哲學中形上學為哲學核心的地位，且認為形上學的論題包括了宇宙與人。馮先生哲學觀的核心論述在指出哲學主要研究形而上學與據之而緊扣的人生哲學，哲學可以使人臻於最高境界的學問，旨在提高人精神境界的中國哲學，特別是道家哲學成就了他哲學觀的最佳佐證。方先生則說：「中國哲學之發展與趨勢，可謂大體上仍以形上學為主。」[55]又說：「形上學者，究極之本體論也，探討有關實有、存在、生命、價值等，而可全部或部分為人類穎悟力所及者。」[56]他認為道家高懷遠引，令人有若歷太虛神奇幻境。他說：「道家所寄託者，乃是一大神奇夢幻之境，而構成其境界之空間者，正是美妙音樂及浪漫抒情之『畫幅空間』兼『詩意空間』──所謂空靈意境也。」[57]

　　第二，兩人皆肯定老子玄虛的形上超越進路及人與道冥契的天人合一之玄秘境。馮先生認為老子的形上思維超越形象而能「經虛涉廣」，天地境界可分為知天、事天、樂天、同天等階段，與天合一的「同天」境界是最高的天地境界。他說：「在天地境界中底人的最高底造詣是，不但覺解其是大全的一部分，而並且自同於大全。」[58]他還進一步論證「同天」為最高境界之理由，所謂：「道家說：『與物冥』，冥者，冥『我』與萬物間底分別也。……大全是萬物之全體，『我』自同於『大全』……人惟得到此境界，方是真得到天地境界。知天、事天、樂天等，不過是得到此等境界的一種預備。」[59]他還解釋說道家得道的同天境界是不可思議的境界，因為「有思議必有思議的對象，思議的對象即是外，有外則非『合內外之道』矣。」[60]至於方先生則特別崇尚道家提升太虛而俯之的超然曠達的虛靈冥覺之高妙境界，他所以稱許道家極富太空人之精神，也就在於類似馮先生所說的，道家有「經虛涉曠」的形上超越精神。他頗欣賞道家能透過詩

[55] 方東美，《中國哲學精神及其發展（上冊）》，頁105。
[56] 同上，頁100。
[57] 同上，頁238。
[58] 《新原人》，《三松堂全集》，第4卷，頁632。
[59] 同上。
[60] 同上，頁635。

情畫意，妙契天人，不但冥思宇宙和人生的究竟義，且在詩藝化境中與道渾化爲一體的境界。他在論老子體系處指老子精神超脫「層層上昇，戞戞高舉，地地深入，重重無盡，以探索重玄，而互持共濟，相與浹而俱化。」**61**

　　第三，兩人都認爲在人生境界上，道家高於儒家。馮先生以《中庸》所云：「極高明而道中庸」爲判準，檢視儒道哲學的核心價值與普世意義，他認爲儒家處於道德境界中不是最高的境界，他認爲處世於道德境界之人仍陷身於天理與人欲交戰的折騰中，仍得勉力克己而後中，深思熟慮而後得，尙未達到道家超脫自由的心境。因此，儒學「道中庸」的入世道德生活不如道家「自同於大全」，與天地渾然一體的瀟脫那般極高明。至於方先生則認爲孔子雖教人日新其德，不斷鼎故革新以人文化成天下，而爲時中精神之倡導者。然而，時中之義雖可勉人允執厥中，但是仍局限爲歷史中人，缺乏道家的宇宙情懷，天地境界，則人生難免有偏枯狹窄之憾，宜補充道家提其神於太虛而俯瞰的胸襟氣量，超拔於世俗而能有曠達致遠的精神世界。

五、馮友蘭與方東美對老子形上學詮釋的主要差異處

　　（一）馮友蘭認爲老子不是採格物窮理，亦即概念的邏輯分析法，所謂正方法來對馮先生在《新理學》所提出三個不可思議的基本範疇：氣、道體、大全進行形上學的思辨，而是用靜默、體悟、直覺的負方法來把握作爲萬物本體的「道」。但是，馮友蘭未深刻認識老子致虛極，守靜篤的生命沉潛及以實存性的道心體證實存性的「道」。張斌峰曾評論他說：「馮友蘭是力圖以道家『有』的『類』的含義來涵蓋和擴充他的新理學中的類的普遍性。」**62**若此一評論可成

61　《中國哲學精神及其發展（上冊）》，頁238。
62　參閱張斌峰，〈試論道家哲學在馮友蘭新理學中的地位與作用──兼論作爲新道家的馮友蘭〉一文，刊於陳鼓應主編，《道家文化研究》第二十輯，2003年9月北京1版，頁320。

立的話，則馮友蘭骨子裡仍未忘情於其所深受英美新實在論的辨名析理之思辨形上學影響。對他而言道家所謂「道可道，非常道，名可名，非常名」、「不言之辨」、「不道之道」、「得意忘言」只是採遮詮法，亦即通過對象否定的負方面對不可惑，亦不可思議的道體、大全等形上學範疇進行形上學思維和表述，馮先生所謂：「用負底方法講形上學者，可以說是講其所不講，講其所不講亦是講，此講是其形上學，猶之乎以『烘雲托月』的方法畫月者，可以說是畫其所不畫。」[63]「在《老子》、《莊子》裡，並沒有說『道』實際上是什麼，卻只說了它不是什麼。但是若知道了它不是什麼，也就明白了一些它是什麼。」[64]他所認為道家極高明的覺解，他在《中國哲學簡史》中認為中國哲學的任務在把一些對立的反命題統一成一個合命題。對個人而言，不僅是在理論上的並且是在行動上完成合命題之統一，這才是聖人。內聖作為人的內在精神而先於外王，因此，他較看重道家內聖的人生天地境界。

方東美在美國深造時以英美新實在論為主題撰寫博士論文，但是他對中國哲學形上學的詮釋則能精確的了解到中國哲學以天地生命氣象來看待宇宙的生成變化，因此，他採取法哲柏克森（H. Bergson）、英哲懷德海（White head）具生命特質的機體宇宙觀來詮解老子形上學。若我們檢視《老子》文本第6章：「谷神不死，是謂玄牝，玄牝之門，是謂天地根。縣縣若存，用之不勤。」、第42章：「道生一，一生二，二生三，三生萬物。」、第51章：「道生之，德畜之；長之，育之；亭之，毒之；養之，覆之。」等語境和理脈，皆可印證方先生持萬物有機之聯繫，呈現出機體之和諧的機體論詮釋老子形上學頗相契合。由於方先生以英美新實在論撰寫過博士論文，以之相較於中國哲學以生命價值為核心的宇宙觀，更能顯出其間的反差過大。難能可貴的是他洞見出西方哲學運動分析中所採不矛盾律所產生心與物、主體與客體、現實界與超越界的斷裂和對立。他尖銳的批判邏輯分析的二分法所造成哲學理論的內在困難。他說：

---

[63] 《三松堂全集》，第5卷，頁173。
[64] 同上，第6卷，頁304。

機體主義心自其消極方面而言之，1.否認可將人物對峙，視爲絕對孤立系統；2.否認可將宇宙大千世界化意蘊貧乏之機械秩序，視爲純由諸種基本元素所輾轕併列而成者；3.否認可將變動不居之宇宙本身壓縮成一緊密之封閉系統，視之爲毫無再可發展之餘地，亦無創進不息、生生不已之可解。**65**

由機體論的立場來理解老子第6章「谷神不死」可得知「道」周行不殆的化生，運行萬物係一活力無限的永續歷程，在道根的統合下，萬物交融互攝成一廣大和諧的生命世界。此外，他將老子玄之又玄的衆妙之門——「道」，視爲超本體論（me-ontology）的理由，乃在以重玄表述的「道」係非語言概念所能表述的超本體論，與柏拉圖表述觀念世界的永恆本體分屬不同的方式。他認爲柏拉圖「太著重邏輯，太強調清晰明瞭的語言，結果反而不能把這個深入的思想表達出來。」**66**對他而言，「道」是不可說的，西方文化與中國文化不同處，常在不可說處執意要說，老子妙契道眞是以玄智整全觀照於「悟」道，方先生的詮釋較馮先生所謂負方法，覺解更能在中西哲學比較的視域下明晰些。

（二）方東美不但以有機的實體觀來取代概念的剖析，他的內聖境界似乎也較馮友蘭的天地境界更富生動而豐富多彩的精神生活內涵。他以人性與存在各層級的互動交融，形成物質世界、生命世界、心靈世界、藝術境界、道德境界和宗教境界，各界之間又各有上、下的雙迴向關係。人性與各層存在界相妙契於渾化主客的頂峰，通於深微奧妙，不可思議的玄通有無的道化之境中。

（三）馮友蘭對老子的詮釋較側重天地境界的內聖價值，方東美較平衡，在其上、下雙迴向的視域中也重視老子的處於向度。方先生在外王論題上特別看重《老子》書中的第49章：「聖人無常心，以百姓心爲心。善者吾善之；不善者，吾亦善之；德善。……聖人在天下，歙歙焉，爲天下渾其心，百姓皆注其耳目，聖人皆孩之。」、第27章：「常善救人，故無棄人；常善救物，故無棄物。」、

---

65 方東美，《生生之德》，臺北：黎明，頁284。
66 方東美，《原始儒家道家哲學》，臺北：黎明，1983年版，頁189。

第81章：「既以爲人，己愈有；既以與人，己愈多。」他認爲負政治職責的老書中之聖人係能以人的靈明玄智對「道」鍾愛而有所感悟，開導世人歸眞返樸，尙同自然，且能「爲天下，渾齊心」、「以百姓心爲心」，整救世間一切身陷苦難者，淑世救人，離苦難而得眞樂，才值得舉世之尊敬和愛戴。

第四節　馮友蘭對老、莊對比性的詮釋

一、前言

　　馮友蘭把先秦道家的思想發展歷程分成三個階段：第一階段是以楊朱爲代表的隱士[67]是早期的道家。楊朱思想簡單，格局較小，核心論點爲「輕物重生」、「全生遠害」，老子是第二階段，莊子是第三階段，論題多樣，思想內容深刻而豐富。《老子》、《莊子》亦有繼承楊朱的貴生全生說，而提出養生貴生，「全形葆眞」、行神交養等論述，更富饒意義者，老莊開拓了許多具哲學性的核心問題。諸如：道論、道物關係論，道與人之關係論，安身立命的人生境界論以及其他論題。本節旨在透過馮友蘭對這四項論題之見解予以綜攝性的梳理，呈現出他對老、莊同一論題的詮釋觀點，對比出其間的異同，同時也予以哲學性的評論，本書採取馮氏論莊子哲學的十項論域來紹述其莊學旨趣。

---

[67] 隱士起源的時間不易考證，據史料所載，許由、巢父都是隱士。《論語》中稱隱士爲逸民，亦不時周栗而餓死，首陽山的伯夷、叔齊皆列入其中，孔子周遊列國途中也載有隱士對孔子的批評。

二、《老子》、《莊子》的「道」論及莊子的「天地境界」

　　馮友蘭以本體論爲著眼點來區分哲學與自然科學和社會科學的區別，他說：「元學（本體論、形上學）是哲學的中心，它跟哲學的其他部門不同。」[68]老、莊的「道」論屬哲學的形上學，亦即馮先生所謂「元學」論題。「道」是不具形質屬性，亦即非感覺經驗認知對象的形上存有。換言之，具形上屬性的「道」非知識論進路所認知和概念語言所能描述。馮先生認爲對不可思議、不可言說的存有進行研究，就是哲學元學（形上學、本體論）主要的研究對象。他說：「對於不可思議者，仍有思議，對於不可言說者，仍有言說。」就是哲學的核心工作。[69]他認爲「道體」、「大一（也稱「大全」）」、「氣」對知識論而言是不可思不可感的對象，卻是元學，亦即形上學的研究對象。例如，「道體」是統攝一切的總流行，亦即流行的「全之類」係不可思議不可言說的，勉強言之的私名。「大一（大全）」既是「全之類」，亦是「類之全」，是兼具兩者所組合而成的「大全」，亦即哲學的宇宙觀。他認爲哲學（精確言之爲「元學」）的知識不像科學那樣可作眞假值判斷的經驗事實之知，亦即時然之知的積極知識，也非形式邏輯不涉及經驗內容的「空」，而是「大全」之知。筆者認爲若用形上學的整全之知或許更能令人理解其意，形上學不但具建構宇宙觀的宏觀意識，對馮先生來說更有具提升人存在之精神境界的意義，他指出：「哲學，特別是形上學，它的用處不是增加實際知識，而是提高精神的境界。」[70]

　　在馮友蘭的人生四境界說將莊子哲學評爲最高的「天地境界」，對他而言「境界」是中國哲學之精神所在，這也是他所確認的哲學係對人精神生活系統反思的哲學觀。哲學的眞諦在提升人的精神境界，而不在增進人的現實知識和生活

---

[68] 馮友蘭，《中國現代哲學史》，頁214，香港：中華書局，1992年。

[69] 馮友蘭，《三松堂全集》，卷11，頁324，河南人民出版社，1992年。

[70] 馮友蘭，《三松堂全集》，卷11，頁475、478。

技能，莊子最能反映中國哲學對人生深層體驗的覺解。

他在《新原道》一書中，將莊子「離形去知」，超形脫相以「同於大通」、「同於大全」的精神世界稱爲「天地境界」，這是超脫世俗紛擾與人生煩惱的「靈魂的和平」。他總結出莊子的「天地境界」有五大特徵：（一）是不受時空條件和物質層面制約的形上實有之境；（二）是不可思議和言說的「天地與我爲一」之境界；（三）是人妙契「道」眞，與「道」冥合同遊的與「大全」和「宇宙」混然一體的整全性精神狀態；（四）在精神上「大全合一」的實存性體驗，不受概念內涵和外延之切割和限制，因此是精神主體享受絕對心境之自由和逍遙的狀態；（五）天地境界是人在形上玄境中「知天」、「事天」、「同天」和「樂天」的以「道」齊物境界。馮友蘭說：「對於天地境界中底人生是順化，死亦是順化，知生死都是順化者，其身體雖順化而生死，但他在精神上是超過死底。」（《新原人》）這是以「道」化解好惡之情執而提升至不爲物累情遷的「無（俗）情」之覺解、覺悟和覺知，逐而眞切地感知人生終極意義的境界。

他認爲莊子哲學之特質以〈逍遙遊〉和〈齊物論〉兩篇最能表現。其理由有二：（一）是對後來封建社會，特別是魏晉時代，在思想上影響最深的就是「逍遙」和「齊物」；（二）戰國時對人對莊學之評論，都是以這兩篇爲根據，他以〈天下〉篇來舉證說明。他分析該篇講莊子哲學中有一部分論莊子的文章風格是表現其思想的方式，有一部分涉及莊子思想的重要內容，所謂：「古之道術有在於是者，莊周聞其風而悅之，……獨與天地精神往來，而不傲倪於萬物；不譴是非，以與世俗處。」馮友蘭以這些話來說明莊子的獨特精神所在。他舉其中「獨與天地精神往來」一語即是〈逍遙遊〉所言：「乘天地之正，御六氣之變，以遊於無窮」的涵義。同時他也舉其中「不譴是非，以與世俗處」就是〈齊物論〉所謂「兩行」之蘊意。他斷言〈天下〉篇這兩句話說明了莊周哲學的要點。[71]他在晚年所說《中國哲學史新論》第十四章「莊周的主觀唯心主義體系，道家哲學向

---

[71] 馮友蘭，《中國哲學史新編》（第一冊），臺北市：藍燈文化事業公司，1991年12月初版，頁118。

唯心主義的進一步的發展」爲目標，分別以七節專論莊子哲學。眾所皆知的是他這本書係採取唯物辯證史觀的立場來撰寫中國哲學史，例如：他總結《老子》、《莊子》中全生保眞的思想是以「無我」來將「爲我」進行對立轉化的極致，斷言：「道家哲學是沒落的奴隸主階級意識的集中表現。」**72**然而書中仍有一些值得紹述和討論的見解，例如，他以專節分別論述了他所重視的莊子「齊物」和「逍遙」的要旨。

三、莊周論「齊物」

　　馮友蘭不但突出莊子〈逍遙遊〉和〈齊物論〉爲莊子哲學的特色，且進一步指認〈齊物論〉更能表現莊周哲學的特點，他認爲這篇是莊周哲學在認識論上持相對主義和不可之論的具總性之概論。他舉〈齊物論〉中以大風吹不同空穴，發不同聲音爲隱喻，謂莊子將大風透過吹空穴之聲做了很生動地描述，且謂爲「天籟」。〈齊物論〉對天籟之聲的發生原因，歸究爲「自己」和「自取」表達了「天」是自然的意思，非另有使之然的主宰，馮氏據此推論而言，萬物的生滅變化，也都是「自然如此」不須另一主宰。與這一論點有分別又有關聯的下段話「大知閑閑，小知閒閒」係類比大風吹萬穴產生自然界事物千變萬化般地，用形象化的語言，描寫了心理現象上的千變萬物，如此，主觀世界就無著落（「非我無所取」）他具體提問了這些現象是否相互使喚呢？文本所言「百骸九竅六藏」是人的主觀世界如客觀世界般，其心理現象的變化，也是「咸其自取」，自然如此，不須有使之然的「眞宰」。問題是莊子的時代不是傳播科技發達，媒體與教育被集權政體所掌控的洗腦工具，故能無「眞宰」，非當今資訊革命後資本主義、中央集權政府常扮演著有形或無形的營造意識形態之「眞宰」。

72 見前揭書，頁270。

　　〈齊物論〉認為「是非」皆一偏之見，偏見呈現在各種各樣的心理現象上就是「成心」，亦即主觀的偏見，偏見導源於人所認識的事物之性質皆是相對的，大小、是非在意義上也就沒有差別。馮氏認為莊周片面誇大對立面互相轉化的辯證法規律，推導出完全錯誤的相對主義之結論。然而，馮氏這一論斷缺乏有文本依據的細緻而具系統的推理論證，在論據單薄下實難說服人心。值得令人深思者，辯證法源於古希臘哲學知識理性的抽象思辨方法，以概念認知在論證推理上經由雙重否定來達成雙重肯定的超越轉化及綜合。就一般而言，中國哲學的宇宙論，包括莊子在內，係採取機體宇宙論的宏觀視域，認為萬物皆有機的存在，有機的聯繫，在互動互補的生成變化歷程中構成有機的和諧整體。《易》、《老》、《莊》皆以陰陽交感和合來詮釋陰陽互相吸引，各盡其長，互補其短的感通，形成機體性的和諧體。有趣的是馮氏藉墨辯採三項論點來評論莊子的齊物論之是非觀。其一，〈齊物論〉曰：「分也者，有不分也；辯也者，有不辯也。……大道不稱，大辯不言。……言辯而不及。」意指一切見解和主張都是片面的偏見，有其錯誤處。後期墨家謂之為「言盡悖」且予以批判。其二，我跟你辯，不論你勝我或我勝你，未必能證明你或我的意見一定是正確的嗎？若一切人的見解和主張既然都是一偏之見，都自以為是，以別人為非，則是非的辯論僅能使各方面繼續發揮其一偏之見，並不能決定具客觀性的是非，墨辯謂之為「辯無勝」。其三，〈齊物論〉論證了「知」與「不知」沒有分別。因為自以為有知的人，若認真反思追問其深層理由，則自己也陷入困惑，馮氏認為後期墨家對莊周論點也提出批判，卻未提及批判的理由，他的結論是「莊周正是在否定客觀真理的意義上，片面誇張我們一切知識的相對性，從而把人的意見和觀點完全看成是個人主觀的偏見，這就成了主觀唯心主義，從這一方面來看，莊周的〈齊物論〉思想，在中國哲學史上，是典型的相對主義。」[73]顯而易知的，馮友蘭是立基於西方哲學知識論概念思辨之思維方法，且採取列寧‧馬克斯唯物辯證法。莊子對

---

[73] 同前註，頁123。

問題的看法較傾向於機體論的存有學立場。因此，馮氏的理解法雖有特色，但是否貼切於莊子可能的原意，頗值得再深思審定。不過，馮氏也有些自覺，他說：「總之，莊周的相對主義思想的目的和實質，是企圖取消對立面的對立和鬥爭。這種思想根本上是和辯證法相對立的。這是形而上學，不是辯證法。」[74]不過，當代德國哲學家海德格批評西方傳統的形上學抽離了生活世界，導致「存有」的遺忘，筆者認為莊子哲學較類似海德格所說的存有學，較遠於希臘哲學意義的形上學。

四、莊周論「逍遙」

馮氏認為道家具有保全自我而不損傷的一貫精神，亦即「為我」，從楊朱到莊周皆然，莊周本全自我的方法是對世事的變化抱持一種旁觀、超然的態度。馮氏謂莊子：

> 他認為，這樣，就可以從當時階級鬥爭的苦惱中解脫出來，以得到精神上的，也就是主觀的「自由」、「幸福」。這種辦法和理論就是莊周所講的「逍遙遊」。他在〈齊物論〉中所講的齊是非、齊生死等，就是為這種辦法和理論提供哲學的根據。[75]

蓋莊子認為從大鵬的高飛說到列寇的「御風」都有所待，大鵬有賴於像「垂天之雲」的大翼，以及「水擊三千里，搏扶搖而直上者九萬里」，才足以南飛，列寇也有待於風才得行走。凡有所待的「遊」，皆有其外在條件的制約，這是未能自由自在的原因。〈逍遙遊〉更進一步指出「若夫乘天地之正，而御六氣

---

[74] 同前，頁127。
[75] 同前，頁127。

之辯（變），以遊無窮者，彼且惡乎待哉！」表面上似無所待，事實上仍有所求，馮氏謂莊子文中說：「至人無己，神人無功，聖人無名」的三「無」是用「無己」達到一種主觀的意境。他所說的三無旨要在消解人我對峙的我執，以及所衍生的對自己功名之執著和計較，有強烈的我執或自我意識就有功名的社會榮顯欲望的追求，在名韁利鎖的束縛下，人有求於外，亦即有待於外而失去自己身、心、靈的自由自在。

莊周認為「有己」才導致「有待」於外物，若消解我執成「無己」的人生態度，則可以「無待」而無所求於外物。人之所以有「己」在於鍾愛自己的形氣之私，然而就天地之運行而言，形氣變化流行無窮盡，人的形氣委順於變化不已的歷程中而不能自己。人的形氣與天地的企劃流行有不可切割的命運。馮氏引〈大宗師〉所言：「藏小大有宜，猶有所遯。若夫藏天下於天下而不得所遯，是恆物之大情也。特犯人之形而猶喜之。若人之形者，萬化而未始有極也，其為樂可勝計邪？故聖人將游於物之所不得遯而皆存。」這是把「己」視為與天地有機聯繫而不可分割的成員，天地是永續的，人也隨之而永存於天地之間，因此人是與天地相續相存於無限的歷程中，勿以一時一地之小我來算計一己之得失，應超越形氣之私，以曠達的天地心、萬物情來看待自己一時的得失，〈大宗師〉說：「且夫得者，時也；失者，順也。安時而處順，哀樂不能入也。此古之所謂懸解也。」馮氏謂就莊子的形神關係而言，以神導形，以形隨神，神優位於形，「形」不論如何變化皆不足以影響「神」的安定。

莊周認為「道」非概念化的知識所能認知執取的。形上的「道」是無分別界線的混沌，一般的知識之目的和功用，其操作方式在對事物盡可能地做分析和分別。〈齊物論〉說「道」：「未始有封（分別）」，一般人對萬物有分別之知而隨知有是非的區別和計較。對世俗之人而言，「道」被片面之知所切割而成「虧」而不全的狀態，因為人對事物有主觀的偏愛，是非的計較就成為偏愛的表現，人的偏見和偏好，亦即人的偏心，喪失了「道」原本的整全性，馮氏提及人對「道」的復全之路，亦即〈大宗師〉藉顏回所言「坐忘」的工夫實踐方法。顏回先忘仁義，亦即不僵化地拘執於外在的仁義規範，其次是忘禮樂的實證性規

範，工夫實踐的最後極至是「墮肢體，黜聰明，離形去知，同於大通，此謂坐忘。」「坐忘」的要義在否定現象界概念之知的切割分化，達於人與天地萬物有機的混化合一狀態對莊周而言離開分別之知的知識論進入，改採存有學在生活世界中對「道」整全的觀照，亦即馮氏所謂體驗式的，覺解性的負的形上學方法，是認識「道」，亦即「同於大通」的與「道」交融合一的進路。因此，莊書中的「聖人」、「眞人」或「至人」是體認宇宙原始狀態的「道」之體現者。

聖人、眞人雖已達到「萬物與我爲一」的與道相契境界，他總還是個人，在現實生活中，仍得厚道態度，亦即〈齊物論〉所謂「兩行」。馮氏舉〈齊物論〉所言：「物固有所然，物固有所可，無物不然，無物不可。」就世俗而言「是」與「非」可能也有一定的分別，聖人以「和知以天倪」的人生態度，將是非任其自然，聽之自生自滅而「不譴是非」才能明哲保生的與世相處而不煩擾內心的平和寧靜。這或許是馮氏身經文革時代切身的階級鬥爭後，對莊子「兩行」哲學有深刻的體認且落實到自己與世俗相處的智慧。他在〈莊周論「逍遙」〉一節以〈天下〉篇：「獨與天地精神往來而不傲倪於萬物，不譴是非以與世俗處」爲總結。至於如何實踐？他在書中特別提及〈大宗師〉講到女偊教卜梁倚學「聖人」之道的程序，所謂：「參日而後能外天下」、「七日而後能外物」、「九日而後能外生，以外生矣，而後能朝徹。朝徹而後能見獨。」「獨」指「道」而兩行於現象界的相對性、兩面性，是統攝者，非對待的絕對者。能體道者在與世俗相處時不能休養到不將、不迎，不與世俗所執著的是非相計較而擾其心中原有的平和寧靜，這就是〈齊物論〉所謂「兩行」蓋人間有了分化性的是非就有道的「成」與「虧」，個人的「得」與「失」，是非乃人對事物的偏執，有了「偏」就失去道本有的「全」。馮氏詮解莊子，將人間物論紛云之下的是非視如風的「萬空怒號」，是一種自然的現象，也是自然運行（「天鈞」）的一種表現，他說：「聖人只要以滿不在乎的態度，不理它們就是了。」[76]這也可能是馮氏在文革期間被批評、鬥爭而對莊子的覺解吧。

---

[76] 同前註，頁133。

五、莊學論自然和人為，必然和自由

　　馮氏謂莊周哲學觸及二個重要的哲學問題，一是人與自然的問題；另一是自由與必然的問題，亦即自由與必然的問題。他的典據是《莊子·秋水》：「無以人滅天，無以故滅命」以及〈大宗師〉所云：「死生，命也。其有旦暮之常，天也；人之有所不得與，皆物之情也。」在莊子的天人之辨中，「人」指人的作為，是外在於自然的後天作為，「天」指無待於人的作為之先天的內在本性，亦即事物內在的自然本性。在人與自然的關係上，〈大宗師〉有段精闢之喻示：「父母於子，東西南北，唯命之從。陰陽於人，不翅於父母，……夫大塊載我以形，勞我以生，佚我以老，息我以死。……今一以天地為大鑪，以造化為大冶，惡乎往而不可哉？」大自然猶如一座冶金的洪爐，人則有若在洪爐中所煉出來的刀劍等鑄造物。馮氏採唯物主義，自然是第一性，不以人的意志為轉移，有其獨特客觀規律性。人在自然面前是無力作為的，馮氏則認為自然本來是「人所不與」的，但並非人不能「有所與」，人在生產實踐和勞動過程中也能逐漸地改變自然，人和自然的關係應是對立面的統一。莊周所說的「命」指人力所無可奈何的、自然的和社會的力量，〈達生〉言：「不知吾所以然而然，命也」，〈德充符〉云：「死生、存亡、窮達、貧富、賢與不肖、毀譽、飢渴、寒暑，是事之變，命之行也。」「命」之定然是人所無法理解，抗拒和逃避的。人對難違的天命，抗拒徒勞，最好的回應方式，〈人間世〉曰：「知其不可奈何，而安之若命，德之至也。」換言之，人的際遇之命，唯有採認命、安命的心態，才可降低偏執的障礙和不如意的痛苦，得到「自由」和「幸福」。

　　馮氏對莊周否認人面對命運的主觀能動性和回應自然命運的影響力，頗不以為然。他說：「人是自然的產物，但也能改造自然。社會是人的產物，各個人聯合起來便能改造社會。但也必須承認，人的主觀能動性的作用，也並不是沒有限度的。」[77]他對莊子的批判是合理的，就人類文明發展史而言，科學是以知識理

---

[77] 同前註，頁42。

性來認識自然的因果法則，科技是依據人類生活上的需求，透過科學知識研發工具和操作性的技術來改造自然，將自然人化成各種科技產品或市場上的商品，這是物質文明的進步。社會是人需要社群生活的產物，不同的社會結構型態和其功能，反映出人的公共理性和集體意志對社會組織和制度有自覺性的反思能力和改造或再造能力。因此，人類的社會型態是有一變遷的規跡或規律可循，有一動態的社會發展史脈。莊子有其歷史的局限性，未能認識到知識和工具理性對自然和社會的改造力，人仍享有相對的自主性和自由權力。

　　不過，馮氏也肯定莊子在人生死問題上的必然或被決定性以及超越悅生惡死的執著之苦。人的出生非由自己的自由意志所能決定，人不願死亡，但是有生必有死，死亡是人類共同的必然的宿命。雖然個人的壽命可隨著醫學的發展、醫療技術的進步，環境衛生的改善而延年益壽。這只是在死亡大限面前相對性的祛病延年，究竟無法突破生命終將衰老和死亡的必然性之鐵律。馮氏堅持自然辯證法的一項基本原則：任何東西有成必有毀。《莊子》書中多篇論及生死問題，〈養生主〉設例老聃死，其友秦失只弔哭三聲而被批評對朋友沒有感情，秦失針對哭得悲痛者批評說：「遁天倍情，忘其所受，古者謂之遁天之刑。適來，夫子時也；適去，夫之順也。安時而處順，哀樂不能入也，古者謂是帝之縣解。」人有生命出於偶然性，死亡是必然性的規律，若不深刻了解這一道理而對死亡過分感到悲痛，可視爲是一種逃避自然律的刑罰，稱之爲「遁天之刑」。人若能透悟這層道理就可不受這種刑罰，莊子稱之爲「縣解」，「縣」指「遁天之刑」，「遁天」指不能坦然接受自然的因果法則，亦即企求逃避天則者，自然法則本身有其必然性。馮氏針對莊子安頓生死的智慧，後人稱之爲「以情從理」。馮氏說：「我稱之謂以理化情，情對於人是一種束縛，理可以使人從束縛中解放出來。這種解放，就是自由。」**78**依筆者之見，人並不只是理性的存有，人也是感情的動物，人面對至親至友的逝世，有深情者，豈能不被眞摯之情所感受。因此，面對

---

78 同前註，頁143。

死亡的悲痛之情，不是外在的束縛而不自由，哭得悲痛是眞情不容已的湧現也是一種釋放的自由。

六、論道、德、天與人生命之關係

馮氏謂莊學雖與老學不同，但其所謂「道」、「德」亦即通常我們所說的形上學，包括本體論與宇宙發生論與老子採同一立場。他舉莊書中道德性命相貫通的核心命題來解說，〈天地〉篇云：「泰初有『無』，無有名。一之所起，有一而未形。物得以生謂之德，未形者有分，且然無間，謂之命。留動而生物，物成生理，謂之形。形體保神，各有儀則，謂之性。」依馮氏的解讀：泰初有「無」指道。莊子亦以道爲「一之所起，有一而未形」形或性的萬物來自於宇宙元素「氣」。「物得以生謂之德」德者，得也。就道、德萬物之生成關係而言，「道」係天地萬物所以生之總原理，「德」指各物個體所以生之原理。〈天地〉篇謂：「形非道不生，生非德不明」。道德同是萬物所以生之原理，故《老》、《莊》書中，道德二字，並稱列舉。依莊學之意，〈天地〉篇云：「道兼於天」、「無爲爲之之謂天」。

道生萬物係無爲之爲，亦即讓萬物自生自長，自毀自滅。質言之，道化生萬物的作用是自自然然的讓萬物自爲自化。萬物之將生，由無形至有形者，謂之命。及其成爲物，則必有一定的形體。其形體與其精神，皆有一定之構造與規律，所謂「各有儀則」此則其形也，物之形體成就後仍無時不在變化中，〈秋水〉篇云：「物之生也，若驟若馳。無動而不變，無時而不移。」又〈寓言〉篇云：「萬物皆種也，以不同形相禪，始卒若環，莫得其倫，是謂天均。天均者，天倪也。」〈齊物論〉把「天均」作「天鈞」，「鈞」者，喻其運行不息。道的無爲之爲，不生之生，如〈齊物論〉所云：「夫吹萬不同，而使其自己也，咸其自取，怒者其誰邪？」、〈秋水〉篇曰：「吾何爲乎？何不爲乎？夫固將自

化。」「道」自本自根，無始無終地恒運行不止，其所化生的天地萬物在自生自化的清靜無爲中也依之生生不已。莊子不但同於老子視道爲天地萬物所以生之總原理，且「常寬容於物」（〈天下〉篇），因此，在天人性命相貫通的形上信念下，人生的常樂取決於人與天地之和諧關係，〈天道〉篇謂：「明白於天地之德者，此之謂大本大宗，……與天和者也。謂之天樂。」[79]

七、論「何謂幸福」？

莊子的人生幸福觀立基於與天和之「天樂」，換言之，人生幸福的要旨在於能否隨順人及萬物的天賦本性。〈天道篇〉有一老耼謂孔子的寓言，謂：「天地固有常矣，日月固有明矣，星辰固有列矣，禽獸固有群矣，樹木固有立矣。夫子亦放德而行，遁遁而趨，已至矣；又何偈偈乎揭仁義，若擊鼓而求亡子焉？意，夫子亂人之性也！」凡自然的、天然的常性就是天地萬物固有的本性或天性。因此，莊子在教人回歸人與萬物的天常本性「放德（本性）而行，循道而起」即能因循天性而實現與天和而享受「天樂」。馮氏論述說：「凡物皆由道，而各得其德，凡物各有其自然之性。苟順其自然之性，則幸福當下即是，不須外求。」[80]他讚許郭象註〈逍遙〉篇設鯤鵬爲極大，蜩鳩爲極小的範例，所詮解之言，謂「故極小大之致，以明性分之適。……苟足於其性，則雖大鵬無以自貴於小鳥，小鳥無羨於天池，而榮願有餘矣。故雖小大雖殊，逍遙一也。」人若能各自滿足於自己的天性，自足其意，適性逍遙就是幸福，這也是老子知足常樂的延伸意思。

馮氏將其所理解的莊子幸福觀，延伸於政治的無爲之治。他認爲政治上、社會上各種人爲的制度，只會爲人帶來痛苦。蓋物賴本性之不齊乃自然如此。

---

[79] 參考馮友蘭，《中國哲學史》，頁279-283。收入《民國叢書》第二編，上海書店出版，1990年12月一刷。
[80] 同前註，頁283。

物物皆有其本眞之性，不必強同，若一切政治、社會上之制度皆定一行爲標準，在管理上強不齊以使之齊，則縱使在動機上出於愛，卻在實際上戕害人與萬物的自然本性。〈至樂〉篇有則富啓發性的寓意，卻在魯侯得一海鳥非常珍愛卻養死了，檢討原因在「此以己養養鳥也，非以鳥養養鳥也。夫以鳥養養鳥者，宜栖之深林，……故先聖不一其能，不同其事；名止於實，義止於適；是之謂條達而福持。」馮氏據此理而論政治上若聖人製作規矩準繩，亦即制定各種政治、社會制度，且強勢執行，令天下人皆服從，縱使其初心用意未不善不愛人，主張清靜無爲的不治之治。〈應帝王〉云：「汝遊心於淡，合氣於漠，順物自然而無容私焉，而天下治。」馮氏進一步論述人爲的社會、政經制度之目的，針對人與人的個別差異，爲截長補短，改造天然，才有人爲之舉措。如此，前述人隨順天然之幸福可能淪喪導致人們既無幸福亦無生趣，有如〈應帝王〉篇喻示名曰混沌的中央之帝本無七竅，若強鑿之，則七竅開而混沌死矣，〈秋水〉篇有云：「無以人滅天，無以故滅命」其要旨在論證若以人爲改天然即「以滅天」、「以故滅命」。[81]值得我們注意者，西周的封建禮法嚴社會屬性的尊卑貴賤之別，男女長幼之序，進退辭受之節文，其繁文縟節有「郁郁乎文哉」之嘆。禮法亦是王法由上而下的單向制定和操作。西周亡禮崩樂壞，其親親、尊尊、賢賢、男女有別的人文精神已式微。換言之，維繫周代政治、社會秩序的禮樂典章制度，雖粲然大備於周公，即孔子之世已300多年，孔子已有「禮云、禮云，玉帛云乎哉！樂云、樂云，鐘鼓云乎哉！人而不仁如樂何？」[82]之嘆及勿「意、必、固、我」的勸世良言。老子意謂：「禮者忠信之薄，亂之首也。」[83]時至莊子的戰國時代，情不及禮的政治、社會制度更是江河日下，或許以致禮教吃人的地步，這是莊子有「以人滅天」、「以故滅命」之憂而主張「順物自然而無容私焉，而天下治。」時至今日，立法、司法、監察之制度架構已確立。政治、社會制度之制定

---

[81] 同前註，頁283-288。
[82] 《論語·陽貨》。
[83] 《老子》，第三十八章。

和修改已由單向的自上而下，發展至兼具下而上的向度。法治重於人治，法律表徵公共理性及人民的集體意志，程序正義落實這一理念。公民社會的公民對不仁不義的政治命令、公共政策也有憲法所賦予的抗爭權，在民主憲政體制下的政治、社會制度與莊子時代已大不相同，政治惡已有顯著的改善，當代先進國家成熟的民主憲政體制和運作方式，對馮友蘭所詮釋的莊子政治，社會思想應有更寬宏的視域開拓。

第五章　賀麟（1902-1992）

第一節　前言

　　賀麟（1902-1992）字自昭，出生於四川省金堂縣五鳳縣五鳳鄉一世代耕讀的鄉紳之家[1]。他幼年由父親授《朱子語類》和「傳習錄」，長大入石室中學，主要修習宋明理學且廣泛涉獵各方面的新學書籍，他在1919年考入北京清華大學受梁啓超影響深遠[2]。賀麟畢業後，赴美留學，獲哈佛碩士學位。再前往德國柏林大學，汲取歐陸哲學的精華。他返國後執教於北京大學哲學系，嘗試汲取史賓諾莎、康德、新黑格爾主義的哲學資源融入陸王心學，建構出新心學思想體系。他學貫中西、知識淵博、著述宏富，不但是紹述西方哲學的翻譯家和中、西哲學史家，也是前期當代新儒家具代表性的人物之一。因此，有學者認為若未能充分理解賀麟的學術成就，則不易明瞭當代中國哲學界如何吸收、消化西方哲學[3]。同時，也有研究其著作思想的學者指出，評價賀麟並非易事[4]。

　　雖然，學界對賀麟是否可劃入現代新儒家有所爭議，但是他自認為屬於廣義的新儒家，他深受梁漱溟影響而推崇王陽明，且在抗戰初期發表過〈儒家思想的新開展〉一長文，明確地提出「新儒家思想」、「新儒學運動」觀念[5]。在王

---

[1] 賀麟的父親名松雲是一位秀才，曾主持鄉里與縣里的學政，他為兒子取名為麟，係因麒麟在中國古代神話傳說中為仁獸，象徵祥瑞，寄望兒子不但能為家族帶來好運，且在未來有美好的前途。其父為了與「麟」字涵義匹配，還定了「自昭」的字。

[2] 梁啓超是他在清華第一位老師，所主講的「國學小史」、「中國近300年學術史」及小學類課程對他產生深刻的啓發。他敬仰梁啓超，且常聆聽其校內外的演講，提升了他的國學造詣。梁啓超也視他為愛徒，常將私人藏書借給他，激發了他對學術研究之興趣。

[3] 參見張祥龍，〈賀麟全集出版說明〉，收錄於賀麟，《近代唯心論簡釋》，上海：上海人民出版社，2009年，序言，頁1。

[4] 見王思雋、李肅東，《賀麟評傳》，南昌：百花洲文藝出版社，1995年，〈序言（肖前撰）〉，頁4。

[5] 他曾在其著作《文化與人生一書》的〈序言〉中自述「如從學派的分野來看，似乎比較接近中國的儒家思想。」大陸學者羅義俊在其主編的《評新儒家》一書中，其序言述及賀麟在抗戰初期曾明確提出「新儒家思想」、「新儒家運動」，這一提法在當代新儒學思想史上是值得重視的。請參見羅義俊主編，《評新儒家》，上海：上海人民出版社，弁言，1989年，頁3。認為賀麟很可能是第一位使用「新儒家」一詞的學者。

思雋和李肅東合著的《賀麟評傳》一書中謂：「有一點是學術界的共識，即在抗日戰爭時期，賀麟爲挽救民族文化的危機，鍛造適應新形勢的思想武器——新儒學，他殫心竭力地融貫中西古今，從而爲我國哲學思想的現代化，開創性地鑿開了一條艱難的隧道，架通了一座重要的橋梁。」[6]同時，同樣是大陸學者的張祥龍也指出賀麟一生最大的貢獻之一，乃在「溝通中西主流思想的方法論，由此而爲中國古代思想—特別是儒家，找到一條新路。」[7]此外，顧紅亮在其〈賀麟的儒家思想現代性話語〉一文中認爲他不但能找出儒家思想某些具個別性的現代性因素，且還能宏觀地從哲學、藝術、科學、宗教等所構成的文化整體性中，尋思儒家現代性開展的各種可能性[8]。至此，我們不禁要提問，賀麟在其已出版的著作中，對儒家現代性的開展指出了什麼可能性呢？與此問題相關的是他曾將其在抗戰期間所發表過的論文出版了《文化與人生》一書，值得探討的是他的哲學課題爲何要扣緊文化、人生呢？文化、人生離不開人類共同的時代處境和生活世界之共同意義和價值，那麼，他如何看待其時代的哲學思潮，而對其歷史境遇所遭逢的抗日戰爭、五四新文化運動所反映出來的思想及其意義所在？在他切身的時代感受中，他提出的儒家現代性開展的可能性，就筆者見解可聚焦在轉出儒家合乎時代脈動與人心起向的「開明的道德」與「美化的道德」兩項主論題上。他所持的主要理由是他認爲儒學捨本逐末的末流，其流弊在把一切見聞之知，人生感性方面的諸般情趣生活視爲道德修養應克服的阻礙。這種偏狹的視域與古希臘理性的求知精神，希伯來超世俗的宗教精神和羅馬帝國時代的法治精神，甚至與西方近代工業化以來追求物質文明的精神，顯得格格不入。因此，他針對這些論點，主張儒學的開展應汲取西方哲學的骨髓，世界潮流的趨勢予以求新求變。他語重心長地指出：

---

[6] 見前揭書註4，頁61。
[7] 見前揭書註3，頁2。
[8] 《上海交通大學學報（哲學社會科學版）》，2005年3期，頁55。

我們不能墨守傳統的成法，也不能一味抄襲西洋的方式，必須自求新知，自用思想，日新不已地調整身心，以解答我們的問題，應付我們的危機。哲學知識或思想，不是空疏虛玄的幻想，不是太平盛世的點綴，不是博取科第的工具，不是個人智巧的賣弄，而是應付並調整個人以及民族生活上、文化上、精神上的危機和矛盾的利器。哲學的知識和思想因此便是一種實際力量、一種改革生活、思想和文化的實際力量。[9]

由上述得知，他對哲學研究的價值取向是自覺的具有歷史文化繼往開來的責任感與對人生、社會以人文關懷自我期許的。筆者在這一立基點上，擬由他所親身見證的五四新文化運動、對日抗戰這二大變局中，他即事言理，有感而發的在儒家精神所遭逢的這二大危機和考驗上，他從哲學思索的歷程中如何表述其改革生活、思想和文化的活力。同時，本文亦將順著他這一精神方向，釐清其對儒家倡導走向「開明的道德」和「具體美化的道德」[10]之涵義且予以評價。

第二節　對五四新文化運動批儒之省察

清末清政府腐敗，面對西方強權一連串的侵略，喪權辱國，在軍事、政治、經濟上蒙受重大的挫折。儒家思想與文化在這國勢日頹，知識份子求變革之心願急切下，將批判矛頭指向儒學，導致儒家傳統所累積的思想與文化遭到空前

---

[9]　賀麟，《50年來的中國哲學》，頁1，遼寧教育出版社，1988年版。
[10]　此兩命題見賀麟著，《哲學與哲學史論文集》，頁356，北京：商務印書館，1990年版。

的質疑和抨擊[11]。1919年終於爆發出洶湧彭湃的五四新文化運動，以偏頗的政治意識形態以及充滿怨尤的民族情緒對儒家提出無情的、嚴厲的批判，例如：「打倒孔家店」這一類令人驚愕不已的口號。

　　賀麟認為五四新文化運動是中國在國際政治上因長期積弱而導致被列強欺凌，國人在蒙受難以忍受的喪權辱國下，將憤怒宣洩在回應新世局貧弱無力的、保守的儒家思想文化上。雖然，從表層現象上，五四新文化運動是恨鐵不成鋼，以激越的群眾之情，企盼轉弱為強的期待下，高呼打倒孔家店、推翻不能與新時代思潮接軌的儒家之文化運動。但是，我們若從深層省察，這一質疑性的反叛和尖銳的批判，對儒家思想與文化的推陳出新，反而是一大檢驗以啓動儒家思想轉化創新的好時機。這一物極必反所產生革新思想的效益實有過於洋務運動時曾國藩、張之洞對儒家所固持的心態，賀麟說：

> 五四新文化運動打倒的是儒家思想中僵化的軀殼的形式末節，及束縛個
> 性的傳統腐化部分。它並沒有打倒孔孟的眞精神、眞意思、眞學術。反
> 而因其洗涮和掃除的功夫，使得孔孟思想的眞面目更是顯露出來。[12]

　　他認為曾國藩、張之洞所倡導的洋務運動，處在清朝末期，尚未經過辛亥革命的翻天覆地之劇變。換言之，洋務運動時知識份子所持的儒家思想是仍立基於傳統社會和封建皇權、宗法制度、血緣性的宗法倫理觀念中，這種舊體制與僵化的道德教條乃是五四新文化運動具針對性的批判、打倒之對象。賀麟在這一歷史文化的轉捩點上，一方面同情地了解、肯定胡適所採取打倒孔家店的二策略，那就是擺脫傳統道德的束縛和引介、倡導儒家之外的思想和視域，亦即諸子之學。

---

[11] 儒家在漢武帝時接受董仲舒天人三策建議，在尊經尊孔的前提下設定五經取士制度，東漢章帝親自主持「白虎通會議」，將三綱六紀定調為倫理最高的規範。此後，中國走向儒化的國度。元代加考四書，繼隋唐科舉取士考五經以來，元、明、清三代皆以儒家的四書五經為思想文化的主軸，儒學成為官學後對政治社會意識的形塑、倫理道德的教育和規範影響廣泛且深遠。

[12] 賀麟，《文化與人生》，北京：商務印書館，1988年版。

另方面，他還補充了「西洋文化的輸入與把握」這一論點，有助於將所吸收、融合的外來新文化，進行對舊的儒家思想文化之批判和革新。換言之，他認為五四新文化運動在外來新文化新哲學的輸入這一視點下，具有掃清舊思路以促進新文化建設的轉折動力。賀麟說：「就時間言，我認為在五四運動的時候，作東西文化異同優劣之論，頗合潮流需要，現在已成過去。我們現在對於文化問題的要求，已由文化跡象異同的觀察辨別，進而要求建立一深徹系統的文化哲學。無文化哲學的指鍼，而漫作無窮的異同之辨，殊屬勞而無功。」[13]至於他所提出的指鍼，亦即其所倡言的開明的、美化的道德，待文後論述。

第三節　抗戰時期倡議〈儒家思想的新開展〉

　　賀麟最有代表性的個人哲學論述，集中在30、40年代的抗戰時期，主要表現在《近代唯心論簡釋》[14]和《文化與人生》[15]兩本著作。大陸學者張學智將兩書對照，對其間的體用關係提出了他的看法：「前者是純哲學，後者是純哲學在文化和人生方面的應用。……前者是形上之體，後者是文化人生之用。這兩本書正好構成了賀麟的有體有用之學。」[16]《文化與人生》這本論文集可視為賀麟現代新儒家的代表作，其中，列在首篇的〈儒家思想的新開展〉呈現出他構思再

---

[13] 同註10，頁419。

[14] 這本論文集論及本體論、辯證法、知識論、知行觀及文化觀，是賀麟新心學的代表作，展現其深厚的中西哲學素養和會通能力，代表了他在創建新哲學的努力，確立了他在中國哲學界基本的地位。

[15] 賀麟在抗戰8年期間，一直在西南聯合大學工作，除了教學和譯介西方哲學外，他還在當時的《思想與時代》、《戰國策》等報刊上，發表過許多有關哲學、文化與時代的文章，在他離開昆明返回北平之前，收編成名為《文化與人生》的論文集。

[16] 張學智，《賀麟》，頁38-39，臺北：東大圖書公司，1992年版。

與儒家思想與文化的理論輪廓及企圖。賀麟在這篇論文中，以國難當頭的切身感受，發出人文知識份子的時代關懷和哲學性的文化建言。他說：

> 中國當前的時代，是一個民族復興的時代，民族復興不僅是爭抗戰的勝利，不僅是爭中華民族在國際政治中的自由、獨立和平等，民族復興本質上應該是民族文化的復興。民族文化的復興，其主要的潮流，根本的成分就是儒家思想的復興、儒家文化的復興。假如儒家思想沒有新的前途、新的開展，則中華民族以及民族文化也不會有新的前途、新的開展。換言之，儒家思想的命運，是與民族的前途命運、盛衰消長同一而不可分的。

儒家是中華思想與時代的主流，源遠流長，影響廣泛，深刻地積澱在廣大民眾的潛意識之中，這種長期積習於社會民心的儒家思想，對大多民眾而言，習焉而不察焉。日本經過明治維新運動，吸收西方先前的思想和制度後，改革成功，成為當時亞洲獨強的新強權。抗日戰爭，中國以大搏小顯得艱苦異常，這場戰爭的意義不止於一時的國計民生，更深刻地代表為歷史文化的生機和民族尊嚴而戰，誠如賀麟所言，儒家的前途命運之盛衰消長是與國族生命、民族前途密不可分。

賀麟留學過歐美，深刻認識西方哲學和文化值得中華民族借鏡學習之處。他頗具宏觀且樂觀的看待中西文化的交流與儒家新思想新開展的可能途徑。他真誠地指出：「中國許多問題，必達到契合儒家精神的解決，方算達到至中至正，最合理而無弊的解決。如果無論政治、社會、文化、學術各項問題的解決，都能契合儒家精神，都能代表中國人的真意思、真態度，同時又能善於吸收西洋文化的精華，從哲學、科學、宗教、道德、技術各方面加以發揚和改進，我們相信，儒家思想的前途是光明的，中國文化的前途也是光明的。」[17]他對儒家的精神充滿

---

[17] 《文化與人生》，1988年版，頁17。

堅定的信心，他認爲以儒家「至中至正」的價值判斷來解決中國所面臨的諸般問題，可達成「最合理而無流弊」的圓融效果。但是，他也認爲儒家思想若要有光明的未來，絕不能故步自封，應該以開放的心胸、謙虛的態度善於揀別、吸收西方文化的精華，才可能精益求精，與時俱進，他對儒家的前途充滿著樂觀是有理由的，他在抗戰期間還寫了一本《當代中國哲學》[18]，在首篇〈50年來的哲學〉一文中評論說：「近50年來，中國的哲學界即或沒有別的可說，但至少有一點可以稱道的好現象，就是人人都表現出一種熱烈的『求知欲』，這種求知欲也就是哲學所要求的『愛智之忱』。我們打開了文化大門，讓西洋的文化思想的各方面泄湧進來。」[19]他對50年來的中國哲學之進展作了四點肯定，那就是陸王的心學獲致盛大的發揚；程朱與陸王兩學派的對立得以調解；儒佛對立獲得新的調解以及中國哲學史有了新的整理。當然，他也平實的省察到儒家思想文化在歷史進程中所出現的負面現象。因此，他提出了道德的開明化和具體美化。

第四節　由學術知識之途徑謀求儒家傳統的開明化

　　賀麟認爲五四新文化運動是在皇權推翻後，立基於封建皇權的舊社會思想、文化和人倫外在性的規範與經過變遷後的新時代生活呈現很多格格不入、不合時宜的地方。五四運動在破舊立新上對舊社會不盡情理、不合時宜的舊觀念和道德教條有挑戰、批判和揚棄的消極作用。同時，五四運動透過吸收西方新的學

---

[18] 該書由重慶勝利出版公司於1947年出版。
[19] 同上，頁1。

術知識之途徑，所論述的一些新思想新文化生活對儒家舊道德具有啓蒙及深切檢
討和改進的激發作用，他針對一些不合時宜的舊道德觀念，提出了具體性的批
評。他說：

> 那過去抱狹隘觀念的人，太把道德當作孤立自足了，他們認爲道德與知
> 識是衝突的，知識進步，道德反而退步。他們認爲道德與藝術是衝突
> 的，欣賞自然，寄意文藝，都是玩物喪志。他們認爲道德與經濟是衝突
> 的，經濟繁榮的都市就是罪惡的淵藪，士愈窮困，則道德愈高尚。此
> 外，道德與法律、道德與宗教，舉莫不是衝突的。中國重德治，故反對
> 法治；中國有禮教，故反對宗教。簡言之，只要有了道德，則其他文化
> 部門皆在排斥反對之列。**20**

儒家應調整與時推移，與時俱進的道德新觀念，才能更爲新時代所普遍接
受。因此，賀麟針對儒家思想在舊社會所呈現的不合時宜之觀念，提出革新的三
準則：合乎理性、合乎人性及合乎時代性。在合乎理性方面，他針對君爲臣綱、
父爲子鋼、夫爲婦綱的三綱倫理應提升至實踐者具有道德理性的深刻自覺，對其
所以然之理要有清楚的理性意識。他說：「先秦的五倫說注重人對人的關係，而
西漢的三綱說則將人對人的關係轉變爲人對理、人對位分、人對常德的單方面絕
對關係，故三綱說當然比五倫說來得深刻而有力量。舉實例來說，三綱說爲認君
爲臣綱，是說君這個共相，君子之理是爲臣這個職位的繩紀。說君不仁，臣不可
以不忠，就是說爲臣者或居於臣的職分的人，須尊重君之理，君之名，亦即是忠
於事，忠於自己的職分的意思。完全是對名分，對理念盡忠，不是作暴君個人的
奴隸。」**21**他這一說法可謂對孔子正名說的創新性詮釋。在政治倫理上，君應該
善盡仁德，臣應該善盡忠德，各有各的位分上當盡的理分或理分上的常德。孟

---

20 見前揭書，《哲學與哲學史論文集》，頁255。
21 《文化與人生》，頁60。

子五倫中的「君臣有義」係相互性的倫理關係和原則，對雙方且有互動性的約束力，雙方皆以對方是否善盡倫理責任來決定自己所應履行的道德責任，例如：孔子審定魯君未善盡君道，則孔子去職而周遊列國。然而三綱倫理將相互性原則的倫理絕對化爲片面的道德責任。賀麟要求三綱倫理的每一方應自覺地接受規範的約束，雖可安定群體性的倫理秩序，但是應如何做？且依不同的條件狀況，要做到何種地步才合宜而不流於在君權宰制下的愚忠，賀麟只提出義務倫理學上的形式原理未進一步探討內涵的踐履規範，這是其缺失處。

　　賀麟將三綱倫理提升至道德理性的自覺，自我要求對際性倫理中自己位分的澄清以及克盡由位分所對應出理分上的道德責任或義務，這就威權性的社會、政治性的三綱規範而言，確實是理性開明了些。顯然，他這一持論係受德國哲學家康德的影響，身爲清教徒的康德認爲道德義務是無條件的，而是絕對的，所謂先驗道德意志的自我下達的「無上命令」。康德認爲首要道德原則在於人基於實踐理性自覺性的要求，應然如此踐履，使其行爲的格準具有普遍法則性。康德旨在以普遍性爲道德行爲的驗證標準，卻未能確定那些具體的行爲規範才是合乎普遍性的。同時，康德還提出第二項倫理準則：「你應如此做，使你的人格和別人的人格皆不會成爲只是工具，而是目的。」這是項人格原則，視無上命令爲理所當然的義務。康德在個人道德領域中強調道德義務，在國家領域上則提出依法治國的「法治國」（Rechtsstaat）。因此，義務論涵括道德義務和法律義務兩層面，頗能契合現代化的社會性質和社會規範的需求。在中國現代社會發展中，我們確實應該從人小時候就教育生活公約以及對生活規範的觀念，及長期培養公民意識的法治教育。但是孔子首揭人之所以爲人的德性在於人生命中內在的「仁」，「仁」的最基本德行在於自發性的能愛人[22]，因此，賀麟在強調道德理性的義務時，未能兼強調仁愛的愛德。他所以強調道德理性的開明性，一方面有鑒於前述的中國舊社會所執信的一些不合時宜之舊觀念，例如「道德與經濟是衝突的」。

---

[22] 《論語・子路》，樊遲問仁，子曰：「愛人」。

他認為這是偏狹的、不合時宜的道德教條，他主張「理財與行仁政，並不衝突，經濟的充裕為博施濟眾之不可少的條件。」[23]另方面他認識到中國的社會已逐漸由農業社會轉變工商社會，家庭倫理要有適度的調整，同時，中國人也應培養公民社會尊重個性及公共的共善觀念。他對前者而言，論斷：「五四新文化運動打倒的是儒家思想中僵化的軀殼、形式末節，它並沒有打倒孔孟的真精神、真意思、真學術，反而因其洗涮和掃除的功夫，使得孔孟思想的真面目更加顯露出來。」[24]對於後者，他提出了儒家道德新開展的大方向，所謂「道德變動的方向，大約由孤立狹隘而趨於廣博深厚；猶枯燥迂拘，違反人性而趨於發展人性，活潑有生趣；猶因襲傳統，束縛個性而趨於自由解放，發展個性；由潔身自好的消極的獨善而趨於積極的社會化的共善。」[25]他當時具務實性、前瞻性的見解已洞悉中國社會已不得不然的邁向現代化的、民主化的開放社會，儒家倫理應自覺性的轉向合乎時宜的開明道德，頗具慧思卓見。

第五節　從藝術陶養中求具體美化的道德

　　眾所周知，人的靈魂有知、情、意三種重要的機能，賀麟有鑒於此，認為「知」可認識宇宙人生的真理，「情」的陶養可美化道德表現，培養人優雅的風度，「意」可貞定人的道德意志，產生堅毅的道德信念，將道德的真理真情貫徹到言行中。他闡明其中的所以然之理，謂：「道本渾然一體，難於形容，如言其

---

[23] 《文化與人生》，頁10。
[24] 同上，頁5。
[25] 《哲學與哲學史論文集》，頁335。

要，可以眞理眞情表之。哲學家見道而表之，則爲眞理；文學家見道而發抒之，則爲眞情。眞理眞情既同出一源，故並無衝突。」[26]統攝人生價值理想眞、善、美的「道」是形而上的究極性存有，人的理智有知之作用，情感有發情和感受情的作用，意志信念有意向性作用，皆指向對實存性的形上之「道」或「理」的體認，交互作用才能周備完美。他認爲理性的概念之知只有經過對象化、具體化，才能獲致覺醒人的理解作用，意志能對眞情眞理矢志不渝，才是眞意。眞理、眞情、眞意三者必備是開展儒家新道德觀的新觀念。儒家道德恆重視人情事理的兼融並攝，就情理的交融義而言，若缺乏理性智德的指導，則情感易流於盲動而有愚忠愚孝之行爲。在爲人處事上，理性雖有智德，若缺乏飽滿情感的支撐，則理性之知過度流於抽象化、孤立化，不通人情而顯乾枯，不能激發人內在的生命動力，因此，在爲人處事時，眞情與眞理應該相資爲用。他以愛情爲例詮釋說：「愛情中即包含了知識，因愛情的力量猶可使知識發達，知識中亦包含更深的愛情，因智識亦可引起愛情。眞情就是眞理，眞理就是眞情。無情就是無理，無理亦必無情。」[27]在這一見解的基礎上，他認爲儒家過去以森嚴的禮教苛責人，以冷酷的判斷教訓人[28]，這種冷酷無情的禮教令人感到無趣且令人生畏，生厭的壓制人就範之道德教條。賀麟認爲儒家道德的新開展應經過詩教的陶冶、藝術的美化、順應人的靈性、啓迪人的良知，感化人心於無形上才能有潛移默化，引生人內在自發的道德實踐動力。

他針對舊道德「嚴於男女之大防」的戒律爲例說：

舊道德家往往視女子爲畏途。他一生的道德修養，好像可以敗壞於女子的一笑。女子對於男子的道德生活，不惟不能有所促進裨益，反成爲一種累贅或障礙。兩性的接觸、男女的戀愛所可產生的種種德性，種種美

---

[26] 《哲學與哲學史論文集》，頁121。

[27] 《文化與人生》，頁318。

[28] 賀麟經歷過五四新文化運動的，深識彼此反孔批儒的主要矛頭在針對舊社會僵化的道德禮法之名教壓抑人的個性、情感和言論的自由而有「禮教吃人」之說。

化的生活，均與道德生活不生關係。生人的本性真情，橫遭板起面孔的
道德家壓抑和摧殘。像這樣迂拘枯燥的道德，哪會有活潑的生趣？**29**

　　他主張儒家新道德的**趨勢**，首先須確證女子不是敗壞道德者，而是道德勇
氣的鼓舞者、檢驗品格的試金石。新時代的男士要尊重女性，提升其心目中的地
位，女性也應有所自覺其人格尊嚴、社會地位及其能促進道德生活的責任所在。
賀麟這一見解頗能契合人權及社會地位的平等不應有歧視女性的時代民主思潮。
可是儒家道德的展開應如何透過詩教的陶冶、藝術的美化這一值得深入探討的問
題，他沒有充分的展開。儘管如此，他在所著〈道德價值與美學價值〉一文中提
出一論點是值得我們關注的，他說：「當道德也變為一種源於自發性與內在和諧
性的、自覺的或本能的行為的時候，那時道德必定會變成藝術。」**30**推衍其意道
德的自主自發性、內在和諧性與自覺性與藝術的創造與審美欣趣有同一性可相互
引發和相輔相成。

　　賀麟認為詩教可陶養美化道德，這是很有見地的主張，我們可先回顧中國
古代典籍中對詩教的人文價值之論斷。《禮記‧經解》載：「孔子曰：『入其
國，其教可之也。其為人也，溫柔敦厚，《詩》教也……』……。其為人也，溫
柔敦厚，而不愚，則深於《詩》者也。」我們從詩經所涉及的內容觀之，十五
國風可了解各地的風土人情、政教得失。民間的歌謠從「頌」中認為是貴族廟堂
種種莊嚴肅穆的典制，在人際互動關係中，詩經以形象而質樸的語言，表達西周
至春秋時代人際間濃郁的倫理情誼之感通，體現出君臣間的情與義，家庭中的父
慈子孝、夫義婦順、兄友弟恭、夫婦和睦的倫理以及男女純真的情感，詩經內涵
多樣且豐富，結合思想、感情、人倫道德和想像，詩教對人心能發生移情感染作
用，在移風易俗上可產生淨化人心、善良社會風氣之正面影響。孔子說：「詩

---

29 《哲學與哲學史論文集》，頁356。
30 見張學智編，《賀麟選集》，頁12，長春：吉林人民出版社，2005年5月1版，2006年1月2刷。

三百，一言以蔽之，思無邪。」[31]這是詩教的價值理想。詩教可抒發人的感情，培善純眞善良的道德情操，其人文價值可見諸孔子所言：「詩，可以興，可以觀，可以群，可以怨。邇之事父，遠之事君，多識於鳥獸草木之名。」[32]最後，我們可引一般詩佐證孔子所言以及賀麟對男女之間的情愛對道德有陶養美化的作用。

> 關關雎鳩，在河之洲；窈窕淑女，君子好逑。
> 參差荇菜，左右流之；窈窕淑女，寤寐求之。
> 求之不得，寤寐思服，悠哉悠哉，輾轉反側。
> 參差荇菜，左右采之；窈窕淑女，琴瑟友之。
> 參差荇菜，左右芼之；窈窕淑女，鍾鼓樂之。

---

[31] 「思無邪」一語見於《詩經‧魯頌‧駉》。
[32] 《論語‧陽貨》。

第三篇
港臺新儒家

第一章　謝幼偉（1904-1976）

第一節　前言

　　謝幼偉先生早年以研究西方哲學爲主，卻特別關注中國儒家的孝道問題，有長達30年左右。他認爲「孝道」是中國文化與社會特殊思想，爲其他文化和社會所缺少或較不受重視。他在1990年代首先發表過一篇〈孝與中國文化〉的文章[1]，文中論述中國文化乃是以孝爲主，以孝爲根本的文化。該文發表後，頗得一些人士的同情相感，特別是熊十力先生在其所著《讀經示要》一書中，一再提及謝幼偉對「孝」的提倡和研究。雖然謝幼偉已去世近30年，但是孝道與家庭的精神生活價值問題仍是我們當代社會所值得關注的問題，我們先從先哲對這一問題的卓見扼要評述，本書擬簡介謝幼偉的學思、他所發表過的〈孝與中國社會〉、〈孝治與民主〉二篇具主題性的鴻文、培養孝道的實踐工夫等面向來呈現他對孝道的論述及值得我們繼續研究的若干相關性問題。

第二節　簡介謝幼偉的學思歷程

　　謝幼偉（1904-1976）字佐禹，畢業於東吳大學，赴美入哈佛大學，師事舉世馳名的英國哲學家懷黑德（A. N. Whitehead，1861-1947），獲碩士學位。返

---

[1] 該文發表於「思想與時代」月刊，第十三期。該月刊乃我國在抗戰期間極具影響力之刊物，編輯部設於當時遷校於貴州遵義的國立浙江大學，付印則在貴陽。

國執教於浙江大學兼哲學系主任，當時張鏡湖先生（中國文化大學創辦人）任文學院院長，謝幼偉在抗日戰爭期間以深邃的哲學新知，常投稿於當時極具影響力的「思想與時代」月刊[2]。謝幼偉思想縝密、落筆敏捷、思路清晰、論證細緻，早年以《現代哲學名著評述》一書見重士林。其他哲學專著，尚有《西洋哲學史》（上古）、《西洋哲學史稿》（中世及近世）、《中西哲學論文集》、《伯烈德來的哲學》、《中國哲學論文集》、《懷黑德哲學》、《倫理學大綱》等，其譯著有《思想之方式》（*Modes of thought*，懷黑德原著）、《忠之哲學》（*Philosophy of loyalty*），美國哲學家魯一士（Josiah Royce，1885-1916）原著，《現代科學與現代人（柯南特原著）》等。其中以《中西哲學論文集》一書最足代表其一生哲學觀點，《懷黑德哲學》是首本由他紹述於中國學界的專書。

他於1949年南赴印尼，出任雅加達八華中學校長，1953年返臺任中央日報總主筆，僑生大學先修班主任兼華僑中學校長，1963年任中國文化大學首位哲學系系主任，此後應聘赴港，執教新亞書院且任研究所教務長。1969年他退休後再度返臺繼任中國文化大學哲學研究所所長，1976年10月病逝於臺北。他在臺期間主授懷黑德哲學、羅素哲學、倫理學等課程，將哲學種子播種於中國文化大學、輔仁大學、臺灣大學。他曾二度赴美國夏威夷出席世界哲學家會議，對中國倫理、孝道之闡揚特別盡力，在教育青年、宣揚文化方面貢獻深遠。他雖浸潤於西方哲學數十年，卻歸宗於儒家的仁道與孝道，他確信中國文化是以孝為主，以孝為根本的文化。他在其《中西哲學論文集》一書的序文中自述其哲學的主張說：「以中國儒家思想為根據，視哲學為成人之學，而成人之道，主要在保存及發展人人天生的一點仁心仁性。此則非提倡孝道不可。作者有意寫《孝之哲學》一書，以表達這一哲學主張。今《孝之哲學》一書雖未成，而《孝之哲學》一書的雛形已具於這些論文中。[3]在他論文集中論孝的主要論文為〈孝與中國哲學〉和

---

[2] 「思想與時代」月刊刊於1941年8月創刊，張曉峯（鏡湖）先生總其事，連續四十期未間斷，後因日軍壓境，貴陽物價飛漲而一度中輟，1947年又再度複刊，該刊物集當時的知識精英，導思想於正軌，期能振興中華文化，復興民族生機，善盡時代使命，謝幼偉在前四十期中，共發表論文32篇之多。

[3] 謝幼偉，《中西哲學論文集》，香港九龍：新亞研究所印行，1969年。

〈孝治與民主〉相關涉之論文有〈論人的價值〉、〈論道德自覺〉、〈論價值意識的培養〉、〈論感通與解蔽〉、〈論儒家變化氣質的方法〉等。

第三節　對英哲羅素誤解儒家孝道之批評

　　羅素原是畢業於英國劍橋大學三一學院數學系的數學家，後來轉為數理邏輯家，之後又轉為著作等身的哲學家。他在1921年滿50歲時訪學中國1年，返國後出版《中國問題》（*The problem of China*）一書，對中國人的生活智慧，特別是《老子》哲學中「生而不有，為而不恃，長而不宰」的玄德頗為讚賞，斷言：「許多世紀以來，中國人的生活方式，如能為全世界的人所採取，將可使他們蒙受幸福。」（原著12頁）他也正反俱立地點評了孔子，他認為中國的知識份子以孔子的倫理生活代替宗教的精神生活，因此，若從孔子的社會影響而言，實在可以和宗教的教宗般來看待。他認為孔子對人類制度及思想的影響力，其範圍之廣，乃與基督、釋迦或穆罕默德無異，性質卻迥然不同。孔子是歷史人物（不是神），垂訓了嚴格的倫理規則，永為後人崇拜，卻極少與宗教教條相關聯。儘管他如此高度評價孔子，但是他對儒家所倡導的孝道，卻有不正確之批評。他認為儒家所主張的孝道和一般的家庭力量，可能是孔子倫理中最弱之處，也是孔子倫理嚴重和常識脫節的僅有之點。對羅素而言，家庭情感是和公共精神是衝突的，老人的權威曾強化了古代風俗的專橫。顯然，羅素對儒家的孝道之理解仍是片面的、表層性的。

　　羅素在1950年，也就是他79歲時，榮獲諾貝爾文學獎，他獲獎的評語是：「一位人道主義與自由思想的勇猛鬥士。」他享壽98歲，於1970年2月2日逝世。

謝幼偉曾撰〈羅素的思想與爲人〉一文追悼他，刊登於是年3月16日在臺北出版的「文藝復興」月刊（第1卷第3期）。文中追述了他和羅素的一面之緣，他親自聽過羅素在哈佛大學的公開性演講，且持一本書請羅素簽名，謝先生在這篇追悼文中說：「遠在1923年，我在蘇州東吳大學讀書的時候，我即對哲學有興趣，而首先讀的一本英文哲學原著，就是羅素著的《哲學問題》（*The problem of philosophy*）這一本書。……這本書的優點，一在文字流利，二在思想清晰，三在分析精細，差不多羅素著的書，都有這些優點。所以儘管作者不贊成羅素的思想，但對羅素所著的書，卻很喜歡讀，特別是這一本《哲學問題》。」謝先生批判羅素的思想「始終在變化、在衝突、在搖擺不定」，直至1959年他的《我的哲學發展》一書出版後，才算是晚年定論。他批判羅素在知識構成上只承認感性（sensibility）而不承認悟性（understanding）和理性（reason），同時，羅素的方法論過於著重分析法而不提綜合法，這些是偏見。

　　謝幼偉更是批判羅素的倫理觀，未能深層了解人性，昧於人之所以爲人的道理，他在文中指出：「羅素是從物以論人的，他視人爲一束的欲求、情感或情緒，而與禽獸沒有多大的區別。」這種昧於人禽之辨的說法是羅素最大的錯誤。因此，羅素對儒家孝道的批評也立基於這一錯誤的觀點所衍生。雖然，羅素曾論及良善生活乃是爲愛所感動以及爲知識所指導的生活，可是對「愛」應如何培養與發展的實踐工夫，未置一言。謝幼偉認爲西方倫理學者的通病就在於不講究存養省察的工夫，他認爲羅素哲學立基於個人的偏見，他自己就始終局限於偏見，且言行不相顧而不一致。因爲羅素在《中國問題》一書中，一方面批儒家的孝道，另方面卻又讚美中國人的道德生活，肯認中國文明的顯著優點乃在人生目的之正當概念，就如同羅素排斥人倫道德，但是羅素在個人生活及文化觀點上仍是重視道德的。謝先生評羅素說：「但他一生究無大過，而其晚年，九十高齡，猶爲反戰而遊行而入獄的精神，更是可佩的道德精神」，儘管羅素的言行具有前後不一致的缺點。我們透過謝幼偉駁斥羅素對儒家孝道的誤解，可探索出謝先生論孝道的兩條進路，一是歷史文化和社會的進路，爲羅素所謂孝道會導致家庭情感與公共精神的衝突做澄清，二是以儒家的人禽之辨及自覺性的道德實踐工夫來釐

清羅素的昧於人禽之辨所導致對中國孝道的誤判，謝幼偉的主要論證集中在其所著〈孝與中國社會〉、〈孝治與民主〉以及幾篇論人的價值、論儒家變化氣質的方法……等文章上。

第四節　論〈孝與中國社會〉

謝幼偉在這篇論文中主要以「孝」的倫理來解釋中國社會的特質，且進一步解釋孝道與中國人的實際生活關係及其所衍生的影響。首先他肯認中國哲學，包括哲學和倫理是注重成聖成賢的身體力行之實踐性，就其本質和目的而言，志在成就人之所以為人的倫理性或道德性的生命價值。他舉證〈大學〉首章：「大學之道，在明明德，在親民，在止於至善」為經典依據，指認這幾句話實在就是中國哲人傳統的中心思想。[4]若就中國哲學的基源問題在探討宇宙與人生的終極性意義和人生終極性價值的安頓而言，確是如此。然而就他所舉〈大學〉文本及孝道的價值意識而言，當指儒家的精神傳統較為適切。事實上，謝幼偉對中國哲學的主要關注在儒家未推展至其他學派的哲學。

他以〈大學〉標舉的三綱來界說中國哲學（更精確言之乃是儒家哲學）的目的在由修己，安人而成就完美的人格。他很讚同明儒許敬庵所言：「學不貴談說，而貴躬行，不尚知解，而尚體驗。」[5]表示這幾句話最足表現中國傳統倫理學反躬實踐的精神，他說：「中國哲人不重思想系統的創造，不重文字語言的解

---

[4]　請參見謝幼偉，《中西哲學論文集》，首篇論文〈孝與中國社會〉，頁1，這篇論文是謝先生於1959年在夏威夷舉行東西哲人會議上，用英文發表的萬餘字論文，曾引發東西學者們的熱烈討論。

[5]　重編《明儒學案》，卷32，臺北：正中書局，頁354。

說，而重身心之躬行與體驗。沒有躬行與體驗的實踐生活，則所有言說都是靠不住的，都是空言廢話，無益身心。」[6] 儒家以人之先驗道德本性「仁」為人禽之辨的形上根據，是人之所以為人的實存性之本真，由人性內在之「仁」德首先萌發出來的道德行為是子女對父母親所自發性呈現的孝愛，他說：

> 中國儒者言仁必言孝，這絕不是偶然的，這殆有重大的理由。這理由有二：一是仁必須有仁的根據，二是仁必須謀仁的實踐。仁的根據何在呢？我們何處見人類之有仁呢？孟子曰：「惻隱之心，人皆有之」，又曰：「惻隱之心，仁之端也」。人皆有惻隱之心，就是人皆有仁的證據。但人類的惻隱之心，又從何而來呢？或從何處首先見人類之有惻隱之心呢？孟子的回答是，惻隱之心，隨人類的天性而來，是人類的良知良能，而其最初的發現，即發現在人類的愛親敬長上。所以他說：「人之所不學而能者，其良能也，所不慮而知者，其良知也。孩提之童，無不知愛其親也，及其長也，無不知敬其兄也。」……這人類天生的一點敬愛其父母，即人有孝心。這種孝心的存在，便是仁的根源，便是仁的萌芽或開端。[7]

對謝幼偉而言，人類愛敬父母的心，由純真無邪的兒童不自覺的呈顯出來，足證明孝愛是天生的，非後天外鑠性的學習而成的，這是就人性道德心靈在實存的生活世界中，當下就是的開顯，這是開顯本體的真、存有的真，得透過道德主體實存性的體驗之知，非知識理性抽象的思辨之知，概念分析性的解說。然而，孝愛的體驗之知是否對每一個人而言皆有必然性及普遍性？我們實在很難就實證性的個別性案例來證成一普遍性命題，筆者認為這是就正常的親子互動關

---

[6] 《中西哲學論文集》，頁4，他在〈孝與中國社會〉一文中也引錢穆〈中國思想通俗講話〉所言「一切思索言辨，本從人生實際來，而人生實際，則並不從思索語言辨來。」（香港民四四版，53頁）來佐證謝先生同樣的觀點。

[7] 同上，頁5。

係而言，可呈現爲普遍性實情，當然不排除有個別性的特例除外，同時在父不父的非人倫之常的狀態中，子不子亦有較高的可能性。雖然，我們也可舉在父不父前題下，仍有人子盡善孝道，我們可以舜爲例證。《孟子‧盡心上》曰：「仁義禮智根於心」、〈中庸〉二十二章云：「仁者，人也，親親爲大。」「孝」之觀念的顯豁處可追溯至《詩經》的大小雅及周頌，計有十六「孝」字。《論語‧學而》載有子之言：「孝弟也者，其爲仁之本歟？」子女對父母親所自發性地開顯出來的，是人性最原始的「愛」之現象，《孟子‧離婁上》針對這一天生流露的「愛」親事實，做一事實陳述說：「仁之實，事親是也。義之實，從兄是也。」儒家針對這一普世性的孝愛事實，證成了道德形上信念，奠立孝愛父母是本於人之道德天性的道德形上命題。謝幼偉雖認爲人類道德的良知良能最初係發露在兒童的愛親敬長上，孝心雖有仁心仁性爲其根荄，但是若不加啓發、培養，則仁心仁性亦有萎縮，甚至消失的可能。因此，他認爲「仁」既然是人道德生命的本根，則對「仁」能存在的存養以及發展成完美的德性人格，亦即對「仁」這一道德心源的體證以及對仁心最初所萌發的孝道應該予以自覺性的培義有其必要性。儒家論證言仁必孝的主要理由，扼要言之，「孝」是仁德或人倫道德實踐的起始點，因此，他以此爲理據來理解《孝經》首章所云：「夫孝，德之本也，教之所由生也。夫孝始於事親，中於事君，終於立身。」以及《孟子‧盡心上》所言：「親親而仁民，仁民而愛物」、〈梁惠王上〉曰：「老吾老以及人之老，幼吾幼以及人之幼。」他對孝道有一創建性的論斷：「一切品德有孝出，一切品德亦包括於孝德的完成中。中國經典上，無仁經而獨有《孝經》，孝在中國倫理上的重要性可見。蓋中國倫理實視孝爲道德的根源，道德的起點，亦是道德的完成。」[8]

　　他在〈孝與中國社會〉中論及孝道及家庭生活、社會生活、政治生活以及以孝代替宗教的孝的宗教生活。由於篇幅有限，無法盡述，茲僅就其所謂中國社會

---

[8] 同上，頁8。

的倫理立基於孝道予以扼要論述。他認爲中國人的倫理社會係以家庭爲基礎而層
層推擴出各種社群生活。首先由家庭推擴出去的是由婚姻關係所連結的親戚生活
圈，再由縱向橫攝關係推擴出宗族生活圈，再次就是由自己及父母祖宗生命生長
地所連屬的同鄉情誼，再推擴出去就是師友了。他指出中國倫理特別注重尊師，
每一家庭供奉神位的排序爲「天、地、君、親、師」，教師的地位僅次於雙親。
他追究其中的原因在於中國人具有不忘本的孝心，他說：

> 蓋我的肉體生命，雖是由父母而得，我的精神生命或文化生命，則多半
> 由師而得。我知自生命來源上孝父母，自然應知從精神或文化的來源上
> 尊敬老師。至朋友的關係，一樣是由精神或文化的關係而產生。……如
> 友道爲師道的擴大，則中國人的師友關係，一樣是導源於孝道。親戚、
> 同宗、同鄉及師友，這些關係構成中國人的主要社會關係。他們的社會
> 生活，亦多半是這些關係中的生活。我們看今日海外華僑的集會結社，
> 差不多不是以同姓同宗爲基礎，就是以同鄉同邑爲基礎，便知孝的精
> 神，仍洋溢於今日華僑的社會。中國人對於親戚師友，同鄉同宗，常表
> 現極濃的情誼，解衣推食，毫無吝嗇。**9**

　　謝幼偉所描述的當屬傳統的農業社會所重視之倫理親情，蓋周代社會順
夏、商、周三代以氏族型態之社群所形塑成的宗法社會。宗法社會係有血有緣的
社會，由親疏遠近的血緣關係構成等差有序的倫理親情之社會，其間所講究的是
由親及疏，由近及遠的仁愛，仁愛源於人倫親情的天倫摯性，孝親之愛是人情眞
意切的道德本性之流露，如同梁漱溟在其《東西文化及其哲學》所分判的中國社
會有別於西方工業化以來以個人爲本位以法律權益爲訴求之社會。中國社會以家
庭倫理爲本位，倫理情誼的感通爲訴求。換言之，中國傳統社會是倫理本位，職

---

9 同上，頁16-17。

業分途，是道德理性早熟的倫理社會。孝道及敬愛親長的家庭倫理是宗法社會的倫理基礎，孝道不是單一的美德，而是有橫縱互聯的親屬關係網絡，透過孝道親子之間、兄弟姊妹之間有相依互賴的歸屬感和共同的根源意識，凝聚成共同的生命意識之價值感，孝愛是家庭精神生活的意義源泉，使整個家庭生活獲得充實、豐富和深刻的人文意義。

　　家庭是組成社會的最大基本社群，社會是統攝所有家庭的大社群。孝愛洋溢著對生命的感恩與珍惜，對家庭生活之溫暖與幸福滿懷著無限的願景。他論述孝與中國社會之密切關係說：「孝肯定人生，肯定生命的價值，同時也肯定了社會，肯定了社會的價值。」[10]孝道不但肯定社會的存在，同時也是團結社會的根本力量，因爲社會既然是家庭的擴大，則可由人人愛家庭的心擴展遷移於對社會的愛，謝先生指出，孟子所謂「老吾老以及人之老，幼吾幼以及人之幼」乃是社會成立的條件，社會愛是團結社會和人類的根基和動力，孝愛是人性中所流露出來最眞摯純潔的愛，這是可資培養社會大愛的根苗。

第五節　孝治與民主

　　他繼發表〈孝與中國社會〉一文之後，過幾年又再香港「人生」雜誌發表〈孝治與民主〉一文，闡明其所提倡的孝道和當代普世所肯定的民主政治並無衝突。他所以要研究這一問題源於二因素，其一是熊十力在《原儒》一書中反對孝與政治的結合，理據是「但以父道配君道，無端加上政治意義，定爲名教。由此

---

[10] 同上，頁21。

有王者以孝治天下，與移孝作忠等教條，使孝道成為大盜盜國之工具，則為害不淺矣。」[11]若我們回顧歷史，魏晉時代豪門士族以道德禮法的名教之治為標榜，將孝置於顯要德目，且以不孝羅織罪名來陷害政治敵對者，確有其事。此外，民初五四時代的陳獨秀在「新青年」月刊上曾發表宣言說：「要擁護那德先生（民治），便不得不反對禮教、貞節、舊儒理、舊倫治；要擁護賽先生，便不得不反對國粹和舊文學。」謝先生的質疑是為何可言孝道而不可言孝治呢？先生也質疑是否談民主和科學的人都是無禮、無義、無廉、無恥的人呢？針對第一個孝治天下的問題，他釐清「孝道」應該具備（一）親親；（二）敬長；（三）返本；（四）感恩四項涵義，「親親」旨在培養愛根以保存和發展人性中所蘊含的天倫摯愛，他引用明代儒者羅近溪所言：「如言孝，必老吾老以及人之老，天下皆孝，而其孝始成，有一人不孝，即不得謂之孝也。」為孝治之極義，其說立意頗佳，但是實踐的過程和孝治的機制為何？筆者認為有仁智互見的不同意見，就終極目的而言，始難達成人人皆孝的高度理想，只能說「苟志於仁，無惡也。」[12]原則與方向有意義，至於能做到何種程度也只能以義立命，而無法強求了。雖然如此，孝治仍有立乎其上，取於其中的意義，「敬長」有知識上的意義以及精神上或道德上的意義。前者意指尊敬長者的學識經驗，後者所謂精神上的意義，意指長者縱使在學識經驗上比我豐富，但是我若認同他的價值理想則我應採取精神性的尊敬態度。謝幼偉自承這一論點乃資取於唐君毅的觀點[13]。他所謂的「返本」指返乎生命之本，意指人子對父母的愛敬之情源發於人子愛一己的生命，進而愛國家民族，甚至愛上帝、愛全人類等人文教育即可得而施行。若不實施這種反本報恩的教孝教育，則愛社會、愛民族、愛國家、愛上帝、愛全人類的教育很難成功。「感恩」指感念父母生、養、教的恩情之重，教孝旨在知恩、感恩及報恩，由感念父之母恩進而感念社會與國家之恩，甚至感念上帝之恩。謝先生指出

---

[11] 熊十力，《原儒》，頁28。

[12] 《論語‧里仁》。

[13] 見唐君毅，《文化意識與道德理性》，上冊，第二章。

民主政治若只知究明義務和權利而不談感恩的意義和價值，則民主化的社會將淪為刻薄寡恩的無情社會。他所謂的「以孝治天下」旨在以德治國，尤其重視以孝德普及化的政教治理方針。[14]

他的孝治天下並不局限在政府的一項教育理念和政策而已，他認為民主政治雖然有其優點，卻也有不少流弊存在。他舉出四種由孝治可整治的流弊：（一）民主國家中存在著層出不窮的人與人和國與國之間的爭端，若能彰顯親親之義，推展人類本有的仁心仁性，則可減少一些鬥爭；（二）青少年犯罪率高的社會若政府提倡敬長之義的教育，使青少年們能受教於長者老者，則至低限度人們能知敬長，則青少年犯罪率或可下降；（三）今日民主國家崇尚自由開放的政策，人們常濫用自由而殺人風氣盛行、自殺率也逐漸上升，若提倡孝道以自覺性的珍愛生命及發揚返本報恩的孝道，將可稍戢輕視生命價值的不良風氣；（四）民主國家偏重權利主體，人與人的關係首重利害關係，輕忽人與人之間的道義情義，如此，則人淪為利益主體，社會淪為無人情味的個人主義社會。謝先生認為孝治是倡導人與人之間的感恩教育，教導人們能知感父母之恩、他人之恩、社會之恩、國家之恩，若社會充滿人與人之間的感恩之情，則不但可降低人與人間的敵意，也可增進人與人之間的人情味。[15]謝幼偉這些真知高見對今日個人主義掛帥的民主化社會而言，針對人際間的冷漠疏離和異化來說，確有其深刻的啟發性意義，問題在於我們應該如何去做（Knowing how）？這一實踐性的公共議題。

---

[14] 《中西哲學論文集》，頁30-34。
[15] 同前，頁36-37。

第六節　論孝道的實踐

　　謝先生在論孝道的實踐這一問題上也發表過一些相關涉性的論文，諸如：
〈論人的價值〉、〈論道德的自覺〉、〈論價值意識的培養〉、〈論感通與解
蔽〉、〈論儒家變化氣質的方法〉……等，筆者認爲所列舉之最後二篇論文頗爲
切要，他在〈論感通與解蔽〉一文中指出「蔽」是人類的通病，不論人在思想上
或行爲上的錯誤，乃至歷史上人類的一切禍患，主要原因就在於「蔽」之病。人
類由於蔽於名、色、權、利而身陷罪惡而不自覺。解蔽端在於人德性自覺與理性
自覺，獲得感而遂通之「通」字上，人心若無不通即無障礙障蔽，自然能融會貫
通人情事理而無所不暢通，他認爲人的解蔽之道在求「通」，其要訣在儒家所倡
言的智、仁、勇三達德。儒家所言的「感而遂通」（〈易傳〉），主要以仁爲主
體，人若能自覺性的培養仁的道德意識，且達到精純的狀態，則不會麻木不仁。
然而仁心仁性，卻常因識理不明，而不能無所蔽。他指出好人有時也會爲惡（做
錯事）就是因爲「智」德不足。因此，任何美德，包括孝道，必須仁智雙攝互
補，同時還須有「勇」德。蓋一切品德的實現，除兼備仁智之外，仍非有勇德不
可，「見義不爲無勇也」就在於缺乏道德的勇氣，乃致道德意志力不能貫徹到眞
切之實踐。他總結出儒家的全部學問，以及存養省察的工夫就在於以仁爲體，以
智爲用，以勇行之，如此居仁由義才能「感而遂通」而無所蔽。[16]

　　此外，他在所發表的〈談儒家變化氣質的方法〉一文[17]強調他極力提倡孝
道，志在自覺、保存、培養和發展人類天賦的一點仁心仁性。他認爲仁心仁性之
不能彰顯常蔽於人的氣質之性或非理性的獸性。因此，儒家在超化獸性方面提出

---

[16] 請參閱謝幼偉，〈論感通與解蔽〉一文，出處見前揭書，頁79-82。
[17] 見前揭書，頁83-89。

變化氣質的方法，旨在減少人類的惡行，增進人類的善行，尤其是孝道。他歸納出儒家在變化氣質上有（一）自省；（二）愼獨；（三）研幾；（四）主敬等四種核心方法。「自省」旨在每天都要自動自發的「自我批評」，檢驗自己所做過的行為是否有過失。「愼獨」本於〈大學〉所言：「所謂誠其意者，毋自欺也，如惡惡臭，如好好色，此之謂自謙。故君子必愼其獨。」他認爲這是儒家預防惡行的德性修養法。他更進一步採四要點來說明，所謂：「（一）這是關乎己所獨知的，非若行為之已公開的；（二）這是關乎行為前的內心活動，一切可以引起行為的動機；（三）這也是每日必須實行的工作，而不能間斷的；（四）這是以『毋自欺』爲主要的工夫的。」[18]至於「研幾」工夫他也從四點來說明，大致上是對「愼獨」工夫的延伸性的解釋，重點它是人之意念初起時的自覺性省察工夫，也是淨化動機的工夫。「自省」、「愼獨」、「研幾」是一層深於一層的方法。「主敬」是對道德主體的仁心仁性能自覺自重的培養一種莊嚴肅穆的精神狀態，謝幼偉也以四點來解說：「（一）在用敬以引起我們對內心之善的注意；（二）在用敬以加強我們內心之善的力量；（三）在用敬以加強我們對惡念的厭惡；（四）謀在敬的狀態中把惡念加以超化。」[19]謝先生所提的孝道實踐方法，其要旨在於他所推崇的明儒許敬菴強調的「貴躬行」、「尙體驗」而不再深奧隱晦的理論之構作。

---

[18] 同上，頁85。
[19] 同上，頁86。

第七節　餘論

　　謝幼偉最後一篇論孝道的文章刊於臺灣・中國文化大學中華學術院印行的「哲學論集」中，題目是〈孝之性質及其需要〉，文中較引人注意的論點有二：其一為「講孝乃關人類的命運與前途的事件」、其二為「若講兼愛或博愛則應必先講孝，則其愛為有根之愛；不講孝而光講兼愛或博愛，則其愛為無根之愛。無根之愛，會有什麼好結果呢？」謝幼偉長於英美哲學的概念分析，命題論證及理論的系統化，文字清晰易懂，哲理深微富啓發性靈生命的作用，相信一般人讀其著作能有「深人不覺其淺，淺人不覺其深」的普遍受益處。

第二章　唐君毅（1909-1978）

第一節　唐君毅的道德自我、義命合一以及心通九境說

　　唐君毅（1909-1978），祖籍廣東梅州市五華縣，出生於四川宜賓縣柏溪鎮（普安鎮）周壩村金沙江旁，17歲考入北京中俄大學，第二年轉入北京大學，讀過一年再轉往南京中央大學前身東南大學，主修哲學，師從熊十力、梁漱溟、方東美、湯用彤、金岳霖、宗白華等名家，中西哲學兼顧，較喜好西方哲學的條理分明，辨論清晰。23歲時，他因遭喪父之痛，而生發前所未有的思慕懷念之深情，從此對儒家仁孝的倫理親情有新的體驗。他22歲時正式專任中央大學哲學系教職，36歲晉升教授且兼系主任。1949年他赴香港，與錢穆、張丕介等人共同創辦新亞書院，任教授兼教務長，主持新亞學術文化講座。1974年從中文大學哲學系主任職位退休，第二年任臺灣大學哲學系客座教授一年。1978年2月2日因肺癌病逝於香港，依遺願移柩臺灣，葬於臺北觀音山之南。他一生著述甚豐，主要著作有《道德自我之建立》、《人生之體驗》、《中國文化之精神價值》、《心物與人生》、《中國人文精神之發展》、《哲學概論》、《中國哲學原論》計分《導論篇》、《原性篇》、《原道篇》、《原教篇》四分冊。《生命存在與心靈境界》等。臺北市：臺灣學生書局於1991年出版《唐君毅全集》，其核心思想可以心之本體的道德自我、義命合一說、心通九境論及天人合一的圓融境界等。

一、心之本體的道德自我

　　他在1944年出版的《道德自我之建立》一書中確立心之本體的道德自我

論。他在書中經歷過對現實世界種種虛幻、無常、悲殘等不完美的負面人生感受後，激發出有一超越現實世界之恆常真實的根原之信仰。他說：「我之發此希望，即本於此恆常真實的根源，滲貫於我之希望中。……我於是了解了，此恆常真實的根原，即我自認為與之同一者，當即我內部之自己。……即是我心之本體，即是我們不滿現實世界之生滅、虛幻、殘忍不仁、不完滿，而要求其恆常、真實、善與完滿的根原。」[1]他對人生命所托付的世界在現實的感受上不立基於知識論的進路，僅做自然經驗性的描述和概念化的知解。他的立場是基於安身立命的價值心靈、探索生命所嚮往，所能安頓的價值世界之根原。因此就追求具人生價值永恆相的價值心靈而言，對充滿變化流離，兇險、黑暗、悲慘的負面價值世界而言，實非他的心靈所能接受的狀態。他自覺出他的精神世界所以不能苟安於這一不完美的世界，而轉向於與之相反的，超越於現實世界而企求一理想的完全世界，係出於人性中潛存的深層自我，這就是充滿對善良、溫馨和諧共融境界慕好的道德心靈。唐君毅尅就此人心中深層的道德心靈內在實有於己的體驗，肯認人有一內在的道德自我。在道德自我的人生價值取向上，不容自已地追求人間光明、善良價值理想的全幅實現。同時，他在生活世界中，實存性的體驗出人之形體生命有種種客觀界的限制。道德心靈在相較之下，則體現出有無限的可開拓和自我提升的精神境界。更有甚者，人之道德心靈的自我之根性及其所嚮往的人生超越性的永恆價值——至善，是不受現實變化無常的景象所制約，而有恆常不變的吸引性，具有終極性的恆存常在，照亮了人總其一生的最高目標。他自覺到人的形體受條件制約反應所限，是被動的，人的道德心靈則具有自主自決自發的主動性。對道德心靈而言，身體的存在價值是藉以體現人之道德自我的對外通道和憑藉。因此，人珍養身體健康的崇高目標在藉以實現道德自我的無限可能之良善世界。

　　換言之，人的道德自我不但有崇高的道德理性和道德理想，更具有嚮往和

---

[1] 《道德自我之建立》，臺北：臺灣學生書局，1985年版，頁102-103。

實踐此一理想的道德意志，亦即實踐道德的先驗自由。道德自我雖不源發於實然的身體，卻不受人形質性的生理欲望及經驗層之心理情緒的限制，亦不受外在自然環境所限制。我們若以孔子所言，志士仁人有殺身以成仁，無求生以害人的提法，可理解其深層蘊意。更有甚者，儒家不但謂形色天性所使然且進言踐形成德。因此，唐君毅認為道德自我為形而上的自我，以先驗的自由而得以自律、自制可超越形軀生命的制約，如不食嗟來食。同時，更有透過身體與現實社會、事務相交織的平臺，身體力行的修德行善，充分表現道德自我所欲在現實生命中所實現的精神價值，將不完美的現實狀態轉化為立體向上的完善狀態。就人的精神生命活動而言，唐君毅認為這才是人性中深層的本眞性。由人禽之辨析所顯揚出來的存有與價值合一之人性的超越性，亦即精神我不僅能表現出道德自我所企求的善價值，也體現出眞和美的價值。因此，對唐君毅而言，人性的尊嚴和超越價值彰顯出人性不但是善的，也是眞的、美的，至眞、至善、至美，是人們精神生命所企求的不變之永恆價值。然而，他也不迴避經驗界實然的惡之事實，他認為惡生於人一念之陷溺，人若能當下自覺所陷溺的惡念而悔改向善，克除惡念復返善念，是唐君毅肯認儒家傳統所言的誠意、正心，以修身為待人處世的立本處。他認為儒家自覺的立仁人、君子之志和成聖成賢之教化，有不受時代地域所限的永恆意義。他在所著《文化意識與道德理性》一書中說明「道德自我，可透過家族、經濟、政治、哲學與科學、文學與藝術、宗教及體育（以及軍隊、法律、一般教育）等八個面向而得以分殊化的多樣性表現。」唐君毅以道德的理想主義來建構其哲學體系，且藉此一體系來詮釋中國的傳統哲學與文化。

二、義命合一說

孔子所舉君子三畏中有對天命之敬命，且指出人若不知命，則無以為君子。《孟子‧萬章上》亦載曰：「孔子進以禮，退以義，得之不得曰：『有

命』。」孔子以出仕爲實踐政治理想之途徑，但事與願違，雖進之以禮，卻得之不得時，天命難違亦難測，不怨天不尤人而仍能知命安命的退之以「義」。唐君毅深切感悟孔子對道之行與不行，皆能以平常心承擔順受，乃提出孔子「義命合一」的論旨。他說：「孔子之天命思想，實用根於義命合一之旨，吾人先當求於此有所透入也。」[2]

唐君毅認爲孔子的義命合一之旨，乃針對義之所在即命之所在來論述。他詮釋其蘊義爲：「人之義固在行道。然當無義以行道時，則承受此道之廢，而知之畏之，仍是義也。若不能承受此道之廢，而欲枉尺直尋，以求行道，或怨人尤人，乃非義也。」[3]孟子讚孔子爲聖之時者，可以仕則仕，可以退則退，而不仕無義。孔孟不局限在生命際遇的限制上僅言命限，而是更饒富意義的針對此一客觀的限制上究明義所當爲。

唐氏認爲志士仁人堅毅質樸地決意行道，縱使身陷艱難困厄之境，卻不枉尺直尋、怨天尤人。他們所遇到的外在艱難困厄，更能砥礪其志節，激勵居仁行義的人生向上奮發之精神。在他們對生命際遇的深層體驗中，大其心的自覺到其內在心靈所源發的此志此仁，並不僅係個人一己之志、一己之仁，而尋思其高遠的形上來歷，溯源於高深莫測的「天」。「天」被追認爲人道德心志的終極性本根。因此，唐氏眞摯地指出：「人於此更自覺其精神之依『義』而奮發之不可已，或天理之流行昭露不可已，其源若無盡而無窮，則敬畏之感生。」[4]這是上循孟子盡心知性則知天的調適上遂之路數。

唐氏除了本「人道」體證「天道」的路數外，還相對地提出本「天道」立「人道」的詮釋途徑。他說：「由孔子之天命爲人在其生命成學歷程中所遭遇，而對人有一命令呼召義，人亦必當有其知之、畏之、俟之，以爲回應者，故吾人於此孔子所謂天命……當直接連於吾人之對此天命之遭遇，感其對吾人有一

---

[2] 《中國哲學原論・導論篇》，臺北：臺灣學生書局，1966年版，頁520。

[3] 同上，頁535-536。

[4] 《中國哲學原論・導論篇》，頁537。

動態的命令呼召義，更對此命令有回應，而直接知其回應之爲義所當然之回應說。」[5]本天道立人道是立基於人下學上達，盡心盡性以知天知命後，亦即人對天之存在在生命的實感歷程上，獲致眞切的原始天眞之天人密契的體驗。值得注意的是，本天道立人道常在人遇到不測之橫逆和憂患、恐懼不安之心靈困境上，基於盡心盡性以知天命的實在性這一基礎，由切己之內心深處來回應天命的召呼。「命」字古義具命令、召喚等意義，在人的極限境遇，亦即客觀的外在限制時，人之深層心靈隱然默悟天有一命令召喚，且等待人有所自覺而能自主自發地以當然之義回應這一召喚，使人感受到天命無所不在，且無時不新而能日新其德。他說：「我之有命，乃我與我之此自命相遭遇，亦我與天之所以命我相遭遇。我之實踐此義所當然之自命，爲我對此自我之回應，同時即亦爲我對天命之回應也。」[6]出於我先驗自由的實踐理性或道德意志，實係自命亦天命，兩者不二，這是他義命合一說的論述。

三、心通九境說

唐君毅在提出道德自我後的哲學思想發展至撰寫《中國哲學原論——原性篇》時，意識到「道德自我」只是中國傳統哲學整個人性論之一向度。因此，他擴大視域轉向於以整個人的生命存在表現，提出之兼容並畜的論述架構，採心通九境說來對中國哲學人性論進行較周備的詮釋。他採取對人不同的心靈活動分別出橫觀、順觀與縱觀的不同觀法，得見所觀之人心靈的體、相、用相應於客、主與超主客三界。他據此而發展出心靈活動的九境說。九境分別指陳爲：1.萬物散殊境；2.依類成化境；3.功能序運境（前三境爲客觀境界）；4.感覺互攝境；5.觀照凌虛境；6.道德實踐境（中三境者爲主觀境界）；7.歸向一神境；8.我法二空

---

[5] 《中國哲學原論・原道篇（一）》，臺北：臺灣學生書局，1986年，頁118。
[6] 同註5，頁120-121。

境；9.天德流行境（後三境爲超主客觀境）。九境係由心靈依不同的觀照層面而顯發，皆統攝於心靈境界。茲分別將九境涵義予以一一簡釋。萬物散殊境是生命心靈最初由內而外，相應於客觀事物的體，形成分殊化之個體的知識論、形上學與人生觀。依類成化境係生命心靈由個體對事物的認知和分類，亦是心靈對應客觀事物呈現之相所形成的境，獲致物類之知識論、形上學。功能序運境是心靈對應客觀事物的用，由其內在的因果關係所認知客觀世界之運行，係依因果律而顯發其功能和規律，涉及自然科學、社會科學功利取向的人生觀。這是前三境，亦即客觀境。

中三境爲主觀境，其感覺互攝境爲心靈由覺他返觀於自我理解。心靈在此境中省察主觀的感覺活動，構作出涉及身心關係、感覺、記憶、想像與時空條件及關係的知識論，而有身心二元論、唯心論的形上學，以及側重人與其感覺境相調合以求生存的人生哲學。觀照凌虛境與心靈自我理解主觀的相之呈現所成境，建構出主純相或純意義的現象學之知識論，其重點在建立純相之存在的形上學，以及審美性的人生觀。道德實踐境係心靈自省其主觀之用的活動所形成。此境不但要掌握到意義世界，形成道德理想，且更應由道德生活的實踐中建立道德人格，融己於德行界。此境形成道德與良心的倫理認識論、形上學、人生觀。

後三境爲超主客觀境，其中之歸向一神境係心靈超越主客對立而臻於有關本體之嚮往所形成之境。此境係心靈經過上述主客觀三境後，乃由主觀攝客觀之歷程進入超主客觀境界，爲超主客之絕對主體境，歸向一神境所皈依的神指形上的最高實體，具備現實世界所可能有的一切美德，人在心靈中領受而信仰不疑。「我法二空境」爲心靈超越主客相所嚮往之境，心以空智破除「我執」、「法執」及與之相關的種種執障，不但因此而日增於廣大之心境，且能對世俗大眾因執障而衍生的種種煩惱痛苦產生悲憫，而能以大慈大悲心，以空智、照明有情生命之無執本性，消解各種所承受之煩惱痛苦，實現普渡有情生命脫離苦海的心願。最後的天德流行境爲心靈超主客觀有關發用之嚮往所成之境。人的心靈在此境中由於悟修雙行至與天德同流行的化境。因此，天人不二之道自本自末、由始至終無所不貫，既能不仰賴對神的信仰，也不需「我破破他」之救度。這是當下

即是的心境，已臻於灌注著道德理想的人文世界之最高境界。總之，後三境的共同特點是「知識皆須化爲智慧，或屬於智慧，以運於人之生活，而成就人之有眞實價值之生命存在。」[7]

四、天人合一的圓融世界──以華嚴宗爲典範

唐氏由道德自我而言義命合一，再進言心通九境，最後由九境中之心靈最高境界，亦即人之心靈超越主客而與天德流行化合爲一，與上下天地同流的聖人，是其所標舉之人生命存在的終極意義和價值。我們可循其論述脈絡而以天人合一的圓融世界來理解其生人的至上歸宿。「天命」與「人性」之間究竟是如何產生相互聯繫的密契合一關係呢？唐氏認爲超之「生命」宛如一超越的上帝，在深遠的形上源頭處來呼召吾人的生命靈覺。吾人的生命靈覺對此呼召以知命、俟命和安命的方式服膺、回應此莊嚴無比的天命，這是一種人以「後天而奉天時」之坤道方式順從奉承天命。其間以「天命」爲先，以人的「性命」順承於後的天人合一關係。[8]相對的，另一天人冥契關係，是以「先天而天弗違」的乾道方式體現。那就是人以內在的性命在順承天命時，宛若人性係順承天人不二的自性，回應內在仁心的呼召而自主自發的自命，亦即自凝己命、自正己命。其間係以自命爲先，而天命即在乎其中。[9]唐氏這一詮釋進路源於孟子盡心知性以知天，存心養性以事天，以及程明道〈識仁篇〉：「仁者渾然與物同體」的深刻啓發。因此，他所謂天人合一的圓融世界，係人內在的仁心本性以《易傳‧乾文言》「先天而天弗違，後天而奉天時」之雙向互動方式，與天心天性相貫通。他基於人內

---

[7] 唐君毅的心通九境說，見其所著《生命存在與心靈境界（上）》，臺北：臺灣學生書局，1986年版，頁47-51。

[8] 見唐君毅，《生命存在與心靈境界（下）》，頁201-202，收入《唐君毅全集》，第24卷，臺北：學生書局，1991年9月。

[9] 同上，頁202。

在生命靈覺的自覺而言天地萬物的靈明，乃出於人內在良知的靈明所感通之知，就人心靈明的感通之知而言，我靈明的感通心量是隨萬物對我呈現的無限量廣大而廣大。換言之，人之仁心本性隨良知之靈明能無限感通而感知天心天性的至善。

　　要言之，天人合一的圓融世界所以可能，係立基於儒家道德心性的立場，由道德意識來扣合天命下貫與人之性命上達。他將孔子原以德性實踐諸品德的「仁」字，由人生命切己實踐的工夫，層層上達天聽，開顯義命所在之天命。天人冥契係透過人之仁心，超越的向天德天命開放和感通，亦同步向天地萬物開放和感通。唐君毅透過「心之感通」這一概念[10]賦予豐富且深微的涵義，不但詮釋出多義而相聯相貫之意義的家族結構系譜，更有甚者，打通了天人的隔閡，使天命與人的心性在形上的感通工夫中上下貫通。天人不二，人與萬物一體乃體現在人感通歷程的隱默之知和對天命內在的遙契中。他說：

> 儒家之所以成學或成教，是綜合形上學之信心，與人文道德之實踐的天人合一之學之教。然其核心義，則在……本心本性流出之惻怛等情。此即中國儒者所謂性情之際，亦天人之際之學之教……以西方之理性主義理想主義之理性之思想，皆尚未能直順此惻怛之情而累，以情理之如如不二，爲其思想之歸止，以成其內心之信，再充內形外，以成盛德大業；更即此德業成信，以使情理與信及德業相輔爲用，以合哲學、宗教、道德爲一體，以成一學一教之道也。[11]

他認爲發自人道德之先驗本心本性的惻怛等，孟子所謂的四端之情，是儒家性情之教、天人合一及盛德大業，一脈相貫通的人文生命哲學。哲學、宗教、道德得以融貫成一體，成學成教之道的確立，皆立基於這種綜合形上學的信念。他認爲

---

[10] 詳見唐君毅，《中國哲學原論・原道篇一》，香港：新亞研究所，1993年版，頁71-109。

[11] 《生命存在與心靈境界（下）》，頁512。

人之心靈超越性的感通之至境，可臻於「一體之仁」的心懷、「仁民愛物」的胸襟。不但如此，感通的精神世界尚能超越千古而對先聖先賢油然崇敬，也能通幽明之際，自覺自發地表達對祖先鬼神的崇祀，更能通達造化之原，表現人對「天命」的崇敬[12]。因此，他肯定儒家祭聖賢、祭祖先、祭天地的三祭，因爲這是人心超越的感通之踐履。他認爲這類超越的感通所立基的形上信念，生發於人性深層中憤悱向上的好善惡惡之眞性情。他說：

> 好善惡惡之情，乃以惡惡成其好善，亦以好善成其惡惡之情。……其一
> 方惡現有之惡，一方好未有之善，即爲憤悱之情。憤爲好善，悱即惡
> 惡。亦爲一惻怛或惻隱之情，或肫肫其仁之情。……此言惻隱、惻怛、
> 肫肫其仁之情，乃儒者言心最親切之語。[13]

唐氏認爲潛蟄在人性深處內有種愛慕善良、厭惡罪惡的至性至情。愛慕善良與厭惡罪惡這兩種人之至情至性不斷地相互牽引。「憤」是慕愛善良之情，「悱」是厭惡罪惡之情[14]；「惻隱之情」出自《孟子》「惻隱之情」；「肫肫其仁」出於《中庸》，「肫」字結構從「肉」表示生命，從「屯」表示草木自地生出，指由潛隱而至昭明之事；「惻怛之情」語出陽明，「怛」字從旦，心之昭明蘊含好善之崇高情操。仁的超越感通有不可忽視的心靈動力。「仁」統攝諸德，不僅顯發道德主體，且層層實現至道德的極致。在與萬物渾然一體的仁之感通狀態中，天地萬物與人，共安其位又在相互融攝的和諧並育中相輔相成，共存共榮，臻於圓融無礙之境界。

　　唐氏不但由道德意識內證道德自我的實存性，他在心通九境中的後三境又涉及宗教意識，人企盼與永恆界亦即超越界取得聯繫和冥契、道德意識湧現於道

---

[12] 《中華人文與當今世界（下）》，卷8，頁477。收入《唐君毅全集》，臺北：學生書局，1991年。
[13] 同上，頁494-495。
[14] 「憤悱」出於《論證》。

德自我面對天理與人欲之衝突和分裂時，淪於自我分裂而不能由人欲的陷溺中自我超拔提升，產生道德生活的危機。唐氏針對這一危機中，人痛苦矛盾而不願自我沉淪，卻仍企盼能向上提升，此際，人的道德生活躍升而開啟宗教意識的契機，希望人的心靈能獲自來自超越界某精神力量的救援。此時，人崇拜皈依於神的國度之宗教情操油然而生，在聖靈充滿的神聖氣氛中，人的宗教意識感悟到有生命、有位格之「絕對的眞理與絕對美」。這是臻於宗教精神的核心，亦是宗教生活的中心。唐氏指出當人沉浸在宗教意識中，則道德理性已異質性的提升，轉而仰望貫通天命與人性的天人合一之圓融世界。唐君毅由道德自我而拓展出心通九境，兼容並蓄地開放出回歸於中國傳統哲學中所開出之各種人生向度。其中，他不但不排除宗教境界，且將道德境界提升至具宗教性的神聖化境，足見其人文視域之多元，心靈價值世界的多采多樣，內涵豐富，層面立體化。他闡釋了中國哲學的核心特質——「民胞物與」、「一體之仁」和「天人合一」，貢獻卓越。然而，他也留下了他所崇拜皈依的神之國度的一些疑問，若他所崇拜者確係一神教，亦即至上神的信仰，則他未闡明此至上神是具有何種位格靈性？所信仰的對象是誰？人由道德意識進階到宗教意識及宗教生活時，轉惡向善是否須至上神賦予人各種力量才有可能？人與神的雙向關係有何較具體的內容等等問題。

第二節　唐君毅論朱熹與王陽明互補之成德功夫

一、前言

　　如學界所知，唐君毅精通德國黑格爾辯證哲學且應用其歷史辯證法來研究、詮釋中國哲學流變史。他認爲中國哲學具有深刻內在慧命相續，由古至今流行不息之歷程。他試圖以歷史辯證法來消融中國哲學上諸般論述的，以莊子〈齊物論〉的不齊之齊將諸般不同的哲學論述各安其位地歸結至終極關懷的深層奧義中。在他宏觀的視域中看到中國哲學的曲折發展中必有共同處，各派別哲學間的差異，只是視此歷程大方向之不同層次、面向的回應。因此，他在諸眾說紛然的哲學論述間，同中有異，異中亦有同。他在這一哲學至高點的視域上省察朱熹和王陽明，皆在儒家道德心性之自覺與實踐上，共同強調道德的自我及邁向聖賢的心靈境界。朱、王的不同在於入德之門徑不同，亦即工夫實踐的歷程不同。朱熹的居敬窮理與王陽明的致良知皆主心靈的省思作用和所下的工夫路數及力度。兩人的工夫論可聚焦於他們對《大學》「格物致知」，與透過「誠意正心」處理道德天理及人欲之私的糾結和存理克欲這兩大問題。本文擬由唐先生道德自我之覺省，道德價值繫於心性之實踐工夫，以心明性，以理率欲，非以欲率理，唐先生對朱熹「格物致知」工夫說之論評，及其對王陽明以致良知義來詮解大學文本「格物致知」之不同於朱熹處，在交叉分析兩人在「格物致知」工夫的可相互補充處。由於篇幅的限制，兩人對存天理克人欲的工夫將另撰文論述。本人對唐君毅體大思精的哲學與文化學說的研究有限，文中不免有粗陋處，誠盼方家們不吝賜教爲禱。

二、唐君毅的道德自我與儒學核心價值觀

　　唐君毅就讀北大時，他曾聽過梁啓超、胡適之、梁漱溟的演講，不完全贊同梁漱溟的文化觀點，反對胡適之對西方文化之過度推崇。彼時他領悟到志士仁人的精神可洋溢於宇宙，衍生出對個人情感可涵蓋宇宙，發展成普遍化、客觀化的思想[15]。1927年，他轉學至南京中央大學哲學系，從方東美上課中了解英美新實在論，從熊十力課堂上學習新唯識論哲學，此外，他對康德所提「超越的統覺與理性」以及「道德上的當然在經驗實然由之上」的論旨頗贊同，也欣賞德國哲學家菲希特、黑格爾論述之「純粹自我」和「純思中的理性」對他以後所著成的《道德自我之建立》所表述的要義頗有啓發性，他雖然喜好西方哲學中的唯心論，卻在其深層心靈中積澱著強烈的中華文化意識，可見於他20歲以作《詠史》中所言：「江山代有哲人出，同此一心高明博厚長悠悠。」他主要的哲學與文化思想形塑於30歲之前的大學求學和教學研究的歷程中[16]，他將一生的精力貫注於哲學的研究和著述，在著作等身中，具代表性的有1955年出版《人文精神之重建》（又名《中西人文精神之返本開新》），核心命題爲：「人當是人，中國人當是中國人，現代世界中的中國人亦當是現代世界中的中國人。」1958年出版《文化意識與道德理性》該書旨在爲中西文化理想的融通奠基，提出一文化哲學系統資以詮釋人類一切文化活動皆係道德自我或精神自我、超越自我之分殊化的表現。他在1966至1975年十年間完成《中國哲學原論》（導論篇、原性篇、原道篇、原教篇）鉅著，計六大冊二千多萬字，別出於馮友蘭中國哲學史的著述方式，而採哲學專題專家研究的範式。1976年他在病院完成《生命存在與心靈境

---

[15] 他離鄉入北大讀書時，與其父在船上離別，感受到一人之悲可化爲無限的共同之悲，後來在所著《病裡乾坤》第9頁，憶及此事自謂：「此心之淒動，遂不能自己，既自內出而生於吾心，亦若自天而降於己。」他曾觀看孫中山先生在廣州的紀錄片，對一位大空中之地球上的志士仁人，其成仁成義之舉動感動天下人，引發他人文心靈的大震撼。

[16] 他在所著《生命存在與心靈境界‧後序》第479頁說：「吾今之此書之根本義理，與對宇宙人生之根本信念，皆成於30歲前。昔叔本華謂人之30歲前爲人生之本文，30歲後則只爲人生之注腳。吾以吾一生之學問歷程證之，亦實如是。」這部書是他一生所出版的最後一本書，對其思想立場做了明確的總結。

界》達1200頁的鉅著，次年出版，根據生命存在的三維度，開展出心靈的九境，體大思精而以儒家盡性至命為歸極，這是他一生思想的結穴處，思想體系的完成終點處。

唐君毅對人生隨著時勢的變遷有著深刻的切己體驗，他在其生命的前期對時代的感受和人生之體驗，較屬於正向的價值，諸如美好、善良、幸福、積極樂觀的心靈狀態，生命後期的歷史境遇所體驗到的，則較多屬人生負面的感受，例如各種艱難困苦、虛妄、罪惡、焦慮不安、失望等。他自述說：「年齡日長，不僅人生經驗日增，而且人之心靈由山谷經過崎嶇之道路，逐漸到山頂後，再回頭看地面，遂對其凹凸不平之處，及何處是陷阱深淵，亦逐漸能加以指點分明。」[17]蔡仁厚評他說：「對人生和道德宗教體驗之深微真切，在當前這個世界上，恐怕很少有人能和唐先生相比。」[18]唐先生早年的學思歷程主要關注在人生問題上，反映在所著《人生之體驗》、《道德自我之建立》、《愛情之福音》、《心物與人生》這四本書上，其一貫性的核心思想是「人生之本在心」這一命題，在身心的相互關係上，他確立心統率身這一主張。原因在於他認為心能融和萬物，身則不能，例如，耳聽松濤的澎湃聲，心的意識就流注於松濤聲而與之融合為一。一切物質的空間排列次序有其定點的客觀限制，但是在心的意識活動中可以在思考時予以自由連結和組合。在時間歷程中，過去的物質性存在物既不能回到現在，也不能從未來可能的存在上提前預先來到眼前的時間點。但是在人意識活動的回憶中，過去之物可召喚回到現在的心思中，未來之物也可在想像、預期中臨在思緒裡。在造形藝術中，心可依創意而將形質物的形貌予以靈活設計而做不同的呈現。此外，心有自我省察、理解的能力，形質物則不能，亦即由十四種原質形構的身體無法如心的自我認識般地流動於主觀性和客觀性的認識方式，兼具內外二重世界無窮的自由轉化運思。因此，唐先生總結出人生活動的本質是心的意識活動，儒家的心性之學以心彰顯性、認識性，在宋明理學的成德工夫上，係以

---

[17] 唐君毅，《人生之體驗續編》，臺北：臺灣學生書局，1993年版，頁139。
[18] 羅義俊編，《評新儒家》，上海：人民出版社，1991年版，頁502。

「心」識「身」，以「理」率「欲」的進路，道德自我是道德心靈的自我，聖賢境界是心靈自我提升轉化而臻的內心境界。

唐君毅整個哲學的核心觀念立基於心為人生意義和價值的根本。他引朱熹詩作說：「此身有物宰其中，虛澈靈臺萬境融，歛自至微充至大，寂然不動感而通。」[19]人生最崇高的精神文化就在於知識的心靈追求知識真理，道德心靈求善和美感心靈追求審美品味。唐先生以心靈論道德而有道德自我的核心價值觀，論藝術與美感，則是具象會心，情理渾融以提升人的心靈境界。他立基於人的心靈來論究文化，他主張文化是道德理性分殊化的表現，論形上境界，則謂心通九境。他的哲學以「心」貫穿一切，可說是廣義的心學。他曾對此作賦說：「唯人生之本質兮，唯此內在之精神，唯人生之目的兮，唯在實現此精神。曠觀人生一切活動，唯繫於精神表現之充量與否兮，然後知內在精神之為至真。」真、善、美是人心靈所追求的精神文化之頂級價值。不可否認的，儒家哲學，特別是宋明理學所聚焦的仁心仁性就是道德自我的自身。儒家在道德上的求善，其精髓要義在拓展仁者愛人的愛心，逐步實踐於親親而仁民，由仁民而愛物的歷程中宋明理學的特質在成聖成賢的心性哲學，道德精神之充盈表現與否，決定了人生意義和價值之高低，道德自我的心靈精神之極度的彰顯處就在於〈大學〉所謂的「明明德、親民、止於至善」。我們可以說唐先生的生命精神與整個哲學的精神方向就在於立足人的價值生命——心源，開闢生命價值之活水源頭，向前、向上剛健不息地建立道德理想的人文世界，賦予中華人文精神蓬勃的生機和前進不已的動力。黃振華評唐先生的思想說：「當唐先生發現哲學的最高境界是道德境界的時候，他即發現中國哲學的偉大價值，他發現中國哲學在道德理想的創建上有極高的成就。」[20]就中國哲學發展史而言，儒家心性哲學發展的高峰當呈現在宋明理學，就理學的典範而言，又可以朱熹和王陽明為兩種代表性的代表。唐先生接受黑格爾辯證的綜合精神影響，他對朱熹和王陽明的研究取向不在拉開其間的大差

---

[19] 唐君毅，《人生之體驗．序》，臺北：臺灣學生書局，1975年版。

[20] 黃振華，〈唐君毅先生與現代中國〉，收入羅義俊編，《評新儒家》，上海：人民出版社，1991年版，頁510。

異，而是將朱熹和王陽明的心性哲學可在成德之教的大前提，成聖成賢的終極目標上予以辯證性的互補而企求一綜合性的統整。

三、唐君毅對朱熹心性實踐工夫之論評

唐先生就道德自我的主體性言人若能自發出心性自覺性的德行實踐，則人道德屬性的心性潛在價值才得以逐步實現，人生境界才能隨之而層層提升。他從中國哲學史的精神大方向，洞悉中國哲學在人生終極價值的大方向上有各家皆可相通的意義所在，那就是安身立命的立人極。就這一殊途同歸的至高點再考察諸派各家之間的百慮和殊途，只是對此歷程之不同層次及不同面向的回應[21]。他從這一立基點出發，論及朱熹與先秦儒學和王陽明等其他儒者，在性善論及成聖成賢的終極價值理想上有普遍的共識，而是在心性的成德之教的實踐工夫上有所不同。筆者認爲朱熹與王陽明在心性實踐工夫上之所以不同，主要關鍵在兩人對「心」的存有層級和屬性之心與道德性的天理關係以及對人所以有道德惡的經驗事實有不同的理解和詮釋。我們可以先看看唐君毅對朱熹居敬窮理的成德之教如何理解和表述。

唐先生認爲：「中庸之誠、易傳之乾坤，皆具有實現原則之意義，而暢發其重要性者，則爲承周、張、二程之傳之朱子。朱子之所以重理，即重其爲一實現原理。」[22]的確，在儒典中〈中庸〉言不誠無物，天道之誠表現在生物不測，爲物不貳的宇宙萬物生成現象上。《易經》也多有言：「生生不息之謂易」、「天地有好生之德」、「天地之大德曰生」北宋理學家周濂溪、張載、二程兄弟在宇

---

[21] 請參見唐君毅，《生命存在與心靈境界》，上下二巨冊，他以哲學人類學爲主軸，企圖融貫形上學、人性論、知識論、道德哲學、宗教哲學，匯聚於對人之主體性的動態發展歷程與立體性的結構層次構出系統化的架構性理論。他將前三境、中三境和三境連貫成一拾級而上的心靈提升脈絡，細述人之心靈如何穿透此九境而甄於實現，他自謂此舉乃遙契周濂溪的「立人極」的天人生命之學。

[22] 唐君毅，《中國哲學原論‧導論篇》，臺北：臺灣學生書局，1986年版，頁465。

宙生成論上，以不同的方式表述在天地間流行化育成萬物的生生之理，朱熹分別以形上之「理」和形下之「氣」詮釋《易傳》之「太極」和「陰陽」[23]。朱子透過理氣範疇來解釋人之心性在宇宙生成論所衍生而得，他說：「人之所以生，理與氣合而已。……凡人之所言語、動作、思慮、云爲皆氣也，而理存焉。」[24]依朱學「氣」構成人的形質生命，包括生理與心理等實然生命，爲形而下的器身，「理」係由天命賦人之所以爲人的先驗道德本性，亦即蘊涵孟子四端之理在內的一切德性之理，形上的道德之理是純粹的善，他確立「性即理」的道德形上學之命題，人形質生命所構成之氣則有厚薄、偏正、清濁等不同而造成人心理、生理上的種種個別差異，且有七情六欲之貪求，「心」由理與氣結合而生，心是精爽之氣有知覺、思慮、營爲……等作用，同時由於理氣不離不雜，對應到心性則心性可辨而不可分，心具衆理，有若餃子皮（心氣之質性）包著餡（天命之衆理，亦即性理）。

　　朱子的「心」源於理氣的結合，乃採張載心統性情的結構，且立一總綱說：「仁是性，惻隱是情，須從心上發出來，心統性情者也。」[25]於心有「氣」的屬性，自然有生理和心理上的七情六欲，朱子稱爲人欲而與形而上的道德本性所涵含之天理對峙且有互相矛盾的緊強關係，心性的道德實踐關鍵在於由理氣所結合的「心」係發於人欲的人心或發於天理的道心？朱子所謂「夫謂人心之危者，人欲之萌也；道心之微者，天理之奧也。」[26]因此，朱子道德實踐的工夫在「心」能超克人類的不當誘惑而隨之陷溺向惡，心能在感物應事時能發於天理彰顯道心的天理燦然，換言之，心能貞定天理以調節人欲的工夫實踐，則在朱子所提出的居敬窮理工夫，亦即「唯精唯一」的修心養性工夫下，才能不過亦能不及的契應天理的當然法則。

---

[23] 朱子曰：「天地之間，有理有氣，理也者，形而上之道也，生物之本也；氣也者，形而下之器也，生物之具也。」見朱子〈答黃道夫一〉，《朱子文集》，頁2798。

[24] 《朱子語類》，卷94。

[25] 同上，卷5。

[26] 《文集》，卷67。

唐先生從遍讀朱學的文獻中，綜攝出「求諸外而明諸內」[27]這一簡明扼要的命題來闡明朱子格物致知的攝取道德知識之實踐進路，他還具體且細緻的解析朱子格物窮理的蘊義，予一析論說：

朱子所謂格物窮理之事，實當自三面了解：其一是：吾人之心之向彼在外之物；二是：知此物之理，而見此理之在物，亦在我之知中；三是：我之「知此理」，即我之心體之有一「知此理」之用。此知理之用，即此心體所具此理之自顯於此知中；故謂心體具理，即謂心具理以爲其體，爲其性也。然此性理之顯，必待於心之有其所向所知之物而得顯。故即其物以致其知、窮其理，即所以更顯吾人之心體中所原具之此理，亦所以顯吾人之性，而使吾人更知此性者。故窮理之事，即知性之事。知性本爲知自己內在的心之體、心之性。然不接物而致其知、窮其理，又不能眞昭顯此性而知性。

在朱子「理一分殊」的形上說原理的說法，太極之理亦即生生之理遍在萬物，氣化出天地不同的物類及分殊化的個物。普遍具同一性之理散布內在於不同物類和個物中與其所稟受的殊別之氣結合而有紛殊化的存在方式及表現方式。因此，人有人之理，人之性；牛馬草木等亦有其不同的所以然之理及透過其不同的氣稟而各有不同的表象。朱子認爲人之心稟天地精爽之氣有靈覺不昧的感覺及認識事物所以然之理的作用能力。依唐先生的分析，朱子所謂具認知能力的心靈其認知作用致用於情境中人所對應的外在對象物，就認知心所能認知之理，即存在於心所對應的外物中，亦在我的概念化知識中。心也內具道德屬性的性理爲心之體，蓋氣包理，心內寓著性理。照唐先生的理解先驗的道德性理原是寂然不動的待用狀態，必待人在客觀世界中感遇外在對象，透過心所覺所知的作用才能

---

[27] 唐君毅，《中國哲學原論·原教篇》，頁271、272。

顯發出來，使靈覺靈知的心靈在主客合一的認知作用中顯明「心體中所原具之此理」，使「吾人更知此性者」。因此，唐先生認爲先驗的道德性理固內寓心中，若心不對外物感應不起對外物認識的作用，則心之體亦即所內具的性理就沒有顯現的機會，所謂「不接物而致其知，窮其理，又不能眞昭顯此性而知性」其重點在「理」必待心接物，對物能覺能知才得昭顯。唐先生的理解和表述持之有據，言之也有令人可理解的義理，然而，我們若再深思辨析其微處仍有不少待澄清的疑慮處。

首先我們質疑唐先生謂心格物窮理所獲致之知爲「顯吾人之心體中所原具之此理，亦所以顯吾人之性」，問題是此性此理是人與生俱有、天命的先驗道德感物的意向性，如：見父思孝，見子思慈，見孺子將落井等所感應而自發出來的孝意、慈意、同情意的善良動機，道德意志呢？還是指孝德、慈德、仁德的先驗形式原理，或是形式原理與現實生活之實質內涵有機地結合出來的，可操作、可實踐之道德規約？若是文質彬彬的禮節或道德規約，試問發乎眞情止乎禮義之虛實性，合乎中庸之道的合宜性，是否也是朱子在格物窮理以致知的對象範圍內？唐先生依據朱子典籍較確證出內在心中天命之性的性理，他所言「眞昭顯此性而知性」的無限道德屬性的性理，較能理解的是道德意向性所顯發的善的動機及行爲目的，例如：由孝意實現完善的孝德，卻不清楚人子見父思孝的孝思是否具有先天的形式原理，以及可依循的經驗性的具體規範。若從知識與道德的關係而言，孔子曰：「好仁不好學，其弊也愚」[28]、「智者利仁」[29]。孔子的德行倫理學之要旨在於仁智雙攝且攝智歸仁以善盡仁德之道德良效。孔子利仁之智所把握者，不只是道德知識，也需要對道德情境有實然性的事實眞理之眞僞判斷，因此，客觀化的經驗知識有助於將先驗的道德本性予以具體落實而獲致道德性的功德。孔子對道德在具體事件中如何做才能盡善盡美，有意識到這一問題，子曰：「不曰

---

28 《論語‧陽貨》。

29 《論語‧里仁》。

如之何，如之何者，吾未如之何也已矣。」[30]

　　朱子在所著《大學或問》第一章，對其所謂「理」的範疇性質做了畫分，他說：「天下之物，則必有所以然之故與其所當然之則，所謂理也。」「所以然之故」指事物的存在之理以及自然的因果法則，他說過：「上而無極太極，下而至於一草一木一昆蟲之微，亦各有理。」[31]意指理包涉形上原理及現象界萬事萬物存在的、客觀化的事實真理。至於「所當然之則」意指人倫道德界所要求的應然之理，朱子也曾提及的如君之仁，臣之敬。這是倫理學的研究範圍，朱子說：「須窮極事物之理到盡處，便有一個是，一個非，是底便行，非底便不行。凡自家自心上皆須體驗一個是非。」[32]「且自一念之微以至事事物物，若靜若動，凡居處、飲食、言語無不是事，無不各有個天理人欲，須是逐一驗過。」[33]唐先生頗能契會朱子蘊意，且予以延伸涵義指出：

> 此即使人由知之真而達於行之切。再一方及在使人由抽象普遍之道，以進而求具體特殊之道。……意在歸向於「對一一具體特殊者，而初爲人所未知之應物感物之道」之尋求。……此未知之善，非是原則性之孝慈忠敬之類；而是在上文所謂：在一具體特殊之情境中，畢竟以盡孝或盡忠爲至善，或如何盡孝盡忠，方能具體特殊的表現此忠孝之類。[34]

又說：

> 善道或當然之理之決定，乃賴於對具體情境中之「我之爲物」「君、父、家、國之爲物」之種種「實然及其所以然」之知，而受其規定；而

---

[30]　《論語・衛靈公》。

[31]　《朱子語類》，卷15。

[32]　出處同前。

[33]　同上。

[34]　唐君毅，《中國哲學原論・導論篇》，頁336。

此中所以決定善道與當然之理，亦即包涵物之實然及其所以然之理於其中，而互相交錯，因而亦可以理之一名統稱之。[35]

　　唐先生對筆者所提的諸般質疑，明確的釐清一些問題，有助於我們對朱子格致工夫更開闊和深刻的理解，換言之，天理在經驗世界中之實踐，不但要了解先驗的道德原理，亦即當然之則，也應兼及對經驗界實然性法則，亦即所以然之理的了解。然而，形上的普遍性道德原則如何在具體經驗世界中「行之切」，亦即德性之知與殊別性的事實之知相連結，統整出合乎情理中的道德判斷和可操作性的實踐之知與行動方針。朱子是否也有所涉及相關問題的論述，唐先生未予進一步蒐集資料且予以述評，此外，唐先生曾分析中國哲學史中所謂理，主要有六義，諸如：文理之理、名理之理、空理之理、性理之理、事理之理、物理之理[36]。若能依此「理」的六範域來一一檢驗、解析朱子格物窮理之理有如何的相應或不相應，則將更能深入精闢地釐清朱子所致之知、所窮之理的更周備性之意義所在。

　　至於朱子格物致知以窮理的工夫，亦即強調知識可輔助德行，相較於陸象山、王陽明的心學有何精進處和可補足處，唐君毅針對這點提出他的看法，他說：

此性理之原超越地內在於心，以為心之本體之義，朱子與陸王未有異。其與陸王之分別，唯在朱子於心之虛靈知覺，與其中之性理內容，必分別談。故心之虛靈知覺本身，不即是性理。由是而人亦不能只反省其心發用之處，即以為足以性理之全。此心之接事物，而更求知其理，即所以昭顯此性理。[37]

---

[35] 同前註，頁338。

[36] 見唐君毅，《中國哲學原論・導論篇》，第一章，頁4，香港：人生出版社，1966年3月版。

[37] 唐君毅，《中國哲學原論・原教篇》，頁274。

　　唐先生認為朱子釐清了虛靈之心雖不等於「性理」，卻有顯發心對性理的知解能力，其顯發性理的能力，呈現在心應接外在事物之時際，這是朱子可補充陽明心學的不足處。唐先生指出朱子格致工夫旨在「昭顯此性理」於心的靈明知覺中。我們可以舉朱子格致孝慈之理為例證，朱子說：「要知得透底……如當慈孝之類，只是格不盡。但物格於彼，則知盡於此矣。知得此理盡，則此個箇意便實。若有知未透處，這裡便黑了。」**38**若孝慈之理有十分理，則當格盡到十分才能說格得孝慈之理盡，「知得透」其深刻涵意在若人能格得「透」擇自然洞悉孝慈之善者實有於己而落實了明明德的內在性理，唐先生認為「足以具性理之全……即所以昭顯此性理」是朱子格致工夫可補足陽明心學於周備精密處。

四、陽明致良知教有補足於朱子格物工夫處

　　朱子將《禮記》中的〈中庸〉、〈大學〉兩篇與《論語》、《孟子》集結成《四書》，其研究、註解和教學用力於斯達40年之久，可謂其一生學術的精華所在。陽明於18歲受朱子學者婁諒啓發成聖之道，應經歷格物窮理之工夫，乃有21歲在官署庭前格竹之舉。以後陽明雖盡力於讀書以格物窮理的工夫，卻自認為枉費精神，他總結其中的難題在格得書中理，誠不了自家意，乃以致良知詮解〈大學〉的「格物致知」為端正心中感遇外物所起的意念以充盡良知之踐履。唐君毅認為《大學》的文本詮釋史可反映宋代至民國以來儒家哲學思維重心的轉折和變遷。他指出朱子和王陽明各持己學的詮釋進路對儒學之分化影響至大。他認為《大學》文本言簡意賅而有藉詮釋以開展其蘊意的不同可能性，朱子與陽明各有卓見，也各有超越《大學》文本的新義。他評朱子大學本傳之補充沒有必要，因為他在補傳中所擬詮解處在「致知在格物」和「格物而後知至」兩命題，他檢

視朱子的補傳未證成人必知理而後意誠，以及唯其理有未知，故其意有不誠。質言之，朱子未扣緊格物致知與誠意的關係有否必然性，也未細究「物」的概念之豐富涵義。他斷言：「則朱子補傳，實未嘗補其所當補，而其所補，亦未嘗貼切於原文也。」[39]至於王陽明的詮解，唐君毅雖指出其以「致良知」釋「致知」不符合《大學》「八目」的理脈，但是，他指出：「王陽明之說大學之致知爲致良知，其說與朱子相較，實更易解釋『知止而後意誠』及『欲誠其意者，必先致其知』二語……。大學言物格而後知至，知至後意誠，而未嘗言意誠而後知至，知至而後物格。如依王陽明之說，循上所論以觀，實以『知善知惡，好善惡惡』之知，至於眞切處，即意誠，意誠然後方得爲知之至。又必意誠而後知至處，意念所在之事，得其正，而後可言物格，是乃意誠而後知至，知至而後物格，非大學本文之序矣。」[40]唐先生以「方以智」評朱子註，以「圓而神」評王陽明註，筆者認爲朱、王兩人對《大學》之詮解各有其不同的哲學立基點和心性哲學的視域，各有其詮釋脈絡和實質義理，皆可視爲創造性的詮釋。

　　「方以智」是智德，「圓而神」是仁心流行發露的仁德，在攝知歸仁，以智利仁的孔子德教前題下，王陽明可以道德本心的良知有自發性的源源相繼的道德自我之動力來補朱子側重知識心靈義勝於道德心靈義之不足。朱子的客觀化合內外的精確明細的知識理性又可強化充實王陽明的道德理性，唐先生對朱、王差異的評判語爲：

陽明之學不同於朱子者，則在朱子之格物窮理，皆由人之知其所不知者以開出，而陽明之致良知，則由人之知其所已知者以開出。人由其所不知，乃日趨於廣大；人之知其已知，則所以日進於高明。廣大所以切物，高明所以切己；廣大者方以智，高明者圓而神。[41]

---

[39] 《中國哲學原論・導論篇》，頁309-311。

[40] 出處同上，頁311-313。

[41] 同上，頁349。

　　朱子對知識的探求可開闊眼界，增進廣大的見識，陽明的返求本心之感悟能真切的扣緊道德自我的生命，開發道德動力提升道德境界而日進於高明之域。唐先生認為兩人各有殊勝處，換言之，朱子的致廣大可切中事物客觀的所以然之理，王陽明的致精微和臻高明能切中人先驗的道德本心，兩人可互補統合成致廣大盡精微之高大，更周備地實踐成聖成賢的典範人格。

　　朱子的格物致知兼顧性理的道德心性之知及其在道德實踐上所涉的經驗世界的事實真理、實然之知或見聞之知。因此，朱子的格致之學所探索的知識不局限於知識論所言的知識之知。唐先生在這方面有其創見，他認為儒家傳統所言之「智」不僅於知識之知的涵義，在攝知歸仁，以智利仁的成德之教的目的性下，有更豐富和深刻的人生經驗和安身立命的生命智慧涵義，他指出：

> 中國傳統所謂智，並不只是西方所謂知識。知識是人求知所得之一成果，而中國傳統所謂智，則均不只指人之求知之成果，而是指人之一種德性、一種能力。中國所謂智者，恆不是指一具有許多知識的人。而至少亦當是能臨事辨別是非善惡的人，或是臨事能加以觀察，想方法應付的人，或是善於活用已成之知識的人。[42]

　　儒家的核心價值既設定在成聖成賢的成德之教，知行合一是必然的命題，求知是以切中成德之實踐為目的，知之真，行之篤在能仁智雙攝，臻於致廣大盡精微，既中庸亦高明的聖賢境域。換言之，道問學離不開尊德性，尊德性也離不開道問學。因此，朱子方以智的工夫實踐和王陽明圓而神的致良知工夫應相即不離，相輔相成，共濟於成德之教。唐先生認為朱王對《大學》「格物致知」的詮釋皆不貼順於文本的語意，他用訓詁法提出自己的解法並吸收融合朱、王的詮解。他借鏡了鄭玄對《禮記‧緇衣》對「言有物而行有格」的註釋謂：「格同

---

[42] 唐君毅，《哲學概論》（上），臺北：臺灣學生書局，1996年，頁17。

比式，又謂行有格，如行有類」的說法。他認爲：「格物者，即吾人於物將至，而來接來感者，皆加以度量，而依賴以有其當然的所以應之感之之行事而不過之謂。」[43]他針對「格物」與「致知」這二概念可相容而接合，將「格」這一關鍵字的含意釋爲至、來、感通等義涵。他擇取「感通」義釋「格」，則以「物至而感物」釋「格物」，再由「格物」而窮理、致知，如此，合乎了他以「感通」意聯接心靈與境界的道德自我知自我提升人生境界的工夫進路。他在《生命存在與心靈境界》一書中對「感通」和「境界」的連貫關係做深刻的論述，他認爲感通作用是心靈發現世界、從而認識世界，更進而言說世界的中心樞紐。「境界」是道德心靈在實存的世界中深層感通的呈現，在「格物」的心與物之關係上，他說：「言心靈之境，不言物者，因境義廣而物義狹，物在境中，而境不必在物中，物實而境兼具虛實。」[44]在他的「心靈之境」中可兼容道德、美感等事件在人類生命中多層多樣相的價值和意義，從而開顯出世界的豐富而多彩的美妙性。

五、結語

　　唐先生在《生命存在與心靈境界》一書中所採的基本立場和理路是心本體論。他汲取了孟子的「盡心」說、陸象山的「心即理」命題以及王陽明的致良知教。他用生命心靈開爲九境的心通九境說明物境關係乃心境相即，反對境爲心所變現說，主張即心言境，不能離境而言心。他所謂「境」指境界，包含物而不同於物，境與物之別在於「物實而境兼虛與實」[45]。對他而言，「境」未必一定是渾然一體之境，境依層位樣相可分九境互有界限也相通連。心靈若與境感通，則九境呈現出互爲內在，若心靈與境不感通則互爲外在。同理推知，「生命存在心

---

[43] 《中國哲學原論・導論篇》，頁321。
[44] 唐君毅，《生命存在與心靈境界（上）》，臺北：臺灣學生書局，1986年，頁11。
[45] 同上。

靈」、「境界或世界」與感通，此三者透過感通，則三者相互涵攝，互為內在，而皆為真實，若心靈不起感通作用，則境界外在於生命存在心靈之外，有如一外在的客觀存在。心靈的靈覺和感通作用，因此，心靈九境相互間有轉易、進退、開闔與博約的關係，扼要言之，九境能隨心靈的作用而上下轉易變化，既可由低層位之境轉化到高層位之境，也可由高層位境轉化至低層位境，例如：感覺互攝境可經觀照凌虛境所得之相，再予以理想化而提升至道德實踐境。唐君毅說：「此九境之可始終相轉，循環無端，而由低層之境進至高層之境，或由高層再退至低層，又為進退無恆，上下無常者也。」[46]我們透過唐先生心通九境的圓融統觀性哲學將更能理解他何以對會通朱、王的工夫互補所持的理據及信心，他對朱子可待陸、王心學補足處提出一論點：

> 宋明佛學之陸象山、王陽明一系之發展，更有進於朱子之所言者，則在朱子之言人心，乃在人氣之靈上說，而人之受氣，則依於天命；由此而其所謂心，雖能知理而具理，然其地位仍在天命之流行之下一層次上，而理對人之氣與心，乃特呈一超越義。此中之關鍵，可說在朱子未能扣緊二程之窮理即盡性，盡心而至命、心、理、性、命之直接相貫而為一之義，而加以措思之故。……而更能以理看心，將心上提，以平齊於理，而說此心為與理為一之心，此理為心之理。[47]

他也對王陽明致良知工夫說之有待於朱子格物致知的道問學補足處，提出一可洽接點。他引據王陽明所言：「良知不由見聞而有，而見聞莫非良知之用，故良知不滯於見聞，而亦不離於見聞。」[48]他認為王陽明致良知教，蘊涵著視「德性之知」為體，把「見聞之知」當作「德性之知」的用之意義。「德性之知」與

---

[46] 唐君毅，《生命存在與心靈境界（下）》，頁274。

[47] 唐君毅，《中國哲學原論・導論篇》，頁386-387。

[48] 王陽明，〈答歐陽純一〉，《傳習錄》，中卷，第1條，頁97。臺北：黎明文化事業公司，1997年版。

「見聞之知」對唐先生而言有「體」與「用」之聯繫關係，若由其心通九境說則更可證成他對朱、王心性實踐工夫說之互補的可能性。

最後，我們可借用唐君毅弟子霍韜晦在《中國哲學原論》（原教篇）〈導讀〉中的論點為本節結語。他說：「心體具理，求諸外而明諸內，此（朱熹）即與陸王無異。唯一之分別，唐先生指出：則在朱子於心之虛靈知覺，與其中性理之內容，必分別說：即必先接物得其性理，然後引發吾內心之性理，這是一切心性工夫之起始，見聞之知亦可連於德性之知，而不必如陸王之嚴加分別。唐先生認為：這才是朱子言格物致知之精義所在，非陸王之言可及。」[49]

第三節　唐君毅的老子研究

一、前言

《老子》一書在中國哲學史上發放了多樣而豐富的光芒，後代學者從不同的立基點和論述脈絡所做的詮釋亦仁智互見，精采奪目。唐君毅在當代老學研究中有其獨特的貢獻，他所詮釋的老子學常被人對比於牟宗三的「主觀境界」型態而劃分成「客觀實有」型態。然而，觀唐君毅老學研究之代表作，主要見於其〈原道：老子言道之六義貫釋〉（上）及〈原道：老子言道之六義貫釋〉（下）[50]和〈老子之法地、法天、法道、更法自然之道〉[51]二文。前文旨在釋「道」之涵

---

[49] 霍韜晦，《導讀》，見唐君毅，《中國哲學原論》（原教篇），頁10。

[50] 唐君毅，《中國哲學原論·導論篇》，臺北：臺灣學生書局，1986年，第十一章－第十二章，頁368-418。

[51] 唐君毅，《中國哲學原論·原道篇》，臺北：臺灣學生書局，1986年，卷1，第八章－第九章，頁290-342。

義，可視爲「客觀實有」型態，可簡稱爲「論道」。後文則旨在論述人與道的關係，可簡稱爲「法道」，既然以人爲中心探討人如何理解道，且將之融入人的生活，不論是修己善群皆以人對道的體驗之知和實踐性的智慧爲主，當可視爲「主觀境界」型態。本文擬針對其「論道」與「法道」的要義予以評論。

二、老子言「道」之六義

他考察歷來各種解老注老的性質可概括爲三類：第一類是訓詁章句之傳注，例如漢人對《老子》分章斷句、解經作注，清儒以來之訓詁考據、版本校勘等工作。第二類是對《老子》妙會冥悟的哲理疏解，例如魏晉名士以玄思注老，王弼《老子》注可爲代表，此外，如鳩摩羅什、僧肇之注老，憨山德清之《老子道德經解》取儒佛思想資源注老亦屬之。第三類是當代有些學者資取西方哲學的名言概念，爲《老子》穿上唯心論、唯物論、自然主義、神祕主義的理論外衣。[52]他認爲此三類各有利弊，乃改採「語義類析」的方法，將《老子》書言「道」之涵義，就文本不同的語境脈絡析分爲六義，此六義分別爲「貫通異理之道」、「形上道體之道」、「道相之道」、「同德之道」、「修德或其他生活之道」以及「作爲事物及心境人格狀態之道」。茲概述如下：

第一義：貫通異理之用的道

他指出「今按老子書中有所謂道之第一義，爲略同於今所謂自然律則，宇宙原理、或萬物共同之理者。」意旨「道」是遍在於天地萬物之中的自然律、宇宙原理或萬物普遍含具的共理，側重在行上原理的涵義。但是他又分疏地指出「所謂萬物之共同之理，可非實體，而只可爲一虛理，……不可視同於一存在

的實體。」他舉一例證，謂：「《老子》七十七章：天之道，其猶張弓歟？高者
仰之，下者舉之，有餘者損之，不足者補之。天之道，損有餘而補不足。」他認
爲「損有餘而補不足」的天律天則與「凡極必反」。他認爲這一律則是旁通共貫
於道家、易傳、陰陽家及中國自古以來科學思想中。[53]他將《老子》的「道」理
解爲貫通異理之用之道，他把道詮釋爲統攝天地萬物之根源性的本根之理，這一
洞見極爲精闢。但是他把內在於萬物的「共同之理」理解成虛理而「不可視同於
一存在的實體」，實有違背《老子》的「道」有非常豐富的存有學上的涵義。
「道」是能運行萬物的實存性原理，具萬物之「共同之理」爲實存於形上實體的
實有之理，絕非「虛理」。大道涵容一切，當然蘊含運行萬物之「周行不殆，獨
立不改」的形上實理實則。道不離生化運行萬物之理律，理律亦不離道體，就存
有學而言，形上實體的「道」是蘊含運行的客觀原理和規律的。

第二義：形上實體之道

　　他斷言「道」之形上實體義是《老子》形上學恒爲最重視的核心涵義。所
謂：

> 此雖非如形體之具體，然亦非抽象的思維所對之規律形式之只爲抽象的
> 有，而爲形而上之具體的存在者也。此義之道，爲論老子之形而上學
> 者，恒最重視之一義。

這是以實有之實存者來解說「道」是形而上之存在的實體，他舉《老子》第十五
章「有物混成，先天地生，寂兮寥兮，獨立而不改，周行而不殆，可以爲天下
母。吾不知其名，字之曰道。」爲典據謂「道」：「明爲一形而上之存在者，乃

[53] 唐先生所確認的「道」之第一涵義爲「此凡極必反，亦即道家與後之陰陽家及易傳，所共同最重視之萬物之共理，或普遍之自然律，而可聯繫於其他種種對於自然之中國科學思想者。老子蓋爲首重此自然律之必然性者，所謂：『天網恢恢，疏而不漏』是也。」同前註，〈原道上〉，頁371-372。

有生物之實作用，如母之生子」、「有寂兮寥兮，獨立不改，周行不殆之實相者。」[54]寂寥是道體在己的形上屬性，然而道體「有生物之實作用」亦即恒生化萬物運行萬物而不息，不但如此，道體的作用歷程呈現了循環反覆的動態規律。唐君毅在〈原道下〉篇論《老子》「道」之六義的貫釋時，將「道」之形上實體義視爲可貫通其他諸義的至上原理。

第三義：道相之道

道相說的文本依據爲《老子·二十五章》：「吾不知其名，字之曰道，強爲之名曰大。大曰逝，逝曰遠，遠曰反。」唐君毅詮釋說：

> 今謂字之曰道者，即名之以大、逝、遠、反者，是亦以道相指同道體，
> 而意涵道之一辭，義可同於道相之大、逝、遠、反者也。[55]

「相」的字源出於佛家，轉化其義到老子的「大象」爲道體的實相。「道相之道」係由「形上道體」之道，衍出。透過《老子》文本，吾人由「大象無形」得見「道」無相之相，亦即「道」無形象的本眞性之實相，吾人亦可由「道沖而用之」見道之「沖」相；由「（道）虛而不屈」見道之「虛」相等，「道」之「無相」、「沖相」、「虛相」皆係形上類比的稱謂語。

第四義：同德之道

此義立基於「道」與人物的雙重關係。其一是就人物之生，其天賦本性有所得於「道」之賦予而言；另一係就道體在生成萬物，因循物的分殊化本性而立說，在道生德蓄的萬物生成歷程中，道與德是本體與所化生之萬物的一與多關

---

[54] 同前註，〈原道上〉，頁372-373。
[55] 〈原道上〉，頁374-376。

係。唐君毅舉文本中所涉及的二章作詮釋。《老子‧六十二章》曰：「道者萬物之奧，善人之寶，不善人之所保。」唐君毅解「奧」為屋之一隅，「寶」者人之一物。謂：「此道明為屬於人物，而為人物之所具得者。是見此道之義，明同於人物所得所有之德。」「道」是衍生品物萬端，不同自然本性的終極根源。他又舉第三十四章所云：「大道泛兮，其可左右。萬物恃之以生而不辭，功成不名就。衣養萬物而不為主。」詮釋為：「實言道之畜物之玄德之狀，而以此言道，即同於言道之玄德也。」[56]總而言之，同德之道的涵義係指人物內在自然本性係得自道而言，亦係就道不但生成萬物，且內在於萬物而成為不同的自然本性而言。

第五義：修德之道及其他生活之道

　　這是人深刻領悟「道」後，將「道」視為指導人生與社群生活的典範，融「道」於人生和社群生活中，趨吉避凶，獲致祥和安樂的生活價值與理想。唐君毅舉文本數言說：

> 如老子所謂致虛守靜，生而不有，為而不恃，專氣致柔，滌除玄覽，即所謂三寶中之慈、儉、不敢為天下先，及見素抱樸，少私寡欲等，既皆老子修德積德之方。

又見體地解釋說：

> 老子書中道之第五義，為人欲求具有同於道之玄德，而求有德時，其修德積德之方，及其他生活上自處處人之術，政治軍事上之治國用兵之道。此義之道，就其本身而言，乃低於上述之德之一層面之道，亦即純

---

[56]　〈原道上〉，頁378-379。

屬於應用上之道。如今所謂修養方法、生活方式，或處世應務之術之
類；簡言之，即人之生活之道也。**57**

《老子》書中言及修己養生，待人處世，政治御兵之法則處有不少篇數，唐君毅
未逐項列舉，只總結說這方面是《老子》對中國人的人生智慧及政治管理智慧影
響最深遠者。

第六義：事物及心境人格狀態之道

唐君毅舉《老子·十六章》為範例，文本曰：「……知常容，容乃公，公乃
全，全乃天，天乃道，道乃久，沒身不殆。」他詮釋說：「此中所謂『知常』、
『容』與『公』，可說是人能知道、行道，而有得於道之德。……則他人即可以
此德狀其為人。」他將第六義與第四義區別。第四義側重在「人」所本見之德，
此處則側重在人具此德所呈現的情狀，兩者之間有相通義也有區別處。他進一步
論述說：「所以表狀此得道或有德之心境、與人格狀態，對外所呈之相。此可名
之為人之道相。」但是人之道相與第三義「道相之道」有所不同。他指出：「唯
形上道體之道相，乃由道體及其玄德之自身，自上而下而昭垂以見；而得道之人
之道相，乃由人之積德修德工夫，以上合於道，由內而外之所顯。」**58**

綜觀他論述《老子》「道」之涵義，係檢討前人研究之路數而採取避免章
句注疏的限制，以及玄言佛理之難契，而以類辭析義為客觀之依據，逐步析理辨
微，下學而上達，兼具主客觀，統攝下學與上達。他所析論「道」之六義乃隨機
分類，並非以嚴格的優先性為排列次第，所謂：「亦見此六義，並非彼此處處相
依相待而成立，亦非絕不可分離而論之一整體。」**59**就學術研究方法而言，他採
取紮實的文本與檢驗學者既有研究成果之縝密研究，從語意學和語用學對老子的

---

57 同上註，頁380。
58 同上註，頁381-384。
59 唐君毅，《中國哲學原論·導論篇》，臺北市：學生書局，1984年1月，頁366。

道論進行了嚴謹的哲學概念範疇、命題之分析。他先檢驗老學研究之既有概況，批判其得失，針對弊端，採用類辭以析義，從文本的意義脈絡做了下學之工夫。在考究出諸般概念涵義後，再進一步做王弼注老所謂統之有宗，會之有元的形上觀省功夫，而上達根本性的老學形上原理。因此，他接著又有〈原道下〉篇〈老子言道之六義貫釋〉一文。

三、老子言道之六義貫釋

唐君毅在完成對《老子》道論的「類辭以析義」後，進而基於「統宗會元」的形上學立場，試圖將上述六義予以連貫，乃企求六義中具貫釋可能性的深層原理。他採取淘汰性的刪除法，逐一刪除較不能次第順通其他諸義的涵義者。最後他辨析出六義中的第二義和第四義，謂：

> 由此而吾人可賴以爲直接順通老子明文中之諸義之始點，遂唯是第二義之形上道體之道，及第四義之人有得於道時所具之德。此中人之所以有得於道，乃由於形上道德之先在；於是唯有第二義之道，堪爲吾人次第順通其他諸義之始點。**60**

六義中能旁通統貫諸義者爲第二義的形上道體，其形上實體性可蘊含其他五義，可順通其餘五道義。形上道體義符合唐君毅「統宗會元」的萬有本根義，涵具自然律則、宇宙原理、萬物共同之理等豐富涵義，係一客觀實有論的就「道」自身之屬性來論道之進路，亦即論道的問題。第四義謂人不但理解「道」，且能融入自己的思想言行中，化爲自己的人生智慧而有道化人生的生命格調，亦即其生命

---

60 〈原道下〉，頁387。

實踐性的「法道」。這是第二序的問題，第一序的問題是如何理解「道」，至於道德的形上屬性是如何獲知的呢？這是老子建立其形上學的方法進路問題，唐君毅的回答如下：

> 緣此老子之道，既不同於說明萬物之假設，又非人之宗教信仰之所對，復非一理性上之原則所建立；則老子之知有此形上道體，唯餘一可能，即由老子之直覺此道體之存在。老子之所以能直覺此道體之存在，則必源於老子自己之心境與人格狀態之如何；而此心境與人格狀態之具有，則當依於老子之修養之工夫。此工夫，吾意謂其要在老子所言之致虛守靜者。[61]

依據唐君毅對具代表性的形上學建構之方法做分析性的檢討，他認為老子對形上實體的道之領域非如西方科學家或抽象思辨性的哲學家立基於理論上的假設，也不是訴諸如西方基督教對上帝的信仰。他更不認為老子像西方哲學家在認知理性的推論上，合理地要求天地萬物必有其根源或本始原因的合理性要求。他認為是透過「直覺」的方法「直覺此道體之存在」。然而，老子未對「直覺」的涵義有所表述，唐君毅也未對「直覺」的概會涵義進行客觀化的論述，但是對老子如何「直覺」，則指出了係《老子》書所言「致虛極，守靜篤」（十六章）的致虛守靜工夫。他不憚其繁的細論這一大通於「道」的虛靜工夫之情況，所謂：

> 蓋吾人果能有如老子所謂「致虛極，守靜篤」之工夫，則吾人即可同時如老子之於「萬物並作，吾以觀其復。」……此二者實為相依之事。……一物呈，一物逝而遠矣，自反而返矣；次物再呈，亦逝而遠矣，……物物俱逝俱遠，而視之不見，聽之不聞，博之不得，以返其所

自生，則芸芸萬物皆隱，以混成而爲一，合以呈其混成相於吾人之前矣。……彼萬物，仍自有其芸芸之互相差別之相，似隱而實存於此混成相之後之內，乃仍謂芸芸之萬物爲實體。……此混成相，既爲相而兼具實體性，即可只名之爲一混成之實體，是即老子所謂「有物混成」之道體也。**62**

　　老子以虛靜心從「萬物並作」中「觀其復」，超越地觀省芸芸萬物的生命歷程在經過逝、遠、返之階段後，終究歸根而復命於大道中。萬物有差別的個體相，一一消融歸根於道體原始混沌的混成相中，大道涵融一切而不偏執任何有差別的物相，呈現出無象之象的大象。唐君毅認爲老子玄覽萬物返本歸眞至「有物混成」之道體，亦即回溯至道體之混成相中是老子建立形上道體的方法。

　　值得我們進一步探詢的問題，乃是唐君毅用什麼思維方法獲致「形上道體之道」的成果？難道只是致虛守靜，滌除玄覽的「直覺」或對萬物的整全的觀照，再針對「萬物並作」而「觀其復」就足夠嗎？事實上，老子有過周朝守藏史的史官身分，周朝的史觀有兩項專職的工作，一方面是長期研究天文曆法，對天地運轉的自然律得有經驗與數的觀察、追蹤、綜合、歸納出盡可能客觀的自然因果法則，亦即自然的理序出來。另方面，他可以從豐富的歷史文獻中，深刻分析出政治之榮枯，人事之成敗的歷史因果法則以及修身與治國的人生智慧。換言之，老子具形上意義的道與人生、政治社會實踐意義的道是結合自然因果法則、形上理律及人生禍福所以然之理，和政治成敗的歷史因果法則。唐君毅也意識到實然的自然律與涉及複雜多端的歷史與人文因素如何整合的問題，他說：

對此二問題，吾人首可如是答：即老子所言之生活律，正主要爲人順其對自然律之了解而建立；而宇宙之自然律，亦實未嘗限制人之自行建立

---

62 〈原道下〉，頁390-391。

其自作主宰之生活律；人之自行建立其生活律，亦即爲人求其生活，合
於形上道體，而使其生活具形上道德之玄德之事，亦即形上道體之表現
於人之事也。**63**

「形上道體之表現於人之事」所涉及的因素實在是經緯萬端，無方圓規矩爲操作
典要，其中涉及人所契物的「道」之內涵，爲何要自行建立生活律，如何建立生
活律等問題。若再細究，這些問題的探索又與人的自由意志、生命意志和活出人
生眞諦的意義意志相關。不但如此，這種種的問題又與人際之間的個別差異、國
與國之間歷史文化的差異、民族精神氣質、生活世界的情境脈絡……等面向有著
千差萬別的不同。總而言之，這是人「法道」的實踐性智慧問題，就性質而言，
係屬於人之主觀境界問題。唐君毅乃在〈原道〉一文之上篇論述〈老子言道之六
義〉，下篇論述〈老子言道之六義貫釋〉，9年後又撰文論述老學中的修德之道
與生活之道。這就是其《中國哲學原論・原道篇（一）》之〈老子之法地、法
天、法道、更法自然之道〉一文。**64** 下一節以「法道」簡稱。

四、人法道蘊義之四面相

《老子》推天道以明人事，「道」爲人效法之價值典範，主要集中在文本
的兩章。一爲三十八章所云：「失道而後德，失德而後仁，失仁而後義，失義
而後禮」呈現出立體性的五級不同位階，另一爲二十五章末句謂：「人法地、地
法天、天法道、道法自然」彰顯人性法道可分疏爲由法地來法道，由法天來法
道，人直接法道以及人法道性之自然。雖然這兩章在人與道的關係上有互詮通貫
義，其間仍有差異可辨。三十八章論旨側重對仁、義、禮之人爲性規範的批判，

---

63 〈原道下〉，頁410。
64 這本書於1978年4月出版於臺北市：學生書局。

二十五章係老子正面論述人法道之四個面向的內容。唐君毅在論老子人法道的主題上以二十五章爲主，且推崇王弼注最精詳、最值得討論。他也指出王弼注突出人直接法道的首要義，且統攝法道、法天、法地諸涵義，導致人法道的其他三面相涵義不被分別關注。王弼注的後遺症在於簡化老學人法道論題中的豐富內容及其間層次高下井然的蘊意。唐君毅的詮釋策略採取由道家三型中的愼到之學爲起點，對比出老子法地之道與愼到之異同和殊勝處。他認爲王弼本《莊子・天下篇》以「塊不失道」言愼到，推展出「至若無知之物然後止」之概念來詮釋老子。他不認爲愼到與老子同義，他對人法地持自認爲較切合之解釋。他認爲老子的法地旨在教人法地之處於卑下而引發人培養沖牧自持的虛靜心，其美德在正面地處卑下而容受萬物，法大地兼容並蓄的廣載之德。因此，愼到的塊不失道之學，雖能去一己之偏執，與老子和光同塵般地以卑下爲道之所在，但是，老子法大地廣載之德，更契合法地之勝義。唐君毅這一見解不能契合《老子・十六章》：「容乃公，公乃全，全乃天，天乃道，道乃久，沒身不殆。」以及第六十六章：「江海所以能爲百谷王者，以其善下之，故能爲百谷王。」由致虛守靜到微妙玄通，有容乃大的道化涵容之境，且能與《周易・坤卦》大象傳：「地勢坤，君子以厚德載物」相互發明，就生命主體切己修持，提升靈性和境界而言，確實有其精闢的創見。

再就《老子・六十七章》所云：「我有三寶，持而保之。一曰慈，二曰儉，三曰不敢爲天下先。」的「慈」、「儉」、「不敢爲天下先」之三寶的共同特徵就是與人不爭的無爲之玄德，世人不能免俗地與人相爭乃是私心妄念所驅策。唐君毅對「法地」這一「道」的面相，不但能消極地去私去爭，且能闡發有容乃大而大公無私的「道」之玄德。法地係就殊別性的萬物之兼容而言，能立基於法地則可進一步發展到法天的「道」之更高級的道相了。對唐君毅而言，「天」係一統攝性的語詞，法天即效法天總持萬物的整體相，更鮮明地彰顯天無私覆的客觀性、大公無私性。他說：

故老子言慈，而同時亦不重「于人之善惡，先存分別待遇」之心。故有

> 「善者吾善之,德善;不善者吾亦善之,德信」;又言「善人者,不
> 善人之師;不善人者,善人之資」;再言「道者,善人之寶,不善人
> 之所保」;更言「天下皆知美之爲美,斯惡矣;皆知善之爲善,斯不
> 善矣。」……故天道亦有「包涵善惡,而以惡成善,歸於渾化善惡」之
> 義。**65**

以人的自我中心看萬物,則有理性片面之見的偏執,主觀情感好惡、個人利害及
意志趨避的偏執,產生人我的對立分化、衝突和鬥爭。若能由統攝萬物的「道」
之整全性和周行不殆、往復不息的運行規律觀萬物,則生與死係一歷程上的轉
化,「生」未必非執生而悅不可,「死」未必非執惡而感恐懼不可。某物之死對
它自身而言或許爲「惡」,但是機體休止也可轉化爲他物生存之所資取而成就他
物存在之善。因此,天道大公,容受一切,無好惡之偏執,厚薄的歧視性待遇。
質言之,天道對萬物的存在無親疏遠近的差等之仁愛,「以萬物爲芻狗」的不仁
是無差別對待的,一視同仁。這是唐君毅對老子「法天」義之詮釋。

　　至於老子的「法道」義,就老子而言,意向於見道、體道,進而在實踐方面
修道、爲道者,應以虛靜心消解對天地萬物自私的獨占欲望,隨物欲分馳之競求
意念,以及分化對立性的片面之知,亦即經驗之知。換言之,致虛守靜的悟道工
夫,從「爲學日益,爲道日損」而言,是減損向經驗界學習個別化的、對象性知
識,而能以超越萬物殊別相,轉由整體性,整全相返觀「道」的渾全本體,深微
地領悟「道」之常常久久,體現出「法道」義。唐君毅說:

> 人法道又能安久於道,而於此中同時見得道法自然之一層面,即指人之
> 法道之工夫之相續,至於與道淡洽,安之若素,久而不失其所以,守道
> 皆出乎「自然」之境而言。此即由行而證果之工夫之事。在此工夫中,

一方有修道爲道者之心境，可加以描述，以知人如何於此心境之安、
久、自然中，可同時見得「道法自然」之義；一方人亦可有如何自達於
安、久而自然之境之種種内在的疑問。[66]

　　唐君毅由《老子》三十八章所言「失道而後德，失德而後仁，失仁而後
義，失義而後禮」意識到此四者有層次上的高下之別，再由「老子」二十五章末
句之「人法地、地法天、天法道、道法自然」更明確地覺解老子二十五章論述人
在法道的修養實踐工夫上爲一立體性的階梯。在人之「法地」、「法天」、「法
道」和「法自然」四境界上，人法道之自然是最終極性的境界，亦即至高境界，
他在闡發三十八章時，對老子所言的「上德」、「下德」做了一以「無執」與否
爲準據的判斷。所謂：「在老子三十八章於上德之『無爲而無以爲』之下，更有
下德之『爲之而有以爲』者，又曰『下德不失德，是以無德』。言下德無德者，
言其無上德；其所以無上德者，正以其不能如上德之『不德』、『無爲』而無以
爲，而自謂『不失德』、『有德』、『有無』、『有以爲』之故耳。……因所謂
上德即玄德，玄德即得道之常之德。失此上德玄德，即失道之常而失道矣。人有
上德玄德，即亦不失道矣。」[67]「上德」是妙合「道」而呈現「無執」相，「下
德」者謂有德而不失德，雖修道者不違「德」爲「道」分殊化的表現。「無爲而
無以爲」的「上德」其修養境界以妙契道「生而不有，爲而不恃，長而不宰」之
玄德，則臻「道法自然」的無執之爲的無爲境。因此，對唐君毅而言，「道法自
然」是由致虛守靜的心靈修養工夫達無執之「無爲而無以爲」的自然化境。職是
之故，三十八章的「上德」與二十五章的「道法自然」是悟道和修道者安於道之
常德的至上境界。

　　唐君毅立基於其所詮解「道法自然」的終極境界，而對王弼的詮解提出了極
具創見性的精闢批判，所謂：

---

[66] 同上註，前句見頁321，後句見頁322。

[67] 《原道》（二），頁328-329。

由是而唯有人之不滯於其所見、所知、所爲、所生，而具不有、不恃之
玄德，以安久於道，而達於自在、自如、自然之心境者；方能見此道法
自然之義。……王弼自亦可有吾人所言之意。然若其眞有此意，則不宜
直下說「在方法方，在圓法圓」，「於自然無所違」；而當言修道之極
致，爲安久於道，以達自然之境；並於此境中道之自然其所然。……人
乃能「自然地」在方而法方，在圓而法圓。則其只直下消極的說此「不
違」之言，固尚不能「正面的」照顧此諸義也。

王弼雖在《老子》注說：「自然者，無稱之言，窮極之詞。」但是從老子以道之
「玄德」的典範崇尙不言之教和無爲之治觀之，唐君毅以久安於道之玄德而有自
在、自如、自然之心境，倡「方自方而圓自圓」，其相較於王弼主「在方法方，
在圓法圓」更能貼合《老子》書中的「上德不德」、「道法自然」之旨趣。

　　論道存有屬性之六義與人在效法道的四層價值理想，亦即人生四層級境
界，是唐君毅秉持下學而上達的一貫信念所完成的解老子成果。「天人關係」一
直是貫穿在中國哲學各學派，延續中國哲學發展史上的「核心課題」。唐君毅論
道之六義在問題屬性上是存有學的問題，其論人法道四境界說是天人合一的理想
人生之工夫境界問題。這兩大詮老的課題不是相隔離的，而是相即不離地通隸屬
於中國哲學傳世的天人關係論。中國哲學的天人關係論是不離人與天地萬物共構
的生活界中，人與天地萬物具有機的聯繫是日日生活在天地人與萬物的各種關係
中。換言之，人是與天地人和萬物不可須臾離間的在世存有，在世存有的人在悟
修雙行的妙契道眞中開顯了「道」的本眞性存有及其透過萬物所煥發的多采而豐
富之人生意義和價值。

五、論莊子的典範人格「眞人」

唐君毅在《原道篇》中，取二章的篇幅綜合論述《莊子》內七篇之各篇題旨。令人矚目者，他以三分之一的篇幅闡發其中的〈大宗師〉。他說：

《莊子》內七篇〈逍遙遊〉……。此皆猶未正面就此理想之眞人，而言其與天之關係，或其在天地中之地位，其生活之態度氣象，及其所以修成之工夫，與其對「若爲其生之終」之「死」之道等。此皆於〈大宗師〉篇，暢言之，而後此眞人一方不離於天之宗，以官天地，府萬物，以遊萬物，而未始有極，及其爲天使，以與天爲徒；一方德充於符，爲人所見，以與人爲徒；再一方不暇悦生惡死，而超於死生之外等義，皆備足於此〈大宗師〉篇。〈養生主〉篇所言之善養生者，不知其生命有盡，〈齊物論〉之言我與天地萬物並生之道，〈逍遙遊〉之言乘天地之正者之無待之道，亦皆同可由此爲大宗師之人物之修道之工夫，表現之態度、氣象，以得其具體之印證；復可由〈大宗師〉之言天人之關係，與人在天地中之地位，以有一更確切之説明。**68**

唐君毅在《中國哲學原論・道論篇》中對〈齊物論〉雖有長篇之論述，但是，他特別重視〈大宗師〉篇，評價爲：「最爲深閎闊大，足以囊括衆義，而其文亦最跌宕眞切，足以使人逐步上契於高明之境者也。」**69**《莊子》內七篇歷來學者多認爲係具系統化的哲學，唐朝道士成玄英早在其〈莊子序〉**70**中就論述各篇間的思想脈絡可貫通爲一完整的體系。有學者指出《莊子》一書自〈逍遙遊〉

---

68 見唐君毅，《中國哲學原論・原道篇卷一》，臺北：臺灣學生書局，2004年版，頁37516。筆者以《原道篇》簡稱該書。
69 同上。
70 見清代郭慶藩編、王孝魚整理，《莊子集解》，臺北市：萬卷樓，1993年，初版二刷。

至〈應帝王〉，論述的理序似由內而外，自個體推擴及群體，係「由至人之無己到外則應帝而王。」[71]儘管如此，至論各篇在該體系中的定位，則隨學者們立基點及詮釋脈絡之不同而有所差異，不少學者認為〈逍遙遊〉篇居《莊子》全書思想綱領的核心地位，例如：當代學者徐復觀謂：「莊子對精神自由的所嚮，首表現於〈逍遙遊〉，〈逍遙遊〉可說是《莊》書的總論。」[72]〈逍遙遊〉是《莊子》一書的首篇，開宗明義地標舉出灑落圓融的典範性人格——至人、神人、聖人之內容和乘天地之正，御六氣之辯的人生崇高境界，且衍生出其後續篇的靈修工夫和處世安命的人生智慧。唐君毅卻情有獨鍾地確認〈大宗師〉具「囊括眾義」的核心價值。他獨舉〈大宗師〉中的「真人」所彰顯的人生態度，不落凡俗的生命氣象，足總攝前五篇旨要。

換言之，他立基於〈大宗師〉所表述的「真人」精義上，依序開展《莊子》一書其他篇蘊意而形塑出《莊子》書中可能的思想體系。他認為「真人」即是「大宗師」，其理由為「莊子之學之中心問題，亦即仁之如何自調理其生命與心知之關係之問題。」[73]「真人」妙契道真，以「道」的冥契為人生終極歸宿。他採取中國哲學的終極價值不局限於著書立說，而旨在成聖成賢的安身立命的一貫立場上。安身立命不但是人生終極價值的抉擇，且必須安頓在天人貫通的形上境域上。因此，他詮釋〈大宗師〉的重點，側重在天人不相勝，貴天法真的「真人」人格特質上。他強調真人的人格特質在以「所知養所不知」亦即由知識理抽象思辨所得的概念分化之知，透過離形去智的心齋坐忘，逐步返歸養護世人所不知的存有本真。扼要言之，他認為莊子的真人境界是蕩相遣執地消解主客對立分的現象之知或概念的真，返本復原於存有的真、本體的真。「天人不相勝」是消極的拆解人定勝天的偏執，「法天貴真」是正面的精神復健工夫。

他以天人性命相貫通的天人關係論，詮釋〈大宗師〉文本所言：「知天之所

---

[71] 見黃錦鋐，《莊子讀本》，臺北市：三民書局，1985年，四版，頁4。

[72] 見徐復觀，《中國人性論史·先秦篇》，臺北市：商務印書館，1999年，初版十二刷，頁393。

[73] 見《原道篇卷一》，頁403。

爲者，天而生也；知人之所爲者，以其知之所知以養其知之所不知。」所謂：

> 必眞知天之所爲，與知人之所爲，而用種種工夫，方可至於成眞人，非
> 只一以混然之天人合一之境界爲論。只説此境而無工夫，則不能成眞
> 人。此篇之要旨，乃在於説修道之工夫，而修道之工夫，則當本於知天
> 所爲，與人所爲。……以其知之所知，養其知之所不知，則爲莊子之修
> 道工夫之本。**74**

博大眞人所以能有眞知，唐君毅認爲其關鍵在能否貫徹修道的工夫。修道工夫首
先應辨明「所知」與「所不知」之語境。此語境非針對我們對客觀事物之所知與
不知而言，而是針對人主觀之生命心知之「原」而說，意指吾人的生命心知之
由天生，源於天之知。莊子所言以「所知」養「所不知」，唐君毅認爲是「以
人所有之知，還養其生命之原之天。」、「知此『天生人』而『人養天』」，
乃就兼知「天所爲」與「人所爲」，這是眞人修道工夫之本，也是〈大宗師〉的
核心論旨所在。「天」爲人生命心知之原，就這天原而言，人由一己生命心知之
流行是無窮而不竭的本體，人知本體義的「天」爲人生命心知無限的源頭，但是
對此「天與天之所爲」仍屬於相對有限的人所不知的。換言之，人對天原雖能有
所知，但是不能盡知，他認爲莊子的「所知」與「所不知」對應「人之所爲」和
「天之所爲」。他解釋說：「屬於其流（後起）之事，非原屬於原之事，此即當
屬人，不屬於天。」**75**後起之知是人之所爲，與「天之所爲」（人生命心知自然
流出之知）是相關聯的，人應「本此後知以知前知，與其前之生命活動」。

　　唐君毅指出莊子「以所知養所不知」是在分辨出天之原與人之流的天人關
係架構下來實踐修道的工夫歷程的。他所謂的「知」非局限在客觀化的經驗之
知。因爲他指出人在現實生活中所面臨的種種困難、憂患、焦慮……等各種問

---

74 同上，頁37617。
75 同上，頁380。

題，不是出自於人生命心知之原的天，而是「同出一原之種種心知與生命活動之
相錯雜，而相誤解，相衝突之事上。」[76]他認為這就是莊子所說的「成心」之形
成因。「成心」是因人面對人我之間所產生的種種利害、衝突、是非，再由一己
的理性偏執、情感、好惡偏執、利害得失的偏執……等因素互相糾結而成，儘管
「成心」因人而有不同的個別差異，但是人之生命心知，筆者認為是人具同一性
的先驗意識，或西哲所謂純粹意識上是同源、同構、同一於本體義之「天」。至
於人在經驗世界現實的種種偏見、誤解、矛盾、衝突等情況，係出於人後天習心
習性執著的意識之「流」，而非先天的原我之「原」。其間的變質，猶如同出一
水源的相合，雖然本源清澈，但是既流出之後，隨環境汙染的不同，再加上人習
心習性的偏執所造成的扭曲，於是有中、下游的清濁、明暗、高下之分別。因
此，真人的修道工夫，旨在洗滌人習心習性的習染，氣接清明的天原、天和在天
人合德之和中實現自我的和諧，以及與他人及天地萬物的和諧共融，他說：

> 人之所以去此流上之錯雜、誤解、衝突之道，唯有再沿此流，而還溯其
> 本原，以再接於其所自出之天和，……如還養此天和，而是此天和日
> 出，以成人之德之和，更成就我與人之和，以和天下；而消除此人生之
> 內在與外在之活動，由相錯雜而成之一切誤解、衝突之道，此即《莊
> 子》言以其之養所不知之歸趣也。[77]

唐君毅的莊學係以〈大宗師〉所提出的「天之所為」、「人之所為」與「所
知」、「所不知」的分疏之別切入，旁通統貫於內篇其他諸篇要義，貫串出真人
以「其知之所知養其在天」，此原天之知就本體論而言是人人所原有者，「真
人」境界的卓越處，乃在立基於法天貴真的原天之知，才不致於隨任原出於天之
知之流變，產生世俗性的異流錯雜，而與天原之知相誤解，與他人和天地萬物

對立衝突且喪失和諧，陷入矛盾痛苦之中。事實上，莊子的存有論是「道通爲一」、「通天下一氣耳」。〈大宗師〉啓點吾人必須修道成爲有眞知的眞人，才能以道爲宗，處變而不被牽引、失眞，眞人與萬物和大化渾然一體，與天地精神相往來，與道相契同遊於大化生命無窮的流變中。〈大宗師〉謂：「不以心捐道，不以人助天，是之謂眞人。……天之與人不相勝，是之謂眞人。」蓋「嗜欲深者，其天機淺。」心能平靜無念欲之動就是德，莊子所示的眞人修成之德，恆保內心的平和，既不受外物干擾，也不無事生非地去干擾萬物。眞人之至德是能超脫物累而與大化合命，恆保常心而不隨物遷移，安時而處順，成就唐君毅所說的「天和日出，以成人之德之和，更成就我與人之和，以和天下」臻於天和天樂的最高生命精神境界。

第四節　唐君毅的佛學研究

一、前言

　　在當代中國哲學研究的前賢中，有學者輕忽佛教哲學的世界觀、或因果輪迴的生命觀。例如：馮友蘭視佛學爲虛構之言，他曾說：「佛教講到一個人的前生和來生，這就毫無可考，任憑瞎說。」[78]張岱年在其著作中也甚少論述佛學，牟宗三視基督宗教所信仰的上帝係出於情識的構想。[79]，從而對神佛世界及業報輪

---

[78] 見馮友蘭，《中國哲學史新論》，第四冊，臺北市：藍燈文化事業有限公司，1991年12月，頁248。

[79] 牟宗三在其《圓善論》一書中有言：「是故將此無限的智心人格化而爲一個體性存有，這是人的情識作用，是有虛幻性的。」，臺北市：臺灣學生書局，1985年7月初版，頁248。

迴理論未予以重視。相較之下，唐君毅不但不關貶佛教，且對脫胎於印度原始佛學的中國佛學視為重要的哲學資源，深入了解，闡發其哲學性奧義，對中國大乘佛學的理論發展脈絡有扼要的概括，對天臺宗和華嚴宗的思想精義及對比性的研究做出了具學術價值的大貢獻，唐君毅對佛學之論題及其哲學性價值觀有一立場性的表達，他說：

> 自佛學之起源以觀，則釋迦之發心作佛，乃由於深感於人與有情生命之生老病死苦，並知其原在此有情生命之業障，而求自此業障中解脫，以拔除一切苦，得寂滅寂淨之究竟樂。在印度固有之思想，素信一切有情生命所作之業，不隨其一生而盡。依此業力之不散失，而有其生命之三世流轉，及至無窮。今欲拔除此苦，則必須轉化此生命無始以來於無數世界中，所造一切招苦之業，藏於當前生命狀態之底層者。此則大非易事。[80]

他以境、行、果三項哲學問題論域來解釋印度原始佛教中四聖諦、八正道、局蘊界處觀、十二因緣觀及涅槃說。他將四聖諦的「滅」視為工夫實踐的佛果或人生境界論。「道」則屬修持之實踐工夫，係「行」的論域，亦即工夫實踐論。他視十二因緣論之順說係由人在世間所積累的業力、執識所形成對外在世界觀，亦即「境」或宇宙發生論。此外，蘊界處指人生命結構中的五蘊，亦即其所形成的現象世界觀之境論，他認為印度原始佛學的世界觀有一三世業報輪迴的生命觀、重重無盡之國土世界，以及利於「眾生藉由做工夫歷程上拾級而上的終成佛果論。」

唐君毅的佛學研究成果分別呈現在其所著的《哲學概論》，以《中庸》首章：「天命之謂性，率性之謂道，修道之謂教。」為書名典據和理源的《中國哲

---

[80] 見唐君毅，《中國哲學原論·原道論·卷三》，臺北市：臺灣學生書局，1980年3月，臺三版，頁3-4。

學原論》，該書分成《導論篇》、《原道篇》、《原性篇》、《原教篇》，後二篇對佛學著墨甚多，還有其融貫儒、佛、道的晚年鉅著《生命存在與心靈九境》等，他不但以境、行、果三論域紹述印度原始佛學基本學說，還特別以戒定、慧定位佛教核心思想的工夫論。在中國佛學標舉了對後世佛學思想有深遠影響的道生頓悟說、對唯識學開展出華嚴宗的脈絡性說明、天臺圓教之旨意、華嚴五教觀及其圓教精義，對比華嚴與天臺在圓教上的主要差異。這些論述都是我們在了解唐君毅佛學研究所不能繞過的。

他在中國佛學的源流上，特別交待了由原始佛發展出大乘佛教的緣由。他指出印度部派佛教的上座部和大眾部係對境（現象世界）的表述。其間，上座部較詳細，衍生大乘瑜伽宗或法相唯識宗。大眾部及大乘般若宗、中觀論對現象世界的表述較不詳，卻傾向於本體論，以般若空性智慧爲特色。上座部的現象世界或宇宙論的提法，則以唯識學說爲代表。因此，般若系之本體論和唯識系之宇宙論形成印度大乘空、有兩類型，其中也涉及「行」和「果」的工夫與境界論。他以華嚴、涅槃、法華諸經視作言「果（境界）」的理論，當然也涉及言「境（現象世界）」之唯識、般若兩系。總而言之，佛教哲學或甚至東方哲學以安身立命爲人生實踐的哲學學派，皆以本體論、現象論、心性說、工夫論及人生境界論爲核心論題、論域，只是在質量上，立場上有差異。此外，原始佛教發展出大乘佛教，其間的主要差別在於小乘佛教主張求個人的煩惱解脫，由修行入涅槃，成就阿羅漢果（自了漢）。大乘佛教以慈悲爲懷，不捨世間待拯救的大眾，以普渡眾生爲佛心，出世與入世不二。唐君毅指出小乘佛教平列色心爲二，大乘唯識宗則攝色入於心，般若系也講究心識的活動。在工夫實踐上，大乘般若、唯識皆將一切世界收納於主體心中。大乘法華、華嚴、涅槃諸經有別於小乘佛教只平分色和心兩種法，又二分了世間、出世界，在論佛果的論旨上，以心收攝一切，謂佛法身遍在所有的主觀心法和客觀世界。同時，在佛性論上，大乘佛經皆主張佛法身是遍及一切處，亦即遍及佛界和眾生界。中國大乘宗派以這些論旨爲核心思想。

二、戒定慧的工夫論和道生頓悟說的重要性

　　唐君毅透過對道生頓悟說的所論述之佛教實踐工夫，詮釋了華嚴五教說，特別針對歷來學者反對的華嚴頓教說，提出他的辯護。蓋佛教修行的終極目標在成佛。他指出佛教兼備般若空的本體論和生命主體的實修工夫，般若學既言本體也說修持工夫，係般若、唯識共通義下的本體工夫。要言之，本體工夫是以人自覺的心靈轉化提升來開顯本體的真。他以佛教的戒、定、慧三學闡明佛教工夫要旨，所謂：

> 此工夫之全中，必須包含吾人之原有之日常的生活與其中之心靈之改變。……包括生活行為上之禁戒與規律。此即佛家之戒律之學。……佛教更有個人之如何調適其身心之學，此即廣義之禪觀之學。……禪定，初偏在心身之消極無擾動上說。言禪觀，則偏在心之積極的有所觀方境上說。此禪定之義，通於生活上之禁戒。禪觀之義，則通於純義理之照。……依釋迦之八正道言之，則理解慧解，屬正見、正思維；戒屬於正業、正語、正命；禪定禪觀屬於正定、正念。以大乘戒、定、慧三學言之，則戒是律學，禪定是定學。於義理有理解，慧解，以成慧觀，而通於禪觀，則是學也。然定自依於所戒，由定而有所觀解，亦必終有慧。

　　他以戒律、禪定和禪觀三義詮釋戒、定、慧，且三學互補相通。三種工夫相仍相貫。禪觀的形上學論述也是工夫實踐一環節，禪定側重修持意志的堅毅性，係本體工夫的實踐關鍵。他結合八正道講法以綜觀戒、定、慧三學，強調三學旨要相貫通。

　　禪淨般若學中的禪觀工夫在企求佛教般若智慧上有曲折的艱難次第，一切法之真諦（真實性相）予如實觀照，可證知「法性」，為人之生命、為人自身之法

身，是澈底解脫苦業的原生命依據。換言之，人原有一解成佛之心性，可由學佛之工夫而成佛，其中會般若智、法身、解脫痛苦及救渡眾生之事業。唐君毅認為佛教的旨要是漸修工夫和頓悟，禪觀的次第工夫意指人學法的生命係在輪迴的歷程上循序拾級而上。要言之，去執和救渡眾生的兩項修行是一漸修頓悟的歷程。唐君毅面對佛性的深刻問題，收攝於對道生頓悟說的概念界說，所謂：

> 然吾人之聞道生有此頓悟、善不受報、佛無淨土之論者，或以為此即言吾人當下即可有此頓悟，如後之禪宗之言頓悟，或佛學可不講善惡之因果報應，則又非是。實則道生唯言成佛時，必有頓悟。人在成佛前，固仍須歷種種次第漸修之工夫，次第破除執障。唯破除至淨盡時，必有一頓悟耳。[81]

他認為道生雖有「一闡提皆有佛性」、「頓悟成佛」……等提法，卻不抹殺修行者歷階拾級而上，至最後成佛時，乃係大頓悟境界下的成佛。他據此而在論華嚴宗五教判教說的頓教時，極力維護。他說：

> 在印度思想，原信三世輪迴之說。諸宗派成佛之事，亦必歷多生而後能成。……則雖言涅槃法華之教，不論廢工夫境地次第之論，亦不能依此以謂無他生無死後之識神或心識之長存，以至解脫成佛，而後已也。故吾人亦不能據道生言頓悟義，而謂其不言次第工夫境地，有現世無後世也。[82]

他指出法相唯識學在講人於輪迴歷劫之神識亦有其漸修的次第。道生的頓悟說，非超越漸修歷劫之歷程而能頓悟成佛，而是漸修漸進，終於在神識充盡開顯

---

[81] 《中國哲學原論‧原道篇‧卷三》，頁43。
[82] 同上，頁46。

的終境頓悟中成佛。

三、唯識學至華嚴宗的發展脈絡

　　唐君毅對佛學的研究採取史脈的縱向與橫向的綜攝各家，構成了縱貫橫攝，旁道統貫的全方位之詮釋法。他確認佛教的人生哲學連貫出前生前世，今生今世和來生來世，總括了有欲界、色界和無色界，成佛得歷練諸工夫次第和超三界。他從輪迴歷階性之工夫次第思想中，得以論述唯識學新進至華嚴宗的核心問題及其開展脈絡。他說：

> 佛家之言次第之修行工夫，與次第所達之場地，而印度佛學自始有種種修道證果之境、地之說，見於大小乘之經論。……眞諦譯攝論，傳法相唯識之學，此即以心識爲中心之佛學。心識即神識。法相唯識宗之成立賴耶、末那所以建立此心識或神識之不滅，以實成立此三世因果，與歷劫修行之可能者也。至於華嚴經之有十地品，言地地間之因果相生相攝之關係，亦言佛境菩薩境界之相攝相入，則開後之華嚴宗之根本義。由眞諦之法相唯識學，至玄奘窺基之法相唯識學，是一流相接。地論宗則華嚴宗之先導。……華嚴宗之通佛境菩薩境，以觀一切境，依佛心菩薩心，以觀一切眾生之心識，而以眞心觀代法相唯識宗之心識觀之說。故華嚴宗義，又多由法相唯識宗義之新進而成，而可合視爲佛學中之大流者。[83]

　　他認爲佛教教人修持佛法是一項經過輪迴長劫之歷程，依工夫次第逐步修行

提升的志業。法相唯識宗有阿賴耶識的提法爲人之生命生死相續的三世業報奠立理論基礎。華嚴宗廣大精深，旁通統貫的深邃思想也資取法相唯識宗所提出歷劫輪迴的串聯性之業報主體說法予以轉進提升。他從大乘佛學的般若與唯識二系脈絡審視指出天臺宗主要從般若系發展出來，華嚴宗則由唯識系的思維脈絡開出，他也指出《楞伽經》有如來藏藏識的提法，這一名稱宣稱人的底層心識中，其所既有的染淨善惡業之習氣種子，轉成後起的染淨善惡業之因，亦兼具純清淨的如來藏爲成佛基因。人之能有成佛的可能性就在於該心識可轉爲智，以契悟眞如。就佛經的發展脈絡觀之，從勝鬘至楞伽、密嚴、解深密以及後來唯識宗諸論的發展，都採取人最底層的心識作爲兼具被汙染的不善性和清淨善性之賴耶識，這一思路形成中國大乘起信論依據如來藏言藏識的根本。因此，如來藏自性清淨心是唯一眞實，且是即法界之心性，唐君毅總結這一趨勢，肯認大乘起信論進展成華嚴宗。[84]

　　唯識學對現象的緣起及衆生處於無常而偏執之苦提出有意義的解釋，但是在衆生可以成佛的理據上則差令人滿意的解說。唐君毅認爲人在因緣流轉裏的成佛有兩要件。一爲客觀而上的緣起論，另一爲人的阿賴耶識中兼含有漏善種和無漏善種。但是就唯識學來說，人所具有的無漏善種不必然能發出作用，因爲阿賴耶識所含清淨如來藏針對其所含的染汙之不善種並不具有作用的優位性，未必有自覺自主的主導作用。值得注意者，眞如本有是一回事，正智依無漏種子的現行將染汙種化除而修成是另一回事，二者的性質和來路不同。進一步而言，唯識學轉識成智的修行理論，其正智需在各種因緣中運作，眞如之理對正智而言，其身分是外在之理。因此，正智所證知之眞如或一眞法界對眞如自身非同體之存有。他詮釋說：

　　此正智之呈現，依無漏種爲主緣，更依其他外緣爲附緣。若無無漏種，

則眾生不得成佛。然眾生之有此無漏種，與無此無漏種，在理論上同爲可能者。故法相唯識宗許眾生中之或無無漏種，爲一闡提。而不能成佛者，並謂無漏種須以爲佛所説之正法等流之言教爲外緣，方得現得。此皆相連而起之理論。……中國佛學如吉藏眞諦、智顗與大乘起信論所言，即皆意許有此正智與眞如合一之心，或智如合一之如來藏，爲成佛正因者。故此法相唯識宗所歸之成唯識論之説，與此前此所論之中國佛學，在根本義上，正大有出入。吾對此問題所加之評論，自是以唯識法相宗所論，尚有一間未達。**85**

　　然而，唐君毅對轉識成智的唯識學批評「尚有一間未達」而判爲非究竟了義之學外，卻也肯定唯識學具有成佛有待努力修行的優點，唯識學認爲眾生所以未成佛，主要原因在其生命中含具著染汙執障的種子及現行。然而有可以將之轉化消解成空的原理，因爲人人皆原有自性清淨的如來藏心，亦即眞如之理。但是在成佛的路徑上，這只是必要條件非必要而充分的條件。換言之，人若只自恃如來藏心而不致力於依現實因緣行轉的工夫，則在現實上是不能成佛的。如此，人自恃如來藏心而不隨緣修行佛法，則也宛如人在意識世界中，末那識妄執自我，由我執而衍生我慢、我是和我受之偏執又如何能轉識成智以成佛呢？唐君毅頗贊同唯識法相宗謂人得虛心地由清淨法流的言教爲因緣，才能消解染汙執障的種子及現行，彰顯無漏種子（如來藏、眞如）邁向成佛路途。他也強調大乘起信論所說的菩薩救渡之外緣以及宗教意義上的神通感應說具教化價值，這些說法比唯識學所言聽聞聖教宣講的外緣之提法，更能具彰顯無漏善種之實效。扼要言之，迷染眾生若能自行發內因之眞如心作用，再配合外緣交互作用，至成菩薩境界後，又能以救渡尚在迷染之眾生，則《大乘起信論》較唯識學更具使人成佛的效力。

四、對天臺宗的詮釋

　　天臺宗始於南北朝末期，不但是漢傳佛教七宗之一，且是最早一個完全由中國佛教論所創立之本土性宗派，智顗是南朝陳、隋時代高僧，天臺宗四初而爲實際創始者。天臺宗以《妙法蓮華經》爲根本經典，被稱爲法華宗，由於特別注重修行止觀，又被稱爲止觀宗。「止」和「觀」是兩項修證工夫，得在智顗的天臺圓教中，圓頓止觀無二無別，乃當下即是。換言之，他的圓教意指即心觀照可即空即假即中而能不假方便，所謂：「別教雖知中道，次第觀智伏斷；圓教即中，一心觀智伏斷。」[86]智顗將頓教置入依說法和覺悟方式來判定的化儀四教中，至於講內容，不論形式的化法四儀是沒有頓教的。天臺宗的頓教涵義有數個重點：止觀修行不需次第而直契佛理；言語道斷，超速世俗的思維方式而入於不思議境界，在此境界中泯除一切差別。亦即無階位之差別。

　　唐君毅謂智顗將人的修因與證果二者相即不離，其所言化法、化儀各四教，標榜重聞法以行佛道的人文意含。質言之，智顗的天臺圓教蘊涵著人人皆有佛的知見，能契悟佛法，人人皆可成佛。他論及天臺教學的初衷是：「佛之所以垂此跡之本，則賴吾人之自觀其心，以求與佛心佛智之本，互相契應。」[87]智顗判教的目的在結合佛陀教化本跡和指點弟子修行工夫，強調「觀自心」是止觀修證工夫之入路。天臺的止觀所修證的最高境界就是「圓教」。唐君毅認爲天臺圓教將直觀中道、佛性和直破無明這三智會通於一心中，而此三智又依據無明和佛性（或法性）。他指出有一「在當前工夫之雙照雙觀。……乃直接破無明，亦直接顯佛性、法性，故其道最高最深。」[88]天臺一心三觀旨在指導人針對「現前一念心」、對此一念之知能作到「正破此無明」同時也照見佛性法性。換言之，天臺一心三觀之圓觀旨在觀其即假、即空、即中，不外依圓觀破無明以顯中道法性

---

[86] 隋、智顗說：《摩訶止觀》，《大正藏》，第四十六冊，頁62。

[87] 唐君毅，《中國哲學原論‧原道篇（三）》，頁143。

[88] 同前，頁178。

（佛性）。觀無明和觀法性是互動，視人當前意識的一念爲無明與法性之合；了解觀無明不離法性，煩惱與菩提相即不離，生死不離涅槃。總而言之，圓教是直下破無明而顯中道，亦即佛性或法性之事。圓頓止觀之不經工夫次第而直下頓顯義是區別圓教和別教的最簡易方法。但是，吾人如何能修證圓頓止觀之一心三觀而臻圓融三諦之境，是不易解決的難題。唐君毅有兩項重要論述，一是由觀當前一念心破法執臻不思議境。二是圓觀下層無明與上層法性的圓觀方法。茲予以分別紹述。

一心三觀聚焦於當前一念心，對天臺「一念三千」義，此心本具三千法，可轉至其他諸界諸世間之念。唐君毅說：「佛界之外之九界眾生之當下一心念，皆可互相轉入。」[89]一心即具諸法，十界互轉的前題，是九界眾生成佛的理論依據，重點在十界互轉的「轉」，人心須由止觀把一念染汙轉化成三千清淨，這是證緣佛果之切入處。唐君毅說：

> 修道之要，唯在對當前一念，依對空假中三諦之圓觀，以觀之，以使成一不思議境；更知一念具三千法，則一念成不思議境，三千諸法亦頓成一不思議境。[90]

智顗在《摩訶止觀》論一心三觀的實踐，應先從發菩提心和安心切入，書中有五分之一的篇幅論「破法偏」，亦即如何在平常來破除種種心法的偏執。唐君毅認爲智顗調整龍樹《中論》所提破四句之旨要，針對人的觀前一念，依這四句，從思議邁向不思議境。他指出就這一論旨可察知天臺圓頓止觀所言「頓」的特別義。圓頓止觀可以轉心識之染汙成清淨心，能對當前一念，透過對空、假、中三諦的圓觀，翻轉成破法偏的不思議境。其一念心之頓成不思議的意義在破法執，知其性空，得見法性而不執取。

---

[89] 見前揭書，頁189。
[90] 同上，頁194。

在圓觀上屬法性與下層無明之一屬義的論述方面，他的問題意識在針對《摩訶止觀》所提及的法性與無明之間既不相合相轉，卻又能相即且相合相依的矛盾。唐君毅因此而以二層之圓觀企圖消解可能的矛盾。他認爲「法性」是能觀的心法，心性，具動態義。法性或心法之心能觀假有本空，徹悟無明之本無，證成原無無明，成就圓觀之中道正觀。他在典據上引《摩訶止觀·卷六》：「觀此無明，即爲三番：（一）觀無明，（二）法性，（三）觀眞緣」且對三番如何破除無明分別作了解說。[91]至於他最主要的見解爲：

> 言空假之智與心相應，即言心兼觀空假之智。此心智在所觀之一念心法之無明法性之上層，而能觀此心法之假有與空者。「執心法爲實有，即是無明」、「不執爲實有，即兼顯此心法之寂而能照之法性」，合此二者，則於當前一念心能兼觀其無明與法性。[92]

能觀一念心法的無明法性是上層。結合心法所觀之假有和空者，能於當前一念兼觀其無明與法性的說法，出於智顗所言「無明與法性合」這是從圓觀上說，係下一層義。唐君毅認爲自下層所觀，無明與法性是相合相即的可動態地相轉變。他的語意傾向圓觀的歷程，不突出「直下頓顯」義。他認爲下層是上層的世俗因緣，下層的無明與法性互動頻繁，則可愈顯上層之明而成就解脫。若上層能愈觀下層，則愈能無無明。他強調上層的無無明係依於下層的無明。上下層相依互動，無明與法性雙照雙觀，以通於般若智慧涅槃清淨而成就法性之明以成其解脫，這是他在這一論題上的大義。

---

[91] 同上，請參閱頁194-198。

[92] 同上，頁197。

五、對華嚴宗圓教的詮釋與辯護

天臺宗與華嚴宗在對佛教諸宗的判教中皆稱自己為圓教，其間有否差異，甚至相矛盾呢？唐君毅在其《中國哲學原論·原性篇》、〈原性（九）華嚴之性起與天臺之性具及其相關連之問題〉中指出：「如天臺、華嚴，雖皆為圓教，而其所以為圓教者，亦仍有不同。」[93]在六朝時期佛教界已有判教活動，例如：「頓」、「漸」、「不定」是彼時慣用的判教語，其中智顗有言：

> 第一頓教者，即《華嚴經》也。從部時味等，得名為頓。所謂如來初成正覺，在寂滅道場，四十一位法身大士及宿世根熟天龍八部一時圍繞，如雲籠月。爾時如來現盧舍那身，說圓滿修多羅，故言頓教。若約機約教，未免兼權，謂初發心時便成正覺等文。為圓機說圓教，處處說行布次等；則為權機說別教，故約部為頓。[94]

智顗據如來說明教法，喻示《華嚴經》不經階次、頓至佛果的教法是頓教，且批評說：「如華嚴時，一權一實，各不相即，大不納小故。小雖在座，如聾若瘂，是故所說法門雖廣大圓滿，攝機不盡，不暢如來出世本懷。」[95]我們回顧印度原始佛教言人生的有漏皆苦之苦諦，從而衍生唯識學提出以心法收攝色法來解釋眾生業力時，需交待主主體所以有不善的原因，乃推導至由無明開始，形成我執、法執，歸結入八識中的阿賴耶識中。唐君毅謂華嚴有鑒於立基在阿賴耶識的唯識學非究竟了義，指出另有一承傳的路數，他說：

> 然此中如人循勝鬘密嚴經之最底層之心識為如來藏之義而發展，亦可另

---

[93] 唐君毅，《中國哲學原論·原性篇》，頁298。
[94] 〔高麗〕釋諦觀：《天臺四教儀》，《大正藏》，第四六冊，頁774。
[95] 出處同前註。

形成一路之思想。此即爲中國之大乘起信論之依如來藏自性清淨心爲唯一眞實，此心亦即遍法界之心性者，則爲由大乘起信論更發展一步所成之華嚴宗義也。[96]

　　唯識宗所守的阿賴耶識是染淨並存的，至於如來藏識系是以清淨識爲根底，他確認大乘起信論和華嚴宗採取如來藏識系的清淨心爲大原則大方向，終成就爲大教。其路數是先肯定眞如心或本覺的眞實，再依據眞如起修持工夫，相較之下，天臺宗的智顗言返本還原未先立一本覺或心眞如者，只強調透過圓頓止觀的修行而成佛，唐君毅評曰：「華嚴宗之法界觀致廣大而極高明」，「天臺宗之止觀盡精微而道中庸」。[97]他雖然認爲此二者風格說法方式、修行、路數不同，卻可相輔相成。所謂：「而二宗之義，亦原可並行不悖。」[98]

　　那麼，這二宗的說法方式究竟有何不同處呢？唐君毅以「攝末歸本法輪」與「根本法輪」之差別來詮釋。在問題的提出上，天臺涵攝末以歸向本，《法華經》是佛導三乘而歸一乘，是同教一乘圓教，係開顯的間接說法，相對的，華嚴宗是佛說其自證境界，屬根本法輪，別教一乘圓教。[99]二者所以有相輔相成之關係，因爲華嚴宗可以把天臺宗「攝末歸本」的本義彰顯出來，將天臺宗所說「會三歸一」的「一乘佛」之佛界法展示出來。他又分別針對二者間「性起」、「性見」之辨，「眞心觀」、「妄心觀」之辨和「無情無性」、「無情有性」之辨，一一予以釐清和調節。這三辨之疏解分述如下：

（一）「性起」與「性具」之辨

　　唐君毅針對二者間使用的「性」義的語意釐清。他謂華嚴宗「性起」的

---

[96] 唐君毅，《中國哲學原論·原道篇·卷三》，頁211。
[97] 唐君毅，《中國哲學原論·原性篇》，頁280。
[98] 同前，頁262。
[99] 同前，頁261。

「性」是依佛自證境界爲本的第一義，從心之起用本淨之性而言。這一涵義係從果地、法界的層次言自性清淨之性，「性」是清淨的，心之起用係從清淨本性的性起意含。天臺宗以言「性」乃依事之存在層，亦即可兼具染淨的第二義而言，由這一性具觀點可推出性要說法。二者對「性」的涵義依不同層次而立說，可互補而「並行不悖」。天臺宗承般若空宗切入，再轉折客觀存在，提出「即假即空即中」的圓融之諦。既由客觀存在面入路，則天臺地宗所言「性，具足了一切法，當然可兼具染淨，頗契合《維摩詰經》所云：「但除其病，不除其法」的精闢見解。然而，「性」既具善惡，若從佛之果地言，是以起現「善」爲價值上理想，自覺地要求自己赴現所具的善性。因此，華嚴宗是接踵於「天臺宗」的客觀存在路數，更進一層地由生命主體推舉善淨的「性起」以實現天臺宗即染轉成淨善的佛果企求，華嚴宗之「性起」可說是立基於天臺宗「性具」而更提升一步，這也就是唐君毅所謂此兩宗可「並行不悖」的。

（二）眞心觀與妄心觀之辨

華嚴宗的立基點爲如來藏自性清淨的是成佛根據，如何由如來藏系的眞如緣起說轉進至華嚴宗的法界緣起而直顯佛果佛界。其關鍵在「性起」問題，亦即企求開顯佛的自證境界。因此，華嚴宗所修的法界觀係由其眞心觀能在兼具染淨的實然面，唐君毅指出該宗強調應起用眞心「轉染起淨」、「轉惡依善」[100]致力於清淨之性起現，臻於所崇尚的「性海圓明，性海具德」[101]境界。

對天臺宗而言，性兼具善惡，而善惡法門恆各自存在，其所修正觀之關鍵在觀「介爾一念心」，亦即「妄心觀」，以善法門「修治」惡法門。[102]這是天臺宗「妄心觀」實踐工夫上的眞切對治要旨。總而言之，唐君毅判定華嚴宗是以第一義的法界觀眞心扣緊眞常心使性起，天臺宗則以第二義之客觀存在界觀妄心，

---

[100] 同前，頁263。
[101] 同前，頁270。
[102] 同前，頁273。

以止觀作轉染成淨工夫，所以此兩宗是各有其說且可相行不悖。

（三）無情無性與有情有性之辨

　　天臺宗由客觀存有論推導出「無情有性」說，其佛性內涵為「三身佛性」說。人在未成佛之前，具正身（亦即根身）、器界的依身，人在修行成佛後，正身成為法身，依身則指佛土。其間，人之根身器界與佛之法身佛土不二，修行者與得道成佛者構成連續體。職是之故，眾生成佛，在佛地佛界中，其正身和依身轉成佛土及法界。眾生之器界也隨之轉成佛土佛界。器界中之一切草木瓦石等非物之物，在萬法唯識的意義世界中也視為佛土佛界之存有物，一切皆成為佛的依報身。此際，在天臺宗「心」、「性」皆具三千，和「色心不離」的前題下，由心具而性具而色具，推導出「無情有佛性」的論點。

　　華嚴宗立基於人的主體生命由以經驗主體為主，超越主體為客的分解入數，進入如來藏之以超越主體為主，以心識的經驗主體為客，頓入法界的性起系統，開顯主體的起用，清淨無染的佛界法界全然起現。由於「有情」的眾生才有心識活動能力，以主體性和自主性的身分言「性起」。至於無情識之存在者，無情識活動力，自然無「性起」能力。換言之，華嚴宗是由主體心識活動來論證草木瓦石為「無情、無佛性」。眾生具備成佛的根據，亦即如來藏自性清淨心，有情有識，有能力顯現自身的心性，故因「有情（情況）」才是「有性（佛性）」。

　　扼要言之，華嚴宗立基於人的生命主體來說「性起」，在佛法自證境界上展示真常心的自性清淨本性，觀真心起情識活動，轉染起淨，係屬於有情眾生界。天臺宗立基於客觀存有論，以介爾一念心之性兼具染淨的講法，由「妄心觀」而顯無明法性，其修行成佛時，法性佛性相即不離，證立了「無情有性」。唐君毅總結了二宗立基點和行徑之脈絡不同，各圓其說，卻可並行不悖。唐君毅

在比較兩宗的圓教義後指出，華嚴宗之「探玄記」（卷1）有開展四義談[103]，天臺宗沒有第四義，此義顯示佛心和眾生心相異而相奪亦相泯，俱歸寂點。依他的判教所示，天臺宗論佛心和眾生心的關係只有相即關係，他指出：「智顗未言眾生心與佛心相形奪而成之頓教義，亦未言前三義通過此頓教義，以為一乘圓教所攝」[104]觀其隱合性的語意天臺圓教有不及華嚴圓教處。平實而言，天臺宗主「攝末顯本」、「念三歸一」，關鍵在如何使性起而顯現「本」的「顯本」之「顯」，在「起必含具」，「具不必起」的邏輯分析和推論下，華嚴宗以性起之主體心性實踐工夫為立基處而證立修行成佛、圓融無礙，重重無盡的佛光世界，顯然有高明於天臺宗處。

---

[103] 參閱《中國哲學原論・原道篇》，〈華嚴宗之判教之道及其法界觀（下）〉，頁327-328。其所謂四義為（一）眾生無別自體，攬如來藏以成眾生。（二）佛證眾生心中真如成佛。（三）眾生心內佛，為佛心中眾生說法；佛心中眾生，聽眾生心中佛說法。（四）或彼聖教，俱非二心，以兩相形奪，不並現故；雙融二位，無不泯故。」

[104] 同前，頁328-329。

第三章　徐復觀（1903-1982）

第一節　論人權與民主

一、問題的提出

　　儒家自古以來，在所留傳的文獻中，也蘊積了不少未顯題化的人權論題和思想。可是人權意識在外來思潮刺激下而逐步地覺醒。固然，近百年來的思想家多有這方面的論述，例如：殷海光、張佛泉、牟宗三、徐復觀……等。其中徐復觀（1903-1982）儒家立場的人權論述，特別突出而具代表性。他親身經歷過二十世紀中國政治風雲，參與現實政治且感觸最深。他是位對中國政治思想史研究頗力且反省力強的新儒家人物。他出身湖北鄉間，對廣大農民的心聲有真切的體認，也是親身奉獻民主的人權鬥士。他可說是新儒家裡，敢於向現實政權挑戰，且最具自由主義色彩的一位儒俠。他曾經是位高度參與國民黨黨政工作的三民主義奉行者。他有鑒於國民黨在中國大陸的失敗，省悟出沒有學術文化助力的政治運動，終將沒有大出路。政治上的失敗使他一方面回歸中國文化，發現中國文化中有不少反民主的專制毒素，另一方面他接受西方的民主精神，又發現中國文化在某些本質上和西方文化的民主精神是一脈相通的。他認為由儒家的民本政治若要轉化出民主政治，則需吸收西方的天賦人權說及西方的民主精神。他說：

> 承認人權是出於天賦，然後人權才成為不可動搖，人的生存才真能得到
> 保障；所以政治的根本目的，只存在於保障此種基本人權，使政治係為
> 人民而存在，人民不是為政治而存在。[1]

---

[1]　徐復觀，《儒家政治思想與民主自由人權》，臺北：臺灣學生書局，1988年，頁198。

　　他深刻地意識到人權乃是民主政治的重要基石和前題，民主政治是對人權實踐有所保障的一套必要機制。建構人權的理論基礎，當從哲學上進行深入的探索。人權既是西方近當代所蘊發的思潮，那麼，它與中國源遠流長的儒家思想是否能磨合呢？徐復觀自述在辦《民主評論》時期，已與牟宗三、唐君毅先生，形成當代新儒學一項共同的基本取向。他說：「要以中國文化的『道德人文精神』，作爲民主政治的內涵，改變中西文化衝突的關係，成爲相助相即的關係。」[2]我們有必要釐清徐復觀認爲儒家思想在轉接出西方的民主與人權思想時，究竟有何有待超克的局限呢？同時，他所謂的儒家道德精神究竟是怎麼樣的內涵？他如何主張以此道德精神接通在中國可擇取的西方民主與人權，創造出有中國文化特色的民主與人權內涵，成爲我們應努力的理想目標呢？最後，再省察其人權觀放在當前的人權思潮下，究竟有何得失。

二、儒家未能產生民主與人權的學說盲點

　　早在中國2000多年前的孟子，已明確的樹立了儒家仁心仁政的王道政治理想。孟子針對在政治社群中人民、社稷與國君的三重結構關係中，明定其間的價值排序是：「民爲貴，社稷次之，君爲輕。」[3]他本著人性價值的無比尊嚴及人道上一視同仁的關懷，主張全體人民的生命和幸福，爲政治最高目標所在。就常理而言，實現人民的幸福才是政治常規常律和最後目的所在。無疑的，孟子提出的民本王道政治理想，可說是儒家人權至上的宣示了。孟子在這種人權的關懷下，特別關注弱勢團體的人權，且以此肯定文王仁政的實施處。他說：「老而無妻曰鰥，老而無夫曰寡。老而無子曰獨，幼而無父曰孤。此四者，天下之窮民而

---

[2]　同註15，頁320。
[3]　《孟子·盡心下》。

無告者。文王發政施仁，必先斯四者。」[4]然而，徐復觀針對儒家政治思想的歷史局限性，尖銳的指出：

> 儒家所祖述的思想，站在政治這一方面來看，總是居於統治者的地位來為被統治者想辦法，總是居於統治者的地位以求解決政治問題，而很少以被統給者的地位去規定統治者的政治行動，很少站在被統治者的地位來謀解決政治問題。這便與近代民主政治由下向上去爭的發生發展的情形，成一極顯明的對照。[5]

徐復觀這一觀察可引申出幾個有意義的論點：其一，由於儒家的政論，主要以為政者為主要對象，固然，儒家的政治論述局限在君道、治道、聖君賢相及士大夫在政治上的出處進退之節操等較窄的論題。其二，儒家修己安人的內聖外王之道，仍以掌治權者為論究對象，忽略民為本前題下，百姓人民的政治人格，亦即未建構出人民的政治主體性。換言之，人民沒有參政權，無法由人民的群體意志凝塑成公共政策。其三，由於人民的政治主體性未確立，政治的發動力全源於朝廷而非啟動於廣大的社會民間。歷史上偶遇想有作為的聖君賢相，卻因所面對的是無普遍政治自覺的人民，以致無可用的民氣民力。因此，聖君賢相因而陷於孤立狀態，缺乏與之相配合的、互相呼應的、可承接的人民力量。從傳統的政治格局觀之，儒家雖有勤政愛民的民本理想，可是人民既予的消極被動之政治地位，無法開出政治發動力亦可操於人民的民主政治來。儒臣及散布在民間的儒家知識份子，他們雖有鮮明的道德自覺及盡職盡責的本分，但是對政治的影響力是有局限性的。徐復觀具體的論斷出儒家政治思想的貧弱處，他說：「儒家的政治思想，在歷史上只有減輕暴君汙吏的毒素的作用，只能為人類的和平幸福描畫出一個真切的遠景；但並不曾真正解決暴君汙吏的問題，更不能逃出一治一亂的歷史

---

[4] 《孟子·梁惠王下》。

[5] 徐復觀，〈儒家政治思想的構造及其轉進〉，《學術與政治之間》，臺北：臺灣學生書局，1985年，頁54-55。

上的循環悲劇」、「儒家盡管有這樣精純的政治思想，……，然中國的本身，畢竟不曾出現民主政治。」[6]

孟子是先秦儒家最富民本思想者，雖力倡仁政的王道，重視人民養生送死而無憾的生命人權，究竟只是道德性的人權，例如，前述所提及的孟子謂文王所施的仁政，先以鰥、寡、孤、獨等四種貧苦無依的社會弱勢群體為關照的對象，卻未在法源上予以立法保障。換言之，孟子有涉及人權思想的仁政說，可是，他的仁政說只是尚未立法的道德理據，也只是一般的「道德權利」（moral right）罷了。蓋人權就概念內容而言是權利的一種。美國政治哲學家基約夫（Alan Gewirth）曾將權利的結構分析成「由於Y之理據，甲相對於乙而擁有X之權利。」[7]基約夫指出人權的特質其所涉及的理據是一切人之權利中最為基本的；質言之，人權是構成人之所以為人必要的生存條件。[8]孟子的仁政王道論是以仁道的立場，諸求人性的尊嚴及維護人的生命、人權。對孟子而言，在任何人的社群生活中，若人的生命受到他者的壓抑及傷害，則構成了對人權的傷害。人權無國界，任何侵犯人權的社群都是非仁道的，形成違反人性尊嚴的惡質社群。

一般所言的基本人權，指人之為人所必須滿足的基本存在狀況，這是遍指一切人所必須享有的。基本人權不是限定於只屬於某些個體之間特定關係所產生的權利，亦即一般的權利。再就人權的理據而言，若所宣稱的權利理據本於法定的，則不拘成文法或非成文法，它就是法律權利（legal right）。若人權論述的理據不是法定的，則缺乏合法的權力所保護的，則只是道德權利。孟子所述及王道仁政所應保護的基本人權，由於時代條件的限制，只是道德的呼喚，不具法律、甚至憲法的保護效力。固然孟子所論述的基本人權是不具法律效力的，這也是孟子言者諄諄，而梁惠王、齊宣王等人或是聽著藐藐，或是只是於心有戚戚

---

[6] 同上書，頁574。

[7] Alan Gewirth, *Human Rights: Essays on Justification and Application*, (Chicago: University of Chicago press, 1982), p. 2.基約夫採取英國法理哲學家赫菲德（Wesley N. Hohfed）之經典分析，以「宣稱權利」（claim right）為立場。人權是「宣稱權利」的一種，所宣稱權利之內容的差別，常因所本的理據不同。

[8] 同前揭書，頁15-20。

焉，而終末能普遍落實於政治領域，嘉惠百姓的深層原因所在。若由法律或憲法確認的基本人權，則是由法制力量所保障的法律人權，通常也是合乎道德的。縱使所實施的法律人權有未盡道德處，則可依據人們普遍的道德要求而進行修法。同時，修法本身亦當有法律予以合理的程序之法律規範。我們從大處而言，儒家的人權說只具備道德人權的形態，尚未具備法律人權的形式和實質。再者，法律人權的形式和實質內容的宣稱性人權皆得具備民主憲法、政治體制這一前題。

由於儒家缺乏民主憲政這一視域和實踐的機制，使得孟子人為本的政治主張淪於理想而未能具體落實。就當代民主與人權的思潮而言，對人權的尊重和具體立法保障是衡量一社會或國家是否走向理性化及其程度如何的指標。若一個國家在人權的保障上愈能質精量足，則顯示其社會愈理性，國家現代化的程度也愈優質。對當代而言，憲政民主政體不但是確立基本人權的理據所在，其自身也不啻是人權的體現者。保障基本人權，不但在理據上是合乎理性的，同時，在理論上及實踐上皆須肯認人與人之間具個別差異的個體性（individuality）。當代人權先進國所支持的是高度的個體價值或個體的幸福。保障個體生命、財產與自由的基本人權，是人們可憑籍來對抗假國家之名來侵犯個體合理權利的法律武器。徐復觀深刻的看出儒家與現實政治的不協調處在於「二重的主體化」，這是中國政治史內在的要命矛盾和困結所在，他說：

> 在中國過去，政治中存有一個基本的矛盾問題，政治的理念，民才是主體；而政治的現實，則君又是主體。這種二重的主體性，便是無可調和對立。對立程度表現的大小，即形成歷史上治亂興衰。[9]

他認為儒家很少立基於國家觀念，較傾向於確立人民為政治的主體。他指出《尚書》、《左傳》把人民提升到「天」與「神」的代表地位，所謂：「民，神之主

也。」、「天視自我民視，天聽自我民聽」、「民之所欲，天必從之」，這些話
隱含了國家與人君是爲人民而存在，人民才是政治目的，凌駕在政治之上。徐復
觀肯切的認定在儒家政治理念中「可以說，神、國、君都是政治中的虛位，而民
才是實體。」[10]他闡釋其中義涵，指出在儒家正統思想中，人君所憑藉的國，人
君之上的天神，以及人君自身，都是透過對人民幸福的實現爲各自價值的表現。
然而，儒家政論的主要對象，主要針對君道、臣道及士大夫出處之道，不能將德
治及民本的主張轉化爲客觀的制度設計，透過架構運作於現實，以發揮常態性的
功能。因此，就中國實然的歷史觀之，在現實政治上運作的主體，始終只是君主
而不是人民。徐復觀感嘆其中的原因說：「當思想結集之初，所受的歷史條件的
限制，即是只站在統治者的立場來考慮政治問題的特殊條件的限制，是值得我們
深思長嘆的。」[11]儒家所以在基本人權上只停留在道德人權而不能發展出法律人
權的主要原因，是儒家始終無法從君權天命的歷史傳統信仰中擺脫出來。在孫中
山之前，中國歷史上沒有人能創造取而代之的革命人權來普遍地覺醒人民，領導
人民走向革命之途，推倒皇權，確立眞正以人民爲政治主體性的民主體制，建構
出有客觀效力的法律人權出來。

三、儒家道德人權之涵義及精神

　　徐觀觀在其〈論傳統〉一文中，將傳統界說爲「代代相傳的生活方式和觀
念」。他認爲一民族的文化傳統是一民族活的生命，是一民族文化生活的內在
發展動力。傳統文化在橫斷面上可分爲「低次元的傳統」及「高次元的傳統」兩
個層次。所謂「低次元的傳統」指一般世俗大眾，習焉而不察焉的日常風俗習
慣，大多表現在具體的生活事項上。這是一種不深究理由，大家相互因襲和承傳

---

[10] 徐復觀，〈儒家政治思想的構造及其轉進〉，收入前揭書，頁51。
[11] 同註24，頁55。

的生活方式，缺乏深刻的反省、批判及改進力量。然而，低次元的傳統可以使社會保持安定，且趨於保守的一股無言之力量。至於「高次元的傳統」則是文化精英們，透過高度反省和自覺的內在力量，才能在歷史的現實中發出再發現的可能性。對徐復觀而言，高次元的傳統係形成一民族最高價值理想，及人生修養最高境界的精神文化。這種精神文化是源自知識與道德精英們，對民族的歷史文化、生存發展高度的人文關懷，以及透過社會、政治、經濟的社群生活所激發之強烈責任感。換言之，一民族文化的高次元傳統與該民族的價值世界可說是一體的兩面，高次元傳統可視為高層文化，低次元傳統可理解為底層文化。徐復觀使用「伏流」與「湧泉」的關係，來詮釋中國文化中這二種層級性的相互關係。他認為基層文化與高層文化之間乃是存在著既相互對立，亦相互滲透的二重關係。他生動的以中國四大奇書之一的《水滸傳》闡釋了居高層文化的儒家忠義，與處於基層文化的水滸傳英雄之間的滲透關係與交錯情結。他說：「最顯著的例子，《水滸傳》一書，可以說是在賣人肉包子的黑店，與講義氣的英雄之間進行。中國人能欣賞這部小說，但西洋人恐怕很難欣賞它。」[12]施耐庵在該書第七十一回對梁山伯的英雄好漢品評語中指出：「相貌語言，南北東西雖各別；心情肝膽，忠誠信義並無差。」這句話喻示了處於基層文化的水滸傳之世界對高層文化的儒家精神文化有吸納、積澱，藉風俗習慣的形式呈現出來，所謂「忠誠信義並無差」，忠誠信義是遍及中國各階層的儒家社群倫理信念。徐復觀說：「以孔子思想為中心的中國文化，它主要不是表現在觀念上，而是浸透于廣大社會生活之中。」[13]孔子所表徵的儒家思想乃至整個中國文化，雖然對一般中國人而言，未必有觀念上的自覺，可是卻在社會生活中以不同程度的體現普遍地存在。《周易》稱之為「百姓日用而不知」。至於「湧泉」的概念，徐復觀解釋說：「伏流在社會生活中的中國文化，經一念反省，便在觀念上立刻湧現出來。」[14]伏流地

---

12 徐復觀，〈中國文化的層級性〉，收入《徐復觀文錄選粹》，頁120。
13 徐復觀，〈中國文化的伏流〉，收入於《徐復觀文錄》（二），頁115。
14 同上，頁116。

下的泉水，一經挖掘，便會湧現出來，喻示著代表基層文化的《水滸傳》中的英雄豪傑，在現實生活中所吸納、積澱、維持的儒家高層文化，若歷經自覺反思後，即能以觀念形態重新彰顯出來。雖然，中國文化中的高、低兩層文化係透過「伏流」與「湧泉」的交替互現方式來延續儒家精神的生命。「湧泉」象徵了觀念的創發性，「伏流」喻示了在生命實踐的堅韌性。徐復觀說：

> 大約儒家思想向社會生活的浸透，是通過兩漢而始完成的。故爾後雖變亂迭乘，但社會並不隨政治的瓦解而瓦解。……以孔子爲中心的儒家思想，常被腐蝕於政治之上，卻被保存、更新於社會之中。這是我們文化發展的大線索。**15**

行文至此，我們不禁要追問徐復觀，儒家的道德人權當與其本質特徵有關，那麼做爲中國文化主流的儒家有何最突出的特徵呢？徐復觀肯切的以「心的文化」來答覆。他以孟子爲例證，孟子所言「仁義禮智根於心」一語指出了道德根源內在於人超驗的本心。道德本心不離人的現實生命而存在。然而，它有別於生理學、心理學意義的「心」。徐復觀所意謂的「心」係指人生德性根源的本心，亦即道德價值的根源。要言之，儒家道德人權所立基於道德主體性者，是道德本心所蘊涵的惻隱、是非、羞惡、辭讓的四端之心。在道德本心的立基點上，人人當享有同等的人格尊嚴及自我實現的自由。由孟子王道仁政的論述觀之，人的道德人權涵蓋了養生送死而無憾的經濟人權、願天下有情人終成眷屬的婚姻自主權，五倫中夫婦倫、親子倫再加上兄弟悌道所建構成的家庭人權（與家人共同居住和生活的人權），以及對老人等弱勢團體特別照顧的老人福利權……等，這是由己推人的普遍性人權概念。徐復觀頗認同北宋理學家二程所提：「知盡性至命，必本於孝悌，窮神知化，由通於禮樂」的人倫社群不斷完善的福樂世界。他說：

---

15 同註28，頁116-117。

所謂必始於孝悌，即是從人倫之愛的實踐中擴充出去，以達「混然與物同體」的仁；使個人生命，融合於宇宙整個生命之中；盡一己的責任，實現一己生命的價值，同時即繫盡了整個生命的責任，實現了整個生命的價值；於是盡心、知性、知天，只是一件事。所以由此以盡性至命，是有其具體的內容、歷程，而能證驗於現實生活之中，以昂揚充實現實生活的。[16]

由這段話，我們可藉之推導徐復觀認為儒家人權蘊義，其原始的動力啓發於孝悌的人倫之愛。孝悌根於與他人感通無間的仁心仁性，其向外推擴至層層張開的社群，係通過禮樂的人際情理互感管道。至於人我感通的禮樂通路，則立基於忠恕的實踐原則。所謂「忠」，我們可藉孔子所言：「夫仁者，己欲立而立人，己欲達而達人，能近取譬，可謂仁之方也已。」[17]這是人對他人所當善盡的積極道德人權。「恕」道則是人應對他人所盡的消極道德人權，《論語・衛靈公》載：「子貢問曰：『有一言可以終身行之者乎？』子曰：『其恕乎！己所不欲，勿施於人』。」〈中庸〉亦有言：「忠恕違道不遠，施諸己而不願，亦勿施於人。」〈大學〉則提出「絜矩之道」。可見，忠恕之道是儒家基於對「人」之普遍尊重而實踐的道德人權。簡言之，人我相處時，以同情和同理心，換位思考以「推己及人」是道德人權實踐的簡易原則。對儒家而言，道德人權本於做人的學問，南宋陸象山所謂：「須思量天之所以與我者是甚底？爲復是要做人否？理會得這箇明白，然後方可謂之學問。」[18]

---

[16] 見徐復觀，〈中國孝道思想的形成、演變及其在歷史中的諸問題〉，收入其所著《中國思想史論集》，頁195。

[17] 《論語・雍也》。

[18] 《象山全集・卷三十五》，臺北：臺灣中華書局，1979。

四、儒家道德人權可供西方法律人權借鏡處

　　儒家的忠恕之道可導向萬物並育而不相害的和諧融通之境，徐復觀肯認中國文化充滿了可貴的忠恕精神。然而，此一精神始終只停留在道德生活層面，卻不在政治社會生活中發生普遍的廣大效用。他之深信民主政治是一種可與儒家精神相貫通的生活方式，扼要言之，他認為西方民主憲政的生活方式是可以將儒家的道德人權及人文精神在現實世界中真正的實現。另方面，他又肯定了儒家修己以安人的道德式政治生活，有裨益於西方民主政治處。他指出儒家的德化政治，其出發點在對人的尊重，亦是對人性善良面的信賴，《詩經》有言：「天生烝民，有物有則。民之秉彝，好是懿德。」，主張為政者先盡其在己之德，進而使天下人各盡其秉彝之德。質言之，在其有道德人權的世界，人與人的互動係以美德相與的關係，而非以外在的法律權力關係相制約，他說：

> 德治的基本用心，是要從每一人的內在之德去融合彼間之關係，而不要用權力，甚至不要用人為的法規把人壓縛在一起，或者是維繫在一起。[19]

對他而言，人權所涉及的不論是權力還是法律，皆屬外在關係，這種外在關係若要人性化，則要以人與人之間的內在關係為根據。儒家的道德人權是通過每個人內在的道德自覺與自發性的實踐，來建立自然而合理的關係基礎。道德人權啓發人性的道德本心及本性，激發人的內省和自覺，以善盡一切人對他人應有的人道責任和義務，他說：「法重在外制，而禮則來自內發。」[20]他認為儒家雖未提出實行民主政治的制度，卻在實質涵義上提出了民主政治之原則。西方近代民主政治，是以人的個體性之自覺為其開端的。那就是說，每個人對他人皆依法律人權

---

[19] 徐復觀，〈儒家政治思想的構造及其轉進〉，收入《學術與政治之間》，頁50。

[20] 同上，頁52。

申張自己獨立自主的生存權，人與人之間建立了相互同意的契約，他認爲爭取個人權利，界定具體的人權，是西方近代民主政治的第一義。同時，在畫定人權內容後，對社群盡相對的義務，是西方近代民主政治的第二義。就人權的政治性質而言，法治爲其賴以實現的工具，民主的可貴處在於以爭而成其不爭。人權的確保是由法律上互相限制的力量所逼成的，非源於道德的自覺，也有其感到安放不牢處。他認爲儒家道德人權有其自身的價值，且可提供西方人權思想參考處。他說：「今後只有進一步接受儒家的思想，民主政治才能生穩根，才能發揮其最高的價值。」[21]他深信儒家與西方的民主政治是可相容，並且還可以相互借鏡的。他說：「有人懷疑儒家思想是否與民主政治相容，這全係不了解儒家，且不了解民主之論。」[22]

五、西方法律人權可供儒家道德人權借鏡處

孔子《論語・爲政》說：「導之以政，齊之以刑，民免而無恥，導之以德，齊之以禮，有恥且格。」我們剖析其蘊義，大致而言，他主張德性倫理或意圖倫理優先於公共規範倫理或責任倫理。扼要言之，「善」優位於外在行爲合法的「正當性」。然而，西方的公民社會係以契約和責任爲思考路數。換言之，現代化的民主憲政所締結的公民社會，是以公共理性及集體意志，依法律的程序正義來建構一套合理的制度結構，來確保公共生活的秩序和基本人權。公民社會的底性是立基於合乎公道的社會正義，係透過契約理性所建立起來的。它強調「契約」的客觀規範性及行爲的責任性。質言之，保障基本人權的民主憲政體制注重權利和義務的結構性，有其理論上的、邏輯性的次序。就法律人權所立基的倫理

---

[21] 同註33，頁53。
[22] 見徐復觀，〈儒家精神之基本性格及其限定與新生〉一文，收入《儒家政治思想與民主自由人權》一書，頁66。

學而言，目的論和義務論所共構的規範倫理爲其思想主軸。如果說儒家道德人權的訴求是一種德行倫理學，則係以道德人格的優位性爲取向，它所關注的是「行爲者（agent）」，亦即道德行爲的主體性之善意，勝過於對「行爲」本身之性質或特點的研判。就目的論的規範倫理學而言，對某一行爲對錯的判斷，取決於該行爲所產生的結果或所實現的目的。扼要言之，某人行爲的「對」或「錯」當由其所造成的行爲後果所呈現事態之好壞來判斷。例如，某人爲了要譽鄉黨才勇於求助掉到井中的兒童脫險，其行爲動機從孟子看來雖不純正，缺乏純粹善的道德感，但是，就其能實際去救人的行爲而言，他的行爲有正當性，仍是有助益於該兒童的生命人權。因此，這位救人者的行爲仍是合乎目的論的倫理學，也值得社會來肯定和表揚他。目的論的理論特點是以行爲後果的「好（good）」或「壞（bad）」來判斷行爲的「對（right）」或「錯（wrong）」。換言之，對目的論而言，行爲後果上的「好」和「壞」這組概念之評價，必須先於行爲者道德意志之「對（right）」和「錯（wrong）」的判斷。

徐復觀對儒家的修己與治人，透過人民享有自然的生命權這一觀點進行過省察。他指出爲政者在德性優位下的修己，係以「仁」德的充分實現爲最高標準。然而，在治人方面，政治的目的應以人民所能達到的程度爲依歸。政治的首務當以滿足人民自然生命的要求，其他的政治生活價值必須附麗於這一價值之上才有其意義和價值。因此，這二種標準不能混淆。換言之，不能以爲政者修己的道德優位來混淆人民在政治社群生活上生存權的優位。他認爲民主政治的可貴，在其立基於人類共同的理性上，建立一普遍的政治形式，民主政治是信賴理性和尊重人格的。同時，民主政治也是信賴自由和尊重自由的。因爲自由是人發展理性、培養人格的必要條件。他說：「中國興亡絕續的關鍵，在於民主政治的能否建立。中國傳統文化在今後有無意義，其決定點之一，也在於它能否開出民主政治。」[23]然而，徐復觀特別看重德治是一種內發的政治，而傾向於來自

---

[23] 見徐復觀，〈中國傳統文化中的性善說與民主政治〉一文，收入《徐復觀最後雜文集》，頁140。

內發的禮治形式的德治，亦即重視行爲者自身道德動機的「對（right）」或「錯（wrong）」之判斷，較優位於行爲後果所造成事態或效益的「好（good）」或「壞（bad）」。其誤區在於他較不重視個體的法定權利，太過於強調超權利的禮教之陶冶。他雖然也指出要建立人民眞正的政治主體性，所謂：「先要有個體的獨立，再歸於超主體的共立；先要有基於權利觀念的限定，再歸於超權利的禮的陶冶。」[24]但是，他的人權觀所立基的倫理學基礎仍是重視德性倫理學而較忽視目的論中效益論的規範倫理學。換言之，他未能務實的看待實證性的目的倫理及效益倫理在客觀有效地捍衛人權上所具有的重要性。同時，徐復觀太過強調禮教在德化人格上的價值，未意識到禮教以「讓」爲特徵。人權是要以「爭」爲特徵，且以個體爲本位，在人權上做具體的宣稱或提領（claim）。漢代三綱的倫理架構對中國倫理文化有著深遠的形塑影響力。在三綱的際性倫理中，突出了君權、父權及夫權，壓制了民權、子權及婦女的人權，瞿同祖在《中國法律與中國社會》[25]顯示出中國傳統社會的內部，未見具自發性人權訴求之憑據。

法律人權的倫理基礎似乎以目的論的規範倫理爲主軸，對「正當」與「善」有較嚴格的區分。慈繼偉指出「正當」至少在兩種意義上優位於「善」，他說：「1.正當是強制性的，而善則不是，2.命令式的正當限定著追求善的方式。」[26]至於「正當」的內涵是採取中立的，許可「善」觀念的多樣性，「正當」優先的本身是一個自由主義的概念。慈繼偉有別於徐復觀的一項種要觀點，他指出「把正當優先作爲一個描述性的概念來使用，以區分現代西方和儒家的道德框架。」[27]「正當」優先於「善」這一立場預設了人人享有一種消極自由，那就是每個人都可以依自己的理解來追求其個人的「善」觀念，其前提在只受制於一種共同認可的正當觀念，如果美德優先於「正當」，則權利只屬於依禮行仁的

---

[24] 徐復觀，〈儒家政治思想的構造及其轉進〉一文，收入《學術與政治之間》，頁59。

[25] 香港：龍門書店，1967年。

[26] 見慈繼偉，〈從正當與善的區分看權利在現代西方和儒家思想中的差異〉一文，刊於《國際儒學研究》第六輯，北京：中國社會科學出版社，1999年，頁180。

[27] 同上，頁181。

仁者，至於未具仁德的其他世俗大眾，則未能享有基本人權了。蓋孟子有言：
「人之所以異於禽獸者幾希，庶民去之，君子存之。」**28**若是只有仁人才具人的
資格而享有人權，則人們只有去做仁人的自由，「善」局限於單一性。如此，
「善」的內涵未享有開放性和多樣性的理解可能，導致無法落實每個現實的人，
皆能平等地享有人權，有悖於基本人權的普遍化原則。總而言之，如果儒家未能
嚴格區分正當和善之區別，對普遍化人權的意義，則「善」優位於「正當」將造
成人權思想上一項嚴重的缺陷。

六、評論

　　徐復觀親歷二十世紀中國政治風雲劇變的洗禮，對中國政治文化省察力最
強，對民主與人權要求最急切，也是較具自由主義色彩的當代新儒家人物。他認
為儒家的仁政民本思想與當代民主人權的理念是可以相容的。他所理解的儒家道
德人權是立基於道德主體性，也檢視出儒家在政治理想上所持人民主體性要求和
現實政治中君主享有實際的權力主體性，是不相容的二重主體性。他深究此二重
主體性及民本思想不能運轉化成現實的深層原因，在於儒家的政論對象主要針對
當權者，忽略了也應站在人民的立場，由下向上來爭政治權益。他的這項研究成
果頗能發人省思，貢獻卓越。他指出儒家開出西方式的民主與人權的原因，還有
天賦人權觀的欠缺及革命人權意識不能覺醒和發展，以及未能在制度設計及現實
的架構運作上做深入的研究。

　　然而，他也指出儒家道德人權本於做人的學問以及忠恕之道的實踐原則，
這是儒家人權說的理論特徵和優點所在。他將之對照西方的人權之運作，發現無
論是人權所涉及的權力或法律，皆屬外在關係。他肯定儒家的道德人權有本之於

---

28 《孟子·離婁下》。

孝悌的內在基礎以及禮教的陶冶和實踐機制。因此，他進一步的指出，人際互動不能全靠外在的法律權利關係來相制約，仍應以情理互感的美德爲內在關係，這才有安放的人權基礎。他依據這一論點而肯定儒家修己以安人的道德人權，有可資西方以法律人權爲依從的民主政治提供借鏡處。然而，西方以民主法治所落實的人權措施，其倫理學基礎在於目的論的外在規範倫理學，在人權的捍衛及確保上，以人之行爲後果的「好（good）」或「壞（bad）」來判斷行爲的「對（right）」或「錯（wrong）」是在社群生活的實踐上，有其客觀效力的務實思想。相形之下，儒家未能區分「正當」和「善」對社群生活在客觀有效性上的差異和後果，一昧的強調「善」優位於「正當」，反而會造成民主與人權發展上一項誤區。因此，儒家在未來民主與人權思想的發展上，務必常保持與西方當代倫理思潮的聯繫和相互對話，才有綜貫中西而走出辯證性的統合之大道來。

第二節　《中國藝術精神》中的心性美學

一、前言

　　放眼當前人類世界，人與自我、人與人、人與歷史文化以及人與自然，因種種複雜多樣化的因素造成不同形式的疏離、冷漠和衝突。在動盪不安的世局和世態中，人類常處在此起彼落的危機中，焦慮不安，精神得不到安頓，各種禍害和痛苦的共同根源可以「衝突」這一概念藉以說明。衝突是由那些潛在因素所突發造成的？衝突的型態和原因不同，人類企圖化解衝突，追求和睦、安定與和諧的途徑和願景也隨之而異。衝突常來自差異，但是差異不必然就會造成衝突。回

顧中國古籍的經典智慧，諸如《國語·鄭語》：「和實生物，同則不繼。」《論語·子路》載孔子言：「君子和而不同，小人同而不和」《老子·42章》云：「萬物負陰而抱陽，沖氣以爲和」。陰與陽在性質、功能作用上雖有差異，不但不衝突，卻能和諧感通，相輔相成，和合生成萬物。因此，差異若能在和諧的秩序結構中各盡其長，互補其短的整體律動下，卻能使團體更有活力生機，創造出良序社會下更豐富多采的和睦和樂之人類共同的生活。

　　至於如何營造多元並存的和諧社會，其途徑不一而足。西漢司馬談〈論六家要旨〉在面臨六大學派的差異時，卻以兼容並蓄的宏觀、樂觀心態說：「《易·大傳》：『天下一致而百慮，同歸而殊途。』夫陰陽、儒、墨、名、法、道德，此務爲治者也。」再看《左傳·昭公傳20年》條：載晏子論「和」與「同」之差異時曰：「和如羹焉，水、火、醯、醢、鹽、梅，以烹魚肉，燀之以薪，宰夫和之，齊之以味，濟其不及，以洩其過。君子食之，以平其心。……先王之濟五味、和五聲也。以平其心，成其政也。」面對多元差異的社會和人類世界，我們如何由美食之調眾味爲類比性的啓發，轉化了引申至和諧美善社會之營造，除了心存清明節飲水思源的感恩，以及集思廣益共構合乎社會正義的各種制度和運作機制……等多管道中，其中如何透過美感教育，藝術化的生命情調以化解人世間醜陋的種種衝突，轉向以和諧美這一端向營造和諧社會，是一不容忽視的課題。中國美學以和諧美爲核心價值，徐復觀《中國藝術精神》中論孔子音樂的倫理美學及莊子逍遙遊的精神美學特別突顯了這一意義。

　　對徐復觀而言，儒家的禮樂教化不能只局限於荀子般的禮義法度及名物度數之外鑠性規範，應該在人心的內在道德本性上立根基，如此，道德實踐才能是有根之木，有源之水。他根據孔子所言：「興於詩，立於禮，成於樂」[29]的人文教育之階梯法，以及《周禮·春官·宗伯》所載：「大司樂掌成鈞之法，以治建國之學政。……以樂德教國子：中和、祇庸、孝友。以樂語教國子：興道、諷誦、

---

[29] 《論語·泰伯》。

言語。以樂舞教國子舞《雲門》、《大卷》、《大咸》……以和邦國，以諧萬民。」提出獨道的見解，斷言能和邦國，諧萬民的樂教才是儒家營造出和諧社會的中心。其中，他又強調能感通人心，融洽人與人之情感交流，具和諧美的音樂才是儒家存養推擴仁德的立基點，蓋此一論點仍可本之於孔子所言：「樂云、樂云，鐘鼓云乎哉！……人而不仁如樂何？」

二、論音樂的中和之美與和樂社會

他對先秦儒家、道家的人性論的詮釋直溯人之所以爲人的心性主體。他認爲儒家在天人一本的天道與性命相貫通的道德原理中，仁心仁性的仁心是貫通生生不息的天道與四端之性的統轄處，他在所著《中國思想史論集》一書中綜攝北宋理學家程明道與明代心學大家王陽明的心論，整合出儒家心論的數項特徵，宣稱：「人生價值的根源在心的地方生根，也即是在具體的人生命上生根。……必然是中庸之道」、「擺脫私念成見即可體驗到心的作用，心的文化是非常現成的、大眾化、社會化的文化」、「心的文化不需外在的追求和鬥爭，是和平的文化。」[30]質言之，立基於道德心源的心是以七情發而中節的中和道德狀態，不偏執於私念成見的平常心、和諧心。人人所普遍內具的仁心是共同認同、歸屬於安定自我生命、融通人我關係的中庸之道。因此，他指出中國文化是心的文化，人心是價值的根源，心是道德、藝術之主體。質言之，立基於價值本心的文化是和諧社會、和平人類的核心文化。若我們追問，價值的心靈可發展創造出哪些人文價值？徐復觀說：

人生的價值主要表現於道德、宗教、藝術、認知等活動之中。中國文

---

[30] 徐復觀，《中國思想史論集》，四版（臺再版），臺北：臺灣學生書局，1975，頁248-249。

化，主要表現在道德方面。……到孔子才體認道德根源乃在人的生命之
中，故孔子説：仁遠乎哉？我欲仁，斯仁至矣。又説：爲仁由己。**31**

　　徐先生所著的《中國藝術精神》一書被公認爲當代對中國藝術精神做有系
統探討之名著，他在該書中主要從中國文化的脈絡與中國哲學的精神爲立足點，
透過對儒、道兩家藝術精神之探索，建構其心性美學的詮釋體系。他在書中〈自
敘〉指出，道德、藝術和科學是人類文化的三大支柱。他心目中的中國藝術精
神不只是藝術，且融注了道德實踐，其意義不僅止於中國文化，且是人類文化的
三大支柱。他企求「使世人知道中國文化，在三大支柱中，實有道德、藝術的
兩大擎天支柱。」**32**劉桂榮肯切的指出徐復觀於該書採用歷史的視角以及中西文
化對比的視域來撰寫該書。劉榮桂以「追體驗的審美理路，現象學『還原』，詮
釋學的現代視角諸方法，……著重從人性本根的生命蘊涵『心的文化』的美學詮
釋、生命境界的會通、『憂患意識』所呈現的『天地境界』四方面展開徐復觀美
學思想的生命歸屬的探討，試圖在哲學、文化、美學、藝術多維世界的融合中把
握徐復觀美學思想的精神內涵，並通過藝術精神的審美觀照與現代文化性格的
反思。」**33**徐先生將中國藝術與美感的心源透過四方面來展現，本文無法一一贅
述，卻可從他把儒、道藝術源頭區分的「樂」和「畫」，且以孔子和莊子分別代
表的兩類典型來扼要論述。

　　若就理想的和諧社會而言，儒家的禮樂教化有其不可忽視的功能，眾所周知
禮主別，樂主和，共構了社會的和諧性。徐復觀點出「禮」指的是社會生活的秩
序，「樂」指的是社會生活的和諧。值得我們關注的是他所以理解的儒家音樂的
本質及和諧化社會的教化功能之涵意究竟是什麼呢？首先，我們可上溯儒典所承
傳的《周易》與《尚書》，《周易》豫卦云：「象曰：雷出地奮，先王以作樂崇

---

31 同上，頁247。

32 徐復觀，〈自敘〉，《中國藝術精神》，臺北：臺灣學生書局，1984年，頁1-2。

33 劉榮桂，《徐復觀美學思想研究—藝術與美學文庫學術系列》，北京：人民出版社，1991年。

德，殷薦之上帝，以配祖考。」大象傳釋豫卦的旨意係指「雷」是陽氣之聲，雷聲一發，則大地也隨著震動，狀如陰陽通感，啓發先王以比、興之思緒作樂以頌揚上帝與祖先，企求與之產生感通性的聯繫。[34]

《尚書‧堯典》載：「帝曰：『夔』，命汝典樂，教胄子。直而溫，寬而栗，剛而無虐，簡而無傲。詩言志，歌永言，聲依永，律和聲。八音克諧，無相奪倫，神人以和。」其大意謂舜派命夔作樂官，主管樂教，對部落聯盟內一切未成年人施行樂教，期待陶冶成「直而溫」等人文美德。「詩言志」表示以富情感的聲音委婉的表達心意[35]。「歌永言」意指以歌詠的形式把詩唱出來。「聲依永」有詮解者謂：「聲之抑揚頓挫高下疾徐委曲通過詠唱表現出來。」[36]「八音克（能）諧」指八種音樂[37]能夠以諧和關係構成樂曲。「無相奪倫」意指詩、歌、聲、音相互協調配合成「樂」後應當能反映人倫政事。[38]「神人以和」指樂教感化人心之極至，臻於神鬼和、人和、神鬼人共融於和諧一體的境界。

西周以前，樂教是教育的核心價值，其所具有的感人力量主要呈現在節奏和對人行為的制約上，但是仍未深入到人內在的心志。徐復觀認為音樂的陶冶功效，若表現在外在的、規範性的，這在人智未開的人性純樸時代也許有效益，但是在人智發達，社會繁雜的時代則無必然的有效性。因此，春秋時代禮教取代樂教之地位，但是徐復觀批判禮規說：「表現在外面的知識、行為，都是在客觀世界的相互關係中所比定出來的，還不能算意識地開闢了一種內在地人格世界。[39]」蓋禮教若缺乏人心的價值泉源，則只是一味講求名物度數、儀節規範的禮文失去實質的人性內在道德功力的支撐，則易不自覺的捨本逐末而流於虛文的形式主義。猶如錢穆所批評之論述：「玉帛，禮之所用。鐘鼓，樂之所用。人必

---

[34] 參考孔穎達監修，《十三經注疏‧周易‧豫卦》。

[35] 《詩大序》：「詩者，志之所之也。在心為志，發言為詩。」表述了詩與情志之關係。

[36] 見金景芳、呂紹綱，《尚書‧虞夏書》新解，瀋陽：遼寧古籍出版社，1996年第1版，頁171。

[37] 孔穎達《尚書‧正義》云：「八音，金、石、絲、竹、匏、土、革、木也。」

[38] 「奪倫」謂不反映人倫政事，理想的「樂」不會不反映人倫政事的。《禮記‧樂論》謂「是故審聲以知音，審音以知樂，審樂以知政，而知道備矣。」

[39] 徐復觀，《中國人性論史》，上海三聯書局，2001年版，頁61。

先有敬心將之以玉帛，始爲禮。必先有和氣而發之以鐘鼓始爲樂，遺其本，專事其末，無其內，徒求其外，則玉帛鐘鼓不得爲禮樂。」[40]徐復觀認爲儒家立教能直接於內在生命開闢價值之源，確立德性主體之仁者，「樂」勝於「禮」。他說：「孔子依然把規範性與藝術性的諧和統一，作爲禮的基本性格。……把樂安放在禮的上位，認定樂才是一個人格完成的境界，這是孔子立教的宗旨」、「孔子可能是中國歷史中第一位最明顯而又最偉大的藝術精神的發現者。」[41]我們讀過《論語·述而》：「子在齊聞《韶》，三月不知肉味，曰：『不圖爲樂之至於斯也。』」孔子所崇尚的《韶》樂當然是中正平和的雅樂，可惜已失傳，不能再爲我們所聆賞，可是我們仍可透過史料所載孔子對音樂層層之滲透至人格之精神世界的陳述，來領悟其中的深意。《史記·孔子世家》載：

> 孔子學鼓琴師襄子，十日不進。師襄子曰：「可以益矣。」孔子曰：「丘已習其曲矣，未得其數也。」有問，曰：「已習其數，可以益矣。」孔子曰：「丘未得其志也。」有問，曰：「已習其志，可以益矣。」孔子曰：「丘未得其爲人也。」有問，有所穆然深思焉；有所怡然高望而遠志焉。曰：「丘得其爲人，黯然而黑，幾然而長，眼如望羊，如王四國，非文王其誰能爲此也！」

徐復觀詮釋其蘊義，認爲「曲」與「數」是技術性問題，精神性的心志在於音樂的心，音樂的情理，音樂的靈魂。孔子對音樂的學習是透過樂理和技術逐步深入滲透到作曲者、奏樂者最深沉處的心靈積澱，領悟到其人格深層處。孔子所以能由曲與數的歷程而識出文王的人格精神有二條件。其一是孔子以其已修得的高尚人格而與之契應共鳴，其二，孔子在音樂的陶冶中，其心境不斷精進，其人格也不斷提升到文王的內心世界，這是儒家樂教的起始點和目的點。徐氏把孔子的樂

---

[40] 錢穆，《論語新解》，上海三聯書局，2002年版，頁453。
[41] 徐復觀，《中國藝術精神》，頁3。

化人生和人格作爲中國最高藝術精神。這也是儒家以人文化成和諧天下的途徑。

徐氏認爲孔子樂教的人格教育，其精義在以中正平和的音樂和諧美可以陶冶人的情性，潛移默化人格精神，融洽人心，和諧化善良的際性倫理。雅樂可感通誘發仁德，仁與樂，仁愛的美德與和諧美的雅樂可雙向交流，互相滲透，水乳交融於一和諧的精神狀態中。仁心的發用有感通無間，覺潤無方的融和性，融和性亦是音樂和諧美的主要特質。「和」是「仁」與雅樂共通的基本屬性。我們可從古代典籍中檢證這一特質。例如：《禮記·樂記》云：「樂者，天地之和也。禮者，天地之序也。和，故百物皆化；序，故群物皆別。」《史記·滑稽列傳》載：「孔子曰：六藝於治一也。《禮》以節人，《樂》以發和。」徐復觀總結說：「儒家在政治方法，都是主張先養後教。……『禮者禁於將然之前』，依然是消極的。樂順人民的感情將萌未萌之際，加以合理地鼓舞。在鼓舞中使其惡異而向善，這是沒有形跡的積極地教化；所以荀子說：『其感人深，其移風易俗易。』司馬遷《史記·樂書》言先王音樂之功用是『萬民咸蕩滌邪穢，斟酌飽滿，以飾厥性。』儒家的政治，首重教化；禮樂正是教化的具體內容。由禮樂所發生的教化作用，是要人民以自己的力量完成自己的人格，達到社會（風俗）的諧和。」[42]

三、莊子齊物逍遙的和諧美

莊子認爲人際衝突是煩惱與痛苦的原因，他層層深究人際衝突的根源係肇因於人的「成心」，亦即主觀的片面之知和個人嗜欲的偏執。他從檢討人對世界的認識能力上肯認人認知能力的局限性。《莊子·養生主》說：「吾生也有涯，而知也無涯，以有涯隨無涯，殆矣，已而爲知者，殆而已矣。」因爲萬物存在及變

化的根源在「道」於「氣」中的運行，形上的「道」有無法窮盡的無限屬性，其透過氣化所呈現的現象又是變化莫測，妙不可言。人受制於有限的時空條件，生命以及自身的認識能力限制，若一往不返地追求現象界對立分化的概念知識，則雖已落到筋疲力竭的地步，但是現象之知仍無法窮盡。同時，我們所獲得的對象化的概念之知，常是在不同條件系列下所獲知的相對之知，片面之知，無法掌握全面的，究竟性的真理。然而，一般嗜欲深者天機淺的世俗眾生不但在知識的專精度和寬廣度不如好學的學者，而且在名利薰心下，隨主觀愛好及需求上有主觀的偏好及欲望追逐。因此，平庸俗眾在自我意識的執取和強化下，心態上更顯得認知上的獨斷及個人嗜欲追求上的貪婪無厭。因此，世俗之人對外物（名、利、權位等）之盲目追求，像夸父追日般的欲壑難填和身不由己的疲累不堪。徐復觀強調在中國文化的生活天地中，審美主體的精神境界係中國藝術的價值所繫存之處，他以闡發中國藝術精神的審美主體性為其中國美學的理論核心。於是，他所闡釋的「主體性」係立基於有機整體的世界觀來進行脈絡化的論述。因此，主客的有機互動和「情」與「景」的涵攝交融關係是他審美理論的內核，且一以貫之。

他認為審美主體所企求的美感人生，是人所嚮往的最高藝術精神之價值所在。至於人如何臻於最高藝術精神，則有待於人能否自覺地超脫一切對世俗價值之算計、執著而能在心境上修養出精神的絕對自由，使人的生命能從凡俗化的狀態超轉出來歸真返樸於人純真的原我。人的心靈所以淪於不自由，大約來自三種限制，其一係來自現實世界對個人生命的壓迫；其二是受制於個人形體生命的生理條件和心理條件種種制約反應的限制；其三是自我封閉而與他者（他人、天地萬物、形上的本體）隔而不通，生命難與他者交流感通，作繭自縛，不易開展存在的範域，從而實現生命豐富的內涵和價值理想。綜觀這三種造成對人之生命限制而不自由的原因，乃是環環相因的。莊子已表明嗜欲深者天機淺，人若將生命活動局限在情欲生活的外逐，失去靈覺心智的自我省察能力和生命的自主性，則心為形役，將不自覺地深陷自我矛盾和與他人兢求欲望標的之衝突、禍害、痛苦中。《莊子・在宥》謂：「天下脊脊大亂，罪在攖人心」此處的「人心」指在有

限的時空條件制約以及個人狹窄的知識視角所獲致的小知，世俗之人擁「小知」而狂妄地自以爲是，且又常陷溺在貪婪與執求中，一昧地與人鬥爭，〈在宥〉篇斷言「多知爲敗」，〈天地〉篇指出多知者用「知」之心乃「機心在於胸中」。「機心」指〈逍遙遊〉中所謂的「有蓬之心」[43]莊子直言這是人間衝突不斷禍害不已，煩惱與痛苦相隨不去的深層原因。他認爲若要消解亂源之心，應採取離形去智的「心齋」、「坐忘」工夫。[44]我們可以用今人易懂的語言來理解「心齋」、「坐忘」，當指人自覺地淨化心靈，剝落後天的成見和偏好，將人心歸眞返樸於空靈明覺，一念不執的大清明狀態。人若能下實修的淨心工夫，自行釋放相對之知的執著與私心嗜欲之貪，才能貫徹〈齊物論〉：「吾喪我」的自我超轉工夫，臻於能順大化通大道的「吾」之精神主體。莊子借「氣」之虛靈變化及其具有內在道眞來喻說人之神與物遊的精神境界〈齊物論〉謂：「與天地並生，與萬物爲一」、〈逍遙遊〉所謂「與天地精神相往來」、「若夫乘天地之正，而御六氣之變，以遊無窮者，彼且惡乎特哉！」莊子妙契道眞與天地精神相往來的心境中，超越飛躍於原是苦於形體局限的我，享受神與物遊的逍遙之樂，「逍遙」在《莊子》書中，共五見[45]，其基本意含指人以心齋坐忘，離形去智的超越世俗利害之繫念，在生命內在體驗和提升心靈境界的自我轉化工夫中，逐步紓解心結，澈底釋放成心與煩惱，使心境升華到空靈明靜的精神狀態，感受到精神生活上的自在和悠然閒適的舒暢。就中國美學的源流而言，魏晉的藝術創作或論美的思想由《莊子》一書汲取了豐富的精神資源，儘管莊子未必有意開出藝術主體，但是其逍遙無礙，悠遊自在的精神主體已蘊育了其對審美主體或藝術主體的轉出

---

[43] 「有蓬之心」乃類比蓬蒿的野生植物般，形狀短曲不暢直，喻示挾小知者見解迂曲且狹隘，易形成〈山木〉篇所說的獨斷而自大的「自賢之心」。

[44] 莊子在〈人間世〉一文中假託顏回與孔子的對話：「回曰：『敢問心齋。』仲尼曰：『若一志，無聽之以耳而聽之以心，無聽之以心而聽之以氣！……氣也者，虛而待物者也。唯道集虛，虛者，心齋也。』」

[45] 分別在〈逍遙遊〉、〈大宗師〉、〈天運〉、〈達生〉、〈讓王〉五篇中各出現一次。吳怡認爲其間蘊意有二：一是都作動詞和形容詞使用，意指逍遙係人之生命內在體驗的工夫；二是與「無爲」連結，「無爲」對莊子而言是生命主體心境的修爲工夫和化境。見吳怡，《新譯莊子內篇釋義》，臺北：三民書局，2001年出版二刷，頁12。

契機。

　　對徐復觀而言，莊子以虛靜心與道冥合的逍遙精神，已是將心靈淨化升華至自做生命眞宰的極大化自由狀態。他詮釋莊子這一精神自由的心志說：

> 他（莊子）所追求的精神自由，實際乃是由性由心所流出的作用的全般
> 呈現。此作用的一面是「光」、是「明」；另一方面又實含有不仁的
> 「大仁」，及「自適其適」的「天樂」、「至樂」在裡面。**46**

　　他詮解「光」、「明」是以虛靜爲狀態的整全關照，具有感性知覺所沒有的洞徹事事物物之能力，可洞察事物的本質。至於「大仁」、「至樂」則是放下成見的虛靜心對一切分別相、差等相的平等對待。莊子以「道」齊物的平等心，泯除一切人爲的壓迫，使自我及所對待的他人，皆免除制約而獲致生命自主自發的自由感，而享受自適其意的快樂47。於是，我們所了解的藝術精神呈現在自我與他者的和諧融洽關係中。莊子虛靜無執的心境是否具有美感的心靈所處的，無世俗利害得失的執著和全然的自由呢？莊子逍遙遊的無執之神遊或許可象徵爲藝術活動的精神自由。徐復觀頗有見地的提出莊子自由自在，自適其意的「遊」有消極條件的「無用」和積極條件的「和」。我們可先了解他如何詮釋開釋「不自由」的「無用」，他說：

> 莊子雖有取於「遊」，所指並非是具體地遊戲，而是有取於具體遊戲中
> 所呈現的自由活動，因而把它升華上去，以作爲精神狀態得到自由解放
> 的象徵。其起步的地方，也正和具體地遊戲一樣，是從現實的實用觀念
> 中得到解脫。康德在其大著《判斷力批判》中認爲美的判斷，不是認識
> 判斷，而是趣味判斷。趣味判斷的特性，乃是「純粹無關心地滿足」。

---

46 徐復觀，《中國藝術精神》，頁91。
47 同上，頁106。

所謂無關心，主要是既不指向實用，同時也無益於認識的意思，這正是
莊子思想中消極一面的主要內容，也即是形成其「遊」的精神狀態的消
極條件，以及效用。**48**

「無用」不涉及認識判斷，則無眞僞、正誤的計較，也無概念抽象思考時的
主、客之對立分化和執著，「無用」也不涉及現實上是否能滿足實用之利用價值
或工具價值。同時，「遊」雖有具體遊戲中所呈現的自由活動，卻不涉及生理及
心理條件系列下之具體遊戲。因此，徐復觀認爲莊子的逍遙遊不涉及時空條件制
約下的經驗性認知和具體性的遊戲。要而言之，逍遙遊超脫了現實的實用觀念和
主客對立及分化，獲致精神上不受限活動的自由狀態。換言之，逍遙遊解除了對
其自由自在的限制，即是消解了造成不自由的主客觀限制。

至於能臻於逍遙遊的積極條件或前題，在於自我能形神相親，與他人融洽的
和諧之「和」，徐復觀闡發其藝術精神之涵義說：

> 在藝術精神的境界中，是一種圓滿具足，而又與宇宙相通感、相調和的
> 狀態，……在此狀態中，精神是大超脫，大自由；……這也是「和」的
> 極致。**49**

「和」的極致是人與萬物消解對立後，超脫了意識分化作用上的我執與物
執。人與萬物的生命在和諧感通的精神狀態中，超越主、客，融化成渾然一體的
整全性存在。徐復觀認爲藝術的最高境界是反映天地萬物生命流行暢通的節奏與
和諧。藝術最高精神不局限於營造孤芳自賞的幻想世界，而是在步步開顯本體
（道）的心性實踐工夫中，使人超越庸俗，歸眞返樸於原始天眞的生命力，涵融
天地萬物，猶如《莊子‧山木》所言：「浮遊乎萬物之祖」、〈田子方〉所謂：

---

48 同上，頁64。
49 同上，頁69。

「得至美而遊乎至樂，謂之至人」莊子的至人是與道冥合，在悠遊於自然美的陶醉中滿全了精神上的「至樂」狀態。蓋《莊子·知北遊》指出：「天地有大美而不言，四時有明法而不議，天地有成理而不說。聖人者，原天地之美而達萬物之理，是故至人無爲。」莊子以心目中的聖人、至人、神人皆係能獨與天地精神相往來的典範人格，藝術化的生命情調。

他認爲爲美化人生而藝術的莊子，開闢出中國純藝術精神的泉源，與西方所倡爲藝術而藝術的說法不同調。他說：

> 西方所謂爲藝術而藝術，常指的是帶有貴族氣味，特別注重形式之美的這一系列，與莊子的純素的人生、純素的美，不相吻合。……他對於藝術主體的把握及其在這方面的了解、成就，乃直接由人格生命中所流出，吸收此一精神之流的大文學家，大繪畫家，其作品也是直接由其人格中流出，並即以之陶冶其人生。所以莊子和孔子一樣，依然是爲人生而藝術。**50**

人在現實世界的現實生活是受種種主客觀條件系列的制約，而覺得受限制，以致感受到不自由不自在。莊子逍遙遊的精神是饒富藝術美感的精神境遇，在轉化種種的對立衝突而不爲物累，不爲情遷，與人無忤的和諧融洽之人我關係中，人的精神生活超越了造成人所以不自由的限制，體現了心靈的寧靜、和諧與渾然不覺的自在自適。對莊子而言，離形去知，心齋坐忘的虛靜無執之心，才能妙契道眞，以「道」觀物，朗見物物天眞自然的本性，若人人有此心境，則能呈現和諧的社會。徐復觀認爲藝術美感的最高價值就在於精神自由的實現，生命本性的復歸保全，進而自我與社會、自然關係的一體和諧關係。我們可以他所說的一段精闢見解，來總結他對莊子和諧感通之大美的藝術精神，他說：

---

50 同前，頁135-136。

莊子只是順著在大動亂時代中，人生所受的像桎梏、倒懸一樣的痛苦
中，要求得到自由解放；……心的作用，此狀態，在莊子即稱之爲精
神，即是在自己的精神中求得自由解放；而獲得到自由解放的精神，在
莊子本人來說，是「聞道」、是「體道」、是「與天爲徒」，是「入於
寥天一」；而用現代的語言表達出來，正是最高地藝術精神的體現；也
只能是最高地精神藝術精神的體現。**51**

　　眾所周知，自我衝突與社會衝突是使自我身心失去和諧，社會充滿矛盾不和
諧不幸福的主因。藝術美感企求超越現實生活的不圓滿。美感人生與和諧社會是
在衝突的現實世界上建立一價值理想的世界，使人得以在和諧美中安頓心靈或精
神。《莊子‧天道》有言：「與人和者謂之人樂，與天和者謂之天樂。」藝術的
和諧美是實現人「與人和」、「與天和」的重要途徑之一，其更具積極的意義在
營造幸福人生，步步實現和諧社會中「人樂」、「天樂」的終極性價值理想。

四、結語

　　人是社會性的存有，人離不開社會猶如魚不能離開水而能長時間存活，社
會是由眾多具種種個別差異的個人所組成的群體。社會生活如何合理和睦與和諧
安樂，不是任何單一管道可企及，在規範性的各種相關制度、律令、規則外，軟
性的社會人文素養有無形的關鍵性的安定力量。在人文化成天下的人文素養中，
倫理、宗教已有長期性大量性論述，唯獨美感的心靈，審美所需的和諧心對促進
和諧社會的潛移默化中的陶冶作用，較少被學者們所關注。徐復觀的心性美學，
強調審美主體的人格生命之陶成，對這一論題論點深入頗具啓發性，他對儒家樂

---

51 同上，頁61-62。

教從音樂的樂曲構作的節奏、旋律及其演奏技法的形式美賦予了人性深層的仁的情性基礎。仁不但是人先驗的德性，也是倫理美學的普遍內在基底。他高度肯定莊子心齋坐忘的靈臺心在精神生於道的存有論立基點上，人形上的虛靜道心與道同根，道心能在心靈淨化的修養中能內證「道」的內在存有，與道冥合，與道同遊，愛慕道的有機和諧性。莊子虛靜無執的平等心、開放心，以有機的和諧心靜觀萬物皆自得，這一價值心靈的人生態度可潛在遷移於社會生活中，培養出社會大眾共同的相互欣賞、肯定的和諧心，可裨益於社會意識的轉化和提升。

第四章　牟宗三（1909-1995）

第一節　三統說與儒道之辨

一、三統說

就天地對萬物的生成化育而言，天人合一有儒家的縱貫縱講說和道家的縱貫橫講說。牟宗三持三統說時認為有理有體有用有創生力才能講天道的流行化物。就《易·乾卦大象》所云：「天行健，君子以自強不息」，儒家本天道立人道，在天人合生生之大德，贊天地之化育上，由人生命內的本心善性，以人文化成天下，立足於善惡是非辨才能日新又新、純亦不已的創造人類文明，體現人文價值，這是縱貫縱講。然而他也肯定道家義的輔萬物生化之玄德，那就是實踐虛靜遣執的無為工夫，尊重萬物存在的本有價值，不塞其源以實現萬物自生，不禁其性以成就萬物自濟。人法道自然無為的不生之生，以開放的心靈包容、厚待、接納萬物，放下偏執和宰制的有為，讓天地萬物自自然然的自生自成，這是對比於儒家的縱貫縱講而為縱貫橫講。儒家的創生之德與道家保存一切的無為玄德有相輔相成之關係。

牟宗三的三統說與圓教論是其早期關注治道與晚年提出三教圓融之圓教論的代表性著作。他對老子和道家的理解也隨之有前後期的某些轉變。三統學在1950年左右，時逢春秋板蕩，政權遞變的渾沌局勢。彼時處青壯年期的牟宗三面對歷史文化前景茫茫之際，其學術研究的重心以文化命脈，民族心靈的深層探索和疏通致遠為己任。他自云：

故自民國38年以來，目睹大陸之淪陷，深感吾人之生命已到斷潢絕港之時，乃發憤從事文化生命之疏通，以開民族生命之途徑，扭轉滿清以來之歪曲，暢通晚明諸儒之心志，以開生命的學問，此《歷史哲學》、

《道德的理想主義》、《政道與治道》三書之所由作也。[1]

他在這一段時期，在同樣的歷史背景和心態下，還撰成《生命的學問》以及在臺灣師大「人文友會」講學所輯錄成的《人文講習錄》。他對中華歷史文化的憂患意識及恢弘器度孕育出三統說。他所標舉的三統說分別為道統之肯定、學統之開出和政統之繼續，三統間有體用本末及義理先後的理序。三統說首先肯定的是道統，他說：「肯定道德宗教之價值，護住孔孟所開之人生宇宙之本源。」[2]他的「道統」概念極為豐富，意指民族文化型態的價值形成之源流，意義的根據，文化發展的指導性原則和特色。他所以首肯道統係時逢國家命運、民族前途深陷危難時刻，他認為只有全民族能有文化自覺和自信，才能內發自立自強的精神動力，突破艱難關頭，扭轉危機開拓未來的生機與希望，三統中先要有對民族歷史文化明其本，植其根，通暢源頭而立其主體性，如此，千里之行始於足下，才能衍生出「學統」、「政統」的次第。

二、儒道之辨

他首先確立的道統說，樹立了儒家的心性之學是中華文化的核心價值，對華夏文明的精神塑造具有根本的主導性和決定力量。他總結中華文化的總體表現是透顯道德主體性的「綜和的盡理之精神」和透顯藝術性主體的「綜和的盡氣之精神」，若就道統精神而言是就道德心性之理而言，非就氣而言。道統所宗的「理」是道德的理體及其客觀實現之正道；儒家盡心成性、踐仁知天的心性之

---

[1] 牟宗三，《生命的學問》，臺北市：三民書局，1970年，頁38。他說這三本書合為一組，大抵是1949年至1959年10年間的著作，他自謂這10年是他的文化意識和時代悲感最昂揚之時。請參考他在其《道德的理想主義》一書，〈序〉，1978年修訂三版，頁1。

[2] 《道德的理想主義》，〈序〉，1978年修訂三版，頁6。

學是道統的典範。牟宗三界定道統爲儒家心性之學和成德之教，其意義一方面是
爲民族文化找出己立立人、己達達人之道德的活水源頭。另方面的意義在強調仁
義的美德在民族文化的價值理想上具不可或缺的重要性。牟宗三立基在道統的精
神價值上，儒家內聖外王的心性哲學爲道統的主軸，道家和佛家論爲次級價值。
他對道家主要的批判在於道家不能正視禮教係其於親親尊尊而顯倫理中親性的差
序格局，有其本於性情而有德行之內在依據。他說：「道家始終未轉至性情的
仁心。此亦可說有智而無仁。此其所以爲道家，以前斥其爲異端處。」[3]又說：
「道家自反面以質救文，故其浪漫精神特顯。然其所顯之主體唯是一乾冷晶光
之『道心』，而不是道德的主體，故道家已落在『非人文的』或『超人文的』
境地。」[4]這是他立基在儒家的判準來批評道家，他認爲老子所言「無爲而無不
爲」不是本於道德天理言大化流行。道家既非價值義的存有學，則終不能發展人
文的價值理想而難逃被批評爲異端，然而他在貶中亦有褒義，所謂「老子之無爲
最能化掉才氣情的凸出；此乃尤勝於儒家。」[5]

　　相對於儒家以仁爲主，攝知歸仁，他認爲道家有圓智神智，就儒道的判別
上，他指出：「智只是（儒家）在仁義之綱維中通曉事理之分際。而在道家，無
仁義爲綱領，則顯爲察事變之機智，轉而爲政治上之權術而流入賊。」[6]他雖肯
定儒、道、佛皆具智的直覺，但是儒家是成德之教的仁智，道家的玄理玄智非擔
當仁義的綱維，不具道德的主體性，終於轉入黃老之學、法學的權術。但是他把
道家衍變而出的機智權術貶爲「賊」確有過激之論。

　　對牟宗三而言，老子不似扮演中國道統的儒家立基於仁義內在的道德主體
性，以人文化成天下，肯定可大可久的歷史文化開展的方向。然而，他在晚年的
思想成熟期，提出的圓教論中，認定老子雖不能於實有層上肯認聖智仁義，卻能
在「生而不有，爲而不恃，長而不宰」的玄德作用層上保存聖智仁義。蓋牟宗

---

[3]　牟宗三，《歷史哲學》，頁177，臺北市：臺灣學生書局，1994年三版。

[4]　《道德的理想主義》，頁184。

[5]　同上，頁221。

[6]　同上，頁203。

三指出老子的「無」在工夫實踐上可去執去礙以淨化自我、暢通生命的德性的妙用。他特別強調道家所主張消解一切偏執的「無」之智慧乃是儒、道、佛三教的共法，他在《才性與玄理》（三版自序）說：

> 魏晉所弘揚的玄理就是先秦道家的玄理。玄理函著玄智。玄智是道心所發也。關於此方面，王弼之注老、向秀郭象之注莊，發明獨多。此方面的問題，集中起來，主要是依「為道日損」之路，提煉「無」的智慧。主觀的工夫上的「無」妙用決定客觀的存有論的（形上學的）「無」之意義。就此客觀的存有論的「無」之意義而言，道家的形上學是「境界形態」的形上學，吾亦名之曰「無執的存有論」。此種玄理玄智為道家所專注，而且以此為勝場。實則此種工夫上的無乃是任何大教、聖者的生命，所不可免者。依此而言，此亦可說是共法[7]。

第二節　儒家的核心價值及道德形上學

一、儒學的核心價值觀

德國文化哲學家史賓格勒（Oswald Spengler）曾論斷儒家文化較側重人與人之間外在關係的責任和義務。牟宗三在早年所著〈從西方哲學進至儒家學術〉一

---

[7]　牟宗三，《才性與玄理》，〈三版自序〉，頁1-2，臺北市：臺灣學生書局，1978年。

文中引述史賓格勒的論點說：「中國文化集中於社會的義務。其哲學及宗教皆聚精會神於人類關係之外的方面。中國文學與美術其可羨慕之處固多，然大抵淺薄，其意義在表面上已顯露無遺，不需更向深度探索。」[8]牟氏對史賓格勒只從外在社會倫理法則的觀點論斷儒家對「善的形式之堅持」為中國文化的基本特徵，表示不能完全同意。他辯駁說：

> 禮樂之廣被於人群而形成人與人間之責任與義務，此固是善的形式之外在化。然而自孔子開始，即已由禮文以點出仁義，孟子由「仁義內外」以言性善，宋明儒者承之以開心性之學。此皆是將「善的形式」向裡收攝，以立善的形式之根。是則「善的形式」不徒是外在的，且亦是內在的，是則澈上澈下，澈裡澈外，已至通透之境。此方是中國文化之靈魂，而謂只有軀殼，徒賴外在的善的形式以維持，可乎？[9]

他斷言中國文化中作為「善的形式」的禮樂之文，進展至孟子時，已深刻化地以人性內在之仁義為善的外在形式之根源。他與唐君毅等人在1958年元旦聯名發表的《中國文化宣言》中就儒學之「內在」與「外在」的關係問題，堅定而清楚地指出：「心性之學」是中國傳統思想的核心，外在的規範和信條非核心所在。心性之學蘊含「內在」與「超越」的關係，「內在」由心性方面言，「超越」則從「天道」層次說。因此，在心性之學中，「內在」與「超越」的關係融貫為「心性」與「天道」的關係，就仁心仁性與天道相貫通的道德形上學立場而言，牟宗三對孔子的肯定，其立基點與錢穆和熊十力有所不同。

錢穆認為孔子「述而不作」地發揚光大了夏、商、周三代文化，謂：「孔子實能深得周公制禮作樂之用心，故於『吾從周』，『吾其為東周乎』之全部理想

---

[8] 牟宗三，《生命的學問》，臺北：三民書局，1970年，頁31。
[9] 同上註。

中而特爲畫龍點睛增出一仁字。」[10]孔子「增出一仁字」是立基於周文化而對三代文化作一概括性的論「述」而非創「作」。因此，錢穆說：「故謂由於中國傳統文化而始產生孔子，不能謂由有孔子而始有中國文化之創造也。」[11]牟氏則立基於宋明新儒學之創新觀點指出：「對先秦之龐雜集團，齊頭並進，並無一確定之傳法進以統秦，而確定出一個統系，藉以決定儒家生命智慧之基本方向了，且進一步具體確認了『以曾子、子思、孟子及《中庸》、《易傳》與《大學》爲足以代表儒家傳承之正宗』。」[12]扼要言之，牟氏直接就孔子生命智慧的提點所言成德之教來確認儒家之精髓。換言之，孔子開闢了人之所以爲人之「仁」德的獨特生命方向，透顯了人之所以能成就道德生命的價值之源。他有別於錢穆處，在孔子創作出仁的德性生命之根源，而非只是承繼傳述了三代文化而已。質言之，牟氏旨在將孔子生命型態之精神確認爲儒家，甚至是整個中國文化的特質。

他不將孔子只定位在六經的文史傳承者，而特別強調孔子以仁宏道的生命智慧之大志向。相形之下，錢穆深受今文經學的影響，從「孔子作六經」的立場來確定孔子在中國歷史文化上的地位，牟宗三迥然不同地從孔子仁教者的身分來確定孔子的定位。他說：

> 對於《詩》、《書》、《禮》、《樂》、《春秋》，無論是刪、定、作或只是搜補，有述無作，皆不重要。要者是在仁。仁是其眞實生命之所在，亦是其生命之大宗，不在其搜補文獻也。有了仁，則在其所述而不作者一起皆活，一切皆有意義，皆是眞實生命之所流注。……是則仁教者乃對於道之本體之重建以開創造之原者也。《詩》、《書》、《禮》、《樂》、《春秋》可以述而不作，而仁教則斷然是其創造生命之所在，此不可以通常著書立說之創造視之也。[13]

---

[10] 錢穆，《中國學術思想史論叢》，臺北：東大圖書公司，1976，頁197。
[11] 同上註，頁193。
[12] 牟宗三，《心體與性體（一）》，臺北：正中書局，1968年，頁13。
[13] 同上註，頁245。

　　孔子雖繼承了三代文化之道德歸總，且亦具傳遞於後世之文化綿延者之身分，所謂「人而不仁，如禮何」之仁教，進而點出原創性的開合以創新的綜合和突破。要言之，孔子的偉大在於他是宣導仁教以重建道之傳統，開闢人文生命價值之源的仁教者，因此，對牟氏而言，孔子才真正是儒家傳心之法的開創者。[14]

　　但是牟宗三這一見解與其師熊十力卻有差異，熊十力以儒典中的六經歸屬孔子，且十分強調孔子與先聖間繼承的脈絡關係。熊十力說：

> 《中庸》雲：「仲尼祖述堯舜，憲章文武。」孟子言孔子集堯舜以來之大成，此皆實錄。古代聖帝明王立身行己之至德要道，與其平治天下之大經大法，孔子皆融會貫穿之，以造成偉大之學派。孔子自言「好古敏學」，又曰「述而不作」，曰「溫故知新」，蓋所以承接者既遠且大，其所吸收者既厚且深。故其所定六經，悉因舊籍，而寓以一己之新意，名述而實創。[15]

　　熊十力對孔子的推崇在突出孔子集堯舜以來典憲文制之大成，亦即平治天下的「大經」、「大法」，且能對所定的《六經》賦予新意，「述」中有「作」。但是牟氏對熊氏之不同處，在於牟氏以文制與說「述」，以仁教者界說「作」。他指出：「孔子立教的文制根據就是周文，而周文的核心則在親親之殺，尊尊之等。……孔子繼承『述而不作』這一套，刪《詩》、《書》，定《禮》、《樂》，贊《易》，作《春秋》，其中觀念就是依親親尊尊之制。」[16]但是孟子已點出親親敬長的心意就是良知良能的仁心仁性之流露。牟氏也點出孔子原創性的「作」就在其處處提點的仁教上，我們也可說其「至聖先師」的身分，就在於他是誨人不倦之「仁教者」這鮮明的身分。

---

[14] 就這一論點而言，牟宗三未必能接受朱熹《中庸章句序》，根據《古文尚書·大禹謨》的「人心惟危，道心惟微；惟精惟一，允執厥中」於禹、湯、文、武、周公相承至孔子的說法。

[15] 熊十力，《讀經示要》，重慶：南方印書館，1945年。

[16] 牟宗三，《生命的學問》，頁101。

二、以內在性與超越性詮釋孔子仁教與陽明良知教

程明道曰：「學者需先識仁，仁者渾然而與物同體，仁義智性皆仁也。」[17]
孔子在《論語》一書中言及「仁」處有58章108次，陽明著《詠良知詩》有雲：
「個個人心中有仲尼，自將聞見苦遮迷；而今指與眞頭面，只是良知更莫疑。」
對陽明而言，良知爲至善心體，是判斷道德善惡的先驗準則。不但如此，良知蘊
涵向善的自主自發性作用，人若能依良知本體這一盤針爲善去惡，就是以「知」
率「行」的知行合一的道德實踐之德行了。因此，先驗的良知本體兼具爲每一個
人的道德主體和先驗的自由意志主體。「個個心中有仲尼」指良知本體普遍內見
於人，是人與人內在的同一性。朱熹（1130-1200）的德性實踐工夫較側重讀書
窮理，亦即以知識理性的心靈研求外在世界中事事物物的概念化知識。同時，在
科舉取士的時代重視考生對書本中客觀知識的攝取。陽明認爲以知識作爲道德實
踐的切入點，易歧出道德內在的動機和動力「良知」，不自覺地陷溺在格得書中
理而成不了自家意的誤區中。況且，人對涉及世俗利害得失的事物，分別之知越
多，則利害計較的自私心也隨之越精明。如是，他批判地指出：「記誦之廣，適
以長其敖也；知識之多，適以行其惡也；聞見之博，適以肆其辨也；辭章之富，
適以飾其僞也。」[18]記誦之學增廣見聞知識，易滋長傲人的歧視心態，同時，見
識廣博之後，利害的算計和分辨更有增進計較得失的能力，反而揚高了自私的欲
求。此外，「辭章之富」也易增強了世俗之人口是心非、飾辭爲非的能力。

陽明立基於上述的分析，他擔心外在知識的累積，世人反而經不起提升利害
辨識能力下的外物之誘惑以致蒙蔽了良知的作用力，導致人欲滋長，阻塞了天理
良知的流行。換言之，捨本逐末的增進知識、增廣見聞的路徑反而可能造成良知
發用的障礙。因此，陽明對致良知教的提倡，旨在導引人預防走進知識的迷途。

---

[17] 《二程遺書》·識仁篇。
[18] 王陽明，《傳習錄（中）》，答顧東橋書7：陽明全集，上海：上海古籍出版社，1992年。

他針對塞本拔源的誤區，教人反求人人心中內在的先驗之良知準則，亦即道德天良，《傳習錄》（下）有段師生問答的精闢論述：

> （弟子問）曰：「如何致？」（陽明）曰：「爾那一點良知，是爾自家底準則。爾意念著處，他是便知是，非便知非，更瞞他一些不得。爾只不要欺他，實實落落依著他做去，善便存，惡便去，他這裡何等穩當快樂；此便是『格物』的真訣，『致知』的實功。」

　　格物的真訣不在究明外在的概念之知，而在究明內在知是知非的良知，良知是人人先天具有的道德本心，是道德本性或本體，所謂：「心之本體即是天理，有何可思慮得。」[19]「天理」是道德本心所蘊含的，亦即良知所內蘊的是非之心。因此，窮理不是窮究外在世界認知物件的概念知識，而是充分發揮、顯露良知的仁義之理。陽明闡釋其中的奧義說：「心之體，性也。性即理也。」[20]窮仁之理，真要仁極仁；窮義之理，真要義極義，仁義只是吾性，故窮理即是盡性。如孟子說：充其惻隱之心，至仁不可勝用，這便是窮理工夫。陽明所謂的窮理取向與朱熹是相反的，朱熹外吾心而求外在世界的所以然之理。王陽明是反求內心所具的天理，亦即切己實踐良知所蘊涵的仁義實存性之理，若貫徹到底，私欲盡除，則天理充分流行不已。陽明的「窮理」是澈底的完全良知所內蘊的仁義本性，亦即反求諸己、正本清源的充盡本性之實踐工夫，所謂：「為學須有本原，須從本原上用力，漸漸盈科而盡。」[21]

　　陽明《詠良知詩》謂：「個個人心有仲尼」，牟宗三點出孔子哲學原創性的創「作」就在「仁教」，孟子以親親敬長的仁心義性來為良知良能佐證，弘揚孔子的仁教。顯然，牟宗三是以「仁義內在，性由心顯」來詮釋孟子心學，上溯源

[19] 王陽明，《傳習錄（中）》，答歐陽崇一：王陽明全集，上海：上海古籍出版社，1992年，頁72。

[20] 王陽明，《傳習錄（中）》，答顧東橋書，頁42。

[21] 王陽明，《傳習錄（上）》，門人陸澄錄王陽明全集，上海：上海古籍出版社，1992年，頁14。

於孔子仁教，下貫通於將心學發展至最高峰的陽明致良知教。他早在1955年所發表的《人文主義與宗教》一文中指出：「必其不舍離人倫而即經由人倫以印證並肯定一眞善美之『神性之實』或『價值之源』，即一普遍的道德實體，而後可以成爲宗教。此普遍的道德實體，吾人不說爲『出世間法』，而只說爲超越實體。然亦超越亦內在，並不隔離，亦內在亦向外感通，亦並不隔離。若謂中國文化生命，儒家所承繼而發展者，只是俗世（世間）之倫常道德，而並無其超越一面，並無一超越的道德精神實體之肯定，神性之實，價值之源之肯定，則其不成其爲文化生命，中華民族即不成一有文化生命之民族。」[22]

對牟宗三而言，中華民族所以能成就一個有深厚久遠之文化生命的民族，就在於作爲中華文化生命主流的儒家精神文化中，深信既超越亦內在的普遍道德實體，突出人之所以爲人的「道德精神實體」，亦即道德主體，亦是價值主體。他在其著作中對這既超越亦內在的道德精神實體有不同的言詮。他在《心體與性體》一書中對這道德主體強調孟子所言「良能」，側重以「能」說「知」。他在《智的直覺對中國哲學》、《現象與物自身》等書中，特別強調「良知」，其意義在以「知」釋「能」。值得注意者，他在晚年所出版的《圓善論》一書，把「良知」詮解成依「良知」而有或順「良知」而成的道德本心之作用顯現。孟子心學對「良知」與「良能」不具有分辨意識，牟宗三以「知」解「能」，以及以「能」釋「知」的思路是趨於詮釋陽明「良知」的思路。

牟宗三認爲孟子主張性善採取「仁義內在」的進路，「內在」指內在於心的仁義，若把仁義理解爲理，則具先驗的道德法則意義。因此，仁義之心對內具的仁義道德法則有自發性的開顯能力。他詮釋說：「此所謂本心顯然不是心理學的心，乃是超越的本然的道德心。[23]他指出陽明言「良知」是溯源於孟子，所謂：「人之所不學而能者，其良能也；所不慮而知者，其良知也。孩提之童無不知愛其親者；及其長也，無不知敬其兄也。親親，仁也；敬長，義也。無他，達之天

---

[22] 牟宗三，《生命的學問》，頁74。

[23] 牟宗三，《從陸象山到劉蕺山》，臺北：臺灣學生書局，1979年，頁216。

下也」（《孟子・盡心上》）。他指出，陽明依孟子此義把良知提升至「本心」的高度，「本心」是人之所以為人的道德本體，亦即價值主體。陽明有言：「蓋良知只是一個天理自然明覺發見處，只是一個真誠惻怛，便是他本體。故致此良知之真誠惻怛以事親便是孝，致此良知之真誠惻怛以從兄便是弟，致此良知之真誠惻怛以事君便是忠。只是一個良知，一個真誠惻怛。」牟宗三認為陽明以「真誠惻怛」談良知，藉「惻怛」釋仁心，由「真誠」表述恭敬之心，皆收入「良知」涵義中，直指良知之心。牟宗三詮釋說：「『真誠惻怛』便是他（良知之心）的本性。『他的本體』意即他的自體，他的當體自己，他的最內在的自性本體。」[24]

「真誠惻怛」具有天理的道德內容，陽明總持良知之「天理」這一命題中的「天理」二字不可割捨。牟宗三強調「天理」不是陽明「良知」的外在於心的對象，而是良知自身的真誠惻怛處，質言之，「良知就只是天理之自然明覺底一個發見處。」[25]牟宗三以知是知非的「知」來解釋「良知」，良知之知就是具自發性和顯明性的知是知非的天理所在。牟氏這一詮釋將陽明「心即理」、「知行合一」、「致良知」三心學要旨一脈貫通，非常的透明精闢，引導讀者能相應的、貼切的悟解良知之精義。

三、道德形上學旨在證成良知之內在性與超越性

牟宗三透過他對德國哲學家康德深刻分析道德意識所推導出道德法則必須具有客觀性、普遍性、不能從經驗得來的論述，提出他對宋名儒之大宗的共義。那就是貫通先秦儒家「踐仁盡性」的仁德之教，悟得儒家聖人「通體是仁心德慧」所已涵，據此，宋名儒之大宗「『把那道德性之當然』滲透至充其極而達至具體

---

[24] 同上註，頁218。
[25] 同上註。

清澈、精誠惻怛之圓而神之鏡」**26**。他以道德理性所蘊含的三義理來建立其道德形上學，論證宋明儒大宗，特別是陽明致良知教，盡心盡性，調適上遂所臻「具體清澈、精誠惻怛之圓而神之鏡」。他說：在形而上（本體宇宙論）方面與在道德方面都是根據踐仁盡性，或具體一點說，都是對應一個聖者的生命或人格而一起頓時即接觸到道德性當身之嚴整而純粹的意義（此是第一義），同時亦充其極，因宇宙的情懷，而達至其形而上的意義（此是第二義），複同時即在踐仁盡性之工夫中而為具體的表現，自函凡道德的決斷皆是存在的、具有歷史性的、獨一無二的決斷，亦是異地則皆然的決斷（此是第三義）。

由這三重要涵義觀之，牟宗三針對儒家心性論，特別是孟子心學，陽明良知教所建構的道德形上學，非採抽象思辨，概念界說之「超越分解」的方式去論證仁之為道德理性。因此，他認為陽明之「良知」為道德法則是先驗的，且是普遍的覺解路數。他的道德形上學是將陽明「致良知」及「一體之仁」視為存有論上道德心性的實存性。他採取道德主體在生活世界中，仁心的通感，良知發用的呈顯事實，活在當下地自覺體證，來內在證悟。換言之，牟宗三系采道德心性主體實存性的體驗方式，以真切的感受和體驗方式悟解覺知仁心、良知是一天植靈根的存在事實。他從源流上遠溯孟子心學由「仁義內在」以自覺性善有其本根的入路。內在是表示仁義、良知乃內在於超越的道德心，是先天而固有的，非經驗的、實驗心理學上的存有，亦即非由外鑠我者。扼要言之，孟子、陽明所謂的良知良能收攝於人內在的心性實有，是人人具有之純粹而先天的道德理性，非僅是後設反思之抽象的道德理性。因此，牟宗三的道德形上學是道德主體在心性實踐工夫上自覺感悟的、體驗的、逆覺體證的歷程中所體貼出來的工夫實踐性形上學。這是由氣性的自然生命中，提升心靈境界，體證仁心良知系實有於己，自覺性地尊德樂道，開闢出人的精神生命，實現了仁人君子，甚至是先秦聖賢的天理流行之道德生命。他所建構的形上學，就本質而言，他導引人傾聽良知的聲音，

---

26 牟宗三，《心體與性體》，頁116。

回歸本心，安身立命於與本體開通的儒家心性，彰顯了良知主體（道德主體、價值主體）在層層道德實踐上，調適上逾於天理流行之形上心境和宗教永恆意義的向度。

在牟宗三宋明理學的視域裡，是陽明心學的內聖之學，就其性質特色而言，乃是道德哲學領域中的一套「成德之教」。其核心問題意識在討論道德實踐之所以可能的先驗根據（既超越亦內在的根據），這是心性本體的問題，立基於此再進而訴求實踐的工夫人路問題。道德形上學系針對如何樹立這樣一套貫通本體、工夫和境界的哲學而衍生。既超越亦內在的良知本體貫通了本體與萬物，因此，陽明的致良知教之實踐才可開通出「一體之仁」的無限感通之渾全生命境界。換言之，基於良知在道德世界所具有的超越性和內在性，我們不能把良知抽離於對萬物感應的作用狀態來孤立良知、單論良知。良知不是一孤體，在仁心的無限向著世界感通的作用下，良知的感通發用乃與天地萬物有著親密的內在聯繫作用。牟宗三詮釋說：陽明從良知（明覺）之感應說萬物一體，與明道從仁心之感通說萬物一體完全相同，這是儒家所共同承認的，無人能有異議。從明覺感應說物，這個「物」同時是道德實踐的，同時也是存有論的，兩者間並無距離，亦並非兩個路頭。……我們不能原則上說仁心之感通或明覺之感應到何處為止，我們不能從原則上給它畫一個界限，其極必是以天地萬物為一體，這個「一體」同時是道德實踐的，同時也是存有論的——圓教下的存有的。

至此，我們推論出牟宗三「道德形上學」不但旨在證成「良知」實存的內在性和超越性，且據以證成王陽明晚年在《大學問》所提出的「一體之仁」，表述出致良知下的人與世界之關係不是局而不全，不是隔而不通的，而是縱貫統攝，橫之而通的一體渾然之整全性道德世界。

四、評道德形上學進路詮解陽明「致良知」教

　　學界前賢對牟宗三如何把陸王的良知本體透過對康德「道德底形上學」之汲取，把陽明的良知本體與康德自由無限心結合，融通了本體與現象，建立了體用不二，既存有亦活動，有無限感通的道德形上學，已有不少評論。值得關注者，牟宗三以「智的直覺」來指點良知在際遇感通中自發性的呈顯，換言之，良知本體不是現成的有待于「智的直覺」去覺照萬物的作用方式。他強調良知本體是一種體用不二的道德實踐之智慧，亦即良知本體的朗照朗現就是「智的直覺」，所謂：「既朗照並朗現物之在其自己，亦反照其自身而朗現其自身。」[27]對他來說良知是自誠起明的。他從存有學的立場指陳實存的世界和實存的良知實體，斷言良知即「本心仁體」有其超越的形上價值根據，亦有其實存性的內在性之體證。他以道德形上學建立詮解良知本體為既超越亦內在的道德形上學，他對王陽明所言：「天地萬物，俱在我良知的發用流行中，何嘗又有一物超於良知之外，能作得障礙？」確實有發人省思的精闢論證。他將陽明良知即是天理的詮解轉化為道德形上學的問題屬性，以良知的是非之心詮釋為道德的自我立法，貼切於陽明「心即理」的深層含意。此外，他以天理流行的境界來理解陽明的致良知，使陽明以致良知來安身立命，這是人生終極價值之安頓，落實了道德自我的普遍意義。這些深識與高見開拓了我們對陽明致良知的視域，也深刻化了其哲學價值的涵意，我們不得不由衷敬佩牟先生對陽明心學的研究貢獻。

　　然而，陽明12歲時毅然有學聖賢之大志，飽經好幾次的曲折歧出以及漫長的苦難歷練，37歲時才在赴貴州的憂患煎熬下悟出「心即理」、「吾性自足，不待外求」的心性深層智慧，他在50歲時拈出「致良知」教，56歲時才寫出「一體之仁」的《大學問》。他自己也承認他的致良知教是歷經九死一生的折磨才殺出一條血路。陽明的「致良知」教可說是經由無數次一步一腳印，一棒一痕的真

---

27 牟宗三，《現象與物自身》，頁42。

切體驗中所磨煉出之人生大智慧。《王陽明全書‧舊序》引錢德洪對陽明的評論有言：「先生之學凡三變，其為教也亦三變。事實上，他在50歲提出『致良知』說之前教導學生的修心養性的實踐工夫主要有三種。**[28]**陽明後學者未有如陽明生命歷程長期曲折起伏之艱苦淬煉者，同時對陽明心學之切入點和貼合度有因人而異的出入與差別，大致可歸納成浙中王門、江右王學和泰州王門。牟宗三在所著《從陸象山到劉蕺山》一書第三章《王學之分化與發展》中雖也考察精詳，分疏有致，評比中肯，但是他對生活在商品經濟大潮下的當代人處在物欲橫流，世俗生活充滿意念之私，私欲氣質之雜多的情境，缺乏對資本主義物化的人性以及積累習心習性厚重的人性之惡作周備而深刻的考察和分析。同時，陽明致良知教如何針對當代人與陽明心學格格不入的疏離狀態，有一別開生面地對症下藥出「致良知」實踐工夫提出創新見解，也乏善可陳。他的逆覺體證說雖有大見解，可是面對普羅大眾，還是少了一套循循善誘，鞭辟入裡，能契合時代需求的工夫路數。

第三節　牟宗三對老子及道家「境界形上學」的詮釋

一、老子正言若反的遮詮

老子對經驗知識的取捨態度，有些學者依據《老子》〈六十五章〉：「民

---

[28] 曾春海，《中國哲學史綱》，臺北：五南圖書出版股份有限公司，2012年，頁617。

之難治，以其智多，故以智治國，國之賊，不以智治國，國之福。」、〈第三章〉：「常使民無知無欲，使夫智者不敢為也，為無為則無不治。」、〈第二十章〉：「絕學無憂」等文本而推論老子是反對知識的。牟宗三在圓教論時，基於儒、道、佛皆關注世間人的苦難，有救苦轉樂的崇高心願，斷言修道者不應遺世獨立，救世者不該離現實生活，也無否定經驗知識之必要。他依據〈第十九章〉「絕聖棄智」、「絕仁棄義」，從老子救世救人的崇高目的，就其文本的意義脈絡，倡言老子所謂的「絕」和「棄」是正言若反的遮證法，非採實有層的否定，而是為消解理性和利害算計的偏執，乃採作用層面的保存工夫。換言之，他認為「絕」和「棄」是滌除玄覽，蕩相遣執地以無為而無不為的高明智慧使仁義的美德不淪於偏執的流弊而能有正面真諦、純粹的人間價值。王弼所謂「絕聖而後聖功全，棄仁而後仁德厚」可貼切的理解牟宗三為何指出老子的無為有作用地保存仁義的正面價值。他將《老子》文本中的「無知」之「無」做動詞的去除解釋，「無知」意指去除對片面知識的執著。「絕學」的「絕」解作杜絕，意指杜絕「為學日益，為道日損」下的世俗之學問知識。「無知」和「絕學」是針對意識形態下的偏執之知所造成的束縛及其所造成的種種認知上的衝突、煩惱，逐一解放，期能消防其災害。當人們能不被知識所奴役，而能虛靜無執的善用知識，促進人間的相互理解與和諧則「無」的治療和知識正面作用的保存才獲致「無知」和「絕學」的真諦。牟宗三在圓善論時期的老學益顯圓熟和睿智。

他在三統論時期所標舉的「政統之繼續」，曾先對中國歷來的治道分成儒家德化、道家道化和法家物化三型態且分判其間得失。彼時他對老子未做出正面而積極的肯定。等到他持圓教論時，他從老子對一切美好的存有價值可以以玄德做作用的保存。他深刻理解到老子一無所執的境界型態哲學，對「自然」概念也賦予了境界意含，那就是以開放無執的心靈一無所執而任運自然。就政道而言，道家圓教式「無」的本體論可正面地保住儒家的一切德，保住法家的一切法，當然施用於民主憲政體制的當代，不塞其源，不禁其性的形上智慧可保住民主政治所崇沿的人人自由平等的價值理想而可與西方自由主義的精神相溝通了。牟宗三主觀境界型態的老學詮釋，對當今社會、政治和世界之紛亂不堪而言，確有其不可

忽視的時代啓發之深層意義。

二、以「境界形上學」定位道家哲學屬性

牟宗三著《才性與玄理》一書旨在疏通魏晉時代的玄理與玄智爲主，以王弼注《老》、向秀郭象注《莊》爲代表。他認爲老莊的本義闡發於這兩本注。他以「不生之生」詮釋道家的生化義，係本於王弼《老子注·第十章》所云：「不塞其源則物自生，何功之有？不禁其性則物自濟，何爲之恃？物自長足，不吾宰成，有德無主，非玄而何？凡言玄德者，皆有德而不知其主，出乎幽冥。」他把道家的形上學詮解爲「境界形上學」是立基於無爲的「玄德」，他說：

> 道只是一沖虛之德。沖虛無爲，不塞其源，則物即自定自化點。……「道生之」者，只是開其源，暢其流，讓物自生也。此是消極意義的生，故亦曰「無生之生」也。……它只是不塞不禁，暢開萬物「自生自濟」之源之沖虛玄德，而沖虛玄德只是一種境界。故道之實現性只是境界形態之實現性，其爲實現原理亦只是境界形態之實現原理。非實有形態之實體之爲實現原理也。[29]

牟宗三將道家判定爲「境界形態之實現原理」顯然係以具道統身分的儒家，積極從事以人文化成天下的主流價值爲判準。事實上，《老子》書中有不少的論述表徵道是化生萬物，具實有形態之實體，如「道生一，一生二，二生三，三生萬物，萬物負陰抱陽，沖氣以爲和」（42章），不僅如此，道在運行萬物的作用歷程中，呈現出「獨立而不改，周行而不殆」（25章）的客觀規律。就體用

---

[29] 《才性與玄理》，頁161-162。

相即不離，承體發用，即用顯體的存有論而言，「道」不可能是無客觀實體性的無體之用，牟宗三所以斷道家爲「沖虛玄德」、「境界形態之實現原理」，其立場鮮明，不但否定道家在中國歷史文化的主幹性、道德性，且將中國哲學的核心特色和優定位爲生命學問，優位於客觀存有論的理論形態之哲學。我們可以他所說的一段話來剖明其心態，他說：

> 中國哲學，從它那個通孔所發展出來的主要課題是生命，就是我們所說的生命的學問。它是以生命爲它的對象，主要的用心在於如何來調節我們的生命、安頓我們的生命。……中國人首先重德，……，優先優越於theoretical reason。**30**

「生命的學問」亦即透過悟修雙行所實現的「主觀境界形上學」優位於理論化的哲學，亦即客觀實有論。不但如此，牟宗三在安身立命爲主軸的中國哲學中又特別崇尙儒家成德之教的實踐理性，因此，他在這一判準下對道家的讚賞自然就側重在能涵容一切且予以作用之保存的沖虛玄德，亦即主觀修心養性取向的主觀境界形上學了。這是他在《才性與玄理》之後進入圓教論時期有所改變。

我們若對牟宗三哲學的心路旅程以宏觀視野觀之，則他在撰成《才性與玄理》後，接續出版了《智的直覺與中國哲學》、《現象與物自身》、《中國哲學十九講》，一直到《圓善論》的問世，他對中國哲學的看法越來越圓融統觀，格局開闊，洞見透澈。他對道家的理解，突破了早期三統說，外王三書**31**，逐步充盡了道家玄智玄理之堂奧，對道家越來越解持正面的看法予以欣賞和肯定。他在其所著《現象與物自身》，〈序〉說：

> 儒釋道三家同顯無限心，無限心不能有衝突。因此，如來藏心，良知明

---

30 牟宗三，《中國哲學十九講》，頁15，臺北市：臺灣學生書局，1983年，頁131。
31 指其撰的《歷史哲學》、《政道與治道》和《道德的理想主義》三本對應時代之感受和獅子吼的著作。

覺，以及道家的道心不能有相礙處：而教之入路不同所顯的種種差別亦可相融和而無窒礙。此是此時代所應有之判教與圓通。

又說：

吾茲所言並非往時三教合一之說，乃是異而知其通，睽而知其類，立一共同之模型，而且其不相爲礙耳。此是此時代所應有之消融與判教。**32**

他在圓教論時期，已不再局限於開展道德生命必以仁義爲判準，轉折於更寬廣的視域，主張凡能安頓百姓生活、安定天下紛擾的智慧皆屬生命的學問。若能實現這一修己以安人之善果者，不分儒、道、佛，皆具德行意義，此時，他對老子主觀境界形上學也賦予了具德行義的生命學問。他認爲老子沖虛之玄德，消解私有化的佔據、把持依恃、放下主觀意志力的操控而大張，無爲而歸還一切自由的天機，亦是另類的「一己成則天地萬物亦皆能成」的成己成人之學，因此，道家亦可具足有別於儒家之德行的意義。牟宗三特別點出老子的「無」在心性修養上是去執去礙以淨化自我，暢通生命的成德工夫，是三教共法。前述的道家縱貫橫講與儒家縱貫縱講可相輔相成的贊天地生成化育說，也是在進入後期圓善論時所呈現的道老學詮釋法。

32 牟宗三，《現象與物自身》，臺北市：臺灣學生書局，1975年，〈序〉，前段引言見頁8，後段引言見頁17。

第四節　牟宗三的莊子學研究──以〈齊物論〉爲主題

一、前言

　　牟宗三對莊子的哲學研究最令人矚目的成果，莫過於他對〈齊物論〉篇之精闢見解，他在1987年2月至4月在香港新亞研究所講授〈齊物論〉，共十五講，逐段講論，全面而詳實，勾畫出他對莊子哲學精髓之洞見。[33]綜觀其詮與解莊子哲學的基本立場，仍一貫的持道家爲境界形上學和智的直覺（玄智）之識見。他首先針對歷來學者對該篇名有〈齊「物」論〉及〈齊「物論」〉的歧見，表明他的見解，他認爲莊子〈齊物論〉所針對的對象不僅止於不同學派不同論述的「物論」而已，他確認：「物是廣義，事事物物都要齊」，「是非、善惡、美醜，一切比較的，價值性的，相對的判斷都要平齊。」[34]顯然，他主張「齊物」兩字應連讀，就基源性問題而言。莊子〈齊物論〉面對萬象紛然，萬物殊樣，究竟如何採取統構性的至高點來予以宏觀式、立體式的溝通解呢？牟宗三首先對問題立基點的研究取向採取了不同層位的視域，提出了「知識」與「智慧」之分辨。他說：

　　　　講學問是内在的系統性的原則。……講學問就是要站在内在的系統性的

---

[33] 臺灣臺北《鵝湖月刊》第27卷第7期，總號第320（2002年1月）至第28卷第8期，總號第332（2003年2月），全刊載了牟宗三〈齊物論〉十五次講錄該講錄係由盧雪崑女士依據牟宗三授課時的錄音整理，再經過楊祖漢做最後的校訂而成。

[34] 《鵝湖月刊》。〈莊子〈齊物論〉講演錄（一）〉，頁3。以下引述牟宗三的講演錄，只標明講次和頁次。

爭辯的立場講出一定的道理來。眞、善、美的問題可以出現偏見，有偏見就可以討論，通過討論得到一定的道理。一步一步的，到最後達致一定的道路。[35]

講學問，包括對眞、善、美價值的追尋，如：基督教、佛教、儒家、墨家係經過討論、爭辯後，達成一定的道理，形成一套套具內在系統性的原則。這是一般人所了解的知識、學問。至於「智慧」則對一般性的知識、學問具有超越凡俗之見的凌虛性、牟宗三將智慧與知識有所區別地予以界說。他說：

> 莊子採用凌虛的智慧立場平齊是非、善惡，這種態度高一層，而且是智慧的，不是一套套的概念系統。概念系統是知識。[36]

知識是一套套的概念系統，因不同學派、論述者對同一問題的視角、前題，偏執的立場不同而有所不同。牟宗三指出智慧與知識不同，莊子採取的是超越一般偏執的片面之知，而有凌虛的整合性的觀照智慧。《莊子》文本所謂不以物觀物，不以心觀物，而能以「道」觀物。以「道」觀物不落在內在之系統理論層，亦即非一步步地建構出一套由概念認知所構成的知識性理論，而是採取高一層的後設性反思，予以深層性的、統整性、持續性的觀照而提出洞見。

〈齊物論〉凌虛智慧所平齊的對象和範圍不涉及客觀性的自然科學、邏輯、數學，也不針對良知天理的道德善惡判斷，他認爲所平齊的對象在世俗成規的相對性價值判斷，他說：

> 就是那個屬於「價值標準」，有內容的相對的是非，那是屬於意識型態（ideology）的。……「莫若以明」的態度化除的是風俗習慣、約定俗成

---

[35] 牟宗三，《莊子·齊物論》講演錄（一），頁1。
[36] 同上，頁1。

的東西。……依照風俗習慣，約定俗成的是非是一套一套的。這就是禮
俗。禮俗的標準沒有一定的。[37]

風俗習慣所形成的禮俗性之是非觀，隨不同的時空條件，不同的民俗和集體
意識的形塑而有差異。當時空條件改變，普羅大眾的思想轉移，則禮俗所約定的
是非標準也隨時過境遷而不同。換言之，不同時代地域的俗眾之間有不同的世俗
性是非判斷標準，在此時此地此一人們爲「是」者，轉移到彼一時地及俗眾則未
必爲「是」了。〈齊物論〉所擬平齊的主要針對非不受時空條件制約的普世性價
值，而是有時空、民俗條件制約之相對性的是非判斷標準。

二、以智慧與知識之辨論〈齊物論〉屬性

牟宗三爲了釐清智慧與知識之區別，乃於哲學思維法和語言表達的性質上做
了對照。首先，他以〈齊物論〉中所使用的「天籟」一詞爲例，他指出「天籟」
非科學語言，亦非哲學知識論的概念界說語，而是有對人生智慧暗示性的指點語
言。他從界說知識與智慧兩種不同的思考方式來說明「天籟」爲暗示性的指點
語，他說：

人類的思考一般有兩種方式，第一步先用分解的方式。分解的方式就要
遵守邏輯、數學、科學。……還有詭論的方式。這是兩種理境。大部分
的理境，是第一步先以分解的方式講。以分解的方式講了以後，再進到
第二步用詭論的方式來達到不可辯、不可說的境地。[38]

---

[37] 〈齊物論〉講演錄（三），頁4。
[38] 〈齊物論〉講演錄（九），頁9。

他所謂「分解的方式」當指運用邏輯理性和知識理性，依邏輯規律進行概念涵義的抽象思辨，分析和界說，扼要言之，就是邏輯、數學、科學的推論之知。概念知識之知。這種分析式的思考方式是遵守邏輯規律的直線式，一條鞭式的理解方式，非智慧之知。「智慧」指人能超越於經驗的局限而觀省通於「大辯不言」的形上之道，這一高度。牟宗三指出〈齊物論〉所云：「大道不稱，大辯不言，大仁不仁，大廉不嗛，大勇不忮，是玄通正反、有無的詭論智慧，所謂：

> 凡這種詭論都是曲線的智慧。……通過一個表面上看起來矛盾而實不矛盾，達到一個更高的境界，把兩個相衝突的東西協調。這才叫做辯證法。**39**

對牟宗三而言，藉概念分解區隔的現象之知，無法妙契道眞。領悟「道」的形上智慧是透過曲折的辯證之知來統攝，以詭辭來表詮。由概念知識到形上智慧之調悟係由分解至非分解的超越之統攝，是異層之存有層級的轉變。他在〈齊物論〉的《講演錄》中將〈齊物論〉所云：「知止其所不知，至矣。」與「庸詎知吾所謂知之非不知邪？庸詎知吾所謂不知之非知邪？」分辨了兩層次之「知」。那就是分解之知與非分解之知、識知與智知、有知相之知及無知相之知的超知。他明確的指出莊子以「道」齊平萬物的智慧屬「道」的範圍，亦即屬於智知、超知的層次。因此，他將「庸詎知吾所謂知之非不知邪」文本詮釋爲：「有所知有所不知，那是就知相而言。有知相之知不能無所不知，它套在主體和客體的關係中。……是科學知識的層次，在這個層次上有知識有不知，都是有限定的，有範圍的。」**40**同理對「吾所謂不知之非知邪」的文本詮釋爲：

> 這個「知」就是超知之知，就是「葆光」、「莫若以明」那個層次上的

---

39 〈齊物論〉講演錄（九）。
40 〈齊物論〉講演錄（十一），頁4。

知……莊子是要從是非、善惡、美醜相對而達到絕對，就是要達至「葆光」、「莫若以明」那層次。**41**

莊子所說的「葆光」、「莫若以明」是智慧層次，無非解之知。無概念分析之知的知識相、有知識相的分解之知有一定的界限範圍，具認知主體、客體之分及具能與所相對的關係。牟宗三將之劃定為第一序之「知」，是有執的形上學。對「道」的知慧之知是第二序的「知」，係透過體道者實在性的體驗工夫所達到的境界之知。境界之知是隱默之知，默證性的智慧、圓通無執，是無執的形上學，係莊子「葆光」、「莫若以明」，照之於天，道通為一的天府層次或境界。

三、實踐進路的無執形上學

牟宗三強調莊子無執的形上智慧是智的直覺，必得透過體道者自覺性的下實踐性的體證工夫，透過異層的轉變和超越而調適上遂的道境。換言之，虛凌觀照「天籟」、「自然」係透過「吾喪我」的工夫歷程所體證的境界，他說：

道家所言「自然」、「天籟」是一個意義，……這個意義是通過高度的修養而達至的精神境界。所以，它不是一個限定概念，不是指限定意義的概念講的。**42**

他認為莊子所言的「天籟」、「自然」不是指本體而言，而是意指某種非概念界說的境界。境界不是建構理論的思辨活動，而是實存性的工夫歷程，他說：

---

41 〈齊物論〉講演錄（十一），頁3。
42 〈齊物論〉講演錄（一），頁7。

「存在就是對具體人生的感受，不是抽象思考。」**43**

抽象思考不能了解實存性的感受，最具體的感受要從具體的存在滲入。莊子的〈齊物論〉不能被視為一套思辨性的抽象理論，其意義在關切生命的境遇感受，其動機和意向在引導生命從束縛的不自由和煩惱中脫困，獲致解脫的智慧和享受精神自由自在的人生境思。牟宗三詮解「吾喪我」的工夫與「喪其耦」的工夫相呼應，「喪我」的「我」指私心未化，對世俗的誘惑動心起念而有私心偏見。「喪我」指消解偏私定執之俗心，還歸虛靜無執的純淨心靈，使身與心不再相對偶，不再起矛盾衝突。

他認為著實下了「吾喪我」的工夫，消解一切偏執，則心靈自然灑脫凌虛才能體證出「天籟」的境界和意趣感受。他指出「人籟」、「地籟」是具體的存在的，「天籟」非具體的存在者，不可具體指陳，他將這不可指說的「天籟」理解為「自然」，而「自然」之指意乃為「這是自然如此，是一個境界，一個意義。」**44**「天籟」非概念知識的研究對象，而是由實踐體悟出的形上智慧、心靈對「天籟」實存性的體驗，得下放空一切而處於虛靜凌虛之狀態，才能開悟他所謂：「天籟就是自然。天籟就表示你的心靈有一個灑脫的境界。……道家所謂天籟、自然，就是自由自在。」**45**他分別道家的「自然」在涵義上與西方自然世界之「自然」涵義截然不同。他說：

> 道家所謂「自然」不是西方說的natural world的意思。西方所說的「自然
> 世界」正好是道家所說的不自然，是他然。他然就是待他而然……依他
> 而然，依他而然是有條件的。那麼，自然就無所依待。**46**

「待他而然」的「他然」是經驗世界條件制約下的自然因果法則。相較之

---

43 〈齊物論〉講演錄（二），頁1。

44 〈齊物論〉講錄（一），頁5。

45 同上，頁6。

46 同上，頁5。

下，道家的「自由自在」的「自然」是人心靈上超越一切條件制約的自由心境，得透過「吾喪我」的高度心靈修養才能實現的境界，修養出這一心境者凡是莊子所謂「莫若以明」、「葆光」、「超知之知」的「道心」。

四、靈修「吾、表、我」的天籟境界

〈齊物論〉所提〈天籟〉涵義的境界必有透過「吾喪我」的高度修養，消解我執、物執，達到物我兩忘（不執著）之凌虛灑脫的心境，亦即無所依待、無所限定之自然自由和自在。〈齊物論〉認為不同學派的眾說紛紜，造成不同對立的成見、偏見，相互間對立分化，爭辯相傷，導致勞心過慮，患得患失。「成心」係由習心習性的積累和偏執所造成的自我封閉的意識形態，〈齊物論〉曰：「夫隨其成心而師之，誰獨且無師乎？」牟宗三對造成人之偏見與僵化心態的「成心」，有深刻的分析。他說：

> 「成心」是對著「道心」而講的。「道心」是transcendental，經過修行而轉出來的。現實上都是「成心」。……「成心」是由習而成的。
> 每一個人都有一個習慣的心，你依據你的生活習慣、經驗習慣、家庭教育、種種教育，訓練成你的心態，以你自己的想法作標準。每一個人都有一個是非的標準。**47**

「成心」是人在世俗生活中被世俗化的價值觀潛移默化，形成僵硬的習氣，積澱在潛意識中而不自知，且形成自私自利的不良言行習慣，「道心」與「成心」之差異在於人是自我封閉的心態，還是能有自我開放的心靈，對自己的

觀念和言行能否有自覺性的省察能力和實踐精神修養的高度工夫。唐代道士成玄英將「成心」解釋爲：「夫域情滯著，執一家之偏見者，謂之成心。」且「夫隨順封執之心，師之以爲準的，世皆如此，故誰獨無師乎。」[48]「成心」可說是封閉性的意識形態，不外封限定執之心，個人偏私之習見，眾說紛云，莫衷一是，人世間的是非爭辯亦不停。

五、以「莫若以明」之智照呈顯具體世界

〈齊物論〉所謂「莫若以明」、照之於「天」、「眞君」、「無適焉」、「天地與我並生，而萬物與我爲一」等語意，牟宗三皆視凌虛智慧超越相對的執定相，消解經驗界一事兩端之執定，所呈現的境界語。若以道觀物，則即具體世界而無所偏執，觀萬物一體渾化。這是歷經內心之修養工夫，將一切思與言全皆滌除盡淨，當下直見本源，臻於有而不有，無而不無的絕對境界。若以「天籟」、「地籟」和「人籟」來詮釋，「地籟」是家窾，「人籟」是比竹，則「天籟」是不能離開眾窾的自然義來了解。〈齊物論〉所言「怒者其誰？」「天籟」亦即由「道」一概齊平地平視「地籟」，沒有任何偏執，此際，「天籟」從「地籟」自己如此的自然中顯示出來。換言之，「天籟」不離具體的「地籟」當下呈現出一體平鋪，一體渾化的境界，亦即一整全性的渾融圓滿之世界。他說：「宇宙的根本不能套在這個『有』、『無』的串列裡面找，而要就在把『有』、『無』相對的這個東西化除的當下找。當下化除的這個地方就是ultimate。這個地方就是天籟，天籟就是自然。」[49]他認爲宇宙的本源，不能落在知識論上無窮的因果關係串列中尋覓，而是由超越的智慧化掉串列的「有」、「無」相對相之執定，才能呈現一渾化境界，直接透見本源，這就是莊子所說的「道」、「逍

---

[48] 郭慶藩集釋、王孝魚點校，《莊子集釋・齊物論》，北京：中華書局，2006年2月2版10刷，頁61。
[49] 〈齊物論〉講演錄（七），頁11。

遙」、「大成」。

　　牟宗三還特別藉其師熊十力所舉「大海水」與「海漚」之喻，來詮釋〈齊物論〉所言「天地一指也，萬物一馬也。」對比出道的玄智的智慧與名言概念知識取向的「指」、「馬」在層次上的不同。他說：

> 熊先生以大海水與海漚作比喻，從海漚這個地方看，各個不一樣，若從大海水看，海漚的差別性就沒有了，海漚就是小波浪，小波浪是風吹起來的，風停了，小波浪就沒有了。這不是「天地一指也，萬物一馬也」嗎？海漚的眾多性沒有獨立的意義的，這樣才能化掉，化掉才能說「天地一指也，萬物一馬也。」**50**

　　莊子所謂「道心玄智」、「莫若以明」、「照之於天」、「道通爲一」係無所封限與無所對立的層次。那是凌虛觀照的層次，高立於本源性的絕對意義下，平視萬物之眾多與差別，僅是具相對意義的眾多和差別。在知識層次上，用概念去界說它，顯出它是什麼，它不是什麼，其間的差別是人爲認知意義的名言之差別。從熊十力的觀點而言，這些殊別化的差別只是形形色色的小海漚，這是知識論上的現象之知。莊子所說的「天地一指也，萬物一馬也。」是大海漚，猶若風止浪息的平靜大海，那是本體現象不二關係，本體不離具體現象的本體或本源。

六、對比莊老之異

　　就老莊之對比而言，牟宗三認爲莊子的精神方向與老子不同。他認爲老子先採概念分析方法，界說「無」、「有」的涵義之不同，再進一步將「有」、

---

50 〈齊物論〉講演錄（五），頁4。

「無」通聯起來，謂之「玄通有無」的「玄」。莊子虛凌超越的智慧統攝超越層的「自無適有」和經驗層的「自有適有」。他說：

> 《道德經》說：「道生一，一生二，二生三，三生萬物。」那還是「自無適有」的精神。但莊子說：「無適焉，因是已。」這是另一種精神。「自有適有」不行，「自無適有」也不行。他不要你「適」，就是讓你的心思不要落在「from......, to......」的格式裡。有「from......, to......」就有邏輯思考的過程。**51**

老子仍有邏輯思考的路數，有知識層面的意義，莊子〈齊物論〉則採超越知識面的凌虛智慧取向牟宗三認為莊子形上的「道」之作用是超越層中各層面涵義而開展的。〈齊物論〉云：「既已為一矣，且得有評？既已謂之一矣，且得無言乎？一與言為二，二與一為三。自此以往，巧曆不解得，而況其凡乎！故自無適有以至於三，而況自有適有乎？」牟宗三解決「既已為一矣，且得有評？」係順前文「萬物與我為一」而說，此「一」與「一與言為二」之「一」皆表示不可言詮之道體（無）。就道與萬物深化為一整全性的存有是不可行分解之知的，亦即無豐富與能、所相對之相。後句「謂之一」的語境是落一在「有」的層次，有能謂與所謂的分別。「一與言為二」之「二」指主、謂，解、所相對的對偶關係，有認知主體和認知客體的對立分化性。至於「二與一為三」的文句，他說：

> 那麼，「二與一為三」呢？這個「一」指「為一」的「一」講，就是「無」。落在「有」就是duality，「有」就是「二」。這個「一」與這個「二」合起來就是「三」。這個「三」是兩層綜和，兩層關聯在一起演就名之曰「三」。……「三」代表綜和，代表harmony，代表「有」、

---

51 〈齊物論〉講演錄（八），頁4。

「無」通而爲一。**52**

　　牟宗三解讀〈齊物論〉「自無適有」說到三，皆屬於超越界層次，是形而上的「無」這一層次。「三」以後便落在經驗界的層次，萬象紛然不可歷數而盡的。老子提出「有生於無」的宇宙發生論。「無」落在經驗世界中隨時起徼向的作用。從「無」到「有」具徼向性，落在「有」中牟宗三對比老莊的差異。他說：「凡徼向都有一特定的方向，若停在這特徼向上，有就脫離了無。有不要脫離無，它發自無的無限妙用，發出來又化掉而日到無……」。這是就老子「有」。生於「有」的徼向性而言，但是令人質疑者老子文本是否有「停在這徼向上，有就脫離了無」的蘊意呢？「停在這徼向上」是在經驗層次的知識論立場。這是老子要批判的對象，非老子所肯認的。牟宗三相較於老子；他指出莊子不同於老子的地方在於「不要再拆開來分別地講無講有，而是將這個圓圈整個來看，說無又是有，說有又是無，如此就有一種辯證的思考出現，有而不有即無，無而不無即有……這個圓周之轉就是『玄』。」**53**這是牟宗三最欣賞莊子〈齊物論〉「道通爲一」、「莫若以明」的虛凌超越之智慧，也是牟宗三莊學最突出而具特色所在。

第五節　牟宗三的佛學研究

　　牟宗三認爲天臺圓教係經由「斷斷」的工夫階段，再轉進至「不斷斷」的

---

52 〈齊物論〉講演錄（八），頁2。

53 此兩處引文請參閱牟宗三，《中國哲學十九講》，〈第五講道家玄理之性格〉，頁87-109。

境界。天臺宗在「不斷斷」的圓教意義下表達「法性即無明，無明即法性」。法性不離開無明煩惱而存在，卻有「斷」和「不斷」的二重境界可言。天臺宗所謂「緣理斷九」是指眞心得離妄才顯，如此，則法性僅是「但理」。換言之，若只講「斷斷」，僅意在眞心必須離妄、破妄才能顯眞。對牟宗三而言這一層次尚未至圓滿、圓實，圓滿、圓實的圓教，在天臺宗須歷經「不即（相離）」而進於相即不離的「即」，那就是由「斷斷」代遞「不斷斷」的勝境。他說：「眞心系統之緊張性仍未完全鬆散，故爲權佛也。何以故？以眞心不即妄歸眞，乃離妄歸眞故。此即天臺宗所謂『緣理斷九』，屬『斷斷』也。」[54]他斷定華嚴宗未臻天臺宗的圓教境界，就在於華嚴採唯識學的眞常心系，呈現法性與無明的緊張對峙，眞心必須離妄歸眞，這仍停滯在「斷斷」層次。他分辨「斷斷」與「不斷斷」的二層次，所謂：

> 法性必即無明而爲法性，無明須斷，此即所謂「解心無染」；而無明中之差別法則不斷，此即所謂「除病不除法」，即「不斷斷」也。是故眾生皆在惑、業、苦之三道中，此是迷執之三道。佛之解脫是在「不斷斷」中，三道即三德下，解心無染也，而三千法仍自若也。……此即「圓斷」，亦曰「不思議斷」[55]

眾生陷在惑、業、苦的三道無明，在「不斷斷」的「圓斷」中破。解心無染即無「無明」，這就是「斷」，亦即明脫而成佛。牟宗三強調圓教的法性與無明在天臺宗是體同的「依而復即」，而「不斷淫怒痴」即是不斷「無明法」。九法界之差別是法，若滯於九法界之差別則是病。天臺宗的修證是通過開權顯實，亦即發跡顯本而了了分明地不停滯。這就是以謂「除病不除法，天臺宗以言「緣理斷九」的「斷斷」九法界，若能進階至「依而復即」之模式，視九法界之法皆

[54] 牟宗三，《佛性與般若》，上冊，1977年6月初版，2004年6月修訂版，臺北市：臺灣學生書局，頁478。
[55] 同上註，下冊，頁647。

實，皆是佛法界之法，即於九界而成佛就是「不斷斷」的「圓斷」而臻於圓教。牟宗三說：「圓教者，圓妙，圓滿，圓足，圓頓，圓實之謂也。」[56]他謂圓教必須相應於《法華》經的開權顯實，亦即發跡顯本而成就圓教。

　　牟宗三判別天臺宗為在有論進路的性具論，有別於華嚴宗性起論天臺宗在處理存有論時，將主體識心之一念的分解區別作用轉化為一切法的展現，相續而有一念三千之性相的說法。所謂一念三千突出天臺宗的最高成就，智者大師藉「即」，概念的運用，把一切存有貫通起來。他不把一切法歸結為心，亦不將心歸結成一切法，這是運用「即」概念消解心與法之間的二元對立，基於「無明與法性的相即關係，在止觀修行中，證成佛法若無往則法性即無明，無明即法性，存在界上下交遍，渾然一體，不可割裂，一念三千表示心本具是一切法。在佛性即（不離）實相義下，也本具現象界的善惡；牟宗三頗欣賞天臺宗性具善惡的佛性論，這也是天臺宗止觀修行以相即做為宗派的特區，表現了心與物、境與智、善與惡的相即不二特性。

　　華嚴宗雖以圓教自稱，牟宗三確認為分解式圓教路教，判華嚴宗圓教為別圓，並非最後圓教。他在《佛性與般若》第六章〈起信論與華嚴宗〉開頭提出評華嚴宗網旨的論述，他說：

> 華嚴宗是以華嚴經為標的，以起信論為義理支持點，而開成者。由「對於一切法須作一根源的解釋」這一問題起，經過前後期唯識學底發展，發展至此乃是一最後的形態。阿賴耶緣起是經驗的分解或心理學意義的分解，如來藏緣起是超越的分解。順分解之路前進，至華嚴宗而極，無可再進者。由如來藏緣起悟入佛法身，就此法身而言法界緣起，一乘無盡緣起，所謂「大緣起陀羅尼法」者，便是華嚴宗。[57]

---

[56]　牟宗三，《佛性與般若》，臺北市：聯經出版公司，2003年版，頁648。
[57]　《佛性與般若》，上冊，頁483。

　　牟宗三論斷華嚴宗的理論係以《大乘起信論》爲主之如來藏思路。其核心論題關注一切法的根源性問題，他還認爲如來藏旨要是唯識學之最終範式，在方法路數上，相較於般若經及天臺的詭譎表述是屬於分解式的說法。在牟宗三的語意中，「分析」指分析命題涵義的分析，其對立概念爲「綜合」。華嚴宗對緣起性空的概念分析包括無相、十玄門涵蓋了對一切之說明。至於引文中所謂「分解」；指如來藏系統的思路；其對立概念爲「詭譎」。

　　按牟宗三見解，華嚴宗以如來藏爲中心，攝取中觀和唯識，擬解釋現象界的最後根源，那就是以如來藏隨順無明而成萬法。唯識宗講識心爲雜染無明的執識，中觀則旨在解說事物間之橫向關係，資以陳述法界的無盡緣起。牟宗三認爲法界無盡緣起是華嚴宗的理論特色，但是他認爲華嚴宗對法界無盡的表述，係屬於「狀似哲學理論」本質上是文學式表觀，其宗教意義寫於哲學意義，因此，他不認爲華嚴圓教是至高的圓教。

　　若回顧華嚴宗中與證觀不同的法藏，他一方面遠紹印度佛法中宗空宗的智光與宗唯識的戒賢之爭辯，另方面，他承接智儼的小、始、終、頓、圓五位判教，建立他自己的圓教學說。他在其圓教的建構論述中，創新了「頓教」這一概念。頓教在法藏之前不是教法而是教相。對「空」的眞諦，文字無解爲力於詮釋，乃佛教一切教識共同的說法。人的思維力也無法窮究這一終極性眞理的本身。法藏在其判教裏，賦予頓教一獨立教法之地位，他提出他的頓教有別以往之見解，他既然確認文字與概念思辨的認知路數無助於揭究竟眞理之諦，乃主張放棄文字與概念認知之路徑，是對終極眞理體悟的一種法門，他在《修華嚴奧旨妄盡還源觀》卷一說：「《起信論》云：若有眾生解觀無念者。是名入眞如門也。」意指「一念不生」的「無念」是悟入眞如的法門及工夫，對他而言，「無念」是一種工夫性的理論，其絕言離相的修行門是其特有的教相。他確認語言文字及概念思辨皆不能證成終極眞理，因而訴諸頓教，他面對的困難是如何整合可言說和不可言說的困難。於是，他提出「主伴圓融」爲其圓教之路，這一說法有如因陀羅網般的無盡緣起所起的「無盡說」，法藏持說而無說，無說而說之圓教的教法，頗契合無盡說的教法。他指出法界無盡，言說主體在不同立場，持不同說法。法藏

認爲法界乃互爲緣起，如因陀羅網，相互關連而共爲一整體。法界無盡，說法亦隨之無窮盡，無限可能的說法，彼此相違相順，整體是一如，只得略舉數門以表示。因此之故一切分解性的解釋，皆註定是不完整的命運，在表述上只能是權說、虛說。我們只能透過多樣觀點的方式論述一事，才略顯每一種權說的不足。在以略示全的前題下，一說即攝衆說，衆說亦皆入一說，一多相攝。既然言說只解以略示全，則說與不說無太大差別。法藏因此說「舒卷無礙」，舒可賅法界，卷可以略談，法藏的圓教說是一「主伴圓融」說，其表述法以略述者爲「主」，其餘衆法爲「伴」。因而，示顯者在主，隱沒者在伴。

　　這種論述圓教的方式是法藏由《華嚴經》悟得。例如：《華嚴經一乘十玄門》、十佛……等，都以「十」爲數紀，表示圓融義，這就是以略示全的表詮法。牟宗三把如來藏祖爲華嚴圓教的核心思想，可說未脫離千年來的誤解。蓋如來藏說確是華嚴圓教的重要論述，卻非中心思想，緣起性空說也滲入圓教理論的形成。因此，華嚴圓教應在法藏「主伴圓融」及「以略示全」的視點視域下才公允。

第四篇
哲學的文化價值論

第一章　方東美（1904-1976）

第一節　學思歷程簡介

　　方東美（1899-1977），名珣，以字行，安徽桐城人，生於清光緒25年，陰曆2月初9日，係國學世家方苞第16世嫡孫。幼穎悟，秉承家學；浸潤詩禮，博覽群經。他在民國6年畢業於桐城中學，同學中有與他交誼極深的朱光潛。他在同年考取南京金陵大學預科第一部，翌年升入文科哲學部，曾任學生自治會會長，學生社團「中國哲學會」主席。民國8年（西元1919年），美國哲學家杜威（*John Dewey*）至金陵大學講學，由方東美代表師生用英語向杜威致歡迎詞[1]。方東美譯成 *D. L. Murray* 所著《實驗主義》一書，自己署名為「方東英」，出版於中華書局，是他唯一的譯作。1921年，方東美畢業，獲學校推薦赴美國麥迪遜（*Madison*）威斯康辛大學深造，先完成〈論柏格森生命哲學〉之碩士論文[2]。後又完成博士論文〈比較英美的新實在論〉：「*A Comparative Study of British and American Neo-Realism*」。他在1924年返國，先任教武漢大學的前身武昌高師一年，翌年轉職於南京東南大學[3]1937年，他以38歲之齡出版名著《科學哲學與人生》。1938年1月24日，他在中國哲學會第三屆年會中宣讀〈哲學三慧〉一文，分別論述古希臘、近代歐洲與中國三種哲學智慧類型。「哲學三慧」非指哲學家個人的「自證慧」，乃係指三種體現於全民族文化精神之「共命慧」。他將希臘人的實智照理稱為「如實慧」，屬「契理文化」，旨在援理證真。近代歐洲人科技蓬勃發展，以方便應機，產生「方便慧」，屬「尚能文化」，旨在馳情入幻。中國人以妙性知化，依如實慧，運方便巧，起「平等慧」，屬「妙性文化」，旨

---

[1]　方東美讀大學本科哲學系的第一位上古西洋哲學史教師就是杜威先生。

[2]　論文之英文題目為：「*A Critical Exposition of the Bergsonian Philosophy of Life*」，深獲麥基維利教授（Evander B. McGilvary）好評。

[3]　該校後來改名「國立中央大學」，1950年後改回「東南大學」校名，「國立中央大學」後來在臺灣桃園縣中壢市復校。

在契幻歸真。若就體、相、用三層架構言，則「中國慧體爲一種充量和諧性，慧相爲爾我相待，在有機聯繫下，彼是相因，兩極相應，內外相孚。慧用爲創建各種同情交感之中道」。他暢發三慧互補之旨，格局恢宏，視域高瞻遠矚，憧憬哲學未來之發展前程。

1937年，日寇侵華，全民抗戰迫在眉睫之際，方東美應教育部之邀，於該年4月8日至24日，在中央廣播電臺，向全國青年宣講中國先哲的人生哲學、宇宙觀、人性論、生命精神、道德觀念、藝術理想、政治信仰與現代中國青年所負的精神使命等論題，凡八講，劉述先謂這八大講詞：「仿費希德（Fichte）之發表〈告德意志人民書〉，揭發文化根源，砥礪民族氣節。」[4]抗戰前夕，方東美曾應邀赴廬山會議，會中即席發言，據云：「力陳民族精神與文化命脈之重要，慷慨陳辭，聲淚俱下，與會者自蔣委員長以下，莫不動容。」[5]1948年，方東美銜命轉赴臺灣，接掌臺灣大學哲學系系主任，關心國事及國運，學思逐漸轉向中國哲學。此際，他也對西洋哲學研究心得作一總結，發表〈黑格爾哲學之當前難題與歷史背景〉一文長達七萬字。該文旨在構思機體宇宙之層級圖像，分析各種差別境界，論述其相互關係，藉以形成他心目中理想的廣大和諧之宇宙觀。文末以歌德分述宇宙和諧與自我毀滅的兩段詩歌，已逐漸形成其所謂「廣大和諧」（comprehensive harmony）的世界觀。方東美在重慶沙嘴，任中央大學哲學系教授時，曾與來訪的印度哲學大師拉達克理思南（S. Radahkrishnan）對談。對方述及若西方學界對中國哲學之述評不準確時，則可用英文撰寫中國哲學。方東美受到這方面的鼓勵，此後乃用英文撰述文稿，向國際學界闡揚中國哲學精義。

1959年方東美出國講學，先後於南達科他州立大學及密蘇里大學任客座教授各一學期。1964年出席第四屆夏威夷東西哲學家會議，發表論文〈中國形上學中之宇宙與個人〉。據云，大會發起人摩爾（Charles Moore）說：「如今方知誰真正是中國最偉大的哲學家」。日本代表鈴木大拙亦說：「本屆東西哲學會議所

---

[4]　見劉述先，〈方東美傳〉，發表於臺灣臺北國史館，《國史擬傳》第10輯，頁90，2001年12月出版。

[5]　見沈清松，〈方東美〉，刊於臺灣商務印書館《中國歷代思想家（廿十五）》，1999年更新版一刷，頁44。

有發表的論文中，當以方先生大作冠絕一時。」[6]會後，方東美赴任美國密西根大學客座教授兩年，主講「柏拉圖與蘇格拉底」、「東西比較哲學」等研究所課題。1969年出席第五屆夏威夷東西哲學家會議，發表論文〈從哲學、宗教與哲學人類學一看人的疏離〉。1972年，他再赴夏威夷，參加陽明500週年紀念會議，發表〈從歷史透視看陽明哲學精義〉英文稿。1973年，11月17日應邀在臺北舉行之「世界詩人大會」中致辭，發表〈詩與生命〉一文，該年他也由臺大退休。他於1966年自美講學返臺灣後，一方面有感於西方人對中國哲學隔閡，另方面，臺灣青年學子對中國文化也缺乏了解，乃盡辭西方哲學課程，改教中國哲學課程，將學術生命最終落實在弘揚中國哲學與文化精神上，從1966年10月至1976年12月，歷時逾10年之久，其中1974年起榮任輔仁大學哲學系客座教授直至逝世前半年爲止，其所授課的錄音，整理成《原始儒家道家哲學》、《中國大乘佛學》、《華嚴宗哲學》、《新儒家十八講》四部書，悉收入全集中[7]。此外，方東美自1966年8月起，他開始用英文撰寫《中國哲學之精神及其發展（*Chinese philosophy: Its Spirit and Its Development*）》，於1976年8月完稿，歷時10年，是一部系統化地闡釋中國哲學精神及其發展的代表作，臨終那年以書面委託其學生孫智燊擔任中文譯本之譯者[8]。他本擬把這部英文巨著，攜往美國洽商出版事宜，行前做健康檢查，發現肺癌，於1977年7月13日，逝世於臺北郵政醫院，享年79歲。

---

[6] 同上註，頁46。

[7] 全集由臺北黎明文化公司出版，計有：《堅白精舍詩集》（1978年）、《方東美先生演講集》（1978年）、《生生之德》（1979年）、《中國人生哲學》（1979年）、《華嚴宗哲學》上下冊（1981年）、《原始儒家道家哲學》（1983年）、《新儒家哲學十八講》（1983年）、《中國大乘佛學》（1984年）。

[8] 孫智燊的中文全譯本由臺北黎明文化事業公司，在2005年11月出版，分（上）、（下）冊。

第二節　方東美的易學研究

　　方東美哲學的主調旨在貫通古今及融合中、西、印哲學智慧，形塑成綜攝各方哲學資源之旁通統貫，博大精深的哲學體系。他出入各派哲學精隨，情有獨鍾於中國心靈的精神能源寶庫。他認爲中國哲學相較於他國哲學，呈現出獨有之既超越又內在之形上智慧，激發人的思想原創力，以廣大和諧，統之有宗，會之有元的智慧不斷地轉化提升人的心靈境界，[9]意指抽象之境界透過具象化之高規格、名句之蘊意成爲人可觀、可讀、可品味之精神意趣，所謂「境」非僅只可見之景物實狀，可賞析之實象。王國維更進一步地詮釋說：「境非獨爲景物也。喜、怒、哀、樂亦人心中之一境界。故能寫眞景物，眞感情者，謂之有境界。否則謂之無境界。」[10]他指出中國哲學不論哪一類、哪一派皆具有三大通性：「一以貫之」（Doctrine of pervasive unity）、以智慧形成很高的精神文化、「人格的超昇」（Exaltation of personality），[11]本文將依返三大通性爲立基點，論述方東美所詮釋的易學見解。

　　他所標舉的三大通性又立基於他所提出的「超越形上學」（Transcendental Metaphysics）及「情理境界」這兩大理論。方東美的哲學思維主軸可說是建立在中、西形上學對比研究的反思與批判性的建構。扼要言之，他所提出的「超越形上學」與他所謂西方的「超自然形上學」（Preternatural Metaphysics）所論述的存有學課題，有區隔性的意義內容。他長期關注中國哲學中本體論的深層涵義，融會貫通地提煉出中國哲學形上之道的「超越形上學」內涵，所謂：

---

[9]　「境界」一詞取義於王國維《人間詞話》所云：「有境界則自成高格，自有名句」，見王國維著，徐調孚校注，《人間詞話》，臺北：鼎淵文化事業公司，2001年，頁1。

[10]　王國維著，徐調孚校注，《人間詞話》，頁3。

[11]　請參閱方東美主講，〈中國哲學之通性與特點〉，收入《方東美先生演講集》，臺北：黎明文化事業公司，2005年8月修訂出版，頁88-156。

我以「超越形上學」（Transcendental Metaphysics）一辭，來形容典型的中國本體論，其立論特色有二：一方面深植根基於現實界；另一方面又騰衝超拔，趨入崇高理想的勝境而點化現實。它摒棄了單純二分法；更否認「二元論」爲眞理。從此派形上學之眼光來看，宇宙與生活於其間之個人，雍容洽化，可視爲一大完整立體式之統一結構，其中以種種互相密切關聯之基本事素爲基礎，再據以締造種種複雜繽紛之上層結構，由卑至高，直到蓋頂石之落定爲止。……吾人得以拾級而攀，層層上躋，昂首雲天，嚮往無上理境之極詣。……「提其神於太虛而俯之」，使吾人遂得憑藉逐漸清晰化之理念，以闡釋宇宙存在之神奇奧妙，與人類生活之偉大成就，而曲盡奇妙。……中國各派的哲學家均能本此精神，……建立一套「體用一如」、「變常不二」、「即現象即本體」、「即刹那即永恆」之形上學體系，藉以了悟一切事理均相待而有，交融互攝，終乃成爲旁通統貫的整體。**[12]**

　　方東美曾分別在1964年參加美國夏威夷大學主辦的第五屆東西哲學會議上發表論文〈從哲學、宗教與哲學人性論看「人的疏離」問題〉，以及1972年夏威夷大學主辦的王陽明誕辰500週年紀念會上宣讀之論文〈從歷史透視看王陽明哲學精義〉中，皆論及中國哲學中的形上學具有機體主義（Organism）之通性。他說：「機體主義，做一種思想模式而論，約有兩種特色。自其消極方面而言之，一、否認可將人物對峙，視爲絕對孤立系統；二、否認可將宇宙大千世界化爲意蘊貧乏之機械秩序，……否認可將變動不居之宇宙本身壓縮成一緊密之封閉系統，視爲毫無再可發展之餘地、亦無創造不息生生不已之可能。自其積極方面而言之，機體主義旨在：統攝萬有，包舉萬有象，而一以貫之；當其觀照萬物也，無不自其豐富性與充實性之全貌著眼，故能『統之有宗，會之有元』，而不落於抽象與空疏。」**[13]**他所說的「機體主義」適足以詮解《易傳》所說：「天地之大

---

[12] 請參閱方東美，〈中國形上學中之宇宙與個人〉一文，編入方東美，《生生之德》，臺北：黎明文化事業公司，1979年4月初版，頁283-284。

[13] 方東美，《生生之德》，頁284。

德日生」、「生生不息之謂易」的《易》之生態本體論，蓋《易》由乾坤交感，萬物生成變化持續不已的生命氣象和生機盎然流行的生命歷程頗能契應方氏所言變動不居的宇宙本身蓄積了創進不息、生生不已的無限發展可能。六十四卦以乾、坤始發，至第六十三卦的既濟及末卦第六十四卦之未濟，可喻示出天地交感萬物在生命的流行變化歷程上，流轉不已，終而復始，周行不殆的生命活動之永恆相。

本節分由方東美論《易》之成書及研究方法；闡發《易傳》：「窮則變，變則通，通則久」的時間性本質原理；生生之理；旁通之理；化育之理及創造生命及價值實現歷程之理、結語等七大面向來觀照方東美易學的可能全貌。

一、論《易》之成書及研究方法

方東美與當代大多數易學研究者一樣的認爲現今所流傳的《周易》一書，係由原「經」及釋「經」的十翼，亦即「傳」所合成者。蓋西漢時期的「經」與「傳」仍是分開的，至施讎、孟喜、梁丘賀後，古文經易學家費直覺得附「傳」於「經」才有資以解「經」之研讀方便，乃將兩者合成一書。就《周易》的表述方式而言，有六十四卦之卦畫組成的符號系統及由卦名、卦辭和爻辭組成的語言文字系統。至於六十四卦的排序，方東美係據《周禮》之記載，《周易》之系統爲「乾坤並建」以首卦乾卦象徵其父系社會，《歸藏易》以首卦坤卦象徵其母系社會，《連山易》以艮卦爲首以反映夏代社會背景。三者皆有其歷史上的充分理由，他根據漢代陸賈（240-170 B. C.）《新語》、班固（孟堅，32-92）《白虎通義》、譙周（允南）（201-270）所述，再依人類文化學家所舉北美印第安人的社群組織及澳洲的原始民族之社群爲範例推論，認爲《周易》的符號系統表徵古代民族原始社會中血液之流行，反映中國極早期社會中的婚姻法，由近鄰擴展至遠鄰，由家庭到氏族，再擴大到鄉黨，以至成爲中央政府所在的統一帝國，這種

由血統關係之流行，由小宗至大宗的邏輯形式即是「宗法」。他更推一步認為由乾、坤所代表的圖騰符號，係北京人直到三代某個歷史段落之圖騰社會所形成的符號。他認為這是依《周易》「八卦而小成」，由乾坤生「六子」，第一步形成〈坎〉、〈離〉，第二步形成〈震〉、〈巽〉，第三步形成〈艮〉、〈兌〉，他斷言這是由血緣作為形成部落的基礎。中國上古確是有氏族社會存在，周公是婚姻法的制定者，但是方東美這一有趣的說法，只能視為假設性的詮釋理論，與傳統的伏羲作八卦，文王由八卦演成六十四卦說法如何相容？其在實際的社會又如何具體運作，則缺乏詳實可徵的歷史文獻之依據、分析和論證。

至於《易傳》亦即《十翼》之作者，方東美認為「寫作傳統」在春秋戰國時代尚未形成。他接受司馬遷的說法，《易傳》的作者與孔子有關，可視為由孔子發軔，再由門弟子中的《易》學專家完成。他認為《易傳》雖不能斷定是成於孔子一人之手，但是要像宋代歐陽修《易童子問》那樣說〈繫辭傳〉不是出於孔子之作，仍是無確切的證據可信服。他認為《易傳》應視為學派共命慧的結晶，真正研究《周易》的哲學仍當推自孔孟學派。因此，方東美也接受《史記》卷67〈仲尼弟子列傳〉及130卷〈太史公自序〉之記載，謂《易傳（十翼）》的傳授有完整的譜系可觀其脈絡。那就是由第一代孔子傳到第二代商瞿，流傳至西漢初年為第六代的田何，第八代為司馬談（？-110 B. C.）的業師楊何，如此，則司馬遷（子長，135-87 B. C.）傳其父的家學而成為第十代的傳《易》者。總而言之，《易傳》將《周易》原經的卜筮之書，歷史記載之書轉變成究天人性命和人文化成天下的書是代表儒家的。當然，當代學者對《易傳》的學派屬性仍有異議，例如：陳鼓應認為應為道家主幹學，雖有仁智之見，卻非本論文所能討論的範圍所在，可暫且存而不論。

方東美在《周易》的研究方法採取清代焦循的三種觀點：「學《易》者所以通其象」；「學《易》者所以通其辭」以及「學《易》者所以通其理」。資略述其分別要旨。（一）「學《易》者所以通其象」：方氏曾在李證剛、程石泉於1937年合編的《易學討論集》中，發表〈《易》之邏輯問題〉一文（現已收入《生生之德》一書中）。該論題旨在探討六十四卦如何形成的問題，他認為可採

取歸納邏輯系統與演繹邏輯系統來切入。他評論清代愈樾（曲園，1821-1907）把六十四卦歸結爲歸納系統，雖在卦象的連貫關係上尚能言之成理，但是在卦辭的會貫上卻未能以論證來證成。漢代的京房、荀爽、虞翻則持演繹系統觀點，方氏認爲京房在重卦的邏輯上頗有可觀處，但是欠缺形上學的解說。他對荀爽所提出的「陰陽升降」說，評其所立上升下降的規律缺乏一致性，在卦象與卦象的旁通之理方面也只能解釋二十幾卦而未能遍解六十四卦。他對虞翻所處理的重卦之演繹法，批評爲不能統一體例，顧此失彼，有秩序錯亂之失。方氏自己則以演繹邏輯的形式原理，採用四個符號，將六十四卦按其所假定的邏輯推演法爲設準，分爲十八變，衍示旁通圖，他所假定性的設準基本上是立基於五論點：1.天下之動貞夫一；2.由太極生爻，爻生單卦，單卦生重卦來詮解「生生之謂易」；3.四營而成《易》的筮術衍卦法；4.以四營筮術法所衍示之十有八變而成卦的解析；5.成卦之後，再比而觀之，得出六十四卦中凡兩卦並列，剛柔兩兩相孚者謂之旁通。總而言之，他係就六十四卦的卦畫在符號的演變之旁通統貫上證示其所據演繹邏輯形式，至於其實質涵義的形上原理，將在本文後面再論述。

在（二）「學《易》者所以通其辭」方面，《詩》〈大序〉有言：「詩三體：賦、比、興。」賦者指以描述性的表述來敷陳其事；比者以對比兩事物見其差異與類同意，至於興體，方東美特別重視，謂：「興者，興會淋漓，化爲象徵妙用，而『言在於此，意寄於彼』。」[14]賦體常用於敘述史詩；比體常運於在寓言，興體常見用於抒情詩詞以美化文學創造之想像。方東美指出：「同理，對用以解釋《易經》形式邏輯系統結構之語言，吾人亦可謂之『易三體：賦、比、興』，即事實描述之語言，譬喻象徵之語言，與創造幻想之語言，後者尤賴諸象徵化之妙用，使其意義得以充分發揮而彰顯。」[15]《易經》在古代稱爲《易書》，原是一部紀史之書，敘述人生與自然，尚未有深度的哲思。同時，在淳樸

---

[14] 方東美著，孫智燊譯，《中國哲學精神及其發展》（上），臺北：黎明文化事業公司，2005年11月初版，頁211。

[15] 同上註。

的上古，發明的文字有限，事實陳述語，隨時代的演進而有若干意義之轉變，逐漸廣而深，乃由敘事而兼說理。於是，原初用來描述人生與自然的紀史性語言，乃一變而用作表徵哲學之智慧載體。方氏謂清代焦循謂《易經》的文句充滿象徵意涵，因此，方氏也認爲研讀《易》之文字需探賾抉微，將之視爲意蘊豐富之象徵語言，細心地依章句語法而層層索解，他指出繫辭爻辭脈絡條貫旁通，語意互涉交涵，不可將字句孤立求解，他說：

《易經》卦列之邏輯系統，無非象徵表達形式上之可能性概然率耳。欲得其確義，勢須予以妥當之解釋。就《易經》而論，對其卦象符號，便有種種不同方式不同層次之解釋可言。[16]

方東美列舉了三種不同方式、不同層次的解讀方法：其一爲事實陳述性，亦即常識性的解釋；第二種爲涉及時序變化、天文星象、自然地貌、風土人情的自然科學性的客觀解釋；第三種乃針對人生來解釋，屬於理性心理學（深層人性論）乃文化史範圍，他引用王國維《殷周制度論》書中所言：「此數者，皆周之所以綱紀天下，其旨則在那上下合於道德，而合天子、諸侯、卿、大夫、士、庶民，以成一道德團體。」[17]方氏指出：「前期靜態之殷文化，乃逐漸爲郁郁乎動建而富於創造性之周文化所取代。」[18]他認爲周公依血緣「親親」關係，建構出宗法倫理的社會，進而確立「賢賢」原則，處處爲民謀幸福，形成一道德實體與禮樂教化之王國，而非局限於僅是一區區政治機構。他說：

生活於此種制度體系與文化類型之內，人人油然而生一種人性自覺，明乎社會生活一體、道德幸福一體。故人類一切人格主體，既非任何可予控制利用之工具，亦非區區可以施恩佈惠之對象。蓋人心深處，皆具有一種道德自覺，了悟眞實化與價值化之存在，並具有一種敏銳之尊嚴感與人格價值萬類平等感。[19]

方東美認爲孔子及其弟子生逢周代高尚文化理想崩解之際，遂集體發動哲學

---

[16] 方東美著，孫智燊譯，《中國哲學精神及其發展》（上），頁212。
[17] 王國維，《觀堂集林》，卷10，臺北：文藝書局，1956年，頁3。
[18] 見前揭書，頁213。
[19] 見前揭書，頁214。

性的振衰起蔽工作。他們沿承易卦之符號系統，將原之紀史陳事的文句，化賦體
爲比興，賦予推天道以明人事的人文精神，轉變爲一套發揮易理的十翼哲學。他
認爲《易傳（十翼）》哲學的要義可析分爲四大面向：1.高揭一部萬有含生論之
新自然觀；2.提倡一種性善論之人性觀；3.發揮一部價值總論；4.完成一套價值
中心之本體論。[20]方東美從《易》之原經與易傳之內容性質及其所以轉變之歷史
文化深層原因，不但分析出研究周易卦爻等符號系統的演繹邏輯底性，還針對文
字系統所載述之理，綜攝出四大哲學問題及其核心論述，可謂慧眼獨具，對後人
研究易學頗具啓發作用。

二、論《易傳》：「窮則變，變則通，通則久」的時間性本質原理

　　方氏治《易》除了「通象」、「通辭」外，更關注通其哲理，他將《易》
的哲學研究分爲狹義的《易》哲學研究和廣義的《易》哲學研究。前者旨在研究
《易》符號系統如何形成？如何由文本來說明《易》的思想內涵，如王弼、韓康
伯、孔穎達的工作，就我們的理解而言是《易》學史的研究法，後者應是就哲學
本身的立場來研究《易》。方氏治學淵博且精深，他的哲學視域寬宏，不但汲取
佛家華嚴的圓融一體觀，也融攝了法國柏格森（Henri Bergson, 1859-1941）的生
命哲學及英國懷德海（Alfred North Whitehead, 1861-1947）的機體論，此外，他
也參照了《禮記·中庸》、《尚書》皇極大中思想。他還認爲對《易》了解得最
澈底的先秦哲人是孟子，他說：

　　生命之自然秩序與道德秩序，既同資始乾元天道之創造精神，且儒家復

---
[20] 見前揭書，頁216。

謂:「人者,天地之心」(《左傳,卷27》)居宇宙之中心樞紐位置,故人在創造精神之潛能上,自然侔天配天。準此,儒家遂首見一套人本中心之宇宙觀,復進而發揮一套價值中心之人性論。此孟子所以力倡「夫君子所過者化,所存者神,上下與天地同流」者也。……「可欲之為善;有諸己之謂信;充實之謂美;充實而有光輝之謂大;大而化之之謂聖;聖而不可知之之謂神。」[21]

他認為儒家代表典型的時際人(time-man),從天地萬物自然生命的大化流行,社會組織的結構體系,乃至個人價值生命在盡性發展所創造的一切成就,都得投注於時間歷程來貞定以依次實現其所懷抱的價值理想。時間歷程至為關鍵,若追問何謂「時間」?方東美以《易傳》所云:「窮則變,變則通,通則久」來界說時間的本質在「變易」。他進一步針對《易》之爻辭解釋與時間密切關聯的「變」、「通」、「久」三大原理。他說:「蓋時間之真性寓諸變,時間的條理會於通,時間之效能存乎久。生生無已,行健不息,謂之變。變之為言,革也。革也者,喪故取新也。轉運無窮,往來相接,謂之通。通之為言,交也。交也者,綿延賡續也。喪而復得,存存不消,謂之久。久之為言,積也。積也者,更迭恆益也。凡此一切,皆時間變易之理論條件。」[22]就「窮則變」的「窮」而言,係因萬物在時間歷程中的生成化育,形於逐漸的歷程,卻衰老毀亡於頃刻,在即將頃毀之際,若能推陳出新地革故鼎新則可屈往以信來,所謂「剛健而不陷,其義不困窮」這是天地之大化流行所以能日新其德、生生不息的真正原因所在。他指出「統之有宗,會之有元」(王弼語)乃指宇宙化育歷程中所蘊寓的理性秩序。在革故鼎新的創進不息歷程中,事物消長之變化乃隱於退而趨向於奮進不已,這是時之趨,在時間生生不息的運化中,事物雖資於亡卻能繫於存,故得恆而能久。他以這三大時間的本質原理來彰顯《易》之形上學奧義,他以其所標

---

[21] 見前揭書,頁224。

[22] 見前揭書,頁216。

舉的時間動力學之鎖鏈規範關係來論證《繫辭傳》所說：「易與天地準，故能彌綸天地之道。……範圍天地之化而不過，曲成萬物而不遺。」方先生在這一立基點上闡發《易經》哲學的四大原理，我們可以下面四節予以論述。

三、論性之理（即生之理）

《易·繫辭傳·第五章》云：「一陰一陽之謂道，繼之者善也，成之者性也。仁者見之謂之仁，知者見之謂之知，……顯諸仁，藏諸用，……富有之謂大業，日新之謂盛德，生生之謂易。」在方東美所統攝的《易經》哲學四大原理中，首先揭示出「性之理（即生之理）」，闡釋其深微而寬宏之理為「生命包容萬類，綿絡大道；變通化裁，原始要終，敦仁存愛，繼善成性，無方無體，亦剛亦柔，趣時顯用，亦動亦靜。」[23]他所謂「生命」指「盡涵萬物一切存在，貫乎大道，一體相聯。」[24]在乾坤交感化育成性之歷程中，若生命推原其始，則根植於性體本初，亦即乾元無盡的創發力源頭。若要索其中，則性體歷化育步驟而窮盡其蘊涵，止於至善之境。若用體用關係範疇而言，則乾元乃係深不可測的創生「體」。若就「用」言，則乾元在時間歷程上所顯發的剛健創進不已之活動為「用（功能作用）」。方氏闡釋乾坤交感的動靜相涵，體用一元的宇宙普遍生命言「性」之生命哲學涵義有五義。今提要如下：

（一）育種成性義：乾為創生原理，坤為實現原理，乾坤合德，隨時之宜生成萬物不息、生命萬象皆出於個體發生與系統發生的化育歷程，發榮滋長生生相續、新新不停。萬彙生命千姿萬態，均由個體發生與系統發生之化育歷程所衍

---

[23] 見前揭書，頁217。其中所用「變通化裁」一詞出於《繫辭上傳》第十二章：「變而通之以盡利」、「化而裁之謂之變」；「敦仁存愛」出於第四章：「安土敦乎仁，故能愛。」、「無方無體」同出於第四章「故神無方而《易》無體」；「剛柔相推」出於第二章：「剛柔相推而生變化」；「原始要終」出於《繫辭下傳·第九章》：「《易》之為書也，原始要終以為質也。」

[24] 同上註。

出，整個生命世界發榮滋長不已。

（二）開物成務義：方氏說：「時易化生，而生生相繼；創造出新，而新新不停。」天地萬物的生命皆儲存於乾元性體（原始本初），取用不盡，縱使遇困阻，莫不返於初，復歸於始元。乾道元力沛然，足以普濟周瀾。世界所寓有大生機，有待吾人利用安身以增進生命之意義和價值。生命之價值饒益豐富，既濟而又未濟，營育成化，生生不已。

（三）創造不息義：「宇宙大全整體，乃一時空拓展系統，創造性之洪流，發乎普遍生命之源，而瀰注其間，流衍變化，得喪更迭，演爲無窮序列。」乾坤健順的大生廣生之德能貫徹全幅生命之健行化育歷程，萬物生命波波相續，重重湧現，邁向生命世界之究極性圓滿。質言之，生命波浪相續不息於無盡的汪洋浩瀚中，波瀾壯闊，終臻於究極圓滿境地。

（四）變化通幾義：「營育變化，賡續不已，既濟未濟，因已成以出新。」就天地萬物生命流行化育之歷成觀生命與生命之間承先啓後、繼往開來之流衍不息，萬物生命之進退得喪，更迭相酬，猶時《易》之隨時變化萬千，創新不窮。《繫辭下傳·第五章》有言：「知幾其神乎！」蓋萬物後先遞承，綿續不絕，終而復始於無窮無盡於無止盡的生命鏈中。

（五）綿延長存義：「不朽之爲言，生生之情態也。生生者，不已、未濟也。」《繫辭上傳》第七章有言：「夫易，聖人所以崇德而廣業也。……成性存存，道義之門。」方氏謂成性存仁之不朽價值，係當下現成者，天地好生之大德爲至善本質，瀰貫於具體歷程以求一切生命內在價值的圓滿實現。他指出萬物生命的綿延不朽是天地間所潛在之偉大本性，生命之不朽即價值之不朽。人爲天之所生，人有尊崇生命價值之本性，造物者藉人性來彰顯其對生命氣象的創造性。因此，方氏認爲生生所以成性，自生生的綿延長存性觀之，所謂「成性」者亦是人自覺地通往精神價值之勝境。[25]原始儒家的眞精神可以剛健活潑，創發不已來

統攝。大化流行的旁通之理和化育之理交織成生命價值所以能無限實現之理。

　　方東美既已標舉「時際人」（Time-man）表徵儒家哲學的特性，則他將大自然的生命流轉現象，個人生命之發展歷程，社會與文化之演變，價值的體現，乃至《中庸》所言「踐形」、「盡性」、「參贊化育」等蘊義皆投注於「時間」鑄模中呈現其眞實存在。他對比中西哲學不同的差異處，指出在法國伯格森及英國懷德海之前，西方哲學傳統未深刻了解時間歷程的重要性，因而將時間的體系轉化成空間的體系，以座標來呈現，或者只關心過去、現在、未來之直線性進程，當時間點到了現在，則爲意識流當下關注而疏離過去，在時間之流的現在又刹那間變成過去，於是乎意識流又聚焦於未來。相照之下，中國哲學立基於生命世界有機的生成變化及周而復始的流轉，有著循環往復的特質，萬物在天地有好生之德的運轉下，生生之理以周行不殆的方式在時間歷程上呈現，與時間的流變融成一體。

四、論旁通之理

　　方氏定位《易》爲機體論的宇宙觀，則萬物皆係有機的存在，有機的聯繫和往來，有機的互動互補，形成一有機的、和諧的、交融互攝、旁通統貫的生意盎然之宇宙。換言之，萬物不是各個孤立封閉的存在，亦即不是隔而相離，局而不全的不聯繫世界。萬物在生生之理的有機網路下，密切往來，相互涵攝，形成一縱貫橫攝，旁通統貫，廣大和諧的有機世界。他論述旁通之理有四項特色；所謂：

　　旁通具備下列四項特性——(1)生生條理性。(2)普通（遍）相對性。(3)通變不窮性。(4)一貫相褝性。基於時間生生不已的創化過程，顯示天地交

泰，包容一切，旁通統貫的特色。**26**

　　方東美受到懷德海機體論哲學的啓發，特別擇其「涵攝性」（Comprehensive）之概念涵義引發至對《易》生命哲學之詮解，轉化出「旁通統貫」及「廣大悉備」的氣象博大之生命世界。《繫辭上傳·第四章》曰：「《易》與天地準，故能彌綸天地之道。……範圍天地之化而不過，曲成萬物而不遺。」《繫辭下傳·第十章》云：「《易》之爲書也，廣大悉備，有天道焉，有人道焉，有地道焉。」陰陽交感迭運，剛柔相濟，恆爲一互動不已的動態歷程，人頂天立地於天地之間，與大自然融合無間，渾然構成一有機的整體性脈絡。葉海煙說方氏「和懷德海以『歷程』善解其有關『眞際』（Reality）之謂，並從動態宇宙觀，以及其對科學之思辨與論述所可能出現的『簡單定位』（Simple location）、『封閉系統』（Closed system）等謬誤所作的批判，而提出以『現行機緣』（Actual occation）之發生與持續，爲歷程作眞切之證驗的主張，基本上是同一型態的形上學觀點。」**27**筆者認爲這是一種以生生之理爲軸心的生態形上學，方東美斟定的中國生命哲學觀含六種基本原理：（一）生之理、（二）愛之理、（三）化育之理、（四）原始統會之理、（五）中和之理、（六）旁通之理。天地有好生之德而有大愛的仁德以化育宇中萬類，在藉原始統會的本根之理而通達至中和之道，終臻於旁通統貫的圓融無礙，重重無盡之境界。

五、論化育之理

　　「旁通之理」係「化育之理」的前奏，「化育之理」又爲生命價值實現歷程

---

26 參閱方東美，《生生之德》、《哲學三慧》，頁152-154。
27 葉海煙，〈中國哲學的歷程觀──以方東美的觀點爲例〉，《哲學與文化》，34.6（2007.06）：111。

之理提供了基調。乾卦（象傳）曰：「大哉乾元！萬物資始，乃統天。」、「乾道變化，各正性命，保合太和，乃利貞。」坤卦（象傳）曰：「至哉坤元，萬物資生，乃順承天。坤厚載物，德合無疆。含弘光大，品物咸亨。」乾元是剛健不已的大生之德，坤元是厚德載物的廣生之德。方東美將乾元的創生與坤元的化育之德視爲宇宙生發萬物的原創力與使萬物得以綿延不絕的兩大力量，分別是爲創造的精神符號與孕育的精神符號。人性的善良承繼於乾坤的生生之德，與其合一，受其化育，有不斷贊天地化育的向善功能。他認爲宋儒有修養聖人氣象的自覺，對越在天的形上觀念，企求由俗界提升至參贊天地的生生之仁德。

方東美對《易》乾坤合德的化育之理可從他獨鍾邵雍「元、會、運、世」的時間哲學，所詮解邵雍涉及時間之律動性規律來間接反映方氏認可的化育原理。他詮釋化育歷程中所開顯之律動原理有七項：（一）有限變異性原理；（二）交替律動性原理；（三）變化感應性原理；（四）圓成悉備性原理；（五）人心合德太極性原理；（六）知識客觀性原理；（七）時分相對性原理。[28]他所開展的《易》之化育原理，不但涵蓋一切存在、生成變化、生命特質、心靈境界、藝術美感……等諸存有與價值，且融合心物、人我、主客、一切殊別物爲無窮的生生律動。他的化育之理以乾坤合德統之有宗、會之有元，融貫浹洽形上與形下，理氣圓融無礙爲一無窮的生生不息之歷程。

六、論創造生命及價值實現歷程之理

方氏認爲《易經》全書哲理總綱俱見於〈繫辭大傳〉，例如：〈繫辭上傳・第五章〉云：「一陰一陽之謂道，繼之者善也，成之者性也。……富有之謂大業，日新之謂盛德，生生之謂易。」、《繫辭上傳・第七章》：「《易》其至

---

[28] 請參閱方東美著，孫智燊譯，《中國哲學精神及其發展》（下），臺北：黎明文化事業公司，2005年，頁42-46。

矣乎！夫易，聖人所以崇德而廣業也。……成性存存，道義之門。」陰陽交感不已，導致宇宙元是一包羅萬象的大生機，在乾的大生之德，坤的廣生之德的發育流行下，萬物生生不已。方氏將《易》：「生生」一詞採用懷德海之術語Creative creativity來譯其深意。[29]他還引清朝戴震著《原善》所云：「生生者，化之原，生生而條理者，化之流。」、「言乎人物之生，則其善與天地繼承而不隔者。」[30]資以詮釋他對「生生」一詞之英譯涵意。他以無限萬物生命之所有來及萬物具體有限生命之所必歸來理解《易》：「原始要終，以為質也。」他將萬物生命所自來推原於具大生之德的乾元，有無限的創生本質，而以善之成來指點萬物具體生命之歸終處。因此，他說：

> 故原始要終之道，生生不停，善善相繼，禪聯一貫，以是見天地之常，昭然若揭矣。茲仿效《易經》辭句以傳之曰：「成性存仁，智慧之門，顯道之善，兼義之理。」[31]

「成性存仁」旨在天人合生生之德。蓋生命之自然秩序與道德秩序，同資始於乾元天道之創造精神。《左傳》謂：「人者天地之心」意指人居天地萬物中心樞紐的地位。因此，人文化成的創造精神之潛能，在天人性命相貫通的形上基礎上，自能以參贊天地之化育俟天配天地與天地合其德。他指出儒家透過《易》哲學首創一套人本中心的宇宙觀，據此而發揮一套價值中心的人性論。至於人德所以能俟天配天，蓋人的生命能與天地和諧；與人人感應；與物物均調。他詮釋說：「語乎儒家式之人格典型，以之待人，則人我相得無間，恒處於一種和融親切之關係中，而善與人同，所過者化；以之持家，則孝悌慈愛，親親為仁，愛人者、人恒愛之；以之交友，則忠信勵德，藹藹然仁厚君子；以之應世，則同情交

---

[29] 方東美著，孫智燊譯，《中國哲學精神及其發展》（上），頁222。
[30] 戴震，《原善》，卷1，1777年8月孔廣申刊行，頁2-3。
[31] 見前揭書，頁223。

感，忠恕絜矩，入乎其內，與社會各階層一體同仁；以之事國家民族，則深心體會，善能領略在文化生命與精神生命上小我大我一脈融通，合體同流。再大而化之，就忠恕體仁而言，則崇信人性原善，而高尚其情操，正己成物，博施濟衆，泛愛全人類。」**32**

方東美認爲人之所以貴爲人，超越於其他物類而成爲萬物之靈，其特質就在人貴能將其生命的歷程以崇高的價值理想點化爲一創造人生無限意義和價值的歷程。他進一步具體指出人能實現人文生命價值的領域，諸如：文學藝術領域、政治社會領域，以及既超越亦內在的宗教神聖境界。換言之，人文價值理想的創造與實現應將現實世界點化提升於至善完美的精神世界中，其間至少有四層境界：象徵1.精神自由靈光乍顯的藝術境界；2.崇高良善的道德境界；3.玄妙深微的形上境界；以及4.超凡入聖、虔敬肅穆的宗教境界。

七、結語

方東美的易學不僅切入《易》原典的理脈，抉發出卦爻符號系統的演繹邏輯系統，且由中國哲學慧眼滲透《易》文字系統中，從乾坤交感生生不息的生命世界中究極生生之德的本體玄奧。他由《繫辭大傳》洞見《易》統攝天人與萬物的原始要終的易道，乃係由「生生不停，善善相繼，蟬聯一貫，以是見天地之常」的原理來呈現。他以形上境界的至眞、至善、至美、至聖來闡發《易》旁通統貫，廣大和諧，人文化城的生命哲學，他強調中國哲學，特別是《易》哲學，不僅於對大自然的客觀世界有統整性的「境」之認知，更關注人主觀面上無限的精神世界中有諸般性靈生命所蘊發的高尚情操。誠如他在37歲出版的成名著作《科學哲學與人生》一書中所指出的哲學家除了「境」的認識外，還須有「情」的蘊

---

32 見前揭書，頁227。

發，所謂：「境之中有情，境之外有情，我們識得情蘊，便自來到一種哲學化的意境，於是宇宙人生之進程中不僅有事理的脈絡可循，亦可嚼出無窮的價值意味。」[33]他依據他的哲學觀一以貫之的以四大原理來闡發《易》哲學內蘊的宇宙人生係一廣大沛然之生命流行的和諧圓融世界，亦即統攝宇宙與人生活潑的情理交融互攝世界。

方氏的《易》哲學係以價值本體論為核心，將《易》形上學中之宇宙與人的精神世界之意義和價值，闡發得博大精深。其豐富而深奧的價值理想，令人讀之不禁受到心志上無限的鼓舞而有嚮往之的內在精神動力。他的《易》哲學可謂為詩化的宇宙，盡善盡美的無上人生價值理想，提供我們精神世界之富源和靈光。然而，他的《易》哲學基調和主軸安置在正向論述，境界雖令人神往，但是對立體的價值世界點化得多，卻對平面的實然世界之客觀論述分量顯得不對稱。再者，他對我們如何在經驗世界中諸般具體內容之解析以及以何種步步由實踐面克服種種困難，邁向超越性之理想的心性實踐工夫和人文精神建設的具體實踐路徑著墨較少。因此，難免令人不覺有所不足，這也是他的《易》學研究所留給我們應接續努力的課題吧。

---

[33] 方東美，《科學哲學與人生》，臺北：虹橋書店，1956年初版，頁23。

第三節　方東美對《老子》形上學之詮釋

一、方東美對道家哲學的基本觀點

　　方東美認為西方哲學與中國哲學看待世界的方式有不同的取向，所謂「以物觀物，故其思想側重世界，……以我觀物，故其思想切近人生。」[34]西方哲學採「以物觀物」的方向看待世界，故較側重知識論，相較之下，中國哲學的終極關懷在人的生命意義和價值，因而，中國哲學知慧體現在人生哲學這一向度上，「以我觀物」源出王國維《人間詞話》（三）：「有我之境，以我觀物，故物皆著我之色彩。」對方東美而言，「以我觀物」則反照出人的精神和生命力。由於中國哲學在形上學上採取機體論的路向，所建構的形上學係「綜之而統，橫之而通」的旁通統貫之生態系統。因此，在論述現實人生與價值理想的關係上，中國哲學形上學之「超越」性有別於西方傳統形上學的「超越」性。他斷言：「中國形上學表現為一種『既超越又內在』、『即內在即超越』之獨特形態（transcendent-immanent metaphysics），與流行於西方哲學傳統中之『超自然或超絕形上學』，迴乎不同。」[35]西方哲學所以呈現超絕形上學形態，肇因於採用割裂了自然界與超自然界，世俗生活領域與價值理想領域的二分法，形成二元論之困境。道家形上學有超越性，由於對人生精神幸福之關注，以「道」為出發點的終極目的在將理想境界貫注於現實人生中。道家所崇尚的「道法自然」，方東美深刻地指點出：「『自然』對我們來說，是普遍生命流行的境界。」[36]

---

[34] 見其所著《科學哲學與人生》，頁36，臺北：黎明文化事業公司，1980年。

[35] 《中國哲學之精神及其發展》，頁3。

[36] 《中國人的人生觀》，頁12。

他在《哲學三慧》中謂：「老顯道之妙用」[37]。在佛道對比下，他認爲「儒家精神是陽剛雄健，道家精神是陰柔慈惠[38]」儒、道「都是透過中國人共同的才情來點化宇宙」、「以藝術的才情，把有限的宇宙點化成無限的境界」[39]，就詩化宇宙及美感人生的向度觀之，他認爲「道家特別富有這一精神」[40]。道家所以透過藝術才情來點化有限的世界，係因他們在「人格上面的精神之解放同精神的尊嚴。[41]」道家享有精神之綜橫馳騁的自由，不受現實之束縛，這種藝術精神可擴展成價值精神。

方東美爲了尊重道家，還給道家在中國哲學史上客觀自足的學術價值和地位，提出了「學統」與「道統」之辯。「道統」說成立於朱熹，且深遠的影響了其後的中國哲學史觀。「道統」說旨在確認儒家爲一脈相傳的精神傳統。然而，「道」是形上學中所謂終極性的存有和價值，若確立儒家的「道統」說，儒家在中國歷史文化上向居官方所肯認的主流地位，無形中使知識份子不自覺的把儒家高置於其他諸家之上，難免產生對其他學派歧視和不予客觀而認眞的研究，影響了其他學派在學術自由相互及尊重中的獨立發展之公平機會。因此，我們可以同情的理解向以抱持客觀公正且開放之學術胸襟的方東美，不得不語重心長地說：「我們千萬不能夠憑藉狹隘的衛道精神，虛構一個不十分健全的道統觀念，讓他在那作祟！」[42]。他秉持莊子虛靜以齊物論的廣大包容心量，對各學派在學術地位上物各付物的平等對待，他提出了「學統」概念，所謂：「與其稱『道統』不如稱『學統』」[43]。以「學統」代「道統」的說法，旨在走出陷入儒家不自覺的較封閉的意識形態，使人有一理性開放的自覺精神，能較客觀化的，眞切地把握道家以及儒家之外其他學派的理論內核及其特質所在。

[37] 見方東美，《生生之德》，頁141，臺北：黎明文化事業公司，1979年。

[38] 方東美，《中國人生哲學》，頁190。

[39] 方東美，《原始儒家道家哲學》，頁184。

[40] 方東美，《新儒家哲學十八講》，頁184。

[41] 方東美，《原始儒家道家哲學》，頁186。

[42] 方東美，《方東美先生演講集》，頁119，臺北：黎明文化事業公司，1979年版。

[43] 方東美，《新儒家哲學十八講》，頁35，臺北：黎明文化事業公司（後面簡稱黎明），1983年。

此外，他對中國哲學的縱貫發展中，也洞見橫向的各學派間也有相互聯繫的不可分割關係，實難將儒家獨立於這一發展脈絡之模式而首出庶物地以「道統」孤高。他希望各家都有自足地立足和發展的機會。他一方面就天人關係爲各學派共同的主題且有相互牽連之關係，指出「中國哲學，從無所謂『孤立系統』，也從未有一門學問可與他種學問截然分離而獨立自行者。職是之故，我們要講『學統』，而不是講在精神上偏狹隘武斷的『道統』[44]」另方面，他認爲講「學統」可釋放出蘊含在其他學派中高妙的價值境界，因此，他總結地說：「『學統』觀念較之『道統』觀念，更能夠把握宗教、道德、藝術的真理和價值，更能夠使它們融合在精神生活中，而成爲高妙的超詣之境界。」[45]

既然如此，那麼我們得追問，方東美又如何以「學統」的視角來看道家的哲學發展流變呢？

方東美以老莊的哲學智慧來界定「道家」一詞之概念涵義，他說：「道家這個字我是不敢亂用的，真正的道家是老子、莊子。」[46]在這一立基點上，相較於老莊的魏晉新道家，隋唐時代的道教，在方東美的心目中皆非真正的道家。他肯定老莊原創性的哲學智慧，戰國中晚期至漢代的黃老之學、魏晉新道家皆缺乏更進於老莊的道家之再創造性智慧，因此，皆只能視爲「道家思想的餘波」[47]。依方東美所持的老莊智慧之道家判準，這些「餘波」把老莊的高度智慧轉化成世俗上庸俗的見解。例如，方東美說：「像竹林七賢號稱莊子之徒，但那是『頹廢派』，另外像郭象，他本身也有思想，但他注莊時，卻是把莊子當作一個注腳，來說明他自己的思想。[48]」至於「道教」，他認爲是雜採戰國時代神仙家、方士家之言，漢初流行的黃老之術以及對佛教生硬的模仿。因此，他據以判定道教乃「僞托老莊道家」、「不是真正道家精神」[49]。他以老莊哲學智慧這一高標準審

---

[44] 同上。

[45] 同上，頁48。

[46] 《新儒家哲學十八講》，頁10。

[47] 同上註，頁220。

[48] 《原始儒家道家哲學》，頁180

[49] 見方東美，《新儒家哲學十八講》，頁212-220。

視道家思想在中國歷史上的流變史，評價為老莊精神趨於衰落的歷程。

至此，我們不禁要問老莊的智慧呈現出什麼面貌呢？方東美將之與儒家進行評比以突出其特色。他更進一步指出老子的「永恆哲學」雖有很高的智慧，卻也內在著「種種困惑」。他鍾情於莊子能化解老子哲學的內在困惑而將道家智慧推至高峰。莊子超塵脫俗的生命智慧和情調能以藝術家的才情生命將人的心靈從塵俗中「超脫解放到自由之境」**50**。然而，方東美認為莊子高談理想的精神境界，而不談務實的正視現實世界之種種困境和危機，無助於實質上的解決世俗之困苦。他評斷莊子說：「對於人類社會，現實問題的處理，沒有儒家認真。**51**」他對道家最推崇莊子，然而也不諱言莊子哲學對人類社會現實問題之解決，仍有其局限性。方東美對老莊的道家能入乎其內把握其深邃的智慧，也能出乎其外對老、莊提出客觀的批判，可說是理性的、公允的哲學家之風範。

二、《老子》以「無」釋「道」，建立起超本體論（me-ontology）

方東美認為「形上學者，究極之本體論者，探討有關實有、存在、價值等。」**52**形上學既然以存有與價值為研究的主題，因此，哲學的研究宜採取形上學途徑，而他明確地將形上學界定為「本體論」。他進一步指出中國哲學的本體論有一共通點，那就是本體論（ontology）一定要同最高的價值論（Axiology）融會貫通起來成為一個整體的系統，亦即將人與宇宙一體俱融，一以貫之，成就一「縱之而統，橫之而通」的旁通統貫的生命世界。他認為老子由「有」追到「無（至無）」，就是避免從知識論的途徑去探尋宇宙的根源。方東美所謂知識

---

50 同註26，頁41。
51 同註26，頁133。
52 方東美，《中國哲學之精神及其發展》，頁28。

論的途徑，就是：「從知識論上面把世界的客觀，化成觀念的系統；然後從觀念的系統所形成的知識去籠罩一個世界。」[53]因為，我們對外在世界所攝取的知識是累積性的，當累積到很豐富且概括性很高的程度時仍只具有抽象的分析性，而無法對宇宙整全性予以把握。因此之故，老子認為哲學不止求知、講學，還應該求「道」，《老子》第四十八章所謂「為學日益，為道日損，損之又損，以至於無為。無為而無不為。」換言之，知識論研究既予的經驗世界，為現象之知，實然性的事實真理，這對老子而言乃屬於「有」的存在範疇，老子係以統攝宇宙人生現實為出發點，超越現實存在界的局限，而企求滲透至現象之有背後的形上本體界，以索求宇宙、人生整全的根源性的奧祕，方東美指出老子的思想路向是：「由無說到有，由有追到無，到天地之始，萬物之母，如此澈底了解後，才可以抵達宇宙之本源、宇宙之祕密，老子用一個字來概括──『玄』。」[54]

　　對老子而言，宇宙本源的奧祕深不可測，也無法窮盡其內蘊，重要的是現象界的「有」與形上界的「無」，不是隔而不通，單向往而不返的。《老子》第二十五章云：「字之曰道，強為之名曰大，大曰逝，逝曰遠，遠曰反（返）」道象徵生成萬物者恒為一作用的動態歷程，其歷程有著周行不殆，獨立不改的規律，《老子》第四十章所謂：「反（返）者道之動」。「道」是恒作用於本體與現象之間，形上、形下雙迴向的脈動不已，《老子》第十一章謂：「故有之以為利，無之以為用。」方東美詮釋《老子》之「由有追到無」，謂：

　　宇宙之本源、宇宙之祕密老子用一個字來概括-玄。但不能一玄了事，好像見了大海就沉下去了，不足以發掘其祕密。因此不是一度深去，而是「玄之又玄」，深之又深地向宇宙真相中追求，打破砂鍋問到底，將一切祕密追剿出來，才可以了解全體。[55]

[53] 方東美，《方東美先生演講集》，臺北：黎明，1978年，頁102。
[54] 方東美，《原始儒家道家哲學》，臺北：黎明，1983年，頁33。
[55] 方東美，《原始儒家道家哲學》，頁29。

探索宇宙「玄之又玄」的奧祕，也就是以形上超越的觀省或玄覽方法，打破砂鍋問到底，步步逼進不可致詰之意境。然而，老子追究萬有之終極根源，卻不滿足於至無而停止，而是在「無之以爲用」之際也，落實在現實世界。內在於天地萬物「有之以爲利」。方東美認爲老子上迴向追究至超本體論後，又有下迴向之宇宙發生論的論述，也就是以大道爲至上存有後，方東美謂老子云：「向下說明宇宙發生經過，『道生一，一生二，二生三，三生萬物』，這樣把宇宙論放在最後階段才講，從理想轉變爲切進現實，便是道家的一貫之道。」[56]「道生一，一生二，二生三，三生萬物」的「一」、「二」、「三」乃自然的序數，象徵道的化生萬物是一由一而多，由簡而繁的衍生歷程。換言之，「谷神不死」，道是不朽的且恒能生，其所生復爲能生者，周行不殆，終而復始運行天地萬物於無窮，道之由無至有，由有至無的永續歷程是一整合性的有機體系，活力無限之運作歷程。方東美再進一步作了宏觀通識的深層詮釋說：

> 一個是「有」，一個是「無」；一個是「本體論」，一個是「超本體論」。但是，這兩方面，自無而至有也好，或者自有而至無也好，都不可或缺。換句話說，宇宙的演變是「雙軌的」程序。一方面要自無而至有，這是宇宙的發展；第二方面要歸根復命，返於自然，這是自有而至無。[57]

通常，形上學（Metaphysics）有二主題，一是論究萬物存在的根據，亦即追問萬物存在的原理或超越根據，稱爲存有論（ontology）；另一是據以形上原理或超越根據又如何演變自然萬象，或自然萬物與形上原理或超越根據之發展歷程和關係，這是預設時空條件和宇宙元素的宇宙論（Cosmology）。方東美將老子玄之又玄的眾妙之門——道，視爲超本體論（me-ontology），把道生化宇宙

---

[56] 方東美，《原始儒家道家哲學》，頁34。
[57] 方東美，《原始儒家道家哲學》，頁238。

論的「有」之結合是「哲學最高的智慧，精神上面的統一，以它為歸宿，可以把荒謬的世界變成和諧、寧靜的精神生活領域。」[58]因此，老子的形上智慧在於將道與萬物的相互關係，旁通統貫，一以貫之。在他稱老子形上學為超本體論時，不但表明「道」具有超越性的特徵，同時也具有內在於萬物的內在性。他說：「由此源頭而流衍出一切生命原動力，超乎一切價值之上，所以必然是超越性的（transcendental），而非只是超絕性（transcendent）而已，若是『要其終』，則為善之完成，所謂『道』也就是在此歷程之中盡性踐形，正己成物；又因其包容萬類，扶持眾妙，所以也必然是內在性的（immanent），在萬物之中彰顯出造物主的創造性；如此在『原始要終』之間，正是大道生生不息的創進歷程，蔚成宇宙的大和次序。」[59]「道」就其功能作用而言，是一周行不殆的生成化育歷程，其有機的統一性在於其遍在萬物的內在性，使萬物產生內在的有機聯繫，形成一旁通統貫的有機體系，彌漫著宇宙萬物全體的生命氣象。

三、「道」所涵具之形上屬性 —— 道體與道用

方東美對比西方與中國形上學之差異時指出：蘇格拉底、柏拉圖的精神主義雖將希臘哲學帶出早期自然哲學的範圍，而趨向真正的形上學，但是他們所使用的「二分法」、「二元論」，隔離了自然界與超越界的內在聯繫，也離開了人類世俗生活領域與價值理想領域，他特別指出柏拉圖分隔觀念世界與形下世界，造成形上與形下世界之間，難以構築一溝通的橋梁，形成一超自然或超絕形上學。至於中國哲學形上學，則以其「超越」性而與西方傳統形上學的「超絕」性有所區別。他說：「中國形上學表現為一種『既超越又內在』之獨特形態（transcendent immanent metaphysics），與流行於西方哲學傳統中之『超自然或

---

[58] 方東美，《原始儒家道家哲學》，頁219。
[59] 方東美，《中國人生哲學》，臺北：黎明，1982年，頁94。

超絕型態者』迥乎不同。」**60**方東美針對《老子》首章：「道可道，非常道；名可名，非常名。無，名天地之始；有，名天萬物之母。故常無，欲以觀其妙；常有，欲以觀其徼。此兩者，同出而異名，同謂之玄，玄之又玄，眾妙之門。」謂老子使用「有」、「無」，絕非西方用法，他指出：老子則要以『無』直指道之無上性相據以建立一套超本體論系統，其層級高於論『有』，亦即屬於變易現象界之動態本體論。但是「有」與「無」，同出而異名，且玄通爲一體之兩面。

　　方東美認爲道家引領人類的精神升進於一嶄新天地，有著心遊於大虛，馳情於奇幻之境。他以象徵性的語言喻示：「道家所寄托者，乃是一大神奇夢幻之境，而構成其境界空間者，正是美妙音樂及浪漫抒情之『畫幅空間』兼『詩意空間』──所謂空靈意境也。」**61**道家以高懷達引的形上智慧，超然觀照人間世千萬種迷惘情執而發啓迪人心的雋語。老子雖自稱其言易知，由於言簡易賅，指謂多重，致使知音者少。方東美有鑒於道家之亟需高明闡釋，乃將老子哲學系統中至高範疇的「道」所蘊含的豐富而深微之涵義，就道體、道用、道相和道徵四面向來詮釋其要義。他說：「就道體而言，甚至根本上就超本體論之立場而言，道，乃是無限眞實存在之太一或元一。老子嘗以種種不同之方式形容之。」**62**他分別援引第四、三、三十九、五、三十五及十六，五章來解說，我們可取其中三精義紹述。《老子》第六章云：「谷神不死，是謂玄牝。玄牝之門，是謂天地根。綿綿若存，用之不勤。」方東美詮釋爲：「道爲天地根，其性無窮，其用無盡，視之不見，萬物之所由生。」**63**「道」爲天地的本根，萬物之宗，有無窮的形上屬性及無盡的妙用。《老子》第二十二章云：「曲則全，枉則直，窪則盈，敝則新，少則得，多則惑。是以聖人抱一爲天下式。」方東美謂：「道爲一切活動之唯一範型或法式」**64**由「曲」至「全」由枉至直，由窪至盈指活動的歷程常

由不完全狀態的一端發展之較完全狀態的另一端，這是自然界物生於反的現象
中寓有一律動的範型，方東美並未說明這範型的內容為何？我們似乎可以《老
子》第四十章：「反者道之動」來理解量變的律則，至於「敝則新，少則得，
多則惑」的範型內容，我們或能由質的變化來作價值判斷，世俗性的價值判斷以
「多」為貴，《老子》第十二章說：「五色令人目盲；五音令人耳聾；五味令人
口爽。」這是感性刺激與滿足的質量互變法則，感性的滿足量化後易鈍化，滿足
度成反比，故「多則惑」。「少則得」指感性的滿足次數愈少，則吾人越能珍惜
而細嚼其真味。「敝則新」指東西用舊壞了才有換新的機會，這是反向操作的價
值感之變化規律。《老子》第四十章所謂：「弱者道之用」、第三十八章：「柔
弱勝剛強」、第七十六章：「柔弱者生之徒」，顯示出道；以弱為妙用的「法
式」。《老子》第十六章曰：「致虛極，守靜篤。萬物並作，吾以觀復。夫物芸
芸，各復歸其根。歸根曰靜，靜曰復命。復命曰常。……知常容，容乃公，公乃
全，全乃天，天乃道，道乃久，沒身不殆。」方東美作了精闢的詮釋，他說：

> 道為萬物之最後歸趨，萬物一切，其唐吉歌德英雄式之創造活動，精力
> 揮發殆盡之後，莫不復歸於道，是謂「復根」，藉得安息。涵孕於永恒
> 之法相中，成就於不朽之精神內。蓋自永恒面而觀照之，萬物一切最後
> 莫不歸於大公、寧靜、崇高、自然，是以道為依歸，道即不朽。[65]

「道」是萬物生命從「無」到「有」的原始起點，萬物秉受「道」所賦予
的自然本性及內在生命動力後，自發性的依天性天律所涵的歷程，由潛質潛能而
成長成熟，當其內在本質所涵的美善充分實現後，在「反者道之動」的道律下，
回歸於「道」的根性或自身的終極目的，安息於「道」的永恒法相中。方東美看
出老子以「玄之又玄」的重玄言「道」，是非語言概念表述的超本體與柏拉圖表

[65] 方東美，《中國哲學精神及其發展》（上），頁242。

述觀念世界的永恒本體用不同的方式。他認爲柏拉圖：「太著重邏輯、太強調清晰明了的語言，結果反而不能把這個深入的思想表達出來。」[66]「道」是不可說的，是不能用概念的分解來界說的，而是整全觀照的「悟」道，亦即以玄智妙契道眞。他認爲就一般而言西方文化與中國文化不同處，常在不可說處執意要說，他指出老子妙契道眞的「悟」：「這需要以最高智慧去把握，超越了一切相對價值，才能達到絕對價值（超本體論）。」[67]

就「道用」而言，「道」遍在萬物之中而顯發其無盡的功能。「道」在動態歷程的現象界呈現雙迴向、雙軌式的發用方式。方東美說：

> 其顯發之方式有二：一曰「退藏於密，放之則瀰於六合」；二曰「反者，道之動」蓋道一方面收斂之，隱然潛存於『無』之超越界，退藏於本體界玄之又玄，不可致詰之玄境；發散之，則瀰貫天地宇宙萬有。茲所謂有界者，實乃道之顯用，而呈現爲現象界也，故可即道而觀察得知。[68]

「道用」指宇宙發生論及萬物原始要終的律動歷程。「道體」或「道用」的分別只是爲理解的方便而作的權宜之分。「道」雙迴向、雙軌式的發用方式，可以順向和反向來解說，順向的道用指《老子》四十二章：「道生一，一生二，二生三，三生萬物。」的由「無」至「有」，亦即道體顯用的作用歷程，成就自然萬象的現象界，道有「放之則瀰於六合」的順向道用，就必然蘊涵「反者，道之動。」的逆向道用。雙迴向的律動是道用的動態對比性的結構律則。同時，道用的雙迴向是往返於本體和現象之間，承體發用，即用顯體，表徵了道不離物，物不離道的有機之一體性關係，萬物出於「道」，發展到最高峯時盛極而

---

[66] 方東美，《原始儒家道家哲學》，頁189。
[67] 方東美，《原始儒家道家哲學》，頁190。
[68] 方東美，《中國哲學精神及其發展》，頁100。

衰，再返回其根源性的「道」，資取再度新生的力量，重新開始，構對由「無」至「有」，再由「有」返「無」，復由「無」至由的周行不殆之道用歷程。《老子》第六章所謂：「谷神不死，是謂玄牝。玄牝之門，是謂天地根。綿綿若存，用之不勤（竭）。」

四、以「道相」、「道徵」闡發道化的人格典範

方東美的機體主義並非僅涉及客觀的經驗世界，他將存有與價值兼融為一體。換言之，人在有機的世界之變化中，也處處顯發了人與世界有機聯繫的意義結構、價值世界。他在1937年所發表的《哲學三慧》一書中，就個人和民族文化來言「三慧」，從個人言「三慧」系指「聞所成慧、思所成慧、修所成慧」。聞、思、修不但是生發「慧」的必經歷程，也是不可或缺的三合一要件。由個人而言，有所聞當有所思，所思與身心修養應交互運行而無間，才能「修所成慧深」，形成成熟的思想系統而成就「自證慧」，這是第一流哲學家。就民族而言，則「互相攝受，名共命慧」，方東美站在世界民族文化精神的高度言「三慧」——概括古希臘、近代歐洲智慧和中國智慧。同時，他認為哲學家不可能生活在真空中，哲學和文化有其密不可分的整體性。他說：「哲學問題之中心便集中於人類精神工作之意義的探討、文化創作之價值的評判。」[69]他標舉出世界性的三種的慧特性：古希臘文化為「契理文化，要在援理證真」，歐洲文化為「尚能文化，要在馳情入幻」；中國文化為「妙性文化，要在契幻歸真」，「真」指存有與價值的永恒性和一以貫之的旁通統貫性。

方東美在其宏觀通識中的中國「妙性文化」究竟有何內容特徵呢？他指出六大特徵，分別是：(1)生之理；(2)愛之理；(3)化育之理；(4)原始統會之理；

---

[69] 方東美，《科學、哲學與人生》，頁14。

(5)中和之理；(6)旁通之理，這些特徵既然是中國妙文化的普遍特徵，當然也適用於指稱道家。他心目中的形上學是統攝宇宙與人生的，中國哲學是情理雙攝的。衡諸《老子》文本亦有相應之言，例如：《老子》二十五章云：「人法地，地法天，天法道，道法自然」，人所當效法的道生自然可見諸《老子》五章：「天地不仁，以萬物爲芻狗；聖人不仁，以百姓爲芻狗。……多言數窮，不如守中（之中）。「不仁」指挑出儒家親疏遠近的等差之愛，亦即宗法倫理中的尊卑貴賤之別，而能以沖虛的心境平等對待一切人。《老子》四十九章所謂：「聖人無常心，以百姓心爲心。善者，吾善之；不善者，吾亦善之；德善。……聖人在天下，歙歙焉（心不存偏好），爲天下渾其心（質樸其心，無分別心），百姓皆注其耳目，聖人皆孩之。」道性自然，天地不仁，故能無爲而無不爲，其平等對待整個存有界，稱爲玄德。《老子》五十一章所謂：「道生之，德畜之，物形之，勢成之。是以萬物莫不尊道而貴德。道之尊，德之貴，夫莫之命而常自然。故道生之，德畜之，長之育之，亭之毒之，養之覆之。生而不有，爲而不恃，長而不宰。是謂玄德。」「玄德」的核心價值在於推崇以虛靜無執的大公心，兼容一切，持平等慧來長育、養覆一切存有者。

　　方東美以老子、孔子、墨子代表中國民族生命的特徵，其中，他認爲老子的智慧在於顯「道」的妙用，這三位先聖先哲所代表的民族生命精神，從根本處言就是愛與悟雙攝相成的精神。方東美說：「太始有愛，愛贊化育；太始有悟，悟生妙覺是爲中國智慧種子。」[70]、「中國人以妙性知化，依如實慧，運方便巧，成平等慧。」[71]「平等慧」是透過老子所突出「道」的妙用所顯的玄德，包容人與自然，人與人相容相涵，平等和諧的形上大智慧，方東美對此作了深刻的概念解說：

中國慧體爲一種充量和諧、交響和諧。慧相爲爾我相待，彼是相因，兩

---

[70] 方東美，《生生之德》，頁140。

[71] 方東美，《生生之德》，頁140。

極相應，內在相孚。慧用爲創建各種文化價值之標準，所謂同情交感之
中道，道不方不隅，不滯不流，無偏無頗，無障無碍，是故謂之中。**72**

「同情交感之中道」是貫穿在中國文化中的核心價值，「不方不隅，不滯
不流，無偏無頗，無障無碍」也是老子形上智慧所顯示之「道」的妙用。「平等
慧」的慧相指一切存有者皆處在相待、相因、相應、相孚的有機聯繫及充量和諧
狀態中。方東美在詮釋老子的道相，亦即道之性相時，予以分爲「天然本相」
與「意然屬性」。他所謂「天然本相」指「道」涵蓋一切天德本相，無對待之間
隔，應就道體永恒面觀照之才能一一朗化透顯。他將天德本相，一一皆眞的主要
特徵羅列如下：**73**

(1) 道無乎不在，其全體大用，在無界中，即用顯體，在有界中，即體顯
　　用，且體不離用，故道本一貫
(2)「無爲而無不爲」
(3)「爲而不恃」
(4)「以無事取天下」
(5)「長而不宰」
(6)「生而不有」
(7)「功成而弗居」

他所謂道相中的「意然屬性」，係指依人的主觀觀點所臆測的道之屬性。
他說：「老子認爲一般人只會就道之人爲屬性以意之、狀之、摹之，特妄加臆測
耳。」**74** 或許這就是《老子》前章開門見山所說的「道可道，非常道」，意指人

---

72 方東美，《生生之德》，頁142。
73 方東美，《中國哲學精神及其發展》（上冊），頁244。
74 方東美，《中國哲學精神及其發展》（上冊），頁244。

以概念思辨，名言界說出來的諸般對「道」描述的屬性，皆非本眞性的道。換言之，「道」非界定語的對象。

方東美將道徵詮釋爲「高明至德顯發之」，效法「道」的天然本相立人道，將道體的形上屬性類比爲人格典範的美德。聖人超越人的一切固有限制，修養德配自然無爲的道體，使自己有虛靜無執，包容一切的大公心，亦即有若容乃公的道性，方東美說：

> 常人往往作繭自縛，聖人則一本其高尚之精神，並憑藉其對價值理想之體認肯定，而層層提升，重重無盡，上超無止境，故能超越一切限制與弱點。常人冥頑不化，竟執著虛妄價值，趨於庸俗僵化，至誤視之爲眞、美、善、義等；是以，恒不免陷於鄙陋、渺小與自私，而渾不自覺。……聖人有得於道眞，故能超然觀世，廓然大公，化除我執，而了無自我中心之病。**75**

聖人的人格典範來自取乎至上的道性，開拓一己的胸襟視域，不斷消解俗我的自私、鄙陋、狹碍，超越世俗化的習心習性，破妄顯眞，不斷提升自己的心靈境界，豪曠超邁，修持如道般的廓然大公之玄德，「淑世濟人，而贏得舉世之尊敬與愛戴」**76**方東美在天人合德的道徵上，特別看重《老子》書中的三章旨義。除前引的第四十九章外，還有第二十七章：「常善救人，故無棄人；常善救物，故無棄物。」最末章「既以爲人，己愈有；既以與人，己愈多。」方東美心目中的老學聖人是能以人的靈智虛靜心對「道」有所愛、悟，歸眞返樸尙同自然，又能「爲天下渾其心」、「以百姓心爲心」拯救世間一切苦難者以轉俗成眞，離苦得眞樂。

---

75 方東美，《中國哲學精神及其發展》（上冊），頁245。
76 方東美，《中國哲學精神及其發展》（上冊），頁245。

第四節　方東美對莊子哲學的銓釋

一、論莊子形上學

　　方東美認為老子的本體論，非一般的本體論所能概括，而是在一般的本體論上有更高層次的超本體論（me-ontology）[77]。例如，《老子·第二章》：「天下皆知美之為美，斯惡已；皆知善之為善，斯不善已」意指在世俗層面，一般人對「美」的判斷之提出是對應於與之相比較的「醜」之判斷。因此，「美」與「醜」的價值判斷不是絕對的而是相互比較性的。因此，在經驗語言中的美醜、善惡之對立分化係以人意識的認知和分化作用所造成，是以人之主觀判斷所構成的相對價值。人世的紛爭、矛盾、對立、分化、愛恨、煩惱等現象常出於對相對價值之片面執著。老子提出超越於相對價值之更高的存有價值來消解人事二元對立分化所造成的種種負面現象。《老子·第一章》云：「道可道，非常道；名可名，非常名」所謂「常道」、「常名」指超對待、絕言說的永恆存有和價值。以人主觀之認知及好惡所形成的美醜判斷缺乏恆常性，今日所感受到的善，明天隨心情的轉變而感受為惡。美、醜之分別亦然，隨著時空的變遷，人的認知及心情的變化而反覆不定。經驗世界中對具體事物之善惡、美醜判斷就存有的層級而言，歸屬於本體論中「有（現象界）」的範域。老子從解釋萬有存在之根據的本體論提升至更高存有層級之追求，至不可名言之「宇宙根本真相」，亦即不偏執任何殊別化的有，卻涵攝眾有的本根「宇宙根本真相」之至無老子上溯到統攝美醜、善惡之本真，具涵絕對美、善之「道」，絕對之存有與價值之境就是方東美

---

[77] 同註26，頁204。

所謂老子所及之超本體論。

　　然而，方東美認爲莊子又比老子更入勝境，因爲莊子消解了老子哲學中「無」與「有」的對立所令人感到的困惑，他說：

> 老子哲學系統中之種種疑難困惑，至莊子……，一掃而空。莊子將空靈超化之活動歷程推至「重玄」（玄之又玄），放於整個逆推序列之中，不以「無」爲究極之始點。同理，也肯定存有界之一切存在可以無限地重複往返，順逆雙運，形成一串雙迴向式之無窮序列之中。原有之「有無對反」也在理論上得到調和（和之以天倪）蓋兩者均消弭於玄密奧妙之「重玄」之境，將整個宇宙大全之無限性，化成一「彼是相因」交融互攝之有機系統。[78]

　　老子由「有」後上追溯到「無」的永恆世界，具有對世俗相對價值束縛之超脫精神，方東美謂爲向上迴向的超越路向。莊子重玄的精神境界可以往來於「有」、「無」，對立的世界在人間世也可滲透「道」，實現絕對的存有價值。例如：「眞人」、「至人」、「神人」等人是能妙契道眞，與道冥合同遊之大智慧者。因此，方東美據以宣稱：「莊子的精神比老子的精神還要偉大。因爲老子注重精神向上面的發展；而莊子可以把上迴向的精神路徑展開來變成下迴向，接觸現實世界、現實人生，把現實世界、現實人生也美化了。所以他講『聖人者，原天地之美而達萬物之理。』」[79]

---

[78] 同註26，頁241。
[79] 方東美，《中國大乘佛學》，頁18，臺北：黎明，1984年。

二、對莊子〈齊物論〉之詮解

至此，我們不禁要追問方東美如何證成莊子消解了老子哲學中「無」與「有」的對立呢？方東美點出問題核心在莊子〈齊物論〉的萬物平等觀。世間的不平等肇生於人心的偏見而形塑成一偏執成見的成心，成心積習生根於人習心的潛意識之中。若能開悟且去執，不但心靈明覺開放，自由自在，且能以道觀物一往平等的，物各付物之公平對待萬物。方東美指出：「莊子有鑒於此，痛人之私心自用，偏執不化，故倡『喪我』、『復見』以對治之，是即『齊萬物』（齊物論）之功也。[80]」私心自用的成心，常起因於自我意識的執著，在自我中心作祟下，將主觀之知當作萬物之權衡。若他人與己意見相反者，則以封閉的意識形態一昧的排斥，唯己獨是。方東美解說其中原理說：「此種率意妄判是非，實出於誤解自我。唯個體在空間之中，乃一一釐然可分，而在其生存或存在上，抑又彼此互相排斥。設某人為一個體，尤其為一好事者，則極可能處處干涉他人之思想方式。復次，設某人為一區區分析意識，則必難與他人和諧共處、相與，猶耳目之不同功也。[81]」方東美認為莊子屬機體論者，物與物之間並非局而不全、隔而不通的。物物皆內具有機的聯繫相互涵攝、相互往來、相輔相成。換言之，生命是一生生不息的歷程，縱貫橫攝，旁通統貫之機體。方東美認為莊子最能暢發機體論視域下的萬物相依互賴之相待性。

他以三個論點來詮釋莊子（齊物論）中的相待觀：（一）物物之存在與行動皆為彼是相因、彼是相輔相成，「彼」與「是」相依不離，則「是」即「彼」、「彼」即「是」。（二）在人際關係中，人常存在於相待而有的關係鏈中。（三）我所謂之真者，其理我能識之，他者所謂真者，其理他者能識之。在條件系列的前題上，若前題改變，則立場、觀點也隨之改變。昔之一度為真者則可能

---

[80] 方東美著，孫智燊譯，《中國哲學精神及其發展》（上冊），頁261，臺北市：黎明，2005年11月初版。
[81] 同上註，頁265。

轉變為假，蓋此一時也，彼一時也[82]。依據這三論點，我們伸張莊子的齊物論，在其眼中世間「是」與「不是」、「然」與「不然」之對待，在「道」運化歷程中皆可相互流轉，皆可玄同於「道」的渾化中，〈齊物論〉論述說：「聖人和之以是非而體乎天鈞，是之謂兩行。」兩行原理在運行時均平「彼」與「此」，並行「是」與「非」。兩行原理的核心理論為「道樞」〈齊物論〉所謂：「樞始得其環中，以應無窮。是亦一無窮，非亦一無窮。故曰莫若以明。」我們若能理解「道樞」的兩行原理，則能如掌握環子居中運轉的關鍵地位和作用，隨順世事的變化，破除因對待的偏執而生的是非相。對莊子而言，「道通為一」、「通天下一氣耳」，〈齊物論〉融通「彼」與「此」的對立分隔，只是道樞的兩行相而已。綜觀方東美以機體宇宙論來理解、詮釋莊子的齊物論，導引我們獲致深刻而圓通之理解。

三、闡無待逍遙之遊

齊物論破解人的私心自用，成心之自我束縛，超脫猖狂妄行地爭名攘利和患得患失之焦慮不安。方東美認為莊子哲學主旨由齊物論至逍遙遊，其思想核心在揭示人類種種超脫解放之道。他針對莊子在〈齊物論〉採取詭譎的思維，渾化種種世人以名言概念分別存在界的方法，終導致人以開放的心靈，使精神超脫空靈，層層上升，提神而俯，透視宇中重重境界而得無待的逍遙之樂。方東美說：

> 道家之超脫解放精神，恆歸致於「寥天一」之高處，不禁高聲呼喚：「至人無己！神人無功！聖人無名！」（〈逍遙遊〉）然而，世間常人卻大可應聲而答曰：「吾何至喪心病狂若是？人生在世，惟己也、功

也、名也，堪稱首要。」**83**

　　〈逍遙遊〉之「逍」意指消解成心妄執之心靈狀態，「遙」是指透過人身心束縛之消解後的心靈狀態，人的精神世界豁然開朗，可無限的拓展到至高、至遠、至深的世界。「遊」指人在破妄解執、解開成心枷鎖、重獲心靈的絕對自由後，精神世界與道同遊、與天地精神相往來，在與天地並生，與萬物爲一的人生終極境界中灑脫自在，享悠然自得之樂。〈逍遙遊〉中無功、無名、無己乃得與天地萬物爲一體的至人、神人、聖人而享超越解放之生命精神，臻於無待逍遙之神遊境界。無待逍遙意指與道冥合，隨順大自然之運化，無入而不自得即是無待之遊。無待逍遙是在〈齊物論〉實踐「吾喪我」的工夫後所圓成的逍遙自適之境界。「吾」指精神生命，「我」指充斥自然情欲生命的形體生命，「吾喪我」意指精神主體在心齋坐忘的蕩相遣執工夫中，自求精神從情根欲種的形體生命之封限中超脫，復返自我生命的「眞宰」位份，役物而不再役於物。「吾喪我」也是超脫成心之我執而成就性修返德的工夫後，臻於〈田子方〉所云：「其爲人也眞……，緣而葆眞，清而容物」的眞人、至人之原始天眞的生命主體。〈天運〉以至人的「采眞之遊」詮釋逍遙遊，所謂「古之至人，…，以遊逍遙之墟。逍遙，無爲也；苟簡，易養；不貸，無出也。古者謂是采眞之遊。」「采眞之遊」意指眞人、至人走出成心，回歸原始天眞的生命、神情自若、神采飛揚的自我實現眞性情，享受快意人生的眞諦與至樂。**84**

　　方東美認爲《莊子》〈逍遙遊〉以詩兼隱喻之象徵比興語表述北海之大鯤魚化爲大鵬鳥「搏扶搖而直上者九萬里」飛往南海。他解說這篇寓言的形上學意涵，謂：

---

83 同註32，頁257。

84 《莊子·田子方》對至人遊心於道化世界中，享受天人和樂的「至美」和「至樂」有精闢的描述，所謂：「老聃曰：『吾遊心於物之初。』……孔子曰：『請問遊是。』老聃曰：『夫得，至美至樂也，得至美而遊乎至樂，謂之至人。』」

宛若此隻大鵬神鳥，哲學家之超脫解放精神，亦大可以「乘天地之正，而御六氣之辯（變），以遊無窮者。」〈逍遙遊〉其精神遺世獨立，飄然遠引，絕雲氣、負蒼天，翱翔太虛，「獨與天地精神往來」，御氣培風而行，與造物者遊。

「造物者」、「天地精神」皆指具無限屬性的生生者或機體宇宙的生命根源所在，〈逍遙遊〉的故事寓言，涵意深宏，開拓出人生精神生活的無限境界，方東美將其微言大義及眞諦再參考其他篇旨相關線索旨趣，以「至人論」來抉發其奧義。爲避免贅述，筆者將其五論點簡約陳述如下：（一）至人者，歸致其精神於無始，神遊乎無何有之鄉，棄小知、絕形累。（二）至人者「極物之眞，能守其本。故外天地、遺萬物，而未嘗有所困也。」（三）至人者「入無窮之門，以遊無極之野，……與天地爲常」；「守其一，以處其和。」（四）至人道，行聖人之道，「能外天下，……能外物，能外生……能朝徹，能見獨，能無古今，能入於不死不生。」（五）至人者「無爲謀府，無爲事任……。至人之用心若鏡；不將不迎，應而不藏，故能勝物而不傷。」[85]方東美依據這五點而推導出莊子由〈齊物論〉的形上智慧所開出的逍遙之遊的精神生活方式，象徵生命境界及其意義不斷地層層超升，直達莊子所謂「寥天一」高處，從而提神太虛，與道神遊萬物。方東美總結莊子極高明、致廣大、盡精微的精神世界謂：「逍遙乎無限之中，遍歷層層生命境界乙旨，乃是莊子主張於現實生活中，求精神上澈底大解脫之人生哲學全部精義之所在也。」[86]

人對世界的認識、歷史文化的理解、價值判斷及言行取向，在因果系列反應中所感受到之苦樂皆取決於人主體生命中的「心」。莊子齊物論以道樞之兩行，氣化流行之連續性、兩面性，齊平現象界成心對是非相之執、美醜相之執、善惡

---

[85] 同註32，頁254-255。

[86] 同註32，頁255，方東美指出這種道家式的心靈曾經激發出中國最上乘的詩歌。惟有第一流哲學詩人，如曹植、阮籍才足以仰贊莊子的高明，抒發其靈感，才思奔放地發揮其浪漫意象。

相之執以及所導致的人生種種痛苦和煩惱。在「吾喪我」的工夫作用下以道化的
形上智慧轉俗成眞，離苦牢而獲得〈逍遙遊〉中所達到的精神世界之生命眞宰的
絕對自由。方東美在先秦諸子中，尊崇儒家、鍾情於道家的生命情調，老子創立
超本體論，莊子則解開老子「有」、「無」相之對立。方東美特別欣賞莊子破解
成心，齊平萬物的形上智慧，更嚮往在齊物論的開放精神中，所開拓的無限心靈
自由的逍遙遊之人生至樂。他把莊子哲學的精義定位於提神遊心太虛，洗盡塵
凡，層層提升人之生命境界，妙契「寥天一」的與道冥合同遊之至境。然而，方
東美也客觀的認定「得至美而遊乎至樂」的至人，雖在人生價值哲學上開出上、
下雙迴向的生命情調，但是仍不如儒家般的本著憂患意識，知其不可而爲之的以
完善化家國天下爲使命。筆者認爲，莊子的哲學較側重個人人生價值哲學，亦即
人生境界之探索，較疏略客觀的政治、經濟、社會、文化、教育等公共議題的論
述。莊子對知識論問題亦然，局限於與人生論相關的認知觀，對知識論的方法與
原理，例如：如何建立客觀有效的知識？人文學科的知識與社會科學、自然科學
的知識在性質、方法、範圍、效用上有何異同？較欠缺興趣。方東美既能貼切的
入乎莊子哲學之精髓，在生命智慧與情調上可說與莊子爲跨越千古的知己。另方
面，他也秉持莊子齊物論的開放精神，對有差異之先秦其他諸子或不同學派也能
予以尊重、包容，甚至以學統立場欣賞其具學術眞理處，同時，他也能中肯的評
論莊學之局限處，堪謂爲哲學界的「大方家」。

第五節　方東美對華嚴宗的圓教詮釋

　　方東美深入中西印哲學的研究，對佛教的華嚴宗情有獨鍾。他的《中國大
乘佛學》和《華嚴宗哲學》是最具代表性的著作。其中，《華嚴宗哲學》有千頁

之多，提出圓融無礙、廣大和諧的宏論，尖銳批判西方古希臘哲學以來二元對立的流弊，指出未來哲學發展之願景。他批判歐陽漸（1871-1943）所謂「佛法非宗教非哲學之說」。他倡論佛教「亦宗教亦哲學」為自力宗教，可引導人「入於真善美聖的不可思議的境界」，推崇華嚴宗特別具有該特色。不但如此，他標舉華嚴宗圓融無礙之妙理，最足體現中國哲學廣大和諧之殊勝理境。他認為《華嚴經》在宗教向度上是「能詮之教」，於哲理上的探討上有「所詮之義理」，故為「亦宗教亦哲學」。《華嚴經》是佛陀成道後，在第三十七天，為文殊、普賢等大弟子在菩提樹下宣講證悟境界的著作，方東美指之為「人類信仰最高的精神對象」，要視為「活的真理、宗教」，要有真摯的信仰，宜先讀40卷本。《華嚴經》的經主為釋迦牟尼之法身毘盧舍那佛，意指若太陽般地光明遍照，萬物在受其照耀，獲致化育及清淨。方東美讚美為「精神之光、永恆之光」，具「無窮的創造能源」。他以上、下「雙迴向」推崇「華藏世界、一真法界」，因為修行者悟道後，將般若智貫通流注到物質界而提升為有情世界、「生命世界裡面的各種境界，轉變成為代表精神世界的金色莊嚴世界」，「世界的各種不同層次之間的脈絡是互相貫通的，變成統一和諧的存在體」，方東美喻為泛神論（Pantheism）或萬有在神論（panentheism）、謂「神聖是無所不在的」[87]。他認為《華嚴經》使用的語言為隱喻性的、表徵性的、詩化的語言。

一、對佛教各宗的判教

佛教的「判教」只對佛教多樣化的佛典內容、風格及佛說予以依類分別、疏理及會通，藉以突出本宗的疏勝處。中國佛教各宗派皆提出自身的判教主張，方東美在其《中國大乘佛學》一書中對天臺、法相唯識、華嚴三宗派教義分三章提

---

[87] 方東美，《華嚴宗哲學》，分見上冊頁215，下冊頁291-293。收入《方東美全集》，臺北市：黎明，2005年校訂本。

出分別性的判教。華嚴宗持多種判教模式，其中用「小、始、終、頓、圓」五教之分判，概括各佛教教化傳統。方東美予以分述。

（一）小乘教

小乘佛教流傳至中國分爲俱舍宗及成實宗，前者認外在世界有客觀性，雖去掉我執，卻還受外在世界束縛，亦即法執。方東美謂爲「極端的實在論」。成實宗探究外在世界形成原因，謂心色皆空，消解法執，是半邊的唯實論及唯心論，爲「溫和的實在論」。他批判小乘佛教的缺點在悲苦的厭世觀，精神上無提升獨立自主性，淪爲虛無主義，根底還是未破除二元對立之格局。他認爲古代錫蘭、緬甸、寮國等，因文化水準較低有利小乘佛教流傳，高度發表的中國文化深究世界人性之崇高意義，因而摒棄小乘的虛無論而邁向大乘佛學。[88]

（二）大乘始教

有空宗和唯識宗兩派。空宗將五蘊（色、受、想、行、識）和五境（色、聲、香、味、觸）點化成空，清除束縛及煩惱，使精神獲致自由。方東美指出空宗展現了般若智殊勝作用，但是易陷入「頑空」。空宗經典《維摩經》企求最高智慧而捨離世，卻有失落現實世界之憾。空宗傳入中國演變成大乘佛學中的三論宗，吉藏（549-623）所採文字般若、觀照般若的方便教法，只居次要地位，方東美認爲三論宗的「雙迴向」只著重向上超升，在論及現實世界的迴向時，有輕視的心態，雖傾向智慧與理性，但對理性的支撐力量懸而未決，不後傳於唐代以後。

另一派的法相唯識宗，以〈楞伽經〉爲代表性經典，其主張世界與人生之始源根於如來藏藏識，有勝於空宗處。但是如來藏屬善，藏識屬惡，善惡之混雜，對方東美而言有若「上帝與魔鬼同在」。他評價法相唯識宗爲：「雖然心中

---

88 同上註，下冊頁482。

滿懷著要嚮往一個永恆的價值世界，但始終又上不去」，流於「空談的口惠」、「根本沒有精神的解放」。[89]此外，其經典著作《解深密經》意會了第八識的阿賴耶識夾雜染汙，乃主張由第八識轉化提升爲第九識的阿末羅識（清淨識），亦即「轉識成智」[90]。因此，方東美把法相唯識宗分成兩路傳承，其一是由世親、護法、戒賢，流傳至中國的玄奘、窺基，窺基主張遠離一切煩源所出的末那識，消解我執則可脫離我慢、我愛、我痴、我貪，則第八識可成清淨識，無須轉識成智。另一流傳路線是以彌勒、無著、安慧做代表，安慧（475-555）主張修持者可將夾雜於如來藏中之藏識去除，回歸如來藏之純淨。因此，安慧不僅言唯識，還論唯智，方東美斷定解決了問題，他還提及歐陽漸晚年也由唯識轉言唯智。[91]

（三）終教

終教以《法華經》和《涅槃經》爲代表性經典。方東美謂二經將眾生「引到最後歸宿」、「通達到最後的精神成就」，故爲「大乘佛學的終教」，他認爲「終」字意指「結束一切事物」，依《華嚴經》來理解終教菩薩只是「假名菩薩」，因此其境只得到「局部」，未達到「究極、完美圓滿」。[92]

（四）頓教

以禪宗爲代表，是「頓超直入，立地成佛」之智者，有著豐富的生命體驗及閱歷。其不足處在未論及圓融，沒達到圓教境界。此外，方東美批判禪宗不研究經典，多教人無法獲得頓悟的宗教體證，一般人也難分辨出道行的程度高低。方東美因此在其《中國大乘佛學》一書中未闢禪宗專章。

---

[89] 《華嚴宗哲學》，下冊頁52。

[90] 同上，上冊頁223、450、508。

[91] 同上註，頁469、480、491、507、532、573，下冊頁458。

[92] 同上，上冊頁224、245、567-568；《中國大乘佛學》，下冊，頁156。

（五）圓教

以《華嚴經》爲代表性經典，《法華經》和《涅槃經》在其他教派中，如天臺宗，曾被判爲圓教，方東美認爲華嚴圓教與其他宗派（如天臺宗）不同而稱爲「別圓」，其理由有數端。《華嚴經》之理論與修持相滲透至圓融境界。換言之，最高的哲學智慧與世界和人生，圓融一體，故稱「別圓」。[93]別的宗派發展初期以「他生他世」爲最終歸宿，在華嚴宗人性點化成圓滿之佛性，心靈臻理想的精神領域，生命仍留在娑婆世界，其性質屬自力宗教，故辨爲「別圓」。[94]《法華經》的「引權爲實」，《涅槃經》的「化權爲實」有過渡階段，《華嚴經》直入一眞法界，其間有所不同。相較於《法華經》、《涅槃經》因包容聲聞小乘、緣覺中乘、權教大乘而稱爲「共教」。華嚴經不但自信可成佛，且深信眾生亦可接引成佛，打通了佛界和一般有情眾生界，此際，不再是「別」，能把「不共」之教也融通，而不再爲「別」，而係「共、不共教」，亦即既別且圓了。[95]

方東美在《華嚴經》的研究博大精深，不易全然了解，全面論述。儘管如此，我們可從其中三個核心論述來得其一斑，分別是他對一眞法界之佛法身放光的涵意；從唯識論展轉出華嚴經上下雙迴向哲學涵義，以及華嚴經何以能是亦宗教亦哲學的闡釋這三層面來紹述其圓融無礙，重重無盡的華嚴哲學。

二、佛法身在一眞法界放光之涵意

方東美從原始佛教之不足，論及般若、唯識之創作，轉折至華嚴經的問題意識和思想精義所在，他首先指出說：

---

[93] 《華嚴宗哲學》，上冊，頁336。
[94] 同上，頁265-268、274。
[95] 頁25。

小乘佛學只了解十二支因緣的因果關係、因果條件，但是不曉得在這個因果條件了解了之後有更積極的意義。這更積極的意義就是要指點出一條生命應走的康莊大道。[96]

小乘佛學基本理論是建立在緣起性空，三法印（諸行無常、諸法無我、諸受皆苦）、四諦、八正道和十二因緣說上。其見解立基在人生的負面、黑暗面，其出路在捨離世的涅槃寂靜，求自渡而成自了佛。由於其眼界不崇高，生命的出路在開創性，崇高的宇宙人生莊嚴性不足，從而有大乘佛教的開展。華嚴宗在唐代面對法相唯識宗的論述而有別開新面的展現。他說：

> 在法相唯識宗的領域是不承認有一個客觀世界的存在，它已經能把一切的客觀世界，都透過「人無我」與「法無我」的這一種大乘佛學的說法，將它一一化成一種意識形態。……前五識所依據的五根對五境的作用而來，並經過第六識的了別識，而第六識又必須依據第七識（末那識）爲根；又因爲第七識意根具有我執、法執的偏見，要一一將其去除，然後才能回到第八識，所謂「如來藏識」。假使在這個裡面還有不純潔的地方，那麼就必需要像《解深密經》所說的，在第八識之外再另立一個第九識，所謂「阿陀那識」——Atyana（清淨識）。因此假使照法相唯識宗的立場看起來，他的思想理路就是要否認有一個客觀世界的存在體，但反而把一切客體世界都一一化成subjective order of mind（心的主觀秩序）。這樣子一來，就變成所謂「唯心一元論」。[97]

唯識論認爲對我們所呈現的現象世界，僅是意識主體之意識作用所變現而呈現者。然而，意識主體所依據的，最終乃是阿賴耶識，其本質爲有漏種子（藏

---

[96] 《華嚴宗哲學》，上冊，頁136。
[97] 同上，頁258-259。

識）所染，故對意識主體所呈現的現象乃因迷悟而產生的不實幻象，只是出於識心之變現。因此，唯識論反對世界的客觀實在性，對方東美而言，世界在華嚴的理解，亦一唯心變現的系統，關鍵點不在唯心，而在心靈是因迷而染或因悟而淨。《大涅槃經》企求的「常、樂、我、淨」世界是有意義、有價值之實在世界。方東美指出華嚴的實在論立場是立基於佛法身遍在而放光的世界，這一光明交會，萬物相貫通互攝得圓融世界，亦為眾生成佛歷程的世界。方東美認為若要人達到絕對清淨境地，則六識不只俱返於七識、八識，還得達到第九識才能說是終極清淨。扼要言之，心靈的染或淨才是世界呈現為虛幻或實在的關鍵，若心靈依淨或依佛法身化現而呈現出來的世界是佛光普照的意義世界，方東美認為「一真法界」係一客體，化成主觀心靈狀態是一切物質、生命和精神的歸宿。他說：

> 這個客觀的世界裡面是要從物質世界發展到生命世界，生命世界發展到精神世界，精神世界再發展到最高的神聖領域去，才可以說是一個Ideal world（理想的世界）。而客體的世界裡面，因為它含藏了生命，含藏了生命世界上面的一切莊嚴世界，同時在這個生命世界上面的一切莊嚴領域，最後又都變成了spiritual glory，變成了精神上的莊嚴。[98]

　　方東美將華嚴宗這一套精神上莊嚴的哲學，稱為即事即理，屬理想實在論的哲學。一真法界所言的現象世界是從成佛者境界所言的成佛境。這佛境世界亦是主觀心靈世界，由佛身放光而變觀了物質世界，其中物質裡有生命，生命裡有精神，精神提升至神聖領域，莊嚴精神主體，成就最終真善美的理想世界。

---

[98] 同上，頁259。

三、《華嚴經》係上、下雙迴向的哲學

就大乘修行理論觀之，上下迴向都是工夫論所涵，上迴向意指自渡工夫。下迴向乃指渡人工夫，是拯救眾生，使現象世界轉變得清淨美好的原因。方東美強調華嚴宗有了上、下雙迴向的宗教實踐，整個世界才有由染轉境的深刻意義，眾生心本來是佛心，化現是心識作用，世界是佛心顯現，成佛者體證盡虛空，遍法界皆是佛身放空不執著，能放佛光的絕對覺悟之大智者，自渡成佛者感念有情眾生皆與己同體，乃是自身應示現救渡的同胞，應救助眾生釋放種種惡業和執著。方東美闡釋說：

> 這一位大菩薩的精神生命到達了法雲地，再跨前一步就可以與佛平等相敘、契入涅槃，但是他卻不屑為之。……因為在他的生命領域中還有一個mission（使命）。……上迴向是為了出離一切黑暗、災難、煩惱、痛苦，而到達他生他世的極樂天國去享受福報。可是此地的mission（使命）卻是要回過頭來，……要迴向到下層世界的現實界來拯救那些還在沉溺於其中的有情物類與眾生，自然會顯出無限的大慈悲心。……來拯救下層裡面的一切物質世界、一切心靈世界裡面深受災難的人，或者是災難的物類，這就叫做「下迴向」。[99]

菩薩不入涅槃是發了大慈悲行，行菩提道，下迴向以企求救渡眾生而非為自己享樂。菩薩心，菩提道是將救渡眾生視為上迴向，自認未澈底救渡眾生亦即未澈底成就佛境界。因此，下迴向是具有更崇高意義的上迴向工夫。

---

[99] 《華嚴宗哲學》，下冊，頁320-321。

四、《華嚴經》兼具亦宗教亦哲學的二重性格

　　華嚴經「入法界品」深入神奇奧妙，不可思議的宗教心靈體驗境界。它先透過現實界一切現實界的差別境界，一一予以了解再以提升心靈的創造精神，步步超脫解於塵俗界，這是實證體驗的宗教實踐。一般而言，宗教修證至深微奧妙境界時，臻於不可說的境界。人的思辨理性有探索說明的求知欲望，於是窮盡一切可能的方法來找出一套文字表述概念認知，如此，神奇奧妙不可說的宗教體驗轉化成可用文字概念解說的哲學，方東美認爲《華嚴經》具有這種亦宗教亦哲學的理論特性。他說：

　　對於某些境界本來是不可說的，如禪宗所說的如人飲水，冷暖自知。但是在講中國大乘佛學的三論宗裡面，譬如吉藏大師，他說我們不能夠像維摩詰經裡面的說法，當向上迴向到達最高不可說的境界時，只稱它爲「聖默然」！因爲假使僅是「聖默然」，那麼我們就只好打著神祕主義的招牌，……。所以吉藏大師便認爲倘若要講般若，也應當具備兩種：一種是實相般若，……誠然是不可說、不可說；但是還有第二種，就是我們要根據那實相般若裡面所彰顯出來的境界，把本來沒有能所的對立，我們偏偏要把它畫分開來。這一方面是能，另方面是所。然後在這個「能」的上面，……會運用種種巧妙的文字來形容，這叫做文字般若。……所以文字般若又稱爲方便般若，它不僅能形容上層世界的領域，對下面一層還可以說，再下來的一層還是可以說。並且能夠把這個神奇奧妙的世界，建立在一個可以了解的基礎上面，使得一切的凡夫都可以了解，使一切的菩薩也都能夠了解。[100]

---

[100] 《華嚴宗哲學》，上冊，頁298-299。

　　方東美所以確認華嚴宗亦宗教亦哲學，也基於其上下雙迴向，在普渡眾上的大慈悲心上，能發展文字般若，以詩化的語言、認識的語言、象徵的語言、陷喻的語言來接引眾生入佛化的世界。

第二章　宗白華（1897-1986）

第一節　宗白華氣韻生動的意境美學

一、宗白華美學的學思歷程述要

　　宗白華（1897-1986）於1897年12月15日出生於魚米之鄉的安徽安慶[1]。祖藉浙江杭州。回顧民國以來，在美學論述上有成就的學者們，如：梁啓超、王國維、蔡元培、鄧以蟄、朱光潛、林語堂、徐悲鴻、方東美等人，皆曾借鏡西方美學的成熟理論，創發新視域、新思維的詮釋方法對中國傳統的美學思想做出較深刻的研究和可貴的貢獻。宗白華也是個鮮明的例子，他23歲那年，亦即1920年赴德國法蘭克福及柏林大學的哲學系學習美學和歷史哲學。他不但向中國學術界紹述了豐富的西方美學思想，且在中國美學的研究上提出了許多具創見性的中國美學見解，他和他在北大的同事朱光潛，同年生、死，兩人對中國美學的研究被合稱爲「美學的雙峰」，被認定爲繼清末民初之王國維、蔡元培、梁啓超之後，當代中國的第二代美學家代表。[2]他的學生葉朗說：「宗先生興趣最大、談的最多的是康德的哲學和美學，歌德的詩歌，羅丹的雕刻。與此同時，宗先生對中國傳統的哲學、美學和藝術也十分喜愛。並有很深的理解和研究。特別是中國的書法，中國的繪畫，魏晉人簡約玄澹、超然絕俗的哲學的美。」[3]這兩位當代中國美學界的雙峰有共同的學思歷程，兩人皆從德國古典美學超越到中國現當代美

---

[1]　安慶位於長江北岸，是皖、鄂、贛三省交界處。東晉詩人郭璞曾謂：「此地家城」，此一贊語促成安慶向來被稱爲「宜城」，自清嘉定10年（1760年）至民國26年（1937年）期間，安慶係安徽省會所在地和全省政治、經濟、文化中心。

[2]　見林同華，《宗白華美學思想研究》，頁12，瀋陽：遼寧教育出版社，1987年。另見於葉朗主編，《美學的雙峰：朱光潛、宗白華與中國現代美學》，頁1-24，合肥：安徽教育出版社，1999年。

[3]　見葉朗，〈宗白華給我們留下的啓示〉一文，收入其論文集《胸中之竹》，頁284，安徽教育出版社，1998年一版一刷。

學。然而兩人之間又各有特色，李澤厚予以區別謂：「兩人年歲相仿，是同時代人，都學貫中西，造詣甚高。但朱先生1949年前後著述甚多，宗先生卻極少寫作，朱先生的文章和思維是推理的，宗先生卻是抒情的；朱先生偏於文學，宗先生偏於藝術；朱先生更是近代的，西方的、科學的；宗先生更是古典的、中國的、藝術的；朱先生是學者，宗先生是詩人。」[4]李澤厚對這兩位北大老師的品評應是值得採信的。宗白華予自己的書名命為「美學散步」，他解說其理由說：

> 散步是自由自在、無拘無束的行動，它的弱點是沒有計畫、沒有系統。看重邏輯統一的人會輕視它、討論它。但是西方建立邏輯學的大師亞里斯多德的學派卻喚作「散步學派」，可見散步和邏輯並不是絕對不相容的。中國古代一位影響不小的哲學家——莊子。他好像整天在山野裡散步，觀看著鵬鳥、小蟲、蝴蝶、游魚，又在人世間凝視一些奇形怪狀的人；駝背、跛腳、四肢不全、心靈不正常的人，很像義大利文藝復興時，大天才達文西在米蘭街頭散步時速寫下來的一些「戲畫」。現在竟成為「畫院的奇葩」。莊子文章裡所寫的那些奇特人物，大概就是後唐畫家畫羅漢時心目中的範本。[5]

宗白華借用亞里斯多德散步學派的蘊義，以及莊子在實存的生活世界中對特別化的動物及人物觀察入微，成就「質」的感悟，開展了他自己美學探索之歷程。散步是隨性隨意而無預設的固定目標，亞里斯多德的散步是與學生在自由交談中，閃現出哲思的真理光芒。莊子的散步則是以身心靈神的全幅生命與其生活世界的他者（the others）交感交流，閃現出得意忘象的，對生靈內在本質的直覺式觀照。可推知宗白華的美學切入點不是全然學究性的專業研究，而是投入生活世界對遍布在周遭情境的事物，感悟出質的把握，品味出美感的欣趣所在。

---

[4]　宗白華，《美學散步·序》，上海：上海人民出版社，1981年版，頁3。
[5]　見宗白華，《美學散步》，頁85，臺北市：世華文化社。

因此，他不刻意的爲營造一系統化的美學理論而做學術象牙塔的概念叢之分析，命題叢之證成，理論結構之建築。他是以浪漫詩人，書畫的創作者身分，從藝術實踐中玩味其中眞意而提出其散論式的體驗之知。然而，我們被他的美學論文所引領而進入他充滿宇宙意識與生命美感之召喚的精神世界。我們在讀其美學論文後，常不自覺的意識到，他的美學雖以散論的形式呈現，然而，在諸散論之間仍有一歷程性的發展，及橫向性的聯繫。換言之，我們透過對他美學論文的關聯性、整體性之研究，仍可發現他有一以貫之的成熟的美學理論。他的著作已由合肥：安徽出版社，於1994年出版，命名爲《宗白華全集》（共4卷）

二、「美」與「美感」的區分以及對「美學」的界定

「美是什麼？」「美學的研究對象是什麼？」這是藝術理論、美學自古而今的核心問題，中外美學學者皆試圖予以令人有信服力的回答，可是卻仁智互見，未能達成一具有普遍性和必然性的界說。然而，從另一方面而言，這兩大美學課題也說明了「美」的本質極爲奧祕，有不斷召喚人從不同立基點切入，探討的可能性，「美學的研究對象」也可處於開放性的形塑歷程，仍有其推陳出新、不斷拓展的生命力，不被某一制式答案所封限。

宗白華曾在20年代中期所撰寫的《美學》講稿中，大略指出可作爲美學對象的「美」之本質，這一問題可從兩方面去研究。其一是人生體驗方面，美學應探討人的審美態度。這一課題包括了審美主體的「鑑賞態度」亦即對自然美（大自然與人）和人爲美（「藝術的美及衣服宮室等實用工具的美」）之美感感受，以及人對美「創造的態度」，意指人對自身生活的審美創造欲求，宗白華所謂「人於理智生活、實行生活之外，又必有美之生活，宇宙即有此事實，吾人即須加以研究也」。其二是文化方面：美學主要的研究對象是人的審美創造之作品，如文學、建築、雕刻等，換言之，宗白華認爲「人生有美的生活，民族有美術品

的文化，皆爲美學研究之對象，並非全然空洞無物也。」**6**事實上，宗白華這一初步的論點是依據德國美學家、心理學家梅伊曼（Meumann）的看法。他在較早的撰文〈美學與藝術略談〉中就認爲：若僅僅將美學界說爲「研究那由『美』或「非美」發生的感覺情緒底學科」是概括得不完足，也不夠精確的。他認爲美學還包括了「美感底客觀的條件」、「美學底主觀條件」、「自然美與藝術創作美的研究」等。宗白華做了綜合性的界說：「美學底主要內容就是：以研究我們人類美感底客觀條件和主觀分子爲起點，以探索『自然』和『藝術品』的眞美爲中心，以建立美的原理爲目的，以設定創造藝術的法則爲應用」。**7**意指「美」的原理，藝術創造的法則，皆必須了解美的性質，我們若欲研究美的性質，得透過我們對自然美和藝術創作美之研究。

　　宗白華早年對「美」之本質的初步見解，蘊含了他日後在美學研究所把握到的一項美學本體特徵，即以藝術、藝術活動作爲探索人類審美問題的一個基本論點。宗白華高度重視審美活動與人類藝術經驗的內在關係，以及美學理論對人類藝術創作的美之本質的穿透能力。他在其美學研究趨於成熟時，強調哲學性的美學研究，不能離開藝術的創作和欣賞，他指出：「美學的內容，不一定在於哲學的分析、邏輯的考察，也可以在於人物的趣談、風度和行動，可以在於「藝術家的實踐所啓示的美的體會與體驗」。**8**他更明確的解釋說：「美學研究不能脫離藝術，不能脫離藝術的創造和欣賞，不能脫離『看』和『聽』。」**9**美學研究不能脫離藝術作品之品賞和分析。藝術創作品應滲透入實存的生活世界中，例如魏晉對人物的品藻中，對人物的趣談、風度及舉止皆可視爲美學研究的對象。更重要的是，他強調美學研究應貼合住對藝術品的「看」和「聽」，亦即研究者要切己體驗，有融入其中的美感體會。

6 此二句引用語見宗白華，〈美學〉，《宗白華全集》，第1卷，頁434-435，合肥：安徽教育出版社，1994年。

7 見宗白華，〈美學與藝術略談〉，《宗白華全集》，第1卷，頁187-188，合肥：安徽教育出版社，1994年。

8 宗白華，〈介紹兩本關於中國畫學的書並論中國的繪畫〉，《美學散步》，頁122，上海：上海人民出版社，1981年。

9 宗白華，《美學嚮導·寄語》，頁6，北京：北京大學出版社，1982年。

三、對意境美之詮解

宗白華既然強調美學研究不離生活世界對自然物及藝術品從「看」和「聽」的實感體驗，則中國傳統美學中的核心命題「意境美」成為他所關注的焦點。考「意境」一詞的詞源和理源可追溯至唐代詩人王昌齡在〈詩格〉一文中所標舉的詩之三境：一曰物境、二曰情境、三曰意境，意境之「意」指源發於審美主體的意味，「境」指界域，亦即審美主體在「看」和「聽」所能及的境遇範圍。因此，意境當指審美主體主觀的審美心靈與外在的客觀世界中見美感特質的對象間所存在的主客關係，審美意識的流動是連結意與境的紐帶。「意」生於「心」，心兼具思維的認知、情緒與情感作用以及意向、意會活動，亦即知、情、意三種可綜合的作用。「境」指外在客觀之境及境中的景象。做為複合概念的「意境」指外在境中之景象被內在主觀的審美情意活動所反映，提煉而升華致重新組合了的審美觀照之整合性的境界。清末明初的王國維在其《人間詞話·附錄》中說：「境非獨為景物也。喜怒哀樂，亦人心中之一境界。」在審美及藝術創造的歷程中，美感情操貫通了主觀的情意和客觀的境中之物，如是，意和境在人的精神世界中和諧交融。景物被生氣灌注為一整全形象，在審美者的審美觀照中提升為意境之美或美感意象。

總而言之，心與景物交涉而意境生。宗白華在《美學散步》說：「一切的美，先是來自心靈的源泉，沒有心靈的映射，是無所謂美的。」早在唐代張彥遠的《歷代名畫記》中即留下「意在筆先，畫盡意在」這二句品畫名言。蓋畫為藝術家的心聲，畫是心跡的外露，作畫的過程亦即為抒發意境的過程。「意在筆先」的「意」乃指畫家對真實的生活和實存性的自然物之深切感受，感悟出其本質特徵後所萌動出來的激情。藝術創作係以生活世界中的真情實感為特質，以純粹情感來表現生活。因此，真情流露的情思是藝術創作的核心。審美活動或藝術創作必得通人心的真情摯意才能產生淨化、升華、陶醉，甚至補償的功能。在《美學散步》中的宗白華所以能持久不懈地倘佯於美感的廣闊天地間，乃繫於他

對美學對象問題及美的本質問題追問不已，美的性質呈現在美感體驗中，美感體驗係由境外客觀物所存在特性與審美主體心靈的主觀感受、體驗的交融。質言之，美感是發生於主觀的審美情意與具美感特性的對象物之融合。那就是在中國美學中耳熟卻未必能詳的「情境交融」美或意境美。宗白華的美學特質也就在投入意境美之原理的探討，因此，我們可以說他的美學堪稱為中國美學的主流思想——「意境美學」。

四、意境美學的核心命題「氣韻生動」

宗白華曾在40年代他所撰寫的〈中國藝術意境之誕生〉[10]將他心目中的「美」以「意境」概念做深刻分析，謂：「造化與心源的凝合，成了一個有生命的結晶體，鳶飛魚躍，剔透玲瓏，這就是『意境』，一切藝術的中心之中心」，文中他詮解說：「意境是造化與心源的合一。就粗淺方面說，就是客觀的自然景象和主觀的生命情調的交融滲化。」他所用的「造化」、「心源」兩語詞，典出張璪〈繪境〉所言：「外師造化，中得心源」，意指氣化流行的大自然，其生生不息的「造化」與人崇敬生機煥發、愛物、惜生之「心源」的凝聚融合，渾化出生生之美的意境。人在審美觀照或藝術創作的活動中，生命意識的情思泉湧於心，與生命世界的生命氣象默會契合，了然境象，深得其情，貼合自家痴愛大自然的生意氣息，有形寰宇卻能層出不窮的展現了無限的生機韻味，宗白華在《藝境》中說：「以宇宙人生的具體為對象，賞玩它的色相、秩序、節奏、和諧，藉以窺見自我的最深心靈的反映；畫實景為虛境，創形象為象徵，使人類最高的心靈具體化、肉身化，這就是『藝術境界』。藝術境界主於美。」[11]以山水畫的創

---

[10] 該文原發表於「時與潮」社1943年3月出版的《時與潮文藝》創刊號，其中內容與《美學散步》書中所收入的同題論文（增定稿）有所不同。

[11] 宗白華，《藝境》，北京：北京大學出版社，1987年，頁15。

作爲喻，畫家只有在脫離外在事物而回到精神本身之中，才能通過外在事物作爲精神的反映，而把貫通整個機體宇宙和人心靈中深刻的好生之德表現出來。質言之，中國傳統藝術的核心精神是謝赫所標擧的氣韻生動的意境美，可謂爲意境美學或生命美學。唐代張彥遠在其《歷代名畫記》（此書被後人視爲畫史經典）中主張「筆不周而意周」、「失於自然（意指超越表層現象，或不執泥於外象）而後神（深不可測、妙不可思議的生機本體）」，畫意深沈的畫作常「以形外求其畫」，因爲「以氣韻求其畫，則形似在其間矣。」藉此論述，或可詮解宗白華所言自我深層心靈意識的反映就在氣韻生動之美，最足貼合自家心意，也是他所謂「畫實景爲虛境，創形象爲象徵」的深「意」所在吧！

南朝畫家謝赫（生卒年不詳）在所著的《右畫品錄·序》[12]提出繪畫「六法」的創見，「氣韻生動」居於首位，在中國繪畫美學的理論影響力最深，迄今仍爲經典性的命題。[13]「氣」這一概念範疇在先秦的《老子》、《管子》四篇、《孟子》、《莊子》、《荀子》書中皆有突出的地位，漢代《淮南子》進展爲氣化宇宙論的「元氣」概念。先秦、兩漢以來氣化宇宙論建立了中國哲學機體宇宙論的骨幹和大傳統。「氣」爲構成生命的元素，具有生命的活力，在中國機體的、生態的、生成變化的宇宙論中，「氣」已被共認爲流行的存在，氣機萬千，流行化育萬物不已。在機體論的氣化宇宙觀中，萬物皆由有機的氣所形構而成。《莊子·齊物論》曰：「通天下一氣耳」，氣的存在和活動由內在其中的「道」所統攝、規範，《莊子·齊物論》所謂：「道通爲一」。

宗白華所謂造化與心源凝合融化的意境美之「意境」，是具有鮮活生動的生命特質的，所呈現出來的自然美（如春梅）或藝術美（如詩歌）當其有栩栩如生的生命氣象。簡言之，意境美是由客觀的景象和主觀的生命情調交融滲化出來

---

[12] 根據葉朗著《中國美學大綱》，上冊，臺北：滄浪出版社，1986年，頁212，註2云：「《右畫品錄》原名應是《畫品》，成書時間大約在梁元帝承聖年間（西元552-553年），即梁代末年。」得知謝赫約爲西元第6世紀中葉人物。

[13] 謝赫在《古畫品錄》中說：「六法者何？一，氣韻生動是也；二，骨法用筆用也；三，應物象形是也；四，隨類賦彩是也；五，經營位置是也；六，傳移模寫是也。」六法中「氣韻生動」不但居首要地位，且一以貫之的貫穿在其他五法中。

的生命氣韻之美。意境美也是由形式美與實質內涵的內在美所交融而渾然天成的生命美。因此，宗白華的意境美也深受謝赫以來「氣韻生動」的審美理想之深刻影響。雖然，宗白華留學德國時曾習康德且受其形式美學的影響，但是在他返國後又浸潤於中國傳統的氣韻生動美學，他在美的形式與內容之統一化問題上，亦即美有其客觀自在的內容和形式這一問題上，入於康德也出於康德而有前後期的不同。康德的形式美學之主要論點，斷言美是一對象的合目的性之形式，且在它不具有一目的的表相而在對象身上被知覺時。質言之，在純粹美感中，審美者不應滲入任何需求和意志活動，人們在審美活動中所觀照的也只能是美的對象形式。雖然，宗白華曾強調：「藝術的理想當然是用最適當的材料，在最適當的方式中，描摹最美的對象。所以藝術的過程終是形式化，是一種造型。」[14]他曾具體的解釋過：「美術中所謂形式，如數量的比例、形象的排列、色澤的和諧、音律的節奏，都是抽象的點、線、面或聲音的礎之結構。」[15]、「你可以分析她的結構、形象、組成的各部分，得出『諧和』的規律、『節奏』的規律、表現的內容、豐富的啓示，而不必顧到你自己的心的活動。」[16]，然而，若美感的產生僅局限在這一抽象的特徵，實際上仍不足以構成全幅「美的形式」之整體意義。宗白華認爲美感必須有審美主體自身生命情調，心靈意識的滲入。他更深刻的指出形式美應「使人在搖曳蕩漾的律動中與協和中，窺探眞理，引人發無窮的意趣，綿渺的思想。」[17]經過中國美學薰陶後的宗白華終於在入乎康德後，也出乎康德，認爲康德的純形式之美係抽空一切內容和意義的空調。他認爲能引發審美主體之意義感，煥發出具實感的生活情調之形式，應在實存的生命世界中，生動而活潑的存在，亦即使人情景交融，生命情趣濃郁的有機生命體。此時的宗白華深受中國傳統美學氣韻生動之意境美的影響。

在他的論文中雖不常使用「氣韻生動」這一古典語辭，但是他使用了豐富

---

[14] 宗白華，〈希臘哲學家的藝術理論〉，《美學散步》，頁202，上海：上海人民出版社，1981年。
[15] 宗白華，〈論中西畫法的淵源與基礎〉，《美學散步》，頁99，上海：上海人民出版社，1981年。
[16] 宗白華，〈美從何處尋？〉，《美學散步》，頁15，出版時地同上。
[17] 同上

的語彙來詮釋這一命題的深刻涵義，例如：「生命的內核」，他說：「美與美術的特點是在『形式』、在『節奏』，而他所表現的是生命的內核，是生命內部最深的動，是至動而有條理的生命情調。」生命的裏核亦即指一切生命的本質和生命力所蘊含的生生之「仁」了，只有生生之仁的種性，才能如泉源般源發出有歷程、條理、時序的律動。綜觀中國傳統哲學中，最具淵遠流長之深刻影響力的形上學，當屬《易經》、《老子》、《莊子》以及秦漢以來相生相剋的陰陽五行學說，儘管這些中國哲學經典的學派屬性不同，卻皆屬有機的機體論或生命哲學，長久以來積澱在廣大中國人文化心靈的深層意識中，構成了中華文化的共相性底蘊，透過殊別化的審美對象，不論是藝術美（如詩、畫、音樂等）或自然美（如山水審美、草木、花莽、鳥獸等），千姿萬態的呈現出來可謂生態美學。宗白華精闢的指出：「凡一切生命的表現皆有節奏和條理，《易》注謂太極至動而有條理，太極即指宇宙而言，謂一切現象，皆至動而有條理也。藝術之形式即此條理，藝術內容乃至動之生命。至動之生命表現自然之條理，如一偉大藝術品。」[18]對宗白華而言，抽象的形式不是靜無聲息的，而是活潑流動的，生趣洋溢，才能韻味無窮，從《詩經》以來鳶飛魚躍、生香活態的生命韻味，乃至謝赫的「氣韻生動」之人物畫品賞，宋、元以來山水畫的意境美，乃至花草、樹木、飛禽走獸……等，都以生命所煥發出來的生動性、活潑感令人鼓舞、精神為之一振，甚至連形體的抽象結構如青銅器上的鳥獸紋圖，人的舞蹈線紋、踏點、眼神、姿態的變化多端，皆表現了人內在心靈意識流動的情調和韻律。因此，宗白華深刻的斷言：「（形式）離不開生命的表現，它們不是死的機械的空洞的的形式，而是具有豐富內容、有表現、有深刻意義的具體現象……形式中每一個點、線、色、形、音、韻，都表現著實質內涵的意義、情感、價值。」[19]在藝術美中形式是美感作用表現的方式或架構，對宗白華而說，由點、線、色、形等形式所資藉來表現的實質內涵美，是審美主體與美感對象在交感共融中所賦予的美麗情

---

[18] 宗白華，〈藝術學（講演）〉，第一章，《宗白華全集》，第1卷，合肥：安徽教育出版社，1994年。

[19] 見前揭書，《美學散步》，頁15。

感、意義和價值。同時，審美主體所感受到的審美對象之實質內涵特徵，當具有
生命的節奏和條理。那麼宗白華是否曾標舉過中國藝術美的任何一分項來詮釋氣
韻生動的美感品味呢？

五、氣韻生動與書法藝術

宗白華從中國美學史中洞見出兩種美感類型或審美品味，那就是錯采鏤金
之美和芙蓉出水之美。他把楚國的圖案、楚辭、漢賦、六朝駢文、顏延之詩、
明清的瓷器，一直至當今的中國四大刺繡、京劇的戲服概括為「錯采鏤金，雕繢
滿眼」的華麗堂皇之美。同時，他將漢代的銅器、陶器、王羲之的書法、顧愷
之的畫、陶潛的詩、宋代的白瓷，歸屬為「初發芙蓉，自然可愛」的簡約清談之
美。[20]前者較偏於繁複精緻的人造美，後者則將前者提升至清新淡雅的境界，臻
於天生麗質、玲瓏剔透的賞玉之美，且視為中國意境美學的審美理想。他說：

> 中國向來把「玉」作為美的理想。玉的美即「絢爛之極歸於平淡」的
> 美。可以說，一切藝術的美，以至於人格的美，都是趨向玉的美；內部
> 有光彩，但是含蓄的光彩，這種光彩是極絢爛，又極平淡。[21]

他從中國本土哲學（儒、道）來洞察中國藝術、美學所受到其深刻影響之理論。
他認為中國哲學中化「實」成「虛」、虛實相涵攝、本體現象不二、主客之間的
情景交融，提升了中國人的美感心靈和藝術審美的境，他從《易》哲學的觀點

---

[20] 見前揭書，《美學散步》，頁29。

[21] 同上註頁引，他的弟子林同華解釋宗白華的區分不同於西方學者，因為西方美學上的自然美，完全是指造物者
所形成係以顏色的光線為重點，頗似絢爛光彩的工藝美，中國美則講究從工藝美提升至表現思想情感的自然
美、意境美。

切入，詮釋說：

> 《易經》的〈雜卦〉說：「賁，無色也。」這裡包含了一個重要的美
> 學思想，就是認為要質地本身放光，才是真正的美。所謂「剛健、篤
> 實、輝光」，就是這個意思。……最高的美，應該是本色的美，就是白
> 賁。……中國人的畫，要從金碧山水發展到水墨山水；中國作詩作文，
> 要講究「絢爛之極，歸於平淡」。所有這些，都是為了追求一種較高的
> 藝術境界，即是白賁的境界。[22]

我們若以婦女的化妝來詮解他所區分出來的這兩種不同風格的美，則濃妝豔抹、
珠光寶器的富貴美宛若「錯采鏤金，雕績滿眼」之美，輕妝淡抹、素樸率真則猶
如「初發芙蓉，自然可愛」之美。簡言之，前者為人為矯飾美，後者為天真自然
之美。相較之下，前者的美立基於感官與心理條件制約的外在感性刺激所產生的
美感效應，後者則立基於生命內在的天生氣質和韻味，顯然，前者訴諸於感性外
在刺激的外在美，有刺激的頻率過高而產生感性鈍化的逐漸乏味之弊，後者則依
其性情之天常而有「剛健、篤實、輝光」之特質，令人玩味不已、雋永耐久的美
感效應。若用日常語言來表述，則傾向外在美的前者，其美感境界不及富內在美
的後者。換言之，對宗白華而言，形象美的品味不及訴諸美感心靈層層提升的意
境美或意象美。

　　在宗白華的論述中，中國畫係由「金碧山水」發展至「水墨山水」，值得
注意的是，書法藝美不但是水墨藝術，且是相較於其他文明之最具特質的中國藝
術。他特別將王羲之（東晉）的書法列入「水出芙蓉、自然可愛」的美之範疇。
由六書原理所構成的中國文字不僅表述概念，而且是傳達意境及其涵義的符號，
是真有流暢生命力的書寫載體。歷來的書法藝術評論家在詮釋篆、隸、楷、行、

---

[22] 宗白華，《美學散步》，頁38-39。

草各書體時，具共識性的將漢字線條與結構視爲大自然生命型態之體悟。宗白華也不例外，他認爲漢字雖是具體形象的表現；且是一種「在似與不似之間」的意象藝術。在中國傳統哲學中，道是化生天地萬物生命的本體，宗白華一針見血的說：

「中國人對『道』的體驗，是『於空處見流行，於流行處見空寂』，唯道集虛，體用不二，這構成中國人的生命情調和藝術意境的實相。」[23]道家重虛，孔孟尙實，《易》與魏晉玄學儒道兼綜，宗白華說：「他們都認爲宇宙是虛與實的結合，也就是《易經》上的陰陽結合。」[24]中國畫講究留白，書法講究布白，園林建築更注重虛實。書法家常從天地萬物取象，對生化之源的「道」在萬物生命流轉的歷程中體驗其妙不可思議、深不可測的本體屬性，從而將其體驗呈現於書法的線條藝術上，從黑與白的相間對比中類比著一陰一陽的虛實交感互補，表現出宇宙生命、天地精神流動的、空靈的書法意境，摻合著中國傳統特有之生命情調，突出中國書法特別的「美」。

他在《美學散步》一書中把美學列入其二種散步的第一散步上，他認爲書法藝術是時空交會的線條藝術。書法中的每一字占一特定空間，筆畫上的橫、直、撇、捺、鉤、點或「永」字八法的側、軌、努、趯、策、掠、啄、磔，結構出具有筋、骨、血、肉的「生命單位」，形成「上下相望，左右相近」，四隅相抬、大小相幅、長短闊狹、臨時變遷，「四方點畫，環拱中心」的「空間單位」，書法的筆鉤法在有限的格子空間中呈現出具生命感的「舞」動來，和舞蹈、音樂所引起的力線律動有類似之空間感，他更進一步指出，書法藝術所呈現的「氣韻生動」，使每一個字所占有的方格空間，伸展成富有無限的空間意境，從有形有限的痕跡中蓄發出無形無限的意趣橫生。從虛實相涵、陰陽相攝的有機原理觀之，則居於方格空間的「字」爲「實」、「有」，至於方格中的空白則爲「虛」、「無」。「有」與「無」玄通爲一整全性的存有，虛實相稱相涵，渾然一體，韻

---

[23] 閒前揭書，《美學散步》，頁70。

[24] 同上，頁33。

味令人有無限想像的可能，筆者將之稱爲氣韻生動的意境美。

在中國書法中篆、隸、楷、行、草五大書體中，以草書的抒情性最濃郁。宗白華特舉中國第一草書的唐代「草聖」張旭爲解說範例，他說：

> 張旭的書法不但書寫自己的情感，也表現出自然界各種變動的形象。但這些形象是通過他的情感所體會的，是「可喜可愕」的；他在表達自己的情感中同時反映出或暗示著自然界的各種形象，或藉著這些形象的概括來暗示著他自己對這些形象的情感。這些形象在他們的書法裡，不是事物的刻畫，而是情景交融的「意境」，像中國畫，更像音樂、像舞蹈、像優美的建築。

張旭的草書充滿激情，且將深情摯意全然奔放流注在字裡行間，洋溢著他鮮明的個性、飽滿的情感和高遠的心志，生動活潑，所發露的生命力藝術感染力強，令欣賞者不容已地爲之動容。張旭書法的意境，取象於最貼合大眾生活中的萬事萬物。例如，在人物特質上，師法公孫大娘的舞劍，自然界的日月星辰、飛禽走獸，乃至於雷霆霹靂等，從張旭的草書可窺見中國書法的美妙處之一，在超越具象形式的描摹，將實存性的生活世界視爲美的泉源，當作藝術創作的範本，情景交融，心與境融洽，充分流露出作者在生活實感中所呈現的眞性情及玄遠意境之美感。

第二節 宗白華形上美學之莊子元素

一、在大自然散步的哲學家 —— 莊子

　　李澤厚在宗白華《美學散步》的〈序〉文中對比地指出朱光潛偏於文學，其文章思想具推理性，貼近近代的、西方式的，有學者的特色。相對地，他描述宗白華偏於藝術，是抒情式的詩人，具有中國古典的藝術風格[25]。事實上，宗白華認爲先秦諸子的論述有許多涉及美學問題，提出過對藝術的見解，他特別指出莊子常藉藝術做比喻來表達其思想。他雖然認爲《易》、《老》、《莊》和禪宗形成了中國藝術美學之思想淵源，但是莊學卻是他論述中國形上美學特質具有核心性、理論性之思想淵源。他以《美學的散步》來名其美學論文集，頗有莊子從容淡定、逍遙自在而自得其樂的風格。換言之，他的美學是從天地萬物的生活世界，生命周遭流轉的各種存在的生命中體悟「道」運化萬物，賦予萬物不同自然本性所彰顯的奧妙和玄美。他的《美學的散步》一書中充滿宇宙五彩繽紛的生命流轉之美感以及人的浪漫生活之情趣，他的詩人情懷和雋永深沉的哲思，流露在他所說的下面一段話中：

　　散步是自由自在、無拘無束的行動，它的弱點是沒有計劃，沒有系統……，但是西方建立邏輯學的大師亞里斯多德的學派卻喚作「散步學派」。可見散步和邏輯並不是不相容的。中國古代一位影響不小的哲學家 —— 莊子，他好像整天是在山野裡散步，觀看著鵬鳥、小蟲、蝴蝶、游

---

25 見宗白華，《美學散步·序》，上海：上海人民出版社，1981年版，頁3。

魚，又在人間裡凝視一些奇形怪狀的人：駝背、跛腳、四肢不全、心靈不正常的人，很像義大利文藝復興的大天才達芬奇在米蘭街頭散步時，速寫下來的一些「戲畫」，現在竟成為「畫院的奇葩」，莊子文章裡所寫的那些奇特的人物大概就是後來唐、宋畫家畫羅漢時心目中的範本。**26**

他將莊子視為常在表徵大自然的「山野」裡散步的哲學家。莊子常凝視周遭的蟲、魚、鳥、人等各種動物，所描述的奇特人物有若文藝復興時代的大畫家達芬奇在義大利米蘭街頭即景素描下來的人物畫。事實上，莊子書中不但呈現各種有生命的動物，也關注到許多不同的植物，包括草本植物和木本喬木，不論動物、植物都是有其自然本性和種種生態的生命存有者。《莊子》書中，「遊」字出現了百多次，強調優遊自在的適性順情，因循各種生命主體的內在自然性情。「遊」的字義源自插在大地上的旌旗所垂之旒，隨風飄蕩，無所繫拘，自由自在地優遊。《廣雅·釋詁》：「遊，戲也。」清·段玉裁《說文解字注》將「遊」字涵意引申出：「游，嬉遊，俗作遊。」《莊子·大宗師》謂：「彼方且與造物者為人，而遊乎天地之一氣。」莊子的逍遙自在的自由精神，頗契合宗白華所言：「自由自在，無拘無束的行動，亦即輕鬆自在，享受生命情趣的散步者。」然而，莊子是不是一位美學家呢？試觀《莊子》文本中多處讚賞天地之美，所謂：

> 夫天地者，古之所大也，而黃帝堯舜之所共美也。〈天道〉
>
> 天地有大美而不言，四時有明法而不議，萬物有成理而不說。聖人者，原天地之美而達萬物之理。是故至人無為，大聖不作，觀於天地之謂也。〈知北遊〉
>
> 判天地之美，析萬物理，察古人之全，寡能備於天地之美，稱神明之

容。〈天下〉

　　人所可居可遊可玩的生活天地具有言語所無法窮盡的，天地所不言的大美，是黃帝堯舜所「共美」的原生態之美。妙契道眞的古聖人尊道貴德，在無爲不作中呈顯萬物自然的本眞之性，不但實現萬物存有的內在本性，也同時煥發天地之美。莊子將老子用來統攝天地萬物之本根，卻不可藉名言概念來界說其涵義的「道」，由生活世界中的有形天地來表詮，提出人與天地互爲主體際性的互涵相詮關係。由人在生活天地中體貼出道生成化育萬物生命的無限玄妙之美感。

　　何謂「美」？這一論題涉及概念認知和涵義界說的問題。我們若進一步追問「美」的存在方式及樣態，則關連到形上學或存有學的問題。西方早在希臘哲學家蘇格拉底、柏拉圖、亞里斯多德……等人，都提出一些有關美學的理論。他們各以其哲學爲基礎，推演出若干美學原理。「美」作爲一專門學科，始於德國哲學家鮑姆嘉登（A. G. Baumgarten, 1714-1762）於1750年在其所出版《美學》一書中，正式將「美學」（Aesthetics）成爲一門獨立學科。該學科原意爲「感性之學」有別於一般「理性的科學」。當代所謂「美學」，可以顧名思義的指研究一切關於美之種種課題的一門學問，諸如：美是什麼？如何實踐美的體驗？如何創造美的作品或美感生活？美的概念範疇、命題、理論範式爲何？……等等。若就這一立論點而言，《莊子》並不是一本專論美學的著作，且鮮少直接論述藝術問題。但是不可否認的是莊子常以藝術創作活動來喻示「道」存有的奧妙。其許多未顯題化的美學理念與當今呈現的諸般美學有密切關連。特別是當代德哲海德格（Martin Heidegger, 1889-1976）提出從存有學（Ontology）觀點論述藝術與美感的見解，形成的「存有論美學」與莊子哲學有許多可相互對話、啓發和相通處。宗白華試圖爲中國美學奠基形上基礎，他個人的生命情調與他所鍾愛的莊子哲學形成了他中國形上美學的雛形。本節擬從宗白華的美學形上理論上探索其所汲取的莊子存有美學之元素。

二、莊子存有學要義

　　《莊子》〈大宗師〉篇之篇名中有「宗」一字指「道」是萬物之統宗，「師」字指「道」爲萬物所效法。「道」是萬物存有的根源、力量、同一性和所以能生成變化的終極原理。「道」，藉作爲宇宙元素「氣」而化生殊別性的萬物，道所賦予萬物不同的性命，亦即萬物透過氣化流行所秉受於道的差異化自然本性，稱爲「德」。「德」者得也，指在宇宙生成論上，萬物有得於道所分賦之本眞之性。「德」是具體個物資以表現其個性所本的個體性。作爲統攝萬物的道，是宇宙萬物一切不同物類和個體差異性的終極統合者。莊子實存性的氣化宇宙觀是構築在「道」、「氣」、「理（性命）」三核心概念上，「道」是統攝一切存有者的形上存有本眞。「氣」是「道」的載體，資以生成變化經驗世界，構成形器萬物的中介，萬物之間既具有「道」本根性的同一性，也兼具氣化萬殊所稟得於「道」的不同物類和個體性的所以然之「理」，以及由氣所分受的個別形器徵狀。「道」、「氣」、「理」之概念涵義和相互關係有必要進一步予以釐清。

　　「道」是第一序的存有學概念，《莊子‧知北遊》謂「道」：「無所不在，遍存於『螻蟻』、『稊稗』、『瓦甓』、『屎溺』。」由道所化生之萬物，因內具「道」的同一性而使一切平等而無貴賤之分。至於「道」的存有及活動特徵，〈大宗師〉云：「夫道，有情有信，無爲無形，可傳不可受，可得而不可見，自本自根，未有天地，自古以固存。神鬼神帝，生天生地。」「道」是非形器的存有，其化生萬物出於無意識的自自然然，故「無爲無形」，其形上屬性具不可磨滅性，故「有情有信」。道先天地存有且生天生地，非他然而生，而是自然自生，所謂：「自本自根」。「天地」是「道」的化生物，亦是「道」的載體，我們可以天地的概念涵義來把握「道」整全性的宏觀特徵。同時，我們在可溯果推因外，也可順因得果，由「道」來把握「天地」的範式性屬性。因此，在即用顯體的存有學原理上，「道」是「有情有信」、「可傳」、「可得」地由形

上的類比義來理解。〈齊物論〉曰：「道未始有封」，指「道」有無限的形上屬性，深不可測，妙不可言，非以感覺與料爲知識素材的概念界說所能規限。〈齊物論〉也因此說：「大道不稱」指不能以定然的名言涵義來稱謂形上的「道」。莊子善用譬喻說理，藉「天籟」的無聲無息來比喻渾全之道猶無風的無限狀態。

〈齊物論〉對「道」與「天地」、「萬物」之成與毀的相互關係也進行解說：

> 天地一指也，萬物一馬也。
>
> 道行之而成，物謂之而然……物固有所然，物固有所可。無物不然，無物不可。……道通爲一。其分也，成也；其成也，毀也。凡物無成與毀，復通爲一。

「一指」、「一馬」的「一」代表天地萬物相互聯繫，構成機體的整全性。在「道通爲一」的機體存有學基礎上，萬物皆由道之運行而生成變化，自然而爲且無不爲。「天地」一詞涵蓋萬物，係一統攝性的整體義。

《莊子》外篇多處言氣化宇宙觀。「氣」在「道」的主導下，形構成具體的器物世界。〈至樂〉曰：「雜乎芒芴之間，變而有氣，氣變而有形，形變而有生。」〈則陽〉進一步解釋了道、氣、形三者間的互聯關係，謂：「天地者，形之大者也；陰陽者，氣之大者也。」「天地」是氣生成有形物中之最大者，「陰陽」是「氣」所分化出來的兩種不同屬性。總而言之，「道」規範、條理「氣」之秩序結構和活動規律，是「氣」的上層概念，充塞天地間的「氣」是道據以生成萬物之介質。「天地」是萬物出現、存在和活動的場域，統攝且調和天地萬物的「道」不但生發天地萬物，且內存萬物之中，係萬物所資以運行的無窮動力根源。莊子且原創性地提出「理」與「性」來闡明「道」在化生萬物時，散殊爲萬物之「德（本性）」，〈則陽〉所謂：「萬物殊理」。此外，〈養生主〉與〈天運〉兩篇也以「天理」來指謂「殊理」。《莊子》內七篇使用的「德」字與「性」字同義，「性」字的概念涵義多指形體存在的個體本性。〈庚桑楚〉

謂：「性者生之質」意指天生的自然本質。〈天地〉更具體地詮釋說：「物成生理，謂之形，形體保神，各有儀則，謂之性。」個別化的形體是「德」具體向外表現的通路，至於「德」所資以呈顯的精神作用且有儀有則處乃是「性」。在莊子的生命世界裡，一切有機體皆由氣的聚散變化來詮解生命主體的生與死。〈知北遊〉謂：「人之生，氣之聚也，聚則爲生，散則爲死。」又云：「通天下一氣耳。」「氣」是宇宙發生論的有機元素，「道」是「氣」的本體，道氣關係爲以「道」率「氣」，以「氣」顯「道」。「道」深不可測的形上體性及玄奧的妙用稱爲「神」。〈知北遊〉謂：「精神生於道，形本生於精，而萬物以形相生。」若以形神關係來詮釋人，則形神兼備，以神導形，以形傳神，形神相親而並茂。方東美謂中國哲學形上學具有「機體主義」的通性，其豐富的涵義爲：

> 自其積極方面而言之，機體主義旨在：統攝萬有，包舉萬有象，而一以貫之；當其觀照萬物也，無不自其豐富性與充實性之全貌著眼，故能「統之有宗，會之有元」，而不落於抽象與空疏。宇宙萬象，賾然紛呈，然就吾人體驗所得，發現處處皆有機統一之跡象可尋，……此類披雜陳之統一體系，抑又感應交織，重重無盡，如光之相網，如水之浸潤，相與洽而俱化，形成一在本質上彼是相因，交融互攝，旁通統貫之廣大和諧系統。**27**

天地萬物非純由諸種基本元素輯輳拼湊排列而成，中國宇宙論中的陰陽交感，變動不居的宇宙生生不息，周流運轉，創進不息。萬物有機地存在和聯繫，相互關聯滲透，相輔相成，構成一整全性的機體宇宙，即存有即活動即價值之顯現。莊子〈齊物論〉的「道通爲一」，〈知北遊〉的「通天下一氣耳」頗符應方東美所言機體的宇宙論，我們更恰切地說是一活潑生動的生命存有學。

---

27 方東美，〈從哲學宗教與哲學人性論看「人的疏離」問題〉，收入《生生之德》，臺北：黎明，1979。

三、道藝合一

　　張鴻愷在其〈心學與美學的融合—宗白華「境界形上學」的藝術美學觀〉一文中論述了宗白華美學形成的心路歷程，對他的形上學思想來源、理論特質和理論歸宿皆做了深刻分析。他認爲宗白華美學思想主要源於「對『莊子』境界形上學的發揮」和「對佛禪心性論的解釋與吸納」。他指出宗白華的美學觀是透過藝術心靈來妙悟天道，再透過心靈造境將所感悟入天道，具體化地以藝術品來啓示心中最高的靈境，他概括出宗白華透過藝術心靈來領悟莊子所謂天地之大美。[28]事實上，宗白華出入中西美學，汲取西方古代美學可借鏡的資源轉化爲中國美學的建構。他所詮釋的中國美學企求形上美學或存有美學的奠基，在中國哲學經典中，其形上學攝取了《易經》、《老子》和《莊子》。儘管如此，不可諱言的，莊子將《老子》的「道」落實在人間的生活世界中，內化於人的性情中，有個性化、抒情化的美感向度，對中國不同門類的藝術創作有著較普遍而深刻的影響，這也是宗白華在其美學著作中常提及莊子的原因。本節試由宗白華美學中重要的一些理論特點，擇取道藝合一、遊心與靈境、情景交融、法天貴眞等四面向，分別探索其莊學元素所在。

　　在這些莊學元素中，道藝合一論顯然是形塑了宗白華形上美學的核心理論，在不同的藝術門類中，宗白華對音樂的創作技巧較少涉獵，宛小平卻指出：「他心目中的『音樂』是與莊子的『無聲之樂』、『道』、生命的律動、自然的韻律聯繫在一起的。」[29]宗白華精闢地指出：「但音樂不只是散的形式的結構，也同時深深地表現了人類心靈最深處的情調和律動」、「心靈必須表現於形式之中，而形式必須是心靈的節奏，就同大宇宙的秩序定律與生命之流動演進不相違

---

[28] 張鴻愷，〈心學與美學的融合—宗白華「境界形上學」的藝術美學觀〉，《中華人文社會科學報》，2006年，頁188-207。

[29] 宛小平，《方東美與中西哲學》，合肥：安徽大學出版社，2008年，頁288。

背，不同爲一體一樣。」[30]音樂是透過時間的歷程，藉節奏、旋律、音調的形式結構來呈現樂曲的美感。然而，音樂的創作與美感離不開人的藝術與美感的心靈，心靈在譜出樂曲的節奏和旋律時又得符合天地萬物存在和活動的秩序及規律，特別是機體宇宙所顯露的生命生成變化，周流不息的律動。莊子善於譬喻說理，他在〈齊物論〉中以「夫大塊噫氣，其名爲風。是唯無作，作則萬竅怒號」來描述有如人籟之聲、地籟之聲和天籟之聲的音樂。文中謂：「人籟則比竹是已。」指人編排竹管爲樂器所製作的音樂。「地籟」指大地上宛如萬種孔竅的萬物，當大地起風吹過衆竅時，「前者唱于而隨者唱喁。泠風則小和，飄風則大和，厲風濟則衆竅爲虛。」衆竅之虛表徵道藉氣生成萬物所構成之分殊化的各種不同自然本性，當宇宙長風吹過時，才有「調調」、「刁刁」的萬籟之聲樂，有千差萬別的自然聲樂呈現，人籟與地籟雖有聲樂的多樣化差異和限度，但是相對於有限的人籟、地籟，「天籟」比喻有無限可能性的渾全之道，道藉氣生成，氣化萬殊的萬物，一物一孔竅，則萬物萬孔竅。「道」是無限的，不封閉在任何名言概念的界定中，所謂「道未始有封」、「大道不稱」，但是道生成、運行了萬物，且透過所賦予萬物差異化的自然本性，猶對外孔通般地自發性的顯現自身無法窮盡的形上屬性。換言之，「天籟」是因萬種孔竅之不同，當大風（道）吹過時，就自自然然發出萬種不同的聲音。所謂「夫吹萬不同，而使其自己也，咸其自取，怒者其誰邪！」〈齊物論〉。萬籟齊發不是萬種孔竅刻意而爲，而是因循道所賦予萬物的自然本性，「使其自己」自自然然而發出來的。「天籟」喻示「道」是產生人籟、地籟的根源性存在及力量，渾化萬物的差異，在差異相輔相成下，自發性地煥發了大自然無限和諧的交響樂。因此，萬物實者爲現象，虛處爲其形上本性，萬物也就是天籟。道遍存在天地萬物之間，成爲萬物分殊化、差異化的自性，也有機地聯繫統合萬物成一旁通統貫，整體和諧的大生命體。〈知北遊〉載：「東郭子問莊子曰：『所謂道，惡乎在？』莊子曰：『無所

---

[30] 《宗白華全集》，第2卷，合肥：安徽教育出版社，1994年，頁54。

不在。』」總之，「天籟」是無聲之聲，「地籟」是自然之聲，「人籟」是人間眾說紛紜、莫衷一是的人聲。天籟之聲才是宇宙生命流動所呈現出來至美的節奏和旋律，所謂：「天地有大美，黃帝堯舜之所共美也。」人應自覺地由人籟的偏執層層自我轉化而提升至與「道」冥合的天籟之境才能「莫若以明」地「照之以天」、且「道通爲一」的臻於天籟至美之聲。

莊子對道藝合一有著很精采的喻示，〈天地〉云：「通於天地者，德也；行於萬物者，道也；……能有所藝者，技也。」郭慶藩在其《莊子集釋》一書中詮釋說：「技者，萬物之末用也」、「率其本性，自有藝能，非假外爲，故真技術。」道藝合一的要旨在闡發藝術創作的關鍵在全然了解事物的天然本性，「率其本性」地創作藝術品，彰顯萬物存在所內蘊的天地之美，達至道遍在萬物所存有的豐富眞理。要言之，莊子的美學類型係彰顯存有本眞之美的存有美學。《莊子・養生主》著名的庖丁解牛是「進技於道」最吸引人的範例。寓言中描述庖丁爲文惠君解牛，其操刀技藝之精湛，解牛時的刀聲宛如音樂般的美妙。庖丁解牛的身體活動看起來神似「合於桑林之舞」，文惠君看了很讚賞，問：「技蓋至此乎？」庖丁回答說：「臣之所好者道也，進乎技已。」庖丁以宰牛爲謀生技術，刀是謀生工具，他對刀的操作技術及所面對的牛，在進行解牛時依賴感官知覺和相關的知識、經驗。一般的族庖以遂行個人解牛的意志來宰牛，粗魯地砍到牛骨，導致刀刃易折。良庖較爲高明地用刀割肉，每年才換一次刀。他割肉順著有形的筋、骨、肉之條理操刀。良庖對牛的形體瞭若己掌，故「三年後，未嘗見全牛」，故能成爲良庖。然而，一般的族庖和良庖，他們的技藝，不論「砍」或「割」皆未脫離器物層次的宰制和操作。

爲文惠君解牛的庖丁認爲軀體的知覺只熟悉物形所看得見的條理，若要將技術層面提升至「道」的形上存有層次，就得將有形物中所未顯露的無形（虛）處彰顯出來，有若無形無狀的「道」之存有和活動。因此，當庖丁解牛進行到筋、骨、肉聚結處（族）時，亦即遇到難爲處時，貫注心力怵然爲戒，不用刀粗糙地割，而是順著筋骨肉之結構形式的脈絡，專注、愼重地操刀入於物所隱蔽的虛處，亦即肉眼難見的空隙處，這正是契合「道」之自然之理處（天理），因天

理之固然，順從筋骨之間的關結空隙處（批大郤）與骨筋中虛空處（導大窾）。此時，人的意念、牛與工具渾化為脈絡條貫的一體性，庖丁描述這一無形的意境乃是「彼節者有間，而刀刃者無厚，以無厚入有間，恢恢乎其於遊刃必有餘地矣。」庖丁「所好者道也」他的解牛真積力久，已由形下的器物層次，滲透到形上的自然之理或天理境界，由形滯提升到無形的道境，由有形限提升到無形限的無限自由之心境。因此，由有形有限提升到無形無限的庖丁解牛已不再只是如何操刀的技術性問題，他已升華到與道同遊，遊心於「道」的存有和運行境界了。這是道藝合一的境界。宗白華說：

> 中國哲學是就「生命本身」體悟「道」的節奏。道尤表象於「藝」。燦爛的「藝」賦予「道」以形象和生命，「道」給予「藝」以深度和靈魂。莊子〈天地〉篇有一段寓言說明只有藝「象罔」才能獲得道真「玄珠（道真）」。[31]

莊子言「唯道集虛」、「虛室生白」，宗白華在其美學著作中也常引用莊子這二命題。他語意深長地解說莊子所言的虛白不是幾何學的空間間架，而是創化天地萬物的形上之道。「白」是「道」的吉祥之光[32]，就道家機體宇宙論而言，「白」是天地萬物的造生者，非形質性的具體存在物，而是具有深不可測的無限形上屬性。宗白華在其〈中國藝術意境之誕生〉一文中引用過莊子〈養生主〉「庖丁解牛」來說明「道」的生命和「藝」的生命的交相貼合。

---

[31] 宗白華，《美學散步‧中國藝術意境之誕生》，頁13-14。
[32] 見前揭書，頁47。

四、情景交融 ── 物化

　　宗白華認爲人之「情」與客觀事物之「理」應該交融互攝而無礙，他面對生機盎然的宇宙，在其時空意識中洋溢著活潑生動的生命情趣。他以物我渾然一體的直觀立場，由萬物生成變化的時間歷程，以大觀小地把握萬物生存的空間場域。他說：「中國畫中的虛空不是死的物理的空間間架，俾物質能在裡面移動，反而是最活潑的生命源泉。一切物象的紛紜節奏從它裡面流出來！」[33]他提及南朝宗炳在其〈畫山水序〉一文中說到「山水質有趣靈」舍質而悅於生命靈氣的流動。中國人的宇宙觀是「一陰一陽之謂道」，道是虛靈的，他由情景交融的生命美學立場詮釋中國畫所表現的萬物生命現象，乃是：「畫家由陰陽虛實譜出的節奏，雖涵泳在虛靈中，卻綢繆往復，盤桓周旋，撫愛萬物，而澄懷觀道。」[34]他舉證中國古代畫家許多是耽嗜老莊哲學的高人逸士，他們忘情於世俗，追求靜觀萬物而自得的理趣。他們由筆墨畫出物象中物之定形的理，和萬物生機的趣味。他闡其中奧妙之理，謂：

> 生動之氣韻籠罩萬物，而空靈無跡；故在畫中爲空靈與流動。中國畫最重空白處。空白處並非眞空，乃靈氣往來生命流動之處。……必畫家人格高尚，秉性堅貞，不以世俗利害營於胸中，不以時代好尚惑其心志；乃能沉潛深入萬物核心，得其理趣，胸懷灑落，莊子所謂能與天地精神往來者，乃能隨手拈來都成妙諦。[35]

中國古代畫家多耽嗜老莊的高人逸士，能澄懷觀象地資取莊子離形去智，心齋坐忘的忘俗脫塵，才能「胸懷灑落」地沉潛深入萬物的本體，臻於莊子「天地並

---

[33] 宗白華，《美學散步・中國詩畫中所表現的空間意識》，頁49。
[34] 同前，頁50。
[35] 見前揭書，〈徐悲鴻與中國繪畫〉，頁143。

生，萬物與我爲一」〈齊物論〉、「獨與天地精神相往來」之情景交融，物我渾然一體的虛靈明覺之宇宙心量。

在美學原理上，美感之「感」產生於審美主體與「美」和藝術作品的交互聯繫關係。審美主體與相應的美感對象觸發了審美的欣趣，其心有所動，其情有所與，其志趣受激，從而油然而起美感經驗。特別是對莊子而言，美感經驗是陰陽交合，主客相融，天人相應的狀態下所孕育出來的。《莊子・山木》謂：「人與天一也。」人對天地萬物的感知能力是天生自然的能力。美感是出於天人相通相感的天人合一之本然狀態。人若要感受天地之大美，則在精神上得經歷物我兩忘（不執）而融入情（主）景（客）交融，渾然不分的美感體驗中。「心齋」的工夫旨在使心能清明靈覺地感應萬物之眞性情，「坐忘」工夫旨在心物能相感流通，走出我執與物執，融通無間，泯然合一，這是人釋放我執與物執的精神沉浸在絕對自由狀態。莊子以「物化」來狀述人與天地萬物在「道」中交融暢通的精神形上境遇。他舉著名的莊周夢蝴蝶寓言來表達其深意。〈齊物論〉以莊周化蝶，還是蝶化莊周來類比示意人與自然交融渾合，突破形礙與成見的限制而在「道通爲一」，「通天下一氣耳（〈知北遊〉）。」的存有學高點上消解了人與自然因氣化萬殊所產生的一切差異，莊周夢蝶的形象比擬和氣化流行的一氣轉化之物化原理，具象化了莊子「道通爲一」的形上奧理。藝術與美感的精髓在抒情暢懷，萬物的形貌有限，萬物的生機及美感情趣卻是無窮盡的，有審美情操洋溢的人才具有無限的美感。宗白華說：「藝術的境界，既使心靈和宇宙淨化，又使心靈和宇宙深化，使人在超脫胸襟裡體味到宇宙的深境。」[36]

宗炳所謂「澄懷觀道」就宗白華而言乃是淨化和深化人的心靈和所處的宇宙，也是莊子所言「心齋坐忘」。「澄懷觀道」是清澈心靈，開顯本體，提升境界的靜心工夫，在清淨靈覺的心靈上騰踔萬象，是意境得以營造的立基點。意境是情景（意象）交融的美感與藝術境界（「境」指外在對象；「界」指人的視

---

[36] 〈中國藝術意境之誕生〉，出處見前揭書，頁21。

域）。宗白華對「意境」作了精確的涵意界說，所謂：

> 藝術家以心靈映射萬象，代山川而立言，他所表現的是主觀的生命情調
> 與客觀的自然景象交融互滲，成就一個鳶飛魚躍、活潑玲瓏、淵然而深
> 的靈境；這靈境就是構成藝術之所以爲藝術的「意境」。**37**

宗白華對「意境」的詮釋是感悟於清代石濤所說：「山川使予代山川而言也。山
川與予神遇而跡化也。」意境是美感的心靈境界，也是藝術境界。宗白華稱爲
「藝境」。然而，不論「意境」或「藝境」，皆有情景交融的共性，也同具詩境
之美。宗白華特別受唐代畫家張璪「外師造化，中得心源」之名言絕句的深層啓
發，從情景交融的視角，對「意境」做了他個人獨特見解的詮釋，他說：

> 在一個藝術表現裡情和景互滲，因而掘發出最深的情，一層比一層更深
> 的情，同時也透入了最深的景，一層比一層更晶瑩的景；景中全是情，
> 情具象而爲景，因而湧現了一個獨特的宇宙，嶄新的意象。爲人類增加
> 了豐富，替世界開闢了新境，眞如惲南田所說「皆靈想之所獨闢，總非
> 人間所有！」這就是我的所謂「意境」。**38**

就宗白華對情景交融視域下的「意境」見解，我們似乎可以說這是當代詮釋莊子
的莊周蝴蝶夢獨具一格的新詮了，雖然宗白華不是針對莊子這一寓言來立說。另
方面而言，從宗白華最深的情與景來理解莊子，莊子在〈大宗師〉和〈逍遙遊〉
中流露出他對天地之大美有著最純最深的情和景。

---

37 同上，頁4。
38 同前，頁7。

五、「遊心」與「遊乎天地之一氣」

　　宗白華美學的立基點和論述脈絡聚焦於，將人與大自然交融無間的心靈生命涵養，視同藝術審美的心境。其抒情美學、自然美學、形上美學之三大特徵皆出於他對生命意義如何通透及生命價值如何圓現，這一根本關懷。他的意境美學是一種敞開心懷，享受精神絕對自由的至美靈境，猶如《莊子·田子方》假託老聃之言：「夫得是，至美至樂也，得至美而遊乎至樂，謂之至人。」莊子的形上美學是「似遺物離人而立於獨（道）也。」、「吾遊心於物之初（道）。」（〈田子方〉）亦即不為物累，不為俗情所牽而在遺世忘俗的精神自由自在中賞遊天地之大美的美學。莊書出現百多次的「遊」字皆指人精神解脫俗累的桎梏後所呈現的優遊自在，〈大宗師〉所云：「彼方且與造物者（道）為友，而遊乎天地之一氣。」〈齊物論〉曰：「有謂無謂而遊乎塵垢之外。」宗白華意境美學構成的要件不外乎情景的交融，有限與無限的渾然一體，以及審美之生活天地的實存性體驗。他曾在《美從何處尋》一文中指出美呈現在「細雨」、「落花聲」、「微風」、「流水音」、「藍空」、「孤星」之間，存在於天地自然間的一切萬物萬象都是一種自然美。他在生活世界中感受於當下即是的美感與他所說的「莊子——他好像整天是在山野裡散步，觀看、凝……」，可說兩人是跨越千古時空的美學知己。

　　《老子》、《莊子》與《易經》視自然宇宙係一包羅萬象之大生機，生生不息且不斷地流衍變化，人與天地萬物存在著有機的聯繫，相互依存。因此，人心靈的生機和大自然萬物的生機相互涵攝為一體，宗白華認為中國尊崇生命的價值，在藝術創作的題材上常取象天地生生之氣象，遊心於自然，深入自然。中國許多創作媒介透過萬物生命多樣性的顯現，其創作靈感來自於俯仰之間的感性生命，以深層的生命體驗為美感的泉源。宗白華在《美學散步》中引《詩緯》：「詩者天地之心」（頁55）及惲南田題唐潔庵的畫說：「諦視斯境，一草一樹，一邱一壑，皆潔庵靈想之所獨闢，總非人間所有。……時俗齷齪，又何能知潔

庵遊心知所在哉！」**39**他也引用了杜甫的名句如：「遊目俯大江」、「俯視但一氣，焉能辨皇州」，且認為「俯」不但聯繫上下遠近，且有籠罩一切的氣度。意境美學、形上美學、抒情美學必得感情豐富、富於天地情、宇宙心，宇宙是詩化了的、節奏化了的、音樂化了的「時空合一體」。宗白華在這方面特別推崇莊子，他說：

> 中國人撫愛萬物，與萬物同其節奏：靜而與陰同德，動而與陽同波（莊子），我們宇宙既是一陰一陽一虛一實的生命節奏，所以它根本上是虛靈的時空合一體，是流蕩者的氣韻生動。哲人詩人畫家對於這世界是「體盡無窮而遊無朕」（莊子語）。「體盡無窮」是已經證入生命的無窮節奏，畫面上表現出一片無盡的律動，如空中的樂奏。「而遊無窮」即是在中國畫的底層的空白裡表達形而上的「道」（無窮境界），莊子曰：「瞻彼闋（空虛）者，虛室生白。」這個虛白……是創化萬物的形而上的道。**40**

「遊」是精神的解放，是一種自由的超脫的心靈活動，全然地抒發了胸中的逸氣。宗白華很欣賞竹林七賢之一的嵇康所寫下的名句「目送歸鴻，手揮五絃，俯仰自得，遊心太玄。」這是開放自由的心靈，歸鴻與撫絃皆是心曠意遠，整個宇宙對師習老莊的嵇康而言是心靈享受逍遙的無涯宇宙。宗白華對這一人與天地萬物渾然一體的美景做了精彩的詮釋，他說「中國詩人畫家確是用『俯仰自得』的精神來欣賞宇宙，而躍入大自然的節奏裡去『遊心太玄』。晉代大詩人陶淵明也有詩云：『俯仰終宇宙，不樂復何如？』」**41**「遊心太玄」是莊子以之至美至樂之境。北宋‧王庭堅評這一詩心詩意為「無一點塵俗氣。」**42**方東美謂：「《莊

---

39 《美學散步》，頁2。

40 〈中國詩畫中所表現的空間意識〉，收入《美學散步》，見頁47。

41 〈中國詩畫中所表現的空間意識〉，《美學散步》，上海：上海人民出版社，1981年，頁81。

42 黃庭堅，〈書嵇叔夜詩與侄榎〉，《山谷題跋》，上海：遠東出版社，1999年，頁279。

子》一書，一『遊』字足以盡之。」[43] 莊子內七篇的玄理與生存智慧係有鑑於政治的險惡，世事之艱難，人生之愁苦，企求一超越塵俗，提升心靈境界，開拓一精神世界。莊子所提出的〈逍遙遊〉，「逍」是做拔俗之韻的心靈工夫，「遙」是超越塵俗的境界，「遊」是人的內在精神享有無待於外的絕對自由，與道冥合，對天地萬物盡情享受一種純美感趣味的體驗。宗白華深得莊子逍遙的精神之遊妙趣，這或許是他特別能領悟嵇康「俯仰自得，遊心太玄」玄賞宇宙玄妙之美的真諦吧！

六、彰顯「道」之真與美

宗白華認為一民族的藝術本當和其文化生命同步向前邁進，更應在當下的真實生活體驗中，表現時代的精神節奏。他說：「一切藝術雖是趨向音樂，止於至美，然而它最深最後的基礎乃是在『真』與『誠』。」[44] 藝術與美感訴諸「真」與「誠」，這一思想當源發於《莊子・漁父》所言：

> 真者，精誠之至也。不精不誠，不能動人。故強哭者雖悲不哀，強怒者雖嚴不威，強親者雖笑不和。真悲無聲而哀，真怒未發而威。真親未笑而和，真在內者，神動於外，是所以貴真也。

「道」透過氣化萬殊之存在物所開顯的一切特徵，都是實存性的真，亦即存有的本真。質言之，莊子的「道」與「德」是存有的真、本性的真，非立基於邏輯與知識論所論述的現象的真、概念的真。莊子厭惡人表裡不一致的虛情假意，矯情虛飾，主張去偽存真，轉俗成真。《莊子・庚桑楚》曰：「性者，生之質也。」

---

[43] 方東美著，孫智燊譯，《中國哲學精神及其發展》，上冊，臺北市：黎明，2005年，頁4。

[44] 〈論中西畫法之淵源與基礎〉，收入《美學散步》，頁140。

人受於天的眞性情或性命之情最眞切、自然，藝術美或自然美以最眞實的性情才具有感動人的滲透力。莊子是以道之本眞來言天地萬物之美。《莊子·知北遊》云：「聖人者，原天地之美而達萬物之理。」莊子以眞爲美的命題，內涵非常豐富，就本體而言，即用顯體的本體之眞是形上美學的論題；就宇宙生化的歷程和內容而言，理解和因循萬物不同的自然本性，是自然美學之課題。就人的個性、才情而言，率眞的性情，精誠之至是人物美學的範圍。

宗白華在其〈中國詩化中所表現的空間意識〉一文中提到東晉陶淵明從自家田園中悠然窺見大自然在季節與時空變化中所呈現的生氣與節奏，而證悟到忘言而有眞意之意境。他分析陶淵明〈飲酒〉詩中的絕句「此中有眞意，欲辨已忘言！」謂中國人的宇宙概念中，「宇」指屋宇，「宙」是由宇中出入往來，時空合一的宇宙安頓了人的生活，他說：

> 時間的節奏（1歲12月24節氣）率領著空間方位（東南西北等）以構成我們的宇宙，所以我們的空間感覺隨著我們的時間感覺而節奏化了！音樂化了！……一個充滿音樂情趣的宇宙（時空合一體）是中國畫家詩人的藝術境界。[45]

二十四節氣的時間節奏與東南西北中的空間方位所構成的生活天地或宇宙，就中國人日用常行的生命世界而言是最具眞實感了。隨著時間的序列在大地上蓄養生息以取得家人日用維生的糧食也是最親切而眞實不過了。萬物生成變化的生命流動，內在其中的本體「道」與體貼天地生物氣象的人之心靈，這三者共構了陶淵明對本性的眞，開顯的眞之「眞意」而超越了語言概念之眞的範疇。

宗白華在其〈論世說新語和晉人的美〉一文中指出魏晉的知識份子多半超脫禮法之虛僞而直接欣賞率眞的人格個性之美。《世說新語》上第六篇〈雅量〉、

第七篇〈識鑑〉、第八篇〈賞譽〉、第九篇〈品藻〉、第十篇〈容止〉都是欣賞人格個性美，他總結說：「中國美學竟是出發於『人物品藻』之哲學。美的概念、範疇、形容詞，發源於人格美的品賞。」[46]魏晉的人物美學理源可見諸《莊子·養生主》的形神論和〈漁父〉篇所言：「眞者，所以受於天地，自然不可易。」、「故聖人法天貴眞，不拘於俗。」在《莊子·天運》也有一則人物品藻的人物美學範例，意指春秋時代越國的西施之美在於天生自然的麗質，而「東施效顰」是矯情造作，雖人爲刻意地模仿西施，卻有違於東施自己的眞實形貌和氣質，其所模仿的西施也是虛擬不眞實的西施。宗白華以眞爲美的存有美學汲取了莊子眞俗之辨的不少思想資源，也從中顯示莊子哲學對中國美學發展的重要性和深遠影響。

七、結論

在中西美學的交流、相互借鏡、吸收和會通中，莫忘經典，特別是應該立基於本民族傳統不朽的經典，其中蘊含深邃的智慧和普世價值。同時，一民族文化的經典積澱著該民族共同的文化根源意識和濃厚的民族文化情感。宗白華回歸中國傳統經典，汲取不朽的智慧重新出發，再創造出來的美學思想，頗富有民族文化生命的活力，對中華兒女具有不可限量的感通力和穿透力。

我們若要發展21世紀中華美學，不但應站在時代高峰，細讀中西美學經典，且應細緻品味體驗我們生活世界中對一切事物實存性的體驗和直覺，由時代精神之需求，重新理解和詮釋經典，吸收其中具啓發性的生命智慧。這是宗白華汲取莊學元素，結合西方古典美學之思想資源，所獲得的美學研究成就，頗值得我們借鏡。

---

[46] 見《美學散步》，頁6。

第三章　馮契（1915-1995）

　　馮契（1915-1995）生於浙江省諸暨市，1935年入讀北京清華大學哲學系，抗戰期間曾參加抗日工作，他在1939年赴西南聯大復學，1941年畢業後至1944年在清華大學研究院師事金岳霖、湯用彤、馮友蘭等名家。1949年後，他歷任華東師大教授、政治教育系主任、哲學系名譽主任。他一生奉獻於中國哲學史和哲學原理論之研究，其豐富之著作被結集成十卷的《馮契文集》[1]。他的著作中有兩類較具原創性的代表作：（一）是以《智慧說三篇》：即以《認識世界和認識自己》、《邏輯思維的辯證法》、《人的自由和眞善美》爲核心的哲學理論性著作；（二）是兩本中國哲學史著作：《中國古代哲學的邏輯發展》、《中國近代哲學的革命進程》，據他的門生陳衛平先生說，這兩大類成果貫徹了馮契所說的：「哲學是哲學史的總結，哲學史是哲學的展開，因而是相互聯貫的整體性思想。」[2]眾所周知，希臘哲學將哲學本質界說爲「愛智之學」，馮契針對這一精義，深信心靈自由是愛智者進行哲學創發的大前題。他在1991年10月已出版其兩種中國哲學史，正致力於其具哲學體系性著作《智慧說三篇》時曾說：「心靈自由是一切創作的泉源，沒有心靈自由便沒有藝術，沒有哲學、沒有眞正的德性。」[3]他撰《智慧說三篇》的方法學立場在其〈導論〉中明確的自述：「我給自己規定了一個哲學任務，就是要根據實踐唯物主義辯證法來闡明由無知到知，由知識到智慧的辯證運動。」[4]

---

[1]　該文集由上海華東師大出版社於1996-1998年陸續出版，以下簡稱《文集》。

[2]　見陳衛平，〈心靈自由：馮契哲學創作的源泉〉，刊於華東師大學報（哲學社會科學版），2015年第5期，頁9。

[3]　馮契，《哲學演講錄‧哲學通信》，《文集》卷10，頁365。

[4]　馮契，《智慧說三篇導論》，《文集》卷1，頁16。

第一節　哲學核心問題及其哲學心態

馮契生逢中國近代遭遇到空前的民族災難和劇烈的社會變革，他做爲一位有識且有志的青年，不禁滿懷著憂患意識，由自由思辨的心靈回應了時代問題對他的深切呼喚，「中國向何處去？」成爲他關注的基源哲學問題。他在抗戰期間在昆明西南聯大讀到毛澤東《新民主主義》深受感動和啓發。他認爲這本書對百年來始終令國人困惑的上述問題作出歷史的總結，他說：

> 毛澤東的著作回答了現實中面臨的迫切問題，所以他的著作中所包含的哲學即對能動的革命的反映論和辯證邏輯的闡發使我覺得很親切，也使我感到眞正要搞哲學，就應該沿著辯證唯物論的路子前進。[5]

毛澤東在《新民主主義論》開篇所提出的「中國向何處去」，不僅探討中國政治、經濟往何處去？也關注中國文化、民族精神往何處去。此外，他由其師金岳霖處針對上述問題，得知探索該問題應該解決20世紀以來，存在中、西哲學界上的科學主義和人文主義、實證主義和非理性主義的對立。若能如此，這一問題的探索，具更豐富義者在「使中國哲學既發揚中國的民族特色，又能夠會通中西，使它成爲世界哲學的有機組成部分。」[6]馮契自覺到自己應促使中國在哲學上，精神上站立起來，其智慧說旨在解決金岳霖所提出的問題，自決走自己的哲學之路，發揚其時代意義。

但是他堅持的自由心靈思考在1950年之後，陷入困厄之境，遭受難以承受

---

[5]　馮契，《認識世界和認識自己》，《文集》卷1，頁6。
[6]　同上，頁12。

的曲折磨難。蓋彼時代，接連不斷的「左」的批判鬥爭，把馬克思、毛澤東的思想以封閉的意識型態之教條強加在大陸民眾身上，背反了民主教育之精神。他切身感受到學術自由窒息，文革時達到極點。然而，他仍堅信哲學家若不能一貫地保持獨立人格及心靈自由的思考，則有失哲學家的真精神，他對《荀子‧解蔽》：「故口可劫而使墨（默）云，形可劫而使詘（屈）申，心而不可劫而使其易意，是之則受，非之則辭。」深受啟示，堅信心靈的自主性不能由外力強迫改變，意志能作自由抉擇，這是人性的尊嚴所在，這才是「愛智者」的本色。[7]他認為哲學創作的人格特徵，在於保持心靈自由而培育出來的自由人格。他雖然選擇堅守馬克思主義，卻不予以教條化的照單奉行，他有反教條化的性格元素。由於他標榜獨立自由的思考心態，因此，他在這一旨趣上偏愛莊子，他說：「莊子是中國哲學史上第一個起來反對獨斷論和專制主義的哲學家。」[8]他很欣賞莊子開放的心靈，他認為哲學的思考在心態上應該「要有寬容精神，兼容並蓄的胸懷」[9]。同時，他認為哲學創作的源泉在主觀上要具備心靈自由，客觀上要能出入於以往的哲學傳統之資源。他在扼要闡述其《智慧說三篇》的內容和觀點時指出：「這些就是我在系統地研究了中國哲學史，並同西方哲學作了粗略比較後形成的看法。」[10]哲學創作得透過汲取前人的思想資源，馮契重視中、西及馬克思的哲學傳統，他的哲學學習態度有一明確的立場，所謂：

> 學哲學就要能入而又能出。大哲學家都是第一流的天才，有其嚴密的理論體系，所以「能入」難，「能出」更難。為要能出，就需要加以分析批判，多做些中西古今的比較。立足點高，眼界開闊，才能做到善出。能入而又善出，哲學史研究便有助於哲學問題的探索，以至於達到用哲

---

[7] 馮契，《智慧說三篇》，〈導論〉，《文集》卷1，頁18-19。

[8] 馮契，《哲學演講錄‧哲學通信》，《文集》卷10，頁329。他在《中國古代學的邏輯發展》（上冊），借康德謂休姆將人們從「獨斷的迷夢」中喚醒的評語來論莊子，見《文集》卷4，頁230。對他而言，「獨斷論」與「教條主義」是同義詞。

[9] 馮契，《智慧說三篇》，〈導論〉，《文集》卷1，頁17。

[10] 《文集》卷1，頁16。

學家的眼光研究哲學史，借鑑哲學史來進行哲學創作的較高境界。**11**

綜觀馮契的學思歷程及其著作，我們可得知，他對馬克思哲學及中國哲學史有長期的研究和獲得可觀的成果。然而，他對當代新儒家的理解可能因生活世界的不同和對唐君毅、牟宗三、熊十力等人的重要研究性著作無暇深入研讀，仍缺乏文本內在脈絡的深刻性、相應性的覺解。同時，他對儒家哲學的源流發展史似乎缺乏哲學專家與專題的專業性探索，令人總有前後不一致的理解和評價。他對西方希臘哲學，中世紀哲學及近當代西歐的哲學之理解不夠全面和深入。他在《智慧說三篇》第一篇《認識世界和認識自己》的論述中，對「認識自己」未能契入康德哲學的《純粹理性批判》，他對英美哲學以知識心靈爲對象，進行對認知主體自身的認識能力，意識的結構和活動，或實驗心理學對心理現象和原理的研究成果的了解有很多局限性。儘管如此，他在《人的自由和眞善美》一書中對中國哲學與文化中的眞、善、美思想有許多值得我們重視的洞見。我們可以分別針對該書第六章〈眞與人生理想〉、第七章〈善與道德理想〉和第八章〈美與審美思想〉來概括其對中國文化的論述且予以綜合評論。

第二節　中國哲學史中的眞與人生理想

馮契認爲西方傳統哲學中的邏輯、知識論的視域和論題因其嚴格義而顯得太窄。他所擬議的「眞」與人的本眞之性和人生理想爲關注對象，這一視域與中

---

11 馮契，《認識世界和認識自己》，《文集》卷1，頁418。

國傳統哲學，把「眞」視爲價值範疇，期能與合乎人性發展的眞理性認識關聯起來。因此，他採取廣義的知識論，聚焦於中國哲學中人性與眞理問題，以及政治、社會、經濟社群的公領域中功利與眞理的關係問題。換言之，後者是「利」與「理」的關係，客觀眞理反映客觀規律，有其獨立性不因人的主觀意志而改變，但是實然性的眞或事實眞理涉及如何運用它來爲人類謀福利時，就有了外王功業的價值。如此，眞理認識就轉變成具有工具價值，爲人類趨利避害的生活目的和理想予以指導的作用，前者在人性與眞理的關係中，涉及人性與理的關係，他說：

> 在長期的社會實踐中，並由於受文化傳統的影響，人們「習以成性」，從而使不同民族形成不同的氣質、心理，這也就是我們常常講的國民性和民族心理，它是一種深層次的、具有自發性的力量，往往制約著人們對眞的追求，規定著人們從事認識活動的方向。[12]

馮契對人性與理的關係之論述，其立基點和論述的脈絡，顯然地，是站在他所堅信的馬克斯實踐唯物主義辯證法的理論基礎上認爲人性是人的社會關係之總和，這種由社會意識積澱下，從階級矛盾、階級鬥爭的群己關係，亦即由人之社會性的存有來理解人的社會屬性或社會人格。這一視域和荀子積思慮，習僞故，以客觀經驗界或歷史文化所形成的禮義師法來形塑人的社會人格，所謂「化性起僞」的群己互動關係中所形成的社會人格之本質頗有相似性。馮契說：「從能動的革命的反映論來看，總是社會存在決定社會意識，社會意識又反作用於社會存在，這樣逐步經歷由自在而自爲、由自發而自覺的過程。如果社會意識如實地反映社會存在的本質，那麼這就是眞理性認識，這樣的認識包括著對人的本質力量的認識，體現了人的本質力量的發展。」[13]他的觀點是採取社會倫理學或公共哲學的

---

[12] 馮契，《人的自由和眞善美》，《文集》卷3，頁172。
[13] 同前，頁173。

立場，精確地說是屬於重視實然的行爲現象，找出其客觀規律的社會科學立場而非人文學科哲學人類學或孔孟乃至宋明理學言人之所以爲人的先驗本性或心性存有學的進路。

由於孔孟從人之所以爲人先驗的道德意識言仁義內在，作爲道德本性的四端之性由先驗的道德本心，亦即四端之心所呈現，這是由心善言性善之道德的存有學。心性實踐的道德形上學之進路顯然與馮契的基調是不相契應的。透過我們對孔孟德行倫理學和荀子外鑠性的社會規範倫理學之對比。我們得以理解馮契對眞與人生理想在先秦哲學之學解義和評價，他說：

> 先秦諸子提出的社會理想中，最切合實際的是荀子在〈王制〉、「王霸」等篇中提出的社會理想：「隆禮尊賢而王，重法愛民而霸。」這種「霸王雜用，禮法兼施」的社會藍圖最合乎當時歷史的演變規律和發展趨勢，比之孔孟、老莊的理想較爲合理。這是因爲在一定的意義上，荀子的社會理想是先秦「禮法之爭」的總結。**14**

先秦諸子是根據當時的社會歷史條件及人性的內在要求和本質提出不同的社會理想。孔子嚮往堯舜三代之治，孟子提出王道、仁政之理想。老子憧憬小國寡民的社會。莊子講「至德之世」的理想，回到原始自然的狀態，這是違背歷史發展的客觀趨勢的。他認爲漢朝是封建專制的政體，兼採「德教」與「刑罰」的治法，表面行儒術，實際上卻採申韓的嚴刑峻法，標榜虛僞的名教，且淪爲殺人的藉口，人民處在弱勢而無力反抗，便轉向佛、道企求煩惱的解脫和精神上的慰藉。荀子眞誠的社會理想，異化成王夫之所說的「其上申韓，其下佛老」的局面。馮契認爲這一史實說明了在一定條件下，縱使哲學家提出了較合理的理想，歷史卻走上不合理的反面，古代的情況大致如此。對這一現象，在王夫之的理勢論中已

---

14 同上，頁179。

有以勢定理的見解，可惜馮契未予以重視。

　　馮契認爲中國近代哲學的革命進程，可理解成中國人民的革命世界觀由自然到自覺，由自在到主觀能動的自爲進程，突出地表在所提的社會理想這一構思上。他說：「整個中國近代哲學的革命就是圍繞著『通過群眾的革命鬥爭來實現理想社會』這個觀念而展開的。」[15]他認爲這一觀念潛存於太平天國，可是自太平天國以來，農業社會主義和皇權主義的糟粕，一直無法清除，以至演變成空想的人民公社和巨大災難的文化大革命。他指出理想與現實交互作用，其發展過程是曲折而難盡人意的，他悲觀的指出「王霸」、「德力」之辨在中國歷史上是未曾解決的難題，荀子主張二者應統一。但是封建統治者採兩手並用的策略，用德教來掩蓋其暴政的本質。他的這一控訴，我們可由鮮明的魏晉南北朝和明清專制集權史實得到佐證。他認爲毛澤東在《論人民民主專政》中的某些提法本應隨歷史的發展而有所改進，可是仍存在許多待解的問題，例如：農民教育的問題、其經濟分析缺乏嚴密性……等。他回顧過去「跑步進入共產主義」、「跑步進入社會主義」的提法是不對的，後來所提的「社會主義初級階段」說，理論也有所不足，究竟具體目標和步驟如何，仍未透徹研究妥當。他最後指出「不斷革命論」與「革命發展階段論」相結合的觀念是正確的，但是每個發展階段都有由必然至自由，由自在至自爲的具體過程，應有嚴密的論證。他在「眞與人生理想」的論題上歸結出：「正如毛澤東所講的，我們的結論應該是『主觀與客觀，理論和實踐，知和行的具體的歷史的統一。』」[16]馮契堅持眞理與理想不應落入玄虛而應有其具體性、明確性的解說。

---

[15] 同上，頁181。

[16] 同上，頁185。

第三節　善與道德理想

這一論述的問題意識源發於馮契認為人生理想，不論是個人理想或社會理想，都要通過人們的社會生活和行為來實踐。若要研究行為主體在群己關係中的自由，必得處理善與道德的問題。道德理想之實踐應透過個人道德品質的培養和建構合理之社會倫理關係的規範。社會倫理規範與個人品德雖有可整合性，也有其區別性。「品德」一詞主要指個人的道德品質，個人的道德人品。馮契說：「我們講仁人義士，仁人有仁愛的品德，義士有正義的品德。有這種品德，並不等於說，他們在社會上處在愛和信任的關係、公正和正義的關係中。」[17]例如，儒家提倡智仁勇的三達德，對有道德的人而言是重要的道德品質。仁義是儒家的核心德目，道德行為必得出於理性的認識和自覺，也必須出於自由意志而有見義勇為的道德勇氣。因此，馮契斷定與仁義相聯的智勇是屬於個人品德的範疇，卻非社會倫理關係的範疇。一個人在人生處境面臨關鍵時刻時，觀其是否能堅持道德原則，是否有操守就可斷定這個人的品德如何。馮契認為理想人格在於真、善、美的統一，因此，對真理和美感的愛也是個人品德。我們對品德的論究首先在「善」的概念理解，其進路應放在處理善和利，善和真的密切關係中。

若就善和利的關係論究道德意義的善，馮契透過孟子：「可欲之謂善」這一命題，謂「善」從廣義而言就是「好」。換言之，凡可令人快樂、予人幸福感的對象都可稱為「善」或「好」。若就狹義而言，道德意義上的善，乃指人倫關係的好的行為。其本質特徵必涉及「利」與「義」的關係。他讚許墨家對義利關係的界說，所謂「義，利也。」（《墨經‧經上》）道德內容的利益指社會集體的感性上、物質上、生活上的民生物質之滿足，其中還涉及社會正義的分配法則，

---

[17] 同上，頁237。

所謂：「志以天下爲芬（職份），而能能利之。」（《經說上》）意指以利天下
爲己的職份，且善盡自己的能力來做到。顯然，這是具道德義務性的公共利益而
非私利。墨家是從公共領域的公共善或社會善來說以功利爲義，稱爲道德。馮契
謂儒家舉出另一界說所謂：「『義者，宜也。』義，即應當做的（「宜也」）。
就是說，應當做的行爲就是道德。講『義，利也。』是功利論的觀點，講『義
者，宜也。』是道義論的觀點，這是兩種不同的道德學說。」[18]馮契這一區分是
有意義的，儒家是站在義利之辨來區分的，是普通倫理學的立場，墨家是社會倫
理學，以社會爲本位的全民福祉做爲視域。這兩者雖有區分，卻可並行不違背
的，且足爲互補的。馮契也認爲「義」和「利」是可以且應該統一的。

　　馮契站在馬克思社會哲學的觀點上，認同人民是在勞動生產的基礎上結成社
會關係，他肯定荀子「明分使群」的社會價值說，荀子謂人要依據社會組織爲機
制，才能共同利用和控制自然，創造社會財富。然而，在財富分配上，人與人之
間會有欲望和利益的衝突，因此，需要制定社會規範，諸如：法律、道德規矩等
來處理矛盾，確立較爲合理的社會秩序，使群己的利益調和而獲得合理的滿足。
馮契從社會心理層面提出《墨子·經上》所言：「利，所得而喜也；害，所得也
惡也。」因此，趨利避害是大眾共同心理，自然人我之間、群己之間化解矛盾，
就有禮義、法度的規範。荀子把禮義和法度都看作度量分界的標準。

　　值得注意的是馮契提出了法與道德的差異性，他說：「（法）用帶有強制性
的法使人不敢爲惡。道德行爲的特點，是要把合理的人際關係建立在『愛』的基
礎上，建立在自願自覺的基礎上。」[19]例如：法家針對人趨利避害的心理原則，
倚重法，採取暴力手段來制約人違法的行爲。相較於法家不講究『愛』，儒家孔
子以「愛」釋「仁」且兼重合理性，《論語·憲問》曰：「愛之，能勿勞乎？忠
焉，能勿誨乎？」孟子彰顯仁義爲核心道德價值，〈告子上篇〉說：「仁，人心
也；義，人路也。」，〈盡心上篇〉：「居仁由義，大人之事備矣。」相較於儒

家以仁愛正義推己及人，兼善天下，墨家倡兼愛之德，愛人不同於愛一匹馬，愛人視人爲目的而思成全他，愛馬視之爲工具而思利用牠。馮契認爲「愛」可以形成道德凝聚力，這種看法很有見地，愛的力量不僅如此，深厚的愛是能眞心誠意地爲他人犧牲、奉獻而不求回報，使人與人之間充滿溫馨祥和的情感，體現人生命的深刻意義和崇高的價值。

另方面，馮契也論述了善與眞的關係，側重於與義和理的關係，具體而言就是正當的社會道德規範。他認爲義和理可兼容卻也有區別，所謂：「道德準則是當然之則，客觀規律是必然之理。」[20]對他而言應然的道德規範在一定的歷史條件下所形成，有實然的客觀規律之根據。實然的客觀規律是必然之理，不依人主觀意志而轉移。至於應然的道德規範、準則涉及道德行爲者的動機、意志和願望。社會道德規範對人雖有外在的賞與罰之利害，然而，人應對之應有自覺而能自願的遵守。饒富意義者，馮契認爲道德規範的合理性，不但有社會、歷史規律之客觀依據，且應合乎人性發展的眞實要求。孟子言：「可欲之謂善」指人內在鮮豔的善之意向性，或內在道德律，然而，馮契傾向於外在的社會道德規範，他說：

> 人的本質在其現實性上是社會關係的總和，人是群體成員，是社會歷史的產物，這是唯物史觀的觀點。強調這一點是必要的，但還不夠。每個人是一個主體，有其個性，都有其自身的目的。在價值領域，如果忽視人的個性、價值都是抽象的。所以講到善，講到美，講到智慧這樣的領域，每個人都是具有內在價值的主體。[21]

在享有人性尊嚴的眞正自由王國裡，人人皆有個性，都應受到尊重。道德規範的合理性的因素中，也應合乎人性發展的要求，其本質在尊重人的個性，視每

---

[20] 同上，頁210。
[21] 同上，頁211。

個人為目的。因此，馮契強調道德規範應兼顧這兩方面，論及善、美、智慧，每個人都是具有內在善與真的價值主體，另方面人性有七情六欲，理與情欲有需要調節的矛盾。馮契頗贊同清代乾嘉學派的代表人物戴震所言：「以情絜情」亦即使人情欲生命的需求合乎合理性的消費。其實踐方法在戴震《原善》下所云：「去私，莫如強恕；解蔽，莫如學。」歷史上禮教的虛偽性就在於它根本違背了人之七情六欲的真實需求。名教的虛偽性與七情六欲的真實需求性造成了歷史上種種的悲劇，例如：「越名教任自然」、「吃人的禮教」、「以理殺人」之言不是沒有客觀事實的依據。由中國人性論史觀之，馮契認為缺乏對實然人性的科學研究，對社會歷史的客觀規律的研究也不足，他認為唯物史觀和現代社會學、心理學的研究可補充這一領域的不足。馮契強調善以真為前提，道德規範要有客觀合理性，是有感而發的，對當代中國倫理學的研究頗有啟發性。但是馮契也有其誤解處，他說：「理學家有一個錯誤，即是把當然之則，形而上學化為天命，把當然之則等同於自然的必要性。照他們的說法，人只要通過道德修養、道德實踐，就可以和『天命』合一。這就是正統的儒家的『天人合一』論，這是形而上學。」[22]事實上，理學家所關注的是道德主體的內聖成德之聖賢境界，對客觀世界的政治、社會、經濟倫理著墨不夠。就善與真而言，理學家也不疏忽人的氣性和實然的七情六欲。我們以朱熹為例，他所提的「道統」內涵，明確地說：「人心惟危，道心惟微，惟精惟一，允執厥中。」「人心」指剛氣生命的知覺和欲望為實然性，其需求有「自然的必然性」，「道心」提內具於心的天命四端之性，是當然之則，其天人合一的真諦在其〈中和新說〉，衍生出居敬窮理，敬存動察，敬貫動靜，以天理調和人欲，以下學上達來實現人天命之德性，天人合一，是在「允執厥中」的理欲調和中所實現的天人合德之最高道德境界。

當然，我們也同意馮契所論述的中國近代的倫理變革，他指出三綱倫理，政治與倫理一致化且以天命來論證背書，其間上對下有宰制性，下對上有依賴性。

---

[22] 同上，頁242-243。

三綱倫理片面地強調在下者對上位者的依附性而喪失了個人的獨立性。近代進步思想家針對這種依賴關係深表不滿，乃強調人的獨立性，馮契批判地指出：「中國人過去的倫理觀念，一方面缺乏人格的獨立性，忽視自願原則；另方面，講人的道德義務並不是個人對國家、對集體負責，而是看成應服從有恩於自己的個人，服從在上者。」[23]他呼應嚴復、梁啓超、章太炎、魯迅、陳獨秀對倫理覺悟和道德改革的訴求，且補充地說道德問題的真正解決，需要改革政治制度，改變經濟基礎，這一見解不無道理。

第四節　美與審美理想

　　人的自由不但體現在對真與善的自由，馮契還論述了審美活動的自由，他對「美感」的理解兼攝德哲康德與俄國學者普列漢諾夫。康德強調美感是自由的快感，意旨審美經驗超越利害關係的算計，是無所為而為的純粹之鑑賞判斷。受康德影響的美學家把美感導向形式主義，提出為藝術而藝術的理據。俄國普列漢諾夫的《藝術論》認為藝術起源於勞動，最初的藝術形象是由原始人的舞蹈、音樂和巫術結合在一起而構成的，他所說的是藝術之起源有功利性質，康德講的是純粹的審美判斷之本質。兩者不但不衝突，且可相互補充。馮契舉莊子〈養生主〉篇庖丁解牛的例子，謂解牛的目的有供應牛肉的功利性，但是在解牛自身的活動中庖丁卻因其固然、合乎天理，其動作有如舞蹈般地有節奏，庖丁出神入化的沉醉其間，將其本質力量在對象化、形象化中直觀到自己的本質力量，享受審美活

---

[23] 同上，頁235。

動的自由以及完成作品當下的躊躇滿志之快感。因此，馮契說：

> 藝術不僅就它的起源來說是具有功利性質的，而且藝術及審美經驗對於
> 培養人的性格和精神素質有著重要作用，爲人生而藝術的口號是正確
> 的。藝術有它的內在價值，美感經驗對人的自由發展有重要意義。[24]

他也透過人的心靈自由來論美感，指出人欣賞一朵花的美感是自由的，但是
閱讀一本偉大的文學作品，啓發出人的豐富智慧和富有崇高道德意義的美感也是
在心靈自由狀態中進行的。因此，馮契推導出：「從總體上看，美是以眞和善爲
前提，美和眞與善之間有著相互促進作用。」[25]他進一步分析，人透過生產勞動
滿足了物質生活需求，在這基礎上人可以開拓理想的價值領域。其主要內容有三
方面：（一）人發展了自由的智慧，獲得眞知識來發展自己，改變世界。（二）
發展了自由的德行，自覺且自願地遵守道德規範。（三）發展自由的美感，在人
化的自然中直觀人能創作的本質力量，在主客交融的境界中享受自由的愉悅。因
此，眞、善、美三種心靈自由狀態下的價值，雖有不同的本質，卻渾化於將理
想化爲現實的精神自由活動中。他舉《孟子・盡心下》：「可欲之謂善，有諸
己之謂信，充實之謂美。」爲範例來解說。他詮釋人性的善良出於本性而充實就
是美。換言之，人依循其內在的四端之心、性，在居仁由義的歷程中，體驗到
仁義出於人的本性，於是自發性地去實踐仁義，所謂：「樂則生矣，生則惡可已
也。」人的道德行爲之湧現宛如草木在春天的生長，流水的自然而然情態，人在
「惡可己」亦即不容自己的自然狀態中不自覺地手舞足蹈、音樂、詩歌和舞蹈於
焉誕生。孟子是可以這樣來表述藝術的產生的。儒家常借用山、水、玉、石等自
然物來類比喻示人的美德，這是美以善爲前提的一種進路。

至於道家的美感人生，老莊歸宗自然美，馮契說：「仁義禮樂摧殘人性，只

---

[24] 同上，頁248。
[25] 同上，頁249。

有復歸自然，才能眞正獲得自由，這就是莊子講的逍遙。」[26]值得商榷的是，馮契未更深入的分析摧殘人性的仁義禮樂究竟是怎麼樣的性質？他是造立仁義禮樂之外鑠性形式規範呢？還是文質彬彬，稱情立文，情與理相表裡的由仁義行之內在道德本心本性本情？顯然，老莊否定的是文勝於質，情不及禮的，孔子也認爲疲弊化的周代禮樂文制，缺乏內在道德感和有根源性的生命力，孔子所謂：「人而不仁，如禮何？如樂何？」莊子厭惡人虛情矯飾，有形式無內在活潑生命力的仁義禮樂，爲匡正時弊而崇尙天眞質樸的自然本性，透過這一背景，我們才能同意馮契所言莊子把天道說成天籟、至樂，《莊子・天運》所謂黃帝在洞庭之野演奏的〈咸池〉之樂是最美的音樂。〈齊物論〉說：「大塊噫氣，其名爲風」風聲便是美妙的自然音樂。莊子據此推擴至整個大自然的運動變化就是最和諧的音樂，亦即〈知北遊〉所云：「天地有大美而不言」。事實上，馮契對莊子的自然美學有內在相應的領悟，他說莊子書中有反對人爲藝術美的論述，他舉《莊子・胠篋》：「滅文章，散五彩」、「擢亂六律，鑠絕竽瑟」的提法，意指人造美不如自然美的生動活潑而有趣。馮契認爲《莊子・知北遊》：「聖人者，原天地之美而達萬物之理」及〈達生〉曰：「以天合天」可知莊子以人與自然交融渾化合一爲美。因此，馮契認爲莊子本身就是詩人，他的哲學就是詩，自然就是美。他舉莊子書中庖丁解牛、梓慶削鐻的寓言，他們的審美創作活動以完全合乎天性爲歸宗。馮契總結地指出：「技藝達到神話的地步，這就是技進於道，必然進於自由，這樣的自由就是美感的自由。」[27]他還對比先秦儒道的美學特質說：「如果說孔孟講美是善的充實，是人格美，那麼在老莊那兒，美就是與自然、與眞實合一，美首先是自然美。」[28]

　　令人賞識的是馮契認爲在先秦哲學史上，荀子對儒道的美學做了融合性的總結，初步達到了眞、善、美的統一思想。他針對《荀子・樂論》曰：「君子以

---

[26] 同上，頁252。

[27] 同上，頁252。

[28] 同上，頁252-525。

鐘鼓道志，以琴瑟樂心。動以干戚，飾以羽旄，從以簫管。故其清明象天，其廣大象地，其俯仰周旋有似於四時」、「舞意天道兼」的舞蹈美學精髓做了深刻詮釋。他剖析〈樂論〉之涵意，謂人透過舞蹈的節奏，肢體的俯仰、屈伸、進退、遲速與人筋骨的力量和鐘鼓聲在節奏上對應符合一致化。其間演奏的器樂表現出人熱烈的情感，再附加干戚的舞具，羽旄的裝飾象徵天的清明美、地的廣大美，且「俯仰周旋」的舞蹈也完整地表達了一年四季之運行節奏。荀子也斷言「美善相樂」意指禮樂的人文精神美感可淨化人的情感，推行於社會大眾可陶冶人們的性情，培育德性，使人格不僅是善的且是美的。《荀子‧勸學》指出視為理想人格的「成人」就在於「不全不粹不足以為美」，所謂「全」指認識的全面性，「粹」指品德的純粹性，就具備了真和善，再配合禮樂的美化生活而成就了美。荀子書中的「美善相樂」和「舞意天道兼」對馮契而言就是真善美統一的心靈自由所體現之人生理想境界。[29]

此外，在馮契的中國美學論述中還有見解獨到的審美理想及其表現說，在審美理想中，藝術作品應多樣化地體現多采多姿的生動形象。例如，莊子書中描述了許多形象醜陋的人，以形殘襯付出人活潑生動的精神美和性格美。馮契主張在審美理想上應注意共性和個性的統一，營造意境、典型性格的藝術形象。他舉葉燮《原詩》的美學原理，一首美的詩由理、事、情三者組成。詩是有情有景，且情景交融以表現審美理想。其中，「事」和「景」稱為造型因素，「情」為表情因素，不論畫或雕像皆由造型因素和表情因素結合起來表現藝術的審美理想。藝術理想若要實現出具體形象，必得透過物質媒介為美感的載體。在真、善、美的一體融合之審美理想下，藝術創作在選擇形象、抒寫感情上，同時作了道德評價。例如：對人物正面的刻畫，蘊涵道德的肯定，對反面人物之刻畫則蘊涵道德上的否定。

在審美理想的藝術想像上，馮契強調每一部分都需要形象直覺和感情的灌

---

[29] 同上，頁253-254。

注，亦即造型因素和表情因素的美妙結合。他舉劉勰《文心雕龍・神思》所云：「神與物游」來詮解形象思維中對「情」與「景（形象）」的處理，謂：「藝術想像既要有形象，又要超脫形象，既要有感情又要超脫感情，要能入能出，善入善出。這樣，情景結合才能體現理想。」[30]他在美學命題上強調《文心雕龍・神思》所言：「澡雪精神」具體言之，就如劉勰所說：「登山則情滿於山，觀海則意溢於海。」（〈神思〉）他認為藝術與美感應具有民族特色，但是也必須借鏡外國有價值的理論和藝術創作來反映時代，提升中國美學的進展。最後，馮契認為中國近代在美學理論上是有成就的，他列舉了王國維、朱光潛、宗白華等人，汲取西方美學理論。他還特別提了魯迅研究小說史發展了典型性格學說，在王國維的意境美學和嚴羽、王漁洋「羚羊挂角」的主流傳統外，還補充了「金剛怒目」式的傳統。他以開放的心胸，開拓的視域強調中與西、古與今有價值的哲學資源皆應有所出入，且認為哲學界做得還很不夠，這是他留給我們的最大期許和鼓勵。平實而言，馮契的哲學見解對我們有多方面的啟引，值得我們參考和接續努力。

---

[30] 同上，頁261。

第四章　張岱年（1909-2004）

第一節 張岱年先秦儒學的人觀

一、學思歷程與著作

　　張岱年（1909-2004）是中國大陸20世紀後半葉對哲學界影響深遠的哲學學者和教育家。張岱年字季同，別號宇同，原籍河北省獻縣。1928年入北平師範大學教育系，1933年畢業後受聘至北平清華大學哲學系任助教。他在1936年寫成他的名著《中國哲學大綱》，時年28歲。抗戰時期，張先生大部分時間在北平蟄居讀書。1943年任北平私立中國大學哲學教育系講師，次年改任副教授。1946年返回清華大學哲學系任副教授，1951年升任教授，1952年任北京大學哲學系教授。1957年，張岱年基於儒家「以德抗位」的理念，對哲學系和教研室的若干作風提出一些具建設性的批評，結果受政治迫害而被停掉教學工作。1962年恢復教學工作，且為其於1957年誤判成「右派」予以平反。1978年起，他在北京大學任中國哲學教研室主任，在教學上起了主導作用。1981年，他被教育部批准為首批博士生導師，此後，培育了不少博士研究生。1979年，大陸成立中國哲學史學會，他被榮推為會長，且曾連任三屆，後任名譽會長。此外，他還兼任大陸的中華孔子學會會長、名譽會長，清華大學思想文化研究所所長等職。

　　他在1936年完成的成名作《中國哲學大綱》，係將古代中國哲學作為整體，按不同性質的哲學問題，分門別類地予以論述。該書的論述架構在採取中國哲學固有的概念範疇，如：氣、天、理、道、神、本根等作出涵義分析，推衍出獨特架構，展現出固有體系。這本書點出了中國哲學的基本問題及理論特點，在中國哲學研究中影響深廣，具有十分重要的成就和地位。他在該書中顯示了他對中國哲學的通性有著融會貫通的領悟。他認為中國哲學的整體結構係由本體論、認識論與道德論等三大論題所組織而成的。其中，中國哲學在本體論上的基本理

論特色是「體用統一」，在宇宙論上則是「天人合一」。他又指出中國古代哲學方法論的基本思想是「眞善同一」，在人生理想與實際生活關係上最重視「知行一致」。然而，他也深受其時代的學術風潮影響，他認爲從總體上而言，中國哲學的發展有一個長久的唯物主義傳統和辯證思維傳統。值得我們注意的是，他宣稱中國哲學的表述形式是哲學與經學的結合，中國哲人是透過對經學的意義解說來表述自己的哲學見解。換言之，中國哲學的研究發展歷程，係通過對經學文本的理解、註解和詮釋爲途徑的。

　　張岱年的學風素以嚴謹著稱，對研究中國哲學相關的史料和文獻有非常精熟的了解。他治學的哲學性表現在他很重視對文本核心概念叢的邏輯分析。他被認爲是「好學深思，心知其意」[1]的治哲學方法，深入中國哲學的內涵解析。抗戰時期，他蟄居於淪陷區北平，閉戶隱居，深居簡出，致力於讀書和寫札記。他說：「七七事變後，余蟄伏故都，不與事接。日惟取中西古今哲學典籍讀之，專務深沉之思，擬窮天人之故，有得輒札記之，三四年間居然成帙，遂於民國31年春起整理成篇。」[2]他擬將歷年學思成果撰成《天人新論》專著。他原來的計畫分成四部分：第一部分是方法論；第二部分是知論；第三部分是天論；第四部分是人論。他在實際撰寫時，方法論寫得較簡，改題爲〈哲學思維論〉，完稿於1942年。知論只完成「知覺與外界」遂改題爲〈知實論〉，寫成於1942年。天論部分也只完成事理理論而定名爲〈事理論〉，時間是1943年。人論則只寫了簡單的提綱，遂改題目爲〈品德論〉，時間爲1944年。他自述其所以然的原因說：「迨至民國33年，百物昂騰，生活日窘，遂不能從容寫作，而僅能以簡綱之體抒其積略。」[3]現實生活的窮困，逼得他不能再從容寫書，只能從簡。他甚至沉痛的說：「厥後生活日益窘迫，運思維艱，竟爾輟筆。」[4]他所以規劃四論的寫作有

---

[1]　陳來主編，《中國哲學的詮釋與發展：張岱年先生90壽慶紀念論文集》，北京：大學出版社，1999年，文後附記。

[2]　《張岱年全集》，第3卷，河北：人民出版社，1996年，頁589。

[3]　同上註，第3卷，頁202。

[4]　同上註，第3卷，頁215。

他自己的見解，他在〈哲學思維論〉陳述了他對哲學本質的觀點與關於演繹法、歸納法與辯證法三者關係的理解；〈知實論〉企圖論證外在世界的實在；〈事理論〉探索事物與共相之間的關係，較細緻地論證「理在事中」的哲學涵義；〈品德論〉建立了以剛健而和諧爲主旨的人生理想。[5]張岱年這本「四論」的書稿，撰稿於抗戰時期，抗戰勝利後回到清華，想補寫原計畫《天人新論》未完成的部分，但因課務繁忙而作罷。他在1948年顧念到恐久而遺忘平日所思，於是將個人對哲學諸問題的見解，做一概括性的簡述，稱之爲《天人簡論》，再加上「四論」，予以合稱爲「天人五論」。直到1988年，張岱年連同歷年的思想札記，以《眞與善的探索》爲題，由山東齊魯書社出版，距寫成的1948年已有40年之久，張岱年卻幽默地說：「與王船山著作一百多年以後才能刊布比，還算幸運的。」[6]

二、論哲學的本質及先秦儒家的天人之際

張岱年在〈天人簡論〉中，對哲學的本質作了簡明的界說：「哲學爲天人之學」。至於哲學研究「天」、「人」的什麼原理，他解釋說：「哲學所研究者即自然之根本原理與人生之最高準則。哲學即最高原理與最高準則之學。」所謂「最高準則」，意指人之生命活動的最高理想。他對哲學所研究的天人之學，有進一步的詮釋，那就是哲學乃是探索宇宙與人生究竟原理與最高理想之學。質言之，天人的究竟原理乃是用來衡量一切事物，鑒別一切價值高下，在人生的價值抉擇中貫徹詰問與批判的根本性學問。進一步而言，哲學與人生有不可分離的關係，哲學是有一套理論的信念系統，對人生建議出最高的價值理想或準則。他在〈天人簡論〉中提出「天人本至」是哲學的核心課題。「本」指統攝宇宙與人生

---

[5] 同註14，頁155。
[6] 〈耄年回憶〉，《東方赤子·大家叢書·張岱年卷》，華文出版社，1998年，頁83。

的本根性原理，「至」指人生理想所能臻的最高成就與心境。他認爲哲學探索
的任務在天人關係中能「辨萬物之原，明人生之歸」。天人關係的核心概念在於
「天爲人之所本，人爲天之所至」。他認爲中國古代雖無「哲學」一詞的涵義來
概括。扼要言之，中國傳統的天人之學，亦即探究「天人之際」的基本內容，所
趨向的就是自然的根本原理與人生的最高準則。這是「哲學」這門學問所探討的
核心課題，他基於這一立足點批判了一部分新實在論者宣稱哲學不應該討論人生
準則與人生理想問題。他認爲哲學的重要工作在對於人生理想及準則的提點，以
作爲人們安心、定志和立命的根據。因此，對人生眞相及其意義和價值理想的探
討是哲學不可逃避的責任。

　　張岱年也毫不諱言的指出，中國古代哲學在論天人之際時，雖在實質涵義
上有條理系統，但是卻鮮有理論形式上的條理系統。因此，張岱年針對這一缺
失，主張「天人之學」不但要具備實質內容的條理系統，也應建構出理論形式上
的條理系統，亦即需要發展出一套嚴密的哲學基本範疇系統。顯然，他清楚的認
識到中國哲學所以被人質疑是否有哲學性，是因爲欠缺理論形式的論證性。一言
以蔽之，中國哲學重視實存性的體悟而忽略了在表述上建構論證形式的重要性。
因此，張岱年認爲中國哲學的研究除了究明理論內容外，也應該注重理論形式上
的現代化。因此，他擬定哲學研究的目標在建構一套融會貫通的範疇系統。他還
提出這項工作的三要則：1.不立無需要的概念範疇，即簡要原則；2.見頤，即對
宇宙人生現象要注意其錯綜複雜性，勿予以過分簡單化；3.不能違背已肯認的經
驗法則。顯而易見的，他是受到20世紀邏輯實證論的影響。把經驗的實證作爲哲
學的生命，反對離開人類實踐經驗、生活經驗的形上論述。他渴望能把現代實證
科學的實證精神與嚴密性、系統性引進最基本的範疇系統中，期望能對「究天人
之際」作出富有現代哲學性的闡釋。然而，張岱年不因中國哲學欠缺哲學理論的
論證形式而因噎廢食地否定中國哲學，這是因爲他對中國哲學其有深厚的理論內
涵、具有睿智性的洞見。同時，他不但不排斥西方哲學的理論論證形式，還自覺
地努力建構中國哲學的範疇研究法，引起了中國哲學研究界很大的影響。這是他
過人的卓見，值得我們肯定這一大貢獻。同時，他指出中國哲學的精髓在透過天

人之際的探討來了解人存在和意義的根源，謂天人之學的旨趣在引領人們在自我理解後，找到安心、定志和立命之人生根本方向，這是可引發大多數專注於中國哲學研究者的內在深度共鳴，頗有其說服力，不得不令人由衷敬佩。

張岱年在1978年以後，以其講課紀錄爲基礎，出版了《中國哲學史史料學》、《中國哲學史方法論》，使他在中國哲學史的研究和教學具有完整的系統性。他還出版了《中國哲學發微》、《中國倫理思想研究》、《中國古典哲學範疇要論》、《眞與善的探討》、《道德文化思想》等十幾部著作和上百篇論文，其中論及先秦儒學人文思想處不少。他曾與牟鐘鑒合著《中國思想文化典籍導引》，在〈前言〉中有段話是指導青少年們在中國古典人文思想的了解上必讀的書單，他說：

> 有些書，如《周易》、《論語》、《孟子》、《老子》、《孫子兵法》、《史記》、《綱鑒易知錄》、《唐詩三百首》、《古文觀止》、《幼學瓊林》十部，則屬於最低限度必讀之書，人們在青少年時代最好能對它們認眞通讀，然後觸類旁通，在文史哲諸方面有所積累，領受古代文化中眞、善、美的薰陶。將來無論做什麼工作，終生都會受用不盡。[7]

他所以將《周易》列爲第一本必讀的中國思想文化經典，是有其對中國文化宏觀的視域及深層理解的。他在〈論中國文化的基本精神〉一文指出推進中國文化不斷前進的基本思想有四精義：「1.剛健有爲；2.和與中；3.崇德利用；4.天人協調。」[8]他除了2.「和與中」不徵引《周易》論證外，其餘三項皆以《周易》來引證、論述。事實上，《周易・乾卦・象傳》曰：「乾道變化，各正性命，保

---

[7]　見牟鐘鑒，〈追念厚重樸直的張岱年先生〉一文，載於陳來主編，《不息集回憶張岱年先生》，北京大學出版社，2005年4月一版一刷，頁185。

[8]　該文原載《中國文化研究集刊》第一期，收入李存山編，《張岱年選集》，吉林人民出版社，2005年5月一版一刷，頁445。

合太和以利貞」，強調了「和」對萬物並育各盡其生命本性的重要性。在《周易》的傳文中，〈文言傳〉、〈彖傳〉、〈象傳〉言及「中」處，多達五十六卦之多，例如：〈同人卦·彖傳〉曰：「中正而應」。其餘未言及「中」的八個卦之〈彖傳〉和〈象傳〉，亦蘊涵準「中」之義。張岱年在表徵中國文化基本精神的「天人協調」這一論點上，認爲天人關係也就是人與自然的關係問題。「天人協調」既是中國傳統哲學的一個根本問題，也是中國文化方向的基本問題。他列舉了中國古代哲學在這一問題上所提出的三種學說。第一是莊子的「因任自然」說，所謂「不以人助天」、「無以人滅天」[9]第二種學說是荀子的「改造自然」說，所謂「大天而思之，孰與物畜而制之？從天而頌之，孰與制天命而用之？」[10]他認爲最重要的是第三種《周易大傳（繫辭傳）》的「輔相天地」說。[11]蓋《周易·泰卦·大象傳》曰：「天地交泰，后以裁成天地之道，輔相天地之宜，以左右民。」；〈乾卦·文言傳〉云：「夫大人者，與天地合其德，與日月合其明，與四時合其序，與鬼神合其吉凶。先天而天弗違，後天而奉天時。」張岱年認爲其中蘊義在論述人與自然的交互關係，他說：「此所謂先天，即引導自然；此所謂後天，即隨順自然。在自然變化未萌之先加以引導，在自然變化既成之後注意調適，做到天不違人，人亦不違天，即天、人相互協調。這是中國古代哲學的最高理想，亦即中國傳統文化的基本道路。」[12]他雖然同意當代許多學者持〈易傳〉出於戰國時代的儒學這一說法，但是，他認爲從漢代至清代，〈易傳（十翼）〉一直被認爲是孔子的著作，且以孔子思想的名義對中國文化產生巨大影響。因此，他檢視〈易傳〉與《論語》發現其中有很多相契應的思想，例如〈易傳〉主剛健進取的創造精神，《論語·公冶長》記載：「子曰：吾未見剛者。」東漢鄭玄注云：「剛謂強志不屈撓」，〈子路〉篇也載孔子言：「剛毅木訥近仁」。張岱年據此推導〈周易大傳〉的剛健說實淵源於孔子。至於

---

9 分別見於《莊子·大宗師》與《莊子·秋水》。

10 《荀子·天論》。

11 同註21，頁449。

12 同上。

在天人相際的課題上，張岱年並未論證《周易》的輔相天地也源於孔子。「輔相天地」意指人積極參贊天地化育以淑世濟民，這是以人文精神化成天下的文明創進思想，與孔子修己以安人、博施濟眾的外王思想，同富有剛健進取、創造不已的自強不息精神，至少在兩者思想上是相容不悖的。

張岱年認爲儒家天人之學的核心價值「天人合一」的理源導源於孟子「知性則知天」的理路，肯定人性與天道是相契合的。孟子表述天人同根的思想出於《孟子·盡心上》所云：「盡其心者，知其性也。知其性則知天矣。存其心，養其性，所以事天也。殀壽不貳，修身以俟之，所以立命也。」張岱年這一說法雖有文本根據，但是對文本的引述不夠充分。蓋孟子最足彰顯其道德本心根源於天的語典當出於〈盡心上〉所云：「仁義禮智根於心」及〈告子上〉所言：「仁，人心也。」，再結合此二命題推導出：「夫仁，天之尊爵，人之安宅也。」。[13]同時，張岱年未將其論點予以細緻的開展以證示孟子「天人合一」的道德形上學，此處與他的辯證唯物論立場有關。因此，他只能肯認孟子心學的至高理想，卻與孟子先驗的道德心學在哲學路數上並不相契。孟子的「天人合一」確切的說應是「天人合德」，蓋「仁」是根源於天的德性，係形上的道德存有，人在生活世界中通情達理的實踐人道德本心中所本具的德性而兌現出德行。因此，孟子的「仁」是天人合德的契接點，所謂「仁也者，合而言之，道也。」[14]透過《孟子》我們或能對《中庸》首章「天命之謂性，率性之謂道，修道之謂教」理解得更深切而著明。

張岱年最合他意的除了《周易》的「輔相天地」說外，當是荀子的「改造自然」說。他認爲「戰國時期百家爭鳴的總結者是荀子」[15]。他認爲荀子的天人之際立足在「天人之分」[16]。在荀學天生人成的架構下，重視人的理性思辨，能

---

[13] 《孟子·公孫丑上》。

[14] 《孟子·盡心下》。

[15] 張岱年，《道德文化思想》，巴蜀書社，1992年9月一版一刷，頁56。

[16] 《荀子·天論》曰：「明於天人之分，則可謂至人矣。……天有其時，地有其財，人有其治，夫是之謂能參。舍其所以參，而願其所能，則惑矣。」、「君子敬其在己者」。

認識自然法則而以人文化成的價值取向，參贊天地之化育，改造自然而逐群體
眾生的生命欲求。明天人之分的目的在追求天人各盡所能的合作於農業經濟上
蕃、養、生、息，藉以解決人類在生存上民生物資貧困及分配不均的難題。張岱
年在中國大陸匱乏的貧困經濟時代，為針砭時弊，他特別讚賞荀子在〈天論〉篇
「制天命而用之」的提法，這對提升農業經濟產能，創造物力，改善人民的物質
生活，脫離貧困的小農經濟而言是對症下藥之良劑。他認為荀子改造自然論旨在
「認為人能夠改變自然界，並能利用萬物，發揮自己的主觀能動性。」[17]不論是
《周易》的「輔相天地」或荀子的「改造自然」，皆注重人致力於認識自然的法
則，按經濟的規律，提升經濟力以解決民生疾苦，頗契合張岱年所處的時代需求
及個人欲淑世濟民的務實心願。

三、論先秦儒家的品德觀

　　張岱年在1980年在所撰〈孔子哲學解析〉一文中概括出孔子思想的十大要
點：1.述古而非復古；2.尊君而不主獨裁；3.信天而懷疑鬼神；4.言命而超脫生
死；5.舉仁智而統禮樂；6.道中庸而疾必固；7.懸生知而重聞見；8.宣正名以不苟
言；9.重德教而輕刑罰；10.整舊典而開新風。他認為孔子對許多問題的見解，常
是兩面俱立而予以辯證性的理解。[18]他後來在〈談孔子評價問題〉及〈關於孔子
哲學的批判繼承〉等文中宣稱：尊孔和批孔的時代已經過去，現在的任務是研孔
和評孔。[19]他在晚年總結孔子對人類的主要貢獻在振作人積極樂觀的有為精神，
高度的重視人自覺努力下所創發的道德價值，開創了重視歷史經驗的文化傳統，

---

[17]　同註28。

[18]　《張岱年全集》，第5卷，河北人民出版社，1996年，頁335-350。

[19]　同上，分別出於頁472、482。

奠定了漢民族共同的文化心理結構之基礎。[20]他認爲儒家的中心思想在關注人生價值，高度肯認人的生命價值，重視人在現實生活的價值，評價人貴於物。他對孔子爲了成全道德生命的價值甚至可不惜犧牲自然生命，所謂「殺身成仁」，甚表崇敬。他認爲儒家對人的價價、生活的價值及道德價值三者互聯爲一密不可分的整體。他認爲孔子的核心理念是「仁」，仁的德行之主要特徵爲「愛人」，仁的出發點是感通人我關係，孔子是由人己際性關係來詮解「仁」，所謂「仁者愛人」。張岱年認爲孔子對人己際性關係所界說的「仁」之涵義，表述於「夫仁者己欲立而立人，己欲達而達人」。[21]這句話，仁者所以欲「立人」及「達人」是基於同情心對他人需求及感受的體貼，這是由「愛」所推動出來的人文關懷。張岱年再由《論語‧顏淵》所載述的孔子言論「爲仁由己」、「克己復禮爲仁」來肯定人自身的道德主體性。他詮釋其蘊義說：「『由己』就是說取決於自己，是一種內心的要求而不是受別人的強迫。這就是肯定道德是主體的自覺活動。」[22]張岱年這一詮釋頗符合倫理學所強調的具道德價值的德行應源自人的自由意志之抉擇。孔子說：「仁遠乎哉？我欲仁，斯仁至矣。」[23]道德價值的自覺及自主自發地自我要求和實踐，就是人生而爲萬物之靈的靈性生命所在，儒家在這一點上與辯證唯物論是有所區別的。唯物論是無法超越以因果律爲條件制約反應的自然法則所控導的。人不進食，則將餓死，這是自然的因果法則，但是餓死事小，失節事大是道德的因果法則。因此，人有別於禽獸地能不食嗟來之食。質言之，張岱年太過服膺唯物辯證法，未深察儒家的「爲仁由己」不是物性法則，而是唯靈法則。雖然，他對儒家的道德主體性這一概念本身有確切的理解，他說：「孔子的主體概念，主要是從道德的自覺能動性方面來講的，即強調了自覺、自立、自律、自己做自己的主宰，而不是受別人的強迫做某事。他的這一觀點對以後儒家

---

[20] 《張岱年全集》，第6卷，頁114。

[21] 《論語‧雍也》。

[22] 同註28，頁54。

[23] 《論語‧述而》。

思想影響很大。」[24]

他對孟子所提「大丈夫」的生命格調特別激賞。孟子說：「居天下之廣居，立天下之正位，行天下之大道。得志與民由之，不得志獨行其道。富貴不能淫，貧賤不能移，威武不能屈，此之謂大丈夫。」[25]張岱年認為孟子這段話中有幾個重要的價值語詞值得注重，他解釋說：「『志』即『得志』的志，就是說我是一個有志願的。這表示了他的主體性思想。『位』即我要在世界上有一個地位，這個地位不是要做官，而是要有一定的道德修養。『道』即我要有一個原則。這樣的人有一個明確的志願，有一個正當的位置，有一個基本的原則。從這三方面就表現出我是一個主體，這是絕對不能放棄的。所以，孟子的主體觀念就表現在『大丈夫』上。」張岱年的評論注意到人的志節、人格地位及做人的價值準據是相互關聯，且構成滿全大丈夫人格生命的充分要素，這一詮解平實易曉，且有助於世俗大眾的道德教育之推廣。然而，大丈夫眞正令人可貴而敬仰處，當在「富貴不能淫，貧賤不能移，威武不能屈」的人格寫照，蘊涵著大丈夫有高度的道德信念及大氣節，道德實踐不是為了自身以外的其他目的之獲致，道德實踐的本身就有內在價值。因此，孟子透過大丈夫的氣節所表徵的是義務倫理學及德性倫理學的雙重性。換言之，道德實踐不但是自覺自主自發的，也既是無條件的和富有美德的。

張岱年曾對孟子在中國歷史文化的重要性及地位做過評價。他說：「孟子是中國古代偉大的思想家、哲學家、教育家。孟子的精神境界之崇高，在學術史上影響之深遠，僅次於孔子。」[26]至於孟子提倡了什麼有價值的學說內容及其對中華文化起了何種正面影響？張岱年的見解是：「（孟子）提出『仁義禮智』、『孝悌忠信』的道德範疇體系，更提出『富貴不能淫，貧賤不能移，威武不能屈』的大丈夫人格標準和『浩然之氣』的精神境界，對於中華民族的精神文明的

---

[24] 同註28，頁54-55。

[25] 《孟子·滕文公下》。

[26] 山東省濟寧市政協文史資料委見會、鄒縣政協文史資料委員會編，《孟子家世·張岱年序》，中國文史出版社，1991年12月，第一版。

發展做出了重大的貢獻。」[27]仁義禮智是孟子性善論所揭示的人之先驗本具的德性心，孝悌忠信是由四端之性在生活情境中所實踐出來的人際倫理之核心德行，浩然之氣是大丈夫表現出來的人格氣節，對形塑中華民族的倫理文化有不可磨滅之功。張岱年的評論頗為公允。

　　孟子的學說內容很豐富且多精采的論述，張岱年特別欣賞孟子的良貴說。《孟子·告子上》說：「欲貴者人之同心也。人人有貴於己者，弗思耳。人之所貴者非良貴也。趙孟之所貴，趙孟能賤之。」又說：「仁義忠信，善樂不倦，此天爵也；公卿大夫，此人爵也。」「人爵」是世間所頒發的爵位，這一具社會榮顯的身分地位是由他者予奪的，是身外之物。人爵是活出先驗德性的價值，成就出種種美德，其中，先驗德性是人生而具有的道德潛能，美德是人經自覺和自發性的努力所修養出來的人品成就。仁義忠信是人由潛在的德性實踐出來的德行，人人皆具四端之性的良貴，這是人生而平等的，是實現人格品階的立足點、出發點，也是人格尊嚴所在。張岱年有段精闢的闡釋，他說：

> 孟子講「天爵」、「良貴」。「天爵」是我自己就有的，我自己有我自己固有的價值，這個價值是什麼？孟子認為是仁義，即道德的自覺性。這叫做「良貴」，即每個人都有其固有的價值，也就是每個人都有人格的尊嚴，這是應該肯定的。[28]

人的良貴根源於天，是人所以稟賦為萬物之靈的天爵。良貴不只是人先驗的德性心，享有道德的自覺作用，張岱年認為「良貴」也是人之所以為人的人道及理性所在。他說：「中國傳統文化中沒有『天賦人權』的觀念，但有天賦價值的思想，良貴就是天賦價值。『天賦人權』與『天賦價值』都是主張要把人當作人來

---

[27] 張岱年1994年4月鄒城孟子學術思想國際研討會賀信。見丁冠之主編，《孟子研究論文集》，山東大學出版社，1997年7月，初版。

[28] 張岱年，《文化與哲學》，教育科學出版社，1988年7月初版，頁92。

看待，這表達了人道主義的一個基本原則。」[29]他認爲「良貴」是人所以是道德性存有的本質原因，是爲人處世一貫的做人之道。同時，張岱年認爲「良貴」是人有道德感的理性，他指出孟子的人禽之辨在於人有思維作用，他說：「心能思，於是以『理義』爲然。他（孟子）說：『心之所同然者何也？謂理也，義也。聖人先得我心之所同然耳。』（〈離婁下〉）孟子以爲『理性』是『心之所同然』，即人人所共同承認的。……他（孟子）區別了耳目之官與心之官，即區別了感官與思官，…孟子強調必須肯定人有道德感情與道德意識的萌芽，這是孟子關於理性學說的基本觀點。」[30]他所說的「感官」，指我們對經驗世界之物象及聲光、冷熱等屬性的感官知覺，是知識論的路向。相較之下，「思官」指人與人在道德感情與道德意識上，心之所同然的感受和願景，這是道德哲學或倫理學的進路，其取向不是人的認知心而是道德的心靈，亦即同情心、羞恥心、是非之心所在。張岱年以「理性」來解釋孟子所謂人所同然的理義之心，是具有哲學性的意義。由於他的平實簡要的論學風格，未能對「理性」的概念涵義進行更細緻的討論，尤其是未能對知識理性與道德理性（價值理性）進行概念的區別及相互關繫的聯繫，留下了後人可繼續探索的餘地。

四、論先秦儒家的局限及對若干誤解的駁正

從大處而言，他認爲儒家文化在歷史上也起了一些負面的作用。第一、等級思想；從孔子到明清儒家總要分別上下貴賤，分別等級。同時，在對待傳統文化上，傾向保守，強調繼承的使命，不重視創新的價值。[31]就史脈而言，這是周

---

[29] 同上，頁264。「天賦人權」指法人盧梭所言，每個人生來就有天賦的權利，是人人本然固有的自然權利。張岱年所謂人道主義的基本原則，指每個人若有自覺地實現良貴，就可以成爲道德人，甚至達到聖人的境界。

[30] 同註42，頁234-235。

[31] 《張岱年全集》，第6卷，頁446。

代建構了有血有緣的宗法社會，在血緣的人際倫理上分別上下貴賤，分別等級，不可諱言的是衍生了以封建意識為基調的社會意識。事實上，孔子提倡的仁德就是要在封建不平等的體制上，建立一超越的道德世界平等觀。從《論語》觀之，士、仁人、君子、賢人、聖人是人格修養的價值品階，轉化了封建世襲的社會階層不平等的價值觀。孟子的人爵與天爵之辨，也具有同樣深刻的意識。同封建結構有關的文化心態，隨封建的世襲傳統而在心態上自然是趨於保守的。因此，張岱年的批判就中國實然的歷史文化觀之，是無可厚非的，這一批判突出了儒家在制度意識上是欠尖銳的反思性。第二、張岱年認為儒家重義輕利，強調人貴於物，過度注重人文精神而偏忽了對物性及自然法則的研究，知識論未能發展，未能為科學研究提供理論基礎。[32]這一批判如今已為大多數人所認同，事實上，儒家不是全知全能的上帝，既有其源發性的時代精神需求，則難免有所偏忽，何況西方科學的顯著發展也只是近幾百年的歷程。

　　他的第三點批評是在義利之辨上。儒家重義輕利，在心態上認為道德理想高於物資利益。如是，儒家雖未排斥合理的公共利益，但是忽略道德理想與公共利益的聯繫，在客觀問題的論述上，難免脫離實際而陷於空疏之言。[33]他在這一點的評論上若針對《論語》與《孟子》是合適的，若兼指《荀子》則非的論，因為荀子的社會哲學思想非常豐富，特別是對社會公益問題是很重視的。他對孟子的批判較為嚴格，首先他指出：「孟子沒有提出明確的本體論，他承認『天』是最高存在，而沒有提出關於『天』的詳細解釋，這是一項缺乏。孟子的性善論充分肯定了人的社會性，但論證仍有不足之處。」[34]他將孟子的性善論理解為人的社會性這是明顯的偏差。荀子的社會人性觀是性惡的，孟子的性善論是人的道德性，且是先驗的道德性存有這一意義脈絡。至於孟子是否全然無明確的本體論是可以商榷的，我們可以接受孟子對「天」未做出詳細解釋的評論，但是，孟子的

---

[32] 同註44，頁300。

[33] 同上，頁361。

[34] 劉鄂培，《孟子選務·張岱年序》，北京：清華大學出版社，1998年4月初版。

性善論是道德心性的本體論是可以確認的。他所說孟子缺乏對天的細論，主要是針對孟子的天人合一思想。他說：「孟子『知性則知天』的觀點，語焉不詳，論證不晰，沒有舉出充分的理據。荀子批評孟子『其僻違而無類，幽隱而無說，閉約而無解』，如果是批評孟子『知性則知天』之說，確有中肯之處。」[35]若透過牟宗三的理解，孟子的天人性命貫通說係智的直覺，因此，張岱年站在理論證成的形式要求來說，也是持之有故言之成理的。

　　儘管如此，張岱年對一些學者所持的儒學誤解，也提出駁正性的論點，茲取三則爲例。例一，有人謂儒學係立基於專制制度。張岱年指出孔子反對「言莫予違」的君主獨裁制，孟子倡民貴君輕說，儒家不是提倡君主專制和個人獨裁。他認爲君主專制體制始建於秦始皇。他的駁正是正確的，他還舉出宋明理學家常倡言孟子所說的「格君心之非」，朱熹與陳同甫的王霸之辨也反映其主張王道仁政反對君主某種專制。[36]平實而言，不但孔、孟如此，連一般認爲伸張君權的荀子也在〈王制〉篇規制建立與君主共治的官僚系統，還強調君臣在意見衝突時應「從道不從君」。例二，有人認爲中國傳統哲學中沒有提出「人」的觀念，不尊重人之所以爲人。張岱年認爲持這種觀點的人不是出於殖民地的民族自卑心理，就是對中國歷史文化的無知。中國古代儒家洋溢著人文關懷的精神，肯認獨立人格的價值，具有人的真正自覺。[37]因此，若說儒家缺乏個人權利意識，未肯認個人在法律的保障下享有權利主體，這樣的批評是可以接受的。因爲在政治體制和時代的局限下，先秦儒家並沒有產生像西方啓蒙運動之後的個人主義思想。若說儒家沒有提出「人」的觀念，確實言過其實。例三，還有人認爲儒家的道德觀不過是自我壓抑、自我否定，宋明理學則把對人性的否定推向極致。張岱年則謂孔子論仁的核心命題爲「己欲立而立人。己欲達而達人」，這是實踐仁的德行之出發點。同時，孔子說「三軍可奪帥也，匹夫不可奪志也。」「匹夫」指世俗

---

[35] 張岱年，《文化與哲學》，頁143。文中所引荀子評孟子語出於《荀子・非十二子》。
[36] 請參見《張岱年全集》，第6卷，頁303、348。
[37] 有關這方面的論點，請參閱《張岱年全集》，第6卷，頁404、411、446；以及第10卷，頁12、22、56。

大眾，人人皆有獨立的意志和人格，具有不可剝奪的天賦價值。[38]儒家的道德學說會被理解爲對人性的否定及自我壓抑，在歷史王權的操作下確有其實然性的事例。漢代尊經尊儒四百年，所標榜的儒家道德禮法形成了一套外鑠性的道德機制與文化，亦即制度化的社群道德規範。這奪藉政治當權者的強權所操控的名教機制，在魏晉時代曾偏頗到否定人性尊嚴，壓抑個性，制約人的情欲本性，衍生了名教與自然的衝突。這是儒學被歷史實然的君主專制所利用和扭曲，不能與先秦儒家的人文思想混爲一談。孟子也區分過外鑠性的規範倫理與德性主體自覺性的德行倫理之不同，提出「理義之悅我心，猶芻豢之悅我口」[39]，意指具道德價值的理義對人有吸引力而產生主動趨尚嚮往的動力，這是出於人的意志自由之抉擇。同時，孟子也明確的指出：「由仁義行，非行仁義」[40]，「由仁義行」彰顯人的獨立人格和自由意志，是德性倫理學的取向，「行仁義」則是向外習取外鑠性的、制度化的道德，亦即規範倫理學的取向。因此，持壓抑個性論者與張岱年的駁正是立足於不同，考察層面不一，若從理論的正本清源意義觀之，張岱年的駁正也有澄清之貢獻。

---

[38] 《張岱年全集》，第6卷，頁302。

[39] 《孟手・告子上》。

[40] 《孟手・離婁下》。

第二節　張岱年具生態倫理向度的天人關係說

一、張岱年「究天人之際」所蘊含的生態倫理思想

　　他在其豐富的中國哲學著作成果中，對中國哲學所積累的多樣化問題中，有其所關注的核心問題，貫穿在他整個中國哲學的問題研究。那就是他在《眞與善的探索·自序》中所自述：「吾昔少時，好作『深沉之思』，不自量力，擬窮究『天人之際』」[41]。「究天人之際，通古今之變」，是司馬遷自述治學的名言，也是中國哲學的主軸性論題。究天人之際，亦即統攝天人關係的天人之學，在性質和內涵上較貼近人與自然的關係，亦即當今全世界都關注的環境倫理課題。張岱年曾在1948年夏季撰成《天人簡論（天人五論之五）》，在自序中說：「民國31年（1942年）春，余始撰哲學新論，將欲窮究天人之故，暢發體用之蘊，以繼往哲，以開新風」[42]。雖然，張岱年在附記說：「此篇可以說是我40歲前思想的概略，近30年來，很少考慮這此問題了。1981年2月記。」[43]然而，他的天人關係論仍一以貫之的呈現在他此後的相關著作中，可視爲其思想所持一生的定論。他在《天人簡論（天人五論之五）》第九段「人群三事」中指出：

> 昔《左氏春秋》以正德、利用、厚生爲三事，蓋有見於人生之大端矣。正德爲提高精神生活，利用或厚生爲改進物質生活。三事並重，可謂兼

---

[41]　張岱年，《眞與善的探索·自序》，頁2，濟南市：齊魯書社，1988年。

[42]　見李存山編，《張岱年選集》，頁213，長春市：古林人民出版社，2005年1版。

[43]　同上。

顧精神生活與物質生活而無所偏廢。今亦言三事：一曰御天，二曰革
制，三曰化性。御天者改變自然，革制者改變社會，化性者改變人生。
三方俱改，然後可達人生之理想境界。**44**

御天者根據自然規律以改變自然之實際情況，以便更適合於人類生活之需
要，是謂御天，是謂宰物。《易傳》云：「先天而天弗違，後天而奉天時。」先
天者開導自然，後天者隨順自然。人於自然必有所隨順，必有所開導，然後可達
到天人之調適。

「正德、利用、厚生」《左傳》所確立的儒家政治、社會、經濟政策的三
大相互兼顧之目標。人類所需的民生物質資料有賴於大自然的資源，人類不但一
生有求於大自然所能供給的維生資源，且人類世世代代延續不息的子孫也有賴於
大自然所能提供的生生不息之有機性資源，因此，人類如何格物窮理以認識大自
然萬事萬物的性質、功能，可資轉化為民生經濟之利用以增進人類物質生活的共
同幸福，不但是科學研究、科技研發的課題，也是生態倫理的核心課題。科學旨
在研究客觀的自然法則、因果律等實然性的原理原則之認知。科學技術屬工具理
性，當係在科學所研究出來的原理定律上研發可操作性的工具和技術，針對人類
生活的基本需求及方便或舒適的物質生活享受，於是開發自然資源轉化成人類日
常生活所需要的商品，藉以提升物質文明之進步。有關社會制度的改革旨在針對
制度的現實中有不合時宜，有不合情理法之缺失處，反思出較完美的理想狀態來
予以除舊佈新，務求社會織組的合理化，社會功能的完善法。他說：「自階級發
生以來，少數人壓迫多數人，少數人居於統治地位而不勞動，多數人創造物質財
富而受奴役。人間不平，莫此為甚，革制之要義即變革少數人奴役多數人之社會
制度而達於大同境界。」**45**馬克斯所謂資本主義經濟體制造成資產階級和廣大勞
工的無產階級之利害衝突與矛盾，導致資本家以優勢的資本與私有化的產業剝削

---

44 同前，頁220。
45 出處同前。

勞工之勞力，造成社會財富分配不公，破壞社會財富的分配正義及經濟倫理中的報酬正義或交換正義，導致社會貧富不均，階級對立和社會動盪不安。雖然，資本主義的經濟制度在各方詬病下，百年多來已歷經數次的改革，勞資之間的矛盾、衝突較前有不少改善，但是，實行資本主義之國家，仍呈現出社會財富過度集中在人口結構比例中較少數的資本家、企業主手上，形成貧富落差甚大的M形社會。就當前氣候暖化的排熱及釋放CO_2之分布量的調查研究，顯示出高度工業化的發達國家所占的比例最高，其中，又以大企業大財團的排放量比例最多。因此，他對缺乏社會公義及社會責任的制度提出革制的要求仍有其與時俱新的時代意義。

事實上，全球氣候變遷，環境被破壞的倫理責任與人性的貪婪和欠缺環境之責任倫理密切關聯。既然人是主要的環境公害原因，則《左傳》以人群三事的正德爲先仍有其恆常性和普世性價值，張岱年將「正德」解釋爲改變人生的化性這一原則和方向頗富意義，他說：

> 化性者化易人性，消惡揚善，崇義抑貪，以提高人的精神境界，人性之實，有善有惡。善惡之分，公私之間而已。大公忘私，先公後私謂之善；因私廢公，損公肥私謂之惡。人有好公之性，亦有營私之性。好公之性謂之理性，營私之性謂之貪性，人類在改造自然環境之同時亦必須改變自己性情，然後可達到理想的生活。[46]

氣候變遷，環境汙染在當今世界是公害問題，資本家及大企業主挾大量資金、生產技術和工具進行大規模的生產，造成能源逐漸枯竭，空汙、水汙，人類居住環境之汙染已是長久以來輿論的公敵，且無法有效的以制度來制約。因爲制度法令的決定權常操控在有權有財的少數富人手中。就人性的驅動力而言，張岱

---

[46] 同前。

年所訴諸的「營私之性，謂之貪性」的見解頗爲一針見血。質言之，生態文明的病根之主要因素在於「損公肥私，謂之惡」的人性之貪婪和腐化。人類過去、現在和未來不可能不利用自然的資源於國計民生。但是，人類在對大自然之利用、厚生之必要性上，應該心存正德以改變人的心態和涉及人與社會和人與大自然互動關係的和諧性。這就是張岱年所謂：「革制之要義即變革少數人奴役多數人之社會制度」，其根治之法在於人應有道德價值之自覺。張岱年所下的藥方：「人類在改造自然環境之同時亦必須改善自己性情，然後可達到理想的生活」，就當今眾所關注的生態文明而言，可借鏡於張岱年提出切要之言：「克服相悖相害，以達到相順相和，乃人群前進之方向。然絕對的和諧永遠不能達到。人生努力，在於隨時克服乖違以達到相對的和諧。」[47]以生態文明而言，我們當前所要隨時克服的「乖違」就是克服人與自然衝突造成的種種困境，期望能實現人與自然相對的和諧。張岱年總結地說：「《易傳》云：『精義入神，以致用也；利用安身，以崇德也。』利用者改善物質生活；崇德者提高精神生活，二者亦相成而相濟矣。」[48]人與自然不是對立的而是相依互賴的並生關係，因此，人與自然生態系統的整體和諧是天人際性的理想關係狀態。人應秉持這一價值理想，順應大自然生態的規律以實踐天人和諧共生的理想。和諧是萬物存在和發展的最佳狀態，這也是人類維護生態平衡、保護自然環境和實踐生態文明最根本的原則。我們若要實現這一崇高的理想，則應進行最廣泛的社會動員，使人心普遍向善，以實現自我身心、人對人、人對自然的三重和諧。這就是張先生所言「人類在改造自然環境之同時，亦必須改變自己性情，然後可達到理想的生活」的現代生態文明之最佳詮釋。

---

[47] 同前，頁221。
[48] 同前，頁220-221。

二、張岱年的「內在價值」說與深層生態學

　　何謂「價值」？張岱年說一般最流行的觀點是「價值的意義就在於需要的滿足」[49]不但如此，通俗的看法認爲人才是價值的主體，人的種種需要是否得到滿足決定了價值的實現與否，價值是「屬人」的。張岱年雖然也肯定這是價值概念的一項「重要意義」或「基本意義」，卻斷言此非價值全部之含義，更非價值概念的深層涵義。他說：「價值的更深一層的含義，不在於滿足人們如何如何的需要，而在於具有內在的優異特性。」[50]其所言「優異特性」不是依據現時人而言是否具有可利用的功利價值，亦即爲實現另一目的之手段或外在價值，而是事物自身所具有的「內在價值」。他認爲「內在價值」不是由對人而言是否可滿足需要來說明，而是由該事物或人之行爲的內在性質來說。張岱年主張「內在價值」是「價值」概念的深層含義。他認爲分析中國哲學的價值說不僅可發現「功用價值」且更強調「內在價值」，包括「人的價值」和「生」的價值。更進一步分析，他所謂「內在價值」蘊含著不僅要尊重人的生命，更應尊重一切生命。質言之，吾人應對一切生命都應該尊重，他認爲天人之際即是人與自然的關係，他明確地說：「人與自然的關係是中國哲學中的一個根本問題」。[51]他認爲張載〈西銘〉中所言「民吾同胞物吾與」的宇宙生命情懷就是對一切生命的尊重而予以很高的評價。

　　當代西方某些生態倫理學者，提出大自然界的生命也有其「內在價值」。奈許（Arne Naess）於1973年創立深層生態學（deep ecology），他認爲一般生態學所以強調自然資源的保育與汙染的防治，意在關切人類的健康與福祉，這是人類中心論的延續，可稱爲「淺層生態學」（shallow ecology）。至於深層生態學的基本觀點，旨在肯認大自然中的一切生物和生態系皆具有其存在自身的內在價

---

[49] 《張岱年全集》，第7卷，河北人民出版社，1996年，頁255。
[50] 同上書，第7卷，頁1。
[51] 同前揭書，頁90。

值。人類和其他生物都是一樣存活在複雜的生態系所結成的「互動網」（webs of interaction）中，與其他物種有相互依存的共生關係。例如：河流或湖泊應該維護清潔的水質，不只人類需要清潔的水資源以利健康飲水，其他生物，尤其是水生物，如魚類等也需要。同時，我們所以要保育昆蟲、植物及熱帶雨林的基因多樣性，不單是這種多樣性或可用於未來治療癌病的藥材用，更深層的存有學理由係在於這些多樣性的物種，有其自身存在的內在價值以及因此原因而具有的同等生命權或存在權。

這種重視萬物內在價值的生態中心倫理觀，可說是目前所發展出來的環境倫理中，較為成熟而圓融的理論。在各種生態倫理中，這種以生態系整體觀點來論述人與自然環境之倫理關係，稱之為生態中心倫理，亦即生命中心倫理。其核心倫理在確認生態整體及其所含的一切個體，皆應獲得人類的尊重和道德考慮。職是之故，天地間一切動植物和生態系統內一切相關聯的無機物皆有其內在價值（intrinsic value），人類應以生存權的平等觀予以接納、尊重和愛護。然而，張岱年所提外在的功利價值與內在的價值是可相互協調而可相容兼顧。因此，人類中心論和生態中心倫理觀不應相互排斥，而應相互溝通、辯論、整合出兩全其美的圓融論述。臺灣學者李常井就評論說：

一種適當的環境倫理必須同時注重「人類的福祉（human interest）與自然的康寧（nature well-being）」，而非趨向某一極端。……強調以「人」為出發點，卻不會變成人類中心論，強調尊重「自然」，卻不會變成生態中心論。[52]

人類中心論者如果能對自然生態有廣泛而客觀的理解，則也會關注人類自身的福祉和自然本身之康寧。從完足的生態學知識而言，此兩說的價值彼此間密不

---

[52] 李常井，〈環境倫理學研究取向之探討〉，收入《哲學與公共規範》，錢永祥、戴華主編，臺北：中央研究院，1995年4月，頁29。

可分。就修正後的人類中心論者而言，人類保護自然環境的主要理由就是大自然對人而言，具有賴以開發取用以滿足民生需求的物質價值及遊樂、審美的精神價值。因此，當人類向大自然索取民生物資而涉及對生態有負面影響時，周備的生態倫理知識可預先評估維持生態的永續發展，內在價值的生態中心倫理觀可以喚醒我們的生態道德意識。因此，在兩說交互影響下，我們當能自覺性的節約對大自然索取民生資源，且能心存感恩的發出謝天謝地之心，從而自發性的湧出保護生態的責任感和採取務實有效益的維護原生態之措施。因此，在調和二說下，我們當可有節制的降低我們對大自然索取生存物資的必要之惡，同時，也油然生起對大自然感恩、尊敬、珍惜的道德感，自我期許與大自然和諧共生，共存共融。

第五章　羅光（1911-2004）

第一節 羅光對儒家形上學之詮釋

一、生平與著述

　　羅光總主教生於1911年正月初一，湖南衡陽人，於1940年赴義大利羅馬留學。他在天主教傳信大學獲哲學和神學雙博士學位，在拉德郎大學獲法學博士。他於1961年被梵蒂岡任命爲臺灣臺南主教，1966年調任臺北教區總主教，1968年任教於輔仁大學，2004年逝世。他對輔仁大學校務、哲學人才的長期培養以及中西哲學的雙向交流均卓有貢獻，其身爲學者、教育家以及宗教家的普世情懷皆足爲範式。在全球化衝擊下，當代中國文化之前途爲全球華人所共同關注。羅總主教致力於中華文化與基督教文化研究，其著作《羅光全書》近五十冊，其中以《生命哲學》及《儒家形上學》爲代表作。

　　羅光在其一生的中國哲學研究和著作中於儒家用力最深，成就也最卓越。他在儒家哲學的專著方面主要爲《儒家形上學》、《儒家哲學的體系》、《儒家哲學的體系續編》、《儒家生命哲學的形上和精神意義》和《王船山形上學思想、歷史哲學》。他對儒家哲學的研究方法係採取與西方的士林哲學相融合，致力於系統化、周備性的研究，而以「生命哲學」爲理論核心貫穿儒家形上學與倫理學且予以體系化。他在晚年將中西哲學精華（主要是儒家哲學與西方傳統哲學，特別是士林哲學）結合而融鑄成其個人的生命哲學體系。質言之，生命哲學是羅光晚年所形成的具代表性的成熟哲學。他在《儒家哲學的體系》一書中，以形上學、倫理學和精神修養論爲該書論述架構的三大有機部分。他在形上學體系中以「生」爲核心理念，論述形上學的萬有是以「生」爲存有；在倫理學中則以「仁」爲核心理念，強調人生命的核心是內蘊於「心」中之「仁」；在精神修養部分，則以「誠」爲理論內核，倡言「仁」以「誠」爲修養本質。因此，

「生」、「仁」、「誠」三合一地融會貫通成一系統化的哲學體系。

二、羅光對形上學的基本觀點

　　羅光對形上學的理解係立基於對聖多瑪斯形上學的了解。他認為形上學旨在研究宇宙萬有的根本原理，所研究的對象為「有」（being）和「有之所以為有」的超越特徵。聖多瑪斯形上學的研究起點是具體的萬物本身。其對宇宙萬物的存有論分析，是從個別人而到人類之共相，從人到動物，再由動物到生物，由生物到物，由物到「有」，經過層層進展的分析，從中抽繹出萬事萬物的普遍特徵，直至極純粹的「有」（being）之觀念。他說：「『有』不僅概括宇宙萬物，連超越界的精神體，也是以『有』（being）為根本，『有』（being）是整個形上學的基礎。」[1]本體論所論究之「有」為實有之有（real being），非人知識心靈界中的概念之有，這種實存性的「有」是具體存在的根本[2]。在他的形上學語言中，「本體論」指「Ontology」，至於「有」「being」統攝「理想之有」，亦即「觀念之有」（ideal being）以及「實際的有」（real being）。實際的「有」便是「在」，具有實質性的內容，理想之有不是實際存在之「有」，故不稱為「在」。「有」和「在」係一體的兩面，換言之，由抽象的觀點而言稱為「有」，從具體的存在觀點而言稱為「在」。當他使用「存有」一詞時意在強調「在而有」與「有而在」，亦即「存在的有」，中國哲學常立基於實存性的世界，因此，他常用「有而在」的「存有」一詞表述中國哲學的形上學。值得我們注意的是，他深受中世紀士林哲學的教育影響，因此，聖多瑪斯的形上學是他的基本學養。在聖多瑪斯的形上學中，「絕對的有」意指上帝、終極性本體或造物主在本體內有「在」的原因，是自本自根而自在的，也就是說自己是自己的

---

[1]　羅光，生命哲學（訂定版），羅光全書（二之一），臺北：臺灣學生書局，1996年。

[2]　羅光，士林哲學，理論篇，羅光全書（冊二十），臺北：臺灣學生書局，1996年。

原因。相對的，受造物是由「絕對的有」而來，係由造物主而存在的「由他存在」，「有的特性」指「超越屬性」（Transcendental attributes），「性」指「本質」（essence）。「實體」或「自立體」意指「substance」。他在士林哲學影響下，在表述中國形上學的語言中以「氣」指「質料」（matter），「本然之氣」指元質（prime matter）；「理」或「本性之形」指「形式」（form）和「元形」（substantial form）。此外「能」指「潛能」（potency），「現實」指「實現」（act），「變易」指「motion」或「change」[3]。

羅光肯認聖多瑪斯形上學的第一原理，亦即人的理智直覺所認識的最根原理。例如：同一律所謂每個單體各自擁有內在的一致性，在本體論上一個實際的「有」，只有一個自己，便不能不是它自己。一個實體既然是「有」，便不能是「無」，「有」和「無」不能同時存在，兩者相互否定，這便是矛盾律[4]。在認識論上的矛盾律，係在同一觀點上，與之矛盾對立者不能成立。在聖多瑪斯的形上學中，「有」（being）之所以為「有」的超越屬性具有四項特徵：(1)「有」是一不能加以分割的整體，這是具整全性的「一」；(2)「有」若即是「有」，則不是假的，因此而具有真實無妄的「真」之特徵；(3)「有」在其自身是完善無缺的，具有內在自足的價值而稱為「善」，例如：水的流動力可以發電，陽光可使植物產生光合作用而有所生長；(4)「有」係一整體性，其各分子都各自處於應然的適宜位置且相協調，有次序之美，故具有「美」的特徵。羅光以士林哲學，特別是聖多瑪斯的形上學之基本原理為儒家形上學的詮釋架構。

---

[3] 對羅光所使用的形上學語詞，可參見《羅光全書》冊四之三，《儒家形上學》，頁1-3，以及冊二十，《士林哲學-理論篇》，頁259-276，和第五篇，羅光在其著作中也常自覺的對他所使用的形上學諸般語辭做基本的概念界說，但是，他的著述時間漫長，種類和數量太多，因此，在他不同的著作中，他對形上語言的使用並未嚴守前後的一致性。明顯的例子，是他在《儒家形上學》頁14中，他把原先分辨的「有」和「存有」合用為同一概念，顯出儒家形上學著眼於實存性的「存有」與士林哲學的「有」（being）是有差異的。此外，他的中文譯辭和其他士林學者的譯法也有不一致處，例如：他把「非有」（non-beieng）譯為「無」，「本質」（essence）稱為「性」、「實現」（act）稱為「現實」。一般學者稱為「有存」，羅光常簡稱為「有」。由於他在著作中對語辭使用上未能前後嚴守一致性，因此造成閱讀者一些無謂的困擾。

[4] 按聖多瑪斯的說法，「有」的矛盾端為「非有」（non-being），「無」是道家稱謂無形無狀的形上實有，不適用於與「有」相矛盾的「非有」。

三、儒家哲學中是否有形上學？

羅光在其《儒家形上學》第一章〈形上學本體論〉中提出「儒家哲學究竟有無形上學」的基源性問題。他依其所理解的西方哲學傳統分類法，亦即三大分類法：形上學（含認識論和倫理學）、自然界哲學（含宇宙論和心理學）和實踐哲學（含宗教哲學和倫理學），其中形上學主要是研究實體本性的一門學術來審視中國哲學有無類似的學問，找不到可若合符節的對應對象。因爲中國哲學傳統並未有如西方般的哲學分類和系統化的理論論述模式，因此，我們無法將中國哲學按西方傳統哲學的框架來套用。然而，羅光認爲哲學係研究事物所以然的理由，這就中西方哲學的實質內容而言皆有各自分立自足處，羅光特別舉出宋明理學家的核心問題就在論究事物存在的性理，亦即形上理據，例如：在宇宙論的論題有論述太極、陰陽之類的概念範疇；在存有者方面論及理、氣等概念範疇；在人性機能方面論及性、理、心、情、才等概念範疇。上述的這些概念範疇對實體本性的討論皆屬於形上學的課題，堪構成中國哲學中的形上學，羅光據此肯定中國哲學中有形上學的實質內涵，且進一步指陳中國形上學的首要課題係對「道」的研究。「道」統攝天地萬物，係天地之宗、萬物之源，是萬物存在與活動的終極性原理。羅光反思性地質疑，若儒家哲學缺乏形上學，而只論究人倫道德的學問，則又何以能延續數千年的慧命？又何以能成爲道統而取得中國歷史文化的正統地位呢？職是之故，羅光認同方東美、唐君毅等前賢的看法，那就是肯定儒家所強調的人倫道德思想確實是建構在儒家形上學的基礎上。

既然如此，那麼我們得進一步探詢羅光心目中，儒家形上學的理論內核由何種原創性的經典首先提出的呢？他首推《易經》與《中庸》，《易經》爲形上學提出了一系列的概念叢：生生、陰陽、變異之道、研幾、窮神知化、天道與人道等；《中庸》奠定了儒家道德形上學基礎，如首章謂：「天命之謂性，率性之謂道，修道之謂教。」羅光進一步指出先秦原創性的提出這些形上學的資源，一直發展到宋明理學的階段才足以建構出較爲成熟的、系統化的儒家形上學。他認爲

儒家形上學的體系涵蓋範圍頗為深廣，舉凡天道、地道、乃至人道皆統屬之。就哲學論點而言，本體論、宇宙論、心性論、認識論、倫理道德論皆在其論域中。

綜觀其歷史最久，用力最深的《儒家形上學》一書之章節設計，他論述儒家形上學的整體性架構，可總括在三個核心概念上，那就是「生」、「仁」與「誠」貫穿在他所認識的整個儒家形上學之各層面上。為紹述其儒家形上學思想的方便起見，我們也隨順這三大核心概念中的「生」與「仁」逐一探討、釐清，藉以勾畫出其思想大略性全貌。

四、《易傳》：「生生之謂易」的「生」概念涵義

先秦哲學的宇宙發生論有三學派的模式，《老子》云：「道生一，一生二，二生三，三生萬物。」五行的理論則為「水、木、火、土、金相生相剋。」《易傳·繫辭第十一章》云：「是故易有太極，是生兩儀，兩儀生四象，四象生八卦。」可見中國古代的宇宙發生論有一共同的特徵，那就是崇尚生命意識的機體宇宙觀或生態宇宙觀，以生命為理論內核的生命哲學。羅光特別看重這一明顯的中國哲學特色。他認為中國各家各派所共同視為天地萬物之本根或總原理的「道」，係一始生和化育成萬物的形上第一原理，與西方傳統哲學研究「有」（being）的內在結構原理大為不同。東漢許慎《說文》云：「道，所行道也。」可衍伸為根、從、原因等蘊義，意指萬物如何生成、活動，此一基本涵義表徵了中國哲學係由生命的動態歷程這一視角來觀察、理解和詮釋實存的生活世界中，有機的萬物之生成變化原理。羅光有鑒於此，特別點示出《易經》的旨要乃在論述整個機體宇宙的變易之道。同時，他更指出整個宇宙的變易之內在目的是化生萬物，且繁衍不息。他認為《易經》所謂「生生之謂易」的旨趣就在不斷地化生一新的實體，使之稟有「生命」的有[5]。我們若要精確理解和表述生生

---

[5] 羅光，《儒家形上學》，臺北：學生書局，1991年。

不息的化生之新的實體，可稱爲有機的新生命體，唐孔穎達在《周易正義》中有
段精闢的詮解：「易者變化之總名，改換之殊稱，自天地開闢，陰陽運化，寒暑
迭來，日月更出，孚萌庶類，亭毒群品，新新不停，生生相續，莫非資變化之
力，換代之功，然變化運行在陰陽之氣，故聖人初畫八卦，剛柔二畫象二氣，布
以三位象三才也，謂之爲易，取變化之義，既義總變化，而獨以易爲名也。」

　　「新新不停，生生相續」這一命題是孔穎達對「變易」的最生動鮮活之涵義
所推導出來的。羅光對此有類似的深切實感，他認爲《易經》所著重的不是分析
靜態的已形塑的存在之「有」，而是著眼於此具體存在的「有」（存有者）是如
何變易而形成的，關鍵點在「變易」上，他明確的以「生命」的特質來點示此
「變易」的存有之本質。他宏觀地洞見出《易經》爲儒家思想創闢出一門以變易
論述動態生命的形上學。陰陽交感、乾坤和生生之德，其內在目的在使宇宙流動
貫通的歷程中相繼不絕地創造生生不息的有機世界，不斷推陳出新地發育創新無
限可能的、承繼不息之新的生命體。對「生命」尊崇、護惜、完善化的成就，其
內在價值的思想洋溢在儒家各經典中，使中國文化普遍彰顯著「生生」的活潑生
動精神。他的形上洞見與幾位易學詮釋家對《周易・繫辭上傳》「生生之謂易」
之闡釋是可相互發明輝映的。例如：東漢荀爽注曰：「陰陽相易，轉相生也。」
唐代孔穎達云：「生生，不息之辭，陰陽變轉，後生次於前，生是萬物恆生，
謂之易也。」宋代楊萬里注曰：「易者何物也？生生無息之理也。」元代來知德
曰：「『一陰一陽之謂道』，若以易論之，陽極生陰，陰極生陽，消息盈虛，始
終代謝，生生不息，變化無窮，此易之所以名易也。」先聖後賢慧見同心，可謂
爲共命慧之普遍性形上智慧。

　　羅光從天地萬物的變易中洞見生命現象，認定「生」之德內在於萬物之
中，而爲其本體，亦即是存有者的本性。一切存有者在自身的發展變易過程中，
能充分的實現其內在本性，亦即充分的自我實現，從而也體現了道。反之，若存
有者未能充分實現其本性，也就是不能自我實現而成就其生命的內在價值，如
此，則不僅是其本身的生命缺憾，亦同時是天地間的一大缺憾。因此，「生之
德」，不但內具於個體生命的本性中，且具備了自發性的創造及維護其生命價值

的力量。他在《儒家形上學》〈形上學本體論〉中，從史脈的發展論述了歷代儒家的生命學說，他指出《易》學發展至漢易，將五行思想摻入其中，將春生、夏長、秋收、冬藏的農業時節之作業律則，表徵著五穀的生長歷程，整體宇宙的變易總規律就是「生生」的律動原理。在天、地、人與萬物一體化的機體形上學中，《呂氏春秋》的十二紀、《禮記》中的十二月令，皆表述著當政者應配合天地化育的歷程規律來實踐公共政策，呈現了天生人成的天人共融原理。在生生的律動原理下，人應自覺地配合天時、因地利之宜而繁衍生息，體現贊天地之化育，合天地生生之大德的天人合一之生命大業。

　　羅光認為宋代理學家以天理、性命之理的觀點研究天地間萬物的化生之道。例如：周濂溪作《太極圖說》、朱熹倡理氣論，以「理一分殊」的形上至理詮釋天地萬物的有機聯繫，他認為「理一分殊」的形上至理即是「生生之理」。

　　生生之理的主流思想進展至明末清初的王船山創見性地提出「性自生而命日降」的動態、生態之性命論；清代乾嘉學派的戴震則由「氣化」提出生生而有條理的深刻思想。羅光透過這些論述總結出儒家形上學係自《周易》至宋明理學，在本體論上，係以「生生」的形上原理貫穿儒家的傳統思想。他終究推證出「生命」是儒家形上學研究的對象，且定性了儒家形上本體論的總特質是生命哲學。他汲取了《易經》中三個核心命題，轉化而用於建構儒家生命哲學形上學，那就是〈繫辭上·第五章〉所云：「一陰一陽之謂道，繼之者善也，成之者性也」、「生生之謂易」，以及〈繫辭下·第一章〉云：「天地之大德曰生」。

五、天道之「元」與人道之「仁」相貫通的形上原理

　　孔子說：「人能弘道，非道弘人。」弘道的實踐原則在於「志於道，據於德，依於仁，游於藝。」有學者說：「此四句話正足以說明羅光教授一生的志業和生命氣象之寫照，或可說是整體生命哲學理論與實踐的終極關懷。並且他以終

其一生的生命之光，燃燒自己照亮別人。」[6]我們據此可進一步指陳羅光「燃燒自己，照亮別人」的動力來源當來自其生命的內在性——仁。蓋羅光所理解的形上學原理本爲解釋萬物結構及其所衍生的外顯行爲。就生命哲學而言，生命主體的活動行爲（act）係源自內在的本性（nature）而來。羅光在其生命哲學的形上學中對生命主體之本「性」有細緻的解說。在《論語》的載述中樊遲問「仁」，孔子答以「愛人」。羅光進一步詮釋說：「仁本爲愛之理，在善德中，仁是愛。」[7]「仁」爲人先驗的道德本性，南宋朱熹著〈仁說〉謂：「天地以生物與心者也，而人物之生，又各得夫天地之心，以爲心者也。故語心之德，雖其總攝貫通，無所不備，然一言以蔽之，則曰仁而已矣。」羅光以生命哲學爲儒家形上學、人性論及道德哲學之立基點，特別重視朱熹仁心、仁性源於天地之心的天人關係說。他深刻闡釋了朱熹的〈仁說〉，指出：

> 人的生命爲天地好生之德所化生，爲天地之仁的表現，生命的本身也就是仁，仁的發育有如五穀的生命，春生夏成，秋收冬藏。但是人有顆靈敏的心，知道好生之德的意義，以自己的生命爲天地好生之德，乃以自己心中之仁，和一切的人物相通，自己一己的生活成爲仁的發育，生命和仁相連，仁爲生命的根基，爲生命的意義。[8]

仁爲人道德心靈的本性，稟受天地好生之德的本性，這是天人合生生之德，成就天人合一的形上理據，羅光說：「人心來自天地生生之理，人心故仁，親親，仁民而愛物。」[9]

　　《中庸》以「仁」釋人之所以爲人的本質：「仁者，人也。」《孟子·告子上》云：「仁，人心也」首開以「仁」釋心之進路，且在〈盡心上〉說：「親親

[6]　吳進安，〈羅光生命哲學的創化、發展與意義〉，《哲學與文化》，2005(369)。
[7]　羅光，《生命哲學》，臺北：臺灣學生書局，1988年。
[8]　羅光，《中國人格的創造者》，臺北：先知出版社，1974年。
[9]　羅光，《中國哲學思想史·清代篇》，臺北：臺灣學生書局，1996年。

而仁民，仁民而愛物。」孔子以「愛人」之涵義賦予仁德最基本的特徵。「愛」是發於人內心對他人的人文關懷和敬重，進而護惜、成全他人生命之意義和價值。同時，人自身也從這一歷程中獲得生命的莊嚴意義。愛人、惜物也是一種自愛和修養美德的途徑。《論語·里仁》載孔子言：「君子去仁，惡乎成名，君子無終食之間違仁。造次必於是，顛沛必於是。」

在朱熹之前的宋代儒學中，羅光認為周敦頤的《太極圖說》未論述人性。張載是宋代理學家中首位對人性提出理論解釋者。羅光透過對張載人性論的理解後，進行了概念分析的詮釋。他說：

> （張載認為）太虛為氣的本體，太和有相感的性，化生萬物，太和之性在人內，即是人的性。性在氣內，然不是氣，而是太極化生萬物之道，也就是萬物的生生之道。[10]

「氣」是構成人與萬物生命的有機元素，具有煥發生命活動的能量。氣之飽滿或虛欠表徵生命力之盛或衰，氣息的強弱對生命力之盛衰有透露信息的作用。質言之，氣是形構人之形體生命的宇宙元素。做為氣之本體的太和之性，才是人所稟受且成為人之本體的「性」。太極化生萬物的生生之「道」是使萬物變易不已的生發原理（genetic priciple），係動態方面的形上原理。做為人的「性」之所以然的「理」則為人性命的結構原理（structural principle）為靜態的形上構成原理。羅光予以釐清地指出：「『道』和『理』都是事物的理由。兩者所有的不同點，『道』指著事和物在動力方面的理由……，『理』指著事物在『存在』的方面說，例如：人之所以是人。」[11]張載以生生之理的天地之性言人的本體之性，將天人性命之理貫通為一。羅光把張載所謂人生之兩重結構：天地之性和氣質之性，做了更進一步的分析。他解釋說：「張載以性為生之理，即孟子所說的仁義

---

[10] 羅光，《中國哲學思想史·清代篇》，臺北：學生書局，1996年。
[11] 羅光，《中國人格的創造者》，臺北：先知出版社，1974年。

禮智之理。在一切人內都是同一。……『性於人無不善』，這就是天地之性。氣
質之性是孟子所謂命，即形體器官的良能，如耳目口鼻對於聲色臭味，這些良能
為氣所成的質，稱為氣質，各人所稟的氣不同，氣質之性也就不同。」[12]羅光認
為宋、明儒學所形塑的生命哲學源出於《易》、《庸》，旁擷道、佛，形成儒學
貫統天道與人道的一本論。體證人的天地之性，具生生之大德的仁之本體，建構
出生生之仁的生命哲學。宋明儒者特別發展了《易傳》的天人性命相貫通的心、
性、天、仁、生生之德一體化的整全性哲學。乾《文言傳》把天道的元、亨、
利、貞與人道的、仁、義、禮、智上下聯繫起來，天道的生生之理為乾元，人道
稟承天道乾元的生生之理謂之「仁」。因此，天道的生生之理即是「仁」，人愛
物惜生的仁德，就是「生（亦即生生之理）」，「仁」與「生（生生之理）」，
或「元」的同質性形成儒家生命哲學中的核心思想。[13]綜觀宋明儒學的形上學之
核心理論，生生之德是善之長，而生生之德的內核稱之為「仁」。萬物的本體皆
同具生生之理而為其內在的本真之性，形上的本性必待由陰陽二氣交感所化生的
形化而成為具體的存在者。「理」以化成「性」、「氣」以成形。雖然理學家之
間對理氣的概念範疇之理解、詮釋有差異，但就基本共識性的見解而言，他們咸
肯定萬物皆是生生之理與陰陽二氣之交感相合而成具體的存在萬物。值得特別重
視的是，宋明理學家皆承《禮記·禮運》所言，人是稟天地五行之秀氣而生。因
此，萬物中唯獨人最靈秀最為貴。人的靈性生命能感悟且體證生生之理。人憑著
仁、智雙攝而成己、成人、成物，贊天地之化育而與天地參，與天合生生之大德
而臻於天人合一之境界。羅光認為這是整個儒家生命哲學中最圓滿的、最完足的
最高境界，彰顯了人之生命哲學最深刻的意義和終極性的價值。

---

[12] 羅光，《中國人格的創造者》，臺北：先知出版社，1974年。

[13] 如：《二程遺書卷二上》曰：「醫家以不認痛養問題謂之不仁，人以不知覺不認義禮為不仁，譬最近。」《朱
子語類》載曰：「天地之大德曰生。天地絪蘊，萬物化醇，萬物之生意最可觀，此元者，善之長也，斯所謂仁
也。仁與天地一物也，而人特自小之，何哉！」

六、創生力的律動原理

　　西方哲學中的亞里斯多德與聖多瑪斯的形上學，認爲實體的變易需要動力因推動。羅光在這一影響下發現《易經》哲學視宇宙爲一變易的整體。《易·繫辭上傳，第五章》說：「一陰一陽之謂道，繼之者善也，成之者性也。」〈繫辭上傳，第二章〉云：「剛柔相推而生變化」，羅光認爲《易經》將萬物的動力因訴諸內在本性中陰陽兩種氣交感所產生的力量。換言之，萬物皆內具自身的動力，自動自發地由潛能至現實地運行，陰陽相推所交感出來的變化就是生命生成的歷程。[14] 陰陽兩氣交感不已，萬物也因此而化生不已，羅光把萬物所內具的創生力視爲其儒家形上學中最爲基本的核心理念。萬物所以能生生不息、新新相繼，就在於陰陽交感所產生的自發性的「創造力」。他認爲中國哲學對於宇宙萬物的變易現象和活動軌跡，常用「神」字來表述，例如：北宋理學家張載在其著《正蒙·天道》所謂：「天之不測謂之神，神而有常謂之天。」這種思想又可追溯到《易·繫辭傳·第五章》所云：「……一陰一陽之謂道。……陰陽不測之謂神。」羅光將遍在天地萬物中奧祕的生生不息之現象，歸因於形上的創生力所使然，陰陽相推互感的創生力，靈妙活潑，變化無窮，生生不息。他詮釋創生力與萬物生命的關係說：

> 這種化生的變易，是由「創生力」而成，「創生力」的變易稱爲生命，
> 生命便由「創生力」而成，也就是實體的「實體存在」由創生力而成。[15]

萬物生命由「創生力（生生之力量）」所成就，他立基於此，進一步具體分析出生生不息的創生力呈現在生命現象中的特性及其律動之原則，茲分述於下：

---

[14] 羅光說：「宇宙萬物，都不是純淨的行，一切的動都由能到成，因此，生命便是繼續由能到成的行。」見其所著《生命哲學》修訂本，臺北：臺灣學生書局，1988年版，頁61。

[15] 羅光，《生命哲學》，臺北：臺灣學生書局，1988年。

（一）聯繫性

　　凡生命實體就其自身而言，係一獨立的自立體，也是不可分割的有機性整體。蓋創生力發動生命實體從潛能到現實，且使之綿延不斷地活動。由「潛能」至「現實」的活動歷程，亦即「行」才能維繫生命實體的存在不已，且衍生連續性的生命活動。他的這一概念源於法哲柏克森所謂生命是綿延的，意指生命的活動及其活動的完整性不容分割。基於這一論點，創生力在生命實體內相流通，係出於連繫性使然。此一種連繫性出於生命實體內的創生力，生命實體也因創生力的聯繫性而呈現為相續不斷地整全性之生命體。

（二）秩序性

　　他對萬物之森然有序，不採西方之對立分化法，例如：將世界區分成有生命的和無生命的世界。他接受中國層級性秩序結構的存有思想。例如：《荀子・王制篇》說：「水火有氣而無生，草木有生而無知，禽獸有知而無義；人有氣、有生、有知亦且有義。故最為天下貴也。」荀子對天地間所並存的不同物類做了分析性的物類論述。但是不同物類間不是對立分化的，而是相互聯繫且透過一秩序性的結構隱然存在一系統化的、整全性的統類之理，具有虛壹而靜的大清明心之聖人才能以開放的知識心靈兼通萬類之理，亦即能按統類之理建構出一套相對應的禮憲機制出來。這是社會機制所以能建構出分工合作之整全性社會的秩序依據。**16**

　　他在宋明理學中較鍾情於朱熹和王夫之。朱熹的理氣論與亞里斯多德的形質論可資為雙向格義之類比論述。朱熹認為萬物的具體存在必須具備「理」和「氣」兩要件。「理」是對存在者本質的規定，亦即構成存有者的性命之理。「氣」則指陰陽二氣以多樣化的交感方式，形塑出存有者的外形。雖然，理學家

---

16 對荀子而言，人是具有知識理性的存有者，人不但能以概念認知分辨物類之不同，且以各得其宜的整體性秩序結構安置不同的人與物類。〈王制篇〉云：「人何以能群？曰：分何以能行？曰：義。故義以分則和，和則一，……。故序四時，裁萬物，兼利天下，無它故焉，得之分義也。」

們容或對「氣」以及「理」或「氣」的相互關係有不同的理解、詮釋,可是他們共同肯認萬物之生成皆係生生之理與實然之氣所結合成的生命實體,也都公認人的靈智靈能最足以體認和透過實踐以體現生生之理於贊天地的化育中。上下貫通天人的生命內核之理的「仁」即是生生之理的實現憑據,也是生生之理得以完足化實現的最高境界。《易‧乾象》曰:「乾道變化,各正性命,保合大和,以利貞」。其中「各正性命」與「保合太和」最能詮釋創生力的秩序性。

(三)創生力的律動法則

《易‧繫辭下傳第二章》從陰陽交感的變易中洞悉出一恆常性的法則,所謂:「窮則變,變則通,通則久」。此一法則也可由六十四卦之起、承、轉、變來見證。開首的乾坤兩卦以萬物資始、萬物資生的源生性動力首出庶物,卦與卦間在窮、變、通、久的相續歷程中,轉展無礙,末以未濟寓意綿延無盡的生生之創生力。羅光從六十四卦的銜接變通之曲折歷程中,提出其統攝性的要旨,他說:

> 易經講宇宙的變易,變易有原則,稱為天地之道,宇宙變易由陰陽兩動力而成,陰陽兩動力常繼續變易。宇宙的變易便是長久的變易,不會停止。兩動力相接觸不是互相排擠、互相否認,而是互相結合、互相調劑。陰陽兩力互相結合,常隨時地不同,但常是適合時與位,所以易經的卦爻求居中正,以得時中,因得時中,宇宙變易顯的非常和諧,整個宇宙的現象都互相協調。[17]

我們可以細讀這段話而抽繹出內蘊於其中的「有機結合」、「變易不息」、「中正」、「和諧」與「時中」等五大律動的法則。「變易不息」係指剛

---

[17] 羅光,《生命哲學》,臺北:學生書局,1988年。

柔相推而生變化，係生化不已的創新不息法則。「變易不息」是萬物循理往復，更迭恆益、歷久不衰的法則。如〈恆卦・大象傳〉曰：「恆，久也。恆久不已也。利有攸往，終則有始也。」終則有始、循環往復是恆保生命相續長久的運行模式。

　　「一陰一陽之謂道」、「陰陽合德而剛柔有體，以體天地之撰，以通神明之德」是「有機結合」原理。乾象曰：「乾道變化，各正性命，保合太和，乃利貞」是和諧原理。卦爻中若陽爻屬陽位且居中爻爻位，陰爻居陰位且居中爻爻位是順暢吉利的中正原理。《易・繫辭下傳辭》：「變通者，趣時者也。吉凶者，貞勝者也」是合時與位原理，亦即時中原理。「時中」指變中有常，合時與位地通達順適，日新其德，富有其業。羅光認為時中原則是生命發展的核心性原則，貫穿其他四原則，可統攝其他四原則的律動總原則。換言之，時中原則是《易》言窮、變、通、久的亨通原則，意指一陰一陽的交感互動，莫不協調中和，且因時、地、人、事制宜，無過與不及的偏頗現象。〈艮卦・大象傳〉曰：「時止則止，時行則行，動靜不失其時」，我們可以「時中變通律則」來稱謂之。時中變通律體現在天道與人道之中，機趣無窮，意境深遠。《易・乾卦文言傳》所謂「夫大人者，與天地合其德，……知進退存亡而不失其正者，其唯聖人乎！」可說係儒家透過創生力律動原則，以實現「天人合德（生生之德）」價值的實踐性法則。

第二節　羅光對朱熹、王陽明心論之詮釋

一、前言

　　羅光承西方傳統哲學視形上學爲第一哲學的講法，認爲宋明理學家的核心思想乃在論究人與事物存在的性理，亦即形上理據。他舉出理學家在形上學有關宇宙論方面提出太極、陰陽之類的概念範疇；在存有論的存有者方面則論及道與器、理與氣等概念範疇，在人性生命機能方面論述了性、理、心、情、才等概念範疇，他認爲這些概念範疇皆屬於對實體本性的討論，亦屬於形上學的課題，這些學說構成了中國哲學中的形上學，宋明理學所論述的天人性命道德問題不只有人倫道德的學說意義且有形上學的向度，因此能建立道統，影響後世深遠且獲致中國歷史、哲學與文化的地位。然而，宋明理學講心與性和人的德行實踐究竟有何密切的相互關係，顯然，朱熹和王陽明的心論構成兩種理學的範型。本書擬以「心」論爲主題探討他對朱熹與王陽明所做的對比性研究。

　　宋明理學所論究的「理」主要是針對人性中具道德屬性的心性之理，亦即當然法則的應然之理，儒家論道德心靈與人生命之本質和意義，最具原創性智慧者，莫先於孟子，孟子從人禽之辨中指點出人之所以爲人的生命尊貴處，《孟子》書〈告子上〉曰：「欲貴者，人之同心也。人人有貴於己者，弗思耳。」人性尊貴處在先驗地崇尚理義的精神價值。〈告子上〉篇有云：「心之所同然者，何也？謂理也、義也。聖人先得我心之所同然耳，故理義之悅我心，猶芻豢之悅我口。」人之所以愛慕喜悅道德上的理義價值，其普遍性係根源於人性蘊含了先天性的道德種性，〈盡心上〉篇謂：「仁義禮智根於心」。因此，孟子在儒家心性論上提出了影響後世深遠的洞見，〈告子上〉篇斷言：「仁義禮智，非由外鑠我也。我固有之也，弗思耳矣。」對孟子而言，仁義禮智的四端之性是仁義禮智

四端之心的所以然之理，四端之心彰顯四端之性。宋明理學則接著講心與性和人的德行實踐究竟有何密切的相互關係，顯然，朱熹和王陽明的心論構成兩種理學的範型。

　　羅光兼研中、西哲學，特別關注儒家的生命哲學，以「生」、「仁」、「誠」三核心概念建構他的儒家生命哲學之理論，熟悉他的人多稱他是位有儒家性格的天主教教士。[18]綜觀其一生對中國哲學之研究和著作成果，不難看出他對儒家用心最深，在專著方面主要有《儒家形上學》、《儒家哲學的體系》、《儒家哲學的體系續編》、《儒家生命哲學的形上和精神意義》和《王船山形上學思想、歷史哲學》。在研究方法上，他採取與西方士林哲學相融合，致力於儒家哲學系統化、周備化之研究。不可諱言的，他將生命哲學的核心論點，貫穿在儒家形上學與倫理學且盡可能地予以體系化。他對朱熹和王陽明的論述主要呈現在他所撰寫九冊《中國哲學思想史》中。他在《中國哲學思想史》宋代篇下冊裡第八章以233頁篇幅較詳實的論述了朱熹的哲學思想，在元、明篇中以104頁論及王陽明[19]。本文擬以「心」論為主題探討他對朱熹與王陽明所做的對比性研究。

二、朱子與王陽明心論之方法有別

　　朱子與陽明論心之方法進路之差異，可從兩人對〈大學〉文本：「格物致知」理解方式之不同而突顯出來。「格物致知」一詞源自〈大學〉「三綱領」、「八條目」的「格物」、「致知」兩條目。[20]朱子視〈大學〉的三綱八目為初學

---

[18] 據長期從學於羅光的汪惠娟謂：「說他老人家是一位道道地地儒家性格的天主教教士，則一點不為過。羅總主教以結合儒家思想與天主教信仰為使命，致力於為中國的文化注入新的精神，以開展中國文化未來的新契機。」參見汪惠娟《導言：生命哲學：羅光紀念專題》頁1，「哲學與文化月刊」2005年2月一刷，臺北市五南出版。

[19] 羅光對朱熹的論述見《中國哲學思想史》宋代篇下冊603頁至835頁，臺灣學生書局2004年元月增訂重版，對王陽明的論述見同一部書元、明篇頁345至449，臺灣學生書局2001年元旦初版。

[20] 〈大學〉原為《禮記》第四十二篇，產生的年代已不可在中國思想史上亦久乏人注意，唐代韓愈在其〈原道〉

者的入德之門，他教人讀四書的次第方法說：「某要人先讀大學，以定其規模；次讀論語，以立其根本；次讀孟子，以觀其發越；次讀中庸，以求古人之微妙處。」[21]他在其《四書集註》對〈大學〉第一章「致知在格物」語句的解釋是：

致：推極也。

知：猶識也。推極吾之知識，欲其所知無不盡也。

格：至也。

物：猶事也。窮至事物之理，欲其極處無不到也。

又在〈大學補傳〉詮釋說：「所謂致知在格物者，言欲致吾之知在即物而窮其理也。蓋人心之靈莫不有知，而天下之物莫不有理。」對朱子而言，「明明德」是大學之大綱，「格物致知」才是讀大學的著力處。[22]朱子暢言格物之知是對自身和客觀事物的概念思辨之知，所謂：「聖人只說格物二字，便是要人就事物上理會。且自一念之微，以至事事物物，若靜若動，凡居處、飲食、言語無不是事。」[23]顯然，朱子是較傾向知識論的論述脈絡，其格物致知較屬於對象之知、名言概念之知或客觀化的理性知識，其中還涉及事實真理的實然之知。

至於王陽明則採取道德主體實存性的體驗之悟修雙行進路。他是教人從各自生活世界的處境歷程中針對道德心靈，亦即仁心仁性，自發性的開顯時機，當下自覺自悟，體證道德本心實存於己。他對「致知」理解爲致良知，或良知發用於對意念的自覺和是非判斷之檢驗，固然，陽明對「格物」的解釋爲：「我解格字

一文中曾引〈大學〉八條目中的六條目，卻略掉「欲誠其意者，先致其知；致知在格物」二句話，可見「格物致知」義在韓愈的時代，迄未被看中。

[21] 《朱子語類》，卷14。

[22] 朱子在〈大學章句〉中自謂「窮其程子之意」爲「格物致知之義」作134字的〈格物補傳〉，該補傳對朱子理學的思維及表述方法極具重要性，決定了朱子以「窮理」來解釋「格物」之路徑，心的靈妙處在於心能窮究客觀的事物之理，可以由累進性的認知達到人認知能力範圍下融會貫通的「所知無不盡也」。

[23] 《朱子語類》卷15。

作正字義，物作事字義。」[24]、「物者事也，用意之所發必有其事，意所在之事謂之物。格者，正也。正其不正以歸於正之謂也。正其不正者，去惡之謂也。歸於正者，爲善之謂也。夫是之謂格。」[25]羅光認爲陽明「心即理」的頓性方法係得自禪宗明心見性的參悟法，他說：

> 禪宗實行直接體驗，摒除一切分析，因爲本體眞如，超越一切，絕對無量，不能用分析去研究。禪師頓悟時，自性本體在心中顯露，心和本體合一，本體涵蓋一切萬法，萬法和本體融會爲一。王守仁頓悟格物致知之道，理在人心，人心即理。[26]

「直接體驗」的方法是有別於對經驗世界客觀存在的對象進行抽象的思辨推理以獲致概念的知識，禪師的頓悟方法係反觀內照，參悟自性本體的體驗之知，內證之知，以般若空智開悟出自性本空的空理，萬法唯心造卻是眞空妙有的緣起法。陽明的心學方法雖也借鏡禪宗心悟內照的直接體驗法，且頓悟格物致知的人心即理。但是，心即理是否與禪宗自性本空，心只是寂照一切的空靈心呢？羅光在其《中國哲學思想史・元明篇》中也注意到且引用了陽明不同於朱子和禪宗的講學之義。他引陽明所言：「然世之講學者有二：有講之以身心者，有講之以口耳者。講之以口耳，揣摸測量求之影響者也。講之以身心，行著習察有諸己者也。……夫謂學必資於外求，是以己性爲有外也，是義外也，用智者也。謂反觀內省爲求之於內，是以己性爲有內也，是有我也，自私者也。是皆不知性之無內外也。故曰：『精義入神』，以致用也。利用安身，以崇德也。性之德，合內外之道也。此則可以知格物之學矣。」[27]羅光對這段話的詮釋是陽明指出講學的方法有藉著口耳的感性與純進行分析性研究的見聞之知，乃窮理於外的路數，亦

---

[24] 《傳習錄》卷下，〈門人黃以錄〉。

[25] 《傳習錄》卷上，〈陳九川錄〉。

[26] 見羅光，《中國哲學思想史》元、明篇，頁356，臺北：學生書局，1981年初版。

[27] 《王文成公全集》卷2，〈答羅整庵少宰書〉。

有藉身心而行著習察的直接體驗心，性所以然之理的途徑，他斷言陽明自己採取後一途徑，羅光進一步闡釋說：「『精義入神』，以自己的心，深入性理之中，體驗性理的活潑生動，直接現之於事物，『利用安身』。」[28]羅光還指出陽明體驗之知的方法要點在貫通了性、理無偏執於外或內而是合內外，貫知行的心學方法，他還指出陽明與佛學使用體驗法的同中有異之處，他認為大乘佛學的天臺和華嚴特別強調理事相融以消解理與事之隔閡，禪宗則破除心物之別，心所體證之知的內容就事自性本空，心有寂照作用，本來無一物。他認為陽明有別於朱子對外物窮理致知，也不同於佛學的返觀自照心性之本體真如，陽明合內外之道的方法旨在「夫理無內外，性無內外，故學無內外。」[29]的形上義理。

三、由形上學視域詮解朱、王心論

羅光承西方傳統哲學視形上學為第一哲學的講法，認為宋明理學家的核心思想乃在論究人與事物存在的性理，亦即形上理據。他舉出理學家在形上學有關宇宙論方面提出太極、陰陽之類的概念範疇；在存有論的存有者方面則論及道與器、理與氣等概念範疇，在人性生命機能方面論述了性、理、心、情、才等概念範疇，他認為這些概念範疇皆屬於對實體本性的討論，亦屬於形上學的課題，這些學說構成了中國哲學中的形上學，宋明理學所論述的天人性命道德問題不只有人倫道德的學說意義且有形上學的向度，因此能建立道統，影響後世深遠且獲致中國歷史、哲學與文化的地位。[30]他認為張載氣化萬物的宇宙生成論中，「理」是「氣」的一種特性，至於朱熹則以「理」、「氣」相結合而實現存有者或具體

---

[28] 見《中國哲學思想史》元、明篇，頁354。

[29] 羅光這一引用與出處同前註。

[30] 羅光認同東方美、唐君毅、馮友蘭等前賢的共識性見解，確認儒家所強調的人倫道德學說，係建構在儒家形上學的基礎上。

的存在。因此，人是由理與氣結合而成的，「理」構成人之所以爲人的人性，「氣」形成人的形體。依朱學，在天人性命的宇宙生成論上，形上的理墮入氣中構成人的仁、義、禮、智等道德意義的性理，性理內在於氣中結合成氣質之性。羅光一方面詮解朱子的理是人的本體（道德本體），另方面氣稟之殊也形成了人與人個別差異的個性。他說：

> 然而人之體還包含人的個性，人之所以成人在於理，這一個人之成爲這一個則在於氣。……朱熹所講的氣則包含質素、個性、和存在；因爲理因氣而爲具體之物性，有氣即有存在，有存在當然有個性，因此朱熹乃講氣質之性。[31]

「個性」是人氣質之性的各別屬性，這一詮釋可說是羅光的創見，但是他未進一步地作細緻的具體分析。至於具道德屬性且構成人之所以爲人特質的「理」則嚴格地界定爲人禽之辨下的「人性」，程伊川提出的性即理，爲朱子所承接。朱子有云：「性者，人所受之天理。」[32]「性只是理，萬理之總名。此理亦只是天地間公共之理，稟得來便爲我所有。」[33]人由天命所共同稟受的天理或先驗的道德之理不但內在於每一個人，且構成人與人超越殊別性的同一性，亦即人之所以爲人普世性、不變性的「公共之理」。令人質疑的是視爲天理的性理與人之「心」有何區別和關係呢？羅光指出：「朱熹則以性和心有分別，他接受張載的思想，以心統性情，即是心包括性和情，也就是心除性之外，還有情。從本體論說，性爲理，情爲氣，心包括理和氣。」[34]依朱子所謂：「心者，氣之精爽。」[35]、「心以性爲體，心將性做餡子模樣，蓋心之所以具是理者也，以有性

---

[31] 見前揭書，《中國哲學思想史》宋代篇（下冊），頁712。

[32] 《朱子語類》卷5，臺北：漢京文化事業公司，1970年初版，以下簡稱《語類》。

[33] 同上，《語類》卷117。

[34] 見前揭書，頁733。

[35] 《語類》卷5。

故也。」**36**「理」在「氣」中，性即理，心爲精爽之氣，由此可推導出先驗道德本性之眾理內具於「心」中。羅光依據《周易·繫辭上傳·第四章》：「精氣爲物，遊魂爲變。」認爲朱子所用「精爽」一詞來自《易》，他把清純之氣，亦即「精爽」之氣斷言爲精神。他解釋說：「『氣之精爽』，乃是清氣，清氣沒有物質，沒有量，便爲虛。虛不是空間之虛空，而是說沒有物質，乃是精神。」**37**羅光所謂的「精神」是否就是不具形下物質屬性的形上實有？他雖未明確肯認，卻有隱含意，預設了心可居敬窮理以實踐德行的可能性條件。

他對比朱、王心論的差異在於朱子和陽明皆肯定〈大學〉的「明明德」，但是朱子和陽明最大的不同是朱子不講良知，陽明則以「良知」釋心之特徵，卻據以闡釋「明明德」。朱子採客觀實有論的理氣說來解釋性即理，心統攝聯繫「理」「氣」，心不是性不是理，心是內寓性理的載體，爲精爽之氣。換言之，視爲「明德」的性理寄存於心，卻不等同於心。陽明37歲在龍場的困處和不安之心境感中大悟格物致知之旨，頓悟心即理的核心命題，陽明說：「始知聖人之道，吾性自足，向之求理於事物者誤矣！乃以默記《五經》之言證之，莫不吻合。」**38**羅光針對陽明頓悟心即理，源於「日夜端居澄默，以求靜一，久之，胸中灑灑」**39**指出陽明對萬物之理的領域是要從自己的心中體驗。然而，羅光未清楚的界說陽明所領域的萬物之理的範圍何指？對於這一點我們必須對陽念繫的「聖人之道」前理解的狀況立即做一說明，陽明早在12歲即立志成聖賢。**40**其友湛甘泉說他求聖賢之歷程有曲折的五溺之歧出。**41**陽明18歲時，在江西遇婁一齋（諒）告之以格物致知的成聖賢之道。陽明21歲時準備了科舉考試的應考知識與友居官署共格亭前之竹期能獲致成聖賢的所以然之理，卻未果而勞思致疾。事實

---

36 同上，卷95。

37 見前揭書，頁737。

38 《王陽明全集》卷33，〈年譜一〉，上海古籍出版社，1992年，初版，頁1228。

39 同上。

40 陽12歲時曾問塾師：「何謂第一等事？」塾師答以「惟讀書登第耳」，陽明不以爲然，主張「學聖賢」提第一等事。

41 五溺指：初溺於任俠之習，再於騎射之習；三溺於辭章之習；四溺於神仙之習，五溺於佛寺之習。

上，陽明格竹是格外物之理，竹之理是自然法則之理與人皆可以爲堯舜的聖人心性之理不相干，這是受挫折的原因。成聖賢存有學意義的「理」至陽明37歲在身陷惡劣困境時，設身處地的沉思著聖人在此境域其居心爲何？乃頓悟出「聖人之道，吾性自足」。羅光直至其著作，處理陽明心是理一節時[42]才總結式的說：

> 綜合守仁（陽明）對於心的思想：守仁所講的心，爲具體的天理，爲天理和物的交接。心，虛靈不昧，遇物即燭照物之理，即表現心之理。心理的表現爲直接的體驗，在體驗中，心物同一，知行合一。心的本體是明瑩，是未發之中，是至善。

羅光對陽明未發之中的心之本體是至善，這一詮釋是精確的，因此，我們可以說陽明的「心」是實存性的道德本心，朱子的「心」雖是「理」之寓所，但是性即理，心屬精爽之氣，理氣不離不雜，因此，朱子的「心」非道德本心，與先驗道德的眾性理不離不雜，這是朱、王兩人在形上視域的心論最根本的差別所在。

陽明的道德本心能發爲流動的道德意識，對天理有內在的靈明感通之上達作用，本心之發動與人性（廣義）的其他機能表現爲一整體性的意識之流。他在「心即理」的形上命題下解釋說：「理一而已。以其理之凝聚而言則謂之性；以其凝聚之主宰而言則謂之心；以其主宰之發動而言則謂之意；以其發動之明覺而言則謂之知；以其明覺之感應而言則謂之物。故就物而言謂之格；就知而言謂之致；就意而言謂之誠；就心而言謂之正。」[43]對陽明而言，心、性、理、意、知、物、格、致、誠、正皆收攝於心體流行歷程中所呈現的不同層面之樣相，就實存的道德精神體而言，可謂一體多端相，諸多端相相互涵攝，有機的聯繫、往

---

[42] 《中國哲學思想史・元明篇》第三章，論陽明「心」學之「心是理」一節，頁382，才就心所蘊涵的「理」釐清其性質。

[43] 《王文成公全集》卷2，〈答羅整庵少宰書〉。

來而構成整體性的圓融。羅光針對陽明和朱熹在人性生命機能之不同解說，提出了較具體詳細的詮釋，他說：

> 朱熹不以意和物歸於理、性、心之一，情是心之動，意是心動之所之，物則是意之所之。因此，朱熹以情動而向於物，物在外；知動而對於外，物外在，主體和客體不是同一的唯一體，情和知的對象爲客觀的外體，……王守仁則以物在心內，物爲明覺之知的感應。……心的明覺也就是理的明覺，理的明覺就是明明德。明明德所有的感應是什麼呢？不是知所知的對象，對象不稱爲感應，感應是因著知所知的對象而引發的。孝之理在被認知時，引發什麼感應的呢？是去行孝。明覺所引發的感應便是行。**44**

蓋朱子論心探心統性情的論述架構，以理釋性，以氣釋心，情係心之所發，不論情之發或格物的認知活動皆由主體外向於外物或客觀的外體。羅光認爲朱、王論述之區別在朱子探對事物的分析研究，陽明既不探知識論脈絡的概念分析法，也不採用一般禪家的空寂靜坐體證本體真如之方法。羅光認爲陽明採人的活潑生命感物應事，亦即活在當下，人性機能自發性的呈現之真切體驗法，所謂：「也就是直接應證法，直接體驗心中之理，在理中行。」**45**羅光認爲陽明這種直接體驗心中之理且當下湧現道德意志意向性的方法，乃是陽明所說的「致良知」，致知就是致良知的應然之理和應然之行。筆者認爲羅光在這方面對朱、王的詮釋是細緻而深刻的，頗有參考的學術價值。

---

44 《中國哲學思想史》元明篇，頁355。
45 同上，頁358。

四、朱、王如何以「仁」釋「心」

我們從《論語》中未見孔子論述「仁」與「心」的內在關係，孟子是我們首見以「仁」釋「心」的儒家心學家，《孟子・告子上》曰：「仁，人心也。」他不僅以「仁」直指人道德心靈的核心屬性所在，同時，將「仁」視爲人安身立命的本根，《孟子・公孫丑上》云：「夫仁，天之尊爵，人之安宅也。」因此，孟子的人生價值之實踐在於實現人心中的仁性成就仁人的仁德，《孟子・盡心下》所謂：「仁也者，合而言之道也。」孟子謂「惻隱之心，仁之端也」。[46]他將惻隱之愛心的所以然之理，仁性置於四端之心的首位，眾所周知，朱子將「仁」分析爲以「愛」釋仁的偏言之仁，以及以統攝諸德意含釋專言之仁。朱子和王陽明在論「心」時，都特別看重「仁」與「心」的密切關係，朱子中年有〈仁說〉的專文，陽明則在晚年提出心學中圓熟的「一體之仁」。羅光對朱、王兩人以「仁」釋「心」的論述也特別重視而提出他的詮釋性見解。

朱子曾論及人與天地之有機關係時說：「人之所以爲人，其理則天地之理，其氣則天地之氣。理無跡，不可見。故於氣觀之，要識仁之意思是一個渾然溫和之氣，其氣則天地陽春之氣，其理則天地生物之心。」[47]

朱子以天地生生不息的生物氣象，詮解《易》所謂「天地之大德曰生」，將天地生生化化的不息歷程擬人化地詮解天地有好生之德，因此，對朱子而言天地之理就是生生之理，天地之氣是具有生命核仁意義的陽春之氣。從天地生意勃發的陽春之氣，將天地生生之理詮釋爲天地有生物之心。朱子有篇長期深思熟慮所成文的〈仁說〉[48]，首段說：

---

[46] 《孟子・公孫丑上》。
[47] 《語類》卷6。
[48] 我們由朱子與張南軒辨仁說的書信中，得知〈仁說〉成於〈克齋記〉之後，〈克齋記〉亦以論仁爲題旨，收入

天地以生物爲心者也。而人物之生，又各得夫天地之心以爲心者也。故語心之德，雖其總攝貫通，無所不備，然一言以蔽之，則曰仁而已矣！請試詳之，蓋天地之心，其德有四，曰元亨利貞，而元無不統。……故人之爲心，其德亦有四，曰：仁義禮智，而仁無不包。其發用焉，則爲愛恭移別之情，而惻隱之感無所不貫。……論人心之妙者，則曰仁，仁心也，則四德之體用，亦不遍舉而賅。[49]

陳榮捷提出對朱子仁說的看法，他說：「仁說主腦，在於『心之德，愛之理』六字。此兩詞見於論語與孟子集註者十餘處。」[50]他舉證《孟子梁惠王上》孟子見梁惠王章註云：「仁者心之德，愛之理」，主張朱子賦予這一「仁」之涵義，並非偶然，是經十數年深思熟慮後的晚年定論。依朱子，人得「天地之心以爲心」，人心本於天心，仁德源於天德，皆有不容已的好生之德，愛之理指對生命珍愛珍惜之理。朱子說：「人皆有不忍人之心者也，是得天地生物之心爲心也。」[51]至於心所蘊含的仁德是統攝四端之性的性理，朱子說：「蓋人生而靜，四德具焉，曰仁、曰義、曰禮、曰智皆根於心而未發，所謂理也，性之德也，及其發見，則仁者惻隱、義者羞惡、禮者恭敬、智者是非，各因其體以見其本，所謂情也，性之發也，是皆人性之所以爲善也。但仁乃天地生物之心。而在人者故特爲衆善之長，雖列於四者之目，而四者不能外焉。」[52]

羅光認爲王陽明以良知釋「心」，朱子雖不講良知，卻肯認〈大學〉之明德且以仁義禮智之性界說「明德」，明德由心之格物窮理來燭明，他引申朱子〈仁說〉謂：「心之性理稱爲明德。明德爲仁，爲心之德，乃心所得於天而光明正大者。仁爲人心之德，含有仁義禮智。」[53]理氣不離不雜，性理是寓居於心內的本

《朱文公文集》卷77，朱子時年43歲。

[49] 《朱文公文集》卷67，上海：商務印書館，1975年，頁1244-1245。

[50] 陳榮捷《朱學論集》頁42，臺北：臺灣學生書局，1982年初版。

[51] 《語類》卷53。

[52] 《朱文公文集》卷32，〈答張欽夫論仁書〉，頁508-509。

[53] 見《中國哲學史》宋代篇，頁739。

體，心之感發未必然是善，因爲心兼有氣，氣動而發爲情，情可中節或不中節，中節爲善，不中節爲惡；善惡皆爲心之動。羅光的解析對照朱子的本文大致精確無謬，卻未注意到心統性情的架構下，性發爲情的提法，令人質疑何以四端之性的明德會發成情之惡淪爲氣邊事？再者，若以情之中節與否釋心之動而判善惡，則無視於這種說法原出於〈中庸〉首章「喜怒哀樂之未發謂之中，發而皆中節謂之和」，〈中庸〉論情緒性的四情和孟子言四端之心所發的惻隱等四情是不同的論述脈絡，而且「情」在這兩種不同脈絡中的內容指義各有不同，如何釐清其間的關係和證成朱子的論述，應有更清楚的問題意識和深刻的分析、嚴密的論證。

不過，值得我們特別注意者，羅光於1956年撰《儒家形上學》一書時，已明白地指出《易》爲儒家形上學的根據，他在撰寫《中國哲學思想史》時，對涉及研究易學的前賢皆提要鉤玄，提煉出不少有深刻涵義的概念，他認爲〈易·繫辭傳〉：「生生之謂易」一命題把天地萬物的變化都聚焦於生命的主題上，生命成爲宇宙的核心價值，他總結出生命哲學是儒家哲學的精髓。「生命哲學」一詞未見於中國哲學史的史料上，羅光首先用這一語辭是他在1974年出版的《中國人格的創造者》第四章中，所謂：「孔子以仁爲自己的一貫之道，仁即生生，即是愛惜生命，孔子的仁的哲學，便成了生命哲學。」他在1983年出版的《儒家哲學的體系》一書中表述了儒家哲學的三大體系，形上學體系以萬有是「生」的存有爲核心；在倫理學體系中，強調人的生命核心在心中的仁，這也是他爲什麼在研究朱熹、王陽明時特別關注心與仁之內在關係的問題。他在儒家精神修養（亦即心性的工夫實踐論上），以自覺性的「誠」之存養實踐爲核心理念，質言之，「誠」是「仁」的修養工夫。至於這三大體系，羅光係以生命來貫穿「生」、「仁」、「誠」這三項核心概念的，這也是他所以特別重視朱子《仁學》的深層理由，具長期研究羅光思想的汪惠娟說：「萬物中能夠自覺其本性，並能自作主宰地充分加以實現的是作爲萬物之靈的人，因爲人有仁智之心，通過人心的自覺，可以開展日新又新、自強不息的道德實踐，藉著實踐之「誠」以盡己之性，盡物之性，以贊天地化育之大業。「仁」就成爲人之所以爲人的終極價值。……（羅光）在1985年出版《生命哲學》一書，完整地提出他自己的生命哲學，《生

命哲學》是羅光畢生的學術菁華。」**54**由此更可理解，「生命哲學」不但是羅光研究儒家哲學的精髓，也是他畢生的學術菁華。

由是觀之，羅光在研究陽明心學時，自然格外被羅光視爲人之生命核心價值的「仁」說了。他在其《中國哲學思想史・元明篇》第三章以極大的篇幅論述王陽明，特別以「一體之仁」爲標題闡釋了陽明大學問中的一體之仁與羅光所重視的生命哲學之相關聯處。羅光以儒家心學的立基點和論述脈絡，認爲儒家以人和天地萬物相連，人心的靈明感通作用能體驗其間的關係。據羅光的了解，陽明沒有特別講究形上宇宙論，只關注講究致良知的倫理學，儒家的倫理學以易經的形上宇宙論爲根基，陽明也借《易》的思想資源來解釋己見，羅光引了陽明論《易》生生之理的一段精闢語，陽明說：「太極生生之理，妙用無息，而常體不易。太極之生生，即陰陽之生生，……就其生生之中，指其常體不易者，而謂之靜，……陰陽一氣也也，一氣屈伸而爲陰陽；動靜一理也，一理隱顯而爲動靜。」**55**羅光詮釋陽明將不易的生命稱爲陽和動，不易之常體稱爲陰和靜，皆非出於分析的抽象觀，而是出於陽明對見體流行生命的體驗。羅光謂陽明：「從宇宙中可以體驗到不息的生命，可以體驗到不易的常體。」**56**陽明對良知流行的生命也是基於眞切的實存的體驗，陽明有云：「夫良知一也，以其妙用而言謂之神，以其流行而言謂之氣，以其凝聚而言謂之精，安可以形象方所求哉！」**57**對陽明而言，「仁」是貫通天人的造化生生不息之理，生生不息是一漸變的歷程。天地與人在生生之機妙處，亦即在生生之仁上有默契而使人有渾然一體之感受，陽明認爲人是天地之心而有一體之仁的感通和隱然之知者在於仁心之靈明感通之知，所謂：「可知充天塞地，中間只是這個靈明。人只爲形體自間隔了。我的靈明便是天地鬼神的主宰，天沒有我的靈明，誰去仰他高；地沒有我的靈明，誰去

54 見汪惠娟，《變易與永恆-羅光生命哲學之探微》，頁11，臺北：哲學與文化月刊雜誌社，2005年2月初版一刷。
55 陽明，〈答陸原靜書〉，刊於《傳習錄中》，《王文成公全書》卷2。
56 見《中國哲學思想史・元明篇》，頁439。
57 見《傳習錄中》，〈答陸原靜書〉，刊於《王文成公書》卷2。

俯他深……我的靈明，離卻天地鬼神萬物，亦沒有我的靈明。如此，便是一氣流通的如何與他間隔得！」[58]一氣流通於人與天地萬物，這是機體宇宙觀的講法，人與天地萬物皆由有機的「氣」所化生、所聯繫、所流通，人心的靈明也就是虛靈明覺的意識作用，人清明的有靈性的意識作用可涵蓋統攝一切。同時萬物因人的靈明而在人靈性生命中被賦予了生動活潑之意義和價值。換言之，陽明的一體之仁的基礎是構築在莊子所謂「通天下一氣耳」，〈齊物論〉的宇宙觀以及陽明切身體驗到良知靈明的意識作用可涵攝意識作用所及的一切，天地萬物也在意識所及處呈現在人的意識世界中。一體之仁的意識世界，雖有意識主體和所意識的客體，卻在一氣流行的旁通統貫下融釋為渾化主客之間隔而有整全性的一體感。

陽明在56歲，亦即他逝世的前一年，講授〈大學問〉表述其一體之仁，他說：

> 大人者，以天地萬物為一體者也。……見孺子之入井，而必有怵惕惻隱之心焉，是其仁之與孺子而為一體也。孺子猶同類者也。見鳥獸之哀鳴觳觫，而必有不忍之心焉，是其仁之與鳥獸而為一體也。……見草木之摧折而必有憫恤之心焉，是其仁之與草木而為一體也。……見瓦石之毀壞而必有顧惜之心焉，是其仁之與瓦石而為一體也。[59]

陽明的一體之仁不是抽象的概念分析所得的結論，而是他在其生活世界中積累了實存性體驗的形上直覺感受，他在一體之仁的形上境界中感受到精神之至樂。他的一體之仁是人心一點靈明的形上感悟之至境，人的生命與萬物的生命同源於有機的原素──「氣」，生生之妙運的氣機充塞於整個存有界，在形上的良知感通中，天人不隔，物我一體，羅光對其中精微具理做了他個人理解性的闡釋，他認為生命源自氣的發揚，人的生命雖然以精神生活為核心價值所在，但

---

[58] 《王文成公書》卷3，〈傳習錄下〉。
[59] 《王文公全書》卷26。

是人身體的生命係精神生命的要件，人與萬物之存在既源於通天下之一氣，因而有內在生命重重無盡的連繫，形成有機的整全性存在，血脈相聯，休戚與共。羅光詮釋說：「人的心為仁，仁為生生，為愛，王守仁遂進而主張一體之仁。一體之仁；第一，在生命上，人和萬物為一體；第二，在仁愛上，人和萬物為一體。人既和萬物在生命上相連，人的仁愛也被包括萬物，人的心遂和萬物相通。」[60] 羅光認為一體之仁是陽明思想上的最高點，其所崇尚的聖人之學盡在一體之仁的體驗中，羅光認為聖人一體之仁的境界不但深刻意識到孟子所云：「萬物皆備於我」而且也默識心通地意識到我也在萬物之中。羅光指出：「這種精神生活，由致良知而出發。良知為至善，為靈明，也就是心，就是理。」[61] 羅光以「生命」來貫連「生」、「仁」、「誠」建構其儒家的生命哲學，這是他詮解朱、王之仁與心關係的的基本立場，他認為生命由創生力之根源所生成，創生力表現在所生成萬物生命中具連繫性、次序性及整體性三特性。我們若要更進一步理解羅光對「一體之仁」詮解的隱含性立場，或可從創生力在生命中所呈現的這三項特色這一視角來解讀，[62]本文不再贅述。

五、結語

在宋明理學中，心性問題是人內聖成德的核心課題，朱子採知識論的路數，對人的心性結構及內涵做了概念思辨的分析解說，而推導出「性即理」及「心統性情」的客觀實有論立場，羅光以其受過西方士林哲學的深厚學養，對朱子理氣不離不雜的形上學特別重視，且據以貫穿朱子心統性情，仁學諸論題，在詮解上分析深刻，理脈清楚，頗具特色。同時，羅光積其一生對儒家哲學的研究

---

[60] 《中國哲學思想史·元明篇》，頁444。
[61] 同上註，頁448。
[62] 請參閱汪惠娟，《變易與永恆-羅光生命哲學之探微》，頁105-113。

素養而建構了儒家生命哲學的獨特見解。他從生命的有機性、歷程性、有機互聯的整體性對陽明「心即理」即所關聯的致良知之靈明和所臻一體之仁的聖人致良知之至境也有聲氣相通，頗能互呼陽明所謂良知的感通與發用與物無對的精義，有別於朱子理氣的形上形下的概念分析，而能以良知呈顯的意識世界來涵攝氣化流行所遍及的一切可能世界，不但有一體之仁的境界，也有致良知的是非判斷和知行合一的道德美善世界。羅光對陽明論心的詮解頗能引發圓而神的妙境，對朱子心論的詮釋則頗能契入朱子格物窮理的分析進路，表現了朱子「方以智」的哲學型態。我們若將羅光對朱、王的詮釋置於當代的朱學和王學豐碩研究成果中，可說是獨樹一幟，別有一番學術風貌，又增色不少。

第五篇
世紀之變的思想人物

第一章 殷海光（1919-1969）與當代新儒家論中國文化

第一節　前言

　　殷海光，本名殷福生（1919-1969），湖北省黃崗團鳳鎮，殷家樓人。他出生在一個「經濟破產，思想新舊揉雜」的傳教士家庭[1]，由於其在大家庭生活中感受到猜忌、自私、虛僞等負面經驗，導致他對實然面的中國文化心生厭惡而產生反叛意識。他在高中時愛好邏輯、後來結識金岳霖，對他的邏輯、知識論的學養及其爲人之隨和、寬容頗具好感。相形之下他對當代新儒家的首腦人物熊十力感到獨斷與偏激，歸因爲這是英國經驗論與中國傳統思想與文化習性的差異。他決意赴昆明西南聯合大學師事金岳霖，完成大學本科及清華研究院文科研究所哲學部（二年）的七年學業，專攻邏輯課程、邏輯實證主義與新實在論。他的學術訓練導致他講究邏輯思維，科學方法的客觀性，他在30歲以後來到臺灣致力宣傳自由主義和反傳統主義，成爲臺大哲學系最受青年喜歡的思想導師。他對國民黨因採取極權專制而由愛生恨，他討厭牟宗三等人所崇奉的道德唯心論，卻深信思想觀念是可根本改變一切的力量，他深信自己的邏輯思維與科學方法是最接近眞理的途徑，以自由、民主的啓蒙思想爲自己的使命。

　　羅蒂（R. Rorty）曾說哲學家有二種類型：一是偉大系統性哲學家建構出系統化的理論而有嚴密的論證，其著作較能流傳後世。另一類型是偉大的教化性哲學家，具反動性，且提出諷語、諧語與警語，他們自知，其所反動性批判的時代一過去，則其著作也就失去了對後世的意義。顯然，殷海光屬於後者，政治自由和民主是他終極一生的關注主題，他出生在1919年也是五四運動發生的那年，他根據他一生所懷抱的堅持自由、民主之理想精神，將自己定位爲「五四後期人

---

[1]　陳平景，《殷海光傳記》，收入陳鼓應編，《春蠶吐絲—殷海光最後的話語》，頁83，臺北市：寰宇，1917年。

物」、「五四的兒子」[2]，他對中國文化論評的立場是基於中國文化的特徵是否能與西方近世以來的自由、民主接軌。其理據依恃西方文藝復興的人文主義、啓蒙運動的理性精神以及當代英國的經驗主義、歐洲大陸的邏輯實證論和海耶克的自由思想等哲學資源。他對中國文化的論斷雖有前後期的不同，大抵上可以大疵小醇來概括。

在中國文化的總評上，與代表自由主義之殷海光呈現某種對峙型態者，可以當代新儒家爲代表，最足以表達他們的共同立場者，莫過於唐君毅、牟宗三、徐復觀、張君勱四位具代表性學者於香港《民主評論》聯名發表的〈爲中國文化敬告世界人士宣言—我們對中國學術研究及中國文化與世界文化前途之共同認識〉一文[3]，下冊中收入爲附錄之一，改篇名爲〈中國文化與世界—我們對中國學術研究及文化與世界文化前提之共同認識〉。這篇文化宣言的歷史背景乃基於國人缺乏對自己文化的深刻認識，導致民族自信心低落。同時，西方人由於對中國長期隔閡，常持片面的理解，導致以偏概全的誤解和扭曲。因此，這四位當代新儒家的代表共同提出他們對中國文化之精神價值的看法，期能釐清西方學者對中國文化的認知偏差，也企求導正國人對民族文化的核心價值能有較正確的認識。筆者試圖呈現殷海光與當代新儒家對中國文化論評有如南轅北轍的大反差及其所各持的理由，交叉分析兩方如何處理對方立論的反應，最後企求予兩方的中國文化論評予以一盡可能客觀的、公允的總結。

---

[2] 他說：「近年來，我常常要找個最適當的名詞來名謂自己在中國這一激盪時代所扮演的角色。最近，我終於找到了。我自封爲『a port May – fourthing』（五四後期人物）。」見殷海光，〈致張灝〉，《殷海光全集》拾，臺北市：桂冠，1990年，頁164。

[3] 這篇文化宣言刊於《民主評論》元月號，發起人唐君毅在其所著《中華文化與當今世界》（臺北市：臺灣學生書局，1975年出版），書中收錄這一篇宣言。

第二節　殷海光對中國文化的宏觀性評論

　　殷海光對中國文化之批判，我們應從三個面向先進行了解，其一是他所依據的思想立場是什麼？其二是他如何批判？其三是他為何而批判？

　　（一）殷海光的思想立場：這是他批評中國文化的主要理由，形成他思想的主要理源不外乎：1.邏輯和思想方法，2.自由主義，3.人本主義，4.民主政治。首先，邏輯的概念分析（釐清）和邏輯實證論以事實驗證來確認知識價值是他主要的哲學訓練。他的邏輯分析方法主要是亞里斯多德的同一律、不矛盾律和排他律，導致非黑即白，黑白分明的二分法，這是形式邏輯的主觀對列，抽象思維法的格局。形式邏輯著眼於推論的形式結構，論證歷程的形式是否合乎論證的形式規範，不涉及事物的經驗內容。奧地利維也納學派的邏輯實證論則涉及知識內容之真偽，他們認為真知識得通過概念的論述應與所論述的經驗事實對應符合（converspondence）能符合者乃具認知意義的真知識，否則就是不具知識意義的主觀臆猜或情緒。對他而言，追求事實真理的現代科學方法是符合他探求真知識的合法方法，他予人印象深刻的名言是：「是什麼就說什麼，把人當人。頭腦要複雜，心志要單純。」這一理源可溯自希臘哲學家亞里斯多德樹立「是什麼就說什麼」作為一切經驗科學同要求的規範性命題。科學知識訴諸經驗與邏輯，過濾掉不相干的因素，接近客觀的知識，企求認知的獨立性，殷海光在其《思想與方法》一書中說：

　　我的這本書在知識上「撥雲霧而見青天」方面可能對你有點幫助。……請先讀它們：〈正確思想的評準〉；〈從有顏色的思想到無顏色的思想〉；〈成見與進步〉。……如果尚感到興趣並且需要進一步由「掃霧」而「致知」，那麼請你接著讀〈試論信仰的科學〉、〈運作論〉、

〈論科際整合〉等篇。[4]

　　他所謂「無顏色的思想」指由認知獨立的態度下追求理性的客觀的真知識。「有顏色的思想」指有主觀意識的認知、價值觀。但是他未全排除「有顏色的思想」，因為他承認大多數人是需要活在有顏色的思想中，才會感受到生活的樂趣與生命之可貴而可欲，他是基於「認知的獨立」態度而強調「有顏色的思想不能代替無顏色的思想之功用」，[5]他所謂「有顏色的思想」之內容涉及祖宗遺訓、傳統、宗教、意識形態等因素。其心態傾向於訴諸情感、成見、威權的思想方式。「無顏色的思想」是「認知的思想」（cognitive thinking），亦即是「是什麼就說什麼」的經驗科學準則。

　　此外，他文中使用〈成見與進步〉、〈正確思想的評準〉為章節的標題字，具有濃厚的啟蒙教育意涵。傅大為認為殷海光在1949年發表的〈爭思想自由的歷史巨流〉一文顯示出他有承續西方啟蒙精神的基本傾向。[6]西方近代啟蒙運動，事實上，也是中國五四運動所象徵之中國啟蒙運動的重要思想資源。啟蒙思想被化約為強調科學與科學方法的理性主義，以科學為展現人類理性活動的唯一正當方法。殷海光將科學的權威及科學的功能發揮到至高地位，他論證了科學方法是獲得較可靠的知識之唯一方法。至於形上學、直覺、辯證法、神祕主義及神學或許能滿足人某些需求，卻與科學方法大相逕庭，不能藉以獲致可靠的客觀知識。因此，他認為不能在科學方法之外探求知識，例如：倫理價值就必須在科學所提供的經驗知識基礎上進行研究。他雖然曾在〈我對中國哲學的看法〉一文中說過「我們不能過分沉淪於科學主義之中」，但是他處處揭示科學方法至上的信仰上，已不自覺地陷入科學主義的意識形態牢籠中。他對科學實證的堅定信念，導致他面對不同領域的知識都竭力為運用科學方法的正當性與合理性進行辯護，

---

[4]　殷海光，〈「思想與方法」再版序言〉，《殷海光全集》15，頁1409-1429。
[5]　同上，〈從有顏色的思想到無顏色的思想〉《殷海光全集》14，頁957-994。
[6]　見傅大為，〈科學實證論述歷史的辯證〉、《殷海光紀念集》，頁422，臺北市：桂冠，1990年。

他認為人文學科有賴於科學的整合，否則其研究成果只有滿足同好者情緒之功用，他在50、60年代的臺灣學界形塑出邏輯實證論的發言地位。

接著我們來紹述其對自由主義的信仰，這一論域可概括他人本主義對民主政治的立場，五四時代的知識份子懷抱著爲科學、自由、民主奮鬥的理想。中國自由主義的理想在50、60年代的臺灣社會也有一股蓬勃的氣象，殷海光稱讚胡適爲「眞正的自由主義者」，胡適在當時是定位爲自由主義的知識份子，胡適在〈我們中須選擇我們的方向〉、〈自由主義是什麼？〉的文章中表述了「深信思想信仰的自由與言論出版的自由是社會改革與文化進步的基本條件」；謂民主政治「最可以代表全民利益」，最足以促成一「愛自由、容忍異己的文明社會」。[7]羅素、海耶克、波普爾是殷海光汲取自由主義思想的泉源，他解釋自由主義在中國近30年在文化與政治上產生巨大作用的原因，他說：

> 自由主義是西歐文明的象徵，歐洲文藝復興以後發現了「自我」，自我的發現，就衍生出自由主義。所以，自由主義底出發點是個人主義。……在意識形態上，它帶給中國的是要求自由解放、反對傳統、反對保守、主張言論自由、思想自由。在政治的覺醒上，它帶來的是要求實現民主政治，在實際事物上，它帶來的是歐美的物質文明，和科學技術。總而言之，從大體上觀察，自由主義來到中國以後，加速舊的文物制度崩潰，和舊社會底瓦解，並且灌輸歐美文明，啓發民智。所以，自由主義是有利於國家社會之進步的。[8]

他在〈自由主義的蘊涵〉一文中最早表達他對自由意義的理解，他把自由視爲人能擺脫束縛和不合理控制的一種無拘束之狀態。他認爲政治自由主義表現爲與極權政治截然對立的民主政治。民主政治的基本價值，貴在把人當人看待，民

---

[7] 見胡頌平編著，〈胡適之先生年譜長編初稿〉第六冊，頁1989-1991，臺北市：聯經，1986年。
[8] 〈中國現代政治思潮〉，《殷海光全集》11，頁59-60。

主政治肯定人權，通過立法和民主憲政的法治，落實對人民基本人權的保障，限制和防止政治獨裁。他受張佛泉《自由與人權》一書的影響，用基本人權界定政治自由的優位性，他在文中提出自由有政治、經濟、思想和倫理和自由主義之意涵。

第三節　對中國文化之論評

　　殷海光自稱約在1963年之前是位「反傳統主義者」，基於敢於求變的自我挑戰而轉折成「非傳統主義者」（non-traditionalist）。他所著《中國文化的展望》是轉折點所在，反映他在1961至1965年的思想發展，這本書的主題旨在論述近代中國對西方文化衝擊的反應。[9]全書共十五章：第一至第五章引介各種文化的提法，還對中國傳統文化的特徵作一描述，第十四、五章導引出他自己的文化藍圖。雖然他在〈序言〉中表示他的運思仍受邏輯分析法和邏輯實證論所主導，實際上，這本書主要是採用社會科學，特別是文化人類學的論述方法。這是一本在當時中西文化論戰激烈的氣氛下表現出對現實深切關懷的著作，其宗旨在未來中國社會尋找新的文化出路。他一如許多西方漢學家所犯的弊病，對中國歷史文化採取「傳統」和「近代」截然兩分的割裂方式，以及「挑戰與回應」的論述模式。他無視於中國歷史文化源遠流長的曲折歷程，不分別時空格局的差異，將傳統中國社會簡單概括為一具單一性的整體，挑出一些負面的特徵，我們可舉其中的要點來陳述。他說中國是「通體社會」（Gemeinschaft society），接受外

---

[9]　〈致林毓生〔1968年10月9日〕〉，《書信錄》，頁160-161。

來文化比「聯組社會」（Gesellschaft society）困難[10]，指中國文化太重視家庭孝道，造成「父親意象」和「權威主義的氣氛」[11]；謂中國社會有利於發展出嚴厲的社會控制，一般文人具有「特別忍受暴政的美德」[12]，指中國具有「我族中心主義」的狹窄世界。他還點出儒家的德目有七種弊病：階級性、重男輕女、為愚民政策立張本、獨斷精神、泛孝主義、輕視實務、與現實權力黏合。[13]斷言儒家「對生命體會膚淺」、「性良」說係一廂情願的說法。[14]

殷海光在書中對中國文化基於片面的認識、表層的理解而作出以偏概全的批判，當然在學界中引發許多爭議。同時，這本書出版不久之後，也被當時的官方列為禁書。他在晚年於學術思想、政治取向上有所變化，對中國文化傳統也提出了與過去偏向負面看法有所不同的一些正面肯定。由於他彼時的身心衰弱，他只能以書信和談話的方式表達其片段的新見識，未發展出成熟的、具系統化的思想和著作。茲列舉其正面肯定中國文化較令人矚目處，他說：

> 中國人的崇古法祖先，真正的意義只是把我們的生活價值、行為模式定著在一個標準上，也可以說是一種價值理想的投射。所謂法古……和雅思培所說的「極盛的古典時期」那是在3000年前左右，為人類文明成熟時期。……也許有人覺得20世紀60年代比3000年前好，試問好在哪裡？就人生價值、道德理想、認同的滿足、生活的溫暖、心靈的安寧、人與人之間的守望相助，及友愛合作來說，好在哪裡？[15]

這些話是他飽經生命的曲折和憂患後，將其人生意義和價值的真切體驗，溢

---

[10] 第三章，頁59-62，《殷海光全集》7。

[11] 同上，第四章，頁127-128。

[12] 同前，第三章，頁82。

[13] 同前，第十四章，頁671-678，《全集》8。

[14] 同上，頁680-684。

[15] 他在病床上留下了幾篇語絲如〈古典中國社會的基本問題〉、〈既不進又不退：一個偉大的存在的價值〉，本文所引的這段話出於後者。

於言表。他感受到中國傳統文化與思想在人生價值上營造出「生活的溫暖，心靈的安寧」，這是現代化工商社會所不能企及處。他不但在飽嚐人生種種坎坷後，在苦樂對比的實感中眷念著他在童年的鄉村生活所根植於中國文化而予人清新、幽美、寧靜、自適、自在的精神幸福感。他曾在1955年到美國訪問過五個月，他在去之前從書本上得到知識，對美國的自由天地很憧憬，等到他親身接觸美國社會和現代化生活後，有深刻的反思和尖銳的批判。筆者舉出其中較值得我們注意的批判：工商業競爭造成太劇烈的社會張力，不禁令人質疑，究竟人們是為消費而生產呢？還是為生產而消費？本末不清，令人困惑不已。[16]美國人生活節奏太快，不太沉思生活的意義和價值，過分崇拜工作效率，為錢財忙碌不堪，導致人們易神經衰弱和心臟病。[17]美國的文化事業受供求律所支配，學術專著不普及，袖珍本滿市。[18]太缺乏藝術品味，缺乏個人風格，人與人之間的行為方式大同小異。[19]

　　相形之下，儒、釋、道構成中國社會的價值主軸，他認為儒家在社會安和層面的安排；佛教在宗教心靈的安頓；老莊在精神生活與心靈境界之安排，使中國人在生活世界中能不盲目而焦慮的向前追逐，融入當下世界，肯定現實，體味現實的美好。殷海光認為這種既不前進又不退後的人生態度，比西洋和印度更適合人生。[20]他的病中語錄，對中國文化以往嚴厲的批評大為不同，闡述了充滿真切感和善意的新見解，同時，他對一生所憧憬的科學、自由與現代化也有了更深層的看法。他在1968年5月予林毓生的一封長信中說：

　　我真正關心的是整個人類前途自由的明暗。人本主義（humanism）及科
　　學本是近代西方互相成長的一對雙生子。可是西方文明發展到了現代，

16　〈西行漫記〉，《全集》9，頁23-27。
17　〈西行漫記〉和〈快！更快！〉，《全集》9，頁27-28、60。
18　〈書〉，《全集》，頁76-77。
19　〈風格與才幹〉，《全集》9，頁117。
20　見陳鼓應編，《春蠶吐絲》，頁19-22。

科學通過技術同經濟的要求，幾乎完全吞滅了人本主義。時至今日，我
們已經很難看到「文藝復興人」了。我們只看見大批「組織人」、「工
業人」、「經濟人」，紛紛出籠。……大部分人的活動及個性逐漸被科
學技術織成的組織之網纏住。……古代的naïve freedom（樸素的自由）已
成尾聲。在經濟集中化，人口不斷膨脹，及組織技術的威脅日增的情況
之下，我所夢想的elaborated freedom（精心製成的自由）如何實現？[21]

　　殷海光在實際體驗了具現代化指標的美國文化生活後，呈現了其理論理想與
實然的經驗世界之鴻溝。他不但深識近當代西方文化之局限，也細嚼出中國傳統
文化的精神價值。他認為美國急需發展的是宗教、藝術化生活以及一般的哲學思
想態度。他認為美國應引領人的精神生活向上提升，才足以領導自由世界。

第四節　當代新儒家的文化宣言

　　辛亥革命（1911）雖然推翻滿清專制王朝，卻迎來袁世凱復辟帝制。二次革
命雖成功一時，卻又釀成中華大地被軍閥割據的局面。北代統一後，緊接著又發
生九一八事變、盧溝橋事變，引發8年之久的全面抗日之艱苦戰爭。抗日勝利開
始，喘息未定，旋即又發生全面的國、共內戰，遍地烽火、民不聊生，中華子民
不斷陷入顛沛流離的動盪不安中。1949年中共政權成立，人民又被捲入全面的階
級鬥爭三反五反，打右派，打黑五類，推行人民公社，發動全民土法大煉鋼的時

[21] 殷海光，〈致林毓生〉（1968年5月9日），《殷海光‧林毓生書信集》，頁129-130。

代不斷的風浪中，中華文化、聖賢之道亦隨之處在曲折磨難中。一些孕育在中華傳統文化而成長的知識份子，被迫出離大陸，來到臺灣、香港、東南亞或歐美的文化異鄉，在精神上所遭遇的時代苦難哀憐無告，望鄉邦而涕零無奈。唐君毅先生乃有以「中華民族的花果飄零」之悲嘆來描述難以言喻之精神境遇，其內心之辛酸沉痛可想而知。他們在離鄉背井，遭受生命失根的落寞，無所託命的苦楚之餘，猶能動心忍性，爲家國的民族精神文化出路沉思深慮，探索中華民族的文化出路。他們在不安不忍，共同憤悱不容已的共同文化心境下，凝結成一篇意義非凡的中國文化與世界之宣言。

　　這篇代表當代新儒家共同心聲的中國文化宣言，主要是針對西方漢學界對中國文化的偏見予以修正，也對某些中國人對民族文化錯誤的認識作釐清。這篇宣言由唐君毅執筆[22]，由牟宗三、唐君毅、徐復觀、張君勱四位先生聯名發表，1958年元旦，在香港《民主評論》、《再生》兩雜誌發表，後又譯爲英文，發表於相關刊物。這篇文化宣言的篇名是〈爲中國文化敬告世界人士宣言──我們對中國學術研究及中國文化與世界文化前途之共同認識〉[23]下冊中收入爲附錄之一，改題名爲〈中國文化與世界──我們對中國學術研究及文化與世界文化前提之共同認識〉。宣言主旨首先是敬告西方有關人士，應尊重中華民族精神生命仍存在之事實，對中華文化的精神價值應深刻認識些，勿把中國文化視同已成過去的博物館之文化標本。換言之，中華文化仍活生生的呈現在具有中華文化身分的華人世界中，華人世界是對中華傳統文化仍有向心力、凝聚力的文化生命共同體。雖然彼時的中華民族與文化呈現疲弱狀態，然而它仍是有生命力的，且以開放的襟懷與西方文化、世界各地有價值的多樣文化進行交流互動，融攝會通。所謂：「以西方學術充實中國文化，以孔子之道提升西方文化。」該宣言計有四萬

---

[22] 1957年6月28日，唐君毅致牟宗三、徐復觀函中說：「學術文化宣言承兄等囑草初稿，弟於上月曾費半月之力，草了四萬餘字。以太長，不甚類一般宣言，用意在針對西方人對中國文化及政治之誤解求加以說服，內容則多是平日吾人所談，亦有數點是臨時觸發者。兄等一看如何。……」唐君毅，〈致牟宗三〉之第十二，收入《書簡》，頁174。

[23] 這篇文化宣言在1958年發表在香港《民主評論》元月號。唐君毅，《中華人文與當今世界》，臺北：臺灣學生書局，1975年出版。

多字，分爲十二節，所涉及的論題十分廣泛，概括了存有論、心性論、修養論、治學方法、倫理道德和宗教精神，也論及民主、科學與東西文化「走向新生」之途徑。當代新儒家也坦然剖就中國文化生命中的缺失和未來發展之方向做了深切的、全面的省察。

　　這份長篇大論的文化宣言可分成三大論域：第一論域涉及(1)提出發表該宣言的理由；(2)析論當今世界學者們研究中國學術文化的三種動機、路向和缺失；(3)宣言中對中國歷史文化精神生命所作的肯定；(4)論述中國哲學在中國文化中之地位及其與西方文化之差別；(5)中國文化中所涵的倫理道德和宗教精神；(6)中國心性之學的涵義；(7)中國歷史文明所以能持載悠久之理由。第一論域主要在概括中國文化的基本特質，論述了華人對其民族文化的特殊情感論調，質疑西方啓蒙理性所建構之所謂普世性規範、法則或標準，能否如同胡適等人所言，可以全盤套用到中國來。[24]宣言中採取特殊性對比於科學理論在方法上所務求的普遍性，感性與啓蒙運動所側重的理性之對比。蓋「普遍性」乃指法國啓蒙思想的領導者盧梭（Jean-Jacques Rousseau）、伏爾泰（François-Marie Arouet, Voltaire）、孟德斯鳩（Baron de Montesquieu）等人主張人與人之間具有理性的同一性，他們認爲由理性所建構之法規和制度，不但具有普遍性，且指具有唯一性的含義，可適用於人類不同地域的國家，產生相同之績效。這種有見於普遍性而蔽於不同地域文化之殊別性的論調，乃是明於理性的客觀性而昧於情感的主關性之啓蒙主義思潮。此一思潮在18世紀時就受到德國浪漫主義及民族主義之尖銳批判。批判者的主要理由在於強調民族文化和民族情感的獨特性是不可化約的，也是不容以偏概全地抹煞。當代新儒家這份宣言的論點和18世紀的德國浪漫主義與民族主義的論點有些地方可相互詮釋。

　　第二論域包括：(8)中國文化之發展與科學；(9)中國文化之發展與民主建國；(10)我們對中國現代政治史之認識。在這份宣言發表之前，梁漱溟、馮友蘭

---

[24] 宣言發表之初，西化派的代表人物胡適之先生特別囑咐他門下的相關人士要認眞研讀這篇宣言，他認爲這份立場和他們不同的宣言，言之有物而不容忽視。

等人皆以中國文化的價值取向在「向內求善」（心性論），對「向外求知」（自然法則）的理論科學而言，似乎「毫不需要」。[25]當代新儒家肯定五四運動以來，民主與科學已蔚爲中國人共同的時代精神需求，企盼早日能具體實踐。他們之中以徐復觀對臺灣黨外民主運動的投入最爲顯著。他在有些地方表現得比胡適還更直接，更爲義勇。[26]當代新儒家也針對自由主義學者非議中國傳統文化中未發展出科學，也在宣言中辯解：「傳說中之聖王，都是器物的發明者。而儒家亦素有形上之道見於形下之器的思想，而重『正德』、『利用』、『厚生』」。事實上，英人李約瑟八巨冊的《中國科學史》已指出中國天文學、數學和醫學之智識早在漢代就取得很高的成就。在18世紀以前，中國關於製造器物和農業上的知識及技術也高於西方。既然如此，那麼當代中國爲何沒有西方科學研究的成就呢？該宣言總結性的回應是「中國古代之文化，分別是注重實用技術」。扼要言之，中華文化所以未能產生成熟之自然科學，係因欠缺西方文化中所具備的，爲追求真理而鍥而不捨的科學研究精神。該宣言也懇切地對我們應如何的學習西方所務求的科學精神，做了深刻的闡釋：

> 西方科學之根本精神，乃超實用技術動機之上者。西方科學精神，實導源於希臘人之爲求知而求知。此種爲求知而求知之態度，乃是要先置定一客觀對象世界，……讓我們之認識的心靈主體，一方面如其所知的觀察客觀對象，所呈現於此主體之前之一切現象；一方面順其理性之運用，以從事純理論的推演，由此以使客觀對象世界之條理，及此理性的運用中所展現之思想範疇，邏輯規律，亦呈現於此認識的心靈主體之前，而爲其所清明的加以觀照涵攝者。[27]

---

[25] 見梁漱溟，《東西文化及其哲學》，上海：商務印書館，1992年，頁75-77。馮友蘭，〈爲什麼中國沒有科學〉，收入馮著，《馮友蘭學術文集》，北京：北京大學出版社，1984年，頁23-42。

[26] 《自由中國》的主筆雷震被國民黨當局逮捕後，徐復觀曾多次至獄中探視，且送書給他。身爲自由主義代表性學者的胡適卻未曾至獄中探望過。

[27] 〈文化宣言〉，香港《民主評論》，1958年1月，頁12。

　　當代新儒家在這份宣言中真切的檢討出中華文化與科學建構不相契的原因在偏執於儒家文化過於重視「正德」、「利用」、「厚生」的淑世價值，缺乏西方科學為真理而求真理的純理研究傳統。此外，中華文化在政治上主張愛民的民本政治，缺乏人民為主的民主政治意識。同時，古代知識份子在帝制的根深柢固下也欠缺爭取人民參政權的民主憲政體制之思維。牟宗三在後來所著的《政道與治道》一書中，思辨出中國文化偏執於道德主體的充量發展，以天人合一的人生境界為終極價值之嚮往。因此，在自我實現的天人合一高峰經驗下，「與天地萬物渾然一體」、「物我兩忘」、「天地與我並生，萬物與我一體」的本體、工夫與境界相連貫的人生志向下，形成道德主體至高至尊之地位。相對而言，政治主體及知識主體則隸屬在道德主體的位階下，缺乏與道德主體並列的獨立特質，尊貴地位。牟宗三認為道德主體與知識、政治主體之間應為各有自主性的「對列格局」（co-ordination）。他認為「對列格局」是西方文化得以發展出科學自主發展，以及建構出民主憲政的根本精神和動力。牟宗三強調中國若想發展出民主憲政及獨立自主的、客觀的科學研究精神，我們必須自覺地將道德主體與政治、知識主體之間的「隸屬格局」調整轉化成「對列格局」。[28]

　　宣言中第三論域為(11)我們對於西方文化之期望，及西方所應學習於東方之智慧者；(12)我們對於世界學術之期望。這是站在人類精神文明發展史的高度、宏觀式的論述中華優秀文化之精神價值有足以供西方及全人類借鏡和資取的資源。該宣言不贊同胡適等人針對中國文化由於欠缺西方式的科學與民主，因而判定「中國文化百不如人」那般喪失民族文化自信心的論調。有鑒於此，宣言中指出中國文化有五個面相值得西方人借鏡：（一）「『當下即是』之精神，與『一切放下』之襟抱」；（二）「圓而神的智慧」；（三）「溫潤而惻怛或悲憫之情」；（四）「如何使文化悠久的智慧」；（五）「天下一家之情懷」。[29]西方人若能吸收中國文化中這五項精神特質則可舒緩其權力意志和宰制意志。西方人

[28] 牟宗三，《政道與治道·新版序》，《牟宗三先生全集》，臺北市：聯經出版社，2008年，頁22-32。
[29] 〈文化宣言〉，見前揭刊物，頁17-20。

雖擁有強勢文化的優位，若能肯認異質的中華文化，欣賞所蘊含的內在價值，則可進而學會尊重其他民族文化的特殊性，促進不同民族文化之間的相互尊重、理解和交流、融合。若能共同趨於這一和解的大方向，則近代因文化衝突和歧見所產生的宗教戰爭、國際間的矛盾，經貿摩擦才能在以和為貴的共同價值認可下得以和緩，國際和平，人類的安和樂利才有逐步實現的可能。儒家傳統文化不但關心本民族的幸福前途，且有四海之內皆兄弟、天下一家、民胞物與，以天下人的和平和諧和睦為崇高的理想目的。儒家己立立人、己達達人，兼善天下的人文精神文化可充實提升世界性的人類精神價值。

第五節　殷海光與當代新儒家對中國文化的爭論

對殷海光而言，民主自由代表光明正義，極權統治表徵黑暗邪惡。他在政治立場上由年輕時代擁護蔣介石抗日抗共，過渡到民主社會主義，再轉折至反蔣介石的自由主義。在蔣介石持政的國民黨戒嚴時期以三民主義和傳統中國文化為至高的政治教育思想，控制知識份子思想、言論和出版的自由。殷海光宣揚民主和科學，以黑白對立的二分立場向專制極權抗爭，採自由、民主和科學為訴求，在思想啟蒙的工作上確是勇敢地做出一番值得肯定的貢獻。此外，激發殷海光反中國傳統文化的另一導火線是以香港新亞書院為其地以《民主評論》為喉舌的當代新儒家，他以唐君毅、牟宗三、徐復觀這幾位第二代的代表人物為敵論，殷海光對他們肯定中國傳統的歷史文化，弘揚儒家心性之學的道德理想極度敵視，他曾經很早就針對牟宗三和唐君毅的見解向徐復觀表示，指《民主評論》談歐陸哲

學、體系化的哲學，及至談中國文化太多等等。[30]殷海光崇敬的邏輯實證論不曾獲得牟宗三的肯定，牟宗三在1952年1月2日發表〈做一個真正的自由人〉一文，批評殷海光的恩師金岳霖屈服於中共所給予的態度立場，不能堅守個性尊嚴和人格價值，不能算是真正的自由主義者，牟宗三批評金岳霖自限於邏輯分析的「純技術觀點」，藉以分析和拆解各種人文價值，如：倫常道德、民族國家、歷史文化、個性價值等等，結果導致否定一切而封閉自我的虛無處境。牟宗三呼喚流亡知識份子痛切反省，勿偏執「純技術觀點」，應面對實存的世界，肯定家庭、國家、世界大同之真實價值，正視傳統正宗的心性哲學，指出只有心性論才能賦予自由主義真正的靈魂。[31]

殷海光隨即撰文辯駁，標題為〈我所認識之「真正的自由人」〉除了為老師辯護外，他指責牟宗三從唯心的一元論出發，看待事物，愈起偏頗，愈成「一孔之見」。他與牟宗三在文化立場上有重大分歧，他借用英國歷史學家湯恩比（Arnold Joseph Toynbee）所言「刺激」與「反應」的文明理論模式，論斷中國的農業文化早已失去了生命力和內容，只剩下空虛的形式，無力抗拒西方現代文明的衝擊。他呼喚知識份子不能像牟宗三般地以「中學為體，西學為用」拒斥西方文化，他說：「如果我們要能延續中國文化之有價值的要素，必須放手，大膽地讓它在世界文化大流中起一個大的形變（transformation）。……如果要做到這一點，就必須中國的知識份子徹頭徹尾先做一個真正的自由人。」[32]1954年後，殷海光與張佛泉、戴杜衡等人結合成反《民主評論》的陣營。據徐復觀的說法指出《自由中國》和《民主評論》這兩刊物的思想宗旨，除了反共產主義和民主自由的大前提無異議外，實際上是冰炭不容：《民主評論》旨在反思、釐清中國文化的特質，抓住其精神，辨明其長短處，特別注重道德意義和價值，企求尋找

[30] 見徐復觀，〈如何復活「切中時弊的討論精神」─感謝謝凌空君的期待〉，香港，《民主評論》6卷9期，1955年5月1日。

[31] 李明輝，〈徐復觀與殷海光〉，《當代儒學之自我轉化》，臺北市：中央研究院中國文哲所，1994年。

[32] 殷海光，〈我所認識之「真正的自由人」〉，一百四十篇佚文之〔佚文一二八〕，頁13，本文轉引自黎漢基，《殷海光思想研究》，頁132，臺北市：正中書局，2000年9月初版。

出中西文化融通之途徑；在政論方面，主張民主自由應建立在中國文化的基礎上，既不全排斥社會主義，也不認同純個人主義的自由。至於殷海光陣營的《自由中國》則較傾向澈底反對中國文化，也反對近代歐陸的理性主義，堅持經驗論的立場，反對有所謂先驗的道德存有。在政論上，強調《人權清單》（*Bill of Right*），堅持個人主義，拒斥社會主義，殷海光在1955年在《祖國周刊》發表〈傳統底價值〉和〈論科學和民主〉兩篇反傳統文化極強烈的論文。素有修養的唐君毅無法忍受而批殷海光是「精神上有病之人」[33]，牟宗三早已有心理準備而不屑與之「爭閒氣」[34]。殷海光在1957年五月在《自由中國》發表紀念「五四」的社論，歌頌「五四」啓蒙運動洗刷中國文化的功績，公開挑戰《民主評論》將文化保守主義指爲「開倒車的復古主義」，指責他們與專制統治者聯手反對「五四」。[35]徐復觀在《民主評論》回應了一篇〈歷史文化與自由民主〉，斥責殷海光以偏狹武斷的眼光論文化，不具有開放寬容的自由民主之文化氣度。徐復觀還澄清了殷海光不合理的一些指責，例如：研究中國歷史文化就等於「復古主義」，研究中國歷史文化之學者等於是反自由民主者的幫兇等。李敖後來也形容殷海光的氣質是「革命黨式、單調的、專斷的、嚴肅的、不恢廓的；高高在上的一奧趣狹窄的一聖王、聖君、教主式。」

---

[33] 唐君毅致函徐復觀說：「殷海光之文弟皆看到，只能視爲精神上有病之人。人精神上有病而有理智，則誠如太戈爾所言，只有理智之心即一把刀，刀無割處則亂割矣。」
[34] 牟宗三1955年4月5日徐復觀函（臺灣臺中東海大學圖書館「徐復觀紀念室」典藏書信手稿）說：「殷文未得見，他那些腔調是常事，不必理。……大難當頭，寧有閒心情與妾婦爭閒氣耶？」
[35] 殷海光，〈重整五四運動〉，《全集》11，頁455-456。

第六節　評論

　　殷海光反傳統的心路歷程，可說是一種意識形態鬥爭之過程。他過於崇信邏輯的推論形式，一廂情願的認為思想決定文化的單線路數，疏於歷史內容的演化歷程和包羅萬象的文化傳統問題。他簡單化約的認定只要把握正確的觀念，就可締造出理想中的社會。事實上，政治的發展並非少數人思想建構所使然，他不自覺地略過政治、經濟、社會、文化等複雜多變的現實問題，他片面的認為人們只要在思想上拋棄傳統文化的包袱，放開心靈，便能獲致民主和科學，這是他過度重視邏輯和方法論，忽視了人除了理性外還有情緒、情感、意志、價值信仰等等非理性的因素，同時，他也輕忽了各種經驗事實的存在。殷海光在思維模式上，總是走向抽象的、普遍的、形式的、系統化的層面，不自覺的輕忽了具體的、特殊的、個別的層面。因此，他常是把有限的、片面的材料，收編於理論架構上，予以形式化等某種理論型態才心安。[36]德國哲學家康德有句論知識的名言：「有形式無內容的知識是空洞的，有內容無形式的知識是盲目的。」殷海光顯然是重形式而疏略材料內容。由於他偏執於形式科學的方法論，導致他不相信體驗之知、頓悟之知、直覺之知、內省之知，特別注重邏輯與方法論的人，易流於對問題只是片面的了解就可以推論，不自覺地陷入形式主義的謬誤。[37]我們就另一方面而言，科學方法乃指獲取科學知識的操作程序及其規則，但是哲學，特別是涉及人生意義和價值判斷的道德哲學和審美的藝術哲學，不僅有探討自然因果法則的科學知識，更是一種引導人生境界之意義的哲學，殷海光受邏輯實證論的影響太深，而以認知意義的知識窄化為學術研究的唯一判準，自然對中國哲學與文化

---

[36] 請參閱殷海光〈有關《中國文化的展望》的幾個問題〉—並答許倬雲先生〉，《全集》八，頁782-783。

[37] 他的學生林毓生說：「殷先生多年提倡了邏輯不遺餘力；我現在則主張我們不應該過分提倡邏輯（當然，也不應故意加以排斥），而且要清除對「科學方法」的迷信。」1984-1，頁5。

產生偏見而予以排斥，這是他的理性偏執所造成的誤區。

身為當代新儒家第二代的四君子[38]在共同發表的文化宣言中強調對民族文化應具有內心的溫情和敬意，對一些全盤否定民族傳統文化而導致虛無論的自由主義人士提出深刻的批判及合理的矯正。他們喚起了國人文化自覺意識的勃發，激發了國人對文化之民族性的重視和培養對中華文化的根源感，以及啟發了華人世界建設民族共同精神家園的需求。他們在回應西方現代化成就上，虛心檢討，承認傳統文化的不足處，指出了應努力建立學統和民主憲政政統之努力目標。在學統方面，他們自認民族文化未建構出知識之學的傳統，勉勵國人應培養知識主體，使「開物成務」、「利用厚生」、「博施濟眾」的王道理想能落實在客觀世界。在正統方面，牟宗三檢討了中國傳統的政治形態只成就了「治道」缺乏法治的程序正義以及能凝聚出民意的客觀化、理性化之制度常軌。他認為在傳統政治的運作中呈現出「朝代更替、治亂相循」、「君位繼承，宮廷鬥爭」、「宰相地位，受制於君」的三大困境。當代新儒家不約而同地認為西方較成熟的民主憲政之政治架構可能解決這三大困境，可順勢由「民本」、「民貴」而發展至民主憲政的常軌。

他們強調我們應立基於傳統文化深層的儒家心性基礎上來建構中國發展中的民主憲政體制，〈宣言〉謂：「我們必須依覺悟而生實踐，依實踐而更增覺悟。……但此覺悟，則純是內在於自己的。所以人之實踐行為，自外而擴大了一步，此內在之覺悟亦擴大了一步，依此，人之實踐的行為及於家庭，則此內在之覺悟中，涵攝了家庭，及於國家，則此內在之覺悟中，涵攝了國家。……從此內在之覺悟中看，皆不外盡自己之心性。」「心性」的概念內涵非常豐富，就儒家道德取向而言，「心性」的深層涵意乃指孟子所言「四端之心」與「四端之性」，王陽明所謂「天植靈根」的「良知」。因此，「心性」指人之所以為人的究極之道德主體性，由自我盡心知性的「實踐─覺悟」之動態歷程中自覺自悟自

---

[38] 一般而言，當代新儒家的第一代代表人物為梁漱溟、熊十力、馬一浮和馮友蘭共四人。

證。當代新儒家所堅持的儒家傳統心性之學，以性善論爲主流。他們所肯定的每個人之道德主體性與西方自由主義式的個人主義（individualism）一樣，都肯定每一位人，相互間皆爲平等的主體。但是儒家強調「克己復禮」的德化人格，以實現仁人君子，甚至聖賢人格爲價值理想，自由主義則爲較中性的主張，既不刻意貶抑個人之情欲，亦不特別強調人的道德人品，這是兩者之間的不同處。但是兩者間都有肯定每個人的政治主體在政治生活上的平等性。《宣言》中有言：「然而肯定政治上之位，皆爲人人所可居之公位，同時即肯定人人有平等之政治權利，肯定人人皆平等的爲一政治主體。」殷海光對宋明儒學的心性之學確有深刻的成見和誤解，他認爲那是「文明的飾洞，甚至道德的官腔」，其「存天理，去人欲」的道德箴言，使人「將不成其爲人，只成爲一個『道德形上學的存在』了。」[39]所以會有認知上的天地之別，主要是因爲殷海光在現實上對標榜儒家的政治文化不滿，同時，他也排斥儒家經典，未做過紮實的相應的研究，事實上，當代自由主義的主要代表人物羅爾斯（John Rawls）依循康德（Kant）的義務論（deontology）取代效益主義的目的論（teleology），強調人的道德自律（autonomy）能力，以及「對（right）」與正義之判斷的客觀性，人之自我的統合以及使人得以表達自身作爲自由、平等的道德人之本性。他指出人具有正義感與價值觀兩種道德能力，再加上人的理性能力，可引導人在民主社會中，成爲夠格的自由成員。

我們深信研究哲學應有開放之心靈，不斷從事發展性的深思熟慮。不論是胡適、殷海光所持的自由主義或當代新儒家所強調的道德心性之主體性，在面對中國文化的過去、現在和未來時，皆應有相互寬容、尊重及彼此理解的心胸。他們都應嘗試用不同的話語與不同領域的論述，持續的對話交流，在良性互動中深化彼此的理解和相互補充見解，順著中國歷史文化的脈絡，以不同的進路批判地繼承、創造性地創化，既能分工也能合作，才能發揚中國文化的優秀面，革新局限面，如此，中華文化才更有可大可久可遠的文明前景。

---

[39] 殷海光，《中國文化的展望》，臺北：桂冠，1990年，頁277-278。

第二章　陳大齊（1887-1983）

第一節　前言

　　陳大齊，字百年，17歲留日，23歲入東京帝國大學文學科哲學門，選心理學為主科，以理則學、社會學為輔科。1912年東京帝大畢業（時年26歲）旋即返國，先生任浙江高等學校校長。歷半載，次年春，任北京法政專門學校預科教授，講授心理學與理則學。民國3年（1914）轉任北京大學講授哲學概論、心理學與理則學，之後又擔任認識論課程。民國10年秋（1921）赴德國柏林大學研究，對西洋哲學有較深了解，次年返國，任北京大學哲學系教授兼系主任，民國16年任北大教務長。19年代理北大校長，20年辭職，37年隨政府來臺，初任教於臺灣大學，講授理則學出版過《印度理則學》、《應用理則學》，在這段期間轉向古典儒家哲學。尤其是孔子思想，博大而周密，不涉放蕩。其思想，其人格，亦足為萬世師表，故於《荀子學說》寫成以後，即專心致力於孔子思想的研究，期與荀子思想相印證。他一經咀嚼孔子的言論，深覺其精深而平實，不涉玄虛，其研究荀子，自不免兼及孔子。故在研究荀子時，常常翻閱《論語》並重，稱之為「仁義合」主義，自述：「荀子所最推崇的是孔子，荀子思想的淵源，於是43年完成《荀子學說》，47年出版《孔子學說論集》，53年完成《孔子學說》闡述孔子仁」民國43年秋政治大學在臺復校，陳大齊為代理校長，44年4月奉總統令真除，48年辭職（劉季洪繼任）。

　　陳大齊有開闊的視域、平和敦實的論學心態、縝密的思維、公允的論斷，以及深切期許國人篤行孔孟的常理常道。義利之辨不但是儒家哲學研究發展史中，一向備至關注的重要議題之一，也是陳先生著述中言之至切的核心課題之一。他認為當時將義利視為對立而不可相容的既成言論，頗不利於孔子思想的弘揚。他將這一成見對照孔孟的思想，評論為：「甚難謂為恰當。依孔子思想看來，仁義

與功利，不但不相牴觸，而且是融洽無間的。」[1]「義」、「利」是兩個不同的概念，就這兩個概念的聯繫關係而言，陳先生何以不苟同當時視之為不相容的俗見，而發表其為相容的諦義呢？本章擬由陳先生對先秦儒家典籍中的《論語》、《孟子》、《荀子》所做的「義」、「利」概念分析；「義」、「利」關係中的不恰當情況；「義」、「利」關係融洽切當處以及本人的評論來多方觀照儒家哲學中有爭議性的這一課題。

第二節　「義」概念涵義之分析

　　《論語》中載及孔子言義處，咸表示應當敬重、崇尚和遵循之意。例如：〈里仁篇〉：「君子喻於義」、〈顏淵篇〉：「夫達也者，質直而好義」、「主忠信、徙義、崇德也。」、〈為政篇〉：「見義不為，無勇也」、〈述而篇〉：「聞義不能徙……是吾憂也」……等。《論語》所載孔子言論中，「義」字的使用有十八次。陳先生將孔子所言的這十八次「義」字，按文脈中的意義，從作用特徵上予以排比分析，綜括出三種作用。他說：「一為指導作用，二為節制作用，三為貫串作用。所謂指導，意即指點人們：什麼事情應當做，什麼事情不應當做，以引導人們去做那應當做的事情，不做那不應當做的事情。此一作用，是三種作用中的根本作用，其餘二種作用，是此一根本作用所必然衍生的。」[2] 孔子藉「義」字所提示的指導作用有消極的和積極的二種提示法。《論語・述而篇》所謂：「不義而富且貴，於我如浮雲」是消極的一面，勸阻人不要求取不

---

[1]　陳大齊遺，《陳百年先生文集》第3輯，臺北：臺灣商務印書館，1994年，頁293。

[2]　陳大齊，《與青年朋友談孔子思想》，中華民國孔孟學會，1967年，頁51。

義的富與貴。至若合義的富與貴是否可求取？孔子雖未直接表明，卻在〈泰伯篇〉：「邦有道，貧且賤焉，恥也。」予以間接的肯定。至於在根本指導作用下的其他二作用之意含，陳先生說：「所謂節制作用，意即扶持一切言行走上正路而遏止其誤入邪途的作用，亦即保障安全而防止流弊的作用。」[3]、「義的貫串作用，……遍布且透入諸種應為的事情之中，而諸種應為的事情莫不為其所貫串，亦即諸種應為的事情之中莫不存有義的因素。」[4]

《論語》中雖未見「義」字的涵義界定，陳大齊認為〈中庸〉所說：「義者，宜也。」是簡明適當的，可資為詮解孔子所謂的「義」。他解釋說：「宜，是一種價值。價值不是事物所固具，而是人們所判定的。每一事物各有所宜，亦各有所不宜。其宜與不宜，完全依人們如何使用而定，用得其當，無一不宜，不得其當，無一合宜。」[5]價值固是人透過體驗、感受而賦予的評品，然而所體受的事物或情境亦當有一內在的性質。處世行事是否得宜未必全依人如何處置，還得視涉入事情的相關人之感受是否滿意。儘管陳先生所言仍有待細酌處，卻不礙於我們對他所指「宜」係一價值判斷及其實踐的後果評鑑這一意含的理解。同時，他認為〈里仁篇〉：「君子之於天下也，無適也，無莫也，義之與比。」對孔子所持「義」的涵義，最具概括性。依陳大齊的研究成果，「義的意義內，含有先後兩層因素，先一層為『無適』及『無莫』，合而言之，即是不可執著。……後一層因素為選取最合宜的應付方法。」[6]「義」是人處事得宜之具體價值判斷及實踐成果。因此，當人在一具體情境中面對須解決的特殊事件之困難時，應該不執於主觀的成見，而持理性客觀的態度，對事情及情境進行充份而周全的了解、溝通，再就所擬議之針對性的諸般解決方案，評估其優劣及可行性，以選擇最合宜者，亦是最有圓滿解決可能性者。因此，「義」的基本意義是「宜」，引申其意含，則指人在具體的行事時，能以開放的、面面俱到的理性視

---

[3] 同上，頁54。

[4] 同上，頁56。

[5] 同上，頁57。

[6] 向上，頁59。

域，全面觀照事相，擬就出確切可行的解決方案，獲致中肯中效的圓滿結局。中肯的「中」與適宜的「宜」可做為「義」的基本涵義。在「義」的實踐上，因時制宜，因地制宜，因人制宜，因事制宜，權宜時變，針對事物及其情境的特殊性，守「經」常通達「權」變，是「義」的操作法則旨要。

　　《孟子》書中亦未見對「義」字下過精確的概念界說。他不憚煩勞的羅列《孟子》書中言及「義」字的文脈，予以各別分析意含後，再加以綜合會通。〈公孫丑上篇〉云：「羞惡之心，義之端也。」又〈盡心下篇〉謂：「人能充無穿踰之心，而義不可勝用也。」據他的研析，「羞惡之心」及「（恥）穿踰之心」僅點到「義」的萌芽，必待發展充實後才足以稱為「義」。他再衡諸其他語脈中的「義」字，推導出「義」是一切言行，包括是否取與、進退、必信必果的應然標準。〈告子上篇〉謂：「仁，人心也，義，人路也。」、〈離婁上篇〉：「仁，人之安宅也，義，人之正路也。」「義」不僅是羞惡的道德感、也是實現道德目的之合理的道德途徑或手段。義的內涵豐富而多端，兼具「羞惡之心」與「人之正路」，他總結的說：「在孟子自己所作的言論中，『義，人之正路也』，既肯定，又概括，最足以充當義字的定義。」**[7]**

　　他對《荀子》書逐行點計所用「義」字，共得三百十四次之多，顯示荀書極重「義」概念。《荀子》書中對一「義」字的語法上有用「公義」、「正義」、「分義」、「通義」、以顯示「義」之涵義特色者。有用「長幼之義」、「禮節辭讓之義」、「臣下之義」以示「義」理之種類者。有用「義志」、「義法」、「義刑」、「義殺」、「義榮」、「義辱」以表述契合「義」之志與法。至於《荀子》書所賦予「義」字之本質涵義，〈大略篇〉謂：「義，理也，故行。」「義」是人與他者互動時所當遵守的道理。以「法」為例，〈君道〉篇云：「不知法之義而正法之數者，雖博，臨事必亂。」「法之義」係法條所以制訂的原理依據。「法之數」是法條自身，亦即具體的法律條文。法律人若僅熟習法條而

---

[7]　同註1，第一輯，〈孟子義利學說的探討〉，1987年5月，頁276。

不深通法理時，如遇到難以援引適用的困境，則有無所適從之苦。《荀子》書中的「義」概念不僅涉及實然的原理，也涉及到人文社會應然的公理正義。〈賦篇〉云：「行義以正，事業以成。」〈不苟篇〉謂：「公生明，偏生闇。」〈修身篇〉曰：「君子之能以公義勝私欲也。」陳大齊據以總結的說：「正與公，是義在價值方面所應具的意義。所以荀子所說的義，詳言之，是既公且正的普遍原理。**8**

第三節　「利」概念涵義之分析

孔子罕言「利」，我們仍就《論語》中得見的「利」字文脈來求解其意含。〈里仁篇〉載：「子曰：『君子喻於義，小人喻於利。』」陳大齊於《論語輯釋》中所引用的解釋是「皇皇求仁義，常恐不能化民者，卿大夫之事也。皇皇求財利，常恐匱乏者，庶人之事也。」**9**此處將「利」釋為「財利」，且係庶民所求取的財利，含治生謀利的功利性。陳大齊認為功利是多種類的，大致而言，有私利與公利、近利與遠利、小利與大利的分別。從「利」字的文字結構的涵義觀之，意指用刀來割禾，喻收穫、獲利之意，亦可衍生出獲利後如何分配的問題。

觀《孟子》書中涉及「利」概念解說的言論遠少於「義」字。在文獻不足徵的情況下，他取善、利對舉的一則言論，對顯出「利」字的可能涵義。〈盡心上

---

8 同上，〈荀子所說的義〉，頁366。
9 陳大齊遺，《陳百年先生文集》第二輯《論語集釋》，臺北：臺灣商務印書館，1990年，頁61，引《皇清經解》第19冊，頁14213，劉逢祿，《論語述何（何休）》引用「董子曰」。

篇〉云：「雞鳴而起，孳孳爲善者，舜之徒也。雞鳴而起，孳孳爲利者，蹠之徒也，欲知舜與蹠之分，無他，利與善之間也。」「善」爲無形的道德價值，相形之下，「利」則爲有形的，可算計的經濟價值，亦即財物之類。「利」概念既不豐富，他採取觀察《孟子》書中涉及獲利後所引致的結果之評價，資以輔助我們對這一概念的了解。他引用了三則相關言論：

> 上下交征利而國危矣。（〈梁惠王上〉）
> 君臣、父子、兄弟終去仁義，懷利以相接，然而不亡者，未之有也。
> （〈告子下〉）
> 周於利者，凶年不能殺，周於德者，邪世不能亂。（〈盡心下〉）

　　由「利」的求取與分配上所涉及的人我關係中，前二者指人與人之間若僅知唯利是圖，終將導致人際間的動盪不安，甚至帶來危機。第三則是指人對「利」的群體需求與分配能顧慮周全的話，縱使遭凶年亦可將禍害控降到最低限度。《荀子・榮辱》謂：「凡人有所一同，飢而欲食，寒而欲煖，勞而欲息，好利而惡害，是人之所生而有也，是無待而然者也。」文中所好的「利」指人性的生理需求，與欲好。事實上，《荀子》書也在人性的生理層外，括及心理層的諸般欲望，例如：權力、地位、名譽、榮顯……等。較之孔孟，荀子的「利」字所涵蓋者，逾出財貨之利，兼及心理層的實然欲求。

第四節　不恰當的義利關係類型

　　陳大齊認爲不恰當的義利觀常將二者對立起來，只見其異，不見其綜合的盡理精神。這種將事物性質予以分化對立，且執一端而排斥另一端的作法，也呈現在以精神性的利來排斥物質性的利，以公利之義排斥私利之利，以天理之義排斥人欲之利，這三種不恰當的義利關係類型，孟子認爲這是人所患的執一無權之蔽。〈盡心篇上〉曰：「子莫執中，執中爲近之。執中無權，猶執一也。所惡執一者，爲其賊道也。舉一而廢百也。」《論語・子罕》載曰：「子絕四：毋意、毋必、毋固、毋我。」可見孟子承孔子不執於一端之見的偏見。孟子既惡執一，則採權變以致中的論事處世原則。故，孟子論義利不拘於一格而一成不變，而是隨人、隨事、隨時出入於二端而達辯證性的權變性的致中狀態，茲據這一原則，觀他所評價的三種不恰當的義利關係類型。這三類型係陳大齊參照從前學者所說，立爲三種假設，依據《孟子》書中的言論以檢驗這些假設之能否成立。

　　由第一種假設所成立的類型，係以精神與物質爲區別的標準。陳大齊說：

　　孟子既有暗示，利可分爲二種，故不妨分爲精神的利與物質的利，而以精神的利爲孟子所欲懷的義，以物質的利爲孟子所欲去的利。精神的利相當於前人所說的安吉之利，物質的利相當於前人所說的貨財之利。[10]

　　觀《孟子》書中亦確有支持此一說法的言論。例如：〈滕文公上篇〉謂：「設爲庠序學校以教之，庠者養也，校者教也，序者射也。夏曰校，殷曰序，周曰庠。學則三代共之，皆所以明人倫也。人倫明於上，小民親於下……是爲王者

---

[10] 同註7，頁281。

師也。」受教育，明人倫，獲致親情溫暖的天倫之樂，這是精神上的「義」所實現的精神上的「利」──心靈的豐富與滿足。飽食、衣暖、逸居等是物質性的利益。〈離婁上〉曰：「田野不辟，貨財不聚，非國之害也。上無禮，下無學，賊民興，喪無日矣。」物質的利淪喪「非國之害」，相較之下，精神上的義利斷喪後，則是國之「喪」而無生機了。若是，由孟子言或能推導出重精神輕物質，重義輕利的結論。

　　但是，他也舉證孟子有許多重視物質的利。〈盡心下〉曰：「無禮義，則上下亂，無政事，則財用不足。」「財用」營謀民生物用之利益，孟子不但予以肯定，且與「禮義（精神性的效益）」並列。〈梁惠王上〉云：「不遠農時，穀不可勝食也，數罟不入洿池，魚鱉不可勝食也，斧斤以時入山林，林木不可勝用也。……是使民養生喪死無憾也。……王道之始也。」文中所言皆指豐沛的物質可充裕民生需求，這是物質之利益。〈盡心上〉謂：「文王之民，無凍餒之老者，此之謂也。」孟子讚美文王能讓百姓免於凍餒之苦，間接肯定了物質利益的王道效益。〈梁惠王上〉曰：「若民，則無恆產，因無恆心。苟無恆心，放辟邪侈，無不爲已。」處理大眾的民生問題是政治的首務，孟子認爲解決民生物用的基本需求，亦即營求基本的物利是進行人文教化，求取精神利益的先決條件。因此，他論證出：「孟子重視物質的利，既如此之甚，必不會把物質的利認爲應去不應懷。故以精神的利與物質的利爲應懷應去的分別標準，尙不能謂爲忖得了孟子的本意。」[11]

　　第二類型是將義利的分別判準，訴諸於分化且對立的公利與私利說，依此類說法，凡能有利於公眾的都是義；若僅能有益於私人的，則是利。徵之於《孟子》的言論，亦可得到一些例證。書中一開頭就是梁惠王對孟子的提問，問孟子之來訪是否「亦將有以利吾國乎？」由於彼時諸侯視國家爲私家的產業，務求一家一姓的利益，漠視民瘼。「利國」異化成利一己一家一姓之私，而非原來應有

的公利。公利是義，「利」偏指私利。〈滕文公下〉載孟子讚美湯征葛之義舉，謂湯此舉不是爲了富有天下以圖一己的私利，而是旨在弔民伐罪以謀百姓整體性的公利。〈梁惠王下〉載孟子評論鄒穆公「倉廩實，府庫充」，企求一己的私利，卻無視於百姓之苦難，任百姓「老弱轉乎溝壑，壯者散而之四方」孟子對這二件史事的評論，可資比較公利與私利的價值高下了。藉此史評，突出了孟子重公利而輕私利的價值判斷。〈公孫丑下〉載孟子之言謂「有賤丈夫焉，必求壟斷而登之，以左右望而罔市利〈謀食忘道〉。」亦可爲佐證。

　　然而，我們也可舉些孟子言論中不盡然如此的例證。〈萬章下〉載孟子之言：「仕非爲貧也，而有時乎爲貧。」不以做官爲解決貧困的手段，是義之所在。有時，人一時之間被貧困所逼，不得不著眼做官之利益，這是解困的權宜之計，雖不被孟子所稱道，卻是他可以諒解的。蓋出仕是爲大眾謀公利，非爲一己謀私利，但是，對特殊境域的人，其出仕的目的是可兼顧公利與私利的，又如〈離婁下〉：「禹思天下有溺者，猶己之溺也，稷思天下有飢者，由己飢之也。」有溺者及飢者從苦主個人而言，其私利受害。可是禹、稷以高尚的道德情操自責自身有失職守以致公利不周延。蓋政治是公共事務，有職守者當爲整體社會謀公共福利，若有任何一位社會成員，未受到公共利益的保障而蒙受私人生存權益——私利受損害，則負公利之責的人應對這一社會成員負責。陳大齊闡發公利與私利間的不可分割性，謂：

> 公是積私而成的，一群人的公利是群中各個人私利的集合。故群的公利，在各個人自己看來，亦未嘗不可謂爲其人的私利。……其某一層級的公利，在本層級或其所攝的較低層級看來，固不失爲公利，在能攝的較高層級看來，不免只是私利。故在此可認爲公利的，在彼容或只能認爲私利；在此可認爲私利的，在彼可能認爲公利。

　　第三類型係以天理人欲的對立二分來分別義利爲異質性的二概念，孟子主性善，凡屬人性層級中超越層的性靈生命，例如：仁、義、禮、智等四端之性，皆

屬天理。受制約反應限制的生理欲求、心理欲求，可視爲人欲。茲舉孟子有關言論爲例證：

> 口之於味也，目之於色也，耳之於聲也，鼻之於臭也，四肢之於安佚也；性也，有命焉，君子不謂性也。仁之於父子也，義之於君臣也，禮之於賓主也，知之於賢者也，聖人之於天道也；命也，有性焉，君子不謂命也。（〈盡心下〉）
>
> 耳目之官不思，而蔽於物。物交物，則引之而已矣。心之官則思；思則得之，不思則不得也。此天之所與我者，先立乎其大者，則其小者弗能奪也。（〈告子上〉）

口、目、耳、鼻、四肢，皆是生理機制，有其官能與欲求，屬自然情欲生命，有待於外物的占有與享受，屬官能之刺激與反應、滿足的聯結式活動情態。仁、義、禮、智是人異於禽獸的幾希之天性或天理，是人道德本性本心層。「性」是道德的先驗結構形式，四端之心是四端之性在一具體境遇中受到感通、召喚而自發性的開顯。孟子性善論的論證係即四端之心的作用呈顯來逆覺體證四端之心所根由的體性。簡言之，孟子採即用顯體，由心善論證性善的路數。四端之心的開顯是本於先驗的道德理性及先驗的善的意向性，是無條件的應然活動，其自身就內具了價值與意義，非爲成全某一目的之手段或工具。四端之性是人性結構中的深層結構，具道德屬性的終極實有之性。質言之，四端之性是天理，亦即人道德的眞我或道德的本眞。〈公孫丑上〉所謂：「無惻隱之心，非人也。」〈梁惠王上〉云：「無傷也，是乃仁術也。」仁心仁術是天理的當然法則，以天理解釋應然的「義」，亦可與孟子的本意符順。同時，孟子有言：「飲食之人，則人賤之矣，爲其養小以失大也。」（〈告子上〉）僅只營謀飲食之人專務口腹的奉養，亦即求取人欲的滿足。若人生目的僅只於此，無視於人生價值中較高層級的高貴性，事「小體」（口腹之欲）以致失「大體」（四端之心），孟子賤之。因此，將「義」判屬於天理，「利」判屬於人欲，亦無不可。

問題是，天理與人欲之間，義與利間，必得割裂分化爲對立的兩端嗎？《孟子·告子上》雖然有言：「生亦我所欲也，義亦我所欲也。二者不可得兼，舍生而取義者也。」但是由「二者不可得兼」可推知二者原是人所欲具全的價值，遺憾的是人面臨極限境遇的困境而未能兩全時，變成兩難的抉擇，此際，所應判明的是「生（利）」與「義」何者是終極價值所在？其價值的層位，何者較高？依孟子意，當人陷入兩難困境，亦即價值抉擇的衝突時，才有「義」與「利」對決的時刻。就一般常態處境而言，義利是可以調和並存而兩全的。觀〈離婁下〉云：「可以死，可以無死，死傷勇。」得知孟子亦肯定生與義可兼顧時，人若輕生而就死是「傷勇」的。

財貨之利與美色是人所普遍欲求的，孟子也予以正面肯定。試觀孟子與齊宣王的一段精彩對話：

> 齊宣王……曰：「寡人有疾，寡人好貨。」對曰：「……王如好貨，與百姓同之，於王何有！」王曰：「寡人有疾，寡人好色。」對曰：「……王如好色，與百姓同之，於王何有！」（〈梁惠王下〉）

齊宣王雖自覺好貨好色之不當，孟子卻由實然的人欲對之肯定爲出發，要求齊宣王將心比心，也兼顧天下之人皆有此種欲求，如何推行仁政，讓天下人皆能得到合理化的滿足。推而言之，孟子勸齊宣王應當爲天下人謀合理的經濟利益，以開放的、與人爲善的襟懷，讓天下有情人皆成眷屬，這就是仁心仁政應有的做法了。因此，面對齊宣王以好財好色的理由無自信於仁政的推行，孟子勸他以同情同理的心，推廣到「與百姓同之」，並未勸他根絕這種人欲。對孟子而言，天理與人欲就日用的常態生活而言，兩者間有辯證性的聯繫，相互調整而統合的。

第五節　融洽的義利關係論

　　陳大齊曾作一文〈義與利之僅為別異而非反對〉，對義與利二名，當解成別異概念，不當解作反對概念。其間的差別在於反對概念，如晴與雨，是不相容的。別異概念，如鹹與甜是有時相容，有時不相容的，有鹹而不甜的食物，亦有甜而不鹹的食物，亦有鹹甜適味的食物。他據此檢視《論語》中孔子所言及的義與利概念，考察出孔子的義利關係說中有肯定其相容的一面。例如：〈述而篇〉云：「不義而富且貴，於我如浮雲。」不義之利是義與利之不相容應予以否定。但是，〈憲問篇〉云：「見利思義」、〈季氏篇〉的「見得思義」，經過思辨後，判斷所見之「利」[12]不違悖義，甚至頗契合「義」，則義與利的關係融洽，義利相容，值得肯定和追求。他針對〈里仁篇〉所云：「君子喻於義，小人喻於利」闡釋了他對孔子義利觀之看法。他說：

> 義是應得的，利是欲得的。欲得與應得，兩不相同，但只不同到別異，並未不同到反對。欲得者之中，有應得的，有不應得的，應得者之中，同樣亦有欲得的，有非所欲得的。通行的義利之辨，只見到欲得而非應得的一方面，忽視欲得而亦應得的另一方面，故不免言過其當而有失中正。

　　正人君子崇尚「義」的可貴，凡事務求有合於「義」。小人利欲薰心，唯利是圖，只見得「利」的可欲，見利忘義，唯利害是問。值得注意的是，義利有相容而可求得者，亦有彼此不相容而不應見利而忘義者。

---

[12] 《論語》中，孔子言論使用「利」字計十次，有八次從文脈觀之，皆可解作利益或利得。

　　孟子的言論中，有不用義與利字，卻在實質上已論述了義利間的關係。孟子將「義」理解爲人人所應由的正路，這是可作爲人言行之普遍基本準則的，首先，我們該問的問題是：一個人是否可以爲實現自身的利益而做害人的事。〈公孫丑上〉載孟子之言曰：「（伯夷、伊尹、孔子）行一下義，殺一不辜而得天下，皆不爲也。」損人以利己，已屬不當，若殺人以利己，則更屬不應該。人不但可追求合乎義的利，更應該以高尚的情操爲他人、天下人造福合義之利益。〈盡心上〉謂：「古之人得志，澤加於民，不得志，修身見於世。窮則獨善其身，達則兼善天下。」

　　孟子嚴義利之辨，爲了成全義，甚至在生死關頭，都期望人能不見利而捨義求生。他說：「一簞食，一豆羹，得之則生，弗得則死，嘑爾而與之，行道之人弗受；蹴爾而與之，乞人不屑也。」（〈告子上〉）人固然不可爲一己之利而做出損害自己人格的不義言行，那麼，爲了成全他人之利益，人是否可以不惜做出有損自己人格之事呢？〈盡心上〉曰：「故士窮不失義，達不離道。」對一位有志節的人而言，不論際遇的窮達，都應該保持自身高潔的人格。陳大齊說：「故推孟子之意，人格是無論如何都不可犧牲的，不但不可爲了謀自己的利益而犧牲，且亦不可爲了謀他人的利益而犧牲。至於爲了有益於人，是否可以犧牲自己的生命，孟子所談不多。」[13] 換言之，在義利關係的實踐上，若人爲了實現他者的利益而損及自己的人格時，就是不義之行爲。

　　不過，陳大齊對孟子的義利觀之研究成果上，有一點是值得商榷的。他說：「義的後果與利，密切配合，不稍參差。懷義必能致利，利是隨義必來的，懷利反足以致害，利不是隨利而至的。依此一結論引申之，則苟欲求利，緣義以求利，利可必得，緣利以求利，利必不可得。」[14]「緣義以求利」是應然的命題，然而，我們是否可據一應然性的命題推導出一實然的結論「利可必得」，則頗值得我們再深思。否則，孔子何以有天喪予，道不行而筏於海的命限之嘆！董

---

[13] 同註7，頁301。

[14] 同上，頁292。

仲舒有何以要人只關注自己是否已充盡了道義，而勿計較功利的得失呢？

　　《荀子》書中亦多對舉「義」、「利」，辨正其間的道理，〈儒效〉篇謂：「不學問，無正義，以富利爲隆，是俗人者也。」〈賦篇〉云：「行義以正，事業以成。」〈修身〉篇曰：「……此言君子之能以公義勝私欲也。」「義」對荀子而言係一旣公且正的道德原理。他認爲「義」與「利」對人而言兩相需，當求以「義」規範「利」的利益，不應以利克義而致獲利卻缺德。〈大略〉篇云：「義與利者，人之所兩有也。雖堯、舜不能去民之欲利，然而能使其欲利不克其好義也。雖桀、紂亦不能去民之好義，然而能使其好義不勝其欲利也。故義勝利者爲治世，利克義者爲亂世。」荀子雖也認爲在價值的梯階表上「義」高於「利」，卻從群體生活的公共領域內側重社會正義原則下的公共利益，對義利關係採取較正面而積極的態度來處理。陳大齊評荀子的義利觀說：「欲利亦如好義，爲人人所必有，雖經過聖人的善爲教導，亦無法使之底於根絕。所以只好提倡先義後利，以阻遏好利之心的過度發展，以消弭好利所能引致的災害。只要能做到義勝於利，亦可稱爲治世了。」[15]這一評論貼合荀學旨意，頗爲中肯。

第六節　評論

　　陳大齊治學嚴謹認眞，言必有據，且回歸原典或文本。他注重概念的基本分析和釐清，這一哲學性的基本研究工作。觀其對義利之辨的研究法，他能下紮實

---

[15] 同上，〈荀子所說的義〉，頁367。

的檢索工夫，從《荀子》全書三十二篇中，逐行逐段逐篇的點計，共得「義」字使用三百十四次。從《論語》一書中逐章點計，得孔子言「義」字十次。再進一步分析，這十次「義」字的使用分別在上下文脈或語境中，考究其意含，歸納出「義」字基本而普遍的實質涵義。這是由定量分析法切入概念實質涵義釐清之質的研究法，亦即由語法的考察轉進到語意的研究。

我們再取其大作〈孟子義利學說的探討〉一文，得知他如何架構出其對這一主題的研究法。茲先載錄文中各小節的標題如下：（一）導言；（二）義字的意義；（三）利字的意義；（四）義利的分別標準一—精神的利與物質的利；（五）義利的分別標準二—公利與私利；（六）義利的分別標準三—天理與人欲；（七）義與利的關係；（八）不執一；（九）義的準則。序言說明了義利之辨在儒家的重要面向。在對孟子「義」、「利」概念釐清後，再以一般人對義利關係的三種具代表性的看法予以一一表述，質疑和批判，再綜括具批判性的觀點，提出更豐富而明確的孟子相關言論，論證出可能較契應孟子的義利之辨及相互關係，進而把握住義利融洽關係中的兩關鍵：不執一偏義的精確化準則。由陳先生的研究，可看出其研究法不但扣緊主題，面面兼顧，環環相扣，更值得我們學習的是，他能平實的表述出其他學者的不同意見，心平氣和的辯難駁疑，不但顯現出他的學術人格修養，也反映出他在學術論辯中真誠、理性的心態，情理兼攝的識度而臻於與其他學者視域交融的整全觀。

陳先生對先秦儒家，特別是孟子的義利觀之研究，成果斐然。先秦儒家所提出來的義利觀，在漢代之後仍有長期的發展。以漢宋為例，《漢書·本傳》突出董仲舒「正其誼（義）不謀其利，明其道不計其功」的嚴義利之辨的立場。但是，董仲舒也說過：「利以養其體，義以養其心，心不得義不能樂。體不得利不能安。義者，心之養也；利者，體之養也。體莫貴於心，故養莫重於義。」[16]養生是須身心俱養的，因此，義與利皆人的生命維繫所需。他所以嚴義利之辨，

---

[16] 董仲舒，《春秋繁露·身之養重於義》，見清·蘇與著，《春秋繁露義證》，臺北：河洛圖書出版社，1974年。

〈賢良對策篇〉說明了理由，蓋周室之衰肇因於「其卿大夫緩於誼（義）而急於利，乃上告漢武帝說，『爾好誼，則民鄉（嚮）仁而俗善；爾好利，則民好邪而俗敗。』」其旨在針對武帝好大喜功的個性，勸告他「能修其理不急其功」。董仲舒闡釋說：「詐人而勝之，雖有功，君子弗爲也。」[17]他還深刻的指出：「凡人之性，莫不善義，然而不能義者，利敗之也。」[18]董仲舒肯定發展民生經濟是負養民之責的爲政者所當爲，但是，在追求財貨之利的同時，也得實踐社會正義，進而實踐富而崇義，貧有所養的人文社會。

　　北宋李覯《富國強兵安民冊》說：「愚竊觀儒者之論，鮮不貴義而賤利，其言非道德教化則不出諸口矣。然《洪範・八政》：『一曰食，二曰貨。』孔子曰：『足食，足兵，民信之矣。』是則治國之實，必本於財用。」[19]李覯意在經世致用，主張「強本節用」，認爲能明義以利天下之民者，才是眞正的經世之儒。南宋葉適（水心）主張「義，立之本」[20]，「以利和義，不以義抑利」[21]他對當時儒者的義利觀提出了尖銳的批判：「『仁人正誼不謀利，明道不計功』；此語初看極好，細看全疏闊。古人以利與人而不自居其功，故道義光明。後世儒者行仲舒之論，既無功，則道義者，乃無用之虛語爾。然舉者不能勝，行者不能至，而反以爲詬於天下矣。」[22]

　　綜觀儒家的義利之辨，不但涉及個人進退、取與、榮辱的道德觀，也涉及群體生活的公共領域。前者有賴於德性主體內在的道德自覺及自發性的修持工夫，這是德行倫理學的課題。至於後者是社會正義的問題，涉及社會秩序合理性之建構及個體權利的保障與合理追求。近代社會的公民意識在於全體社會成員皆能共同認識及遵守經過程序正義所建構的客觀化且大家已相互同意的社會規範，

---

[17] 同上，〈對膠西王越大夫不得爲仁〉篇。

[18] 同上，〈玉英〉篇。

[19] 《李覯集》，北京：中華書局，1981年，頁133。

[20] 葉適，《習學記言序目》，卷11，《左傳》，北京：中華書局，1977年。

[21] 同上，卷27，《三國志・魏志》。

[22] 《葉適集》，北京：中華書局，1961年校點版將《水心文集》、《水心別集》集在一起，改名《葉適集》，此句引自〈水心別集〉卷3。

亦即公共規範，此乃社會倫理所在。公義社會是一個尊重及確保平等原則的理性社會、自由開放社會。公義社會是當代社會機制運作的努力目標，也是文化能有旺盛的生命力而全方位發展所賴的保障。一個公義社會的追求，必須人與人相互肯認爲知識、價值與權利的主體，當代思潮中「互爲主體」的要求和企盼也是植基於人的尊嚴，生命權及自我實現的發展權，是人人同享的平等價值觀。儒家在社會公利的追求上，應隨著時移物轉而予以調整。在專制政體時代，社會公利之能否實踐操之於大權在握的君王，這是歷代關心社會的儒者不得不對君王進行一廂情願的道德勸說之原因。臺灣目前已是逐漸成形的民主社會，對公義社會之深層理解及努力不懈的建構，才是有儒家心懷的學者對義利觀之公共利益（大眾福祉）向度，應聚焦的焦點。

第三章　印順法師（1906-2005）

第一節　前言

　　印順導師針對民國以來佛教世俗化益趨於鬼神的宗教迷信，寺廟、僧侶的腐化提出批判。他在民族處於多難的時代，引儒入佛，以淑世精神及愛國主義，提倡「人間佛教」。本章旨在分析其思想中的儒學成素，論證他所形塑的儒佛融通的人間佛教面貌，以及中國大乘佛教普渡眾生之當代新佛教的特色和精神。

　　印順大師（1906-2005）出生於浙江海寧一農村張氏家庭，取名「鹿芹」，1931年10月11日在普陀山，依清念和尚出家於福泉庵。他的出家純粹是以知識份子的人生理想與熱忱，關注佛家真理之探索與實踐，以生命來體證佛家真理的本來面目。他在1931年入學太虛大師任院長的閩南佛學院，已有論文發表，且於8月由大醒法師推介出任虛雲老和尚創辦的鼓山佛學院教師。太虛大師圓寂後，他在1947年與續明法師在浙江奉化雪竇寺編纂《太虛大師全書》，同時講授「中觀今論」。他在1953年於香港遙領「海潮音雜誌」社長，當年6月下旬到臺灣定居於新竹青草湖一同寺後山的「福嚴精舍」。印順大師在1973年6月20日以《中國禪宗史》一書，榮獲日本大正大學授予文學博士學位。這是中國的大德比丘獲得外國正式博士學位的第一人。他治學頗勤，思考精密，見解深銳，學術著作質精量足，其中《妙雲集》就有24種，其他較受人矚目者有《佛法概論》、《初期大乘佛教之起源與開展》、《如來藏之研究》等。

　　他在佛學上是位純正統的、俱創發性的思想家。他對佛典中的神蹟與靈異、密宗的神蹟持平淡，甚至批判的態度。他對世俗界偶發的靈異現象，認為「法爾如此」，且批判這類異人奇事不能代替生命的「覺悟」，對修道者可能引入歧途。他的佛家思想主張平實的中庸大道，也就是一條莊嚴寬厚，充滿佛智和慈光普照的悟修雙行之大覺正信的路。他對當代新儒家與佛家或分或合的糾纏現象，判定儒學、新儒家是純中國文化縱面的產品，是入世的、中道的、萬事不朽

的經緯。至於佛教，他認為是偏於究竟空寂的，雖然博大精深，卻是出世的，不及儒家的積極入世。然而，他是有創發性及有實踐願力的思想家，他在耳濡目染的儒學下，在其人間佛學中也融入不少儒學元素。另方面，他從1921年秋至1930年夏教了8年多的小學，在這段期間從學習中醫、丹經、術數中轉到了《老子》、《莊子》、《新約》、《舊約》，以及佛教的經論等。他在20歲（1925年）讀馮夢楨的《莊子序》，閱及文中謂：「然則莊文，郭著（郭象注），其佛法之先驅耶」時，引發了他想探究佛法的動機。佛學在魏晉時期透過《老》、《莊》、《易》的玄學之格義而逐漸被中國知識份子所理解、吸收和接受，因此，印順「人間佛教」也兼攝道家元素。

　　本章擬由儒、釋、道三教交流合一化的歷史脈絡之概述為大背境，以印順導師「人間佛教」形成的緣由切入其理論特質，再就其論述中所隱含的或明顯呈現的儒家思想做分析，期能證成印順的人間佛教之引儒入佛而成就儒佛融通的人間佛教面貌，以及中國大乘佛教普度眾生之當代新佛教思想運動。

第二節　「人間佛教」形成前，儒釋道合一化的史脈

　　印順導師所倡導的「人間佛教」是臺灣佛教的主流思潮，例如：星雲法師、聖嚴法師、證嚴法師……等所主持的佛教道場，皆在這一思潮的鼓舞下有長期的蓬勃發展，這一運動的啟發係受新儒家學者梁漱溟的激發。在佛教教義的學理研究上，印順導師有卓越的貢獻，他根據他的巨著《初期大乘佛教之起源與開展》乃立基於佛祖《阿含經》的人本思想和初期大乘普世眾生的慈悲濟世（慈

濟）情懷，批判佛教世俗化的鬼神信仰，主張回歸印度原始佛教和初期大乘佛教。「人間佛教」的醞釀有其實然的歷史歷程和思想轉折的脈絡，我們有必要針對其問題意識和主張的提出，釐清其來路。

佛教初傳入中國，和道家道教與儒家的互動中呈現了既交流相汲取，亦尖銳對立的緊張衝突現象，例如，魏晉時代產生了以外典的《老》、《莊》、《易》詮釋內典之佛經的玄學化格義之六家七宗，在南北朝時卻發生三武一宗的道教借政治力排斥佛教的教難。東晉竺道生汲取儒家人皆可以為堯舜的人性論創發「一闡提亦可成佛」的眾生皆可成佛說。另方面，佛教在南北朝、隋唐大興之盛景，往往對儒家做了偏激的批評。例如：南朝梁武帝（464-549）對儒者范縝（450-510）所著〈神滅論〉，發動64位僧俗對他圍剿，隋代三論宗高僧吉藏（549-623）採「破邪顯正」之策略，批判孔子與老子非聖人。[1]佛教為了化解儒家的嚴厲批評，而吸收了儒、道的中國本土思想，例如：南梁慧皎《高僧傳·卷4·法雅傳》有言：「以經中數事，擬配外書」。所謂「經」，指佛經；「外書」指儒、道兩家，尤其是道家的書籍，這就是「格義佛教」。同時，佛教在儒家所謂：「委離所生，棄親即疏」，導致「背理傷情」[2]的批評下，初唐的禪宗六祖惠能（638-713）倡導「若欲修行，在家亦得，不由在寺」、「法元在世間，於世出世間，勿離世間上，外求出世間」[3]的入世禪法。可見惠能率先開啟了佛教向儒家傾向的入世之門。宋代，為了回應儒家不孝的指責，佛教還發展出茹素念佛、亦僧亦俗的在家居士教團，亦即白蓮社，社員不需出家，可在家孝親，也具有出家的實質。

唐代高僧宗密謂儒佛皆宗孝道，禪師百丈懷海（720-814）為了回應儒家指責化緣為生的僧人「不蠶而衣，不田而食」、「坐食百姓」、「聚斂百姓」，甚

---

1 《三論玄義》云：「至如孔稱素王，說有名儒；老居柱史，談無曰道。辨益即無人得聖，明利即止在世間。如此之類，為次跡矣！」引見：《大正藏》冊45，頁2中。
2 孫綽〈喻道論〉；收錄於梁·僧祐，《弘明集》，卷3。引見於《大正藏》冊52，頁17。
3 見敦煌本《壇經》，引見於《大正藏》冊48，頁341下，頁342上。

至可「規免租役」、「空國賦算」[4]乃制定《百丈清規》比照儒家宗法制度來重新組織寺院的規約、秩序，建立叢林制度。清規前四章為祝釐、報恩、報本、尊祖、全以儒家的忠孝美德為中心，要求自己「一日不作，一日不食」，這一自食其力的精神使佛寺轉化成勤儉營生，自立更生的經濟獨立體，其勤儉美德在宋代以後還影響了全真、真大道等道教的革新。因此，白蓮社和禪門叢林制度為了適應儒家思想文化的鄉土中國，做了「援儒道入佛」的調適，使佛教在此後的中國傳統中內化了儒、道的思想文化因素。至宋明新儒學興起的時代，相形之下，處於衰微的佛教提出儒、釋、道「三教同源」的口號，例如：「明末四大師」的雲棲袾宏（1532-1612）、紫柏真可（1543-1603）、憨山德清（1543-1623）以及蕅益智旭（1599-1655）都提倡「三教同源」。袾宏主張：「儒與佛不相病而相資。」[5]德清有《老子》註、《莊子》註，智旭撰有《周易禪解》、《四書蕅益解》。德清甚至提出「不知春秋，不能涉世；不知老莊，不能忘世；不參禪，不能出世。」[6]的提法。佛教入中土以後與儒、道相摩相蕩，有長期步步走上磨合以適應中國儒、道鄉土文化的生態才能紮根於斯土、斯人與斯文，才能有根芽和發展的生機。因此，在中華文化有容乃大的開放性儒、釋、道的三教圓融互補趨勢是一可喜的現象，也是使中國哲學內容更得以豐富而多樣的充實和活力化。宋明理學家無不涉獵佛、道而將之做為發展儒學的新資源，消化佛、道後轉化為儒學的概念範疇、命題形式和論述架構。其中以《大乘起信錄》的「一心開二門」最為顯著，影響到理學中的理氣論、心性論（如道心與人心之關係）。陸象山、朱熹等多位理學家被指稱為有禪學色彩，明代集心學大成的王陽明在回答張元坤的質疑說：「聖人盡性至命，何物不具，何待兼取（佛道）？二氏之用，皆我之用：即吾盡性至命中完養此身，謂之仙；即吾盡性至命中不染世界，謂之佛。但後世儒者不見聖學之全，故與二氏成二見耳。」[7]北京清華大學國學院院長陳來

---

[4] 分別見於《弘明集》卷1、6、8、12，引見於《大正藏》冊52，頁8、35、50、85、108、130。
[5] 見袾宏〈竹窗二筆〉，收入《蓮池大師全集‧雲棲法彙》，臺北：中華佛教文化館，1973年，卷4。
[6] 見德清《觀老莊影響論》，臺北：廣文書局，1974年，頁1。
[7] 見《王陽明年譜》癸未條。

說：「陽明對於儒釋道（三教）的態度與一般儒者大不相同，他不僅肯定佛家的某些教義與聖人之道同，甚至鼓勵門人去閱讀《壇經》，把禪宗的思想與良知的思想結合起來，『本來面目』在禪宗即指清淨佛性，『本來無一物』也是指心體本自清境，陽明的四句教首句無疑受到《壇經》的影響。……陽明並不諱言，這些有關『無』的生存智慧吸收了佛家（主要是禪宗）的思想，他明確肯定《金剛經》『應無所住而生其心』的思想，公開宣稱聖人對仙佛心體虛無的思想並無異議，他強烈反對把主張心體的無滯性看成佛家獨有的專利，力求在儒家內部找到其合法性。」[8]此外，當代生死學的華人學者傅偉勳指出：「陽明通過自己的親身生死體驗，深深悟覺到，儒、道、佛就其表面結構言，雖不同源亦不同路，就深層結構言，即契接通在心性體認本位的生死學（理論基礎）與生死智慧（實踐體悟）這一點，於此無有上下，不分高低。」[9]

就儒、道的交流互攝而言，魏晉之際的郭象《莊子》註將儒家的性份天命觀轉成莊子「法天貴眞」的本眞之性，企圖消解《莊子》〈逍遙遊〉之眞人遊於方外與充滿道德禮法的〈人間世〉之可能隔閡，而以道家化的內在玄聖轉接儒家經世治國的外王，他以道家的無執之心順應有儒家名教之治的現實世界，倡言名教即自然，以無順有，跡冥圓融，營造方內方外通貫爲一的儒道兼綜交融之人生安頓。從東晉至清代、民國皆有儒、釋、道三教合一化的趨勢和傳統。我們再舉生於清代末年卒於1934年的朱文熊所著《莊子新義》（1934年出版）爲例，雖然《孟子》書中未提及莊子，《莊子》書中未提及孟子，但是朱文熊深信莊子與孟子有深刻交集過，他在其《莊子新義》一書中呈現了心中有儒家的「道統」觀，眼中有儒家的《四書》，納莊子入儒門，以《四書》尤其是《孟子》爲參照，藉以詮釋《莊子》的文本。他認爲莊子與孟子學術同源，《莊子》書中所言，同於

---

[8]　見陳來《有無之境──王陽明哲學的精神》，北京市，人民出版社，1991年版，頁221。王陽明在正德10年（44歲）稍後乃有以「空」爲極致之說，他所說的「空」是指境界上的空，亦即「心體的無滯性」意義上心體的空，並非本體論、存有論的空。

[9]　傅偉勳著《佛教思想的現代探索》臺北市，東大圖書，1995年版，頁188。陽明透過面對切身的生死大觀所建立的智慧，是面對死亡的挑戰或生死執的二元對立而予以精神性的超克。這不單是有關「無」的生存智慧，亦是面對死亡的挑戰下有其良知教的生死學基礎。

儒門道統且合於道統。儒家內聖外王的入世精神，道家轉俗成眞的人間性，以及中國大乘佛學的發普提心，行菩薩願的普渡眾生，皆有涉世以安頓人生的人間性，生活世界性。

第三節 印順人間佛教的時代背景與特質

　　印順導師雖在1951年提出「人間佛教」的佛教思想改造運動，其思想內涵卻早已醞釀於中國大陸的民國20年代。蓋明清與民國初年佛教世俗化益趨於鬼神的宗教迷信、寺廟僧尼的腐化、佛教原創性精神的異化和變質。一生提倡「人生佛教」的印順導師之老師太虛大師（1889-1974）基於對佛教腐化的憂慮，反省其中種種的問題，提出教制，教產和教理改革的新僧運動。[10] 其〈革命方案〉或〈訓詞〉可互詮者有數項重點，其一在改變「專顧脫死問題及服務鬼神」轉成「服務人群」、「兼顧資生問題」，針對這一要求，他認爲佛教徒應從「遁世高隱」不涉世事的態度改爲「化導民眾」、「服務民眾」。其二，他在〈訓詞〉中主張「使農工商學軍政教藝各群眾皆融洽於佛教的十善化，養成中華國族爲十善文化的國格；擴充至全人世成爲十善文化的人世。」所說的「十善」指不殺生、不偷盜、不邪淫、不誑語、不飲酒、不兩舌、不綺語、不貪、不瞋、不痴，堪比喻基督教摩西的「十誡」。就佛典而言，十善是凡人和天神應共同修持的「人天

---

[10] 太虛大師在1928年4月21日發表〈對於中國佛教革命僧的訓詞〉。他在〈我的佛教改進運動略史〉，概述其佛教革命方案說：「最根本者，爲革命僧團之能有健全的組織。一、革除：1.君相利用神道設教的迷信；2.家族化剃派法派的私傳產制。二、革改：1.遁隱改精進修習，化導社會；2.度死奉事鬼神，改資生服務人群。三、建設：1.依三民主義文化，建由人而菩薩的人生佛教；2.以人生佛教，建中國僧寺制；3.收新化舊成中國大乘人生的信眾制；4.以人生佛教，成十善風化的國俗及人世。」見印順導師，《太虛大師年譜》，頁253-254。

乘」美德，這也是淑世利人的十大消極德行。其三，他在〈訓詞〉中提倡「建設由人而菩薩而佛的人生佛教」。

太虛倡導的「人生佛教」曾受到當代新儒家學者梁漱溟（1893-1988）的深刻影響，這兩位前賢皆處在清末明初一批知識份子，例如，胡適之、陳獨秀爲救亡圖存而高唱以全盤西化來自強救國的時代。另一批知識份子，如，鄭觀應，康有爲等人倡「托古改制論」的國故派。梁漱溟折衷其間，主張調和中西以貫古通今，被人稱爲「當代新儒家」。他在其《東西文化及其哲學·自序》中自述他由佛轉入儒的緣由，所謂：「我從20歲以後，思想折入佛家一路，一直走下去，萬年末挽，但現在則已變，這個變是今年（1921年）3、4月的事，我從那時決定擱置向來做佛家生活的念頭，來做孔家的生活……周圍種種情形都是叫我不要做佛家生活。」[11]刺激他決意由佛轉儒的「周圍種種情形」，他也在該書描述說：「我在《唯識述義》序文警告大家：『假使佛化大興，中國之亂便無已』……我希望倡導佛教的人可憐可憐湖北遭兵亂的人民，莫再引大家到第三態度，延長了中國人這種水深火熱的況味！」[12]梁漱溟所說的「周圍種種事情」主要係民國初年，政治動亂不安，戰事不寧，民生凋蔽，廣大生民處在貧困的痛苦中，召喚了他內心的仁心仁性，回應了儒家修己以安人，兼善天下爲己任的道德呼吁。他不能坐視處在水深火熱的廣大中國人民，而思改變「第三態度」，源於他所檢討中、西、印三大文明生活樣法的不同，他認爲西方人重視理智，務求向外追求擴張是向前進的第一種生活態度；中國儒家文化注重直覺，以調和適中爲價值取向是第二種生活態度；印度佛教的出世圓寂靜涅槃諸求是向後回轉的第三種生活態度。他認爲佛教僅適用於人類未來的世界，目前最適合中國需求的是儒家，亦即以道德理性自爲調和持中的當下安頓生命之人生態度。

太虛法師在1928年《海潮音雜誌》所發表的〈對於中國佛教革命僧的訓

---

[11] 見梁漱溟，《東西文化及其哲學·自序》，臺北市：里仁書局，1983年版，頁2。

[12] 同上註，頁245-246。他還說：「國際所受的欺凌，國內武人的橫暴……你若再倡導印度那樣不注意圖謀此世界生活之態度，豈非要更把這般人害到底？」這是孟子所言「不忍人之心」亦即惻隱之仁心不容己的湧現。

詞〉中首先使用「人生佛教」一詞。他不認同梁漱溟所持佛教爲消極出世之說法，他認爲佛教也有其像儒家般積極入世的一面，但是梁氏對佛教的描述是根據當時中國境內所見的現象。陳榮捷在其《現代中國的宗教趨勢》一書中曾描述一些民國以來中國佛教的現象，所謂：「中國和尙與尼姑的主要職業是在喪葬等場合誦經作法事，通常他們是藉此而獲得報酬，……他們『遁入空門，爲的只是貧窮、疾病、父母的奉獻，或者在祈求病癒或消災祈福時承諾將孩子送入寺廟、家庭破碎等，有的甚至是因爲犯罪。』」[13]印順導師也不否認這些現象，且有與梁氏同感而有所不安處。他說：「27年（1938年）冬，梁漱溟氏來山，自述其學佛終止之機，曰：『此時、此地、此人』。深覺不特梁氏之爲然，宋明理學之出佛歸儒，亦未嘗不緣此一念也。……吾心疑甚，殊不安。時治唯識學，探其源於《阿含經》，讀得『諸佛皆出人間，終不在天上成佛也』句，有所入。釋尊之教，有十方世界而詳此土，立三世而重現在，志度一切有情而特以人類爲本。釋尊之本教，初不與末流之圓融者同，動言十方世界，一切有情也，吾爲之喜極而淚。」[14]楊惠南曾在其一篇論「人間佛教」的鴻文中，針對印順導師所陳述的這段話斷言：「印順所以走向以原始佛教 《阿含經》『佛在人間』的思想爲中心的『人間佛教』，乃是受到梁漱溟一席話的刺激。」[15]印順也頗認同太虛法師對中國佛教「說大乘教，修小乘行」的評論。印順針對這一評論，檢討中國佛教修小乘行而少入世實踐的原因，感慨地指出：

> 中國佛教入世精神的衰落，問題在：輕視一切事行，自稱圓融，而於圓融中橫生障礙，以爲這是世間，這是生滅，都是分外事。非要放下這一切，專心於玄悟自修。這才橘逾淮而變枳，普遍地形同小乘。問題在：

---

[13] 見陳榮捷著，廖世德譯，《現代中國的宗教趨勢》，臺北：文殊出版社，1987年版，頁104-105。

[14] 印順，《印度之佛教‧序》，臺北：正聞出版社，1985年，頁1-2。他在該序文中曾提及「七七軍興，避難來巴之縉雲山。間與師友談，輒深感於中國佛教之信者衆，而卒無以紓國族之急，聖教之危，吾人殆有所未盡乎！乃稍稍反而責諸己。」

[15] 楊惠南，〈「人間佛教」的經典詮釋——是「援儒入佛」或是回歸印度？〉，臺北：中華佛學研究所，《中華佛學學報》第13期，頁492，2000年。

在家學佛，不知本分，一味模仿僧尼，這才不但出家眾不成入世，在家
學佛也不成入世。這真是中國佛教的悲哀！

然而，印度原始佛教，固然有《阿含經》：「佛在人間」的入世性之特色，從出
家、禁欲的行徑，仍是有鮮明的出世表現。楊惠南在其上述鴻文中做出一總結
說：「印順從原始佛教吸取什麼樣的內容，做為『人間佛教』的養分呢？無疑
地，那是前文一再說過的，受到梁漱溟刺激而萌芽、而強化的『佛在人間』的理
念——『諸佛皆出人間，終不在天上成佛也』。」[16]

至此，我們也必得將印順導師所提出的「人間佛教」之理論特質予以重點性
的概括。基本上，印順導師的「人間佛教」可說是立基於菩薩所呈現出來的生命
特質為其典範人格，他說：

> 菩薩學一切法，有崇高的智慧。度一切眾生，有深徹的慈悲。他要求解
> 脫，但為了眾生，不惜多生在生死中流轉。……他是綜合了世間賢哲
> （為人類謀利益）與出世聖者（離煩惱而解脫）的精神。……上得天
> （受樂，不被物欲所迷），下得地獄（經得起苦難），……所以，我說
> 菩薩是強者的佛教；是柔和的強，是濟弱的強，是活潑潑而善巧的強。[17]

「世間聖賢」是有救世救人之思想和德行者，是「下得地獄」經得起為救世救人
而離煩惱臻於解脫的涅槃境界，是「上得天」的。因此，菩薩的典範人格是融入
世的慈悲濟世與出世的清靜禪定於一身。換言之，菩薩係以清淨無染的慈悲心，
在契會世間眾生苦難後，入世與眾生共苦難而普渡眾生離苦得解救的。因此，菩
薩是具足「空相應緣起」的大智慧。印順導師的「人間佛教」是發菩提心，行菩
薩願的。

---

[16] 見前揭文，頁493。
[17] 印順導師，〈大乘是佛說論〉，《以佛法研究佛法》，頁197-198。

　　接著，我們得扼要紹述印順導師「人間佛教」的特質。他的人間佛教之理念是他在20世紀30年代末至40年代初在重慶北碚漢藏教理院和四川合江法王佛學院研究印度佛教中之理論基礎上形成的，他特別留意釋迦摩尼佛教出家、傳教的本懷，於1941年在漢藏教理院寫成《佛在人間》最早闡釋「人間佛教」的作品，成為他提出「人間佛教」的代表作。他從研究印度佛教史切入，對原始佛教和初期大乘佛教有非凡成果，是為佛教學者，他從佛教思想史的探討中獲致人間佛教的歷史依據，透過法與佛的結合，緣起與性空的相依並存，自立與利他的兼行，建立了人間佛教的理論原則，不可諱言的，他受到太虛大師「人間佛教」的啓發，認同佛教不應偏重「死」、「鬼」，更應重視「人」、「生」的世間安頓。因此，他特別注意到中國佛教末流所呈現的鬼神化迷信、僧侶生活的腐化與佛教界積弱不振的問題。若我們說太虛是現代人間佛教的倡導者，則印順導師當是現代人間佛教運動的學術紮根者與佛教改革運動的啓蒙者。他也受到當代新儒家思想的刺激，而吸收了儒家兼善天下的人文關懷與社會責任感。無疑的，他也間接承繼了東晉以來道、佛交融的潛在思想因子。他當然也受到中國禪宗思想所主張的人人本有真如佛性，佛性即本性，特別是如宏忍般地把對禪境之體驗和證悟落實到真切的日常生活中來。同時，他更汲取了惠能「見性成佛」、「頓悟成佛」、「靜性自悟」的要旨，蓋惠能強調說：「自性迷，佛即眾生；自性悟，眾生即是佛。」[18]、「前念迷即凡，後念悟即佛。」[19]印順導師博古通今，對世間的悲憫之情與當代新儒家由內聖外王的期許有同調處。他除了在中國傳統佛教修行方式外，還提出了「信、智、悲」三者兼備的現今菩薩行實踐途徑，他說：「真正的佛學研究者，要有深徹的反省的勇氣！探求佛法的真實，而求所以適應，使佛法有利於人類，永為眾生作依怙！」[20]他主張佛教應與時偕行，契理契機的落實在人間世。在契理與契機的相較下，印順導師的人間佛教理念以契理尤甚，尤其是

---

[18] 《大正藏》卷48，頁341。
[19] 同前。
[20] 印順導師，《契理契機之人間佛教》。

他頗能契合原始佛教和初期大乘佛教之理，他的《佛法概論》出版後，小他二十多歲的星雲法師說：「不禁令人贊嘆他對原始佛教研究功力之深，不愧是當代佛學的權威。」[21]印順導師強調佛教是理智的宗教，佛教徒對佛法要有「勝解」，亦即對佛理要有正確堅定的認識，「勝解」後的信仰，才是真誠的信仰，有佛理為基礎的佛家智慧不是迷信而是有理智的信仰。同時，他還特別強調佛陀對自己國家的熱愛，他在〈佛在人間〉一書中說：「那些以為信佛出家，就可以不再聞問國家民族存亡者，不論他如何談修說證，無疑是我的叛徒！」[22]他的人間佛教是肯定家庭與國家的存在價值，他是注重家庭倫理與有愛國心的人間佛教提倡者。

第四節　印順導師人間佛教的儒家思想元素

印順導師的思想中積澱了不少儒家的思想元素，不自覺地洋溢著在他「人間佛教」不同層面的論述中，我們只能舉其三大端來論述：（一）憂國憂民的淑世精神，他在其〈佛在人間〉一文中有一節標目為「釋尊的故國之思」，謂：「假使就此說佛陀漠視國家民族的被征服，被奴役、被殘殺，那是非常錯誤的。」[23]他反對殘殺的戰爭，這是違反佛教慈悲為懷的，他認為若戰勝則增怨敵，若戰敗則不甘不安，可謂結怨成仇、兩敗俱傷。他主張佛法是有改善人生之悲怨的，佛教是可以本著佛法普渡眾生的精神從事人間政治、經濟活動的，這種活動的本身

---

[21] 見星雲法師，〈值得尊崇的當代佛學泰斗——永懷印順法師〉，載臺灣臺北市《當代》雜誌，217期，頁132-135，2005年9月1日。

[22] 印順導師，〈佛在人間〉，頁9。

[23] 同上註，頁7。

是大乘佛法的表現形式。他指出：「它以生即無生，無生而不離生，故正面的去從事經濟政治活動，並不妨礙自己的清靜解脫。它要從世間的正業去體驗而得解脫，……這在《華嚴經》裡說得很多。……因為它主張世間法即是出世法的原故。」[24]我們看孔子、孟子在戰爭紛擾、人民飽受痛苦之際，皆本著不忍人之心，以道德的大無畏勇氣，周遊列國，對當時行霸道之人君發出道德的勸說。孔子在滔滔者的天下，不忍坐視不顧，當下承擔，明知時不可為，仍四處奔波，知其不可而為之。其義無反顧的關注時局，投身於苦難的行為就是壯舉，其內在的功力在湧現不已的愛人之仁心仁性，孔子說：「鳥獸不可與同群！吾非斯人之徒與而誰與？天下有道，丘不與易也。」[25]孟子也在戰國時代以老年之身不遠千里而去勸善梁惠王、齊宣王等行動，其動力來自我有責無旁貸的時代使命意識，所謂：「如欲平治天下，當今之世，捨我其誰也？」[26]浩然正氣何其豪壯！它以衰世之救世的道德使命自許，謂：「我亦欲正人心，息邪說，距詖行，放淫辭，以承三聖者；豈好辯哉？予不得已也。」[27]他告誡齊宣王要「樂民之所樂，憂民之憂」，發仁心於王道仁政當先顧及鰥、寡、孤、獨的可憐之人。[28]孔子在人間政治實踐上主張足食、足兵而教之，孟子以人禽之辨、義利之辨、理欲之辨、王霸之辨等力勸當政者應以不忍人之心，藉此親親、仁民而愛物，保民為王。今觀印順導師「人間佛教」主張「要從世故正面的去從事經濟政治活動」，融世間法於出世法，可明顯看到儒家以道德熱忱和使命責任，積極入世的淑世精神，這是印順導師在其人間佛教中所積澱的最核心之儒家思想元素了。

（二）修人法，不語鬼神：印順導師說：「從人道直趣天道，……特別是在這個時代，應該先修人法——不離家國的人間正行，……尤其是中國人，重人倫，所以中國佛教徒，更應該從人倫道德做起。人間正行修集增長，佛道因行的

---

[24] 印順導師，〈政治經濟等與佛法〉，《妙雲集》，第24冊，頁407。
[25] 《論語‧微子》。
[26] 《孟子‧公孫丑章句下》。
[27] 《孟子‧滕文公章句下》。
[28] 《孟子‧梁惠王章句下》。

功德，也一天天增長，會漸進成佛的境界。我們不要糟蹋自己，應該利用這人生短短的時間，向這個目標而努力行去。」[29]他提倡我們應攝取印度初、中二期佛教的人菩薩之從悲起智，由人發菩薩心，以悲智普濟一切有情生命。換言之，人間佛教是以人間正行而直達菩薩道。他說：「從來所說的即世間而出世，出世而不礙世間，今即稱爲即人而成佛，成佛而不礙爲人。成佛，即人的人性的淨化與進展，即人格的最高完成。」[30]他認爲在人間佛教的三寶觀省其核心意義是佛陀觀，佛陀是在人間覺悟的人，是導師。他說：「釋迦牟尼佛，不是天神，不是鬼怪，也從不假冒神子或神的使者。……凡對於宇宙人生的眞理，普遍而正確的覺悟——正遍知；慈悲、智慧，一切功德，到達圓滿的境地，就稱爲佛。」[31]他還說：「我們必須立定『佛在人間』的本教，才不會變質而成爲重死亡的鬼教，或重長生的神教。」[32]

對佛教信徒而言，佛不只在人間，也在天上。但是對印順導師而言，佛不是在天上成佛的，而是在人間成佛的。質言之，諸佛世尊，皆出人間，非由天而得的。佛法是佛在人之間的教化，「佛」的教化義就在獲得圓滿覺悟，亦即「一切功德，到達圓滿的境地，就稱爲佛」，人間佛教修行的是由人發心學菩薩行，事由菩薩行而成佛的人之菩薩道，我們若就儒家的立場而言，孔子不但「子不語怪力、亂神」[33]且「敬鬼神而遠之」[34]，孔子是有強烈歷史感，高度的文化意識，他重視人間世的生命意義和存在價值，《論語・先進》載：「季路問事鬼神。子曰：『未能事人，焉能事鬼？』敢問死。曰：『未知生，焉知死？』」孔子對人生價值之看法，教人先自我理解，認識自己，進而在生活世界中透過德性的自覺，志於道；依於仁。對儒家而言，人性的尊嚴及靈性性命的崇高價值，在於實存性的仁心義性，一方面承順歷史文化的生命大流而與之相浹洽相滲透，成就文

---

29 印順導師，〈從人成佛之路〉，《妙雲集》，第14冊，頁133-134。
30 印順導師，〈從依機設教來說明人間佛教〉，頁73。
31 印順導師，〈人間佛教緒言〉，頁23-24。
32 同上註，頁27。
33 《論語・述而》。
34 《論語・雍也》。

質彬彬之君子人格，另方面則透過家國天下的生命場域，由修身而層層擴充至天
下平，亦即在後儒張載「民胞物與」、與王陽明「一體之仁」的實踐下，將家、
國、天下連屬為一身，孔子在〈里仁〉篇說：「君子去仁，惡乎成名？君子無終
食之間違仁，造次必於是，顛沛必於是。」他的人間儒學由己立而立人，己達而
達人，其人生志趣在「老者安之，朋友信之，少者懷之。」[35]孟子說：「人有恆
言，皆曰『天下國家』。天下之本在國，國之本在家，家之本在身。」[36]他教人
應尊德樂義謂：「古之人，得志，澤加於民；不得志，脩身見於世。窮則獨善其
身，達則兼善天下。」[37]孔子以「愛人」來界說「仁」的核心德行，孟子則說：
「仁者以其所愛，及其所不愛。」[38]仁心義性的存有是不離世間的在世存有，必
須關聯著世界才能起現其覺知感通的人文關懷作用。仁民愛物是一種人對人類、
禽獸、草木的惜生、護生，進而實現一切生命內在價值的道德情操。印順導師的
成佛不離人間世與儒家的內聖外王不離人間世，頗有殊途同歸的旨趣。

　　（三）印順導師人間佛教與孔孟人間儒學的落實，其主要介面皆係在家庭
的倫理情親之實踐。印順導師說：「復興中國佛教，說起來千頭萬緒，然我們
始終以為：『應該著重於青年的佛教，知識界的佛教，在家的佛教。……在這三
點中，在家的佛教更為重要。』在家的佛教其作用在『1.佛化的家庭，2.由在家
佛弟子來主持宏揚』。」[39]印順導師的佛教復興運動，著眼於佛化的家庭，推展
在家的佛教，與儒家植根在西周以來的中國是有血有緣的宗法社會，宗法社會
的最基本社群機制，當然是由倫理情親所維繫的家庭。儒典《大學》的三綱八
目，由格物、致知、誠意、正心的內聖推擴到齊家、治國、平天下的外王，其銜
接轉軌的關鍵就在於「家庭」這一必要環節。〈大學・七章〉有云：「修身在正
其心。」首章曰：「身修而後家齊；家齊而後國治；國治而後天下平。」孔子修

---

[35] 《論語・公冶長》。
[36] 《孟子・離婁章句上》。
[37] 《孟子・盡心章句上》。
[38] 《孟子・盡心章句下》。
[39] 印順導師，〈建設在家佛教的方針〉，《妙雲集》，第21冊，頁81-82。

己以安人，所安的主要對象有三「老者安之，朋友信之，少者懷之。」其中家庭人倫佔了二項。孟子所提的五倫中：「父子有親，君臣有義，夫婦有別，長幼有序，朋友有信。」[40]其中家庭人倫就占了三項，孟子言：「國之本在家，家之本在身。」孔子回答仲弓如何才是實踐了仁的德行，孔子回答說：「在邦無怨，在家無怨。」[41]他在回答別人詢問孔子爲何不參政時，懇切地回答說：「《書》云：『孝乎惟孝、友於兄弟，施於有政。』是亦爲政，奚其爲爲政？」（〈論語・爲政〉）印順導師與儒家在宏揚人間教化的實踐性切入點上，皆慧識相同的認識到家庭倫理及其擴充的基礎機制之不可或缺性。印順導師在〈爲居士說居士法〉一文中說：「在家人分布於農工商學兵各階層，佛法正需要居士的力量，把它帶到世界的每一角落。」[42]他深刻了解到在家人與社會的聯繫上，正是大乘佛教所必需的，這一論點與儒家強調內聖與外王的連接點在家庭是同具眞知卓見的。

第五節　結論

　　印順導師生逢近代中國，社會、政治、經濟及倫理生活急劇變革和重新形塑的苦難時代，激發了他的憂患意識和救世救國的慈悲心與使命感。另方面，他對清末民國以來佛教淪於宗教迷信，僧尼素質低落，泥於超亡送死的陋習，違背佛教慈悲濟世的崇高精神，深感不滿而提出尖銳的社會、政治批判。他認同

---

[40] 《孟子・滕文公章句上》。
[41] 《倫語・顏淵》。
[42] 印順導師，〈爲居士說居士法〉，《妙雲集》，第24冊，頁241-242。

他的老師太虛法師對當時中國佛教「說大乘教，修小乘行」的評論。他考究其中原因，在於佛教界欠缺自覺自發性的家國天下之責任感而少入世實踐。佛教徒入世精神的衰落，輕視社會治理的使命感，導致不分出家眾或在家學佛皆不成就入世功業，他認為這是中國佛教界的悲哀，他力倡《阿含經》：「佛在人間」的入世性特色，強調佛法應有利於人類幸福，應永為眾生作依怙。他的思想中也深受當代新儒家思想的刺激，汲取了儒家兼善天下的人文關懷與社會責任感。他博古通今，對世間佛教的慈悲心與當代新儒家內聖外王的理想有同聲相應，同氣相求處。他在人間佛教上的志業和建樹，使他成為人間佛教運動的學術紮根者與當代中國佛教改革運動的啟蒙者和終身實踐者。不僅如此，他也是位引儒入佛，融通儒佛，立下儒佛互補的典範性人格。

第四章　朱伯崑（1923-2007）

第一節　前言

　　朱伯崑先生（1923-2007）河北省人，1951年畢業於北京清華大學哲學系，畢業後任馮友蘭先生的研究助理，後任教職。1952年秋全國院校調整，他由清華大學調至北京大學哲學系任教，直到退休。他一生的大代表作是150餘萬字的《易學哲學史》，這是系統論述了先秦至清代的易學巨著。[1]他這一貢獻，被公認爲當代研究《易》之泰斗。他在這部書主要從哲學的立基點提出了《易》哲學研究的系統性成果，哲學研究講究具哲學性的問題意識，以及嚴密性的思辨哲學問題且提出具論證性的主張。他認爲《易》之思維方法以及具憂患意識的安身立命學說是《易》書最具哲學特色的兩大研究論題。本章試先就其所論述的《易》思維方法做撮要性的述評以推介於學界。

　　馮友蘭於30年代初期所完成的《中國哲學史》，無疑地是中國現代第一部完整的哲學史。他把中國哲學史分成子學和經學兩個階段，他比較重視子學而較輕忽經學。他說：「此時諸哲學家所釀之酒，無論新舊，皆裝於古代哲學，大部分爲經學，裝之舊瓶內。……經學之舊瓶破而哲學史上之經學時期亦終矣。」[2]朱伯崑任馮友蘭研究助理時曾協助他編寫《中國哲學史新編》，對他只論王弼玄學卻不談及易學，只論程頤理學而不談及易學，乃請教馮先生何故？馮氏認爲易學哲學使用一套專門術語、概念範疇和體系，需長期深入研究才能有成果。朱伯崑在馮氏啓示下便將研究重點轉向《易》哲學的方向。同時，他也認識到《易》乃群經之首，經學是不可繞開的經典文本。此外，《易》雖是儒家經典，卻被其他學派思想的發展汲取了其思想資源，例如，魏晉玄學和宋代理學的發展都與

---

[1] 北京大學出版社於20世紀80年代曾經出版過該書的上、中兩冊。全書係首次在臺灣藍燈文化事業公司於1991年分四冊出版，之後在大陸由華夏出版社1995年也分四冊印行了這部全本。

[2] 馮友蘭，《中國哲學史》下卷、《三松堂全集》第3卷，鄭州：河南人民出版社，1995年。

《易》的研究發展有密切關係。因此，若研究《易》哲學發展不兼及儒家經學發展史，則很難深入了解哲學的內涵及發展脈絡。因此，這位馮友蘭的大弟子在20世紀80年代以後，專注於易學哲學史的研究。朱伯崑歷時8年的歲月，皇天不負苦心人，終於完成四卷本《易學哲學史》。

他將經學史、哲學史與《易》哲學史三者兼容並蓄地交叉研究，頗有新見解。蓋就儒家哲學而言，《四書》所論述之內容，其概念範疇及哲學性的術語偏重在內聖成德的道德與外王經世的政治問題，對形上學問題的論述較爲貧乏。但是從《易傳》成書後，拓展了形上學問題之探討，爲儒家提供了哲學基礎而進展出較全面的哲學理論體系。漢朝以後，這一理論範式不但促成魏晉玄學之發展至宋明理學時期登上高峰。朱伯崑認爲宋明理學從周濂溪到朱熹，再發展至王夫之，他們的天人性命貫通之理學體系都是通過《易》學研究所發展出來的。他指出宋明哲學的五大流派，皆結合《易》哲學，特別是做爲哲學核心的形上學問題，基本上乃得力於汲取《易》學哲學的思想資源。他認爲在《易》哲學中，《經傳》及歷代易學的理論思維頗具研究價值。他所謂《易》的思維係指觀察和處理自然與人生意義問題所運用的思考方式。他引用古代哲人的「心術」來表述這一問題，蓋心術不同，則所持世界觀和衍生之哲學體系也隨之不同。就當代易學針對《易》系統的思維方式，究竟有何突出的特色可言？朱伯崑提出了四種主要特色，分別爲：直觀思維、形象思維、邏輯思維和辯證思維。[3]他認爲這四種主要思維方式以及他曾略述的「象數思維」法，皆有各自的特點和功用，彼此間不能代替。其中，直觀思維法與形象思維法係運用於感性認識階段，邏輯思維和辯證思維屬於高級的思維形式，運用於理性認識階段。至於他所略述的「象數思維」法則判爲是由初級形式向高級形式過渡的思維形式。他雖然認爲這五種思維方式不能相互代替，就另一方面而言，由於人的思維是一複雜的感性認識和理性

---

[3]　他的這一提法分別見於他所著〈易學中邏輯思維與辯證思維傳統〉一文，刊登於臺灣中央研究院中國文哲研究所《中國文哲研究通訊》，3卷2期，1993年後收入《朱伯崑論著》，頁687-710，瀋陽出版社，1998年5月1版。以及《易學漫步》第四章〈易學中的思維方式〉，頁144-166，瀋陽出版社，1998年5月1版。該書還提及第五種的「象數思維」，由於這一論點只簡單略述，且未見於較晚出的前文，因此，本章仍以四種思維法來紹述。

認識交融一體之過程，因此，他也強調這些思維方式的運用在《周易》及其研究系統中難予分解開來。扼要言之，這些思維方式是交互使用於卦爻象、卦爻辭和天地萬物之間，這是易學思維的基本特徵。[4]為解說方便計，本章依序分別紹述這四種主要思維法。

第二節　直觀思維法

就《周易》一書整體的表述結構而言，朱伯崑認為：「《周易》的表現形式是象和辭，《周易》的內蘊是義和理。象分為爻象和卦象；辭分為爻辭、卦辭和卦名；義與理是象、辭所象徵的諸種事物中包蘊的意義及道理。」[5]換言之，卦爻象是實質性存在的天地萬物所以然之理以及文化意義的架構表現之形式系統，具有卦爻象和卦爻辭為「表」，實質性的所以然之「義」和「理」為「裏」的表裏關係。

他認為直觀思維和形象思維皆係由人認識官能中的感性出發，藉以觀察事物外在的表象或表達內心的意念。邏輯思維和辯證思維主要是從理性出發，是針對研究客觀事物之本質和人類意識活動特徵的思維方式。他對他所謂「直觀思維」，做一扼要界說，「直觀思維，指從感性出發，直接觀察自然現象和社會現象，從而探討事物的性質或功能。《周易》卦爻辭所講的具體的事及其吉凶斷語。大都出於生活的直觀及其經驗教訓。至《易傳》提出取象說，以物象解釋卦

---

[4]　見朱伯崑，《易學漫步》，頁144。
[5]　出處見前註。

爻辭的吉凶之義，也是基於直觀思維。」[6]他所理解的「直觀思維」是以感官的直接感受來體認、判定事物及其發展趨勢的一種思維形式，他解釋說：

> 它以直接感受的事物整體為體認對象，以以往的直觀經驗為判別尺度，對事物及其發展趨勢進行判別。譬如，有人過去見大象從山崖上跌落摔得粉身碎骨，在心目中形成體驗，眼下又見大象從山崖上跌落，便自然而然地產生必然粉身碎骨的預感。[7]

因此，朱伯崑推論出《易經》卦爻辭大多是以往經驗的紀錄，用《易經》算卦，最後總要歸結到卦爻辭上，他還以履卦卦辭：「履：履虎尾，不咥人，亨。」為範例，意謂人若無意間踩到老虎尾巴，卻未受老虎傷害，乃亨通之卦。《易》作者將人的這一經驗記錄在履卦 ䷉ 卦象下，以此卦卦象做為其卦辭的先驗徵兆，其編入《易》文本中供後人求得此卦時以當前徵兆預測未來行動吉凶預測之比照例證，因此履卦卦象成為逢凶化吉的徵兆之象。凡求得此卦者，若所行之事表面看似有風險，結果卻是無妨礙而平順過關。朱伯崑認為這是作易者將自身的直觀感受之結果以卦象來設喻，示人言行吉凶之預測。他還進一步推論出《易傳》以「擬諸其形容」、「象其物宜」、「觀其會通」、「擬議以成其變化」等語辭，具有藉直接觀察、模仿而認識事物外貌和整體的意味，這是直觀思維的特徵。他又謂《易傳》：「觀象玩辭」意指通過觀察卦爻象和卦爻辭所象徵的物象來揣摩理解卦爻辭所言的具體事業，藉以詮釋、判定眼前事物未來的吉凶可能趨向。他還舉一卦例，比如《易經》中孚卦 ䷼ 九二爻爻辭：「鳴鶴在陰，其子和之。」意指老鶴在樹蔭下鳴叫，小鶴聽到後也以鳴叫聲應和，宛如構成兩鶴間有趣的對話。其下句：「我有好爵，吾與爾靡之。」類比其涵義為「我有好酒，與你共享之」，引申其涵義謂君子言善則不論遠近的人們皆能善意回應。若

---

[6]　見〈易學中邏輯思維與辯證思維傳統〉，載於《朱伯崑論著》，頁688。

[7]　《易學漫步》，頁145。

所言不合理不具善意，則不論遠處或近處的人們皆不予以認同，這是由卦爻辭所言之具體事件直接引發出生活哲理之喻示，顯示出「觀象玩辭」中直觀思維的特徵。

　　若我們更進一步地省察朱伯崑所表述的「直觀思維」從哲學認識論而言，知識的起源在於感覺經驗，這是產生概念化知識的素材。本人認為，由感覺經驗所衍生的經驗之知又可分為直接經驗與間接經驗。作易者的直觀思維可包括這兩種經驗之知，但是經驗常訴諸經驗主體的主觀認知，此乃屬個別性的經驗法則，未必對他人有適用性，也未必有客觀性和普遍性。再者，作《易》者由「鳴鶴在陰，其子和之」推擴到「我有好爵，吾與爾靡之」，這不是邏輯由前題推證出結論的邏輯性論證，而是對比性的歸屬類比，可因讀者不同的生活經驗和感物的覺解能力來呈現多向度的可能解讀。然而，以個人既往的直觀經驗來預測類似事件未來發展的趨勢及後果，其間涉及每一事件皆有不同的形成條件和特殊化的境域，未必會產生一致性的結局。例如：大象從山崖上跌落，如果山崖高度不夠高，山岸下為沙灘或淺水、淺泥沼，或大象落地時是屁股先著地……等等不同的境況，則未必會造成「摔得粉身碎骨」的同一結果。

　　此外，朱伯崑還提出「觀象制器」（《易傳》）說是「直觀思維」更為明顯的特徵，例如〈繫辭傳〉述說伏羲結繩造網用來捕魚打獵，是受離卦 ☲ 卦象的啟發。刳木為舟，剡木為楫，是受了渙卦 ䷲（上卦為巽卦象木，下卦坎卦象水，有木舟行於水上之象徵）。「觀」是指對事物的觀察或模擬，「象」指卦象或卦象所象徵的物象，從觀象為憑藉，據以斷吉凶或探求其意義，制器造物，是直觀思維的表現。令人質疑者，不同民族在初民社會中皆有製造網具行漁獵，製作木舟浮行水上的普遍事實，卻未必都因受卦象所象徵的物象所啟發。從人類文化學的理論而言，人先在生活經驗中創作了器物或工具，有實物在先，然後有圖畫符號來記載以傳遞其生活文物於後世。我們只能保守地說，「尚象制器」猶如先人先有制器之經驗，再以卦象之象徵來保存和傳遞這一器物製作的文明於後世。朱伯崑也認識到直觀思維的局限性而說：

直觀思維以事物外在整體形象爲中介，具有表面性、膚淺性和簡單性，
不能認識事物的本質，更難以把握事務發展的趨勢。**8**

儘管如此，卦爻象所表述的印象之知或常識性之知，乃人在事先對事物有認識能
力，這是初步階段，可以爲進一步認識事物所以然之理奠下了起點性的基礎。

第三節　形象思維法

《繫辭上傳·十二章》載：「子曰：『書不盡言，言不盡意。』然則聖人之
意其不可見乎？子曰：『聖人立象以盡意，設卦以盡情僞（眞情與虛僞）……鼓
之舞之以盡神。』」設卦立象旨在模擬事物的情境和事態，而能較富彈性的，以
形象之想像來更生動而豐富地理解和詮釋人對事物情理交融的感受和反應，這是
《易傳》所述及的形象思維法。形象思維可說是情境性的整全觀照，以表達形象
化的思想與情感狀態。朱伯崑說：

> 《易傳》提出的象和義的關係，後被歷代易學家和哲學家所闡發，提出
> 象意合一說，認爲形象的東西豐富而多彩，以其表達意念，可不受外
> 延、概念的局限，予人以無窮的意味；同時，人所設立的形象，不是任
> 意塗抹，應體現某種觀念和情意，方有其價值。此種思維方式，對中國
> 美學中的「情景合一」、「形神合一」以及意境說起了很大影響。**9**

8　《易學漫步》，頁148。

9　〈易學中邏輯思維與辯證思維傳統〉，收入《朱伯崑論著》，頁689。

他認為形象思維是直觀思維的深化。其相較於直觀思維的同處，在於都以事物的形象為思維的媒介或介面，其差異處在於直觀思維以事物的整體印象去比照、衡量另一種事物，具有整體平移之特點。形象思維可透過人的記憶、想像和表象作用將事物印象予以再現、解構之後再重新建構，從而深化對事物所體會之意義，甚至賦予創意性的新風貌。例如，見鳥在天空自由飛行而想像出人飛天的神奇想像力和造形藝術出來。《周易》的形象思維具有深刻而豐富的蘊意，比語言文字具有更豐富而深刻的傳情表意之功能。《易傳》之〈說卦傳〉在形象類比的思維方法上，觸類旁通地賦予八卦多樣化的概念範疇之表徵作用。例如，〈說卦傳〉陳述了八卦的自然物之表徵及其間相互作用的關係，所謂：「天地定位，山澤通氣，雷風相薄，水火不相射，八卦相錯。」第七章言八卦類比性的性情，所謂：「乾，健也；坤，順也；震，動也；巽，入也；坎，陷也；離，麗也；艮，止也；兌，說也。」八卦也可整體性的類比表徵人的身體部位結構，如第九章謂：「乾為首，坤為腹，震為足，巽為股，坎為耳，離為目，艮為手，兌為口。」

朱伯崑論述了《易傳》擴大發揮了形象思維法，用八卦表徵的對象物在64卦中的相互關係來推斷事物順或逆、吉或凶的前景。例如：否卦 ䷋ 上卦為乾卦象天，下卦為坤卦象地，天氣清輕上升而不下降，地氣重濁下降而不上升，呈現天地不相交現象，象徵天地不相交，萬物不生長，意謂閉塞之象。因此，《易傳》警戒人們，遇到類似否卦的現象時應當明哲保身，退隱避難，崇尚簡樸，不可貪圖榮華富貴。又如泰卦 ䷊ 與否卦的現象呈現相反的事態，地氣下降而天氣上升成相交感狀態，意謂萬物得以生成，諸事得以亨通之氣象。質言之，泰卦卦象示亨通之象。因此，《易傳》勸告人遇到類似這種境遇時，應當順天應時，乘勢從事農業生產，才將會有豐收的吉人天相。

朱伯崑從《易》哲學發展史的觀點指出漢代後的易學對形象思維有兩項貢獻。其一是對形象與義理的相互關係，提出了許多具哲學性理論的見解。例如：王弼提出象生於意，得意忘象說，宋代程頤提出借象顯意，顯微無間說。其二是開創了易學之圖象思維的向度。對後者，朱伯崑舉《陰陽魚圖》為範例，他說：

《陰陽魚圖》，在一個圓圈中蜷縮著兩個黑白有別、首尾相銜、環抱一體，塞滿圓圈的魚，而每個魚的圓眼又蘊含著陰陽魚懷抱的內容，以此類推，以至無窮。整個圖形簡潔而明晰，其中卻蘊含著作者一定的想像和意念，並且能夠激發觀者更爲豐富的想像和意念。擇要而言：圖的外圈可以表整個宇宙，因爲宇宙渾沌一體、無邊無際，其變化極而復返、循環無端，只有用圓來象徵；……二魚環抱一體，大頭細尾，相銜相續，給人以首尾交替，游動不息的感受，可以展示宇宙內部的天地、陰陽運行不息、循環交替。[10]

朱伯崑指出《陰陽魚圖》是蘊含哲學生生不息之宇宙觀的易圖形象，喻示著一本蘊萬殊，動靜交涵，引發人藉圖像的自由想像而創造出種種豐富而多樣的體會和感受。他認爲這就是易圖思維的特徵所在。形象思維可補充語言難以盡意的意理，特別是感受情理交融、情景相融的意境時，可創作遷想妙得的藝術形象。扼要言之，易圖的形象思維係以形象思維來表達難以言喻之情意體悟所不可缺少的方式。他進一步分析說，易圖的形象思維係以形象爲媒介，將人的理性認知、情感抒發和價值理想……諸人文元素交融互攝成一整體性和動態性的畫面。它對中國文化中所涵具的藝術與美感、文學創作理論、意境美學……等有深刻之影響，融眞、善、美的人文價值理想於一爐，形成中國文化中思維方式的一大特色。朱伯崑也指出，形象思維的不足處乃在局限於事物的外在形象的連結關係上，難以透視事物的內在本質以及其同類事物之間的普遍共性，不能取代較嚴謹的邏輯思維和辯證思維，對科學的精密性不契合，不利以追求確切性知識的科學發展。

第四節　邏輯思維法

　　朱伯崑將邏輯思維界說為遵循形式邏輯的規則來思考問題，藉以認識事物所以然之理的思維方式。他認為《易》邏輯思維的方式主要表現在分類、類推和形式化的思維法。所謂「分類」是從不同類的事物中去異存同地找出具共性的類屬性，作為連繫同類事物內成員的紐帶。據筆者的理解，八卦系統就認識客觀世界的森然萬象而言係把自然界的現象區分為八種有分別性的八大現象，形成自然的整體觀。這八大自然現象的區別就在於人感性和理性合作下的屬性分類之認識作用。因此，八卦系統不但是一套有辨識作用的一套自然哲學，也反映出人認識客觀世界結構的一套認知模式。就邏輯語言而言係概念思辨作用下把物象概括化的一套邏輯分類作用之成果。試觀《易》原經的六十四卦以各個可區分的現象屬性分辨出64卦、384爻，相互間各有界線和各有其歸屬的類別。再就文字系統而言，卦爻辭又有吉、凶、悔、吝、無咎等不同的價值判斷類別。《易傳》的邏輯思維更進一步，〈繫辭傳〉提出「方以類聚，物以群分，吉凶見矣。」的哲學分類之命題，類屬性乃是不同類事物可以辨識區別，同類事物間可以認同凝聚的判準。〈說卦傳〉更是具體而系統化的建構出觸類旁通的類比歸屬之範疇分類法。在《易》之研究發展史上，類觀念更是明確而成熟。南宋朱熹解說同人卦〈象辭傳〉的「類族辨物」，謂牛類是一物類，馬類是一物類。換言之，「類」係指不同事物之間有相同的元素，因此，朱熹主張異中求同。他的這一詮解也符應《易傳》：「各從其類」的命題涵義。

　　朱伯崑說：「分類，是形式邏輯思維中最基礎的形式，正因為如此，它在人的理性思維過程中具有啟智發蒙的作用。」[11] 蓋當人類處在認識客觀世界的初

---

[11] 同前揭書，頁153。

始階段時，對外在世界的認識是一團朦朧未分的模糊狀態。隨著人類經驗的累積，智能的開化和增進，模糊的世界才隨認知能力的提高而逐漸分化且清晰起來。就《易》之成書及研究發展而言，邏輯思維是隨理性的覺醒而有進步至分類和類推之能力。朱伯崑還指出在邏輯思維的發展歷程上，以分類為基礎而進展到「類推」的思維方法。他說：「所謂類推，是在分類的基礎上，用同類事物具有相同屬性的公理，以類屬性為橋梁，從已知的事物推知同類的未知事物邏輯程序。」[12]蓋類推法已能從具體的個別形象中抽取出共同的通性，且再透過共同的類屬性來據以認識分辨新的具體事物。類推思維法已具有抽象思辨及推理能力，較純直觀思維法和形象思維法深刻。儘管如此，朱伯崑仍指出其有偏失的差錯處，歸因於運用類推法的人有時牽強附會，不夠精確地將非同類的事物當成同類事物來看待，或者有時會用同類事物中的非共通的類屬性來濫用類推法。

　　在《易》之邏輯思維內容中，除了分類、類推外，尚有形式化的思維。所謂「形式化思維」係指人在理性認知思考的過程中，只側重命題和推論之形式是否合乎邏輯規律，而不涉及概念內容與其所表述對象間的一致性。若用邏輯學的語言來表述，則只檢驗其論證的形式結構是否合乎邏輯規則。如果整個論證形式合乎正確推理的形式原理則論斷為正確的推理法或有效論證，否則的話是謬誤的論證形式或無效論證。若涉及概念內涵與表述之對象相互符應則為真知識，否則的話，則成為概念與事實不一致的假知識。朱伯崑認為《易》系統的形式化思維，見於筮占法的蓍術或程序。在筮占法中，為了將所問之事納入筮得之卦爻辭中，必須將卦爻辭所講的具體事件予以抽象化，形成預測吉凶的公式，這種透過占卦預測吉凶的公式，具很大的靈活性或包容性，才能對所問之事做出各種各樣的吉凶判斷。例如：程頤所謂：「不要拘一，若執一事，則384爻，只作得384件事，便休矣。」[13]「不要拘一」指勿執著於特定的某一事例，應將卦爻辭的內容予以抽象概念化為一普遍原理，而能概括化地解釋與其有關的一切具體事物。朱熹隨

---

[12]　同前揭書，頁154。
[13]　二程，《遺書》卷19。

後提出「易只是個空底物事」，亦即抽象的形式原理這一論述。他將卦爻辭視為一系列的空套子，可詮釋為理範或公理、公式，可套入各種相關事項來做有效解釋，這種類推的推理形式，又可稱為「稽實待虛」。「虛」指虛位以待所將問之事；「實」指來占問之事的義理。合而言之，「稽實待虛」意指考察卦爻辭中的義理，供推斷所問之事的迷津指點。朱伯崑延伸其理說：

> 按此說法，《周易》三百八十四條爻辭乃三百八十四條公式，故能推算一切所問之事的動向。朱熹此說，進一步將《周易》一書的內容抽象化了，表現了以形式化思維方式考察筮法的特色。帶朱熹以卦爻辭為事物之理的影子，只是以事為虛設，乃承認其理為實有。[14]

朱熹的論述與英美新實在論所謂概念的邏輯分析所得的共相之理和分殊化的具體事物之普遍性和分殊性的一與多關係，頗有相類似處。形式化邏輯思維，旨在探求命題抽象涵義和事項之間的邏輯關係。這一邏輯關係也體現在易哲學史中有些易學家依據易學中的象數概念，繪製多種圖式，如太極圖、河洛圖、先天圖等。這些圖式所呈現的卦象和數的秩序結構及變化規則有如公式或抽象化的符號，可資以表示宇宙中事物存在方式和變化規律，成為中國自然哲學的一大思維方式的特色。

---

[14] 見〈易學中邏輯思維與辯證思維傳統〉，收入前揭書，頁697。

第五節　辯證思維法

　　對朱伯崑而言，形式邏輯思維是立基於事物處於靜態和相對穩定的條件下所進行的思維方式，專注於分析事物間的類屬性關係和概念涵義之邏輯分析與界說。相較之下，他說：「辯證思維是基於事物動態的變化過程所形成的思維方式，注重從反面和動態以及整體角度思考問題。」[15]他認為春秋時代的老子是古代辯證思維的奠基人，西周的《周易》〈經文〉已含有辯證思維的萌芽，戰國中晚期成書的《易傳》再吸收老子的辯證思維法，後經歷代易學家的闡發而構成易學及其他中國哲學學派所特有的思維方式。朱伯崑的易學研究概括了三項原則（一）變易思維（二）相成思維（三）整體思維，資扼要紹述如下。

一、「變易思維」

　　朱伯崑總結出《易傳》和歷代易學所闡發的變化之道有四要點，其一為「變化日新」，《繫辭傳》云：「日新之謂盛德，生生之謂易」、「窮則變，變則通，通則久」、《序卦傳》曰：「物不可窮也，故受之以未濟終焉。」他認為這種變易為歷代易學家所闡發，本節僅取他所舉的明清之際的王夫之為例，王夫之提出太虛本動和變化日新說，認為宇宙恆處於運行和變化不已之歷程。王夫之認為萬事萬物惟有日新不已才能成就天地間燦然富有的亮麗世界，其哲理在啟示人們應從變化和發展的觀點來看待和處理一切事物，反對因循守舊和執一不變的頑固、保守思想。其二為「陰陽流轉」：剝卦《彖》文說：「君子尚消息盈虛，

---

[15] 出處同前，頁699。

天行也。」乾卦《文言傳》說：「亢龍有悔，盈不可久也。」由於物極必反的定律，《繫辭傳》警世人三不忘，亦即切記「安而不忘危，存而不忘亡，治而不忘亂。」革卦《彖傳》曰：「天地革而四時成，湯武革命，順乎天而應乎人。」朱伯崑解釋說：「此條要求人們從對立面轉化的觀點觀察事物的變化，或者防微杜漸，防走向反面；或者順應事物發展的趨勢，進行變革。」**16**其三爲「剛柔相推」，《繫辭傳》云：「剛柔相推而生變化。」張載在《正蒙》解釋說：「一故神，兩故化。」「神」指乾坤交感生成萬物的生生之體性及其妙用，「一」指陰陽合德，渾然一體，「兩」指乾陽與坤陰之間的互動往來的推移。其四爲「陰陽不測」，《繫辭傳》說：「神無方而易無體」、「陰陽不測之謂神」，「神」指陰陽交感妙運生生不已的德性和作用令人深感神妙莫測。王夫之闡發一陰一陽的往來變動不居，「不主故常」、「榮枯生死，屈伸變化之無常而不爽期則。」朱伯崑解釋說：「此條要求人們既要承認事物變化的規律性，又不能以一凝滯的模式觀察事物的變化。」**17**

二、相成思維

《繫辭傳》曰：「一陰一陽之謂道」是易學中辯證思維的核心命題，其涵義有三點。其一爲陰陽相依，易指陰陽相互依存和滲透，朱熹謂陰陽互藏。王夫之謂乾坤並建，互爲隱顯，互爲表裡，合而爲一。其二爲陰陽相濟，易指陰陽相交相感，互補相成，共濟大業。其三爲陰陽和諧，乾卦《彖傳》曰：「乾道變化，各正性命，保合太和乃利貞。」和諧共存才有利於萬物和人類生活的安定與繁榮。「太和」觀念對歷代易學、哲學和中國文化都有深遠影響，張載提出「太和所謂道」之命題，以陰陽二氣處於高度和諧的境地爲「太和」狀態。張載還認

---

16 同上，頁701。

17 同上，頁702。

爲「有反斯有仇，仇必和而解。」王夫之認爲陰陽二氣協調成一體化是世界的本
體，論證「天地以和順爲命，萬物以合順爲性」的形上至理。

三、整體思維

　　六十四卦中每一卦之六爻爲一整體，六十四卦亦係一整全性的整體。《易
傳》中的彖傳和大象傳立基於將每卦視爲一整體來解釋卦辭，《序卦傳》顯然地
將六十四卦的相互關係視爲一整體性的存在。《易》哲學的整體觀涵三原則，其
一爲三才說，按《說卦傳》將天、地、人相聯繫的三才之道稱爲「性命之理」。
《繫辭傳》有言：「天地設位，聖人成能」謂人居天地之中，能參贊天地生化萬
物的功業，彖傳和大象傳貫穿著天人合作於生生之德的互聯關係。例如泰卦大象
傳說：「天地交泰，後以財成天地之道，相輔天地之宜，以左右民。」王夫之在
其易學中提出「延天以佑人」說，闡發人與自然相依互賴，和諧共生，共存共榮
的一體　圓融理想。其二爲八卦說，意謂八卦各有其功用，且相互聯繫成爲一不
可分割的整體。《說卦傳》表述的八卦取象說和方位說旨在闡釋其蘊義。朱伯
崑詮釋其中深層涵義說：「八卦說作爲一種思維方式，要求人們從氣候變化和地
理方位考察生物和人類賴以生存的自然條件及其變化過程。」[18]其三爲五行說，
以五行爲解釋世界生成變化的概念範疇始見於先秦的陰陽五行家，朱伯崑注意到
《繫辭傳》：「天地之數」章有「天數五，地數五，五行相得各有合」句，以
「五」爲天地之數的核心，他認爲從漢易開始形成歷代易學中的陰陽五行觀。事
實上，《說卦傳》第五章已將五行方位觀來詮釋八卦，朱伯崑認爲宋代開始流行
的河洛之學，以五行間相生、相勝、互藏的關係，將天地萬物連結爲一整體的視
域來做整體思維之解釋立場，頗能令學界耳目一新，喚起學者能關注這一研究介

---

[18] 同上，頁708。

面，可說是朱伯崑的一大貢獻。

第六節　結語

　　朱伯崑是馮友蘭的大弟子，有紮實的中國哲學史之方法學和文獻學的訓練。他重視馮友蘭所較偏忽的儒家經學史和專業研究的易哲學史之研究，他將哲學史、經學史和易學史三者兼顧互釋的研究立基點，費時盡力於一部易哲學史的研究和撰寫，其敬業的精神及其對《易》研究的宏觀性、系統性之研究成果，貢獻不少，令人敬佩和感謝。他以長期致力於易哲學史的學養和眼光，深思熟慮地將《易》學研究的思維方法，總結性地概括出直觀思維、形象思維、邏輯思維、辯證思維和象術思維，可說有著易哲學研究承先啓後的關鍵性貢獻和地位。本人非常肯定他的專業研究之斐然成果，不過其中似有一值得商榷處，乃是以辯證思維法來詮釋《易傳》形上學核心命題「一陰一陽之謂道」是否妥適，因爲辯證法一詞源於西方哲學自希臘哲學以來所採取之邏輯分析，思辨理性之抽象思考、推理、論證的路徑。黑格爾集辯證法之大成，以正、反、合的辯證歷程來論述辯證法有一雙重否定後再雙重肯定地進行超越之轉化統合，這是邏輯理性及知識理性抽象思辨的方法學，《易》哲學是一種立基於天地妙運生生的生命哲學，以陰陽雙魚圖所呈現的太極圖觀之，陰陽相互涵攝，渾然一體，孤陰不生，獨陽不長，是交感生物不息的有機統一體，其交攝互攝的一體化存有狀態，實非辯證法所論述之時間歷程上不同時際所呈現之前後的衝突性與相互顛覆性。陰與陽是有機的存在和具有不可分割的機體和諧性，這是作易者對天地生物氣象仰觀、俯察後感悟出天、地、人交感的三才之道。因此，整體思維實應立基於機體論（organism）的存有學觀點上，而非抽象思辨的邏輯結構學上。

第五章　勞思光（1927-2012）

第一節　前言

　　勞思光原名勞榮瑋，號韋齋，筆名思光，生於1927年9月3日，2012年10月21日逝世，湖南長沙人。他出身翰林世家，國學基礎深厚，其堂兄勞榦是臺灣中央研究院院士。勞思光曾在北京大學哲學系進修，1949年隨父母移居臺灣，畢業於臺灣大學哲學系。後來由於他反對國民黨獨裁，主張民主自由，被迫離開臺灣，寓居香港，先後於王朱海書院、崇基學院，及香港中文大學任教哲學，且曾在美國哈佛大學及普林斯頓大學從事研究。他在中大崇基書院時完成《中國文化要義》一書，後來曾擔任研究所主任一職，著作勤快，以《新編中國哲學史》3卷，享譽學術界。勞思光少年時代就一直關心國事世局，投注在哲學與文化危機以及中國文化新路向的探索，著作多樣豐富。

　　勞思光在香港中文大學授課期間，與唐君毅、牟宗三齊名，被喻為「香港人文三老」，他在香港退休後，因為臺灣已解嚴，遂於1989年受聘臺灣清華大學歷史研究所客座教授。他於2001年榮獲臺灣行政院文化獎、2002年獲選中央研究院院士、2004年榮獲香港中文大學榮譽文學博士。2006-2012年任華梵大學哲學系講座教授多年，2012年逝世於臺北，葬於臺灣宜蘭縣，享年85歲。

　　本書試圖扼要紹述勞思光文化哲學的核心論述及思想精義所在。本文撰寫分別從其文化哲學的問題意識、動機、意向和立基點；其文化意識中所辨析的「建構意識」與「解放意識」之概念涵義；中國文化的危機與路向問題，當代文化（現代化及後現代思潮）的困境以及重新肯定儒家德性主體，超克虛境邁向未來的希望等層面期盼能勾畫出其文化哲學的理解風貌，淺陋之處，尚祈方家不吝賜教為盼。

第二節　近當代中國的苦難之根源來自文化

　　勞思光探索文化的問題意識源於中國近當代的苦難，究竟根源於何處？這一基源性問題，他在1962年出版的《歷史之懲罰》一書中對這一問題的自我回答是：「中國的苦難來自中國文化的內在缺陷，與世界文化的外在形勢」[1]質言之，西方先進的現代化文化向傳統中國文化挑戰下，暴露出中國傳統文化回應無力而備嚐喪權辱國的殘酷歷史現實。他針對這一問題，獨到的提出「歷史的債務與債權」之說法，所謂：

> 我們當前所受的苦難，全是人類在前一階段中的錯誤所造成，雖然似乎咎不在我們，可是，人類作為一整體看，則是人類欠下了歷史的債務，人類必須償還。歷史上每一次禍患或災難，無不由人類在一定問題上的錯誤而造成；因此，除非後來的人能解決那些問題、改正那些錯誤，不然禍患災難即不能消滅……對於當前的一切苦難，我們只能承擔。[2]

　　這是一段語重心長，頗能發人省思和激勵人心的精闢見解。顯然，我們當前所承擔的苦，來自前一階段歷史所造成的錯誤，這是歷史留給後人的債務，我們有償還的債權，關鍵在於我們如何正確的認識中國傳統文化的內在缺陷，且奮發有為的改正那些錯誤。他在其《歷史之懲罰》一書的後記中指出其〈論「承當精神」與「最高自由」〉為他的文化哲學設置了理論性的架構，他從四項面向來表述：(1)自然狀態—人類之束縛；(2)主體自由之顯現與展開—德性及人文文化；

---

[1]　勞思光，《歷史之懲罰》，香港：大學生活社，1971年，頁240。
[2]　參見《歷史之懲罰》，頁241-243。

(3)主體自由之限制—「必然之罪」及「苦」；(4)承當精神—主體自由之全面顯現。他總括地說：「以上四點可籠罩精神現象學之全部，也可以作為一套價值哲學或文化哲學之骨架。」[3]他認為人靈性生命之尊貴處及人性尊嚴所在就是人的自由意志，這是文化哲學以及價值哲學不可或缺的本質要素。對歷史債務之承當之崇高精神乃繫於人之自覺以及自由意志之抉擇。但是人雖生俱理性和意志卻是有限的存有者，有鑒於此，筆者頗贊同他所論述的第三項面向。

　　他所謂「必然之罪」及「苦」是立基於人自覺性的「承當精神」在歷史境遇中所面對之各種限制，層層波及到對人主體自由的限制。就人是一理性的動物而言，人面對所知係一能知的主體，亦即具智性的主體性。對勞思光而言，智性的主體性所表現出來的自由是一種觀點的自由，就價值哲學或文化哲學來說，主體自由應該具體的顯現於實踐上。他說：「它不能僅是在觀照，而必須有所活動。在觀照中顯現智性的主體性，只有所展示，而無所完成；在這活動中顯現實踐的主體性，即有所創生，有所成就。這種實踐的主體性，即稱為道德的主體性，或德性的主體性。」[4]然而，人的主體自由也有其不得不然的限制，那就是處於自然狀態的我和社會實有對我之限制，如：社會性的種種組織、制度法律和規範。他解釋說：「社會實有原是人的社會行為或社群生活之派生物（derivative），但它一經出現便成為決定人的文化行為及文化的重大力量。社會實有由此顯出經驗世界決定意識世界的可能，恰與文化意識或自我的主宰性成為對照。」[5]社會實有常針對人的個體性及社會性，人性中的義與利、情欲與理性、公與私……等矛盾衝突而透過社會機制凝聚出客觀化的經驗規範來制約人主觀的意識世界。如此，社會實有才能有正常運行的軌道。此外，自然狀態的人，常生活在生理、心理實然的因果條件制約下進行自然反射性的生活，易造成人與人、人與社群，甚至自我的衝突。為解決這些衝突，因此，人追求理性的有秩序、有規律的和諧生

---

[3]　同上，頁246。

[4]　勞思光，〈論「承當精神」與「最高自由」〉，《祖國周刊》，1962年，頁218。

[5]　勞思光，《中國文化要義新編》序言xvi，1998年出版於香港中文大學。

活，在人文化成的文明社會中，人應該有自律的或他律的道德生活，以及文化主體來限制自然狀態我，期能在對自然狀態我之自由有合理限制下而能過合理和諧的群體生活。

　　人除了上述消極的界限下的自由下，人在追求價值理想的實踐上有其應然的積極自我。但是，人不但在主體條件上有知識、情感、經驗、聰明才智、體能上的限制，也有時運不佳的客觀歷史條件、形勢的限制。基於主客觀的各種限制，人在道義上、理份上的正向願景未必能如願的實現。勞思光認為這種限制是人生命之有限性，此際，心有餘而力不足的人油然而派生內心的內疚感常自覺感受到無奈的苦與罪，他說：

> 限制問題表示「人力有限」，但「人力有限」只關涉成敗，並不關涉是非善惡，似乎無礙於主體自由，無礙於德性。……我們無論如何選擇，必在義務上有所虧欠。而義務的虧欠即是人生之「罪」，樹欲靜而風不止，子欲養而親不待。史可法的殉職；若有不可免的虧欠，即有不可免之「罪」……這是真正的「主體自由之限制」，真正的「人生之悲劇」，真正的不可免的「罪」與「苦」。[6]

---

[6] 勞思光，〈論「承當精神」與「最高自由」〉，頁222-224，1962年出版於《祖國周刊》。

第三節　文化意識中的「建構意識」與「解放意識」

勞思光在2002年出版的《文化哲學講演錄》中以三分之一的篇幅，針對人類文化活動目的與功能的釐清，提出一組「建構意識」與「解放意識」的概念以構作其文化哲學的基石，表達他對文化考察的兩種整體態度。他說：

> 建設意識就是認爲文化基本上都是正面的創造，文化本身就是值得讚美的活動，一談及任何的標準或秩序，都是屬於建設那個層面……。解放意識是先把某些以往的文化成果看成是對於人的某種限制，再進一步，它就認爲人應該努力去破除這些限制。[7]

他認爲建設意識與文化的功能和目的有著不可分開的關係，它針對文化建構的價值理想，企求自我發展，逐步的構成一種文化秩序且發揮實現價值理想的功能，儘管文化生活有不同的內容，其發展途徑係從低層朝向高層。綜觀人類文化有多元的差別性，定向性的發展以實現其價值目標卻是共通性，亦即普遍的、共同的特徵。他進一步地解釋其中的所以然之理，指出：「文化是一種自覺的活動，有目的，所以就有定向性……就文化過程的內部講，它作爲一種形式條件，是有一定形式意義的定向性的，這表現在價值上的建設意識。」[8]勞思光認爲文化發展若缺乏形式的定向性引導，則在實質內容的選擇上易陷入糾葛不清。但是人類文化活動皆有其功能限制的問題，因此，文化發展的定向性，既是形式原

---

[7]　勞思光，《文化哲學講演錄》，香港中文大學出版社，2002年，頁162-163。

[8]　見前揭書，頁172。

理，也是非絕對化的封閉性，而有與時遷移，與時俱進的開放性。他認爲任何文
化活動在主、客觀雙方面都有其功能限制所在。他所持的理由有兩點所謂：「第
一點，就是人認知的不完全性（incompleteness），這是主觀方面；第二點，就
是存有之開展性，這是客觀方面。」[9]我們對第一點較容易理解，對第二點則較
費解，勞思光針對「存有之開展性」做了解說性的說明，他說：

> 人的認知活動或建構文化活動的世界是逐漸展開的。……即使在某個時
> 段某一套制度是最好的，終有一天它仍會失效，這是因爲世界是不斷地
> 展開的。[10]

　　由於人的有限性不但不能窮盡客觀的理份，而且人的私心嗜欲常與理份衝
突，主體在實然的現實生活上也常產生罪惡。因此，對勞思光而言，人應該不斷
地反省檢討自己是否流於獨斷之見，具批判精神的解放意識也是必須的。[11]他認
爲建設意識與解放意識兩者必須同時並存，有建設而缺乏批判性的解放則易流於
獨斷。若只有解放而無建設，則流於精神價值的虛無化。他在對治文化危機的問
題上，主張先有循理精神的、批判性的解放，才能重新建設更合乎時代需求的文
化生活。他強調人的自覺意識和嚴格的理性化之批判精神，他強調我們不應該在
缺乏反省和批判的必要過程，就獨斷的、一昧地延續過往的人文傳統。他強調批
判不是一種消極的否定、破壞，而是一種具正面建設意識的，有崇高價值定向的
解放。

---

[9] 見前揭書，頁184。
[10] 見前揭書，頁188。
[11] 解構主義的德希達（Derrida）主張「解構就是正義」（deconstruction is justice），有時候真正的正義不是建構一
　　套秩序，而是不斷地解構既有的秩序。

第四節　中國文化的危機與路向問題

　　勞思光在2002年1月榮獲臺灣行政院文化獎的頒獎典禮上，他以〈旨趣與希望〉爲題的公開演講詞中自述其一生所關注的核心課題是文化哲學。他說：

> 我所最關心的問題，是文化危機與哲學危機的問題。我的基本研究態度也就是要爲危機中的哲學及文化尋找突破困局之道。我在不同領域中所作的研究或努力，都指向這一個目標；我針對某些關鍵性的問題，曾作出一些理論的區分（theoretical distinction），目的也是爲最後提出的文化理論作一種準備。[12]

　　他在20歲前後便關心文化危機問題。他的學術專業在哲學，他認爲哲學的危機是文化危機中的一部分，因此，他將兩者連結而以文化哲學的課題爲其哲學理論工作的中心。他說：「我最早關懷哲學問題，原是以文化危機意識爲動力。」[13]他不但長期關注中國文化的危機與路向問題，且認爲這一問題應放在世界文化的發展脈絡之背景來考察。因此，他也特別關心世界性的文化路向和文化危機問題。他對中國文化之危機與路向問題的論述，主要集中在他著述的《中國之路向》及《中國文化路向問題的新檢討》二本相關著作中。在這兩本書之前，他在《歷史之懲罰》（1971年）[14]及《中國文化要義》（1965年）中也表述了一些值得重視的觀點。例如：他在《中國文化要義》一書中指出，中國所需要的文化運動，其內容和目的，取決於知識面和理念面。就知識面而言，涉及對中國文

---

[12] 該文收入勞思光，《虛境與希望-論當代哲學與文化》，頁22，香港中文大學出版社，2003年。

[13] 勞思光，《文化哲學講演錄》「自序」xiii，香港中文大學出版社，2002年。

[14] 該書的內容，勞思光在1961-1962年以分章形式發表，1971年在香港中文大學結集成書出版。

化特性之探究以客觀而充足的認知中國文化之眞面貌。就理念面而言，他認爲應該依據普遍意義的文化理想來對中國文化應然的價值理想梳理出明確的觀點。他從「文化的二重結構觀」肯認知識面和理念面的工作是進行文化哲學的必須工作，也是推行中國文化運動所必須做的工作。[15]

　　勞思光在《中國之路向》一書中，回顧了清末民初，知識份子對中國路向問題的思路，其中涉及中體西用論、全盤西化論、復興傳統文化論、共產主義革命論等論述。[16]他將這些論述大致區分成維護傳統主義和反傳統主義，他自己則採取理論系統的開放成分與封閉成分之辨的立場，從多元文化價值觀出發，主張「承繼中國傳統文化中有普遍意義的開放元素」來保存中國文化有普遍意義的成果。他具體的點出中國文化中道德主體性或自我主宰性的肯定，和諧的價值理想與採取「理性」與「情意」之互補作用，這三大核心價值是應該承繼的。同時，他針對中國傳統文化精神之內部缺陷所應補正處，明確指出三要項：（一）缺乏政治制度的合理形式（客觀化、合理化的制度架構）；（二）較不重視客觀知識的研究；（三）較不重視思考與辯論的規律等。[17]

　　他立基於「文化的二重結構觀」亦即兼顧「生活領域」（given world）與「理念領域」（world of ideas）的獨立並存價值觀，進一步論究文化變遷或文化轉型的文化變形問題，他深思熟慮地提出了「結構與歷程」及「創生與模擬」二組文化變遷的理論，他說：

> 分析一個已經存在的、穩定的文化系統……可以靜態地分析其結構，分析之後，即顯現一整體觀。然而這並沒有答覆，假定這文化要有所變化，會是個什麼樣的歷程？整體觀很自然使以往的學者受到Hegelian model的影響，這模型是一結構的展現，由觀念層展開，講精神一層一層

---

15 見勞思光，《中國文化要義》，香港：中國人文研究學會，1987年版，頁207-208。
16 見勞思光，《中國之路向新編》，香港中文大學出版社，1999年版，頁13-30。
17 請參閱前揭書，頁54-59。

　　客觀化，如何形成制度。」**18**

　　他的文化二重結構觀是經過對既有的主要文化理論之省察和批判而獲得的，換言之，像黑格爾模型的絕對主義與像杜威（T. Dewey）、孔德（A. Comte）式的工具主義是兩種廣泛使用於文化解釋理論的模型，他認為兩者各有偏執，應予以綜合。所謂：「工具主義模型的來源與經驗主義的知識論大有關係，絕對主義模型則與形上學統一的要求有關，但在面對文化問題時，都使我們不能正視生活領域與理念領域各自的內在規律。」**19**因此，他在其著作《中國文化路向問題的新檢討》所以用「新」一詞來命名，要旨也就在於他綜合生活領域和理念領域的文化二重結構觀。在這一視域下，他才提出「結構與歷程」和「創生與模擬」二對理論之區分和相互關係，他針對中國文化轉型問題時特別在文化理論上關注了文化現象的歷程分析。職是之故，他推導出中國現代化歷程的關鍵點應是一模擬的歷程，亦即應學習西方自啓蒙運動以來的現代化之歷程，而非如黑格爾絕對主義般由文化精神層面的理念（idea）上之改造來重視一內在的文化創生某結構。**20**我們不禁想提問勞思光中國文化的新路向中我們究竟要學習西化文化現代化的什麼具體內容。雖然我們由上述對比中國文化內部缺陷，西方的現代化進程中，呈現出政治制度客觀化的理性形式、重視客觀知識、重視思考與辯論的規律等。事實上，西方從400年時間所進行的現代化，我們應注意其「現代性」（modernity）之內涵特徵及對外的擴張性（expansion），本人曾有過一篇探討其所以然的專文可供參考。**21**

---

18 勞思光，《中國文化路向問題之新檢討》，香港中文大學出版社，1999年版，頁52-53。

19 同前，頁23。

20 同前，頁52-55。

21 請閱曾春海〈中國現代化與後現代展望〉一文，指出西化「現代性」之哲學基本概念可概括為主體性哲學、表象文化、宰制作用、兼具理論理性和工具理性的理性。文中指出：「綜合這四項特徵，我們可以精簡地將西方現代性界說為：1.立基於人的主體性；2.專注於專業理性（兼具理論理性和工具理性）以建構諸般表象，務使主體得以掌握權力，宰制他人與他物，滿足主體的各種情欲（權力欲、占有欲、七情六欲等）。該文刊於北京「中共中央黨校」學報第15卷第5期，2011年10月，頁18-23。

　　勞思光生長在現代化的西方向中國傳統文化挑戰，中國傳統文化回應乏力，在一連串的喪權辱國的歷史現實中，顯出中國傳統文化失效，這是中國文化所遭遇的實然性危機。他對文化的理解，區分出文化現象與文化精神的二層論，他說：「文化現象包含有精神外化的成果，但也包含偶然性的經驗現實。觀念與制度是文化精神的主幹，……任何高度成熟的文化，必以文化精神爲中心，……這個觀點是在《少作集》中形成的。」[22]傳統中國文化所形成的觀念與制度表徵著是具有文化精神的高度成熟文化，勞思光探究中國哲學與文化在現代世界中的路向，其具體的主題就鎖定如何拓展中國傳統的價值意識，期待中國文化能與現代文化有效的接通。他認爲西方的現代化，從人類文明史的歷程觀之，不是「地區性」的問題，而是整個人類文明史發展的「階段性」問題，他在逝世的那一年所作的最後一次公開性演講中指出：

> 講到「前現代性」、「現代性」、「後現代」這些觀念的時候，基本上是要以「縱」的軸爲本，不是說「現代性」代表了理想或者是代表了完美這樣。「現代性」是一個文化史的事實，這個文化史的事實有一定的內容。……其實文化的問題眞正重要處，是要尋找universal open elements。文化裡面有開放的、普通的成素，本來「文化成就」就是表現在那個上面，就是對於共同的、普通的問題，我們作出多少東西來。[23]

　　他認爲中國文化的危機呈現在回應西方現代化對中國的挑戰上，中國文化秩序陷入迷亂，文化功能在近當代的喪失。他察覺到近當代的中國社會正處於步步失序的狀態，傳統三綱五常的規範已逐漸解體失效。五四新文化運動所興起的現代意識並未能推陳出新的建立一套有效功能之理念和制度規範，整個文化秩序陷

---

[22] 勞思光，《中國文化要義新編》〈序言〉xii。

[23] 勞思光主題演講，〈當代哲學文化的困境與希望〉頁2-3，臺灣新北市華梵大學第十五屆儒佛會通暨文化哲學學術研討會，2012年5月19日於華梵大學。

入混亂和虛無化。中國哲學與文化必須經過一番深刻的檢討、提煉淘洗，置於世界哲學與文化的高度去重新建構，排除封閉成分而轉化提升至人類具普世價值的普遍意義上。現代化是人類歷史的大趨勢，它不是局限於歐美的區域性文化，而是人類文明進展的階段性特質，就一個歷史階段性的問題而言，它不是全然完美無缺的。他認為「階段性的問題，裡面並不假定有『perfection（完美）』的問題。沒有什麼東西是『perfection』，所以並不假定哪一個文化才是標準。但是我們要指出來每一個階段，在已成形的文化的傾向中，本身是有一種客觀性的。換句話說，什麼是現代性文化？現代性文化長處在哪裡？短處又在哪裡？這個都有它的客觀論定。」[24]現代化既然也是中國文化路向必經的階段，同時，現代化也非絕對完美無缺，那麼，我們不禁要請教勞思光，他認為現代化及其隨之而來的後現代主義究竟有何短處，這可以使我們中國文化在現代化這一階段的進程中能慧眼獨具的習人之長而避人之短呢？

第五節　當代文化的困境

　　西方的現代化和後現代化主義可看成一連續性的、整體性的當代文化，我們一方面應如勞思光所指出的要認真學習模擬其具開放成素的、普遍意義客觀文化成就所在處，另一方面也應深層透視其局限制，亦即封閉成素處，以免盲目的全盤接受而重踏其錯誤的覆轍。勞思光在其逝世前最後一次學術性公開演講〈當代哲學文化的困境與希望〉中，以文化秩序之失效問題論傳統文化之困境；以文化

---

[24] 同上，頁3。

信心之弱化問題論現代文化之困境，以及以文化動力之迷失問題論文化新機之困境。本節紹述其對後兩者現代性及後現代思潮之困境的論述，他陳述清末連年對外事先利後民族自信力日喪，**轉趨**向對西方現代文化的贊成和崇拜，知識份子在崇洋心理驅使下把西方「啓蒙時間」以來的那些觀念，視爲絕對的價值標準，無視於其局限性的負面因果。他認爲德國社會哲學家韋伯（Weber）對西方「現代性文化」的本質（工具性的蓬勃發展）和評論頗精采。他說：

> Weber有一個根本的態度，這個態度就是說，現代性文化的出現，本身是改變歷史、推動了歷史。……實際上改變你生活的方式、改變你社會的結構、改變你政治經濟的結構（struction）。可是這些改變，並不是說處處都合乎希望、都很理想。所以Weber說：「在現代性文化的推動之下，一個現代的世界出現，但是現代這個世界裡充滿了種種危機。」[25]

凡對韋伯稍有了解的人都知道他預見若順著福利國家步步前進，則人們將不自覺的走向被各種社群機制束縛的「鐵籠（iron cage）」中，亦即走向一種喪失自主性的文化秩序結構中。勞思光認爲Weber對現代文化的評論也會面對一種困難，那就是我們對現代文化本身的走向究竟會到哪裡，缺乏準確的信心。勞思光針對這點而提出現代文化之困境在「文化信心之弱化問題」，相較於西方文化在19世紀是充滿希望的世紀，不論科學、科技、生活都樣樣在進步中，到20世紀之後，第一、二次世界大戰的爆發，連續出現了令人失望的情況，形成令人迷失的世紀。西方在高度發展的現代文化氣氛下，何以會發生「希特勒的大屠殺」、「史達林的大審判」那麼荒謬的行爲。

勞思光質疑西方在技術層面上談現代化的資本主義經濟、社會結構、社會權力、民主與人權，究竟能不能防止罪惡、阻止上述荒謬的行爲。他認爲這是人

信任與否的態度問題，他說：「我們看見20世紀，在哲學界來講1960以後廣義的『相對主義』、『懷疑主義』，這種後現代理論蓬勃的發展。……真正的心態就是不相信已經有的、大家認為是可以依靠的那些標準，他們認為那些標準，都是不可以依靠的。」[26]雖然，後現代思想本身是以嚴格界定的，卻不離開現代文化生活且是以不同的論述來抗拒現代文化的。他針對後現代思想如何看待整個文化史，缺乏共同的標準，判定這是當代文化動力迷失的危機。他說：

> 某些東西彼此之間只是有一種「家族相似性」（family resemblance）。好像同一個家族的人，都有一種相似性，不能夠說成一個「類」，……本身就不能夠定出它自己的方向，也就是說「self-explanation」（自我解釋）是失敗的，在這個情況下來說的話，就看見第三種文化的危機。第三種文化的危機，主要是文化的動力，不知道往哪個方向走，是「動力的迷失」的問題。[27]

勞思光認為若硬把哲學當作科學思維的對象來解析，則如此所面對的世界採經驗科學的思考方式逐步開展。然而，自然科學與哲學放在一起，則可覺察到哲學所談的某些問題之起點，根本不在經驗科學所取的起點裡面，例如儒家所談的仁心仁性這方面涉及道德主體性的問題。勞思光透過他晚年特別關注的德國哲學家哈伯瑪斯（J. Habermas）對當代文明危機的研究，認識到當代文化是一技術文明發達，工具理性盛行的失序社會。換言之，在專業分工以及系統過度膨脹的現代社會，專業理性不斷專精化、分化，影響所至，知識主體排擠價值主體，人的生命意義逐漸迷失，社會整合的整體觀和功能作用失靈，人的生活世界逐漸被系統殖民化，哈伯瑪斯企圖以溝通理性來保住生活世界的意義和價值。就這方面來看，勞思光對當代文化危機的觀點是較貼近哈伯瑪斯的，同時，他也頗贊同哈伯

---

[26] 同上，頁6。
[27] 同上，頁7。

瑪斯對「後現代」諸論的批判。哈伯瑪斯將一切反對現代化的理論視為反啓蒙運動的保守主義之一種，將之判定為不同形態的「保守主義」。[28]

　　勞思光認為現代化中資本主義的物化人性和後現代的否定一切理論建構都使當代精神文化的動力迷失而呈現當代文化的危機。他舉出「物化」（reification）一詞在現代英文中本指「在資本主義的制度下，使得人逐漸變成一種貨品。」[29]質言之，「物化」指人的心靈經不起外在誘惑而陷溺在受一系列條件制約的感性欲望。因此，「物化」意指人喪失自己靈性生命的「主宰性」或「自主性」而屈服一己的私欲，是人價值心靈自覺能力或「自由意志」的棄權。他在早年所著〈自由意志問題釋疑〉一文中論斷自由意志之肯認係一切人文價值之基礎所在，他說：

> 一切價值問題必假定一「主宰性」；因為離開主宰性便不能有所選擇，如不能有自由意志的選擇，則無所謂就有責任；價值判斷便無著落，價值本身便無從說起。[30]

　　他所說的「主宰性」係指人心靈中所具有價值自覺且能自我抉擇行為意向的自由意志，一切人文價值都得顯發於人的價值意識之覺察和自由意志的抉擇，隨之而有道德倫理或法律的責任，這是他一貫的哲學立場。例如：他說：「文化生活不能離開價值自覺，價值自覺又不能離開自由意志。」[31]他更確切的論斷說：「物化的問題，就牽涉到自我是怎樣定位的問題……自我怎樣定位，就是你意志狀態的問題，你要走向什麼。這個地方最明顯的就是人對於動物欲望的看法……

---

[28] 哈伯瑪斯認為後現代文化，扼要言之，就是對現代文化價值的否定，看似「前進」，卻未追求、建立新的思想，只能算是一種「保守」的思想。「後現代」幾乎與「反現代」是同義詞，勞思光所引述哈伯瑪斯的主要看法，請參閱其所著《遠景與虛靜-論中國現代化問題與後現代思潮》，香港中文大學，2000年出版，頁208。

[29] 見勞思光，《文化哲學講演錄》，頁73。

[30] 勞思光這篇文章發表於1956年，後來收入《自由、民主與文化創生》，香港：中文大學出版，2001年，此段引文見頁203。

[31] 見前揭書，頁202-203。

人事實上有動物性的生活是事實，但問題是，當我們要講文化的話，就應該發揮動物性以外的能力，就是去建立規範、建立秩序。」[32]對勞思光而言，人精神文化的動力之關鍵取決於人之主宰性的覺醒和創作性行為。人的主宰性，特別是價值主體，更核心處是人的德性主體之覺醒，才能自發性的肯定人的世界及其意義和價值所在，然後才有人文世界之肯定和文化秩序及道德規範的創建。他採取同一的哲學立場批判後現代思潮，使當代文化動力迷失而造成當代文化之危機。他說：

> 後現代思潮雖然在不同領域中有不同的特殊理論，但其否定規範及規則卻是共同態度。後現代主義者不僅反某些規範和某些規則，而且要放棄作為規範與規則之基礎的觀念，如：真理、實有、普遍性、確定性、客觀性、客觀事實，甚至理性等等作為理論活動的基礎觀念，他們都要破除。[33]

第六節　重新肯定儒家德性主體，超克虛境走向未來的希望

　　由上述得知，勞思光認為從世界文化趨勢的高度看人類處於當代階段的文化危機在於文化動力不知往何處走的動力迷失。知識主體強，價值主體（特別是德性主體）弱，導致在文化二重結構中偏重現實的生活領域而輕忽了理念領域。

---

[32] 《文化哲學講演錄》，頁74-75。

[33] 見《虛境與希望：論當代哲學與文化》，頁215，香港：中文大學出版社，2000年。

他檢視了中國文化的內在弱點，梳理出現代化文化中具開放性、普遍性的成素，期勉華人應認眞學習對客觀知識的研究、思考與辯論的規律、政治制度的合理形式、架構。同時，他也從人類精神文化走向的高度檢視出現代性及後現代思潮中所存在的封閉性因素，例如現代性將人化約爲認知主體、情欲主體，偏重工具理性以及在不斷擴張的盲求和對他者的宰制。後現代思潮解構了作爲人類文化社群作爲規範與規則之基礎觀念，如眞理、普遍性、客觀性、系統性等。現代性的失衡文化造成二次世界大戰、史達林式的審判……等荒謬行爲且迷失了人類精神文明的價值取向，後現代思潮否定了文化中具普遍性的開放成素而陷入各說各化、分崩離析，無法凝聚人類普遍性的價值理想和未來具樂觀性願景的共同希望。

　　若以世界文化趨勢爲背景和視域，針對現代性和後現代思潮的誤區和限制所在，勞思光指出中國傳統文化中具普遍意義的開放成素，他舉了對德性主體的肯認、和諧的價值理想與採取「理性」與「情意」之互補作用等三大核心價值，這三大具精神價值的文化精髓，不但是華人世界應有所自覺而予以珍惜、繼承和弘揚，同時，對現代性和後現代性的人生意義之虛無化當有所啓發、借鏡和補充。他不是受制於他是華人而對母文化油然而生的民族文化情感來立論的，因爲他已明白的宣示其文化哲學的立場是站在開放的多元文化，亦即眾多文化主體並立的條件下，以思想自由、共同思維，嚴格的批判的歷程，提煉出具文化價值理想和崇高目的之雙重文化動力，消解虛境，建構人生令深層意義之希望，導引人類走向文化的共同精神世界之境域。他兼顧解放意識與建設意識，批判性的認清人性品德的光明面和物化的陰暗面，擲地有聲的指出文化動力的價值方向，他說：

> 由德性的主體進而爲文化的主體，「我」不僅有主體的自由，而且在客觀中實現其自由。「我」不僅不是陷於束縛中的被動者，而且是能建立文化秩序的創造者。「我」不僅是居於至安之地，而且是化成天下的主宰。**34**

---

34 《中國之路向新編》，香港中文大學出版社，1999年，頁221。

　　儒家的德性主體及人文化生的創生主體是勞思光判定爲中國哲學的特色和能貢獻給世界且能夠成爲世界哲學的開放性成素，因爲它具有文化動力的「指引效力」（orientative power）。在面對物化與精神價值虛無化的當代文化之危機，勞思光認爲儒家的成德之學，其開放成素、普世化的價值最能體見在道德意志的自覺性和理性化上，因爲，他認爲處在現代性文化的「自我」是與自主自決性背道而馳的自我，亦即韋伯所言在系統化無所不入的社會組織脈絡中，不自覺地淪落於「鐵籠」中的自我。同時，現代性文化中的理性是與道德理性或道德意志有所區隔的「工具理性」。勞思光認爲現代人的這二種「自我」特質皆導致人類在德性品格之生活上的虛無化或虛幻傾向，若不知反省的陷溺下去，則人終將淪爲欲望的工具，逐漸喪失能對個人行爲負責的道德自覺能力。[35]他精闢的提出儒學在道德主體上不息的心性修養工夫是中國哲學與儒學精神中能鼓舞世人走出虛無邁向活出人之生命尊嚴和深刻意義的具無限價值之文化動力，他說：「人的意志可以受生物性的自然欲求的影響，或心理及社會層面因素的制約，而有種種不同狀態。因此，意志如何理性化，乃成爲儒學工夫論的中心。意志理性化的完成即自我轉化的完成，……意志的理性化是這種成德之學的根本主張。」[36]人的道德自覺才是道德意志的方向，也是意志與理性的正當關係，不息的品德修行工夫，才是能提升人存在之意義的文化動力之永恆方向。

---

[35] 見〈論儒學在中國現代化運動中之正反作用〉，《虛境與希望-論當代哲學與文化》，頁155-158。
[36] 同上，頁153。

附　錄

一、以馬列主義中國化爲線索回顧
　　1949-1989中國大陸的儒學研究

一、前言

　　儒學在中國係一源遠而流長的民族文化。被視爲儒家大宗師的孔子，集大成的繼承了在他之前約2500年的歷史文化業績。就近處言，他批判地、有選擇的繼承了整個西周和春秋時代國家與鄉政的教養傳統。就典獻而言就是《六經》。吾人觀《漢書藝文志》將《六經》著錄在「六藝略」，有別於將諸子百家著錄在「諸子略」，可知六經意謂著民族文化常經大統的承傳意義。俟漢代尊孔尊經及隋唐科舉立明經科，元代科舉又考四書。於是，儒學隨著定爲官學之尊及歷代教育體系之運作，深入民間，流傳不息。它沉澱在中國人的心靈底層，化爲民族的靈魂或積習長久的氣質。清代以來受到歐風美雨的衝擊，儒學的價值和地位不斷的遭受歷史的質疑和批判。五四以來反孔的多屬先進人物，持尊孔者多屬保守人物。因此，尊孔與否成爲可資評判保守或進步的指標了。

　　中共於1949年主控大陸政權後，明白聲明馬列的理論與中共進行革命實踐之統合，乃是中國的馬克斯主義。至於外來且異質的馬列思想如何與儒學相處，則構成一複雜的棘手問題。中共先是採溫和的批判繼承路線，後來爲了澈底的進行無產階級革命而對視爲革命大障礙的儒學進行大破壞，那就是對決一切傳統文化的文革。然而，文革的批孔運動，究竟是少學術性而多政治鬥爭性。因此，隨著文革的結束，儒學又重新獲得了肯定。文革後的儒學不但被平反，且形成文化熱的熱點，這是中共所始料未及的。

　　本書試圖探索儒學在中共掌政後，從1949至1989年，大陸學界在儒學研究上如何與政治敏感的牽連互動之曲折歷程。文中將儒學在這段期間的變遷起伏予以歷史的分期，分別釐清其面目和命運，且聚焦於孔學的維護者梁漱溟先生在這40年中，在面臨政治運動下其前後的態度與轉變，以便明瞭儒學與馬列思想的相互辯證關係。

二、馬列主義儒化的背景與歷史分期

　　中共政權成立至今，已有45年了。眾所周知的，做爲中共社會主義經濟政策之上層建築的思想統制，以及進行意識形態改造的最高指導原理，大體而言，乃是馬列主義與毛澤東思想。1945年5月14日，劉少奇在中共第七次全國代表大會上，發表「關於修改黨章的報告」時，就曾明確的說：「馬克斯、列寧主義的理論與中國革命的實踐之統一的思想，就是中國的共產主義，中國的馬克斯主義」。儘管中共當局鑒於10年文革所帶來的浩劫，曾經在1984年11月的〈人民日報〉上首次公開承認馬列主義的有些理論已經過時無用，然而，仍肯切的表明堅持社會主義、人民民主專政、馬列主義、毛澤東思想及中國共產黨的領導。雖然，鄧小平重掌政權後主導中國經濟政策和體制的改革，由中央計劃經濟逐步過渡轉型爲現今的市場經濟、商品經濟路向，卻仍宣稱這是中國社會主義特色的市場經濟。不難看出中共在奉行馬列主義的革命實踐時，不能不顧及中國性的特色。

　　回顧中國大陸45年來，哲學界以馬列主義爲圭皋的哲學研究發展上，一開始就肩負改造人民意識型態的政治使命。哲學在大學及研究機構中原是從事各種理論研究的純學術性工作，爲什麼中共哲學界卻沾染現實政治色彩的任務實踐性格呢？我們只要稍加注意馬克斯對哲學的態度，就不難理解其中的原因了。馬克斯曾經在《費爾巴哈的提綱》中說：「人的思維是否具有客觀的眞理性，這並不是一個理論的問題。……哲學家們只是用了不同的方式解釋世界，問題的關鍵卻是在改變世界。」他所謂的「改變世界」就是要以非常的大力量進行破舊立新之革命，這種革命式的「改變」觀對傳統的思想與制度持何種看法呢？馬克斯與恩格斯於1848年所共同起草的「共產黨宣言」中說：「共產主義革命就是要同傳統的所有制關係，實行最澈底的決裂，毫不足爲奇的，它要在自己的發展進程中，同傳統的觀念實行最澈底的決裂。」然而，恩格斯有鑒於澈底決裂說有切斷歷史的自我矛盾和危機。於是在後來1884年發表的《費爾巴哈與德國古典哲學的

終結》予以修補，謂：「像黑格爾哲學這樣對民族精神發展有過巨大影響的偉大作品，是決不能靠簡單的置之不理來處理的。應該從它的本來意義上揚棄它，那就是說，用批判方法消滅它的形式，而救出它所獲得的新的內容」雖然，他以批判的揚棄說來修補澈底的決裂說，這對傳統思想有其難以剷除的價值，有其認識上不夠深刻之處。因此，其後的列寧在其〈馬克斯主義的三個來源和三個組成部分〉的文章中，進一步修補了澈底的決裂說，首次奠定了「批判地繼承」這一原則。他在論〈青年團的任務〉一文中闡釋地說：「應當明確地認識到，只有確切地了解人類全部發展過程所創造的文化，只有對這種文化加以改造，才能建設無產階級的文化。沒有這樣的認識，我們就不能完成這項任務。」

環視本世紀所建立過的共產主義政權國家中，中共面對了世界上歷史最悠久的中國文化傳統。中共不能無視於中國文化傳統對中國社會與人民根深柢固的影響。因此，早先的中國共產黨並不採取與歷史文化澈底的決裂說。甚至不力言批判的揚棄說，以免引起普遍的反感和橫生阻力。在中共奪權以前，從其首腦人物所發表的言論態度上來看，他們採取了批判的繼承說。例如，1939年劉少奇在延安馬列學院演講〈論共產黨員的修養〉時，表示要將孔孟的道德思想，透過馬克斯主義的改造，賦予共產主義的新意義，構成共產黨員道德修養之原則和方法的部分成素。他特別看重儒家內省、慎獨、遷善改過及一生不斷地自我修養的精神。……等[1]。毛澤東在1938年中共六屆中央委員會第六次全體會議上說：「學習我們的歷史遺產，用馬克斯主義的方法給予批判總結，是我們學習的另一任務。……從孔夫子到孫中山，我們應當給政總結承繼這一份珍貴的遺產。這對於指導當前的偉大的運動，是有重要的幫助的。」[2]他在1945年中共「七大」發表「論聯合政府」的政治報告中，仍舊說：「對於中國古代文化，同樣，既不是一概排斥，也不是盲目搬用，而是批判地吸收它，以利於推進中國的新文化。」[3]

---

[1] 見劉少奇，《劉少奇選集》上卷，〈論共產黨員的修養〉，北京市：人民出版社，1981年，頁101-134。

[2] 《毛澤東選集》，第二卷，〈中國共產黨在民族戰爭中的地位〉，北京市：人民出版社，1952年，頁522。

[3] 《毛澤東選集》，第三卷，〈論聯合政府〉，北京市：人民出版社，1953年，頁1084。

事實上，在1949年以前的中國共產黨汲汲於奪權鬥爭，並無太多心思投付於「批判地吸收」中國文化的實質工作。

　　俟中共在1949年奪得政權後，由於旗號鮮明的堅持馬列主義階級鬥爭、無產階級專政和實踐共產主義這一最終目標等三大革命實踐原則，且迫切的希望予中國人「洗腦」澈底改造所謂上層建築的意識型態，因而改採傾向於「澈底決裂論」的策略。不但厲行破四舊⁴運動，且加上黨內權力鬥爭的激烈，爆發了無產階級文化大革命的10年動亂，揚言鬥垮走資的當權派及批判資產階級的反動學術權威，亦即批孔揚秦運動。鑑於文革10年浩劫所蒙受的傷痕，中共對傳統哲學與文化的處理，隨著文革後，鄧小平主導的改革開放政策，轉向較開放的再檢討和局部肯定態度。在意識型態逐漸放鬆，對馬列毛思想信心動搖，思想文化陷入茫然虛空之際，大陸哲學界有了分歧化的發展，有些人轉向馬克斯之外的當代西方哲學找出路，有些人則再走回文化傳統中，企圖在尋根中求得自我理解及自我認同，這就是文化熱的掀起。因此，本文在評估中國大陸40年來馬列主義儒家化的辯證發展問題上，順著上述思想史的脈絡做了四階段的歷史分期：（一）文革前時期：1949年-1966年。（二）文革時期：1966年-1976年。（三）逐步衝破框架時期：1978年-1985年。（四）文化熱時期：1986年-1989年。茲予以分別論述。

三、文革前時期

　　大陸學者根據馬克斯歷史唯物論的基本觀點：文化和意識形態是社會經濟與政治的反映，來理解儒學所以成中國歷史發展的主流之因。據趙吉惠等人所合著的《儒學在現代中國》一書認：「在中國封建社會裡，歷代統治階級都把尊奉、利用儒學作鞏固自己統治的手段。自西漢武帝提出「罷黜百家，獨尊儒術」之

---

⁴　破四舊的對象指舊思想、舊文化、舊風俗和舊習慣。

後，儒學逐漸成爲社會的統治思想，歷代的統治階級都曾根據自己統治的需要，重新解釋儒學、宣揚儒家道統。」[5]到底儒家思想有何可資以滿足歷代統治階級的需要嗎？該書引用魯迅的說法，認爲儒學中所提倡的綱常、倫理、尊卑、等級觀念，可說是被一切統治者所歡迎的。同時，該書也指出儒學所以能常存於中國歷史，除了靠統治階層的吹捧利用外，尚需廣大社會層的贊許和認同。換言之，根據馬列主義「存在決定意識」的原理，儒學有支撐它的社會結構之聯繫。趙吉惠解釋說：「它是中國古代小農經濟農業大國的意識形態，它以周文化基礎，以仁愛忠孝爲倫理政治核心，以綱常、名教、尊卑等級爲治國原則，以民爲本位，……有可以被社會統治階級利用的部分，又有符合下層人民心理與願望的部分，既有趨於保守和陳舊的思想，又有改革與推動社會前進的部分，既有糟粕，又有精華。」[6]他藉這段話來解釋中共政權成立初期，學術界把儒學作歷史文化遺產進行研究。

　　若從學術研究的觀點而言，大陸初期的儒學研究者，在馬列思想成顯學地位的影響下，自覺或不自覺的採取了其歷史唯物論的新視角，嘗試對儒學的歷史意義做一新的考察。就學術自由與尋求觀點的創新而言，是正常而可被接受的。然而，大陸的儒學研究並不享有能全然獨立於現實政治控導下的自由和自主。蓋中共取得政權的初期向當時的蘇聯一面倒。中國共產黨領導著大陸人民，特別是知識份子和幹部階層，進行了綿密的馬列思想學習的政治運動。此際，蘇聯哲學界哲學史研究的教條，有系統地被引進大陸學界。其中，日丹諾夫這位俄國學者的哲學史研究觀，對大陸學界頗具廣泛的宰制力。日丹諾夫爲共產主義陣營的哲學史研究，規製了一制式的框架。他說：科學的哲學史，是科學的唯物主義世界觀及其規律的胚胎、發生與發展的歷史。唯物主義既然是從唯心主義派別鬥爭中生長和發展起來的，那麼哲學史也就是唯物主義與唯心主義鬥爭的歷史[7]」。於

[5]　見趙吉惠、裴大洋、宋仲福合著，《儒學在現代中國》，河南省鄭州市：中州古籍出版社，1993年4月第二次印刷，頁285。

[6]　同上，頁287。

[7]　俄國日丹諾夫〈在關於亞歷山大洛夫著西歐哲學史一書討論會上的發言〉，收入葆荃譯，《論文學、藝術與哲

是，大陸哲學界在既採的歷史唯物論、批判繼承說外，猶必得套上唯心論或唯物論的教條式名辭，捲入唯物論對唯心論的鬥爭旋渦中。

　　文革前期的儒學研究馬列化歷程，經過了50年代到60年代的二個不同階段。50年代係初步開展的時期。從事儒學研究者大部分是有國學根底的老學者，依據個人的研究心得，提出對孔子評價及孔學的歷史地位定位之見解。其中范文瀾40年代成書的《中國通史簡編》，在中共掌政初期重加修訂，闢專節論孔子及其所創的儒家學說。他認爲孔子擬維護周代既有的體制。孔學含有多面性，其妥協性多於反抗性，保守性多於進步性。因此，儒學能適用於整個封建時代，各時期的統治階級之要求。范文瀾認爲孔子是封建社會集大成的聖人，孔學是中國封建社會的文化主體。他肯定中庸過猶不及的品德觀。中庸體現在人倫上是父慈、子孝、兄良、夫義、婦聽、長惠、幼順、君仁、臣忠。中庸之德體現在君民關係上則爲《禮記·緇衣》所言：「民以君爲心，君以民爲體。」[8]

　　郭沫若的《十批判書》於1950年再版。他認爲孔子順應當時解放奴隸的社會變革，體恤人民的苦痛，擬積極利用文化力量來增進人民福祉。這種人道主義的理想是進步的。換言之，孔子「仁」的涵義是期望人們摒除自私自利的心機，培養爲大衆犧牲奉獻的高尙精神。孔子否定天、上帝、王權是實際的人文主義者。雖然，孔子對過去的文化，部分整理接受，且部分予以批判改造，但是總體說來受到時代限制而注重古代禮樂，卻又是保守的。[9]

　　在文革前，自覺化採取歷史唯物論及批判繼承法來研究孔子的儒學及中國哲學史，且有廣泛影響的著作，尚有1949年後，多次再版的呂振羽之《中國政治思想史》，以及人民出版社1957年出版之由侯外廬、趙紀彬、杜國庠《中國思想通史》、1962年出版之馮友蘭的《中國哲學史新編》第一編和1963年出的任繼愈主編之《中國哲學史》第一冊。其中，侯外廬主編的《中國思想通史》共分五卷

學諸問題），時代書報出版社，1949年，頁73。
[8]　參見范文瀾，《中國通史簡編》（修訂本）第一編，北京市：人民出版社，1964年版，頁200-210。
[9]　參見郭沫若，《十批判書》，北京市：科學出版社，1956年，頁80-104。

六冊，先於1956-1960年出版，對大陸文革前的中國哲學史究頗具代表性，這部
書取材豐富，內容較周延完整，在方法上使用了唯物史觀的社會階級分析法，也
套用唯物論、唯心論的名辭來識別各家各派的思想。因此，該部書特別注意到思
想家的思想與時代背景及政治、經濟、社會生活間的密切互動關係。基本上並未
陷入極左論調，對中國傳統哲學採取批判的繼承，猶肯定了一些正面性的論點。
侯外廬從馬克斯宣稱的亞細亞生產方式，論證中國周代社會的特質。從而判認孔
子是未成熟國民階級的代表。蓋孔子對春秋形式文化首創地提出了光芒萬丈的批
判，是當時進步的代表。孔子首先以私學著述的方式批判了春秋社會，其人類性
的觀點值得研究。但是，孔子改良的進步意義仍是有限的。因為，孔子所提出來
的人性、道德論、天道論、知識論和政治論都有矛盾性，一方面具有新興國民階
級的進步特色，另方面又存留了貴族階級君子賢人作風的保守性。**10**

　　上述三書所使用的方法和見解，為中共學界立下了對孔子和儒學的研究典
範。此外得一提的是楊榮國和馮友蘭兩人。楊榮國於1954年初版，文革期間再版
的《中國古代思想史》一書。他認孔子只是以「仁」來凝聚當時王公大人和士大
夫的力量罷了。孔子的「克己復禮」旨在期望宗族的人都能克制自己的欲望，不
犯上作亂，藉以復舊於既存的奴隸制國家軌範。同理可推，孟子也是了挽救沒落
奴隸制國家的頹勢而宣揚仁政的。楊榮國對孔孟思想是採取批判的否定。文革時
期，毛澤東特別贊同楊榮國的觀點。

　　1957年1月，北京大學哲學系召開了一次具規模的中國哲學史討論會。馮友
蘭曾在該月〈光明日報〉發表過的〈中國哲學遺產底繼承問題〉在會中也提出來
討論。馮友蘭說：「在中國哲學史中有些哲學命題，如果作全面了解，應該注意
到這些命題底兩方面的意義：一是抽象的意義，一是具體的意義。」**11**抽象意義
指能為各階級服務的具一般意義者。具體意義指具時代條件之特殊意義者。他
認在進行對哲學史中某些哲學命題涵義研究時，我們應該將其具體意義置於首

---

10 參見侯外廬等合著，《中國思想通史》第一卷，北京市：人民出版社，1957年，頁132-191。
11 請參閱《中國哲學史問題討論專輯》，哲學研究編輯部編，北京市：科學出版社，1957年出版。

位。因爲這些命題與其所處的歷史境遇，具體社會狀況有著直接關係。然而，這些命題抽象意義也應顧及，否則便了解得不夠全面。例如，孔子所言：「學而時習之，不亦悅乎」《論語・學而》具體意義在於孔子教人學《詩》、《書》、《禮》、《樂》等具特定內容和意義者。然而，抽象意義係指這句話在學習原理和方法上所具有的普遍性原理和意含。我們或可稱爲形式原理。若是，則該命題至今對我們來說，仍是正確而具價值的。馮友蘭的這種提法，就其本意而言，旨在尋找能繼承中國哲學遺產的具體方法，藉以矯正那時有些人只強調批判的否定，而不注意批判的繼承之左傾教條主義者。他說：「我們近幾年來，在中國哲學史的教學究中，對中國古代哲學似乎是否定的太多了一些，否定的多了，可繼承的遺產也就少了。我覺得我們應該對中國的哲學思想作更全面的了解。」**12**

馮氏的觀察、憂心、和提出抽象繼承法，絕不是空言虛發的。我們借著大陸學者趙吉惠一段回溯歷史的話，可資了解馮氏所言有其背景依據。趙吉惠說：「在開展批判資產階級思想、批判唯心主義、宣傳馬克斯主義、宣傳唯物主義、開展教育革命的運動中，……犯有簡單化、片面化、擴大化等『左』的錯誤，傷害了一部分知識份子的感情，在一些學術討論中混淆了學術問題與政治問題的界限。」**13**我們再根據馮友蘭發表其觀點後，所立即遭致的種種極左傾意識型態者的抨擊，而能印證趙氏的話。其中，得注意者有代表官方馬列立場的胡繩、關鋒等人的批判。胡繩認馮氏的「抽象繼承法」係一趨向錯誤的方向。因在吾人應實事求是地進行具體分析時，馮氏此法卻採用從主觀出發的省力辦法。該法只在頭腦中作簡單的抽象，是決不能解決實際問題的。關鋒、林聿時等人更是站在左傾教條主義立場上，極片面的強調批判而否定繼承。他們無視於馮友蘭抽象繼承法的本意，給馮氏扣上「超階級」、「抽象分析」的帽子加批判。換言之，他們判定馮氏犯了否定階級分析、違反馬克斯主義的錯誤。兩個月後，馮又在〈人民日

---

12 同上，馮友蘭對孔子的其他論點，可參看其他的相關著作：《中國哲學史論文二集》，〈論孔子〉、〈再論孔子〉，上海人民出版社，1962年，頁96-133。《中國哲學史新編》，北京市：人民出版社，1964年，第四章〈孔子和初期儒家〉。

13 同註6，頁283。

報〉刊載「再論中國哲學遺產底繼承問題」一文，聲明避免誤解，願改「抽象」與「具體」爲「一般」與「特殊」。不但如此，馮氏且被迫採用馬列教條對「唯心論」與「唯物論」的僵硬分辨。並且，他還修改其論點：唯心論的哲學命題，不論其具一般性的還是特殊性的意義，都不應該繼承。至於唯物論的哲學命題再經過分析一般意義與特殊意義後，可以繼承前者。爲什麼會有這麼樣的差別呢？原來按照當時極左派的意識型態，認爲唯心論主張精神的獨立存在性，其錯誤在於過分誇張了精神作用，是反科學的形上學玄辯。唯心論的社會根源是統治階級或剝削者的社會意識，是反動的、落伍的，應該被狠批揚棄的。至於唯物論，主張了物質的先存性，精神只能是被物質派生的第二性。唯物論係合乎科學的辯證法。唯物論的社會根源在被壓迫被剝削的廣大勞動人民，具有革命實性、時代的進步性、是能隨歷史而前進的。馮友蘭對民族思想與文化的憂慮，在當時強大的批鬥壓力下，似乎敵不過對自身未來命運的憂慮。他不但被迫屈服於一時，而且，吾人在他於1964年出版的《中國哲學史新編》的〈自序〉中看到他被烙了印記的表態方式，他說：「我的主觀企圖是，寫一部以馬克思列寧主義，毛澤東思想指南的中國哲學史。……簡單地說，哲學史所講的是哲學戰線上的唯物主義與唯心主義的鬥爭，辯證法觀和形上學觀的鬥爭。」

毛澤東在1957年2月27日發表〈關於正確處理人民內部矛盾的問題〉之言論，提出「百花齊放，百家爭鳴」所謂促進中國社會主義文化繁榮的方針。不久，思想文化界呈現了一片罕見的研究熱潮。在哲學上開啓了道德的階級性與批判繼承問題、唯物論與唯心論相互轉化及評價、社會主義過渡時期之經濟基礎與上層建築、生產力與生產關係問題的討論及儒學與孔子問題的討論等等。當時，學者們藉著〈光明日報〉、〈匯報〉、〈人民日報〉、〈大眾日報〉、〈新建設〉、〈歷史研究〉、〈哲學研究〉、〈文史哲〉、〈教學與研究〉和各高等院校的學報一抒己見。於是，至60年代，主要是1962-1963年，大陸在孔子與儒學的研究上出現了新盛況。一批中年學者踴躍參與討論，拓展了更廣泛的內容，較深刻的水平，超過了50年代的成績，形成了全國性的儒學研究群體。在觀點上呈現了極左派與溫和派的對立。吾人觀1959年到1962年，〈哲學研究〉編輯部編成

的《孔子哲學討論集》、《老子哲學討論集》與《莊子哲學討論集》等書中，收錄了如馮友蘭、湯一介、童書業、唐蘭等溫和派以及如關鋒、林聿時等極左派的論文。溫和派學者認孔子對人民的歷史處境，表示同情而採取設法改善情況以求進步的思想家。極左派學者則判定孔子是維護種族奴隸制度的守舊頑固派。1962年12月由山東省歷史學會、山東歷史研究所在曲阜召開的名為第二次孔子學術討論會，實際上卻是一次全國規模的孔子學術討論盛會中，大陸研究儒學的主要學者，幾乎都參加了該次會議。會中雖然受到左傾教條主義的衝擊，卻也深化了論辯中的反省。

　　文革前的孔子及儒學研究，總結性的研究成果除了上述1962由中華書局出版的《孔子哲學討論集》外，猶有1961年由山東人民出版社出版的《孔子討論文集》第一集。令人矚目的是，在文革前，結合中國傳統文化與古代思想來研究孔子和儒學，且在哲學觀點上獨樹一幟，而與馬列毛思想對時的，應首推當代新儒家的創闢者 熊十力先生。他不但在1955年、1956年分別完成《原儒》 一、下兩卷。且於1958年續寫成《體用論》、1959年的《明心篇》和1961年的《乾坤衍》。他的著作可說是對馬列毛思想及墨守成規的傳統儒家提出了挑戰。吾人由其主張孔子的儒家思想絕非是「空想的社會主義」，及是具有實事求是的科學精神的言論可見一斑。至今，連大陸學者也公開認定：「熊十力《原儒》一書的問世，這是50年代我國學者究儒學最有獨創性見解的學術專著。」[14]

四、文革時期

　　毛澤東在1960年寫過一篇〈讀（蘇聯）政治經濟學教科書第三版的筆記〉，後來收入《毛澤東思想萬歲》專輯書中。他在該文中不但表達了對蘇修的

---

[14] 同註6，頁291。

批判，也為日後的文革的理論留了伏筆。他指出：「列寧說：『國家愈落後，它由資本主義過渡到社會主義就更困難。』這個說法現在看來不對。其實經濟越落後，從資本主義過渡到社會主義愈容易，而不是越困難，人越窮，越要革命。」[15]依毛對歷史的考察，他認歷史上所發生的革命並非先有充分發展的新生產力，然後才能改造舊有的生產關係。換言之，新的生產關係是建立在革命推翻掉舊的生產關係上。因此，毛主張在發展生產力的同時，還要繼續進行生產關係的改造，特別是進行思想的改造。根據傅偉勳先生對毛澤東思想的研究：「毛在這裡澈底突破了有唯生產力論偏向的正統唯物史觀，主張上層建築的變革，在歷史發展上與革命需求上，都優先於生產關係的變革，而生產關係的變革也優先於生產力的變革。毛還下結論說：『這是一般規律』。」[16]傅先生認由於毛的突破，顯露出歷史唯物論的深層結構。毛在上述的筆記中根據其延安時期的思想鬥爭與改造經驗，深信意識形態的積極變革，可以刺激生產關係的快速變革和發展生產力。傅先生論斷著說：「對於『一萬年太久，只爭朝夕』的革命浪漫主義者毛來說，馬列主義的本質已不是在針對人類歷史社會發展的『突然』（actuality）或『必然』（inevitability）所做科學的規律性解釋，及其主觀能動的應用，而是在乎無產階級革命道德的『應然』（ought）信念。共產主義的道德理念逼毛不得不提出了『上層建築的不斷革命論。』」[17]因此，對毛澤東而言，所謂階級鬥爭，與其說是無產階級與資產階級在經濟基礎上的鬥爭，勿寧說是兩者在世界觀與人生觀上的鬥爭。傅先生推論出：「如就每一個人的意識形態說，即是每一個人的靈魂之中，無產階級的道德觀念（公心）與資產階級的道德觀念（私心）之間的內心鬥爭。更積極地說，通過繼續不斷的人性改造，無產階級道德觀念「終必」戰勝資產階級的道德觀念。由是澈底實現共產道德的理想主

---

[15] 《毛澤東思想萬歲》第一輯，1967年，頁181。

[16] 見傅偉勳，《批判的繼承與創造的發展》，〈馬列主義在中國大陸的思想困局〉，臺北市：東大圖書公司，1986年初，頁187。

[17] 同上，頁108。

義。這就是文革的眞正目的，就是毛所理解的馬列主義最高指導原理。」[18]

　　1966年5月，毛澤東發動文化大革命。孔子與儒學脫離了正規的學術研究，淪為政治鬥爭及改造思想的工具。先是破四舊，接著在極左派得勢當權後，逐步強化毛列馬的理論教條，依照現實政治權力鬥爭的需要，任意杜撰了一套儒法鬥爭史。對孔子與儒學的態度，係轉以澈底決裂論替代原先的批判繼承論，予以扭曲、汙辱和全盤否定。1971年9月，毛澤東與林彪兩派勢力公開決裂，四人幫靠江青與毛的關係掌控思想文化的大權，展開發動「批林批孔」運動。1972年12月7日，毛澤東公開指林彪是「極右，修正主義、分裂、陰謀詭計、叛國叛黨」[19]毛澤東在1973年看過廣州中山大學教授楊榮國的〈孔子──頑固地維護奴隸制的思想家〉──文後，曾做了一首詩給郭沫若。該詩文如下：

　　勸君少罵秦始皇，焚坑事業要商量。祖龍雖死秦猶在，孔學名高實秕糠。「十批」不是好文章。熟讀唐人「封建論」，莫從子厚返文王。

　　於是，曾為大陸5、60年代尊孔思想重要來源之一的郭沫若《十批判書》被指責為尊孔派。對孔子採取全然批判和否定觀點的楊榮國得到毛的讚賞，同年8月7日，〈人民日報〉按照毛澤東的批示，全文轉載了毛所讀過的楊榮國那篇文章。楊榮國和郭沫若成為批林批孔中兩種不同的典型。楊在上述文章上諷毀孔子：「是頑固地站在日趨崩潰的奴隸制一邊，堅持反對新興的封建改革的。」且徵引毛澤東批判超階級的「人類之愛」之語，攻訐孔子仁者愛人係「騙人的鬼話，他並不是要愛一切人，他所愛的，僅僅只是奴隸主階級。」把孔子的仁學曲解成「殷周奴隸主階級的意識形態」。該文的政治價值可被借用「批孔」來「批林」，資為四人幫為首的文革極左派之理論張本。1973年，整個大陸的中心工作在毛、江及四人幫集團的策劃主導下，以「批林整風」，把林視為新儒者，評

---

[18] 同上，頁116。
[19] 見《中共黨史大事年表》。

法批儒是作爲「搞好上層建築領域的革命」之重要的部分。其目的在通過尊法反儒來抗阻「右傾回潮」。連當時近八十高齡的馮友蘭也基於政治鬥爭的需要，不得不被利用而被迫再次批孔和自批。〈光明日報〉在1973年12月3日刊出了馮著的〈對於孔子的批判和對於我過去的尊孔思想的自我批判〉一文。該文爲以前所提過的「抽象繼承法」，與馬列主義階級分析說的對抗及把孔子的「仁」解釋成具「普遍性的形式」認錯，且結論說孔子「確實就是沒落奴隸主的哲學家」。同年，馮氏另發表〈復古與反復古是兩條路線的鬥爭〉與〈從個人的體會談談批林批孔同團結、教育、改造知識份子的關係〉二篇文章，染著馬列教條色彩的說：「儒家思想是沒落奴隸主貴族，不甘心滅亡，垂死掙扎，抵抗新興勢力的思想，它主張復古。法家思想則是新興的地主階級在對奴隸主貴族，進行鬥爭和革命時期的思想，這時期它要變右。」毛澤東用力拔除孔子對中國人的影響，以馬列毛思想取而代之，且奉若宗教式的絕對真理，毛澤東思想定爲中國的一尊，如同教主般。

　　文革期間，〈人民日報〉、〈紅旗〉、〈北京日報〉等報刊及〈歷史研究〉這一刊物成爲進行文宣和批鬥的主力傳媒，所刊載的文章。在內容上可分成三方面：「其一，繼續以畫像手法醜化孔子、孟軻以及歷代儒學的代表人物，全盤否定儒學。其二，鼓吹儒家、尊孔派都是賣國的，法家都是愛國的錯誤觀點。其三，繼續批孔丘、批宰相來影射周恩來、鄧小平等（〈再論孔丘其人〉是影射鄧小平的）。」[20]文革後所出版的幾本中國哲學史著作，諸如：楊榮國的《中國古代思想史》（1954年初版，1973年再版）與《簡明中國哲學史》，以及任繼愈主編，多人合寫的〈中國哲學史簡編〉（1973）等書，在對中國哲學史的解釋和評價上，極強烈的顯露出馬列主義的框架。這些書可視爲馬列主義中國化的典範，教條化的典範。

　　不過，值得一提的是，文革時期激烈進行的批孔、反儒運動，也遭到一些有

---

[20] 同註6，頁341-342。

學術良知的學者懷疑和反對。例如：梁漱溟先生就是公開表示反對批孔的。他在全國政協學習會上說：「我的態度是不批孔，但批林。路線是公開的，可以見人的。不敢見人的不是路線；從做人的角度說，光明是人，不光明是鬼。」梁先生這種不批孔的態度卻遭致了達半年之久的被批判。當他再度被要求表態時，他仍說：「三軍可奪帥也，匹夫不可奪志。」可謂情真意切。

　　1975年初以後，全國的報刊轉向於集中宣傳毛澤東無產階級專政的理論問題，批林批孔運動才慢慢淡化下來。綜觀文革期間的評法批儒，真正的重點在藉批孔反儒來進行思想的改造，亦即上層建築的變革，同時也藉此運動的力量來進行現實政治的權力鬥爭。評孔批儒由原來學術性的研究，被異化成一場全國性規模的政治運動。從粗略的估算來看，10年文革期間，大陸報刊登載有關批孔的文章，共約四千多篇。從1973至1976年間所出版的評法批儒之圖書，約計一千四百多種。在評孔批儒的政治大運動中，孔子的形象可依政客的需要和意志妄加塑造。儒家和法家的思想分歧處，可按當時中國共產黨黨內的路線鬥爭來描繪。它可任意指責劉少奇、林彪、鄧小平是當代孔夫子，也可影響周恩來是孔夫子或周公。孔孟等具儒家代表性人物被詆毀醜化到極點，給思想文化界及一般社會大眾帶來很嚴重的迷惑與混亂。

五、1978年至1985年逐步衝破框架時期

　　1976年10月，四人幫終於被打倒，結束了文革10年的動亂和浩劫。1978年鄧小平推動由上而下的思想解放運動。大陸學界逐步展開孔學研究的風氣。該年的8月12日，龐朴在〈光明日報〉上發表〈孔子思想的再評價〉一文。此後，大陸各種報刊雜誌發表了大量研究孔學的文章。龐朴在1980年1月29日的〈人民日報〉上，再發表〈評三年來的孔子評價〉一文。大陸學者們試圖駁斥文革期間種種全盤性否定孔子學說的謬論。不僅如此，他們還企圖從阻力最小的一環，亦即

孔子的教育思想來肯定孔子，再逐步推擴到其他領域中，漸漸形成孔子學說的研究新潮流。其間開過五次孔學研討會。第一次是由山東大學在1978年召開「文科理論討論會」時專設一組討論「孔子和儒學的評價問題」，會議重點在討論四人幫全盤否定孔子的錯誤、孔子的階級立場、對中庸思想的評價、孔子與封建專制主義等問題。多數與會學者認為，對孔子的評價必須一分為二，不應全盤否定孔子，對四人幫的批孔運動要撥亂反正，學者們雖有分寸的衝破一些框架，思想卻仍不夠解放。會後，吉林人民出版社在1980年出版了會議的論文集《孔子及孔子思想的再評價》。第二次的孔學會是由曲阜師範學院在1980年召開。會中有人提出「批判封建專制主義不能和批孔劃等號」，因為孔子孟子都不曾提出三綱說。這次與會學者一致提出以前因發表孔學研究心得而遭受打擊、迫害的學者應予以平反、恢復名譽。第三次孔子討論會在1983年曲阜召開。匡亞明在致大會賀函中提出，研究孔子要有「三分法」觀點。那就是把孔子思想分成精華、糟粕、精華與糟粕雜相間的三部分。谷牧在《孔子研究》發刊詞中指出，尊孔或反孔的時代皆已經或應該過去了。現在應該用馬列主義的科學思想來研究孔子。第四次孔子討論會於1984年仍在曲阜舉行，成立了「中國孔子基金會」、「中國孔子研究會籌備會」。這此會議中談及孔子思想的時代意義。第五次則由中華孔子研究所於1985年在北京舉行孔子討論會。中心議題為：正確地看待歷史上的尊孔與批孔問題。張岱年所長在致開幕詞中指出，當今的任務是對孔子和儒學進行科學的考察，進行歷史的辨證的分析。對孔學中有民主性精華處應發揚，具封建性糟粕者要否定。與會者有梁漱溟、馮友蘭、金景芳等老一輩的學者。

這段期間的大陸學者，係在鄧小平派進行反文革鬥爭中興起孔學研究的新潮。起初，他們猶未脫離以學術團體附麗於政治領導人，從事學術為政治服務的工作。據熊自健先生的研究指出：「中共十一屆三中全會之後，中共當權派並沒有指示要如何搞孔子研究，……也沒有涉及如何吸收孔子的傳統。中國大陸學界是在中共領導人物沒有提出一套孔子評價的情況下，蓬勃地展開孔子學的研究熱

潮。」[21]這段期間，大陸的孔學研究雖未背離歷史唯物論的方法指導，但是在對孔子的階級立場做分析外，皆能注意到孔學有超乎歷史與社會階級處。換言之，他們已能將孔子一分為二，亦即精華與糟粕兩部分。他們不約而同的使用結構分析、歷史分析、理論分析、具體分析及系統分析的知識研究方法。企圖較完整地呈現出孔學的複雜內容與可能的價值體系。換言之，層層分析孔學所以構成的諸多因素，條理出多層次交錯依存的孔子思想體系，且賦予其價值的深淺位置，是這段時期大陸學者深化歷史唯物主義的方法論。[22]

茲再舉三位大陸學者在這一時期對孔子研究所持的看法為範例。李澤厚在《中國社會科學）1980年第二期發表《孔子再評價》一文。他認為孔子仁學的結構係由血緣基礎、心理原則、人道主義、個體人格等四因素所組成。諸因素間相互依存、滲透或制約，凝塑成一思想模式，具有自我調節、相互轉換和相對穩定的適應功能。其整體特徵是實踐理性。此一實踐理性為特徵的思想有機整體，具有某種封閉性，可經常排斥或消化掉外來的侵犯干擾，而長期自我保存延續下來。五年後，他又提出了對儒學的評價。[23]他認為儒家在中國已有幾千年的社會統治意識，已成為中國民族性或文化心理結構中的主要成素。儒學係一活生生的不以吾人意志為轉移的現實存在，內化於心裡的現實存在，已沉浸在中國人無意識的深層中，優劣並行。因此，潛存於無意識深層中的思想，並非可隨人意予以去惡的，應從事清醒的自我意識和歷史的具體分析。吾人可以在深刻了解後，促進其轉化或革新。

他認為儒家在仁的個體自覺下，具有自我犧牲的奉獻精神和拯救世界的道德理想。同時，儒家尊重人為一社會傳統的存有，且把積極樂觀的人生理想，提升到與天地相參的世界觀中。他也提出儒家的弊端，指出孔子是封建上層建築和意識形態的人格化之總符號。蓋孔子與儒學對血緣基礎上的宗法等級之維護，顯

---

[21] 熊自健，《中共學界孔子研究新貌》，臺北市：文津出版社，1988年初版，頁9。

[22] 熊自健，《中共學界孔子研究新貌》，頁7-8。

[23] 李澤厚，〈關於儒家與現代新儒學〉，上海〈文匯報〉。後收入《走我自己的路》，臺北市：谷風出版社翻印，1987年，頁237-238。

得因循、保守、反對變革、更新。在經濟條件貧困的時代，孔學不著重生產的發展與生活水平的提高。在日用生活中，對各種傳統禮儀的尊重，致使生活中和藝術中的情感常處於自我壓抑的狀態中。[24]李澤厚能借康德的實踐理性來解釋孔子的「仁」為人性中的道德理性，突破馬列的局部框架，且對孔子與儒學做了多方的肯定，引人矚目。然而，他仍未澈底擺脫馬列之教條，據熊自健的研究指出：「李澤厚並沒有放棄「存在決定意定意識」此一歷史唯物主義的基本定理，且一再地以民族聯盟──封建帝國──高度中央集權的封建國家來說明它如何決定性地影響儒學的內涵與發展規律，並以儒學自身的內在特質及其發展規律來充實此外緣性的架構，深化了歷史唯物主義。」[25]

馮友蘭在1985年6月10日在北京召開的中華孔子研究所成立大會上認為，儒學研究要從儒學的宗旨和目的出發。他認為有二種研究方法：一種是學院式的研究法，目的在知識的承傳。另一種是宋明書院式的研究方法，重點不在增加知識，而在於提高人的精神境界。馮表示中華孔子研究所應採用宋明書院的研究旨趣。南京大學哲學系的周繼旨提出了三點方法論上值得注意之事。第一，必須記取五四在對待孔子問題上偏失的歷史教訓，那就是國粹主義和虛無主義尖銳的對立帶有強烈的主觀好惡和狹隘的功利態度。忽略了對孔子本人、先秦儒學與後世綿延兩千多年，作為中國封建思想體系核心和主流的儒家之間的區別和聯繫做考察。第二，必須從世界文明史的角度對民族文化傳統的基本特徵，進行具歷史高度和哲理深度的反思。第三，要從新、老經學傳統和經學學風中解放出來，應逐步走上科學化、現代化的軌道。

這一時期在對哲學遺產繼承課題的解決線索上，1979年10月，幾個哲學研究機構聯合發起，在太原開了一次中國哲學史方法論問題的討論會。會後將論文32篇集結出書，名為《中國哲學史方法論討論集》。書中〈前言〉云：「會中就

---

[24] 李澤厚，《中國古代思想史論》，北京：人民出版社，1985年，頁28、126-129、324。

[25] 熊自健，〈李澤厚對儒家思想史的析論〉，原在《中國大陸研究》第三一卷第四期，後收錄《當代中國思潮述評》，臺北市：文津出版社，1922年，頁270。

中國哲學史的特點、對象、任務、哲學遺產的批判繼承，如何評價唯心主義、哲學與階級鬥爭等問題進行了熱烈的討論，而哲學史研究中的方法論問題是這次會議討論的重點。」首篇是汪子嵩的〈談怎樣研究哲學史〉，文中提及蘇聯學者日丹諸夫的哲學史定義，及其30年來對大陸學者正反兩面的影響。汪文認爲該定義在中國哲學史的究與繼承上，產生過教條化、公式化、簡單化和貼標籤等等情況。他說：「我們研究人類認識發展的歷史，爲的是要總結歷史發展中的經驗教訓。凡是對人類認識的發展起過積極作用的思想，即使是唯心論或形而上學，也要加以肯定；當然不是簡單的絕對的肯定，而是肯定它們的歷史意義和價值。凡是對於人類認識的發展起過消極作用的，即使是唯物論，也要作歷史的否定。」依汪文之意，哲學史的研究與哲學遺產的繼承，應從文革時期的激底決裂態度回到列寧當初建立的批判繼承原則。

　　這段期間也出版了一些哲學史的著作。諸如：侯外盧著《近代中國思想學說史）（1978）及其主編之《中國思想史綱》（1981）、任繼愈主編《中國哲學史》（1979）、北大哲學系中國哲學史教研室編寫的《中國哲學史》（1980）、肖萐父與李錦全主編的《中國哲學史》（1982-3）等書。以北大哲學系所編的《中國哲學史》爲例，該書的編寫說明提出五點要旨：1.針對四人幫虛構的儒法鬥爭史，必須予以正本清源。「中國哲學史研究的對象，應該是通過中國歷史上唯物主義和唯心主義、辯證法和形上學這兩種思想發生、發展和互相鬥爭、互相影響的歷史，總結唯物主義和辯證法思想克服、戰勝唯心主義和形上學思想，人類認識不斷向正確方向發展的規律和經驗教訓。」2.「中國哲學史的研究和教學要堅持社會主義革命和建設事業服務的方向。」3.「哲學是自然科學和社會科學的總結與概括，是在生產鬥爭和階級鬥爭中發展的。……要闡明歷代哲學思想發展、演變與生產鬥爭、階級鬥爭、科學實驗之間的聯繫。」4.「作爲教學參考書，要注意講清楚中國哲學史的基本線索，引證適量的基本史料，進行必要的基本理論分析。」5.「在學術問題上，應當允許各抒己見，百家爭鳴。中國哲學史上有許多問題在學術界是存在著不同看法的；有待深入研究。本書對這些有爭議的問題，只採用其中一種看法，不應視爲定論。」第五點可說是由學術自由自主

以達到客觀多元的理想原則。但是在第一點的統制下，大陸當時處在馬列主義封閉性的意識形態下，與第五點的學術理念如何能相容而不衝突呢？令人不禁質疑其有否可能的包容性。

這段時期也出現了幾部斷代性的專史。其中，得注意的是由侯外廬、邱漢生與張豈之三位大陸學者所編的《宋明理學史》上、下冊，上冊出版於1984年，下冊出版於1987年。侯氏在序中批評《宋元學案》不過是歷史編纂學，而非科學的理學史。表明「我們的研究必須嚴格地置於馬克思主義理論的指導下。馬克思主義是科學的世界觀和方法論……。只有以馬克思主義、毛澤東思想作指導，歷史的研究才能成科學。」該書〈緒論〉中仍然用唯心、唯物的框架來套釋宋明理學家，謂「程朱是客觀唯心主義，陸王是主觀唯心主義，從世界觀到方法論都有分歧。」[26]謂宋明理學的研究必須「總結理論思維的經驗教訓，揭示思想史與社會史之間相互影響的辯證關係，對我們是有重要意義的。而要做到這一點，就不能離開馬克思主義的指導。」[27]此外，尚有蒙培元於1984出版的《理學的演變——從朱熹到王夫之戴震》該書顯示出作者學養豐富，思路流暢，但是仍擺脫不掉唯心論、唯物論的解釋教條與評價的預定立場。

六、1986年1989年文化熱時期

這段時間，大陸思想文化界隨著改革開放政策，在意識形態上有所鬆動而呈現了較多元開放的局面，從而到達文化熱的高峰。大陸學界的儒學研究也與社會的改革開放運動產生了互動。學者們對儒學的態度也呈現了肯定、尊重與批判、否定的兩面性狀態。後者，例如：劉曉波的〈河殤〉重新批判孔子與儒學。在這一批判浪潮中也有學者，像包遵信等人影射毛澤東而與儒家糾纏在一起。又如甘

---

[26] 侯外廬、邱漢生、張豈之主編，《宋明理學史》上卷，北京：人民出版社，1984年4月第一版，頁13。
[27] 同上，頁24。

陽等主張激進改革者，持澈底的西化論。為了達成此目的，他對傳統文化持澈底
的決裂論，亦即要使傳統文化斷子絕孫。然而，他們的批孔背景、動機與目的與
文化革命是不同的，他們企盼大開大放的改革。他們的批判儒家與傳統文化可謂
隔山開砲，宣洩對現實的不滿之情是真的。他們的言論似乎並未產生顯著的深遠
影響。

　　此外，在孔子與儒學的研究上也頗有可觀處。1987年孔子基金會和新加坡
東亞哲學究所聯合於曲阜召開了「儒學國際學術討論會」，這是有海外眾多學者
參加中共當權後在大陸召開儒學會議的第一次。谷牧在致開幕詞上說：「儒學
是中國民族文化思想結晶之一，但文化思想是人類的共同財富，它是沒有國界
的。」、「像中國這樣具有悠久文化傳統的民族，是不可能割斷歷史，憑空接受
外來文化的。中國對外來文化的接受，總要受其傳統思想的制約。」、「要使中
國進步，唯一正確的作法是從現實需要出發，批判地繼承包括儒家思想在內的中
國傳統文化思想的優秀部分，同時批判地吸收外來文化中的合理因素，並使之有
機融合。」[28]總之，這次會議，多數學者所凝聚的共識是，儒學既具有因循保守
的一面，也具有充滿教益和活力的一面。若能吸收其優秀部分，則對中國正進行
的改革開放事業，及確立東亞工業國家文化思想的模式和西方發達國家借鏡於反
省其文化價值，皆具重要的現實意義。[29]1989年是孔子誕辰的2540周年。中華孔
子學會（原名中華孔子研究所）10月在北京舉行「儒學國際學術討論會」主題：
「儒家學說和中國傳統文化與現代化的關係」。中國孔子基金會也與聯合國教科
文組織10月在北京及曲阜合辦了國際儒學討論會，主題是：「孔子、儒家的歷史
地位和對現代社會的影響」。曲阜師範學院也在同月舉辦了「孔子、儒學與當代
社會」學術討論會，主題是：「孔子、儒學與當代社會的關係」。可見大陸的孔
子與儒學研究呈現了新的熱潮，與其說這段時期是文化熱，不如說是孔學熱或儒
學熱。

---

[28]　可參見谷牧被刊登於〈光明日報〉1987年9月1日所轉載「儒學國際學術討論會」上的致詞。
[29]　同註6，頁357。

在研究性的著作方面，李啓謙撰《孔門弟子研究》，於齊魯書社1987年出版。趙吉惠、郭厚安主編的《中國儒學辭典》於1988年在遼寧人民出版社出版。張豈之主編的《中國儒學思想史》、趙吉惠、郭厚安、趙馥潔、潘策等人共同主編的《中國儒學思想史》在這段期間分別構思和著手，前書在1990年出版，後書在1991年出版。綜觀這段期間的儒學究特色，反映了研究的新動向。那就是，把儒學置於中國傳統文化的大舞臺上來予以宏觀式的探討；從對孔孟等人個別的專家研究，進展到對儒學從事整體系統的研究；把儒學研究與改革開放的時代需求之脈動聯繫起來。這些研究的新動向和新觀點反映了「繼承」較優位於「批判」的轉變。

然而，馬列主義中國化或儒學化的進程並不因此而告終結。1987年，陳衛平於發表〈論馬克思哲學中國化與傳統哲學〉一文中說：「馬克思主義哲學必須在自孔子以來的傳統哲學中找到結合點，使中國人不把它看作是純粹從外國輸入和強加的，才會在中國發生影響。」[30]這段時期在馬列主義儒家化的進程中，出現了數種值得注意的說法。首先要提的是李澤厚的「西體中用」說。按李的說法，張之洞、沈壽康等人的「中體西用」說，走洋務派的路向。那就這，只向西方襲取現代化的科技工藝，卻忽略了與之很難分割的西方知識、價值觀念與政經體制。胡適等人主張「全盤西化」，割斷傳統文化的聯繫。這兩種偏頗的說法事實上不可行也未成功。蓋「中國現代化的過程既要求根本改革經濟政治文化的傳統面貌，又仍然需要保存傳統中有生命力的合理東西。沒有後者，前者不可能成果；沒有前者，後者即成枷鎖。」[31]傳統與現代的結合可說是中西文化的合流，可是在西方文化的各種思潮中，李氏究竟又如何取捨呢？他說：「所謂『西體』就是現代化，就是馬克思主義，它是社會存在的本體和本體意識。它們雖然都來自西方，卻是全人類和整個世界發展的共同方向。所謂『中用』，就是說，這個由馬克思主義指導的現代化進程仍然必須通過結合中國的實際（其中也包

---

[30] 陳衛平，〈論馬克思哲學中國化與傳統哲學〉，於《哲學研究》第五期，北京，1987年，頁59。
[31] 李澤厚，《中國古代思想史論》，北京：人民出版社，1985年，頁317。

括中國傳統意識形態的實際）才能眞正實現。這也就是以現代化爲『體』，民族化爲『用』。」[32]可見他所謂的「西體中用」說之意含乃指謂馬列主義的中國化，且確認爲這是中國化的社會主義道路。李氏爲了澄清該文發表後所遭致的各方疑慮，他在1986年，於〈團結報〉再著文解釋說：「我認爲，體是社會存在的本體，即生產方式、生活方式。所謂西體，就是以西方爲先驅的大工業生產的社會存在。……馬列主義是學而不是體。……中體西用的最大錯誤就在於認爲科技是用而不是體，其實科技恰恰是體。因爲科技理論是與社會存在，與生產力、生產方式聯繫在一起的。商品經濟的發展，必然引起價值觀念、行爲模式、道德標準、思維方式等一系列觀念的改變。這也進一步說明了社會的生產方式是體。」[33]在這一解釋下的「西體中用」似乎指出，大陸未來的道路應是由生產方式、上層建築和日常現實生活所構成的社會存在之本體及本體意識的現代化，與包含儒學在內，作爲中國文化心理的客觀存在這個實際相互結合。例如，儒家傳統中肯定的敬老孝親美德，就不能植基於傳統社會家長制經濟政治條件上的外在道德要求，而只能植基於經濟、政治互不依賴，完全獨立平等的關係基礎上，發自內在自願的敬老孝親之情意。[34]李澤厚不但未對「體」、「用」這對概念予以哲學性的涵義分析及精確的界定，就使用這一多模糊性和歧義性的哲學術語而言，造成語意上的前後不一致，例如，在原文中隱含馬克思主義是「體」，但在後文的解釋中又否認其爲體，而謂爲「學」。而且，他混同了實際應用性的科技（technology）與純理論性的科學研究（science）之區別，把科技也視爲「體」。同時，「體」既包括生產方式和生活方式，則他認爲儒家傳統的敬老孝親美德係由過去的生產方式和生活方式所外在的要求得來者，這種解釋仍是片面的，不合乎孟子、王陽明的道德良知說。仍帶著以下層結構來決定上層結構的唯物論色彩。縱使是在傳統社會家長制的經濟政治條件上，歷代儒家的敬老孝親之

---

[32] 同上，頁317-318。

[33] 李澤厚，〈論西體中用〉，發表於〈團結報〉1986年9月27日。

[34] 李澤厚，〈關於儒學與「現代新儒學」〉，發表於香港〈文匯報〉，1986年1月28日。

提倡理據，不是最後奠基於外在環境的制約說，而是人性內在的先驗道德本心說。

　　此外，大陸學者祝福恩分別在1987年和1988年發表〈馬克思主義傳播的中介與文化場問題〉及〈文化重構與馬克思主義在中國的發展〉論文，而有所謂「文化重構」說。此說的大要，乃從文化學的角度來看，任何一種理論體系的傳播和擴展，都是經過了從某一文化場轉進另一新文化場的過程。此一轉進的過程必然要經過新文化場的中介物之過濾和折射作用，亦即重新選擇的操作過程，亦即文化重構。[35]祝氏且就馬克思主義在中國文化場的重構過程加以檢討，認為馬克思主義在中國文化場重構過程中的變形和失真有三種情況。其一，在引進、傳播和重釋過程中的不全面，甚至有失真的情形。其二，擴大、縮小或超越馬克思主義原理，所適用的時空界限或條件，且擅加運用。其三，文化主體在重釋馬克思主義過程中，給馬克思主義附加了一些似是而非的論點。例如：社會主義的主要任務不是發展社會生產力，而是要不斷的去變革生產關係，堅持在無產階級專制下的繼續革命說……等。祝氏認為馬克思主義若想在新的文化場避免變形失真，並且要獲致豐富和發展，必須做到務求堅持與發展的統一。他引據〈中共中央關於社會主義精神文明建設指導方針的決議〉的說法：「只有從實踐出發，以實踐作為檢驗真理的唯一標準。勇於突破那些已被證明是不正確或不適合變化了的情況之判斷和結論。而不是用僵化觀念來裁判生活，馬克思主義才能隨著生活前進，並指導生活前進。」祝氏解釋說，若要堅持和發展馬克思主義，首先須認清產生馬克思主義的文化場問題。其次是認清中國文化場問題。透過數種文化場的對比中，特別是經由中介文化場的分析其異同及演變，才能看得出中國文化場在馬克思主義傳播過程中所能起的重新解釋作用。他總結的說，認清什麼是真正的馬克思主義？什麼是摻假的馬克思主義，才能科學地把馬克思主義與中共在大

---

[35] 祝福恩，〈文化重構與馬克思主義在中國的發展〉，新華文摘，第二期，北京市：人民出版社，1988年，頁154。

陸的具體實踐相結合，如是，大陸才能堅持和發展馬克思主義。[36]

　　然而，馬克思主義所由生的文化場係德國文化場，亦有其特定時空背景下的西方文化場。毛澤東當權時代爲了貫徹共產主義，乃在不破不立的前提下，對中國傳統的政治、經濟、社會、文化結構進行大破壞。究其原因，蓋馬列主義與傳統的儒家主流思想之間，基於不同的意識形態，衍生出兩種不同的社會結構、價值信念與行爲模式。當兩者不能自然融合時，則訴諸人爲強力的破壞和改造了。王章陵先生指出：「毛澤東不知道，文化融合，不是憑行政力或暴力所可解決的問題，壓力愈大，抗力亦愈大，最後蠻幹的『毛澤東路線』，只有被文化力所埋葬。今大陸馬克思主義者鑒於過去的歷史教訓，提出文化重構的路子，這當然也不失爲挽救馬克思主義危機的法子之一。但是，他的前提條件，就是必須放棄共產主義和階級鬥爭。」[37]這一有卓見的評論，頗值得我們再深思。

七、梁漱溟爲個例的再回顧

　　梁漱溟早年潛心於佛學，特別是唯識論，同時，兼及法國哲學家柏克森的生命哲學。然而，在其1921年出版的名著《東西文化及其哲學），比較了西方、中國和印度文化的源起和哲學理據，點出了人類三大文化路向，即西方「向前面要求」的文化、中國「調和持中」的文化，以及印度「反省向後去要」的文化。他在人類三大「生活的樣法」中，獨發揮孔子哲學。他試圖依據陸王心學和柏克森的生命哲學對儒家哲學進行新的理解和詮釋。他透過對西方 社會、經濟、思想等流變的考察，預言世界未來文化的趨向，將走上中國文化的復興道路上。兩年後，他在北京大學開設「孔子思想史」課程，由於深受柏克森直覺說的影響，不

---

[36] 祝福恩，〈馬克思主義傳播的中介與文化場問題〉，上海，社會科學，第八期，上海社會科學院，1987年出版，頁7。

[37] 王章陵，《大陸文化思潮》、《馬學儒化論駁議》，臺北市：行政院大陸委員會印行，1993年4月，頁229。

但將道德領域中的知識論問題立基於直覺上，且認為人的直覺也可構成是非判斷和知識。他指出孟子「心之所同然」的義理具真理性，可通過人的直覺來把握。於是，他提出兩種理的說法，亦即主觀的情理與客觀的事理。其中儒家講的是主觀的情理，所謂「直覺所指的方向之理」。1924年應武昌師大之邀，講「孔子人生哲學大要」，且與來訪北京的印度詩人泰戈爾交談。他同意泰戈爾謂儒學非宗教，卻具有予人以情志安慰作用的宗教精神。

1946年，他在二次造訪延安時，與中共領導人毛澤東等會談。其中，他說出了一種值得吾人注意的要點，所謂：「認識老中國，建設新中國。思想上只從模仿外國出發而脫離自家歷史背景和社會現實基礎是不行的。」[38]1949年11月，他出版了一本寫作多年的重要著作《中國文化要義》，重申《東西文化及其哲學》的結論；那就是相較於西方文化，中國文化不是落後，而係走在不同類型的另一路向上。他認為中國社會受周孔文化的深厚影響，重視家族生活的價值。情理取向的理性乃人類的特徵，係中國民族精神的核心所在，相較於西方式的集團生活和個人本位的社會，中國人的家族生活形成了一倫理本位的社會特色。

梁氏認為西方係階級對立的社會結構，其生命力趨於向外用力。對倫理本位的中國社會結構而言，職業分途，只有士、農、工、商的職業區別。因此，西方國家係構成於階級統治的類型，中國社會沒有階級的對立，不屬於西方式的國家類型。

倫理本位特色下的中國社會，一般人的生命活動形態是是趨於內向的，講究的是人與人之間的倫理情誼、情理或情義。同時，梁氏有鑒於「新構造代舊構造，為一新秩序代舊秩序」的革命觀，他認為中國自秦漢以後，只有周期性的一治一亂，並無西方般的「革命」發生。因此，相較於西方歷史文化的進程，中國的歷史文化有其特殊性，使吾人能了解到的是：梁氏對馬克斯的唯物史觀及階級鬥爭論是頗不契合的，馬列主義的中國化更具體而言，馬列主義的儒家化，對梁

---

[38] 梁漱溟，〈追憶在延安、北京迭次與毛澤東的談話〉。

氏而言是行不通的，至少是困難重重，是不易改梁換柱的。

　　蓋馬克思的唯物論，其基本原理在確認客觀面的社會存在是決定主觀面的社會意識的。換言之，社會物質的生產方式及生產工具的所有制，制約著整個社會經濟生活、政治生活和精神生活的過程。梁漱溟雖不否認社會經濟的生產力對社會發展變化的影響，但是他認爲推動社會發展變化的最高動力因在「人類的精神方面」。爲了對比出他和馬克思的不同，他特地將「意識」和「精神」的涵意予以區分。他 說：「所謂『精神』與所謂『意識』，其範圍大小差異得很遠。意識是很沒有力量的，精神是很有力量的。」[39]在經濟、意識和精神三者之間，具有層層的互動關係。他認爲經濟固然可以決定意識，但是，精神則決定了經濟。他說：「物質生活的欲求是人所不能自已的，由此而生產力的發展，經濟現象的變遷，都非人的意識所能自由主張自由指揮的了。」[40]質言之，梁氏說：「我以爲人的精神是能決定經濟現象的，但卻非意識能去處置它。」[41]

　　馬克思的唯物史觀反對把歷史和文化視爲少數精英份子所創造出來的。他認爲做爲社會生產主要者的人民群衆是創造歷史的眞正主人。梁漱溟持相反的論點，他認爲文化是天才們的創作，文化創作只要出於主觀的原創性力量，其他因素諸如社會經濟等只是「緣」而非「因」。[42]他解釋其中原因爲：「一個社會實在受此社會中之天才的影響最大，天才所表出之成功雖必有假於外，而天才創造之能力實在無假於外。」[43]至於馬克思基於階級鬥爭論而主張用階級分析方法來觀察和研究階級社會中的歷史現象。這對原本主張中國是「倫理本位」及「職業分途」的梁漱溟而言，更是難以認同。他曾經抨擊中國共產黨的階級鬥爭理論是有意地製造階級和階級鬥爭。他堅信馬克思主義係出於歐洲近代社會的產物，不適於有自身歷史文化特殊性而不同於歐洲的中國。他舉佔中國人口高比例的農民

---

[39] 梁漱溟，〈東西文化及其哲學〉，頁46。
[40] 同上書，頁46。
[41] 同上，頁47。
[42] 同上，頁44。
[43] 同上，頁154。

為例，農民仍只是散漫的個體，不成階級。因此，梁氏基於中國在歷史背景、文化背景和革命問題上都具有自身特殊性的認知，他認為中國不可能走俄國共產黨的路向，實踐馬克思所主張的無產階級革命。[44]

梁漱溟在1966年毛澤東等人所發動的文化大革命中，遭受到慘重的抄家燒書命運。在書稿盡失下，他在該年年底完成了〈儒佛異同論〉及〈東方學術概觀〉兩文。他在前文中認為儒家所持為世間法，立足點及回歸點皆關切人的自身這一主題。佛家持出世間法，超越人而立論。二家異中有同，皆係「同是生命上自己向內用功進修提高的一種學問。」他一方面判別儒佛，另方面用以儒解佛和以佛融儒來溝通儒佛。他認為儒家文化強調生命之樂，旨在親切體認人文生命崇高的可能性而思踐形盡性的力行。儒家篤於人倫，以孝悌慈和為教，盡力於世間法而不怠，認真體認此身此心而善自調理涵養生命。梁漱溟認為孔子的學問不在追求外在事物的知識之學，也非從事某種哲學玄思。孔子的學問旨在從生活中力爭上游，提高生命的精神境界，可稱為人生實踐之學。梁漱溟說：「中國古人在世界學術上最大的貢獻，無疑地就是儒家孔門那種學問。」[45]

1973年10月底，江青等人發動批林批孔，且批判梁漱溟，迫使他公開發言。蓋梁為全國政協委員，著名的孔子學說和東方文化的宣揚者，在批林批孔上極具利用價值。梁氏在幾度保持沉默後，終於打破沉默而為孔子辯誣。他在1974年2月的政協學習組會上，做了題為「今天我們應當如何評價孔子」的發言。他認為孔子學說對後世之影響有功亦有過，對孔子絕對的肯定或否定皆是不對的。孔子對古代文化承先啟後的作用是非凡的，中國社會的發展，民族的擴大，歷史之悠久與中國民族受自身文化的陶冶是分不開的。中國文化的種種優點形成中國民族的勤勞、善良、智慧，具有強大的凝聚力。中國傳統文化源遠流長，在世界

---

[44] 然而，梁漱溟看到中國共產黨奪權「革命」成功，統一了全國，且以組織形式發動了一連串的群眾運動後，他總結了中共主政後的二十多年歷史，最後仍承認了自己對階級看法的錯誤，肯定了中國共產黨的階級論。他在1977年所寫的〈我致力鄉村運動的回顧和反省〉一文中表達了上述的錯失，自謂「由於缺乏階級觀點，初則強調團結抗敵，繼則強調合作建國，奔走各方非不盡心盡力，而終於落空者，則避分求合，不懂矛盾統一之理也。」

[45] 梁漱溟，〈伍庸伯先生傳略〉，〈禮記大學篇伍嚴兩家辭說〉，頁263。

有其獨特性，致外來文化須經過消熔，化爲中國文化自身物後，才能得義發揮。梁氏透過闡說中國文化，再點出孔子的地位，他認爲文革時從儒家經典（主要是〈四書〉）引出一些話來指責儒家緩和階級鬥爭，耽誤中國社會之進步……等分析、批判雖不無道理，但是不能簡單化的把學術研究和政治問題攪混在一起，他舉例說：「唯女子與小人難養」與時代不契合，固應唾棄。然而，如「極高明而道中庸」的中庸之道，有其深意，需做學術上的分析研究，不能只以普通的政治分析，便將之視爲折衷、調和主義，緩和了階級鬥爭，阻礙了中國社會的進步。[46]

同年9月，當梁漱溟被逼問其受批判的感想時，他說：「我認爲孔子本身不是宗教，也不要人信仰他，他只要人相信自己的理性。……我還是按我的理性而言而動，因爲一定要我說話，再三問我，我才說了『三軍可奪帥也，匹夫不可奪志』的老話。吐露出來，是受壓力的人說的話，不是得勢的人說的話。『匹夫』就是獨自一個，無權無勢。他的最後一著只是堅信他自己的『志』。什麼都可以奪掉他，但這個『志』沒法奪掉，就是把他這個人消滅掉，也無法奪掉！」[47]他這番錚錚鐵骨，義氣凜然的一段話，據說使在座的人爲之啞然、木然。

1975年，梁氏一本歷經長期探索、寫作的晚年大作《人心與人生》完稿。[48]他在該書的〈緒論〉中說：「吾書指在有助於人類之認識自己，同時蓋亦有志介紹古代東方學術於今日之知識界」，蓋「說人，必於心見之；說心，必於人見之。」、「吾書既將從人生義言人也；復將從人也談論人生。」梁氏所以長期的撰寫該書，係有鑒於人類社會生活之所以失於合理，係由於未能認識自己。儒家哲學的意義乃在於揭示「人之所以爲人」處，他所說的「從人生以言人心」的「人生」係指實然的人類生活，屬生理學及心理學的研究範圍。他所謂「從人心以談論乎人生」的「人心」指實然中的應然之性，「人生」則指具價值性的理

---

[46] 汪東林，《梁漱溟問答錄》，頁178-179。
[47] 同上，頁185。
[48] 該書後來於1984年以自費方式由上海學林出版社出版，1985年三聯書店的香港分店根據學林出版社的版本再版重印。

想人生。他在對「人心」的討論中，分成：人心的性質、人心產生的基礎與人類生命的特殊性三個部分。梁氏以人心的主動性、靈活性、計畫性和自覺能動性來界定人心的性質。對人心主動性的認識，則最好由生命自發地有所創新來體會，再進而由人的自覺主動精神處當下契悟。人類生命活動的主體，即是人能所自覺主動的「自己」。梁氏晚年對人心主動性的剛健活潑狀態作了發揮。他把人生命的向上創造活動解釋為主動性，向上創造即接續不斷的當下向前活動，這是一種「生動活潑」的活動。「主動」是指人在清明的意志狀態中所表現出來的剛強志氣，所謂「剛」就是「意志高強」、「情感充實」的堅毅不屈之精神。

梁漱溟在《中國文化要義》一書中曾將「理性」概括為「求正確之心」，即是非之心或道德心。他在晚年的《人心與人生》一書中，對「理性」做為對經驗現象的超經驗把握賦予更堅實的基礎。他認為，在人類構造知識的過程中，伴隨了一著「求真惡偽」的態度，使人能超越利害之計較而保證知識的客觀性。「求真惡偽」係人的自覺本心，亦即「不容自昧自欺」的是非之心。他進一步指認，人心對自我活動的一種認知，就是他以前所說過的「獨知」。他將人心的兩個面向：理性與理智，做了體用關係的整合，那就是，理性為體，理智為用。〈人心與人生一書〉除了論人心之性質外，也論了身心關係和修養工夫。

據大陸學者王宗昱的研究，在大陸社會主義的政治制度和意識形態的營造下，梁漱溟的思想是受到很大影響的，他說梁氏「自覺地接受唯物主義歷史觀用以說明自己的一貫見解，這不僅反映在他直接引用毛澤東著作中『主動性』、『靈活性』、『計畫性』這些不嚴格的概念界定心的內涵，更表現在他用恩格斯的學說補充他以往關於人禽之別的討論。他把社會主義、共產主義看作人性實現的理想境界。但是，梁漱溟還是本著『獨立思考』的一貫精神進行他的哲學建構。在對人性的認識上，他不取官方欽定的『階級性』之說，而所主張的正是大陸幾十年一直給予激烈批判的『抽象人性論』。尤其在人性遭到空前戕賊的『文

革』中，這是非常難能可貴的。」[49]這段話對梁漱溟與馬列毛思想在儒家哲學的聚合上，有著細密的觀察和中肯的解釋。透過梁漱溟這一範例，或許吾人較能釐清馬列毛思想與儒家哲學辯證性發展的關係。

八、結論

儒學在1949年至1989年的大陸，歷經批判的總結，由有選擇性的繼承，轉至被視為宗法社會和農業經濟的產物，固守封建的等級道德，維護統治階級及地主的特權利益，麻痺勞動人民的抗爭意志，而予以趕盡殺絕的否定和決裂。然而，筆者認為，儒家的義理雖緣於周代宗法封建之特殊的政治、社會、經濟結構而發展，卻不拘限在特定的歷史條件下才有意義，孟子謂不忍人之心或惻隱之心人皆有之，「君子所性，仁義禮智根於心。」（〈盡心上〉）陸象山赴鵝湖會時，在和其兄復齋詩中亦云：「墟墓興哀宗廟欽，斯人千古不磨心。」儒家所言的仁心義性是人性永恆不朽的本質，係超越時空、種族、階級……等區別，經得起考驗的德性本心。換言之，儒家的人文信念及道德哲學是源於超階級、超經濟利害制約的先驗道德哲學。因此，馬克斯唯物論的、需經過階級分析的階級道德觀，只是凡俗社會庸俗化的道德觀，與儒家的先驗德性心之道德觀分屬於不同的層位和範疇。梁漱溟就表明了孔孟思想乃係中國人理性早啟、智慧早熟的情理自覺。亦即中國自古具有高度自覺能動性的自律道德觀。縱使處在不同階級的人，相互之間，亦能憑著這一情理自覺的人心，相互進行靈犀感通而不隔。剋就人人皆具這一情理自覺的感通不隔之人也，梁漱溟自始至終就反對以教條的階級分析方法來評判孔孟或儒家的功過。

梁漱溟在1974年的文革高潮期，猶在11月8日定稿〈我們今天應當如何評價

---

[49] 參見王宗昱，《梁漱溟》，臺北市：東大圖書公司，1922年初版，頁255-256。

孔子〉一文時，堅稱中國傳統文化係植根於人與人相互間的倫理情誼。中國人好講情理有著悠久的歷史傳統。中國人崇尚儒家仁心義性的高尚生命情操，亦有漫長歷史，這使我們得以了解到，何以儒家在文革10年被狠批狠鬥後，仍然生機不絕如縷。值得注意者，文革的張力反而覺醒了大陸全中國人對儒家的注目。文革後，潛藏在中國人心靈深處的儒家人文信念又如雨後春筍般的展露了生命力，儒家思想與文化的研究不但構成1985年至1989年文化熱的熱點，且成為當今90年代乃至當今二十一世紀中國大陸哲學界的顯學。吾人或可由大陸對待馬克思生日時的冷冷清清及慶祝孔子誕辰的熱熱鬧鬧得到一發人省思的印證。依筆者之見，儒學已構成中國文化的本根性，透過不斷反省和選擇的方式來繼承儒學傳統，且以開放互補的進程來吸收西方文化，應是中國文化未來穩健而可持久的道路。

二、孫中山、方東美與牟宗三的道統論

一、前言

　　當代大儒陳榮捷[1]曾在其鴻文〈朱熹及新儒學之大成〉一文中指出：朱熹（1130-1200）係由四大面向完成新儒家哲學（宋代理學）之形式與內容，其中有直承道統爲己任的道統論。朱子於淳熙16年（1189年）首次提出「道統」一詞，謂其理源出於《尙書‧大禹謨》：「人心惟危，道心惟微，惟精惟一，允執厥中」。「道統」乃指儒家成聖人的聖學之傳的正統學脈。朱子考訂的正統學脈，陳榮捷列成下表：

　　伏羲……神農……黄帝……堯……舜……禹……湯……文武……周公……孔子……曾子、子思……孟子……周子……二程子……朱子。[2]

　　朱子門人（也是其女婿）黃榦撰〈朱子行狀〉中有言：「道之正統，待人而後傳，自周以來，任傳道之責，得統之正者，不過數人，而能使斯道章章較著者，一二人而止耳。由孔子而後，曾子、子思繼其微，至孟子而始著。由孟子而後，周、程、張子繼其絕，至先生而始著。」[3]依黃榦的論述，「道統」源起於堯、舜、湯、文武、周公，至孔子、孟子的發展而彰著其精義。孔子的聖學之道有1400年不顯，至北宋周、程、張載才接上千古聖學之傳。南宋朱熹又承繼且闡明其涵義。陳榮捷對朱熹何以重視「道統」之學脈，且以周濂溪爲跨越千古的孔、孟傳人，提出其精闢見解，謂：

　　道統之緒，在基本上乃爲哲學性之統系而非歷史性或經籍之系列。進一

---

[1] 1901年8月18日-19994年8月12日。
[2] 陳榮捷，〈朱熹及新儒學之大成〉收入其《朱學論集》，頁13，臺北市：臺灣學生書局，1982年初版。他表示道統學脈圖表係引自李元綱，《聖門事業圖》，第一圖，〈傳道正統圖〉，著於1172年。
[3] 《勉齋（黃榦）集》，卷36，〈行狀〉，頁48上下。黃榦的說法被《宋史》及大多數宋之明理學家所認同。

步言之，即道統之觀念，乃起自新儒學（宋代理學）發展之哲學性內在需要。於此吾人可知新儒學之整個觀念，乃建立在「理」之觀念上。程頤建基其本人哲學在理之上，朱子則致力奠定其整個新儒學系統在理之上。漢唐諸儒於理學，殊無貢獻。即邵、張諸儒之於此，亦僅有一隅之見。因之二程乃被認爲道統傳授之主要血脈。但尚有一儒者，其涵義乃以理爲其整個哲學系統之泉源，周敦頤即其人也。[4]

　　陳榮捷以新儒學（宋代理學）的基源問題和核心概念以「理」來統攝，謂伊川的哲學建基在「理」上，朱子則將整個宋代新儒學建基在「理」上，且指出二程是傳授道統之主要血脈，堪謂爲一針見血之見。我們在程伊川爲其兄程明道所作的墓表上得見其言曰：「周公沒，聖人之道不行；孟軻死，聖人之學不傳。……先生生乎千400年之後，得不傳之學於遺經，志將以斯道覺斯民。……聖人之道得先生而後明，爲功大矣。」[5]周公是孔子心中的聖人典範，孟子確立的內聖心性之學爲「聖人之學」，其承先啓後的血脈歷程稱爲「聖人之道」。二程由歷代承傳的儒家經典中汲取激活了「聖人之道」。朱熹評論這篇〈墓表〉時指出二程「已興起斯文爲己任。辨異端，辟邪說。使聖人之道煥然復明於世。」[6]又說：「道則人倫日用之間所當行者是也。」[7]他明確地標舉孟子所傳的聖人之道就是心所內具的仁、義、理、智的先驗道德本性，所謂：「堯舜之所以爲堯舜，以其盡此心之體而已。……而孟子之所謂仁義者，亦不過使天下之人各得其本心之所同然者耳。」[8]深刻分析天理之公與人欲之私源發於作爲人具知覺機能的「心」在一念之微間是發於道心抑或人心，他闡明《尚書‧大禹謨》十六字心傳說：

---

[4]　同上，頁17-18。
[5]　《程氏文集》，卷11，《明道先生墓表》。
[6]　《孟子集註‧盡心下》。
[7]　《論語集註‧述而》。
[8]　《朱文公文集》，卷73，〈李公常語上〉。朱子依其思路繼承程伊川「《中庸》乃孔門傳授心法」。《程氏外書》，卷11。

心者，人之知覺，主於身而應事物者也。指其生於形氣之私者而言，則謂之人心；指其發於義理之公者而言，則謂之道心。……。惟能省察於二者公私之間，以致其精，而不使其有毫釐之雜，持守於道心微妙之本，以致其一，……思慮動作，自無過不及之差，而信能執其中矣。[9]

依《尚書》〈洪範九疇〉第五疇的「皇極」漢儒釋為「大中」，《周易》所言的生生不息之仁德，其核心原理在剛健中正的乾道與柔順中正的坤道，交感於大中至正的理境。可推知，朱子「道統」論的心學旨在以修成居敬窮理的道心在感應事物時，待人處事皆能發於「義理之公」而無不及和太過之偏失，亦即能合乎發而中節的「中和」之美德。我們可以說「道心之微」與「人心之危」指心在待人處事時有發於天理之公和人欲之私的兩者可能性。「惟精惟一」指內聖心性修養能專心志向於，以天理調節人欲而達中庸之美德。「允執厥中」指心性工夫歷練至成熟的完善境界，亦即事事皆能秉大公至正之人文價值原理來立身處世、安身立命，這是朱熹乃至整個宋明理學成聖之道的心學總綱領。

本人認為在朱熹所考訂的道統承傳之譜系中，孔子之前的歷代聖人為中華文化道統之根源和血脈，孔孟自覺性地繼承中華文化原創性的傳道之統，以仁義的先驗道德本心一貫之源遠流長地構成儒家代代相傳，一脈貫通的精神傳統。本文立基在這一立場上，試圖闡明當代中國三位道統論者：孫中山、方東美與牟宗三，他們對道統的態度主和主張，期能更豐富而深刻地彰顯道統，在當代中國的三種精神風貌和涵義。

[9] 《朱文公文集》，卷65，《尚書‧大禹謨》。

二、孫逸仙（中山1866-1925）的道統觀

孫逸仙博士（1866-1925）在清廷五次對外戰爭失敗，國家淪爲次殖民地之際，乃決心爲挽救中國之危亡而奮鬥，糾合志士仁人，帶動國民革命。他針對中國的環境與時代需求，順應世界潮流趨勢，融會中西文化精華，首創三民主義，作爲革命建國的指導原理。他在〈中國革命史〉中說：「余之謀中國革命，其所持主義，有因襲吾國固有之思想、有規撫歐洲之學說事績者，有吾所獨見而創獲者。」那麼，什麼是他所繼承中國的固有思想內涵呢？1921年，他在桂林接見第三國際代表馬林（maring）並答覆其詢問時說：

> 中國有一個道統，堯、舜、禹、湯、文、武、周公、孔子相繼不絕，我的思想基礎，就是這個道統，我的革命就是繼承這個正統思想來發揚光大。**10**

他認爲「道統」是中華文化傳統的「正統思想」，這是他的思想立基點所在。朱子認爲「道統」旨在天理人欲之辨，發揮道心天理之精微來調理人心之七情六欲，使之發而中節，實現「允執厥中」的「中和」美德。同時，朱子所謂的道心乃本據於孔孟的仁義之心，亦即人之所爲人的先驗道德本心。《孟子·公孫丑》提出王霸之辨，謂：「以力假仁者霸，霸必有大國。以德行仁者王，王不待大，湯以七十里，文王以百里。」湯與文王皆係傳承道統血脈的聖人，他們「以德行仁」而得以王天下，這是發於人心而成於德治天下的王道。「王道」一詞可遠溯至《尚書·洪範》所云：「無偏無黨，王道蕩蕩；無黨無偏，王道平平；無反無側，王道正直。」孫中山於1924年在日本講述〈大亞洲主義〉時，曾說：

---

10 戴季陶，〈孫文主義之哲學的基礎〉收入《國父思想論文集（第一冊）》，臺北市：中國國民黨中央黨史史料編纂委員會，1965年11月12日，頁94。

「亞洲的文化，就是王道文化。」[11]他所說的「亞洲的文化」意謂著以儒家為主流的中國文化做主體。蓋亞洲諸民族中，有的一直未發展出高度的文化，例如：南海的馬來民族，有的雖在中古以前發展出高度文化，但晚近以來卻步入歷史的昏暗期，未能一以貫之的發揚光大，例如印度文化。他認為只有我們中國傳統文化，自古迄今，始終為東方文化的主流，以儒家為主流的中華文化之核心價值為王道文化。

他認為（居仁由義的）王道精神是中國儒家文化傳統的特質，也是東方文化的崇高精神所在，他認為當時西方殖民帝國主義的文化本質是霸道。他指出兩者間的差異處說：「講王道，是主張仁義道德；講霸道，是主張功利強權。講仁義道德，是由正義公理來感化人，講功利強權，是用洋槍大砲來壓迫人。」[12]他還進一步指出兩者具體的不同內涵，謂：「所謂王道，乃博愛、仁義、和平等等，在使人心心悅誠服。所謂霸道，乃講強權、講武力，以力服人。」[13]儒家一以貫之的道統本質是王道文化，其精義在博愛、仁義與和平。我們可透過孫中山對這三項概念元素的闡釋可更深廣地了解他對「道統」的豐富概念涵義。

就「博愛」的辭源來追究，《國語·周語》下注文說：「博愛於人為仁。」董仲舒《春秋繁露·為人者天》云：「先之以博愛，教以仁也。」徐幹《中論·智行篇》說：「君子仁以博愛」南朝時宋人顏延之說：「若惻隱所發，窮博愛之量。」[14]唐代韓愈謂：「博愛之謂仁」[15]就理源而言，孔子云：「汎愛眾而親仁」，孟子說：「親親、仁民而愛物」，足證明由仁愛所推廣的博愛是道統的核心倫理美德。孫中山在其〈軍人精神教育〉一文中對「博愛」做了深刻的概念詮釋，謂：

---

[11] 孫逸仙，〈大亞洲主義〉，見前揭書，《國父全集（第二冊）》，頁767。
[12] 同上，頁767。
[13] 孫逸仙，〈統一中國需靠宣傳文化〉收入《國父全集》（第二冊），頁402。
[14] 顏延之，〈重釋何衡陽〉，見《弘明集·釋僧佑集》，四部備要子部，上海：中華書局影印本，1936年。
[15] 韓愈，〈原道〉，收入《昌黎先生集》，四部備要集部，上海：中華書局影印本，1936年。

博愛云者，爲公愛而非私愛。即如「天下有飢者，由（猶）己飢之；天下有溺者，由己溺之」之意，……以其所愛在大，……故謂之博愛。能博愛，即可謂之仁。……仁之種類，有救世、救人、救國三者，其性質皆爲博愛。**16**

他以北宋范仲淹〈岳陽樓記〉中的人飢己飢、人溺己溺思想釋博愛之仁，與明代王陽明的「一體之仁」有其內在的一致性。他詮釋三民主義的國民革命，其內在深厚的動力，就是基於這種以「仁」爲中心的「博愛」精神，投身於救國救世的事業。他說：「我們對弱小民族要扶持他，對於世界的列強要抵抗他。」**17**基於博愛精神的國民革命反對國內外一切的階級仇恨與種族壓迫，特別是國際間帝國主義對弱小民族的凌辱、侵略，他更進一步指出：「我們今日在沒有發達之先，立定『濟弱扶傾』的志願，將來到了強盛時候，想到今日深受過了列強政治、經濟、壓迫的痛苦，將來弱小民族如果也受這種痛苦，我們便要把那些帝國主義都來消滅，那才算是治國平天下。」**18**可見他所採取的「濟弱扶傾」的國際政策是本著外王的王道精神，以悲天憫人的「博愛」動力，實現《大學》治國平天下的理想。

孟子的仁政發於仁心仁性，其王道精神本於內在仁義心性的向外推擴，「仁」是《論語》的核心思想，其最基本的涵義莫過於《論語·顏淵》：「樊遲問仁，子曰：『愛人』」。「愛人」是「仁」的本質要素，其表現有消極的愛人原則，即孔子所言「己所不欲，勿施於人。」**19**積極的愛人原則是「夫仁者，己欲立而立人，己欲達而達人，能近取譬，可謂仁之方也矣。」**20**孫中山繼承儒家道統精神，以博愛王道來製定濟弱扶傾的國際政治，對弱小民族以兼善天下的仁

---

16 〈軍人精神教育〉，《國父全集》（第二冊），頁498。
17 孫逸仙，〈民族主義第六講〉，《國父全集》（第一冊），頁64。
18 同上。
19 《論語·衛靈公》。
20 《論語·雍也》。

義之心抱有扶持的使命，對世界列強不仁不義的言行予以譴責和抵制，這是本著道德本心，居仁由義地己立而立人，己達而達人之人類整體愛的道統精神之極致。王霸之辨若由「愛」的概念來區分，則可由孟子來詮解，〈盡心篇〉說：「仁者以其所愛，及其所不愛；不仁者以其所不愛，及其所愛。」若以義利之辨來區分，則《論語‧憲問》謂：「見利思義」，勿利令智昏，見利忘義。顯王道立基於愛及其層層的外向推擴，且居仁由義，以義制利，霸道則唯利是圖，謀求一時一己之利，不仁且不義。再就「信義」的國際道義來區別，孫中山說：「講到義字，中國在很強的時代，也沒有去滅人國家，比方從前的高麗，名義上是中國的藩屬，事實上是一個獨立國家；⋯⋯中國強了幾千年而高麗猶存，日本強了不過20年，便把高麗滅了，由此便可見日本的信義不如中國。」[21]王道以惻隱之心來愛一切人，且由是非之心講道義守信義，這是儒家「道統」的內聖心性之學，成聖之道的不同面向之開展、彰顯。

最後，就「和平」概念來詮釋孫中山的「道統」論。「和平」一詞在先秦古籍中可分別見於兩書，其一見於《易經‧咸卦象傳》：「天地感而萬物化生，聖人感人心而天下和平」其二見於《荀子‧樂論》：「故樂行而倫清，禮修而行成，耳目聰明，血氣和平，移風易俗，天下皆寧，美善相樂。」人倫秩序的釐清，有禮教的社會行為規範及「天下皆寧」是人與人之間內在仁義心性之普遍的相互感通。「和平」可彰顯仁心義舉在群倫共處之社群生命的逐步推廣境界。《中庸‧十五章》所謂：「妻子好合，如鼓瑟琴，兄弟既翕，和樂且耽。宜爾室家，樂爾妻帑。」子曰：「父母其順矣乎？」這是個人身修後，推擴於一家而家庭和樂，再由家齊而推擴至家族、宗族的血緣性社群團體，《尚書‧堯典》所說的「以親九族」以及進一步「協和萬邦，黎民於變時雍。」總而言之，由仁義的普遍道德人性為基礎，人人培養善端，由己及人，則仁義蔚為風氣，自然可營造人際間和睦相處的和諧與和平。這就是《大學‧第九章》所云：「一家仁，一國

---

[21] 見前揭書，《國父全集》（第一冊），頁57-58，〈民族主義第六講〉。

興仁：一家讓，一國興讓。」可見孫中山在民族主義中所主張的以王道的仁義之心濟弱扶傾，達到天下為公，世界和平的終極理想乃深受中華文化「道統」精神的深刻影響。

三、方東美的道統論

方東美在《哲學三慧》中指出：「老顯道之妙用。孔演易之『元理』。墨申愛之聖情。貫通老墨得中道者厥為孔子。」[22]他點出儒、道、墨思想的核心理論，共同代表中國哲學的主流構成三大宗。他又在1957年《中國人生哲學》一書中進一步指出：「我一向認為儒、道、墨三家之會通處，才是中國思想的最高成就。」[23]他在晚年最後一本學術鉅著《中國哲學之精神及其發展》一書中明確地總結出中國哲學精神包括原始儒家、原始道家、中國大乘佛學、宋元明清新儒家這四大精神傳統。不但如此，他還強調體現這四大精神傳統之會通的中國哲學之通性，才能充分代表中國哲學的最高成就。他認為透過對儒家的理解可把握中國哲學的起源，謂：「儒家最注重歷史變遷的發展與歷史的統一性，歷史的承續性，因此，先由儒家學派說起，可準確地把握中國哲學精神的發展歷程。」[24]他肯定原始儒家的貢獻在促成儒家「由《尚書》之傳統轉到《周易》之傳統」。[25]

方東美對中國哲學的精神及其發展歷程，站在宏觀及遠見的制高點上，獲致一根本原則，那就是他反對僅局限在某一學派作為中國哲學史脈的主流或主幹說。他堅持各有慧見的不同學派間的交流會通來洞悉中國哲學精神的發展趨勢，主張立基在各家相互會通的前提及大視域下，精確地把握各家核心論述的相異

---

[22] 方東美，《生生之德》，頁141，臺北市：黎明，1979年出版。

[23] 方東美，《中國人生哲學》，頁190。

[24] 方東美，《原始儒家道家哲學》，頁47。

[25] 同上，頁82。

處，再從差異中尋找各家相互借鏡互補的可能性，最後再確立各家可以共同提升其理論高度的新途徑。但是，方東美認為儒家較能承擔傳承中國遠古文化傳統的歷史使命，因為儒家的根本精神是以生命哲學掌握且貫穿宇宙與人生之「廣大悉備的生命精神」。[26]他認為整個儒家形上學以勁健的人文創造精神「真透宇宙大化流衍的創造力，把個人的生命當作中心，再貫徹到宇宙一切神奇奧妙中。」[27]他非常欣賞《易經》乾卦文言傳所說的：「大人者，與天地合其德，與日月合其明，與四時合其序，與鬼神合其吉凶，先天而天不違，後天而奉天時」的天人合生生之德，以人文化成天下的儒家思想之精隨。

　　方東美雖然對儒家精神的高度成就予以充分肯定，但是他對歷代儒家思想的缺失也予以中肯的批評。他說：「研究哲學的人應當以學術良心，把歷史的真情實況還出來，責任何時代的學說都有利弊，都可以批評，而批評須根據真正的學術理由，以這種眼光批評孔子孟子，誰也不能反對。」[28]他讚許孔孟卻反對漢代「罷黜百家，獨尊儒術」，肯認「學統」卻反對宋明理學的「道統」。這是他站在哲學史的高度來批評儒家的一貫立場。他推崇孔孟為大儒，卻只許荀子為雅儒，在境界的評比上，他認為孔子高於孟子，他稱讚孔子有開闊的學術文化之心胸，說他：「曾經適周問禮於老子，……又學琴於師襄，師事於萇弘。不僅如此，對於蘧伯玉，鄭子產，也都認為有很多值得學習的地方。……孔子在學術上面的虛心坦懷，兼容並包的弘大氣魄，可以說是春秋以前一般的學術風氣。」[29]歷史發展到戰國中期的孟子時代，道家演變成法家有明顯的趨勢，墨翟、楊朱思想盛行，孟子意識到儒家的危機，乃以衛道者的立場自許，駁異端斥邪說，萌發了儒家的「道統」觀。荀子對諸子的批判，未必居於衛道的「道統」觀，而是出於學術的胸襟氣量不夠寬厚。方東美對漢代儒宗的董仲舒所提出的「罷黜百家，獨尊儒術」有尖銳的批評，他認為「獨尊儒術」確立了儒家正統地位而獨霸

---

[26] 同上，頁28。
[27] 同上，頁11。
[28] 同上，頁136。
[29] 方東美，《新儒家哲學十八講》，頁6。

學壇，其負面作用是招致漢初經生以取任為目的而流於對當權者曲意逢迎。董仲舒的儒學也淪為雜家化，不但喪失原始儒家精神，也挫折了中國文化發展的生命力，不過他並未全盤否定漢儒。他對董仲舒及一些著名的儒者在學問上的努力和人格上的優點仍不吝予以肯定，指出：「漢儒的精神是我們不能否認的。」[30]但是他對心在利祿的一般經生仍視之為「俗儒」。

方東美對宋明清的新儒家有細緻的分殊性之批判，有褒也有貶。他從哲學史的流脈觀宋代所接應的唐末五代時期，係中國歷史上文化同人格處最墮落的時期。新儒家重振道德精神，強調德化的聖賢人格，他認為他們「把墮落的五代給完全翻轉過來了！宋儒所為，可說是不朽的工作成就。」[31]就心性的道德形上學而言，方東美說：「在新儒學（性、理、心、命之學）之形式中，復甦了中國固有之形上學原創力，蓋『中國形上學之律動發展悉依三節拍而運行。初拍強調儒家，次拍乃重道家，三拍則轉入佛家，終於奏形上學之高潮於新儒家。』」[32]他闡釋其中所以然之故說：

> 新儒家各派，就歷史言，較為晚出，故於原始儒家、原始道家、大乘佛學之哲學造詣及智慧成就皆能遠紹遺緒，廣攝眾長。其透視人性、及宇宙天地之性也，或自時間、或自永恆面而觀照之，現為不同程度之精神靈昭。故新儒家之造詣自成統觀，可謂之「時空兼綜觀」。[33]

他以「時際人」（Time man），喻示先秦儒家；以「空間人」（Space man），喻示先秦道家。至於佛家（指大乘佛學）的精神境界，他品賞說：「（佛家）視永恆為空幻，然而一旦遍歷染界諸漏之後，卻又能盡掃一切，

---

[30] 同前，頁8-10。
[31] 同上，頁66。
[32] 方東美，《中國哲學之精神及其發展》，頁41。
[33] 同上，頁48-49。

重新透過永恆之光觀照法滿境界。」[34]他認爲宋明新儒家超越地綜攝了這三系的哲學精神資源而以儒家的核心價值將三者融爲一爐，謂：「所以宋明理學家主張生命與宇宙配合，產生與天地合而爲一，因爲一體的境界，具有『時空兼綜的意義』，可以稱之爲『兼綜的時空人』（concurrent space-timeman）。」[35]

　　方東美對宋明新儒家的欣賞基於他一貫的哲學心態，其準則如他所言：「眞正在文化體大思精的思想體系，要能容納各方面在精神上眞正有貢獻的學說。」[36]他對宋明新儒家的讚賞就基於其所呈現的「偉大的涵容精神」。同理，他也一貫的基於這一判準而針對宋明新儒學以「道統」來批佛道爲異端以及宋明新儒學因內部的分歧而彼此黨同代異提出了不予苟同的嚴格批評。他說：「從北宋起，經南宋、明代，以迄於清之乾嘉時代，……（諸儒）都（自）稱爲孔孟眞傳，而不免互斥異端，彼此攻訐起來，絲毫不留餘地。比如說朱陸異同、程朱陸王之爭，同是儒學，皆宗孔孟，而自謬眞傳，爭奪正統。……對內爭正統，對外攻異端。於是闢楊墨、闢老莊、闢佛、闢禪，一切皆是異端邪說，而攻訐不留餘地。」[37]換言之，他認爲「道統」的流弊在於從狹隘的衛道精神，以排他性的封閉之意識形態來「對外攻異端」，且以畫地自限的偏狹心量攻訐不同派別，所謂「對內爭正統」。因此，方東美認爲宋明清新儒學在精神境界上已遠不如先秦儒家的寬宏博大。

　　方東美回逆「道統」的觀念係由孟子開其端，排斥楊墨。但是孟子所遵從的孔子有著「毋意、毋必，毋固，毋我」的開放心靈，足以撤開一切偏執，乃能金聲玉振地集其大成。因此，方東美認爲先秦儒家縱算是有道統，在本質意義上是「開明的道統」，他說：

　　　　與其稱「道統」，還不如稱「學統」。講「道統」，易生膚淺、專斷、

---

[34] 同上，頁48。
[35] 方東美，《原始儒家道家哲學》，頁44。
[36] 方東美，《方東美先生演講集》，頁143。
[37] 方東美，《新儒家哲學十八講》，頁2。

偏頗的流弊；講學統則無此病。漢儒自董仲舒、趙綰之後，儒家的道統
是定於一尊了，卻成爲利祿奔競之途。……導致漢人文化精神上的空
虛；這也未嘗不是政治衰敗，社會解體的主因之一。**38**

　　但是，講學統實非易事，必得能「通古今之變」，不僅須具備眞實的歷史智
慧與豐富的歷史知識，而且必得窮究哲學上許多重要的問題，他指出：「假使再
要講道統，這個道統乃發自純正的學術良心。是就一切事的親切精詳的研究，一
切道理的窮根到底的追問；由之而形成有創造性、有獨立性的學術思想。同時更
能深詰學術思想的根源。比如研究六藝的哲學思想，誠如漢初傳經大師所指出的
『易爲之原』。」**39**《易》爲統攝六藝的根源性原理，是構成中華文化的基本精
神，必須從現實人生，生活世界，向上層層超升，一直窮究至高妙的形上領域，
具有永恆的理境，再形成系統化的世界觀，才足爲吾人精神上安身立命之所。他
認爲窮究到立體結構的機體世界，形成上下流通而無礙的許多不同境界，才是中
國哲學上所談的根本問題，亦即「天人之際」。他強調「明天人之際」下的中國
哲學不將一門學問可與其他學問截然分離而獨立自行。因此，方東美說：「我們
要講『學統』，而不是講在精神上偏狹武斷的「道統」。首先要有廣大的心胸，
以便閱歷許多不同的生命境界，使之融通貫串，成立一個思想體系。這種思想
體系，才能追周易，取法老莊，觀摩墨子，企圖所成立者爲一廣大悉備的思想體
系，……惟有廣大和諧的心靈，方可發揮『學統』的精神，顯示永恆的價值——
眞、善、美、神聖。」**40**方東美心儀王弼所言「統之有宗，會之有元」以及大乘
佛學中華嚴宗所謂「圓融無礙，重重無盡」之境界。這是一廣大悉備的思想體
系，可旁通統貫周易、老莊、墨子……等一切中國哲學。總之，他的道統觀立基
在「學統」的精神上。

---

38 同上，頁35。
39 同上，頁42。
40 同上，頁44。

四、牟宗三（1909-1995）的道統論

對牟宗三而言，「道統」是儒家一脈相傳的重要之精神傳統。此精神傳統，奠基於孔孟的內聖心性學，因此，牟宗三高度重視《論語》的內聖成德之教，與方東美大相逕庭。蓋方東美視《論語》為人生經驗結晶的「格言學」，他說：「（《論語》）既沒有論及宇宙全體，也不能包括本體萬有，也沒有對本體萬有的最高根源加以闡明；他雖然涉及德目論，但是沒有普遍價值論。總之，它即使充滿了豐富的人生之智慧，仍不脫『格言學』之範圍，『格言學』怎麼可以代表哲學全體。」[41]方東美堅持西方哲學的傳統立場，哲學必須建構出一套有形上學基礎的旁通統貫之理論體系，但是，牟宗三則堅持儒家哲學的核心在以內聖性之感悟和實踐，邁向成聖成賢的安身立命之學，亦即具生命智慧的生命學問。因此，牟宗三與方東美不同處在於他認為「學統」係「知識之學」的統緒，他說：「由內聖之學的發展開出『學統』，科學哲學俱含此統緒中而名曰『學統』。」[42]他從中華精神文化的核心價值來論述「道統」，他說：

> 道統者，詳言之，即道之統緒。在反省地了解此道之統緒下，必須了解
> 二帝三王如何演變而為周文，孔孟如何就周文體天道以立人道，宋明儒
> 者又如何由人道以立天道。此一了解即是中國文化生命之疏導。必須隨
> 時代作不斷的了解，不斷的疏導。[43]

他所謂的「中國文化生命」係指中國文化在歷史的長河中所一以貫之的內在精神及其創造文化的根源性動力。他指出中國文化「是一最有原初性與根源性

---

[41] 方東美，《新儒家哲學十八講》第二講，頁25-26，臺北市：黎明，1983年版。

[42] 牟宗三，《儒家學術之發展及其使命》，見《中國文化論文集》（一）臺北市：幼獅文化事業公司，1979年版。

[43] 牟宗三，《道德的理想主義》，頁260-261，臺北市：臺灣學生書局，1992年修訂版七刷。

的文化……由其最根源的心靈表現之方向，由此認取文化生命。」[44]他由中西文化之差異對比突出中國文化的本質要素所在，他認爲西方的學問大抵以「自然」爲研究的主要對象，以認知性的「理智」來認識自然。相形之下，他說：「中國的學問以『生命』爲首出，以『德性』潤澤生命。」[45]中國文化生命扣緊「德性」，「德性」根源於心靈，其所表現之方面和歷程爲「人道」，「人道」與「天道」有緊密的縱貫聯繫關係。人道不離天道，天道透過人道而彰顯，天人之學就是德性之學，是潤澤人之所以爲人的生命而得以活出人生崇高意義即深刻價值處。他扼要地說：「中國德性之學的傳統即名曰『道統』。」[46]「德性之學」乃是具道德屬性的心性之學，中國文化生命的本質與內聖成德的心性之學不可臾離。換言之，中國文化生命係以儒家成德之爲主流所形塑的文化生命之方向和所呈現的型態。以德性之學爲本質的道統提煉凝聚了根源性的文化生命，貫穿歷史而綿延長存。

　　牟宗三在他的許多著作中都反覆強調著以儒家爲正宗來疏通中國的文化生命，他在《才性與玄理》初版序文中說：

> 中國晚周諸子是中國學術文化發展之原始模型，而以儒家爲正宗。此後
> 或引申或吸收，皆不能不受此原始模型之籠罩。……西漢是繼承儒家而
> 發展之第一階段。至乎魏晉，則是道家之復興。道家玄理至此而得其充
> 分之發揚。……文化生命之歧出是文化生命之暫時離其自己。離其自己
> 正所以充實其自己也。魏晉南北朝隋唐七八百年間之長期歧出，不可謂
> 中國文化生命之容量不弘大。容量弘大，則其所弘揚所吸收者必全盡。
> 全盡必深遠。……。故此長時期之歧出，吾亦可曰生命之大開。至乎宋
> 明，則爲中國文化生命之歸其自己，而爲大合。故宋明儒學是繼承儒家

---

[44] 牟宗三，《生命的學問》，頁65，臺北市：三民書局，1984年三版。

[45] 同上，頁137。

[46] 同上，頁61。

而發展之第二階段。至乎今日而與西方文化相接觸，則亦將復有另一大
開大合之階段之來臨。此中國文化生命發展之大脈也。**47**

　　饒富意義的是牟宗三在其道統論中，將道統的流脈分成四個相仍相貫且具拓
展性之階段。第一階段係以周文親親尊尊的人倫精神及禮樂制度和行為規範為思
想內涵。第二階段以親親和尊尊的外在規範，內化為孔子為仁由己的道為代表。
第三階段以宋明儒內聖心性的成德之學為表徵。第四階段為儒家面對西方現代化
的衝擊，在心性成德之學的基礎上，吸取西方先進的科學與民主憲政，開出新外
王的現代新文化。以牟宗三為代表的當代新儒家以上述後三階段作為弘揚儒學發
展的重點，道統發展的第四階段，亦即儒學發展的第三期是當代新儒家道統論的
發展使命，其內容是為牟宗三的三統說。牟宗三的三統說指道統、學統及政統，
三者間有層層衍生關係。「三統說」是牟宗三於50年代所提出來的，遍見於他所
出版的《道德的理想主義》、《生命的學問》兩書及《政道與治道》、《歷史哲
學》等書中。他試圖闡發道統與學統、政統之間的關係，論證儒家心性之學與現
代科學、西方民主政治相結合的可能性。他探索由道統開出學統（與現代科學結
合），轉出政統（民主政治）的途徑，而有「良知的坎陷」說。他說：「（一）
道統之肯定，此即肯定道德宗教之價值，護住孔孟所開闢之人生宇宙之本源。
（二）學統之開出，此即轉出『知性主體』以融納希臘傳統，開出學術之獨立
性。（三）政統之繼續，此即由認識政體之發展而肯定民主政治為必然。」**48**

　　牟宗三肯定道統的目的旨在維繫孔孟對宇宙人生之本源的創見。至於「道
統」的內容，蔡方鹿在其巨著《中華道統思想發展史》一書中有過精要的概括，
他指出：「孔子創立的儒家學派，其學說的主要內容是祖述堯、舜，憲章文武，
崇尚『禮樂』和『仁義』，提倡不偏不倚，無過不及的『中庸』思想和推己及
人，己所不欲，勿施於人的『忠恕』之道，政治主張『德治』與『仁政』，教育

---

47 牟宗三，《才性與玄理》〈初版序〉，臺北市：臺灣學生書局，1985年修訂七版。

48 牟宗三，《道德的理想主義》〈序〉，頁6，臺北市：臺灣學生書局，1992年修訂版七刷。

上主張『有教無類』，重視平民教育和倫理道德的培養和實踐。這些都成為道統思想的重要內涵。」[49]這一闡釋將道統「永執厥中」的豐富內涵做下不同重要面向之精準把握。大致而言，道統的核心價值在以大中至正的仁義本心不但要修出內聖成德，且應以仁政、教化實踐外王功業。牟宗三意欲肯定儒家道德宗教的價值來維護天人合德的本源，宗教是一民族文化生命的基本內在功力。牟宗三在〈現實中國之宗教趨勢〉一文中謂：「宗教，如中文所示，有宗有教，宗是其歸宿，教是其軌道，依宗起教，以教定宗。」且在〈人文主義與宗教〉一文中指出儒教的主要特色將人文世界與超越世界圓融相即，透過祭天、地、人（祖宗與聖賢）的三祭而形成了「高級圓滿之宗教」。[50]他認為孔子將自己的德性生命與天命緊密連結，以下學上達的方式遙契天命。孟子則以心善言性善，性由心顯，由仁義內在的心性證成天命的人性化、內在化，所謂：「盡其心者，知其性也；知其性，則知天矣。」[51]

所謂「學統」對牟宗三而言係指「知識之學」的統緒，知識之學在西方文化較突出，源於希臘哲學知是理性的精神，獲致現代科學駭人成果的科學辨識希臘的治學精神所演變出來的。牟宗三認為中國的道統未能轉出西方科學研究的「知識形態」。儘管如此，他認為科學是超越國界的，就當今每一民族的文化革命而言，在其發展中皆應視為當努力而為的本分之事。牟宗三不贊成過去有人把發展科學與民主說成是「全盤西化」，更不同意有人因中國文化過去未發展出今天所需要的科學與民主，就全盤否定中國文化。他認為科學與民主是各民族皆可需求的「共法」。他說：「沒有一個民族的文化能在一時具備了，所以了解一民族的文化，只應從其文化生命發展的方向與型態上來了解，來疏導，以引出來來繼續的發展或更豐富更多樣的發展。」[52]可見牟宗三的「道統」觀不但有儒家精神文化的傳承血脈，同時還站在世界文明的高度上有大開大合的前瞻性，未來的光明

---

[49] 蔡方鹿，《中華道統思想發展始》，頁38，成都市：四川人民出版社，2003年，6月一版一刷。

[50] 此兩文皆收入牟宗三，《生命的學問》。

[51] 《孟子‧盡心》。

[52] 牟宗三，《生命的學問》，頁63。

性，頗有融貫古今，調和中西的大氣度。

五、綜合評論

　　從朱熹考訂的「道統」源流譜系觀之，道統是中華民族源遠流長的精神文化傳統。他以《尚書・大禹謨》十六字心傳來界說「道統」的核心內容，「道心之微」與「人心之危」表述了一心開二門的心學架構。人在日常生活中遇物感物，起心動念若發於深微的天理之公則為「道心」。相反的，若心發於形氣欲望之私念則易淪為悖倫敗德的「人心」。在人性尊嚴及生命意義的價值取向上，若能抉擇公理正義而不被私心妄念所吞噬，則應以居敬窮理的修心養德工夫自我提升人格品性，這即是「惟精惟一」的工夫論。修身工夫若臻於精熟程度，則心能自發出「允執厥中」的道德意志，成就無過無不及的中和美德。朱熹以修心養性，內聖成德來界說道統的精義。但是，我們若省察朱子所列出的道統傳人，不難發現伏羲、神農、黃帝都是中華諸般文明的原創者，亦即以人文化成天下的人文始祖。他們對中華文化的深遠影響，不能僅以修證成中和美德來肯定，他們應是創造制度文明、器物文明的人文始祖。朱熹的道統觀顯然有局限，而可補充以能為中華民族建功立業者。

　　孫中山先生自謂其革命的精神動力源於繼承堯、舜、禹、湯、文、武、周公、孔子流傳不已的道統精神，且確認「道統」是中華文化傳統的「正統思想」。我們對比他所說的道統傳人不出於朱熹所考訂的人物系列，他在道統觀上與朱熹相同處在同聲強調修心養德的成德工夫。朱熹「惟精惟一」的心性實踐工夫中，特別標舉其所著〈仁說〉謂「仁乃心之德，愛之理」。孫中山則指出三民主義的國民革命其內在動力係基於以「仁」為中心的「博愛」精神。仁德的實踐有賴人自覺性地下修身工夫，孫中山在所著《三民主義》第六講中檢討當時中國政治、經濟退步於外國列強的主要原因之一在於修身工夫不足。他強調正心、誠

意、格物、致知具有很精微的一貫道理，是中國所固有的。他認為我們若修身工夫不足，則無能力進一步實踐齊家、治國的事業，無助於恢復民族的精神和地位。他與朱熹不同處，在於他獻身革命的大事業以及社會、國家和在世界觀上的大幅擴大。因此，孫中山在道統觀上是要繼承中國傳統道統中的心性修養，轉化為革命救國的內在動力，他的革命關注在齊家、治國、平天下的偉大事業。於是，他把道統觀的視域延伸到改造家庭、國家和世界的高度上。他極富特色之革命的道統觀，主張實事求是地繼承傳統道統的修身特質而轉向有歷史使命感和救國救世之崇高價值理想上。因此，他對於中國傳統的道統觀，在內容、視域和目標上有突破性的進展。扼要言之，他主張以王道的仁心義性來實踐濟弱扶傾，天下為公，世界和平的理想，有深受中華文化「道統」的精神感召處。

　　方東美的道統觀則立基在整個中國哲學的精神及其發展歷程上，他對傳統「道統」觀的局限處，提出了他的修正性觀點。他認為儒家的根本精神是以《易經》自強不息、厚德載物的生命哲學掌握且貫穿宇宙與人生，他不贊同儒家排斥其他學派的衛道式道統觀。他一方面主張開明的道統觀，主張儒家應有孟子所遵從孔子「毋意，毋必，毋固，毋我」的變通精神，另方面他提倡不同學派間應有相互尊重和相互肯認的「學統」觀。他將道統觀轉化成「學統」觀，出入各派之精義，調和成廣大悉備的哲學思想體系，鑄造成一圓融周備的中國文化道統觀。因此，方東美相較於朱熹的道統觀，他不但不排佛、道、墨等其他學派，且在儒家經典中，他把道統的視域從《尚書》轉移到《周易》，顯然，在格局、氣度和深刻度上超越了朱熹。若將方東美與孫中山對比，他們都認同中華文化的精神價值，他的視域兼及道家、佛學、墨家，在儒家經典的學養上，他的專業性學者性格顯然是孫中山所不及的，但是就改造家、國、天下而言，方東美在道統觀上的論述上不及孫中山的憂患意識及救國救民的責任心和使命感。其間的差別，方東美是一位哲學理論工作者，以理解詮釋和批判為主，孫中山是位劍及履及的革命家，注重實際問題的研究，訴諸除舊布新的革命實踐，對中華民族發展的形勢有改造性的遠大影響。

　　最後，我們審視牟宗三的道統觀，他與方東美相同處，兩人都是學院派學有

專精的學者，都站在中國哲學精神和發展上論道統。他們也都透過深厚而多樣的學養把道統的內涵深廣化。但是兩人不同處有二重點，其一是牟宗三對儒家情有獨鍾，且特別宗於儒家的心學。因此，他不像方東美那般的有開放之學術胸襟，也不像方東美那樣的宗儒典中的《周易》。其二，牟宗三的道統觀關注心性之學和政道與治道間的關係，提出了開展民主與科學的新外王來充實道統內涵。牟宗三雖然在心性之學上批朱熹，卻贊同朱熹的道統觀而予以發顯光大，相較於孫中山，牟宗三是位學者側重研究、著述和講學，卻不是革命運動者。孫中山的學術專業訓練是醫學，但是有愛國救民的熱忱和冒險患難、百折不撓的行動意志和理想的實踐者，他是改變中國近代歷史命運的風雲人物。因此，我們認為「道統」是中華文化的精神價值傳統，有其源遠流長的相仍相貫性，但也有在其不變的基礎上不斷向時代開放，兼收並蓄，去蕪存菁，與時偕行，與時偕新。因此，我們應該回顧過去的道統精神，立足今天汲取時代精神之資源和需求，把握現在，憧憬未來，同心協力，共同創新中華民族生機蓬勃的未來。

三、儒商與企業倫理

一、前言

　　西方源自18世紀「啓蒙運動」（Enlightenment）以來的現代化發展歷程迄今已有二百多年之久。所謂「現代化」（modernization）的本質涵義，就其內容而言，就是推行「現代性」（modernity）文化轉型發展的運動。就哲學的基本概念而言，可概括出四層涵義：其一爲兼具理論理性和工具理性的理性（Rationality）、二爲由理性形成的主體哲學（philosophy of subjectivity）、三爲表象文化和四爲具事業擴張性的宰制作用。其中「理性」是現代化的關鍵性本質元素。德國社會哲學家韋伯（Max Weber, 1864-1920）指出現代化可以說就是理性化，然而在自然科學和科技的不斷精進下，所呈現的狀態是工具理性蓬勃發展，價值理性萎縮而嚴重失衡。在超世俗性的眞、善、美、聖四大價值理性中，道德理性或倫理美德的式微，造成在商品經濟的世俗性文化浸染下，人們自覺或不自覺地以利害得失之精密算計心思，採取有效手段以達成世俗性的可欲目的，例如：名利、權力、地位等有形的庸俗價值，卻疏離了對人文精神崇高之價值理想的信仰和追求。就人類文明史進程的高度宏觀而言，現代化雖產生於歐美，卻不是局限於區域性的西方現代文化，而是一普世性的思潮和歷史進程。因此，中華民族處在這一歷史浪潮的衝擊下，是無法自外於這一歷史的脈絡和主流的。

　　現代化雖在科技、經濟、社會發展上快速進步，且給世人帶來大規模的物質富裕和目不暇給的新奇感知滿足，卻也不是事事完美無缺的。晚年長居臺灣且以研究文化哲學爲主的哲學家勞思光（1927-2012）很認同德國社會哲學家韋伯對西方「現代性文化」之本質的論述和評價。他說：

> Weber有一個根本的態度，這個態度就是說，現代性文化的出現，本身是改變歷史、推動了歷史，……實踐上改變你生活的方式、改變你社會的結構、改變你政治經濟的結構（struction）。可是這些改變，並不是說處處都合乎希望、都很理想。所以Weber說：「在現代性文化的推動下，一

個現代的世界出現，但是現代這個世界裡充滿了種種危機。」[1]

韋伯認爲我們若順著現代化的**趨勢**，特別是步步走向福利國，則我們將不自覺地走向被各種社群機制束縛的「鐵籠」（iron cage）中，那將是走向一種喪失自主性的文化秩序結構中。換言之，我們對現代文化本身的走向究竟會走到哪裡，韋伯缺乏準確的自信心。

勞思光認爲現代化中資本主義的物化人性和後現代的否定一切理論建構都使當代精神文化的動力迷失而呈現當代文化的危機。他舉出「物化」（reification）一詞指在商品經濟的大浪潮裡，人們的心靈常經不起外在誘惑而陷溺在受一系列條件制約的感性欲望中。換言之，「物化」指人沉浸在消費享受中而淪爲欲望主體，導致價值心靈的退隱。如果資本主義的企業文化局限於工具理性而排擠價值理性，生命的物化取代了生命的靈性化，則人性的尊嚴及靈性生命的發展出現了危機，性靈生命的困乏枯萎成爲人生必然的途徑，精神逐漸空虛，生命將陷入崇高價值的迷失中。因此，在當前現代化的企業發展中，不僅要重視工具理性的運作，同時更應自覺性的提振價值理性的存在意義。兩岸中國人共享了根深柢固的中華文化，儒家思想又是中華文化源遠流長的主流文化。因此，如何建構現代化中儒家性的企業倫理是兩岸共同的課題，面對這一問題我們得先探討企業倫理和企業文化的關係，再檢視中華文化的傳統中是否有儒家企業倫理。

二、企業文化與企業倫理

「企業文化」一詞指在某種歷史文化傳統及其社會大文化脈絡下，企業界中

---

[1] 見勞思光主題演講，〈當代哲學文化的困境與希望〉，頁5，臺灣新北市華梵大學第十五屆儒佛會通暨文化哲學學術研討會，2012年5月19日於該校。

的經營階層及其所隸屬的全體員工所形塑之共同理念及實踐方式，所形成的一套價值系統觀念、信仰及其企求、道德行為規範、操作基準、經營特色和生活方式的複合文化體。換言之，企業針對其經營目標及執行計畫的歷程中所形成的組織及制度文化，企業主與員工之間，員工相互間以及企業整體對顧客乃至社會國家之互動時所秉持的價值觀，以及互動模式所凝聚出來的文化。簡言之，企業文化是泛指企業所涉及的專業性理念、制度規章乃至科技設備和操作模式等企業的硬體，此外，再家上企業文化的無形力量是由人的精神文化，其內核應是具價值理性的企業倫理。

　　傑出的企業取決於傑出的精神文化，亦即企業文化（corporate culture）。因為企業是人的企業，其最重要的資源是具有生生不息之精神原動力的人，我們可以學習仿效歐美現代化產物的工具理性之制度架構及標準作業程式（standard operating procedure），但是由於民族文化氣質的不同，我們無法全然學得與其民族文化性格有關的企業文化。在中國文化的世界中，我們的潛意識中積澱了幾千年來根深柢固的中華文化各種元素，形成了兩岸及海外華人共同文化屬性的中華文化身分。我們都是中華文化社群中的成員，有共同的文化心靈，形成有共同的歷史、語言、倫理、審美品味、生活習俗……等文化團體。在中華文化的脈絡和場域中，活用中華文化的理念和行為模式才是企業體內之成員間互通其理，互暢其情之最有人心人力凝聚效率與和諧和樂的企業文化。其中，以儒家倫理所延展出來的企業倫理又是華人世界企業倫理的精髓處。凡能滲透融入儒家倫理精神，呈現出儒家式的企業倫理者，我們可以廣義的稱之為「儒商」。儒家倫理的發展係以人為本，更精確而言是以人生而為人且與其他物類有所區隔的本質「仁」為核心價值。《論語》中論及「仁」處共有五十八章，總計105次之多，「仁」具無限豐富的內涵，非任何單一語辭和概念所能界說。《論語》中針對這一人之德性統攝語的不同面向之呈顯處，隨機指點。儒家倫理的基調是內聖成德，且參與社群生活實現公共善與全人類福祉的外王功業。我們若要探討儒商的企業倫理則循序漸進的可從三方面來展開，首先是先秦儒家的基本倫理，亦即普遍性的倫理原則之內涵為何？進而延伸至中國歷史上較顯著的儒商現象及其特質為何？最後

是當代華人世界中是否仍有持續儒商精神的企業倫理？同時，展望前景，我們希望儒商在未來如何回應我們時代需求的價值取向，茲依次論述這些課題。

三、先秦儒家的基本倫理觀念

企業倫理不離基本倫理且係基本倫理所延展出來的應用倫理。儒家的基本倫理源於最原創性的先秦儒家倫理，亦即孔孟荀的倫理觀念，孔子主張「仁」是人與生俱有的先驗道德本性，〈中庸〉說：「仁者人也」孔子認為人若有自覺性的道德感，且高尚其志於仁德之修養和實踐，則在人生的道德價值取向上可步入善良之途，所謂：「苟志於仁矣，無惡也」（《論語・里仁》）凡人若能自我克制私心貪念，則能自主自發性的實踐仁德，亦即人性的尊嚴及人的道德抉擇取決於人高貴的道德心靈之自覺。因此，人人皆享有道德的主體性，孔子說：「克己復禮為仁，……為仁由己而由人乎哉！」（《論語・顏淵》）他還提出實踐仁德的一慣性方法，其弟子解釋為忠恕之普遍性原則，忠恕原則亦即我們現在常說的同情心和同理心。「恕道」是情理心之消極的道德，亦即不為惡的德行。《論語・顏淵》所謂：「己所不欲，勿施於人。」「忠道」也是本著情理互感的心推己及人，孔子說：「夫仁者，己欲立而立人，己欲達而達人」（《論語・雍也》）這是積極的道德。仁德實踐的基本特徵是愛人。[2]在社會生活的待人接物上，孔子提出：「居處恭，執事敬，與人忠」（《論語・子路》）的社會性道德原則。對待人應本持尊敬態度和善盡一己的道德責任，不損害他人的尊嚴及權益等皆是愛人的基本倫理要求。在人生事業的富貴追求上，孔子以正當性、合理性的義德為取或捨之判準，所謂：「君子義以為質，禮以行之，遜以出之，信以成之」（《論語・衛靈公》）指出君子取財求富貴應本著公理正道，以謙遜之禮教行

---

[2] 《論語・顏淵》載曰：「樊遲問仁，子曰：愛人」。

事，以誠信來成就富貴價值。孔子否定以不正當手段來獲取富貴的成就，所謂：「不義而富且貴，於我如浮雲。」（《論語・述而》）。

〈中庸〉說：「修身以道，修道以仁，仁者人也。」確立仁德是人性最尊貴的德性生命，以仁德界說人異於其他物類的本質元素。孟子更精進的以人的道德本心來詮釋「仁」，所謂：「仁，人心也；義，人路也。」（《孟子・告子上》）他主張仁義內在於人的本性，且由靈覺感通的道德心靈作用來呈顯，孟子且進一步展開道德心靈而指出四大特徵：「惻隱之心，仁之端也；羞惡之心，義之端也；辭讓之心，禮之端也；是非之心，智之端也。……有是四端而自謂不能者，自賊者也。」[3]值得注意者，孟子非斷言人性全然是善，而是指人有異於禽獸的差異處在於人有四端之心。他以「仁」來統攝四端之心、性。此外，孟子所謂性善非已實現出來的美德，而是有待人自覺和實現的潛在的，有可能兌現的善之種性。他說：「五穀者，種之美者也；苟為不熟，不如荑稗（雜糧）。夫仁，亦在乎熟之而已矣。」[4]孟子的倫理實踐很合乎倫理學所言，每個人都有實踐倫理的能力，關鍵在於人有沒有道德意志的決斷力和執行力。在社群生活上，孟子有二項具啟發性的倫理原則，第一是領導人必須以身作則，建立下屬們值得學習的典範。〈離婁上〉說：「惟大人能格君心之非，君仁莫不仁，君義莫不義，君正莫不正，一正君而國定矣。」這種為政之道可類比推論於企業倫理中企業主可效行的倫理原則。企業主應有高度的道德標準，才足以成為員工們學習的典範人格，企業倫理才有上行下效的影響力。另一倫理原則是企業主應體恤員工家庭的生計，在工資的核定上必須顧及員工有能力「仰足以事父母，俯足以畜妻子」（〈告子下〉）的人道考量之待遇。

戰國晚期的荀子關注人類政治、經濟、社會的團體生活，他的論述最足以代表儒家的群道。他認為在社群團體中「一物失稱，亂之端也。」因此，他主張適才適所，公道報酬的「德必稱位，位必稱祿，祿必稱用」的社會職能分配及合理

---

[3]　《孟子・公孫丑上》。

[4]　《孟子・告子上》。

的報酬正義。《荀子‧榮辱篇》所謂：「皆使人各載其事，而各得其宜。然後使穀祿多少厚薄之稱，是夫群居和一之道也。」扼要言之，荀子所倡「維齊非齊」的社會報酬之正義觀對當前的企業倫理最具啟發性智慧。在荀學中充滿制度理性意識，社群團體若要能健全的長久運行，必得建構能「明分使群」以實現「群居合一」的理性化、客觀化的典制。《荀子‧性惡篇》說：「聖人積思慮，習偽故，以生禮義而起法度。」他突出具合理性、正當性的「義」概念，是社群倫理的核心價值，〈王制〉篇所謂：「公道達而私門塞，公義明而私事息」、「無德不貴，無能不官。無功不賞，無過不罰」。總而言之，荀子重視合乎公道公義的職能分工及報酬正義，強調要制定出一套同工同酬，不同工不同貢獻而不同報酬的「法度」才能在分工上實現適才適所。在報酬正義上，實際貢獻和實質報酬能相稱等值，這是任何社群倫理應本持的理性化法則。他在〈大略〉篇說：「義與利者，人之所兩有也。……故義勝利者為治世，利克義者為亂世。」人除了有自私自利的性惡傾向外，人心也有崇理尚義，以分、辨、企求群居合一的社群理性及社群倫理的要求，荀子在〈議兵〉篇指出：「義者循理，循理故惡人之亂也。」企業倫理也屬於社群倫理的維度，群體和諧的企業體如何建構具結構性秩序及規範性功能的制度，在追求企業利益時如何堅持以義制利的價值理性，荀子為當代留下可啟發性的哲學資源。

四、歷史上的儒商典範

　　孔孟的基本倫理是居仁由義，「義」是公理正義的概念。「仁」是人貴為萬物之靈所具有的先驗道德本心和本性，也是人性尊嚴和尊貴本質所在，清代阮元將「仁」訓為「讀如『相人偶』之人」。阮元主張「仁」必得由吾人走向他者產生相連結性的互動關係中，切己釋放內心真實的關愛、尊敬，讓他者能感受到仁愛和尊敬其人格的親切感才是「仁」的德行倫理精義。走向他者的忠恕仁道是社

群倫理的基本原理。

　　以創造最大利潤為目的固然是企業經營的主要目標，這是就在商言商而言。但是君子取財以道，亦有其企業倫理的商道。就荀子而言，應當以義制利。企業主管謀取商業利潤不能無限上綱而失去倫理規範。儒家提醒我們勿見利忘義，應該見利思義，以義制利，《漢書‧董仲舒》載其名言：「正其誼不謀其利，明其道不計其功」就企業倫理而言，道義優位於功利，道義是公平競爭以公道謀求合理利潤，價值理性優位於不擇手段求功利的工具理性。然而，孟子將義利關係太過關注於以利害義的負面現象，不如荀子正視以義謀利來為社會興利除害。追求合乎社會正義的社會福祉，造福全體社會人民是儒家外王，建功立業的社會責任，南宋葉適（1150-1223）批判地指出：「『仁人正誼不謀利，明道不計功』；此語初看極好，細看全疏闊。古人以利與人而不自居其功，故道義光明。後世儒者行仲舒之論，既無功利，則道義者，乃無用之虛語爾。」[5]葉適就儒家「己立立人，己達達人」的社會責任觀點，轉向於興利除害的儒家外王責任，他說：「以《詩》、《書》考之，如其崇義以養利，隆禮以致力。」[6]他強調儒家在崇義養利的為社會興利除害之社會事功觀念。他認為若偏執於以利害義的過激之論，不但不能減輕民生疾苦，增進社會的安康樂利，且使道義徒載空言，而不能營造社群團體合理的有正當性的幸福。

　　宋明理學家嚴天理人欲之辨、義利之別，雖有如朱熹將天理與人欲對立起來，卻不全然否定商業的價值，《朱子語類》卷113〈訓門人一〉載：「問：『吾輩之貧者，令不學弟子經營，莫不妨否？』曰：『止經營衣食亦無甚害。陸家（陸九淵家）亦作鋪子買賣。』」朱子仍然肯定商業有維持家庭生計的價值，卻還是擔心經商致富會傾向重利輕道義的危險。宋明理學史上，王陽明可說是首位肯定「商」的存在價值，他說：「古者四民（士農工商）異業而同道，其盡心

---

[5]　葉適《學習記言序目》，卷23，《前漢書》。
[6]　《水心別集》，卷3，〈士學上〉。

焉，一也。」[7]他所持的主要理由是：「雖治生（做生意）亦是講學中事。但不可以之爲首務，徒啓營利之心。果能於此處調停得心體無累，雖終日做買賣，不害其爲聖爲賢。」[8]然而，不論朱熹或王陽明皆未發展出儒家倫理與商業倫理的結合，直至16世紀才出現兩方面的合流。據當代學者余英時的研究指出：

> 第一是15、6世紀中國的市場經濟空前活躍，許多全國性和地域性的大型或中型企業都出現在這一時期。……第二是在這一時期中，大批的「士」加入了商人的行列，形成了一個長期的「棄儒入賈」的社會運動。其結果是「士」與「商」之間的界線變得越來越分不清了。王陽明的「四民異業而同道」便代表了儒家倫理在一個全新的社會現實面前所作的重大調整。[9]

　　據余英時對15、6世紀商人傳記以百計之多的檢視，「棄儒入賈」的個案近十之八、九。同時，他發現從16世紀始，商人不再是社會階層中的「四民之末」，而是上升至僅次於「士」的社會階層。他進一步的指出：「由於士與商之間的界限已混而難分，當時的「商才」幾乎都具有『士魂』。簡言之，中國史上出現了一個『士商互動』的全新局面。」[10]儒家的倫理轉化爲商場上的人文精神信仰，成爲商業倫理或企業倫理的精神資源或文化底蘊。我們可藉著吳偉業（1609-1672）爲當時浙江富商卓禺所撰寫的〈墓表〉可證明當時的商才所具足的士魂，亦即本文所謂儒商的企業倫理之信念和實踐之德。該〈墓表〉中有段精妙語：

> 白圭之治生也，以爲知不足與權變，勇不足以決斷，仁不能以取予，強

---

[7]　見王陽明於1525年寫給商人方麟的〈墓表〉，《王陽明全集》，上海古籍出版社，1992年，上冊，頁941。
[8]　同上，《全集》下策，〈傳習錄拾遺〉，頁271。
[9]　見余英時，《中國文化史通釋》，頁50。
[10]　同上，頁52。

不能有所守，雖學吾術，終不告之。夫知、仁、勇、強，此儒者之事，
而貨殖用之，則以擇人任時，強本力用，非深於學者不能辨也。[11]

知、仁、勇是儒家所標榜的三達德，相輔相成，相資爲用，吳偉業還補充了
能堅定不移，固守倫理美德的「強」德，足見商人培養「士魂」還得增益堅毅不
拔的意志力才能具有強而有力的倫理執行力。

此外，15、16世紀之交，有位山西商人王現（1469-1523）認爲儒者（士）
與商賈不但不因一方重義，另一方面重利而衝突，而且可有機的調和義與利兼
顧，以義制利，如是，商與儒不必分高低而共享平等之社會地位。王現在其誡子
書中說：「夫商與士，異術而同心。故善商者處財貨之場而修高明之行，是故雖
利而不汙。……故利以義制，名義清修，各守其業。」[12]儒者主義，商人主利，
兩者非水火不容，而是可以將差異互補，調和成以義主利，以利佐義，相互貫通
爲一脈。

至於儒商大規模出現的時代是明、清時代，普遍集中的地區首推安徽的徽
州，本文將這一時期和地域具儒家風範的徽州商人簡稱徽州儒商。明、清時代的
徽商所以能潛移默化出儒家倫理特色的人格，有其深厚的歷史文化和地域風俗傳
統。因爲南宋大理學家朱熹的故里婺源屬徽州所轄，朱學在元朝立爲官學且欽定
爲科舉考試的範本，朱熹的祖籍在徽州，民風樸實的徽州與朱熹理學之合流，導
致儒家倫理文化之流行較其他地方顯著。就史料觀之，徽州地區在明、清時期廣
設學校，普遍建書院以施行儒家倫理教化，同時在區域內所建的家典、家訓、族
規中明確規範族人應該遵循儒家倫理思想和具體的規範，例如清代雍正時代的茗
州《吳氏家典·序》中有言：「我新安爲朱子桑梓之邦，則宜讀朱子之書，服朱
子之教，秉朱子之禮，以鄒魯之風自恃，而以鄒魯之風傳之子若孫也。」[13]

---

[11] 同上，轉引自53頁，見《梅村家藏稿》卷50，〈卓海幢墓表〉。
[12] 同上，轉引自54頁，見李夢陽，《空同先生集》卷44，〈明故王文顯墓誌銘〉。
[13] 見周曉光·李琳琦合著，《徽商與經營文化》，頁106，上海：世界圖書出版公司，1998年11月第1版。

　　基於儒家倫理以忠恕之道，由個人道德擴展到外王的社群倫理，我們試由這一歷程來論述徽州儒商的企業倫理之形成和重要內涵。首先在內聖成德的個人道德修養上，他們以仁愛之心、寬厚之德為修養個人道德之首務。筆者以清代康熙、乾隆年間的歙籍鹽商吳鍻為範例，他一生以仁心為質，急公好義，行善而不張揚，他以仁心為家訓一再告誡其子說：「今遺汝十二字：存好心、行好事、說好話、親好人。」[14]他認為寬厚待人的厚道是人一生所學不盡也做不盡的。在見利思義的事證上，徽商拾金不昧的美德在記述徽商的資料上不乏記載，普遍反映出他們以仁心為人性本質的信念。以仁心為人之本質的個人道德觀念，使他們在商業活動上獲益不淺。例如：歙縣梅莊的余文義，據載述：「弱冠行賈，誠篤不欺人，亦不疑人欺。往往信人之誑，而利反三倍。中年積著累數千金，居鄉以長厚聞。」[15]此外，他們誠實守信的講究誠信之美德普遍成為善良民風。蓋他們在經商時，合資經營、貸款經營的情形非常普遍。此舉一說明，明、清商品經濟發展已透過這種方式得以擴大經營規模，另方面也可資證明他們守誠信的美德。

　　徽州儒商常被譽為「多才善賈」，「多才」指他們中很多人知書識禮，文化素養程度高，在為人處事上精明練達，人格成熟穩重。明、清社會有許多商人，如徽商的多才、善賈，卻有在商不唯商，求利不唯利的大器識，因為他們受了儒家教化的薰陶，在商場上表現出誠信不欺，視商譽為第二生命。據張海鵬、王廷元編《明清徽商資料選編》採集不少徽商接受儒家倫理觀念，甚至在服飾方面也效仿儒士之事例，例如，載述程得魯「雖服儒，其操行出入諸儒」，描述黃璣芳「平生自無妄語，與人交惟忠信……。足智好議論者服其誠，而好儒備禮者亦欽其德。」物資生活的不匱乏，是精神生活的必要條件，孟子所謂有恆產才有恆心，徽州儒商浸潤於儒家的倫理文化中甚久，賈服而儒行，亦商亦儒，獨具非凡的風采。他們不但以儒家思想修身，且進一步將儒家基本倫理推擴到商場中而形成了儒家化的商業倫理，做人誠懇的「誠」德與做事講信義的「信」德是他們所

---

[14] 見《豐南志》，第五冊。

[15] 清光緒，《祁門倪氏族譜》卷下，〈誥封淑人胡太淑人行狀〉。

形成的商業倫理兩大核心價值，例如，歙縣有位江姓商人出賈四方，據載：「歷游吳越閩海諸地，以誠信交人，同事無少欺隱。後卒於浦城。病革，猶作書遺諸子，諄諄忠厚積善爲訓。」[16]做人應該「忠厚積善」，經商應該「誠信交人」已形成彼時徽州儒商共同的商業倫理。誠德與信德最基本的美德就是童叟無欺，不二價，貨眞價實不賣僞劣商品，也不投機取巧，任意哄抬物價牟取暴利。君子愛財取之以道，以義制約，不唯利是圖，以利害義，義利雙行，不謀不義之財是最核心的商業倫理。茲再取二則典範性的事例來說明，其一，據《大泌山房集》卷73《胡仁之家傳》記載，明代歙縣的糧商胡仁之在嘉禾經商，有一年遇上當地飢荒，一斗米貴達千錢，有人建議他可以在糧食中滲假以牟取暴利，他堅持商品質量的誠信是商道之本，不能昧著天理良心的天良來賺錢；其二，商場有風險自古皆然，據嘉慶《修寧縣志》卷15《人物・鄉善》記載，該縣商人吳鵬翔曾與人簽約，訂購800斛胡椒，後經人查出這批胡椒有毒素，避免毒胡椒流入市場，竟不惜以重金付貸款，且將毒胡椒燒毀，足見其損己利人的仁心義舉。不僅如此，很多徽商以儒家仁民愛物之心，確認商家與顧客之間不是唯利是圖的關係，而是互利互惠，互相依存的民胞物與關係，他們不但對詐欺顧客以謀取暴利的奸商感到不齒，而且以「薄利生財，甘爲廉賈」做爲商業倫理的一項美德，頗有孔子所言博施濟眾，荀子所謂善生養人的淑世情懷。

五、當代的儒商風采及未來之展望

儒家內聖修德、外王淑世的仁義思想及其源遠流長下所陶成的明、清儒商德化的人格是中華民族優秀的文化精神傳統和典範性人格，在這一普遍滲透華人世界，深刻積澱在華人心靈意識深處的文化元素，如當代新儒家梁漱溟所言，中國

---

[16] 歙縣，《濟陽江氏族譜》卷9。

是一道德理性早熟的文化，儒家傳統所涵養出來的社會是以倫理為本位，人與人之間倫理情誼的感通為崇高的文化生活價值，因此，他認為儒教化的中國是倫理本位，職業分途的。本文所論述的儒商，可為一佐證，在當代華人世界中也有不少繼承明清時代儒商之精神傳統，講究企業倫理以及善盡社會責任的當代儒商，我們可以首推南洋橡膠大王，愛國愛鄉土的福建籍華僑陳嘉庚先生，他在《陳嘉庚公司分行章程》第一章第一條，開宗明義地宣示：「本公司以挽回利權、推銷出品、發展營業、流通經濟、利益民生為目的。」他常說：「人身之康健在精血，國之富強在實業。」他自覺地指出華人企業家應以振興中國經濟為己任。他言出必行，自1919年起，竭盡公司最大財力，集巨資創辦廈門大學（如今已是福建省首屈一指的重點大學）、集美航專等十多所學校，集結成學村。他莊嚴的宣布：「以後本人生意及產業逐年所得之利，除花紅之外，或留一部分添入資本，其餘所剩之額，雖至數百萬元，亦以盡數寄歸祖國，以充教育費用。」[17]陳先生之所以特為重視中國的教育，這是他有知識經濟學的先見之知，他在異域經營國際大企業具有前瞻性的國際宏觀視域。他深刻認識到科學的基礎研究為科技的研發奠基的必要性，也了解科技的進步是企業繁榮的推動力，因此，科學的研究人才、科技的研發人才、事業化的管理人才，高科技的生產作業員等皆端賴教育來培良質精量足的人才。教育，特別是高等教育是造就人才的搖籃，是發展經濟、厚植國力、造福同胞不可或缺的必要條件，因此，陳嘉庚成己後思成人，己立而立人，己達而達人，以飽滿的民族愛，對同胞的人文關懷和強烈的社會責任感，不但盡力回饋國家的教育和經濟建設，也激勵了其企業團體員工對企業崇高理想的忠誠和熱忱，強化了對企業的向心力、凝聚力，提升了企業倫理觀會和社會責任感，產生了企業發展的精神動力，使具儒商特色的企業更具蓬勃發展之勢力。

臺灣的紡織巨子徐有庠先生以「誠信樸慎」為其創業的座右銘，他自述在就學時期對《論語》、《孟子》、《大學》、《中庸》、《左傳》、《易經》、

---

[17] 潘亞暾、汪義生等著，《儒商學》，頁268，廣州市：暨南大學出版社，1996年12月第一版。

《禮經》等儒家經典以及《古文觀止》等書皆有所涉獵。他的企業文化精神是糅合了勤儉樸實的家風，以及對生活的實際體驗，他說：「我平生最服膺受用的理論是《中庸》『力行進乎仁』的精義。」[18]

三陽公司是臺灣人所皆知的大企業，黃世惠是第二代企業經理人，他50歲時由腦外科專家轉軌於企業界，秉持「不要分是誰的責任，自己應該率先努力」的儒家身教重於言教的人文精神，本著正派經營的信念，他聲稱：「君子愛財，取之有道，『我不是什麼錢都賺的，乞丐的錢我就不賺』。」[19]這是儒家見利思義，不賺不義之財的基本倫理，他在1988年購入當時瀕臨破產的「國泰信託」，其回收無望的放款近二百億新臺幣，淨值僅950萬元。黃世惠僅帶了三位幕僚推行「三陽式」的分層負責與獎懲制度，他個人與其關係企業不向「國泰信託」貸款，他的誠信經營原則終於使「死水」重新流動起來。7年後，「國泰信託」的信託資金從240億元新臺幣快速增長至918億新臺幣，所擁有的總資產突破1100億臺幣。他的誠信倫理，講究信用，貫徹誠實無欺，獲得他人對其企業經營的信譽，使得其企業得以長期健康的發展，可資為儒家倫理的企業文化做一正面的佐證。

優秀的企業人員不是叢林的戰鬥者、唯效率是問的機器人或是商業戰場上優秀的勇士，而應該是智、仁、勇、強兼具的品格完善的高尚君子。商業的永續經營在於能恆維持誠信和公道，企業組織的運作功能建立在忠誠度、榮譽感和對人友善的態度，也就是應培養自己深厚的人文素養及對他人和社會的人文關係。宋代理學家陸象山（1139-1193）說：「若某則不識一個字，亦須還我堂堂地做個人。」[20]意指人生有限，卻能活出無限莊嚴的生命意義和價值，應挺立在天地之間，堂堂正正地做一個人。儒家鼓勵人應有仁愛心、正義感、責任意識，若能具備這些人之所以為人的基本人文素養，在倫理本位、職業分途的前題下，從商

---

[18] 曾志強，《中國商道-從胡雪巖到李嘉誠》，頁108，臺北市：達觀出版公司，2006年8月初版。

[19] 同前，頁137。

[20] 《陸象山全集》卷35，包顯道錄。

也顯出儒者的德性、品味和格調而成為兼具儒與商之身分的「儒商」。因此，企業倫理旨在培養企業主和全體職工的仁義人品和社會責任心，實踐的重點在「教育」，特別是我們具有中國文化身分的儒家倫理這一必要元素。臺灣的企業倫理，近年來逐漸受關注，1990年，中華民國管理學會與美國亞洲協會共同資助「臺灣企業倫理」研究計畫，經常舉辦相關的講座、研討會，且出版成果以便流通普及，又製作了10卷錄影帶教學個案10卷，便教學和推廣之用。臺灣企業界也紛紛成立各種文教基金會，舉辦相關主題的倫理講座，或從事各種社會公益活動，例如洪建全文教基金會、金車文教基金會等，一方面回饋社會，善盡完善化社會的責任，另方面也一心向善地重塑良好的企業文化和企業形象。在臺灣，大學的商學院或管理學院也逐漸開設企業倫理或職業倫理等課程，可說明這一課程發展趨向。[21]儒家的企業倫理除了涵具敬業樂群的工作倫理外，還蘊含對家庭精神生活的珍重和自發性的奉獻美德，同時也注意倫理親情的融洽，和為貴的禮教修養、家教和勤儉的美德，這是中華文化可轉化接軌於當代企業倫理的優秀文化傳統。

六、結論

現代化的企業經營特別強調理論理性和工具理性的理性化元素，制度理性是西方企業的精隨。然而，誠如韋伯所言，工具理性的蓬勃發展，使西方以科技或經濟成長指標為單向指標的西方企業，易忽略價值理性的人文元素，偏執於誤認人類文明的價值僅在於物質的豐饒和科技的單邊性發展。因此，現代化的偏向發展也產生無法評估的負面現象，例如：人生的意義淪落至僅以個人物質享受的消費值為判準，人文精神的安身立命之道被遺忘，以致造成自我的疏離、人與歷史

---

[21] 李春旺，《企業倫理》，臺北市：正中書局出版，1990年，頁213-215。

文化的疏離、人與他者的疏離，這就是上世紀人文心理學家榮格在其《追求靈魂的現代人》一書中所總結出來的其對精神病患者缺乏精神幸福的根本原因。現代化所衍生出來的大規模生產、大規模消費極大規模的製造垃圾，造成城鄉的大差距，都市的集中化發展造成住宅密集、交通擁塞、噪音四起、自然景觀遭受人爲破壞，大眾傳播被政治和商業濫用以及對事實的偏頗扭曲，生活節奏緊張下的身心壓力，工作與娛樂的形式化、單調化，人際關係的表層化，能源的枯竭化，人欲橫流使生命意義庸俗化、膚淺化，形成精神生活的空洞化和虛無感……等等。西方有識之士，如英國史學家湯恩比、德國哲學家韋伯及海德格、瑞士人文心理學家佛洛姆、美國哲學家麥金泰、中國當代哲學家方東美等在對當代文明深刻反省後，異口同聲的提出危機感的呼喚和深切的批判與可能的修正方向。

　　美國哈佛大學曾有一大批學者教授們共同指出：個人主義的現代社會已不利於美國經濟的進一步發展，需要向日本等東方國家學習團體主義精神，然而，日本前首相中曾根康弘曾建言：歐洲人應該設法懂得一點儒家思想。[22]美國學者H‧艾倫‧雷蒙德在分析當代「西方企業家精神」這一主題時曾指出：「精神、幹勁、才華和生活能力以及最豐富的人生閱歷可能成爲第三次浪潮的基本倫理，第二次浪潮企業傾向於分門別類、公式化和建立等級制度，因而，在許多情況下，使人成爲某種類似機器的東西，把人的精神壓垮了。」[23]在環境倫理長期惡化，人與自然仍處於衝突狀態下的今天，生態失衡所導致的大自然反撲，人類現代化自食某種惡果的今天，儒家〈中庸〉：「致中和，天地位，萬物育」、《周易》：「乾道變化，各正性命，保合太和以利貞」、張載「民胞物與」、王陽明「一體之仁」，整個儒家愛物惜生的倫理精神傳統愈來愈受到重視了。德國教授波爾在1990年聯合國教科文組織召開的「面向21世紀教育國際研討會」上曾指出：「儒家的人文主義哲學是人道或天道相通的，這就是『天人合一』的思想，它溝通了人與自然關係中的和諧和順應，在環境汙染和生態平衡嚴重破壞的情況

---

[22] 潘亞暾、汪義生，《儒商學》，頁265。
[23] 同上，頁266。

下，儒家的『天人合一』思想，可以避免人類在危險的道路上越走越遠。」[24]生態危機是現代化科技與企業結合於商品經濟大潮下所造成的惡果，儒家倫理不僅止於對當代企業倫理所涵之生態倫理這一課題有所啟發，儒商不但鼓勵人創造拿正義的財富，且應以財富端正社會風氣和濟弱扶傾的商業倫理對當代企業倫理而言，有更多面向，更深刻挖掘的可能性。2014年10月逝世的蔡萬才（臺大法律系畢）在臺灣金融界市場標榜「高層與低層」近距離接觸、可凝聚向心力的「town hall meeting（市民或里民）大會」，其談經營事業50多年的人生智慧，認為臺灣最適合發展「觀光、金融和醫療生技」三大產業，富邦集團於1979年國泰集團（1957年蔡萬才、萬春、萬霖共創）分家所創立，他自豪地自稱選對了行業，他常建議員工多讀《論語》、《孟子》，因為做人的道理都在其中。臺大傅斯年校長規定大一新生一定要讀《論語》，讓他們一輩子受益匪淺，然而，《論語》看似淺顯，但「不同的人生階段看《論語》，每一階段體會都不同。」蔡萬才隨身帶著小開本「四書」，方便隨時閱讀，臺灣首富的家庭教育「身教很重要」，「飲食、睡覺、運動」三者缺一不可，且要協調平衡。

　　企業經營的目的故然在追求利潤，但是亦有無可旁貸的社會責任，應本著取之於社會，用之於社會的精神時時回饋社會，實踐公司治理、企業承諾、社會參與、環境保護等四大面向，為社會、公司員工、消費者帶來幸福，期能做為最佳企業公民。臺灣行政院農委會為了配合綠色造林計畫，鼓勵企業團體認養公有土地，無償種樹造林及撫育林木，企業界反應踴躍，由企業認養農地，不但可使員工分享優質、無汙染的農作物，還可協助農民建立品牌、提高收益，也有企業認養球場、贊助比賽活動，甚至認養動物園的動物。因此，身為中華文化子孫的我們，對儒家哲學乃至對整個中國哲學的民族深刻心靈和經典智慧應予以應有的重視和虛心的學習。如此，兩岸在邁向現代化的歷程上將可盡量避免重蹈前人錯誤的覆轍而走向可久、可大、可遠的未來莊康大道，這才是我們中華民族共同的美夢。

---

[24] 同前註，頁270。

四、魏晉玄學及臺灣五十年（1949-1998）來研究之回顧與展望

一、「魏晉玄學」釋義及其在中國哲學史的意義和地位

「玄」字首見於《老子》首章中所云：「無，名天地之始；有，名萬物之母。⋯⋯此兩者，同出而異名，同謂之玄。玄之又玄，眾妙之門。」在《老子》「玄」指謂著「有」「無」相互關係之探討。「玄」乃萬物存在與變化所依據的「眾妙之門」，係哲學存有論及宇宙發生論的課題。西漢晚年的揚雄（53-18B. C.）仿《易》作《太玄》接合《易》、《老》。他在《太玄‧玄攡》中釋「玄」之涵義曰：「玄者，幽攡萬類而不見形者也。」「玄」意指生規、定摹、開類、發氣，而不見其形的萬物宗主。「玄」具有獨立不改的自足之性。因此，「玄」當係統合萬物的最高形上實有。「玄學」就此意而言，是哲學中所研究的形而上學、存有論或本體論。「玄學」之名早見於《晉書》[1]及梁‧沈約的《宋書》[2]。

至於「玄學」的涵義則首先載於何劭《荀粲傳》的引文：「（傅）嘏善名理，而（荀）粲尚玄遠。」據《世說新語‧文學》的說法：「傅嘏善言虛勝，荀粲尚談玄遠。」再兼綜彼時的人倫鑒識之風，推知「名理」當指在官僚體制的政治名分所對應的政治理分間，名實相符應的關係問題。換言之，人的自然才性與人為規製的社會名位間，如何獲致名實相符應的人才學為名理之學的重點。循這一方向發展而衍生「辨名析理」的抽象思維方法，成就了才性名理學，其中以鍾會編著的《四本論》，又名《才性四本論》可資代表。其意義在於把劉劭《人物志》對人之才性所做的具體歸納和分析，透過抽象思辨的方法而建構成才性論的抽象理論。

鍾會、傅嘏、李豐、王廣等人襲取戰國時代名家，如惠施的「合同異」，公孫龍的「別同異，離堅白」等，把感覺經驗轉化成抽象思維性的邏輯分析，運用來做才性問題的討論。他們透過「同」、「異」、「離」、「合」的邏輯關係

---

[1] 據《晉書》卷54〈陸雲傳〉載：「雲本無玄學，自此談老殊進。」

[2] 梁‧沈約的《宋書‧雷次宗傳》載：「元嘉15年，征次宗至京師，時國子學未立，上留必藝術，使丹陽尹何尚之立玄學。」

字，組合出才性同、才性異、才性離、才性合等四種才性名理學的理論類型。他們有別於惠施、公孫龍之注重一般經驗事物，而關注人。他們吸收名家的邏輯分析方法，來研究人的品行與才能之種種相互關係、才性名理學剖析精徵，思辨曲折深婉，使魏曹哲學的思維能力推向條分縷析，嚴密精微的地步。

至於荀粲所尚的玄「遠」乃指對具體事物進行超越的觀省而臻於超言絕象的形上原理；換言之，「玄遠」是探究一切存在物根源之理的玄遠之學，亦即務本體之學的玄學。《老子》書中，「道」字用了七十六次，但是「人」字則出現八十四次。其中「聖人」一詞出現了二十八次，這一點說明了《老子》所代表的道家最關注的問題不單單只是本體論或天道。道家最關心的課題是「人」與「道」的天人關係問題。質言之，道家所以探求道之「常」乃源出於人面對一己生命和世事無常之憂患意識。因此，道家的本體論是要建立正常的天人關係論，藉以在這一脈絡中理解自我，定位自我與他人及自然的相互關係，處理人生哲學及自我與社會、政治的合理和諧關係，趨吉避凶，實現生命內在自足的寧靜與悅樂。

被稱為「新道家」的魏晉玄學亦復如此。玄遠之學的理論出發點在窮根究柢「無」與「有」之關係。但是其人間關懷仍繞繫著「自然」與「名教」的關係，亦即這一生命安頓之問題。蓋漢代官方尊經崇儒的政策，驅使知識份子務求經明行修。士子們不但通經以致仕，且從小接受道德禮法的外在規範。在實施徵辟、察舉的取士政策下，士人頗注重自身的言行之表現是否契合社會禮教的具體規範。漢代儒家認為架構一套具體的禮法名教，可資以制約人們的自然本性而不致恣意妄為，淪喪道德。對漢代儒家而言，人既為一歷史文化的存在，亦係一道德社會的存在。因此，為政者當規製一套實踐道德仁義的名教，依名定教，依教涵化塑造理想的社會、道德人格。可是，從道家的立場觀之，人為的名教禮法愈繁複則人的自然本性愈失素樸真實，為了趨利避害而貌行禮教，心跡不一。因此，以政治威權挾人的利害之心，藉賞與罰之二柄勵行名教的結果是，人心虛偽失真，名教也因威權的外鑠化而逐漸僵化、虛文化，甚至腐化。人的真性情隨禮法名教的異化及宰制而被戕害，且造成人與人的矛盾，人際關係的衝突與社會、

政治的動亂。《老子》早已指出「故失道而後德,失德而後仁,失仁而後義,失義而後禮,夫禮者忠信之薄,而亂(乱)之首」,且倡導「上德不德,是以有德」、「上德無爲而無以爲」[3]。漢代道家重術,在政治上承襲先秦道家的無爲之治,同時,也吸收養生論,旨求生命的恬淡自適。因此,魏晉玄學承擔了調解漢儒的名教之治與道家無爲之治的衝突。就這方面而言,玄學家特別重視《老子》書中「生而不有,爲而不恃,長而不宰」的「玄德」[4]。另方面玄學家也肯認人亦是一歷史文化及社會、道德之存有者,如何化解執成心以行名教之弊,及保全人本眞的自然之性,得享形神充養,相親和諧,臻於逍遙自在的神人之境,亦係玄學家所關注的人生哲學。總而言之,如何調和自然與名教的衝突?如何尋求理想的人格、人生,合理化的社會及政治?兩者合而爲一,亦即在自然與名教之相互關係中探索其相互衝突所在及調和的接合點,構成了魏晉玄學的哲學課題。

　　就哲學史的發展而言,漢代尊經尊儒,一方面產生與陰陽五行說、天人感應說結合而成爲荒誕不經的今文經。另方面,偏執於名物訓詁,章句註解,其流弊爲煩瑣的古文經。同時,漢代儒學與刑名法術的法家合流,白虎觀會議後,儒家倫理確立爲宰制性的三綱六紀。經學與利祿結合,通經致仕、累世爲官,造成豪門士族壟斷了教育、社會、政治的龐大資源,淪喪了社會正義。威權的名教之治,異化了道德禮法,以致成爲社會控制及政治鬥爭的工具。魏晉玄學面對種種的歷史經驗,透過道家的深邃智慧,冷靜而理智的解讀和批判時代課題,促成了對自我及時代的理解,從而自覺地調和自我與時代,索解自然與名教如何合理和諧之課題。

　　依大陸學者田文棠的見解,魏晉晉時期呈現了三大思潮:名理學、玄理學和玄佛交涉的佛理學。這三大思潮從縱剖面而言,對先前的哲學遺產各有所承,從橫切面觀之,三者又相互滲透,彼此融合。名理學是吸納當時名、法、儒、道思

---

[3]　上較引語俱見《老子》第三十八章。

[4]　《老子》第五十一章云:「生而不有,爲而不恃,長而不宰,是謂玄德。」

想而形成。玄理學主要係儒道兼綜的產物。佛理學主要是在東晉玄佛交涉下，吸取印度傳來的般若性空說，抉發真俗二諦的基本涵義和相互關係。此際，以老莊外典詮解佛典的格義，以緣起性空融合道家的「無」及「逍遙」，否定客觀世界的恆常性或真實性，務求精神上的自我澈底解脫。[5]田先生認為三大思潮的中心主題聚焦在人的自覺。就方法的革新而言，魏晉玄學擺脫了兩漢經學的荒誕、瑣碎和腐化，而朝向道家簡潔和抽象的方向。就方法特色而言，魏晉玄學採取名家辨名析理的邏輯思辨法及《莊子》、《易經》寄言出意的抽象思維法和藉經通理的自由詮釋法、意象思考法以及在具體情境中對自然與名教採真切的體認法。就哲學思路的承傳脈絡而言，魏晉玄學除了改造兩漢經學方法外，也承襲了兩漢的不少遺產，例如：天命觀、才性說之出於王充宇宙的元氣說、政治的無為論，人生的養生說出於兩漢道家道教……等。在影響方面，對日後的佛學及宋明理學皆有深刻的影響。例如臺灣學者傅偉勳認為：「郭象所貫徹到底萬事萬物『自然無為』這個原則，亦可看成慧能以後的道地中國禪（如臨濟宗）所承接的釋道根本義諦之一。」[6]王弼將兩漢象數易學轉向於以義理解易的方式，影響了宋代理學以義理解《易》之主流。其「性其情」的人性論架構亦被北宋程伊川接受。至於魏晉玄學影響下的美學及藝術創作精神，影響後世一直至今。

二、魏晉玄學的論叢及臺灣近五十年來研究成果之概述

湯一介曾在其《郭象與魏晉玄學》一書中指出：魏晉玄學所提出的問題及解釋，豐富了中國傳統哲學的概念、範疇。他列舉出在「魏晉玄學中『有』、『無』、『體』、『用』、『本』、『末』、『一』、『多』、『言』、

---

[5] 見田文棠，《魏晉三大思潮論稿》，西安：人民出版社，1988年第一版，第一章。〈魏晉清談與魏晉三大思潮的形成和發展〉及該書霍松林所撰的〈序言〉。

[6] 見傅偉勳，〈老莊、郭象與禪宗——禪道哲理聯貫性的證釋試探〉一文，收入其所著《從西方哲學到禪佛教》，臺北：東大圖書公司，1986年，頁425。

『意』、『獨化』、『相因』、『名教』、『自然』、『無心』、『順有』等等，這樣一系列的概念、範疇都被成對的提出來了」[7]。湯先生所提出的核心問題，主要集中在王弼（226-249）至郭象（252-313）這一段時間。若從較宏觀的歷史視野觀之，魏晉玄學的發生可回溯至西元220年曹丕篡漢後，其結束則可延伸至西元581年楊堅統一南北朝肇建隋朝，總計約361年。其間不論訴諸「清談」形式或玄學論文形式所衍生的論叢，較湯一介以成對範疇方式所提出者為多。例如：在典籍名篇方面有鍾會《才性四本論》所論究的才性名理問題，何晏〈聖人無喜怒哀樂論〉，嵇康〈聲無哀樂論〉、〈養生論〉，阮籍〈大人先生傳〉、〈達莊論〉，楊泉〈物理論〉，鮑敬言〈無君論〉，慧遠〈沙門不敬王者論〉、〈形盡神不滅論〉，僧肇三論（〈不眞空論〉、〈物不遷論〉、〈般若無知論〉），范縝〈神滅論〉及裴頠〈崇有論〉。在專題研究或湯一介所謂概念、範疇研究，除已列舉者外，猶尚有「形質神用」、「適性逍遙」、「即色遊玄」、「名士風度」、「聖人觀」、「般若觀」、「空觀」、「禪觀」、「無心觀」、「儒佛論」……等。此外尚有玄學史的特殊課題，例如：「正始之音」、「清談」、「格義」、「六家七宗」、「玄學的美學」……等。

　　至於回顧臺灣近五十年來的魏晉玄學研究概況，我們可先借助於一項實際調查報告以資說明。據前政治大學哲學系教授沈清松所做過的1988-1995年連續兩次對哲學學門之調查評估，其中列有明確數據。若以臺灣學界教師的研究在各領域的分配而言，以中國哲學最多。就各段哲學史的研究成果觀之，先秦哲學居首、現代中國哲學居次，宋明哲學又次之[8]。顯然，魏晉玄學在臺灣學界教師級的研究成果不能列入前三名，在中國哲學的研究領域中，尚有拓展充實的廣大可能性。若就這7年間臺灣博碩士論文的研究成果而言，在中國哲學的時代分期觀之，先秦哲學居首，宋明理學居次，魏晉哲學第三。[9]就後者的表現而言，令人

---

[7]　見湯一介，《郭象與魏晉玄學》，臺北：谷風出版社，1987年，〈緒論〉，頁4。

[8]　參見沈清松，〈哲學在臺灣發展的現況與展望〉，刊於《哲學雜誌》第十七期，臺北，1996年8月，頁9。

[9]　同上註，頁10。

鼓舞而對魏晉哲學的前景抱以希望。蓋就學界的新血輪——博士研究生而言，他們對魏晉哲學的注目與投入，較之教師級的研究已有轉變，而提升到中國哲學領域的第三位序。回顧臺灣近五十年來的魏晉研究，就成果的公布而言，可略為總論或概論、專家研究及專題研究三面向，茲簡述如下：

（一）魏晉玄學總論式（1949-1998）或概論性的研究概況

　　大陸學者湯用彤先生在1957年出版《魏晉玄學論稿》一書。湯氏的研究成果對大陸的玄學研究，特別是北大哲學系，產生了深遠的影響。其弟子及後繼的研究者在基本觀點上大抵是承隨湯氏的根本立場。湯氏的魏晉玄學研究儼然已成為大陸玄學研究的典範或「大宗師」了。在相應的類似情況下，臺灣的玄學研究學者中能就魏晉玄學的核心課題，前後相因，立場一貫，既能予以宏觀式的察照，又能深刻辨名析理、思理精徵的先驅學者當首推牟宗三先生的《才性與玄理》。該書於1963年在香港出版，後由臺北的臺灣學生書局重印，且數度再版。該書的一些觀點，對其學生及臺灣的玄學研究者，產生了或多或少、或深或淺的影響。

　　牟著總計十章，內容分別為「王充之性命論」、「《人物志》之系統的解析」、「魏晉名士及其玄學名理」、「王弼玄理之易學」、「王弼之老學：王弼老子注疏解」、「向郭之注莊」、「魏晉名理正名」、「阮籍之莊學與樂論」、「嵇康之名理」、「自然與名教：自由與道德」等，他在書中認為魏晉是道家的復興。玄理涵玄智，玄智發於道心。道家玄理在魏晉得到充分的發揚。書中精選王弼、嵇康、向秀、郭象為玄學的代表。他認為「玄」非惡詞，而係深遠之謂。他點出道家及玄學的路數是循「為道日損」之方向，提煉出「無」的智慧。質言之，道家以主觀工夫所證悟的「無」之妙用，訣發出客觀的存有論，就證道之深邃與妙運而言，他稱道家的形上學係「境界形態」的形上學，且特名之曰「無執的存有論」。同時，他確認道家「無」的智慧係總攝具體的圓融性智慧。雖然有的學者認為道家形上學亦具實有形態的特徵，而不完全接受其說法。可是，道家

「境界形態」的形上學特徵係牟氏的創見，格外令人矚目。

他從「無執的存有論」談及人生理想境界的修爲工夫，謂儒釋道三大教的「共法」繫於「無」的智慧。據此，再處理自然與名教問題時，他認爲道家「無」的智慧並非取消「名教」而是「作用的保存」了名教。換言之，「無執的形上學」化解了名教之執所衍生的種種不自然之弊端，爲名教合情合理的彰顯清除了障蔽。在處理人性論時，他特別論斷了王充之論「氣性」與劉劭《人物志》之言「才性」，乃是「順氣以下言性」，而有別於「逆氣以上言性」的儒家心性論系統。這兩項論旨頗爲臺灣魏晉玄學學者所津津樂道。特別是後一判教，在兼綜儒道的玄學論調中，別具獨特的聲調。

牟氏對其所精選的四位魏晉代表性人物，亦以銳利俊逸的筆調一一品評。他評王弼之《易》注爲簡潔精妙，《老子》注則能以相應的道家心靈獨發玄宗。阮籍被鑒識爲一具浪漫性格的文人，其生命傾向必衝決禮教，奔赴原始之洪荒與蒼茫。[10] 讚嵇康善析名理，能論客觀的音樂美學。評郭象以詭辭爲用，跡冥圓融，圓唱玄智。牟氏的評語文辭雋永，誦之有味，令讀者印象深刻。

稍後的何啓民著成《魏晉思想與談風》，追述魏晉名士談風的原因及來龍去脈。該書「理與論注」及「渡江前後」兩章頗有中肯之論。周紹賢著有《魏晉清談述論》一書。其撰寫的題材，依序爲清談之起因、內容及影響。其辯駁「清談亡國」的史論，義正辭嚴，頗有說服力。牟、何、周三位先生的論著爲臺灣以後的魏晉玄學研究打開了門窗，有先驅拓荒之功。其中，周紹賢於臺灣政治大學哲學系及輔仁大學哲學系講授「魏晉哲學」之講義三萬餘言，由劉貴傑詳加補綴而賡續成篇，撰成《魏晉哲學》。該書內容連「緒論」及「結論」在內，共二十章。其特色在第十一章以後，以九章的篇幅較周詳的紹述了東晉玄佛交涉下的佛學。這部分的內容依次爲格義佛學以及道安、支遁、慧遠、羅什、僧叡、僧肇與道生的佛學及玄佛的交涉。這是臺灣第一本教科書形態的玄學概論式著作，共

---

[10] 見牟宗三，《才性與玄理》，臺北：臺灣學生書局，1975年四版，頁288-297。牟先生品評阮籍爲：「一有奇特之性情。二與庭法有嚴重之衝突。三能嘯，善彈琴，希慕原始之和諧。」

345頁。該書書名定爲《魏晉哲學》，於1996年，由臺北市的五南圖書出版公司出版。

此外，呂凱著《魏晉玄學析評》，紹述了魏晉玄學如何臨醞釀與形成、玄學的內容、正始玄學、竹林玄學、向秀、郭象、張湛、葛洪等玄學家的主要學說。該書第一章言道家的質變及第二章論儒家的質變所產生的玄學醞釀作用，引領讀者對玄學形成的理解具有貢獻。在研究生的學位論文方面，陶建國的《兩漢魏晉之道家思想》可資代表魏晉玄學之總述性的研究成績。至於單篇性的論文，雖間或具之，對紹述魏晉玄學的整體面貌，亦有不可抹煞之功，在此不再贅述。

（二）魏晉玄學專題研究概況

何啓民在1965年撰成《竹林七賢》一書，可說是臺灣出版的第一本魏晉玄學的專題研究著作。該書303頁，以思想史的角度切入，逐一的提出了他對竹林七賢的研究報告。其中以〈嵇康研究〉的篇幅最大，占了50頁之多。該書分述七賢之身世、言行、著作、思想後，以〈綜論〉爲結尾。《綜論》中總結了七賢之出身、七賢與正始之關係、七賢之出處、嵇、阮、向思想之變跡、嵇、阮、向思想之差異、七賢與魏時談風之關係、七賢於劉宋玄學中所占之地位、阮、嵇之文學。書末尚附錄了「竹林七賢年譜」及「引用書目」。何氏這本著作啓引了臺灣學界對竹林七賢的注意，也爲這一領域的研究奠下較紮實的基礎。

唐翼明在1992年，於臺北東大圖書公司出版了一本351頁的《魏晉清談》。該書分上下兩篇。上篇的標題爲「清談的名義、形式及其內容」，內分三章，考辨了清談之名義、清談形式及內容。下篇標題爲「清談的起源、發展及其演變」，內容論述了清談的醞釀與成形、清談的將絕與復興、清談的重振與衰落。該書前頭刊載了余英時爲該書所作的一篇六千字左右的長序。作者在〈緒言〉中回顧了中外學者對魏晉清談所做的重要研究，指出其間存在的問題。唐氏自謂該書之作係爲了彌補這些缺陷所做之努力。該書參考書目除了列舉了中文書目外，還列了日文及英文的重要研究書目。該書廓正整清了「清談」問題，使讀者對始

於曹魏正始年間、止於南朝的「清談」獲得多層面且深入的認識。近20年來臺灣的研究所博碩士論文中，以玄學做專題研究者亦不少。例如：在博士論文方面，1978年林麗眞撰成《魏晉清談主題之研究》，稍後有江建俊的《魏晉玄理與玄風之研究》、林顯庭《魏晉清談及其名題之研究》、謝大寧《從災異到玄學》、周大興《魏晉玄學中自然與名教關係問題研究》、張釩星《魏晉知識份子道家意識之研究》、林敬姬《魏晉儒道之爭》、林朝成《魏晉玄學的自然觀與美學研究》、江美華《西晉儒學研究》、吳冠宏《魏晉玄論與士風新探—以「情」爲綰合及詮釋進路》、徐麗眞《世說新語呈現之魏晉士人審美觀研究》、江淑君《魏晉論語學之玄學化研究》等十二篇。

　　這些以魏晉玄學爲撰寫博士學位題材者，很多人在先前撰寫碩士論文時即玄學爲題材。他們之中，有些人不但碩博士的撰寫以此爲領域，畢業後仍堅持這一志趣和理想，投身於魏晉玄學的研究和教學。例如，較早期畢業的林麗眞在臺大中文系長期默默的耕耘，引發學生們對玄學的興趣，已陸續培養出一些以玄學爲碩博士論文的畢業生。江建俊在成功大學中文系持續其研究玄學的志趣，不但前前後後已指導出以玄學爲碩士論文題目的新秀，還熱心參與該校系所策劃的「魏晉南北朝文學與思想學術研討會」，目前已開過三次大會，且已將與會論文編輯成書，出版問世，可謂功不唐捐。又如莊耀郎在臺灣師大國文系從事玄學方面的教學與寫作，不但經常發表其玄學研究的心得報告，且已指導以玄學爲題材的碩士論文數篇。至於碩士論文以玄學爲專題研究者，則有盧建榮《魏晉自然思想》、劉繩向《魏晉玄學的「言意之辨」主題論述對魏晉美學的影影及發展》等數十篇。除博碩士論文外，近五十年來發表在學報、刊物、研討會……上的各種玄學專題研究報告，可說是多樣而豐富。我們從諸專題的情質而化約論題類型，大致是分布在下列範疇中：(1)本體論或形上學，(2)自然與名教，(3)才性名理，(4)人物品鑒，(5)清談與玄學思維法，(6)言意之辨、認識論，(7)士風、理想人格（聖人、士人），(8)形神關係說、養生論，(9)玄學與道教，(10)玄學與經學，(11)樂論（宣教治政或滿足美感欣趣），(12)逍遙論，(13)隱逸說、無君論，(14)玄學與文學，(15)玄學與美學，(16)玄佛交涉，(17)魏晉反玄思想等十七項論題。

（三）對魏晉玄學家的專家研究概況

所謂「專家研究」係指以魏晉特定的玄學家為專門研究的題材或對象。回顧臺灣近五十年來，由這方面的研究成果顯示，多集中在正始時期的王弼，竹林時期的嵇康、阮籍，元康時期的郭象與東晉時期的僧肇等人。其他人則有劉劭、何晏、鍾會、夏侯玄、向秀、山濤、劉伶、裴頠、歐陽建、支遁、張湛、傅玄、僧叡、道安、慧生、道生、葛洪等人。

專家研究的成果可略分為四種樣式。(1)對某特定的玄學家進行長期性的研究而累積建構成全面性的、系統的思想體系。在出版成書的專著中有一本可資為範例為紹述，即是林麗真的《王弼》[11]。作者在該書中擇取王弼《老》、《易》、《論語》三注各別析論的切入方式以顯王弼治學的各個造詣，另方面，作者自謂其撰述旨趣在扣緊王弼玄學的一貫思想「崇本息末」而逐步開展。一方面可資據以審視王弼詮釋上述三本儒道經典時所持守的自家思想脈絡和系統所在。一般學者常謂王弼玄學為儒道兼綜，林麗真則確認王弼玄學基本上是近老子而非近孔子的。她認為王弼的「崇本息末」觀是根據《老子》，進而發展《老》學而建樹的。該著作不但凝煉「崇本息末」為王弼玄學之體系核心和獨創性，且進一步承續牟宗三「無執的形上學」來詮解王弼的名教觀。作者認為王弼的「貴無論」具有貴無而不賤有的特色，因此，衍論「名教出於自然」。她深刻指出王弼玄學的理路係透過「本體之無」的思辨，再返回「生活之無」的落實。她認為王弼玄學真正關切的問題是「如何本著『自然無累』的心境，用以對待『刑名禮教』的問題」。[12]作者在書中還評論了王弼發展《老》學及玄化儒理的歷史意義和功過得失。

在學位論文方面，目前已有莊耀郎《王弼玄學》及郭梨華《王弼之自然與名教》兩篇博士論文，碩士論文方面，則有林麗真《王弼及其易學》等十多篇以王弼為玄學專家的論文，多集中在易學、老學，次為言意之辨研究。學界中研究王

弼玄學的專文，則有牟宗三、錢穆、戴君仁、戴璉璋、呂凱……等學者的研究報告，為數不少。

在竹林七賢的專家研究中，以嵇康、阮籍二人最受囑目。研究嵇康方面有專著成書者，在臺灣最早有莊萬壽的《嵇康研究及其年譜》、楊國娟《嵇康研究論文集》。近一年多來有張蕙蕙《嵇康音樂美學思想探究》、謝大寧《歷史的嵇康與玄學的嵇康》。對嵇康做了全面性探討的，則是本人1994年出版的拙著《竹林玄學的典範——嵇康》[13]。本書企圖較全面地紹述對嵇康玄學的論辯方法、自然觀、人性觀、生命觀、養生論、宅卜吉凶論、聲無哀樂論、政治社會思想、詩文特色。書尾附錄「嵇康年表」、「嵇康研究論著目錄」以供同好者參考。至於博碩士論文方面，依筆者目前所知，尚未見有以嵇康、阮籍為博士論文主題者。碩士論文則有徐麗霞《阮籍研究》、蕭登福《嵇康研究》等一、二十篇左右。對七賢的研究在單篇論文上不勝枚舉，當以百篇為計，以自然與名教、樂論、養生論等為主，間亦有較少被論及的題目，例如徐高阮的〈山濤論〉、江建俊的〈由劉伶「酒德頌」談到魏晉名士的酒德〉。

在西晉或元康玄學方面，郭象係一顯赫的研究對象，臺灣學界以此做碩士論文者甚多，例如：林聰舜《向郭莊學之研究》、陳黎君《郭象哲學體系中自然概念之探義》等。雖然以郭象為玄學專家研究的博士論文尚未見到，卻欣見莊耀郎先生的新著《郭象玄學》[14]，該書點出了莊子重「心」，郭象重「性」，抓住了郭象何以為新道家的注《莊》核心，且勾畫出郭象玄學的思維方式和玄學體系。再以郭象《莊》注中的「自然」、「性分」為經，以「逍遙觀」、「有無論」、「聖人論」、「名教論」、「自生論」、「生死觀」、「獨化論與玄冥論」為緯，編織出郭象玄學整體的理論結構。作者確切地把握了郭象玄學的重要概念內涵。在這一基礎上，作者進而將概念間的相互關係，條理得脈絡分明。同時，該

---

[13] 曾春海，《竹林玄學的典範——嵇康》，臺北：輔仁大學出版社，1994年8月初版，計264頁。後來在鄭州中洲出版社出簡體字版。

[14] 莊耀郎，《郭象玄學》，臺北：里仁書局，1998年3月初版，計352頁。

書在展示郭象玄學的論旨時，亦將諸論旨之道家哲學發展軌跡做一追蹤，釐清觀念的分際，對照出郭象的旨義且賦予得失的講評。就目前臺灣玄學研究而言，無疑的，這本書是對郭象所做玄學專家研究中，最具系統化、全面而深入的著作了。除了郭象外，也有以裴頠爲玄學專家研究者，例如碩士學位論文詹雅能的裴頠《崇有論》研究。除上述專注及學位論文外，臺灣學界對郭象的單篇論文研究數量最多，裴頠間或有之，對歐陽建的研究最少，這涉及到文獻資料的多寡問題。

在東晉玄學的研究成果方面，大學教師級的研究似尚無專家研究的重要專著。但是在研究生的學位論文上，相對而言，成果較爲豐富。博士論文有劉貴傑的《竺道生思想之研究》。涂艷秋《僧肇思想探究》碩士論文有數篇以僧肇爲主題，其他則有劉貴傑《支道林思想之研究》、盧笑芳《慧遠佛教思想研究》、鄭阿碧《范縝神滅思想之研究》。至於東晉有關抱朴子、張湛、玄佛交涉的單篇論文皆可偶見，但是爲數不多。

對魏晉玄學專家研究的其他三樣式：(1)以特定專題進行玄學家之間的比較研究。例如：碩士論文，陳俊龍的《向郭與支道林逍遙思想之研究》，(2)魏晉玄學家與先秦道家之比較研究，例如：碩士論文，張碧芬的《莊子與郭象「莊子注」人生哲學之比較》；(3)以宏觀的角度進行玄學家之間的玄學比較，例如：單篇論文，陳榮灼的〈王弼與郭象思想之異同〉。在魏晉玄學研究者的背景來分析，首先我們發現臺灣魏晉玄學研究的兩位先驅者：牟宗三出身於哲學界，何啓民則出身於史學界。繼兩位前輩之後，從事魏晉玄學研究者係以撰寫碩博士學位論文的研究生爲主要隊伍。他們畢業後散佈各校，仍持續做相關的教學與研究。值得注意的是，這股研究魏晉玄學的中生代及新生代多出身於中文研究所，而較少哲學研究所。筆者認爲這與臺灣大學界普設中文系所，且中文系所在經學、子學方面課程開得較齊全有密切關係。返觀臺灣大學界的哲學系所，長期以來的師資結構比及課程結構比，中國哲學一直處於弱勢。不但如此，哲學系所在有限的人力和課程中又偏重先秦哲學、宋明理學，以致魏晉哲學的教學與研究較處於長期缺席的地位。最近七、八年來情況已有改善，許多哲學系已開設魏晉哲學課

題，可惜的是哲學研究所的師生較不重視這一領域的開拓，研究成果自然不如中文研究所豐碩。令人可喜的是，亦有治中國哲學的前輩學者最近幾年來潛心研究魏晉玄學且發表寶貴的研究成果。例如：前中央研究院中國文哲研究所所長戴璉璋曾發表了一系列關於王弼、阮籍、嵇康、郭象及玄學中的音樂思想等研究性論文，且指導玄學的學位論文，對中青年學者的玄學研究不無鼓勵作用。中國文化大學繼成功大學主辦三次魏晉文學與思想會議後，也於1998年12月召開一次大型的同類會議，對凝聚和推動魏晉玄學的研究而言，也有所貢獻。

三、魏晉玄學研究的未來展望

臺大中文系林麗真教授曾撰寫過一篇《魏晉玄學研究的回顧與展望》[15]，該文以宏觀的方式檢討了兩岸三地及日本學界的玄學研究概況。她在文末從四大項目對玄學的研究未來，做了一些展望。其要點是：（一）在「玄學通論」方面，有關「儒、玄、佛、道之交涉」問題和「玄學與其他文化現象之互動關係」問題，值得再往縱深和廣博之方向去拓展。她具體的指出十三項內容。(1)儒道之異同會通，(2)道家與道教之關係，(3)玄佛交涉及佛教中國化之歷程，(4)玄學與經學，(5)玄學與美學，(6)玄學與藝術，(7)玄學與清談，(8)玄學與魏晉政治，(9)玄學與魏晉社會，(10)玄學與魏晉經濟，(11)玄學與文學，(12)玄學與史學，(13)玄學在中國思想史及文化史上的定位問題。（二）在「玄學史」的研究方面，王葆玹、江建俊、湯一介等人分別寫成「正始玄學」、「竹林玄學」、「郭象玄學（元康玄學）」，獨缺「東晉玄學史」，這是可期待的研究目標。（三）在「玄學家」的研究方面，鍾會、夏侯玄、管輅、向秀、劉伶、山濤仍有值得探討的餘地，東晉時期的僧人或道士如支遁、道安、鳩摩羅什、慧遠、葛洪、陶宏景、

---

[15] 該文於1997年8月發表於韓國「中國學第十七屆國際學術會議」。

寇謙之、陸修靜等人，可針對他們在溝通玄、佛、道的貢獻上，再深入研析。

（四）在「玄學專題」的研究方面若能再結合思想史的流變做歷史性的考察，做更深一層的邏輯分析或採中西哲學的比較，則玄學研究將有深遠的前景。

林麗眞教授浸潤玄學的研究與教學已有二、三十年之久，以她資深的身分向我們建言，頗有中肯和足發人省思之處。筆者不揣淺陋，也願提出一些展望以略示補充之意。

（一）「自然」與「名教」是玄學一直所關切的課題。道家偏於天道而明自然，主張勿用人爲的道德禮法來干預人而傾向各個人歸眞返撲，朗現個人自然的眞性情。玄學家在感受到名教對個性的壓抑和個人合理自由的束縛後，引發了個體的自覺。從人物鑒識轉出了人回歸自然我來顯發本眞和自我價值的意識。玄學這一尊崇個性自主與才性煥發的自由與當代民主化的思潮頗有妙契處。無疑地，民主化是20世紀末全球人類共同肯認的價值與潮流，這一潮流在21世紀可預見是全球人共同走的路。民主的崇高理念在深信人人皆有同等的人格尊嚴及個體生命價值。秉持民主的社會承認個別差異的人類社會係一眞事實。自由與平等是天賦的人權，尊重個性及實現個人的才華是民主化社會的共同理想。魏晉玄學崇尙人的個性美及才性美，不但肯定人人內在的眞性情，且嚮往充分自由以實現各個人的天性，郭象所謂：「夫小大雖殊，而放於自得之場，則物任其性，事稱其能，各當其分，逍遙。豈容騰負於其間哉！」[16]從「道通爲一」的本體論出發，「齊」人爲分化之「物論」的尊卑、貴賤、大小之不齊，導出性分自足，眾生平等的平等思想。從自足於心的精神自由——「逍遙遊」，肯定人人皆有表現自我，獲致自得其樂的自由。玄學中所蘊涵的自由與平等之價值理想，可資與民主社會所崇尙的自由與平等精神相互溝通、啓發和補充。同時，玄學所嚮往的無爲政治，與儘可能對人民干涉得愈少，管得越少的民主政治也有相互學習之處。

另方面，從臺灣民主化的過程而言，人們享有的實質自由與平等可謂是空

---

[16] 郭象注《莊子‧逍遙遊》語。

前性的。但是，公權力不彰，社會公共資源的分配不均，社會倫理觀念淡薄，於是，自由成為個人自我縱容的同義詞，平等誤導成不知尊重他人，校園倫理、社會倫理及政治倫理處在日漸衰退中。玄學所關注的個人自由與人倫道德如何溝通、調整而得一平衡和諧的可久可長狀態？蓋玄學肯定自然並不偏廢合理的名教——即道德禮法。人亦是歷史文化及政治社會的存在。人的生命成長過程中，無時無刻不受其所處的社會環境、知識水準、價值觀、風俗習慣的潛移默化。儒家認為人是在歷史文化的進程及家國天下的日日生活世界中進行人文化成。個人是什麼？實難隔絕其所處的時代環境、所隸屬的社會、道德、風俗團體之影響和涵化。同時，人的文化人格及文化生命的孕育是離不開群體生活的互動和陶冶的。在群倫共處中，如何避免放縱無忌，恣意妄為，以致造成人際關係的緊張和衝突、社會的動亂、國家的危機，儒家認為綱常名教或道德禮法的規製屬必要。然而，時至今日，社會結構丕變，已非昔日的宗法血緣之家族社會，亦非大家庭制的集權政體。儘管如此，公共道德或公共生活的規範在民主化社會中仍是必要的，只是如何使之合理化而已。玄學所論究的綱常名教，在今日屬社會倫理、國家正義之課題。因此，名教的時代形式與實質涵義之賦予，在未來的發展中似可與西方的政治哲學，例如黑格爾所嚮往的超越客觀之公共理性精神——國家正義相溝通、結合，至於名教社會中如何調和階層矛盾，而將社會資源做一公正合理的分配，使人人皆能肯認一合理的社會生活以資自我成長和實現，則可與當代西方的社會哲學，例如新馬克思主義或羅爾斯（John Rwals）的正義理論（A Theory of Justice）對談、雙向溝通以達成新時代的名教理論。

（二）王弼的玄學方法特徵是「得意忘言」。王弼注《易》或注《老》，《易》、《老》對他而言，係提供可理解的思想材料，亦即文本。王弼注《易》、《老》係以讀者的身分，對兩書靜態的原始意理結構，透過自身存在的時代體驗，進行動態的積極參與和理解。做為王弼詮釋理論的貴無論，係對《易》、《老》原有理論的承繼和創新。因此，王弼的言意之辨是一方法上的姿態，擬藉《易》、《老》的啟發來理解自我及時代的處境，資以開顯存有（「道」或「無」）和安頓自己與時代生命的新理論之發展基礎。同理可知，郭

象注《莊》的「寄言出意」，其意義亦然。換言之，玄學家之所以詮釋《易》、《老》、《莊》三玄，旨在透過理解的進程開展人所存在的精神世界。簡言之，玄學家藉經典的詮釋而在所營造的理解中，深刻的意識到個體存在的真實境界與群體生命可能的意義和價值所在。因此，玄學家處在世局丕變，自我迷失的焦慮不安中，其詮釋三玄乃是以「在世存有」的真切實感來理解生活的世界，進而詮釋存有或自然（本真）。玄學家透過三玄，在理解與詮釋歷史中，重新理解和聯繫了兩漢的儒家崇名教與道家尚自然之傳統，使傳統獲得新的理解、調整和生命意義得以再生於玄學家所處的當前世界。

自然與名教的矛盾與衝突，導致了玄學家感受到自我生命與時代走向的意義迷失與價值模糊、失落。玄學家之重返三玄來反省漢代儒家道德禮法體制，其本質就在追尋一切存在的「意義」，以及揭露時代的深層問題所在。玄學旨在生命世界中體悟「道」或「自然」的真實自在，進而自覺的嚮往與道妙契合一，道化現實以解決時代的困厄，安頓一己與時代的生命。玄學之「玄」乃指深遠不可得而名之「存有」或「本真」，玄學是追究天地、萬物真實本性與人類本性的學問。依此，筆者認為，玄學在未來研究的開拓和創新上或可與關注「是什麼」的解釋學（Hermeneutics）可資以相互交談、啟發和借鏡。

泰勒（Games Taylor）曾予詮釋一簡明的定義：「解釋學中所謂的『詮釋』，乃係欲將對象清晰化，且對之賦予意義。其對象是一典籍，或與典籍相類的東西。其內容從某意義而言是曖昧的、不完全的、模糊的，看似矛盾的。從一面或多面觀之，皆未明朗，詮釋的目的乃在於揭露其背後可能的一貫意蘊。」[17] 王弼「得意」而忘言忘象的詮釋《易》、《老》及郭象「寄言出意」的詮釋《莊子》，亦係藉著對典籍的詮釋活動與理解、解釋行為來揭露即開顯即遮隱的存有本性，且隨順的推衍出意義的抉擇和生發。當代詮釋學，以哲學詮釋學為首務，重視「理解」或「領會」（Understanding），以開顯真理為要務。

海德格認為一切有意義的言詮，皆在表述、溝通共同境遇感和共同理解。魏

---

[17] 見其論文「Interpretation and the science of man」。

晉玄學家對三玄（《易》、《老》、《莊》）的言詮及藉清談的微言達意，有著相應的意義。玄學家在詮解玄學所依據的典籍時，也兼有海德格所謂哲學的語言之三特色。第一是智慧性的觀念系統：旨在以真知穿透表象獲致自我自心的自由與幸福，彰顯存在的意義。第二是默觀性的觀念系統：以實踐的感受及理論性的思索交互運用，期能遍觀整全，逼顯實相。玄學家嵇康「目送歸鴻，手揮五弦，俯仰自得，遊心太玄」的默觀之意境似頗能切中此中深意。第三是詮釋性的觀念系統：不甚重視智慧在實踐上的解放作用及默觀理論的透明性，而重視言詮，重造事實，賦予意義的功能，玄學家在調解自然與名教的關係上，王弼謂名教出於自然、嵇康謂越名教任自然、郭象名教即自然的言詮皆屬之。因此，玄學未來的研究或可藉證詮釋學的借鏡而開拓新意。

五、百年來墨學研究之回顧以及墨子的兼愛與儒家仁愛和基督公教聖愛之對比研究

一、前言

司馬談〈論六家要旨〉一文，釐清了先秦學派間的不同特色和分際，分判出儒、墨、道、法、陰陽和名家等六大學派。墨家排序僅次於儒家，又是先秦儒、墨、道、法四大顯學之一。就20世紀兩岸的中國哲學研究中，對墨家的研究之成果亦是斐然可觀，可見墨學對中國哲學與文化傳統有舉足輕重的不可忽視之重要性。本人曾撰寫過〈闡墨學的貴義說〉[1]，後來又在拙著《先秦哲學史》中獨闢一篇論述墨家學派[2]。本文擬以墨子的兼愛爲主與儒家仁愛（以孟子孝悌之愛爲主）、基督教的聖愛做一對比性的論述。文中先以宏觀視域扼要紹述20世紀華人世界對墨學之回顧；釐清墨學的淵源、問題意識及「兼愛」提法之針對性；比較兼愛與仁愛之同異；對基督教（耶教）「聖愛」進行概念涵義之分析和詮釋；「兼愛」與「聖愛」之異同；最後以兼愛、仁愛、聖愛之相兼相容爲21世紀的世界和平做一展望。

二、百年來華人世界對墨學研究之回顧

清代戴震乾嘉學派標舉了由考證通義理，非由義理通考證後，對古代哲學經典進行了歷史文獻的整理和研究，蔚然成一學術風潮，形成了清代樸學的學術研究特色。墨學也開始受清代學者關注，且做出了歷史文獻的基礎研究成果。例如：孫詒讓所著《墨子閒詁》被列入四部刊要，諸子集成第一集三十中之一、畢沅的《墨子注》、張惠言的《墨子經說解》、王念孫的《墨子雜志》、俞越的《墨子平議》等對《墨子》進行古籍整理、考證和注疏做出了紮實的貢獻。在回

---

[1]　拙著《儒家的淑世哲學》，頁309-325，臺北市：文津出版社，1992年9月初版。

[2]　請參閱曾春海，《先秦哲學史》，頁337-371，臺北市：五南圖書出版公司，2010年10初版一刷。

顧近百年來墨學研究的概況和重要成果上，兩岸各有一位學者做出了概括性的宏觀視域之回顧。一位是大陸學者鄭杰文於2006年北京人民出版社之《中國墨學通史》中撰寫了〈近百年來的《墨子》整理與墨學研究〉上、下，另一位是臺灣學者李賢中在所著《墨學──理論與方法》一書第一章撰寫了〈臺灣墨學研究五十年來之回顧〉。

筆者先扼要紹述鄭杰文對百年來墨學研究之評述。他在書中斷言1912年至1948年是20世紀墨學研究史上的興盛期。因為這一時期出現了眾多墨家社會思想的研究著述，進行了多面向的探討。他檢討其所以然的原因有三：（一）五四新文化運動後，有些學者提出了整理國故，清理傳統文化的號召，促發了國故整理及國學研究的興盛。墨學義理研究在這一時期中大部分出於20年代。（二）西方社會科學研究成果及治學方法的引進，使許多學者採用了西方學科分類的方式去研究墨家思想，例如汲取西方概念分析論述方法，比較研究法和社會矛盾分析法。（三）學術氛圍的自由化，這一時期不存在清代官方的文禁，也無專制政權推行的政治運動，知識份子自發性的關心中國的政治局勢與前途，各抒己見，促進了這一時期墨學政治、社會思想的自由研究。這就一時期墨學整體研究的質量而言，鄭杰文做了如下的評斷：

> 由於活躍於此時期的這批墨學義理研究者們，既無章太炎那般的國學根底，又未像胡適那樣受西方方法的系統訓練，且不具梁啓超那樣的學術眼光，故其墨學義理研究較少新見，多陳陳相因，轉述他人研究所得而稍加變化而已。[3]

儘管如此，他還是肯定了陳柱《墨學十論》、錢穆《墨子》、王桐齡《墨學之異同》以及侯外盧等《中國思想通史》論墨。他特別讚賞侯外盧諸人運用

---

[3] 見前揭書，頁530。

彼時流行的社會矛盾或階級鬥爭理論學說，對墨家思想內容，採取辯證性的分析
方法，以二分法評價墨家學說的歷史作用，係代表這一時期墨學義理研究的佼
佼者。此外，他也論述了王桐齡的《儒墨之異同》綜合運用中西學術研究法立基
於紮實的文獻研究，對儒墨兩家在宗教、道德、社會、價值理想以及對舊有經典
諸方面的差異，客觀地評論了墨學的價值和不足處，頗令人覺得「確實別開生
面。」⁴

　　鄭杰文謂1912年至1948年的墨家社會思想研究，給20世紀後半期的持續研
究奠定了良好基礎。他在書中列舉了這段期間對墨學有貢獻的六十六本專著。計
有王寒生《墨學新論》、楊榮國《墨子的思想：反惠施、公孫龍的墨者學派》、
顧德輝《墨子和墨家》、高葆光《墨學概論》、任繼愈《墨子》、欒調甫《墨子
研究論文集》、侯外盧等《前期墨家的思想、後期墨家的墨學發展及其唯物主義
思想》（在其《中國思想通史》第一卷中）、胡耐安《儒道墨三家評介》、陳拱
（陳問梅）《墨學研究》、謝湘《墨子學說研究》、張鐵君《三民主義與儒墨正
名思想》、陳拱《儒墨評議》、嚴靈峰《墨子簡編》、李紹崑《墨子研究》、孫
廣德《墨子政治思想之研究》、薛保綸《墨子的人生哲學》、周長耀《墨子政治
思想之研究》、史墨卿《墨學探微》、鍾友聯《墨家的哲學方法》、錢王倜《墨
學新論》、馮成榮《墨子生平及其教育學術之研究》、蔡仁厚《墨家哲學》、
王企榦《墨子析義》、馮成榮《墨子思想體系研究》、王冬珍《墨學新探》、馮
成榮《墨子行教事蹟考》、張家鳳《墨子民生經濟思想》、詹劍峰《墨子的哲
學與科學》與《墨子的形式邏輯》、周富美《墨子》、陳維德《墨子教育思想研
究》、閻崇信《墨子非儒篇匯考》、李紹崑著‧張志怡譯《墨子：偉大的教育
家》、王冬珍《墨子思想》、陳拱《墨學之省察》、劉澤之《墨子思想研究》、
顏名澤《墨家集策》、李紹崑《墨學十講》、譚宇權《墨子思想評論》、周玉蕙
《從現代學術論墨學》、楊俊光《墨子新論》、邢兆良《墨子評傳》、孫中原

---

⁴　見前揭書，頁531。

《墨學通論》、黃世瑞《墨家思想新探》、宗德生《墨子》、吳進安《孔子之仁
與墨子兼愛比較研究》、秦彥士《墨子新論》、陳偉《墨子的人生哲學》、譚家
健《墨子研究》、鄧英樹・向寶雲《墨子與現代社會透視》、黃省三《墨子思想
新探》、張知寒等《墨子里籍考論》、王讚源《墨子》、李亞彬《中國墨家》、
楊愛國《墨學與當代經濟》、莊春波《墨學與思維方式的發展》、顏炳星《墨學
與新文化建設》、鄭杰文・黑琨《墨學與新倫理道德》、吳雪生・黃厲鴻・吳薇
薇《墨學與當代政治》、李廣星《墨學與當代教育》、姜寶昌《墨學與現代科
技》、秦彥士《墨學的當代價值》、李殿仁《墨學與當代軍事》、張斌峰・陳耀
文・吳根友《墨子與世界和平》、熊禮匯・雄江華《墨子與經營管理》、郭成智
《墨子魯陽人考論》、張斌峰《近代〈墨辯〉復興之路》等。

　　鄭杰文還針對1950年後，特別是1950年至1977年間，大陸與臺灣的墨學研
究在研究類別、研究方法上做了比較，且對大陸與臺灣墨學研究同異的原因提出
了他的見解。他比較兩岸墨學研究的方法，一方面共同繼承了傳統的民族文化，
呈現出三項同一性，(1)在墨學史研究和《墨子》校譯方面，基本上皆使用了乾
嘉以來的考據學方法，(2)在墨家思想內容的研究上，大都採用近代西方的概念
解析和歸納概括方法，(3)在義理研究中都曾使用比較法，例如：大陸學者詹劍
峰《墨子的形式邏輯》第五章連舉《墨子》六例與因明三支式比較，舉十二例與
邏輯三段論比較，皆有相同處，證成「墨子及其門徒」是精於邏輯的。臺灣學者
史墨卿《墨學探微》對墨家「天」之「德」的論述，將之與所舉前人、時人之論
來說明其間的同異，藉此來說明墨學的淵源、發展和影響。

　　他也指出兩岸墨學研究的同中之異處，（一）在研究類別上，大陸在綜合
研究之著作數量上較臺灣少，僅有任繼愈的《墨子》可作為代表作。此外，臺灣
的墨學研究在專題研究上較引人注目，如：在社會政治的專題研究上，孫廣德的
《墨子政治思想之研究》可為代表；在學說比較上，陳拱的《儒墨評議》、王冬
珍的《名墨異同考辨》；在語言文字研究方面，周富美的《墨子假借字集證》和
《墨子虛字研究》皆有可觀的成績，門類呈現多樣化。在1950年至1977年大陸
墨學研究中最具成就者當屬墨辯研究，如上述詹劍峰的《墨家的形式邏輯》、汪

奠基的《墨辯的邏輯科學思想分析》，此外，大陸學者陳奇猷的《墨子的科學——力學與光學》、高亨的《墨經校詮》、譚戒甫的《墨辯發微》也很出色，（二）在研究方法上，大陸與臺灣有不同的政治、社會文化環境，在研究範式上出現了差別，他指出大陸在1949年後興起了「思想改造運動」，其影響學術風潮的極端是先定調理論立場，那就是先決定一理論框架，再從《墨子》文本中尋求符合論調的材料，強作牽合性的解釋，當權「證據」，例如：楊剛健〈談墨子的階級成分〉一文[5]、鍾蕾〈墨子「非攻」、「兼愛」的反動實質〉一文[6]就是這種政治文化下的產物。20世紀60年代，臺灣興起了「中華化復興運動」，一些臺灣學者的墨學研究在這一趨勢下，汲取了墨子具時代啓發性的思想資源，具時代針對性地提出改造社會不良風氣的論述。例如：馮成榮在《墨子生平及其教育學術之研究》一書中說：「今日正是倡導中華文化復興的時代，……而要想復興中華文化，除切己體察孔、孟思想之外，則墨子的兼愛救世之思想，亦有留意之必要，……必須發揚墨子的反侵略、反仇恨、以戰止戰，制敵機先的戰術，要想端正社會不良風氣，也必須發揚墨子奮鬥時艱的克難精神，要想消弭社會上的自私自利的杌陧現象，就必須發揚墨子大公、無私的主張。」[7]

鄭杰文在做了兩岸墨子研究比較後，還提出期間所以有同異的個人見解。先就墨學研究的內容觀之，他指出大陸學者和臺灣學者都相同重視社會學議題、邏輯與科技論述之研究。但是1950年至1977年間，大陸學者多側重墨辯邏輯與墨家科技方面的研究，他解釋其中的緣由說：「大陸雖也講對傳統文化的『批判繼承』態度，號召『取其精華，去其糟粕』，但在『精華』與『糟粕』的具體區別上雖有既定的準則，使研究無所適從；加之階級鬥爭的影響，政治運動接連不斷，學者動輒得咎，故誰也不願自己傾注心血的研究成果成爲『復辟封資修』的證據，所以多選擇那些遠離政治，遠離現實的墨辯邏輯和墨家科技論說作爲研究

[5] 刊載在《光明日報》1961年11月10日。
[6] 刊載處同上，1961年12月1日。
[7] 馮成榮，《墨子生平及其教育學術之研究》，頁1，臺北市：文史哲出版社，1976年。

對象。」**8**在同一時期，臺灣推行「中華文化復興運動」擬透過傳統文化的精神資源來革除社會弊端，因此，臺灣學者較關注墨學對社會興利除害的研究題材和視角。扼要言之，兩岸墨學研究方法及風格的差異原因，主要是大陸彼時盛行歷史唯物主義方法，社會階級成分分析法，這是普及化馬克思主義理論的結果。臺灣學者在「中華文化復興運動」的大指標下，古為今用，將墨家社會關懷的精神與現實存在的社會問題連結。此外，有些臺灣學者也將墨家的宗教精神與西方宗教學說做比較研究，呈現了研究面向的多樣性。大體而言，鄭杰文宏觀性的墨學研究之回顧和總結，筆者認為是客觀而平實的，頗具學術參考價值。

臺灣學者李賢中在其所著《墨學—理論與方法》一書第一章〈臺灣墨學研究五十年來之回顧〉中分成三節，標題分別是「墨學研究的主要內容」、「研究目的與意義」、「研究方法分析與設想」，據他的統計指出「自1951年嚴靈峰先生發表《儒墨道三家邏輯思想之比較研究》一文，及王寒生的《墨學新論》一書於1953年出版後，50多年來，臺灣學者出版有關墨學的書籍有七十多種，發表的論文將近五百篇。在這些專著與論文中，有關墨子國籍、生平、事蹟、思想淵源及墨子書的考證性作品有三十餘篇；有關『尚同、尚賢』、『節用、節葬』、『非樂、非命』等政治、社會、文化方面的論文著各有十餘篇，合計約五十篇；有關『尊天、事鬼』宗教天、帝方面的論題也有二十餘篇；有關『兼愛、非攻』道德、教育、戰略等方面的著述約有五十篇，其中以兼愛為題的論文有三十多篇。至於研究墨精或墨辯的專著也有四十多篇，其他涉及不同議題者近兩百餘件，在比較哲學的論文也有三十餘種。」本文擬以精簡的方式紹述其對墨家哲學性較高的墨辯、天與上帝和兼愛三項核心問題來介說。《墨辯》涉及哲學的核心問題，亦即思維方法與論證步驟，李賢中認為鍾友聯著《墨家的哲學方法》一書相當出色，該書證成了墨家論證思想的連貫性，其內容包刮：三表法、「兩而進之」、例證與反例的論證形式、譬喻與類比論證、還原論證法、詭辯與二維式、素樸的

---

8 見前揭書，頁586。

歸納法。這本書是40年前相當具有系統性和整體性地論墨家思考與表述方式的一本佳作。[9]這本書原係碩士論文，其指導教授成中英以語法的理解為前提，指出這就是點明了何以《墨辯》沒有走入形式邏輯及形式化的一個重要原因。

　　天與上帝之關係亦為一重要哲學課題，杜而未說：「天和帝有不少重要分別，至少依古籍是如此。上帝為殷商的神，並有土地神成分，湯所禱的是上帝。墨子的天與儒家的天不同。因墨子的天實即上帝。」[10]李紹崑在〈墨書中的天與上帝〉一文中，引據〈非攻下〉所云：「臣事上帝山川鬼神」但事掌賞罰權的卻為「是以天賞之」，因此，他推論出人與其中之一的對應關係可導出人與另一位的對應關係，如是，可證成上帝與天應有從屬關係，才合情合理。他認為「天」較「上帝」更為尊高。[11]

　　無疑的兼愛與「義」是墨學倫理的核心問題，陳問梅指出：「兼愛」立基於「天志」，「天志」以「義」為本質，係天之意志的全部內容。因此，他認為做為法儀的天之意志，只能以「義」為其理想之源，價值之根的實體。[12]但是李漁叔則十分贊成梁啓超的看法，他在《墨子今註今譯》《墨學導讀》中引梁啓超語：「墨學所標綱領，雖有十條，其實只從一個根本觀念出來，就是兼愛。」[13]王冬珍持相同看法，在所著《墨子思想》一書中，將「兼愛」的涵義分析歸納出四意義：(1)全體周遍的愛；(2)無條件的愛；(3)涵利的愛；(4)平等無差別的愛。[14]

　　王讚源透過對墨子人性論的分析來詮釋兼愛的理論根據所在。他認為在墨子，自愛自利是人自私的社會人性，這是人與人相賊、相害的真正原因。因此，「兼愛」說所針對的人類禍亂之源而要解決人性自私的問題。他認為兼愛說的深

[9]　請參閱鍾友聯，《墨家的哲學方法》，臺北市：東大圖書公司，1976年初版，1981年再版。

[10]　杜而為，《中國古代宗教研究》，臺北市：華明書局，1959年版，頁22。

[11]　李紹崑，《墨子研究》，臺北市：現代學院月刊社（今已改名為《哲學與文化》）1968年出版，頁25。

[12]　請參閱陳拱〈仁愛與兼愛問題疏導〉刊於臺灣臺中《東海學報》6卷1期，1964年6月，頁67-77。他在1988年於臺北市學生書局出版《墨子之省察》仍持此一觀點。

[13]　李漁叔註譯，《墨子今註今譯》，臺北市：商務印書館，1974年初版，頁7。

[14]　王冬珍編著，《墨子思想》，臺北市：正中書局，1987年版，頁9-13。

層義理在合理的滿足人與人普遍的自愛自利之私心。王讚源引〈大取〉所言：「愛人不外己，己在所愛之中」蓋墨子也引《詩經・大雅》：「投我以桃，報之以李」來說明「兼相愛交相利」是人與人相愛相利的「禮尙往來」。他斷言墨子的兼愛不是根除人天生的自私心，而是要滿足人與人彼此的自私欲求，至於人與人何以能禮尙往來地「兼相愛交相利」？王讚源認爲人對他人釋出的愛意有接收和感受到的心理能力，〈兼愛中〉所謂：「夫愛人者，人必從而愛之。利人者，人必從而利之」這就是就人情世故的常態心理而說的，人與人對相互間所釋出的愛之善意是可彼此感通、感應的，這也是人的自私心能被轉化或引導之基礎，這也是墨子「兼相愛」可轉化「不相愛」的人性心理法則。[15]他進一步認爲「兼愛」的來源在《墨子》書中有四處：(1)天志；(2)先聖先王行兼愛的歷史經驗事實；(3)人性認知之能力，可以向前把握之愛；(4)自私及相感應的心理能力。因此他總結出墨子是以天之兼愛萬物爲法儀，以公利爲依歸。

　　本人較肯定梁啓超、王冬珍和王讚源的看法，定位墨子是有強烈社會關懷及使命感的公共知識份子，所追求的是「兼相愛交相利」來爲社會興利除害，實現社會的公共善。但是本人認爲「交相利」是涉及社會公理和交換正義。因此，本人認爲在墨子的社會哲學裡「兼愛」與「公義」是相涵攝、相依互賴、相輔相成的。換言之，因兼愛無私才有公義，公義是建立在兼愛基礎上的，兩者皆爲天志和法儀所在，也是促進社會和平的基礎和動力所在。

---

[15]　王讚源，《墨子》，臺北市：東大圖書公司，1996年，頁193-196。

三、墨學的淵源、問題意識及兼愛提法的針對性

（一）墨學之淵源及獨特性

就歷來學者對墨學之淵源可概括爲四說：一說主墨學對堯舜有關者，如：《韓非子‧兼愛》、《史記‧太史公自序》載司馬談〈論六家要旨〉以及唐朝韓愈（768-824）〈讀墨子〉等。二說主墨學與夏禹有關者，如：《莊子‧天下》、《淮南子‧要略》。三說主墨學與史角有關者，如《呂氏春秋‧當務》、《漢書譯文志》、江瑔《讀子巵言‧論墨子非姓墨》等。四說主墨學與儒學和孔子有關者，如《淮南子‧要略》：「墨子學儒者之業，受孔子之術。以爲其禮煩擾而不說，厚葬靡才而貧民，服傷生而害事，故背周道而用夏改。」夏曾佑（1863-1924）《中國古代史》、熊十力《十力語要》等皆認爲墨學雖不同於儒學，卻深受儒學和孔子之影響。考辨此四說，我們由《莊子‧天下》漢《淮南子‧要略》對墨子的論述，得知墨翟對承傳周道的儒學和孔子有所不滿，而在社會、政治、經濟的實踐上效法大禹的務實精神。再觀先秦諸子書，言及堯舜者比比皆是，不止《墨子》一書，可肯定者是墨學的苦幹實幹精神當源淵於大禹治水的實事求是之實踐精神。至於只墨翟學於史角，則實非郊廟之禮、清廟之宇所能涵括。筆者認爲第四說較具參考價值，因爲若墨翟是魯人，魯爲周文化的東方重鎮，孔子以發揚郁郁乎文哉的周文化爲己任。因此，墨翟對周文化、孔子、儒學當有深刻認識，對上古的堯舜禹湯之精神文化也有充分理解，這些思想文化的資源當然爲他所汲取，卻又不局限他。因爲墨翟有強烈的時代使命感和出入各家取中用宏的批判精神和改造思想之能力。當代墨學學者汪中《述學‧墨子後序》、方授楚《墨學源流‧第五章墨子之學說》、梁啓超《子墨子學說》皆認爲墨翟有述有作，具有原創性的獨特見解，自成一家。

（二）墨子對儒家之批判論點及其倡兼愛說的時代針對性

前文引述《淮南子》謂墨翟對儒家的批判有「其禮擾而不說」、「厚葬靡財而貧民」、久「服（喪禮）傷生而害（民生物用）事」三事項，這三項批判的立基點都站在平民大眾的立場和感受來批判儒家所承襲的周代貴族禮樂文化之不利廣大的民生經濟，若回歸墨書文本，則〈公孟〉篇對儒家的批判最足代表墨家與儒家不同立場之所在，所謂：

> 儒之道，足以喪天下者，四政焉。儒以天爲不明，以鬼爲不神，天鬼不說，此足以喪天下。又厚葬久喪，重爲棺槨……三年苦泣，……此足以喪天下。又弦歌鼓舞，習爲聲樂，此足以喪天下。又以命爲有、貧富、壽夭、治禮、安危、有極矣，不可損益也。爲上者行之，必不聽治矣，爲下者行之，必不從事矣，此足以喪天下。

墨翟及其團體代表普羅大眾的俗文化，對其所處的戰國初期所見的儒者呈現之社會文化，應爲實然性的儒學末流之弊端，未必眞能公允的對孔子做有效評議。因爲孔子在《論語》中以表示「情」不稱「禮」的虛文不可取，禮數應隨時改易，以儉勿奢爲原則。孔子雖「敬鬼神而遠之」卻強調「敬天命」、「祭如在」，對客觀限制義的命運，則強調「知其不可而爲之」的以義制命，盡其在我的道德主體性精神。當代大儒牟宗三在陳拱《儒墨平議》爲之作的〈序文〉中指出：「墨子以心靈質樸；而慧解不足，情執累重，而義不通透；生命枯索，而乏舒暢潤澤之機；行文重衍，而多偏滯害道之辭。」[16]誠然，牟宗三係站在儒家深厚的人文精神，超世俗的精緻文化，孔子所謂：「文質彬彬，然而君子矣」的文化陶冶的精神文化來評論墨子，亦有其所以然之理。

但是，我們如果回顧墨子所處的歷史際遇，從他面對時代困境所覺察的問題

---

[16] 陳拱，《儒學評議》，牟序，臺北市：臺灣商務印書館，1988年，頁1。

意識來理解墨翟，其論述有其背境及時代的針對性。他說：

> 凡入國，必擇務而從事焉。國家昏亂，則語之尚賢、尚同；國家貧，則
> 語之節用、節葬；國家熹音湛湎，則語之非樂、非命；國家淫僻無禮，
> 則語之尊天、事鬼；國家務奪侵凌，及語之兼愛、非攻。故曰：擇務而
> 從事焉。**17**

　　「兼愛」、「非攻」的問題意識係源發於當時「國家務奪侵凌」而導致戰亂
頻繁、民生凋敝、家破人亡，百姓飽受戰爭的摧殘而貧困痛苦不已的悲慘現象。
當代學者嚴靈峰在所著《墨子簡編·墨子的思想體系及其功利主義》一書中，將
墨學的邏輯結構分成「本末」兩類。其中「治本」的論旨包括：〈天志〉、〈明
鬼〉、〈兼愛〉、〈非攻〉、〈貴義〉、〈尚賢〉、〈尚同〉。而將對治儒學流
弊所提出來的〈非命〉、〈非樂〉、〈節用〉、〈節葬〉納入「治末」的範圍。
就社會屬性而言，墨子屬平民身分，其類似宗教團體的成員亦多來自庶民社會，
代表社會大眾的心聲。他具有質樸堅毅，刻苦自勵以及救世熱忱的人格特質。本
人認為他的「兼愛」說立基於國與國之間的國際事務，亦係非血緣關係的社會公
共領域中。儒家的「仁愛」說主要立足於有血有緣的宗法社會所衍生的宗法論
理。

17　《漢書藝文志》著錄《墨子》七十一篇。今實存五十三篇，學者大多分為五類，這段引文出自〈魯問〉篇，是
　　墨家後學記墨翟一生言論行事，體裁類似《論語》，列為第四類。本篇論文的主題是〈兼愛〉篇列為第二類，
　　與〈天志〉、〈非攻〉、〈尚同〉……等二十四篇，篇中都有「子墨子曰」，可見是門弟子所記。這二十四篇
　　都各有上、中、下三篇，這一類是墨學的主要部分。

四、「兼愛」與「仁愛」之異同

本人曾在多年前所出版的《先秦哲學史》第三篇《墨家學派》第三章〈兼愛之德〉的含義中曾經指出：

> 在墨家的天人關係中，天對人有兩大核心倫理、兼愛之德與公義之德。先就天的兼愛之德而言，天對世人不分男女、貴賤、尊卑、貧富，施予人類整全的、普遍的愛，天對人的普全大愛表現在愛惜人類的生命，賦予人類生命所賴以維繫的一切自然條件和資料。**[18]**

墨子本天道立人道，兼愛與公義是天之所以為天的兩大天德，這是天志的超越特徵，也是天期望人間能滿全地實踐的核心倫理。墨子企盼能消弭、戰亂禍害的非攻，其根治的途徑也在以天的兼愛和公義為終極性的人間倫理。他認為能得天命厚愛的文王，其所以能得天恩天賞就在於文王能敬天愛民，對人間而言，文王是最能體現天之兼愛美德的法儀。〈法儀〉篇云：「天之行，廣而無私，其施厚而不德，其明久而不衰，故聖王法之。」又〈兼愛〉篇下曰：「〈泰誓〉曰：『文王若日若月，乍照，光於四方於西土。』」意指文王兼愛天下的博大氣象，宛若日、月兼照天下無私，天無私覆，透過日、月之普照是天愛人、利人、生養萬民的兼愛表現。文王得天命之託付及福佑，享有替天行道的國祚，其關鍵就在於文王是尊天法天，奉行兼愛之天德於人間的聖王。

那麼「兼愛」的概念涵義是什麼呢？墨家的「兼愛」真的如孟子所非議的「無父無君」而與儒家的仁愛不同嗎？如果兼愛有與仁愛相同處，則其間的不同處又在哪裡呢？我們可以分別探討。

（一）墨子的「兼愛」確實受到孟子以來許多學者的誤解和批評。〈法

---

[18] 見曾春海，《先秦哲學史》，頁346，臺北市：五南出版社，2010年10月初版一刷。

儀〉謂：「天必欲人之相愛相利，而不欲人之相惡鄉賊」若人要順天得福報得效法天志而能在人間彼此兼相愛、交相利。後期墨者在〈經〉、〈經說〉中對兼愛的詮解有詳細的分辨。〈經上〉：「體，分於兼也。」〈經說上〉：「體，若二之一，尺之端也。」〈經上〉：「仁，體愛也。」、蓋「體」如兩端中之一端，是「部分」的是從「兼」中分出來的。「仁」是屬於「體」之愛，是「愛」的一部分。「兼愛」合而言之，就是大於「仁」，大於「部分」的整全之「愛」。

墨書中使用「兼」與「別」的語意涵義有所不同。「兼」指兼人我而無主客對立，人我分別。「別」只有分別心。在《墨子》全書五十三篇中，論及「愛」之涵義處達兩百五十次以上。「兼愛」指無排他性的普遍之愛、人類愛，係一全稱語詞，能兼愛一切人的士、君子稱爲兼士兼君。「別愛」指有所愛、有所不愛，是一特稱語詞，行差別性之愛者，稱爲別士、別君。對墨子而言，兼愛的形上基礎在無偏私性的「天」。〈法儀〉篇上描述天之兼愛之德爲：「天之行，廣而無私，其施，厚而不德，其明，久而不衰。」天之兼愛的對象或範圍是全天下，我們綜觀墨書使用「天下」一詞多達489次，遠過於「家」一詞之使用。例如：〈節葬下〉曰：「興天下之利，除天下之害。」〈天志中〉曰：「兼者，處大國不改小國，處大家不亂小家，強不劫弱，眾不暴寡，詐不謀愚，貴不傲賤。」其外延範圍皆不局限於家族性的宗法血緣倫理。質言之，墨家的兼愛是針對全天下人所實行的無偏執的愛、涵全民福祉的愛，係公共領域的社會愛、人類愛，屬公共倫理或當今所謂大倫理之議題。

儒家非墨的代表性人物主要是孟子，他在〈滕文公下〉說：

楊氏爲我，是無君也；墨氏兼愛，是無父也。無父無君，是禽獸也。

孟子對楊朱之「無君」、墨子之「無父」的論斷，並未提出有說服性的理性論證，今人覺得是誇張性的情緒宣洩語言，導致後人對墨子兼愛的誤解。孟子

說：「天下之本在國，國之本在家，家之本在身，……」[19]他是先秦諸子中最重視孝道及家庭倫理的學者。他所提倡的五倫中「父子有親」、「夫婦有別」、「兄弟有悌」三倫皆爲家庭倫理。他在〈盡心上〉說：「仁義禮智根於心」他根據所觀察到的童稚之心流露出人性最坦誠原始的事親敬長事實，肯定孝愛是人不藉後天學習而能的道德良能，悌愛是人子不需推論而知的良知，進一步肯定童稚親愛其父母的行爲是「仁」的事實。他說：「人之所不學而能者，其良能也。所不慮而知者，其良知也。孩提之童無不知愛其親也。及其長也，無不知敬其只也。親親，仁也。敬長，義也。」（〈盡心〉）他認爲：「堯舜之道，孝悌而已。」（〈告子下〉）因此，孟子主張孝治天下，提出教化天下的核心價值，所謂：「謹庠序之教，申之以孝悌之道。」（〈告子下〉）我們可以說孟子的倫理學之立基點及視域，以彰顯倫理親情的家庭人倫愛爲核心。墨子的兼愛與孟子孝悌的仁愛，論域和旨意不同，若以當今的倫理學而言，兼愛屬公共領域的公共善（common good）；其所強調的公道正義屬於公共福利，社會福祉，其倫理學的議題性質而言爲社會倫理學，強調的是人類愛。至於，孟子所強調的家庭倫理爲天倫愛之家庭倫理學。前者爲公共領域的大倫理，後者就今天而言乃屬於私領域的小倫理。墨家的兼愛源出於具位格靈性的「天」，孟子的仁愛則源於人內在的心性或道德本心本性。

孟子尖銳地批評墨子的「兼愛」將流於「無父」而有害於聖人的正道，當代學者梁啓超予以駁斥說：

> 孟子以距楊墨爲職志，他說的「摩頂放踵利天下爲之」卻眞能傳出墨子精神，不是罪案，倒是德頌了。但他說兼愛便是無父，因此兼愛便成了禽獸，這種倫理學，不知從哪裡得來。[20]

---

[19] 《孟子·離婁上》
[20] 見梁啓超，《墨子學案》，第八章結論。

　　檢視《墨子》現存全書，有二十四篇論及「孝」，使用「孝」字達四十五次之多。例如「父子相愛則慈孝」（〈兼愛〉中）、「為人子必孝」（〈天志〉下）、「必擇國之父兄慈孝弟長貞良者以為祝宗」（〈明鬼〉下）、「舉孝子而勸之事親」（〈非命〉中、下）、「以致孝於親」、「事親必孝」（〈非儒〉下）、「仁者之為天下度也，辟之無以異乎孝子之為親度之。」（〈節葬下〉）墨子在〈兼愛〉上、中、下三篇中反覆強調，實行兼愛美德可促成君惠、臣忠、父慈、子孝、兄弟、弟悌。墨子絕非孟子情緒化地以「無父」之激詞所詆毀。他不但肯定孝德，還相關聯地發揚其他家庭的倫理親情之常理常道。他在〈兼愛〉下篇明確地論述說：

> 故兼者聖王之道也，王公大人之所以安也，萬民衣食之所以足也。故君子莫若審兼而務行之，為人君必惠，為人臣必忠，為人父必慈，為人子必孝，為人兄必友，為人弟必悌。故君子若欲為惠君，忠臣、慈父、孝子、友兄、悌弟，當若兼之不可不行也，此聖王之道，而萬民之大利也。

　　他在〈兼愛〉三篇中論證天下動亂的主要原因就在於自私、自利、自愛而喪失兼愛的人倫美德，他在〈兼愛〉上篇指出：「當察亂何自起？起不相愛。臣子之不孝君父，所謂亂也。子自愛，不愛父，故虧父而自利；弟自愛，不愛兄，故虧兄而自利；……父自愛也，不愛子，故虧子而自利；兄自愛也，不愛弟，故虧弟而自利，……是何也？皆起不相愛。」墨子針對社會失序的根本亂因，以「兼相愛」、「交相利」的兼愛之公德心之提倡來解決社會動亂，民生疾苦的社會問題。不但如此，他還為實現社會的安寧、家庭的和諧、天下的和平這三大社群生活的幸福為目標，他具體地主張實行兼愛之德的基本心態之培養在「視人身若其身」、「愛人若愛其身」。他在〈兼愛〉上說：「若使天下兼相愛，愛人若愛其身，猶有不孝者乎？視父兄與君若其身，惡施不孝，猶有不慈者乎？……視人身若其身，誰賊？……若使天下兼相愛，國與國不相攻，家與家不相亂，盜賊無

有，君臣父子，皆能孝慈，若此則天下治。」因此，墨子重視孝慈的家庭倫常與孟子標榜孝悌的倫理親情是相同的。

此外，墨子的兼愛與孔子、孟子以及宋明儒者亦有相同相通處。唐代韓愈於〈讀墨子〉一文中說：「儒譏墨以上同、兼愛、上賢、明鬼。而孔子畏大人，居是邦不非其大夫，春秋譏專臣，不上同哉？孔子泛愛親仁，以博施濟眾為聖，不兼愛哉？孔子賢賢，以四科進褒子弟，疾歿世而名不稱，不上賢哉？」孟子說：「老吾老以及人之老，幼吾幼以及人之幼。」（〈梁惠王上〉）、「親親而仁民，仁民而愛物。」（〈盡心上〉）、「仁者以其所愛，及其所不愛。」（〈盡心下〉）再觀〈大學〉所云修身、齊家、治國、平天下，與墨子言「惠君、忠臣、慈父、孝子、友兄、悌弟」皆殊途同歸於「萬民之大利」，殊途而同歸於充滿整全之愛的「大同世界」之終極目標、宋儒程明道所說的「仁者渾然與物為同體。」[21]張載的「民胞物與」與明代王陽明的「一體之仁」與墨家的兼愛有共同的精神世界之理想。梁啟超說：「墨子講兼愛，常用『兼相愛交相利』六字連講，必合起來他的意思才明。兼相愛是理論，交相利是實行這理論的方法。」[22]我們可以總結地說，墨子的「兼愛」與儒家的「仁愛」皆認為人類只有透過互愛互利，才能營造和維護人類具有愛心的倫常與和平。

五、基督教「聖愛」之涵義分析

在希臘文中有三個字表達對「愛」的不同概念涵義，按照由下而上的等級而言，「eros」意指具有情義及肉身欲望的愛；「philea」意指精神性的愛，例如：philo-sophia-意指對智慧的精神性之愛，亦即被尊稱為愛智之學的哲學；「agape-」意指無私的，普遍性的愛，例如天主（上帝）對人的愛，對仇人的愛

---

[21] 程明道，《二程語錄》卷2。
[22] 梁啟超，《墨子學案》第二章。

和母親對子女的慈愛。至中世紀，福音已到來，在基督教的信仰中，拉丁文中的「caritas」意指基督教和天主教會中所說的「艾德」，相當於希臘文之agape，在天主教的用語中，對「愛」的表達有兩個名詞：一是拉丁文的caritas，英文爲charity，即本文所表述的「聖愛」；另一爲拉丁文amoy，英文爲love，相當於中文的「愛」[23]。質言之，聖愛（agape的本義）係指神對人的愛，耶穌對人的愛之實行是有先後本末之次第性的，神對人的愛就外延而言，反對將「愛」窄化而局限於某一範圍內，卻畫線自限地將界線範圍外的人視若仇人[24]。

在基督教神學中，將agape當作聖愛的專有名詞「是保羅的貢獻」[25]，保羅[26]將「agape」一詞的使用專指來自神的愛，很少用來指稱人愛神，有時也用以表述愛鄰人。《聖經·新約·約翰福音》[27]對agape做了著名的斷語，所謂：「上帝就是愛」，其明確的涵義爲：

> 親愛的弟兄啊！我們應當彼此相愛，因爲愛是從神而來的。凡有愛心的都是由神而生，並且認識神；沒有愛心的，就不認識神，因爲神就是愛。（約4：7-8）神愛我們的心，我們也知道也信。神就是愛，住在愛裡面的，就是住在神裡面，神也住在他裡面。（約4：16）

---

[23] 前臺北教區總教主，亦是前輔仁大學校長羅光在其所著的《儒家哲學的體系續篇》中謂caritas／caritasy理解成相當於中文的「仁」，本人仍以「聖愛」來表述。見該著作頁43，臺北市，學生書局，1989年版。

[24] 在此爲《聖經·舊約》中，上帝（GOD）以「耶和華」（YAHUVE）神聖之名予以自謂的概念（不容許一般猶太人與外邦人直呼的聖名，需由利未人的祭司方能稱呼），是威嚴且令人敬畏的形象，與《聖經·新約》耶穌基督憐憫之愛有極大差異，在此舉爲舊約中的上帝。

[25] 盧格仁，《歷代基督教愛觀的研究—愛佳泊與愛樂實（agape och eros）》第一冊，韓迪厚、萬清華、薛耕南譯，香港：中華信義會書報部出版，1950年版，頁93。

[26] 保羅爲初代教會的領導智者，扮演與知識份子對話的角色，重要地位可想而知，在《聖經·新約·使徒行傳》中之17章18-34節可看出他與伊壁鳩盧和斯多亞（又稱斯多葛）學派於亞略·巴古神殿（知識份子聚集處）逕行哲學對話。

[27] Floyd V. Filson著，鄭慧婭譯，《約翰福音注釋》臺南市：人光出版社，2001年版，頁25-36。在此所引用的經節，是由「主所愛的門徒」（也就是《約翰福音》作者）所寫下的文字，一般在中世紀以前認爲作者應該是約翰，但經過此著作考證，應該是拉薩路更爲合理。

　　換言之，「上帝」與「愛」本是同義字，上帝的本質就是無限的愛，人是上帝的受造物，被賦予靈性生命，人分享上帝的聖愛，人與人「彼此相愛」**28**的形上根源和動力也來自上帝。聖愛（agape）在《聖經》中是內容非常豐富的概念。上帝的聖愛是完滿自足的，無須他人補充及註解方能成就，人對聖愛的理解和實踐是逐漸完善的。聖愛體現在上帝對人的愛上，人是透過上帝對人的愛來理解聖愛的形成與演變，且逐步完善，不能如上帝般的完善完足。就基督教而言，得透過上帝對「選民」、「外邦人」及「罪人」之愛來構築聖愛（agape）之含義。上帝所愛的上述三者，彼此同構、互相交融，終於統一於聖愛中。

　　在《新約》的經文中，聖愛是一視同仁的愛，經文說：「神不偏待人。原來各國中，那敬畏主、行義的人都為主所悅納。」（徒10：35）、「你們的義若不勝於文士和法利賽人的義，斷不能進天國。」（太5：20）、「這奧祕就是外幫人在基督耶穌裡，借著福音，得以同為後嗣、同為一體、同蒙應許。」（弗3：6）上帝不偏愛人，凡行義者皆蒙上帝的悅納，而能於死後進入天國。外邦人只要借助於福音而產生對上帝的信仰，皆可成為上帝的後嗣而終於「同為一體」，上帝的聖愛表現在「行公義，好憐憫」（彌6：8）聖愛也表現在「召罪人」、「愛仇敵」但是「褻瀆聖靈」者不得赦免，經文說：「所以我告訴你們，人一切的罪和褻瀆的話，都可得赦免，惟獨褻瀆聖靈，總不得赦免。凡說話干犯人子的，還可得免赦，惟獨說話干犯聖靈的，今世來世總不得赦免。」（太12：31-32）得知「尊重聖靈」是人對上帝不可逾越的底線。

　　不論《舊約》或《新約》皆主張人對神的愛，其核心意義在對神之誡命的遵行（但有其神嚴性之差異），〈約翰一書〉中說：「我們遵守神的誡命，這就是愛祂了」、「若照神所吩咐的一切誡命，謹守遵行，這就是我們的義了。」（申6：25）、「總意是敬畏神，謹守祂的誡命，這是人所當盡的本分。」（傳12：13）上帝對人主要的誡命就是「愛」，內容包括父母兄弟之愛、鄰人之愛，

---

28 《聖經・新約・約翰福音》13章34節：「我賜給你們一條新命令，乃是叫你們彼此相愛；我怎樣愛你們，你們也要怎樣相愛。」

和愛罪人。基督教所宣揚的「愛」超越「愛恨的報應模式」，甚至主張愛仇敵，召罪人。《新約》通過人子耶穌被釘上十字架，向世人昭示，眞正強大的力量是「愛」而非懲罰。「愛」連結了神與人、人與神、人與人的關係[29]。由神愛而愛神，由愛神而愛神的公義與博愛，從而遵守神的誡命，指向愛世間的一切人，〈約14：15〉說：「你們若愛我，就必遵守我的命令」。「愛」是開放的、莊嚴的、神聖的、崇高的、壯闊的，這些豐富的內涵構成了聖愛（agape）極爲豐富而深刻之內涵。

六、兼愛與聖愛之對比

墨家從對天志的信仰，及其自身有組織性的團體機制，奉行天志對人期待的兼愛之德與公義之德觀之，期具有宗教的性質與基督教有不少類比的相似性。但是基本上有所不同，基督教是上帝對人有誡命的啓示宗教，墨家的「天志」未向墨子顯靈而做誡令，其位格靈性的內容較模糊，其特質是人企望永恆性的終極根源，愛慕祂且透過兼愛與公義之德期待符應天志而獲得福報，避免受降禍的懲罰。因此，墨家的墨教屬於自然宗教，對比研究旨在對顯出兩者類比性的類同性、相似性以及相互間的差異性，我們可分別從這兩方面來論述：

---

[29] 《聖經・新約・馬太福音》25章34-40節：「於是，王要向那右邊的說：『你們這蒙我父賜福的，可來承受那創世以來爲你們所預備的國。因爲我餓了，你們給我吃；渴了，你們給我喝；我做客旅，你們留我住；我赤身露體，你們給我穿；我病了，你們看顧我；我在監裡，你們來看我。』義人就回答說：『主啊，我們什麼時候見你餓了給你吃，渴了給你喝？什麼時候見你做客旅留你住，或是赤身露體給你穿？又什麼時候見你病了或是在監裡，來看你呢？』王要回答說：『我實在告訴你們：這些事你們既做在我這弟兄中一個最小的身上，就是做在我身上了。』」，許多神學家又稱此爲「新約的黃金律」，即爲天堂資格的指標。

（一）相類似處

1. 墨家的天志是統攝萬事萬物（包括人類）存在的根源也是生發存有意義之根源。兼愛之德與公義之德是天志不可分割的實質內涵，天志的核心價值在兼愛與公義互攝雙成，缺一不可。基督宗教的聖愛之德與公義之德是超性之德。兩者皆屬宗教倫理，皆強調神人的親切關係。

2. 墨子的兼愛指沒有歧視性的、排他性的周遍義，基督教的聖愛也是普世性的人類愛。墨家的貴義，貴在興天下之利，除天下之害，追求合乎公益的公義。〈天志上〉說：「天欲義而惡不義」基督教宣稱能理解實踐「聖愛」及崇尚公義的人才能上天堂，可見基督教的上帝也是欲人們實踐愛德與義德。

孫中山先生認為，中國古代最講究「愛」字的，莫過於墨子，他認為墨子所宣揚的兼愛與耶穌基督所講的博愛視為同樣的意義。孫中山先生在1905年《民報》發刊號上，把墨子與黃帝、華盛頓、盧梭並稱為世界第一等級的偉人，且在墨子畫像下註明：「世界第一平等博愛主義大家墨翟。」

3. 就推動世界和平的崇高理想和努力上，「摩頂放踵，利天下而為之」的墨學團體可說是倡「兼愛」、「非攻」的維護世界和平之宗教性團體，也是公益團體。基督教宣講「神愛世人」、「人與人應無私的互愛互助」兩者皆有人類愛和倡導世界和平的使命感。20世紀70年代的英國歷史學家湯恩比與弘揚「世界和平對話」的日本和平愛好及社會活動家池田大作曾展開一場「展望二十一世紀」的對話，池田大作說墨子的主張即「普遍的愛」，他認為墨子「這種精神最切合時宜。」他以更高的視角詮釋說「只是墨子主張的兼愛，過去只是指中國，而現在應作為世界性的理論去理解。」湯恩比以前瞻性的歷史智慧論斷：「把普遍的愛作為義務的墨子學說，對現代世界來說，更是洽當的主張，因為現代世界在技術上已經統一，但在感情方面還沒有統一。」「墨子之道的確比孔子之道更難實踐。但我認為，墨子之道比孔子之道更適合現代人的實際情況。」[30]墨家深信天

---

30 《展望二十一世紀—湯恩比與池田大作對話錄》，國際文化出版公司，1985年，頁425-428。

志，基督宗教信仰上帝，兩者皆堅信普遍的人類愛和理性化、客觀化的公道正義是普世性的人類共同精神價值。知行合一的墨教徒及基督徒在超世俗的宗教倫理之信仰與生活實踐中，孕育了東西方殊途同歸的、超凡入聖的偉大精神文化及精神人格。

（二）「兼愛」與「聖愛」的差異處

1. 「兼愛」源自於對天志的宗教性信仰，立基於人性趨吉避害的心理活動法則，墨子〈明鬼〉篇以鬼神來實踐人對天志順從之賞和悖反之罰，且未論及人死後世界是否有彼岸的永生與永福，基督宗教的聖愛對人類的互愛而言係一誡命，在信、望、愛的靈性生命之修持中，堅持對上帝的信德和救贖。人因信德、愛德及義德而獲致上帝的保佑，在俗世生命死後，通過末世審判，終入彼岸的天國之門，與上帝同在，分享永生和永福。

2. 基督教透過縱貫的神人關係，在聖愛的教義下，比墨家顯示出對仇敵及罪人的寬恕、包容與愛的融通精神，墨家的兼愛在愛仇敵及罪人上較缺乏問題意識及明確的處理心態和路向。

3. 基督教的人性觀深信人性也稟賦了上帝的神性，只是未如上帝般之完美自足，這是人應透過信德、望德與愛德這三超德來靈修以追求彼岸的救贖和永福。因此，基督教的「聖愛」是基於超性的倫理學。墨家未強調人是否應愛天，及如何愛天？雖然，兩者都具有人道關懷的淑世精神，皆屬於「德行倫理學」，信仰倫理神學中的倫理真理，但是同中仍然有異。

4. 周代的社會結構係以有血有緣的宗法社會為基石，家庭的倫理親情，人性天倫的真摯之愛萌發於孝悌美德。因此，家庭愛、家族愛、宗法愛、社會愛、國家愛、天下人類愛有其圓心式的逐步擴大，孟子太強調家庭孝悌之愛，雖然他強調仁心仁性之存養推廣，但是實踐「老吾老」易，實踐「以及人之老」則難，「幼吾幼」易，「以及人之幼」則難，這也是人倫之常性。墨子的歷史際遇是戰國初期，社會結構及社會文化仍屬宗法倫理之孕育土壤。墨子仍肯定孝悌為兼愛

之本，他在〈修身〉篇所謂：「近者不親，無來遠；親戚不附，無務外交。」〈兼愛下篇〉堅信兼愛的政治、家庭倫理之理想成果旨在達成「君惠、臣忠、父慈、子孝、兄友、孝悌」之德化境界。對基督教而言，「敬畏上帝」和「愛神」是優位於周代宗法倫理的孝悌倫理的，雖然，基督教不論新、舊約都主張孝敬父母，如「十誡」中的第五誡，也主張敬愛兄弟，如：約瑟的「愛弟之情」（創43：30），但是經文說：「只有一位是你們的父，就是天上的父」（太23：9）孝順父母也是體現在愛上帝中，所謂：「要在主裡聽從父母，這是理所當然的。要孝敬父母，便稱得福，在世長壽。這是第一條帶應許的誡命。」（弗6：1）、「凡遵行我天賦旨意的人，就是我的弟兄、姊妹和母親了。」（太12：50）可見基督教是在聖愛的誡命下成就家庭中父母兄弟的倫理親情，聖愛是絕對優位於其他愛的倫理的，對墨家而言，兼愛與儒家的仁愛在的萌發點和德行倫理的實踐上，孝悌之愛是優位於其他的愛德。

　　5. 墨家的天人關係中沒有基督教表述清楚的造物神與受造者的關係，墨家也缺乏聖經創世紀的神話。

國家圖書館出版品預行編目資料

中國近當代哲學史／曾春海著. －－－
版. －－臺北市：五南, 2018.07
　面；　公分
ISBN 978-957-11-9794-4（平裝）
1.中國哲學史　2.近代哲學
120.9　　　　　　　　107010005

1BBH

中國近當代哲學史

作　　者 ― 曾春海

發 行 人 ― 楊榮川

總 經 理 ― 楊士清

主　　編 ― 陳姿穎

責任編輯 ― 許馨尹

封面設計 ― 姚孝慈

出 版 者 ― 五南圖書出版股份有限公司

地　　址：106台北市大安區和平東路二段339號4樓

電　　話：(02)2705-5066　　傳　　真：(02)2706-6100

網　　址：http://www.wunan.com.tw

電子郵件：wunan@wunan.com.tw

劃撥帳號：01068953

戶　　名：五南圖書出版股份有限公司

法律顧問　林勝安律師事務所　林勝安律師

出版日期　2018年7月初版一刷

定　　價　新臺幣850元